《中国红色旅游指南》
编纂委员会

编纂领导小组：

欧阳淞　邵琪伟　高永中　王志发

编纂委员会（按姓氏笔画为序）：

邢济萍　陈　夕　张　岩　罗迪辉

胡呈军　殷　钰　薛庆超

主　　编： 陈　夕　薛庆超　[illegible]

执行主编： 邢济萍

副 主 编： 王林育　刘学礼　[illegible]

序

历史风云激荡，江山如此多娇。近现代中国的历史特别是中国共产党的历史，气势磅礴而又绚丽多彩。党自成立之日起，就以改造中国、实现中华民族伟大复兴为己任，带领人民经历了百折不挠的浴血奋战，进行了气壮山河的奋勇拼搏，取得了举世瞩目的伟大成就。党紧紧依靠人民，完成了新民主主义革命，实现了民族独立和人民解放；完成了社会主义革命，确立了社会主义基本制度并取得了社会主义建设的巨大成就；进行了改革开放新的伟大革命，开创和发展了中国特色社会主义。中华民族伟大复兴展现出光明的前景。在这一波澜壮阔的历史进程中，无数革命先辈所留下的足迹、无数重大党史事件所留存的遗址，成为祖国锦绣山河中一条条无比壮丽的风景线。以此为载体，一种把红色人文景观和绿色自然景观结合起来，把革命传统教育与促进旅游产业发展结合起来的新型主题旅游形式，正异军突起、方兴未艾。发展红色旅游，必将对坚定中国道路、弘扬中国精神、凝聚中国力量，作出新的重要贡献。

“踏遍青山人未老，风景这边独好”。发展红色旅游是党中央从继承优良革命传统、发展社会主义先进文化、巩固党的执政基础、推进经济社会发展的战略高度所作出的一项重大决策。这本《中国红色旅游指南》，顺应红色旅游发展的需要，从不同角度、不同侧面详细介绍了红色旅游的资源、路线、景区、景点，以景叙史，以史带景，寓教于乐，寓教于游，具有较强的思想性和可读性，不仅可以起到旅游指南的作用，更能让人领略到红色旅游中所蕴含的丰富深厚的党史文化。我相信，这本书的出版，对于广大读者更好地体味红色旅游的独特魅力必能有所助益。基于这一点，我要把它推荐给广大的读者朋友。

是为序。

欧阳淞

2013 年 9 月 22 日

CONTENTS 目录

山西省 135

内蒙古自治区 171

辽宁省 199

浙江省 423

安徽省 469

福建省 523

江西省 579

山东省 653

下　册

河南省 703

湖北省 753

湖南省 813

广东省 889

贵州省 1095

云南省 1135

西藏自治区 1181

陕西省 1199

中国共产党历史概述

中华民族是勤劳智慧的民族，经历数千载繁衍生息，建立了疆域辽阔的统一的多民族国家。从鸦片战争开始，西风东渐，列强入侵，中国逐渐沦为半殖民地半封建社会。从此，中华民族的先进分子、志士仁人，为反抗帝国主义侵略和封建主义压迫，奋起抗争，不屈不挠，前仆后继，流血牺牲。伟大的革命先行者孙中山先生领导的辛亥革命，推翻了清王朝，结束了中国长达两千多年的封建帝制。但是，中国半殖民地半封建社会的性质和中国人民的悲惨命运并没有改变。五四运动标志着中国新民主主义革命的开端。中国共产党成立后，代表中华民族和中国人民的根本利益，领导中国人民完成新民主主义革命，建立中华人民共和国，确立社会主义制度，进行社会主义革命和建设，实行改革开放和现代化建设，开创中国特色社会主义道路，取得举世瞩目的辉煌成就。

一、紧紧依靠人民，完成新民主主义革命，实现民族独立、人民解放

中国共产党的建立，是历史发展的必然。中国共产党对中国革命的领导，是历史的选择、人民的选择。近代以来，中国工人阶级日益成长壮大。以1919年五四运动为开端，开始中国无产阶级领导的新民主主义革命。在俄国十月革命和中国五四运动影响下，马克思主义在中国得到广泛传播。新型的工人阶级革命政党——中国共产党的诞生成为近现代中国历史发展的必然。1920年8月，在中国工业和工人运动的中心——上海，成立了上海共产党早期组织。

五四运动后，在共产国际帮助下，1921年7月23日，中国共产党第一次全国代表大会在上海举行（最后一天的会议转移到浙江嘉兴南湖举行），中国共产党正式成立。这是中华民族发展史上开天辟地的大事变。从此，中国人民踏上了争取民

族独立、人民解放的光明道路，开启了实现国家富强、人民富裕的壮丽征程。

中国共产党是马克思列宁主义同中国工人运动相结合的产物。它给中国人民指出中国的出路在于彻底推翻帝国主义、封建主义的统治，并进而转入社会主义。1922 年 7 月 16 日至 23 日，中国共产党在上海举行第二次全国代表大会，发表宣言，通过一系列决议案，制定了民主革命纲领，提出建立联合战线的主张，决定加入共产国际，制定通过第一部党章。1923 年 6 月 12 日至 20 日，中国共产党在广州举行第三次全国代表大会，确定国共合作方针，决定共产党员以个人身份加入国民党，推动了第一次国共合作的实现。

中国共产党成立后，发动了轰轰烈烈的工人运动和广大人民群众的反帝反封建斗争，很快成为中国人民前所未有的领导力量。1925 年 1 月 11 日至 22 日，中国共产党在上海举行第四次全国代表大会，第一次明确提出无产阶级在民主革命中的领导权问题和工农联盟问题，阐明了新民主主义革命基本思想。1927 年 4 月 27 日至 5 月 9 日，中国共产党在武汉举行第五次全国代表大会，这是大革命面临严重危机的严峻形势下召开的一次大会，没有能在危急时刻为全党指明出路、提供坚强有力的领导。

当大革命发展到长江流域的时候，蒋介石和汪精卫控制的国民党，不顾以宋庆龄为杰出代表的国民党左派的坚决反对，背叛了孙中山所决定的国共合作政策和反帝反封建政策，勾结帝国主义，残酷屠杀共产党人和革命人民。中国共产党当时处在幼年时期，缺乏理论准备和实践经验以及成熟的领导艺术、各个层次的领导骨干和强有力的领导核心，大革命后期又处在陈独秀右倾错误的领导下，加上共产国际脱离中国实际的错误指导，致使大革命在强大敌人的突然袭击下遭到失败。

中国共产党仍然顽强地继续战斗。周恩来等领导的南昌起义打响了武装反抗国民党反动派的第一枪。八七会议确定了实行土地革命和武装起义的方针。随后，秋收起义、广州起义和其他许多地区的起义此伏彼起。毛泽东领导的秋收起义，创建了中国工农革命军第一师，在井冈山建立了农村革命根据地。朱德领导南昌起义余部，发动湘南起义，然后前往井冈山，实现“井冈山会师”。

为了指导中国革命的发展，1928 年 6 月 18 日至 7 月 11 日，中国共产党第六次全国代表大会在莫斯科举行。这是唯一一次在国外召开的党的全国代表大会。大会总结了大革命前后的经验教训，提出反对“左”倾、右倾两种错误倾向，正确分析革命形势，确定了党在新形势下的方针和任务。随着斗争实践的发展，中国共产党创建了中央革命根据地、湘鄂西革命根据地、海陆丰革命根据地、鄂豫皖革命根据地、琼崖革命根据地、闽浙赣革命根据地、湘鄂赣革命根据地、湘赣革命根据地、左右江革命根据地、川陕革命根据地、陕甘革命根据地、湘鄂川黔革命根据地等革命根据地，建立了中国工农红军第一方面军、第二方面军、第四方面军，还有其他许多红军部队和游击队。在国民党统治区，中国共产党发展了地下组织和其他革命组织，展开了各种形式的革命斗争。

土地革命战争中，毛泽东、朱德直接领导的红一方面军和中央革命根据地起了最重要的作用。各地红军和各个革命根据地曾连续击败国民党军队多次“围剿”。由于王明“左”倾教条主义错误领导，第五次反“围剿”失败，红一方面军进行长征，其他各路红军主力也相继开展长征。红军主力撤离后，留在南方革命根据地的中共组织和红军游击队坚持游击战争。王明“左”倾教条主义统治中央时期，使各个革命根据地和白区的革命力量都受到极大损失，红军从 30 万人减到 3 万人左右，共产党员从 30 万人减到 4 万人左右。

1935 年 1 月，中共中央政治局在长征途中召开遵义会议，确立了毛泽东在红军和党中央的领导地位，使红军和党中央得以在极其危急的情况下保存下来，并且在这以后能够战胜张国焘的分裂主义，胜利地完成长征，打开中国革命的新局面。这在党的历史上是一个生死攸关的转折点。1935 年 10 月，中共中央率领红一方面军到达陕甘革命根据地，同陕甘红军和先期到达的红二十五军会合。之后，红二方面军、红四方面军经过长征也到达陕甘地区。

在日本帝国主义加紧对中国侵略、中华民族危机空前严重的关头，中共中央正确分析国际国内形势重大变化，决定实行抗日民族统一战线政策，领导了一二九运动，掀起要求停止内战、抗日救亡的强大群众斗争。张学良、杨虎城发动西安事变后，中共中央促成西安事变和平解决，经过一系列艰苦努力，在全国人民抗日浪潮推动下，实现了第二次国共合作。

全国抗日战争时期，中国共产党坚持和发展抗日民族统一战线，紧密依靠人民群众，独立自主地开展敌后抗日游击战争，建立了晋察冀抗日民主根据地、晋冀鲁豫抗日民主根据地、晋绥抗日民主根据地、山东抗日民主根据地、华中抗日民主根据地和华南的许多抗日游击根据地，领导东北抗日联军坚持艰苦卓绝的抗日游击战争。由红军主力和红军游击队改编的八路军、新四军和华南抗日纵队成为坚持抗战的中坚力量。东北抗日联军在十分困难的情况下坚持战斗，有力地支援了全国抗战。在日军占领区和国民党统治区，中国共产党广泛开展各种形式的抗日斗争。中国人民抗日战争同世界反法西斯战争互相支援，直到取得最后胜利。

为了总结党的历史经验，统一全党思想，1942 年开始全党整风运动，中共六届七中全会作出《关于若干历史问题的决议》。1945 年中国共产党第七次全国代表大会在延安召开，总结建党以来的历史经验，制定了打败日本侵略者、建立新民主主义中国的路线、方针和政策，确立毛泽东思想为指导思想，全党在思想上、政治上、组织上达到空前统一和团结。

全国抗日战争结束后，国民党政府拒绝中国共产党和全国人民关于实现和平、民主的要求，发动全面内战。中国共产党领导人民解放军，在全国各解放区人民的全力支持下，在国民党统治区学生运动、工人运动和各阶层人民斗争的有力配合下，在各民主党派和无党派民主人士的积极合作下，奋起进行全国解放战争。经过战略防御、战略进攻，特别是通过辽沈战役、平津战役、淮海战役的战略决战和渡江作战，推翻了国民党政府，建立了中华人民共和国。

新民主主义革命时期，中国共产党紧紧依靠人民，实现了民族独立、人民解放。以毛泽东为主要代表的中国共产党人，把马克思列宁主义基本原理同中国革命具体实践相结合，创立了毛泽东思想。毛泽东思想是马克思列宁主义在中国的运用和发展，是被实践证明了的关于中国革命和建设的正确的理论原则和经验总结，是中国共产党集体智慧的结晶。在毛泽东思想指引下，中国共产党领导全国各族人民，经过长期的反对帝国主义、封建主义、官僚资本主义的革命斗争，取得了新民主主义革命的伟大胜利。

二、紧紧依靠人民，完成社会主义革命，确立社会主义基本制度

中华人民共和国成立后，中国人民成为国家、社会和自己命运的主人，实现了中国从几千年封建专制制度向人民民主制度的伟大跨越，实现了中国高度统一和各民族空前团结，彻底结束了旧中国半殖民地半封建社会的历史，彻底结束了旧中国一盘散沙的局面，彻底废除了列强强加给中国的不平等条约和帝国主义在中国的一切特权。中国人民从此站立起来了。

中国共产党领导全国各族人民，肃清国民党在大陆的残余武装力量和土匪，实现西藏和平解放，建立各级人民政府，没收官僚资本企业并将其改造成为社会主义国营企业，统一全国财政经济工作，稳定物价，完成新解放区土地改革，镇压反革命，开展反贪污、反浪费、反官僚主义的“三反”运动，开展打退资产阶级进攻的反行贿、反偷税漏税、反盗骗国家财产、反偷工减料、反盗窃国家经济

情报的“五反”运动。对旧中国的教育科学文化事业，进行卓有成效的改造。在完成繁重的社会改革任务和进行抗美援朝战争的同时，迅速恢复在旧中国遭到严重破坏的国民经济，全国工农业生产1952年底达到历史最高水平。

1953年，中共中央提出过渡时期总路线：要在一个相当长的时期内，逐步实现国家的社会主义工业化，并逐步实现国家对农业、手工业和资本主义工商业的社会主义改造。中国共产党创造性地开辟了一条适合中国特点的社会主义改造道路。对资本主义工商业，创造委托加工、计划订货、统购包销、委托经销代销、公私合营、全行业公私合营等一系列从低级到高级的国家资本主义过渡形式，最后实现了马克思恩格斯和列宁曾经设想过的对资产阶级的和平赎买。对个体农业，创造了从临时互助组和常年互助组，发展到半社会主义性质的初级农业生产合作社，再发展到社会主义性质的高级农业生产合作社的过渡形式。对于个体手工业改造，也采取了类似方法。1956年全国绝大部分地区基本完成社会主义改造。

中国第一个五年计划的经济建设，依靠自己努力，加上苏联和其他友好国家的支援，取得重大成就。一批国家工业化必需的基础工业建立起来。经济发展较快，经济效果较好，重要经济部门之间比例比较协调。市场繁荣，物价稳定，人民生活显著改善。毛泽东在《论十大关系》中，初步总结中国社会主义建设经验，提出探索适合中国国情的社会主义建设道路的任务。

第一次全国人民代表大会，制定了中华人民共和国宪法。中共中央召开的知识分子问题会议和随后提出的“百花齐放、百家争鸣”方针，规定了对知识分子和教育科学文化工作的正确政策。中国共产党第八次全国代表大会指出：社会主义制度在我国已经基本上建立起来；我们还必须为解放台湾、为彻底完成社会主义改造、最后消灭剥削制度和继续肃清反革命残余势力而斗争，但是国内主要矛盾已经不再是工人阶级和资产阶级的矛盾，而是人民对于经济文化迅速发展的需要同当前经济文化不能满足人民需要的状况之间的矛盾；全国人民的主要任务是集中力量发展社会生产力，实现国家工业化，逐步满足人民日益增长的物质和文化需要；虽然还有阶级斗争，还要加强人民民主专政，但其根本任务已经是在新的生产关系下面保护和发展生产力。中共八大坚持了既反保守又反冒进即在综合平衡中稳步前进的经济建设方针，提出了执政党的建设问题，强调要坚持民主集中制和集体领导制度，反对个人崇拜，发展党内民主和人民民主，加强党和群众的联系。中共八大路线为新时期社会主义事业的发展和党的建设指明了方向。

社会主义改造基本完成后，开始全面的大规模的社会主义建设。中国进行现代化建设的物质技术基础，大部分在这个期间建设起来；全国经济文化建设等方面的骨干力量，大部分在这个期间培养起来；领导社会主义建设的重要经验，大部分在这个期间积累起来。在此期间，指导方针上有过严重失误，经历了曲折的发展过程。第三届全国人民代表大会宣布：调整国民经济的任务已经基本完成，整个国民经济将进入一个新的发展时期，要努力把我国逐步建设成为一个具有现代农业、现代工业、现代国防和现代科学技术的社会主义强国。

1966 年 5 月至 1976 年 10 月的“文化大革命”，使党、国家和人民遭到新中国成立以来最严重的挫折和损失。历史已经判明，“文化大革命”是一场由领导者错误发动，被反革命集团利用，给党、国家和各族人民带来严重灾难的内乱。1971 年 9 月，林彪反革命集团覆灭。1975 年，周恩来病重，邓小平在毛泽东支持下主持中央日常工作，召开了中共中央军委扩大会议和解决工业、农业、交通、科技等方面问题的一系列重要会议，对许多方面的工作进行整顿，使形势有了明显好转。但是，1975 年底的所谓“反击右倾翻案风”运动，使全国再度陷入混乱。1976 年 1 月，周恩来逝世。4 月间，在全国范围掀起以天安门事件为代表的悼念周恩来、反对“四人帮”的强大抗议运动。这个运动实际上是拥护以邓小平为代表的党的正确领导，为粉碎江青反革命集团奠定了广泛的群众基础。1976 年 7 月，朱德逝世。9 月，毛泽东逝世。10 月 6 日，中共中央政治局执行党和人民的意志，毅然粉碎江青反革命集团，结束“文化大革命”。这是全党、全军和全国人民长期斗争取得的伟大胜利。

中华人民共和国成立后，中国共产党紧紧依靠人民，完成社会主义革命，确立社会主义基本制度，创造性地实现由新民主主义到社会主义的转变，使占世界人口四分之一的东方大国进入社会主义社会，实现了中国历史上最广泛、最深刻的社会变革。同时，建立起独立的比较完整的工业体系和国民经济体系，积累了在中国这样一个社会生产力水平十分落后的东方大国进行社会主义建设的重要经验。

三、紧紧依靠人民，进行改革开放新的伟大革命，开创、坚持、发展中国特色社会主义

中共十一届三中全会成为新中国成立以来具有深远意义的伟大历史转折点。它结束了 1976 年 10 月以来党的工作在徘徊中前进的局面，开始全面地认真地纠正“文化大革命”中及其以前的“左”倾错误。全会坚决批判“两个凡是”的错误方针，充分肯定必须完整地、准确地掌握毛泽东思想的科学体系；高度评价关

于真理标准问题的讨论，确定解放思想、开动脑筋、实事求是、团结一致向前看的指导方针；果断地停止使用“以阶级斗争为纲”这个不适用于社会主义社会的口号，作出把工作重点转移到社会主义现代化建设上来的战略决策；提出要注意解决好国民经济重大比例严重失调的要求，制定了关于加快农业发展的决定；着重提出了健全社会主义民主和加强社会主义法治的任务；审查和解决了党的历史上一批重大冤假错案和一些重要领导人的功过是非问题。全会还增选了中央领导机构的成员。这些在领导工作中具有重大意义的转变，标志着党重新确立了马克思主义的思想路线、政治路线和组织路线。

以此为起点，中国共产党紧紧依靠人民，总结中国社会主义建设经验，同时借鉴国际经验，以巨大的政治勇气、理论勇气、实践勇气实行改革开放，经过艰辛探索，形成社会主义初级阶段基本理论、基本路线、基本纲领和基本经验，建立和完善社会主义市场经济体制，坚持全方位对外开放，推动社会主义现代化建设取得举世瞩目的伟大成就。在改革开放的进程中，开创、坚持和发展了中国特色社会主义。

以邓小平为核心的中国共产党第二代中央领导集体，深刻总结新中国成立以来正反两方面的经验，解放思想，实事求是，实现全党工作中心向经济建设的转移，实行改革开放，成功开创中国特色社会主义，开辟了社会主义事业发展的新时期。中国共产党第十二次全国代表大会确定了党为全面开创社会主义现代化建设新局面而奋斗的纲领，提出从 1981 年起到 20 世纪末力争使全国工农业年总产值翻两番、人民物质文化生活达到小康水平的奋斗目标。中国共产党第十三次全国代表大会系统阐述社会主义初级阶段理论，完整概括党在社会主义初级阶段基本路线，制定了到 21 世纪中叶分“三步走”、实现社会主义现代化的发展战略，作出一系列进一步加快和深化改革的重大战略部署。以邓小平为主要代表的中国共产党人，在改革开放过程中逐步形成建设中国特色社会主义的路线、方针、政策，阐明了在中国建设社会主义、巩固和发展社会主义的基本问题，创立了邓小平理论。邓小平理论是马克思主义基本原理同当代中国实践和时代特征相结合的产物，是毛泽东思想在新的历史条件下的继承和发展，是马克思主义在中国发展的新阶段，是当代中国的马克思主义，是中国共产党集体智慧的结晶，引导着中国社会主义现代化事业不断前进。

20 世纪 80 年代末以后，改革开放深入发展，以江泽民为核心的中国共产党第三代中央领导集体，成功把中国特色社会主义推向 21 世纪。中国共产党第十四次全国代表大会提出抓住机遇，加快发展，集中精力把经济建设搞上去，明确中国经济体制改革的目标是建立社会主义市场经济体制，确立邓小平建设中国特色社会主义理论在全党的指导地位。中国共产党第十五次全国代表大会高举邓小平理论伟大旗帜，对我国社会主义改革开放和现代化建设事业的跨世纪发展作出全面部署，把中国特色社会主义事业全面推向新世纪。以江泽民为主要代表的中国共产党人，在建设中国特色社会主义实践中，加深了对什么是社会主义、怎样建设社会主义和建设什么样的党、怎样建设党的认识，积累了治党治国新的宝贵经验，形成了"三个代表"重要思想。"三个代表"重要思想是对马克思列宁主义、毛泽东思想、邓小平理论的继承和发展，反映了当代世界和中国的发展变化对党和国家工作的新要求，是加强和改进党的建设、推进我国社会主义自我完善和发展的强大理论武器，是中国共产党集体智慧的结晶，是党必须长期坚持的指导思想。

新世纪、新阶段，以胡锦涛为总书记的党中央在新的历史起点上坚持和发展了中国特色社会主义。中国共产党高举中国特色社会主义伟大旗帜，团结带领全党全国各族人民，紧紧抓住和用好我国发展的重要战略机遇期，战胜一系列重大挑战，经受住各种严峻考验，取得了来之不易的历史性成就，为全面建成小康社会打下了坚实基础，奋力把中国特色社会主义推进到新的发展阶段。中国共产党第十六次全国代表大会总结过去的基本经验，提出全面建设小康社会的奋斗目标。中国共产党第十七次全国代表大会总结改革开放以来的宝贵经验，强调要坚定不移地高举中国特色社会主义伟大旗帜，坚持中国特色社会主义道路和中国特色社会主义理论体系，全面阐述科学发展观的科学内涵、精神实质和根本要求，提出实现全面建设小康社会奋斗目标的新要求。以胡锦涛为主要代表的中国共产党人，坚持以邓小平理论和"三个代表"重要思想为指导，根据新的发展要求，深刻认识和回答了新形势下实现什么样的发展、怎样发展等重大问题，形成了以人为本、全面协调可持续发展的科学发展观。科学发展观，是同马克思列宁主义、毛泽东思想、邓小平理论、"三个代表"重要思想既一脉相承又与时俱进的科学理论，是马克思主义关于发展的世界观和方法论的集中体现，是马克思主义中国化最新成果，是中国共产党集体智慧的结晶，是发展中国特色社会主义必须坚持和贯彻的指导思想。

2012 年召开的中国共产党第十八次全国代表大会选举产生新一届中央领导集体，一批德才兼备、年富力强的领导干部进入新一届中央委员会和中央领导机构，充分表明中国共产党兴旺发达、充满朝气、富有活力。以习近平为总书记的党中央，高举中国特色社会主义伟大旗帜，牢记人民信任和重托，采取一系列重大举措，应对国际国内一系列重大问题，提出“群众路线是我们党的生命线和根本工作路线”，全面深化改革，推动科学发展，促进社会和谐，继续改善人民生活，增进人民福祉，坚定不移沿着中国特色社会主义道路前进，为全面建成小康社会而奋斗。习近平总书记指出，实现中华民族伟大复兴，是中华民族近代以来最伟大的梦想。这个梦想，凝聚了几代中国人的夙愿，体现了中华民族和中国人民的整体利益，是每一个中华儿女的共同期盼。历史告诉我们，每个人的前途命运都与国家和民族的前途命运紧密相连。国家好，民族好，大家才会好。实现中华民族伟大复兴是一项光荣而艰巨的事业，需要一代又一代中国人共同为之努力。空谈误国，实干兴邦。我们这一代共产党人一定要承前启后、继往开来，把我们的党建设好，团结全体中华儿女把我们国家建设好，把我们民族发展好，继续朝着中华民族伟大复兴的目标奋勇前进。

中国共产党自诞生以来，紧紧依靠人民，把马克思主义基本原理同中国实际和时代特征结合起来，独立自主走自己的路，取得革命、建设、改革伟大胜利，开创和发展了中国特色社会主义道路，形成了毛泽东思想和中国特色社会主义理论体系，确立了中国特色社会主义制度，从根本上改变了中国人民和中华民族的前途命运。

在新的历史起点上，中国共产党坚定不移地高举中国特色社会主义伟大旗帜，全面贯彻落实中共十八大精神，解放思想，改革开放，凝聚力量，攻坚克难，一定能够带领全国人民共同创造更加幸福美好的未来。到中国共产党成立 100 年时，实现全面建成小康社会的宏伟目标，到中华人民共和国成立 100 年时，建成富强民主文明和谐的社会主义现代化国家，实现中华民族的伟大复兴。

全国红色旅游发展概述

党中央、国务院从推进新世纪、新阶段党和国家事业发展、实现党和国家长治久安的战略高度出发，做出发展红色旅游的重大决策，这对于大力弘扬和培育伟大民族精神，不断增强民族凝聚力，推动革命老区经济社会协调发展，具有极为重要的现实意义和深远的历史意义。

红色旅游作为旅游业的一个重要方面，是人们从实践中总结创造出来的新的思想教育方式。红色旅游主要是以中国共产党领导人民在革命和战争时期建树丰功伟绩所形成的纪念地、标志物为载体，以其所承载的革命历史、革命事迹和革命精神为内涵，组织接待旅游者开展缅怀学习、参观游览的主题性旅游活动。为了更好地发挥爱国主义教育基地的作用，在“十二五”规划期间，中央决定将红色旅游内容进行拓展，将1840年以来170多年之间的中国近现代历史时期，在中国大地上发生的中国人民反对外来侵略、奋勇抗争、自强不息、艰苦奋斗，充分显示伟大民族精神的重大事件、重大活动和重要人物事迹的历史文化遗存，有选择地纳入红色旅游范围，这就更有利于传承中华民族先进文化和优良传统。通过发展红色旅游，把我们党的光辉历史、革命先辈的崇高精神和英雄伟人的感人事迹，作为开展思想道德建设的珍贵教材，使广大人民群众，特别是青少年更加深刻地了解历史，理解人民是怎样选择了中国共产党，选择了社会主义制度。开展红色旅游对于人们形成正确的世界观、人生观、价值观，加强社会主义核心价值体系建设，坚定走中国特色社会主义道路的信念，都具有十分重要的意义。

2004年12月，中央办公厅、国务院办公厅印发了《2004—2010年全国红色旅游发展规划纲要》（以下简称“一期规划”），推动了红色旅游在全国的蓬勃发展。2011 年 3 月，中央办公厅、国务院办公厅再次印发了《2011—2015 年全国红色旅游发展规划纲要》（以下简称“二期规划”），对红色旅游发展提出了新的部署和要求。中央的决策，受到各地各级党委和政府高度重视，社会各界积极响应参与，促进了红色旅游持续健康稳步发展，各项规划目标任务得到较好贯彻落实，取得了良好的政治效益、社会效益和经济效益。自 2004 年以来的发展实践，证明了红色旅游是全国各族人民坚定中国特色社会主义共同理想信念的政治工程，是弘扬民族精神和时代精神、加强思想道德建设的文化工程，是促进革命老区脱贫致富、提高生活水平的富民工程，是保障广大人民群众基本文化权益、积极发展公益性文化事业的民心工程。开展红色旅游，对于贯彻落实科学发展观，构建社会主义核心价值体系，建设民主、富强、和谐的美丽中国发挥了巨大作用。

开拓创新，真抓实干，红色旅游发展取得巨大成效

在党中央、国务院的正确领导下，地方党委、政府和中央各有关部门密切合作，扎实工作，全国红色旅游持续稳步发展，各项规划目标基本实现。自 2004 年至 2013 年的近 10 年中，红色旅游共接待游客超过 25 亿人次，年接待游客人数从 2004 年的 1.4 亿人次增长至 2012 年的 6.7 亿人次，年均增长率超过 20%，已占到国内旅游人数的五分之一强。

红色旅游的政治效益、社会效益和经济效益全面显现。

一是爱国主义和革命传统教育成效显著。各地围绕建党、建军、建国等重大节假日和重要革命人物纪念日，尤其是在全国抗日战争胜利 60 周年、红军长征胜利 70 周年、中国共产党成立 90 周年、中华人民共和国成立 60 周年等重大纪念日，开展了多种形式的红色旅游主题教育活动。各级党政机关、企事业单位、部队、学校等充分利用红色旅游景区开展入党、入团、入队宣誓以及过党日、团日、队日等活动，缅怀先辈业绩，接受爱国主义和革命传统教育。随着红色旅游吸引力和影响力不断增强，广大群众参与红色旅游的热情日益高涨。红色旅游景区的游客来源已由过去的单位组织为主，逐渐转变为单位组织和游客自主出游并重。据抽样调查显示，目前，参加红色旅游的人群 70% 是自费旅游；游客构成中 60% 是年轻人；84.6% 的游客认为红色旅游爱国主义教育和革命传统教育的效果很好或好。

二是红色文化繁荣发展。各地结合红色旅游发展实践，深入挖掘红色文化内

涵，组织创作了大型系列电视专题片《爱我中华》、电影《共和国摇篮》、大型情景歌舞剧《井冈山》、实景演出《延安保卫战》等反映社会主义核心价值观、群众喜闻乐见的红色影视、剧目以及红色歌曲、出版物等文化精品。全国重点红色旅游地区还组织了红歌会、艺术节等群众文化活动，培育了一批独具特色的红色文化品牌。

三是为革命老区经济发展注入新的活力。为推动红色旅游发展，有关部门在规划公路、机场、铁路等重点项目建设以及车次、航班的安排等方面向革命老区倾斜。在国家大力支持下，近 10 年来共建成红色旅游公路 3418 公里；先后完成百色、井冈山、淮安等多个重点红色旅游地区的机场新建、改扩建工程；革命老区建设铁路停靠站 106 个，专门开通了北京、上海、广州、深圳等中心城市到革命老区的旅客列车，使革命老区的交通等基础设施条件得到了极大改善。老区群众积极参与红色旅游发展，大力开发红色旅游商品，提供餐饮、住宿等多样化旅游服务，扩大了就业渠道，带动直接就业人数 91.2 万人，间接就业人数 371.1 万人，大幅度增加了当地居民收入，有效促进了革命老区经济社会发展。

四是红色旅游精品景区体系基本形成。近 10 年来，国家共安排红色旅游专项建设资金超过 100 亿元，在国家专项资金的引导下，各地积极筹措资金，围绕打造红色旅游精品，不断创新展陈内容，加强革命历史文化遗产保护，完善景区配套设施。目前，列入“一期规划”名录的全国红色旅游经典景区基础设施建设明显改善，环境面貌得到有效整治，展陈水平和革命文物保护能力明显提高，服务水平和接待能力显著提升，全国共创建 3A 级以上景区 174 家，并涌现出一批主题鲜明、内容丰富、深受游客欢迎的红色旅游目的地。

五是红色旅游从业人员素质得到提高。近 10 年来共举办红色旅游培训班 2450 多期，培训从业人员超过 20 万人次。通过举办全国红色旅游导游员电视大赛、全国红色旅游讲解员电视大赛，培养了一批优秀的红色旅游导游讲解人员。各地培养和选拔了一批精通业务的专家型讲解人才，不断提高讲解水平，注重讲解的知识性、生动性和趣味性，增强了红色旅游的吸引力、感染力。

明确目标，突出重点，努力开创红色旅游发展的新局面

2011 年 3 月，中办、国办印发了《2011—2015 年全国红色旅游发展规划纲要》，明确了“十二五”时期红色旅游发展的指导思想、基本原则和目标任务。

"二期规划"在继承"一期规划"提出的指导思想和基本原则的基础上，根据红色旅游发展实践和面临的新形势、新任务，进行了丰富和发展。在指导思想上，提出发展红色旅游要以社会主义核心价值体系建设为根本，以爱国主义和革命传统教育为主题，遵循旅游产业发展规律，深入挖掘红色旅游思想文化内涵，不断丰富发展内容，积极创新发展方式，进一步增强红色旅游的时代感和现实感。红色旅游作为政治工程、文化工程，必须突出强调其在加快构建社会主义核心价值体系中的重要作用，教育和引导广大干部群众充分认识到，是历史和人民选择了中国共产党，选择了社会主义制度，选择了改革开放道路，从而进一步坚定对党的信任、对中国特色社会主义的信念、对改革开放的信心，进一步巩固全党全国各族人民团结奋斗的共同思想基础。同时，红色旅游作为经济工程、富民工程，其发展必须遵循产业发展基本规律，充分发挥市场作用，不断创新体制机制，广泛吸纳群众参与，使之保持长久生机与活力，不断向前发展。因此，在基本原则上，"二期规划"继续强调要坚持把社会效益放在首位，坚持统筹规划、突出重点，坚持实事求是、量力而行，坚持政府推动、多方参与，并进一步提出要坚持产业化发展方向，推动红色旅游与其他产业融合发展，坚持改革创新，提升发展质量。

"二期规划"提出的发展目标是：到 2015 年，列入全国红色旅游经典景区名录的重点景区基础设施和环境面貌全面改善，重要革命历史文化遗产得到有效保护，红色旅游宣传展示和研究能力明显增强，配套服务更加健全，广大人民群众参与红色旅游的积极性和满意度显著提升，综合效益更加突出。

为此，各地各部门正在着力完成以下重点任务：

一是深入挖掘文化内涵，丰富红色旅游内容。自鸦片战争以来，大批仁人志士为了国家昌盛和民族复兴，抛头颅，洒热血，前赴后继，艰难求索，留下了许许多多可歌可泣、催人奋进的爱国主义壮丽诗篇。中国共产党自成立以来，在革命、建设、改革的各个历史时期，带领全国各族人民浴血奋战、艰苦奋斗、开拓进取，孕育了极其宝贵的精神财富。在革命战争时期，形成了井冈山精神、长征精神、延安精神、太行精神、红岩精神、西柏坡精神等；在社会主义建设时期，形成了"两弹一星"精神、雷锋精神、铁人精神、焦裕禄精神；在改革开放时期，形成了九八抗洪精神、抗震救灾精神、载人航天精神等，共同熔铸出了以改革创新为核心的时代精神。这些精神都是伟大民族精神在新的历史时期的锤炼和升华，是党的光荣传统和优良作风的集中体现，是我们中华民族极其宝贵的精神财富。各地通过深入研究挖掘精神内涵，改进创新红色旅游宣讲和展陈方式，使人们从红色旅游活动中汲取精神力量，并转化为建设中国特色社会主义的强大动力。

二是加强基础设施建设，完善红色旅游经典景区体系。2011年4月，国家发展改革委、中宣部、财政部、国家旅游局等14个部门，联合印发了《全国红色旅游经典景区第二批名录》和《全国红色旅游经典景区第一批名录（修订版）》。各地对纳入国家名录的经典景区，努力加强基础设施建设，提升陈列布展和革命历史文物保护水平，改善外部交通条件，加强人员配备，提高旅游接待能力，使之成为发展红色旅游的重要阵地。

三是转变发展方式，提升红色旅游产业化水平。大力推动红色旅游和观光旅游、文化旅游、乡村旅游、休闲度假旅游等其他旅游产品相结合，形成以红色旅游为主题、形式多样的复合型旅游产品和线路，增强其吸引力和竞争力。大力推动红色旅游发展和革命老区经济发展相结合，结合新农村建设，整合利用各方面资源，提供红色旅游餐饮、住宿等经营服务，延长红色旅游产业链，进一步带动革命老区经济社会发展。大力推动红色旅游发展和红色文化精品创作相结合。红色旅游重点地区要加强和艺术表演院团合作，打造一批反映地方红色文化的舞台艺术精品，通过旅游与文化融合，丰富红色旅游产品，增强感染力、影响力。大力推动红色旅游和其他旅游市场主体相结合。鼓励旅行社、酒店集团、运输公司等积极拓展与红色旅游相关的经营业务，培育一批以红色旅游为主营业务的旅游企业，加快完善红色旅游产业体系。

四是创新体制机制，增强红色旅游发展的后劲和活力。加大改革力度，按照精简效能的原则，创新景区运行管理体制，引入竞争和绩效考核机制，建立红色旅游景区管理服务综合评价体系。对景区内纳入免费开放范围的博物馆、纪念馆，认真研究和把握运行规律，优化内部组织结构，整合内部资源，完善激励机制，提高运行效率，提升陈展水平和服务质量。

五是加强红色旅游队伍建设，提高从业人员综合素质。按照“二期规划”提出的5年轮训一遍的要求，制订专项培训计划，重点开展红色旅游管理人员、导游员和讲解员分级分期专门培训。支持革命老区、民族地区和红色旅游资源丰富的地区发展旅游职业教育。有条件的院校开设与红色旅游相关的课程和专题班。吸收和培养一批红色旅游研究、规划、设计、管理等各方面的专门人才，建立红色旅游专家库。鼓励教师、大学生和离退休干部等参与红色旅游志愿服务。

发展红色旅游意义重大，使命光荣。让我们按照党的十八大的要求，紧密团结在以习近平为总书记的党中央周围，以邓小平理论和“三个代表”重要思想为指导，深入贯彻落实科学发展观，深入学习贯彻习近平总书记一系列讲话精神，统一思想，密切配合，扎实工作，开拓进取，努力开创红色旅游发展的新局面。

全国红色旅游地图

哈萨克斯坦
俄罗斯
蒙古
吉尔吉斯斯坦
塔吉克斯坦
阿富汗
巴基斯坦
克什米尔
印度
尼泊尔
不丹
孟加拉国
缅甸
泰国
老挝
越南
孟加拉湾
新疆维吾尔自治区
西藏自治区
青海省
甘肃省
四川省
云南省
贵州省
内蒙古
塔什干
比什凯克
伊斯兰堡
新德里
加德满都
廷布
达卡
内比都
河内
万象
乌鲁木齐
拉萨
西宁
兰州
成都
昆明
克拉玛依一号井
新疆兵团军垦博物馆
八路军驻新疆办事处纪念馆
红军西路军进疆纪念园
三五九旅屯垦纪念馆
玉门油田景区
高台烈士陵园
青海原子城遗址
八路军兰州办事处旧址
中国工农红军西路军纪念馆
会宁县红军长征会师园
两当兵变旧址
玉树州地震纪念设施
红军长征纪念碑碑园
"5·12"汶川大地震抗震救灾系列景区
拉萨烈士陵园
中央人民政府驻藏代表楼旧址
江孜宗山抗英遗址
山南烈士陵园
国共合作遗址群及抗日民族统一战线遗址群
迪庆红军长征博物馆
彝海结盟纪念地
扎西会议纪念馆
西南联合大学旧址、"一二·一"运动纪念馆及四烈士墓
普洱市民族团结誓词碑
塔里木河
博斯腾湖
青海湖
色林错
图例
红色旅游经典景区
首都
省级行政中心
外国首都
国界
未定国界
地区界
军事分界线
省、自治区、直辖市界
香港特别行政区界
河流 湖泊

1：20 500 000

0 205 410 615 820 1025km

全国红色旅游经典景区

全国红色旅游经典景区

北京市

P19-58

北京市红色旅游地图

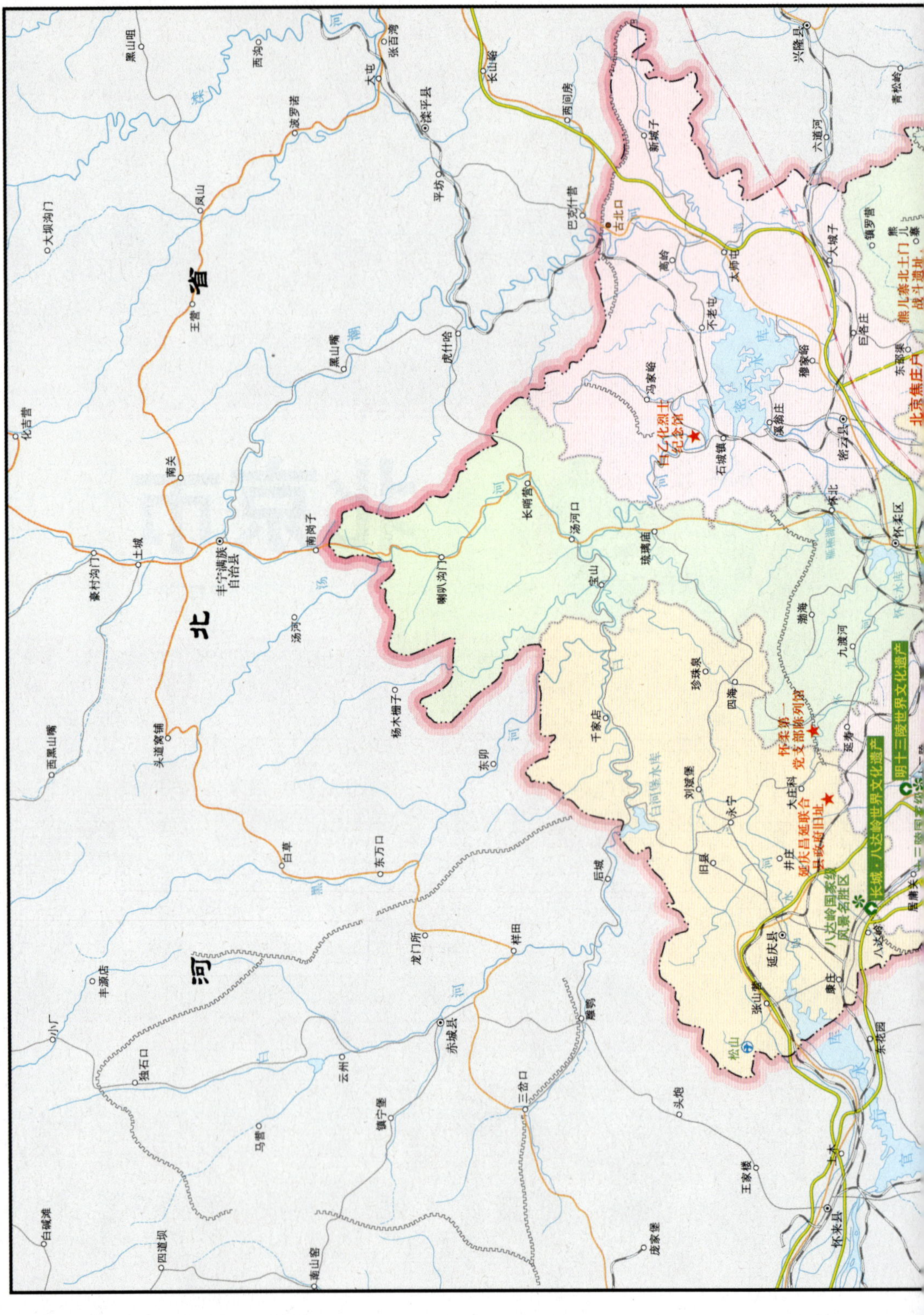

河北省
黑山咀
西沟
张百湾
大屯
滦平县
波罗诺
长山峪
西间房
兴隆县
青松岭
新城子
六道河
凤山
平坊
巴克什营
古北口
大坝沟门
高岭
太师屯
大城子
镇罗营
熊儿寨北土门儿战斗遗址
北京焦庄户
王营
黑山嘴
虎什哈
不老屯
巨各庄
穆家峪
冯家峪
白乙化烈士纪念馆
溪翁庄
密云县
石城镇
化吉营
南关
长哨营
汤河口
怀北
怀柔区
土城
南岗子
丰宁满族自治县
喇叭沟门
琉璃庙
宝山
豪村沟门
汤河
渤海
九渡河
珍珠泉
四海
杨木栅子
怀柔第一党支部陈列馆
千家店
延寿
西黑山嘴
头道营铺
东卯
白河堡水库
刘斌堡
大庄科
永宁
延庆县延联合县政府旧址
明十三陵世界文化遗产
长城·八达岭世界文化遗产
白草
东万口
旧县
井庄
后城
八达岭国家级风景名胜区
居庸关
龙门所
样田
八达岭
延庆县
丰源店
康庄
张山营
小厂
赤城县
雕鹗
松山
东花园
独石口
云州
三岔口
头炮
马营
镇宁堡
王家楼
土木
白碱滩
四道坝
南山窑
庞家堡
怀来县

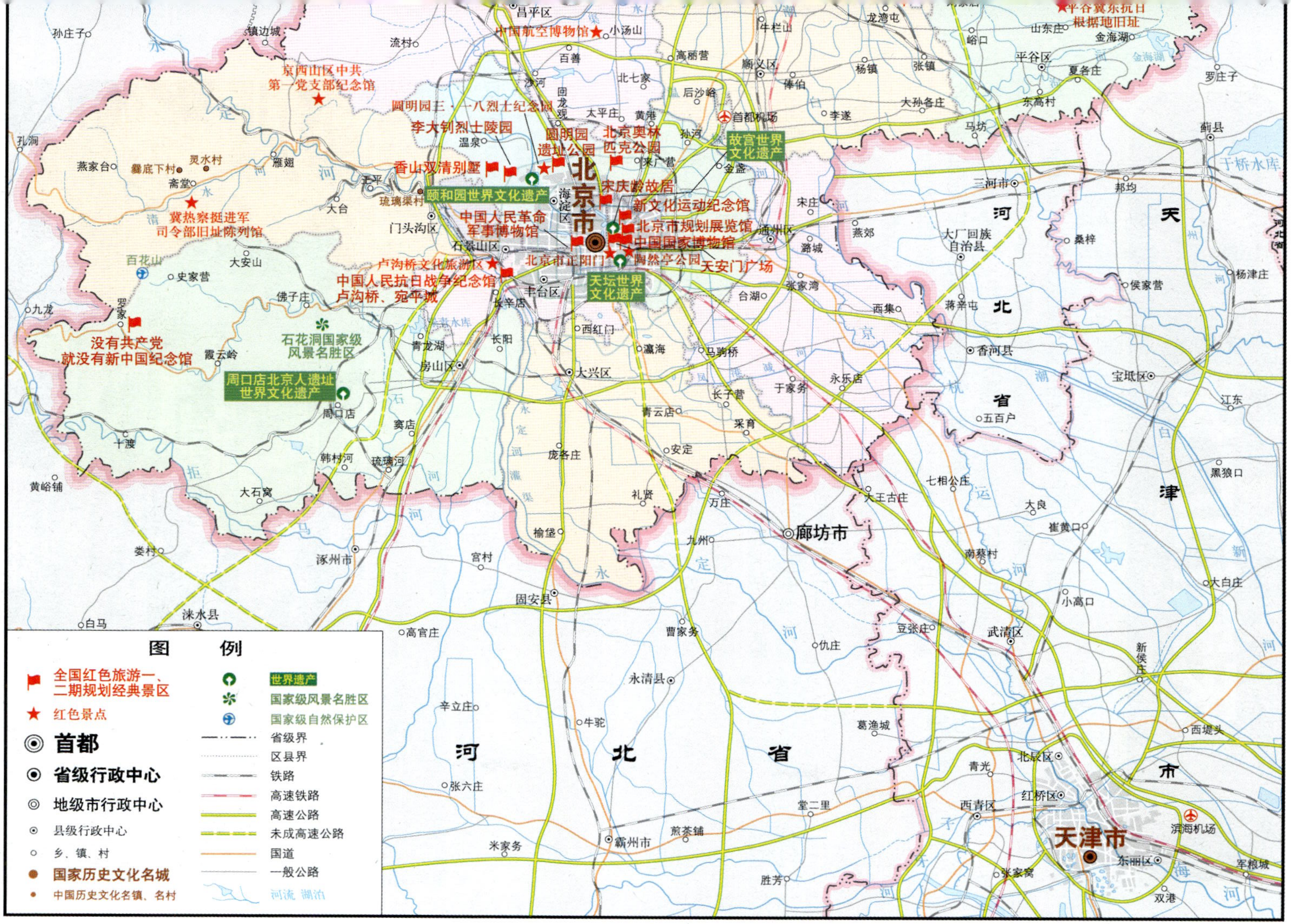

1 : 920 000

0 9.2 18.4 27.6 36.8 46.0km

天安门广场

天安门广场位于北京市区中心，北起天安门，南至正阳门，东起中国国家博物馆，西至人民大会堂，南北长880米，东西宽500米，面积44万平方米，是世界最大的城市中心广场。整个广场宏伟壮观，整齐对称，浑然一体，气势磅礴。天安门广场是国家举行重大节日庆典活动和集会的重要场所，是五星红旗升起的地方。

天安门广场曾是明清封建帝王统治时代紫禁城正门外的一个宫廷广场，平面呈“T”字形，东、西、南三面用围墙围成一片普通百姓的禁地。辛亥革命后，天安门广场解禁。

在中国近现代历史上，天安门广场曾见证过许多具有深远影响的重大事件：1919年五四反帝爱国运动，1925年声援五卅运动大会，1926年3月18日反对八国最后通牒国民示威大会，1935年的一二九运动，1947年反饥饿反内战反迫害运动，等等。1949年10月1日，举世瞩目的新中国开国大典在天安门广场隆重举行，毛泽东在天安门城楼上庄严宣告：中华人民共和国中央人民政府成立。首都30万军民在天安门广场举行盛大的游行活动，庆祝新中国的诞生。

新中国成立后，天安门广场曾多次进行大规模整修。1958年人民英雄纪念碑落成，并兴建了人民大会堂、中国历史博物

天安门广场全景鸟瞰

馆和中国革命博物馆。1976 年修建了毛主席纪念堂。1998 年再次整修天安门广场。

天安门广场是国家举行重大庆典、盛大集会和外事迎宾的神圣重地。2009 年 10 月 1 日，国庆 60 周年大阅兵，数十个徒步方队、装备方队以及空中梯队以磅礴的气势经过天安门广场，在世人面前展示出当代中国的崭新风貌。这是新中国成立以后举行的第 14 次国庆大阅兵。

天安门广场为全国爱国主义教育示范基地。

景点链接

天安门

天安门原是明清两朝皇城的正门，是皇帝颁诏之地。明永乐十八年（公元 1420 年）建成，当时称承天门，寓意“奉天承运，受命于天”；清顺治八年（公元 1651 年）更名为天安门。新中国成立后，天安门成为重要的国事活动场所。1988 年 1 月 1 日，天安门城楼对社会民众开放。

天安门
电话：010-63095718

天安门城楼

毛主席纪念堂

始建于 1976 年 11 月，1977 年 9 月 9 日举行落成典礼并对外开放。其主体建筑为柱廊型正方体，南北正面上方镶嵌着镌刻“毛主席纪念堂”的汉白玉匾额，44 根方形花岗岩石柱环抱外廊，雄伟挺拔，庄严肃穆。堂内一层有北大厅、瞻仰厅、南大厅。瞻仰厅正中水晶棺内安放着毛泽东的遗体。二层有毛泽东、周恩来、刘少奇、朱德、邓小平、陈云革命业绩纪念室和电影厅。

毛主席纪念堂

人民英雄纪念碑

人民英雄纪念碑

人民英雄纪念碑矗立于天安门广场中心。1949年9月30日，出席中国人民政治协商会议第一届全体会议的代表，在天安门广场为人民英雄纪念碑奠基。1958年，人民英雄纪念碑建成。纪念碑分碑身、须弥座和台座三部分，下层须弥座束腰部四面镶嵌着8块巨大的汉白玉浮雕，分别以虎门销烟、金田起义、武昌起义、五四运动、五卅运动、南昌起义、抗日游击战争、胜利渡长江为主题。在胜利渡长江的浮雕两侧，另有两幅以支援前线、欢迎中国人民解放军为题的装饰浮雕。碑身正面（北面）镌刻着毛泽东题词“人民英雄永垂不朽”8个鎏金大字。碑身背面（南面）是毛泽东起草、周恩来题写的碑文：

三年以来，在人民解放战争和人民革命中牺牲的人民英雄们永垂不朽！

三十年以来，在人民解放战争和人民革命中牺牲的人民英雄们永垂不朽！

由此上溯到一千八百四十年，从那时起，为了反对内外敌人，争取民族独立和人民自由幸福，在历次斗争中牺牲的人民英雄们永垂不朽！

人民大会堂

人民大会堂

人民大会堂位于天安门广场西侧，西长安街南侧，是中华人民共和国全国人民代表大会开会的地方，是全国人民代表大会和全国人大常委会的办公场所，也是国家领导人和人民群众举行政治、外交、文化活动的场所。中国共产党全国代表大会、全国人民代表大会、中国人民政治协商会议均在此召开。

人民大会堂于 1959 年 9 月建成，为建国 10 周年首都十大建筑之一，是中国建筑史上的一大创举。人民大会堂建筑风格庄严雄伟、壮丽典雅，富有民族特色，其建筑主要由三部分组成，即中央大厅、万人大会堂和以全国各省、自治区、直辖市名称命名、富有地方特色的厅堂。

故宫博物院

故宫博物院成立于 1925 年，建立在明清两朝皇宫——紫禁城的基础上，是中国最大的古代文化艺术博物馆，占地面积 70 多万平方米，周围环以 10 米高的城墙和 52 米宽的护城河。它既是收藏明清皇室珍宝的巨大宝库，也是明清宫廷历史鲜活档案的记载见证地，是全人类的珍贵文化遗产。故宫博物院不仅精心保管着明清时代遗留下来的皇家宫殿和旧藏珍宝，而且通过国家调拨、向社会征集和接受私人捐赠等方式，极大地丰富了文物藏品，其古书画、古器物、宫廷文物、书籍档案等文物蔚成系列，总数超过 180 万件。国家 5A 级旅游景区。

故宫博物院

地址：北京市东城区景山前街 4 号

电话：010-85007421

故宫夕照

中国人民抗日战争纪念馆、卢沟桥、宛平城

中国人民抗日战争纪念馆

该馆位于七七事变发生地——北京市卢沟桥旁宛平城内，是全面反映中国人民抗日战争历史的大型综合性专题纪念馆，1987年7月7日全民族抗战爆发50周年之际正式建成并对公众开放，邓小平题写馆名。

纪念馆正前方抗战广场面积达8600平方米，中央矗立着象征中华民族觉醒的“卢沟醒狮”雕塑，广场中轴线两侧各分布着7块草坪，寓意七七事变爆发地和中华民族的14年抗日战争。

纪念馆基本陈列面积达6000多平方米，以历史图片和实物为主，辅以景观、油画、雕塑、幻影成像、影视片等展示手段，全面展示了在中国共产党倡导建立的抗日民族统一战线旗帜下，以国共合作为基础，全国各族人民包括台港澳同胞、海外侨胞共同抵抗日本帝国主义侵略的历史，突出表现了中国共产党在抗日战争中的中流砥柱作用，反映了中华民族为世界反法西斯战争的胜利付出的巨大民族牺牲和作出的重要贡献，深刻揭露了日本侵略者在侵华战争中犯下的滔天罪行。

该馆为全国爱国主义教育示范基地、国家国防教育示范基地、全国廉政教育基地、国家4A级旅游景区。

中国人民抗日战争纪念馆

地址：北京市丰台区宛平城内街101号

电话：010-83892355转207/281

中国人民抗日战争纪念馆

卢沟晚霞

抗日战争胜利的伟大意义

中国人民的抗日战争，是近代以来中国反抗外敌入侵第一次取得完全胜利的伟大的民族解放战争。它是人类战争史上的奇观，中华民族的伟大创举，是中国共产党领导的新民主主义革命历程中一个重要的阶段。抗日战争的胜利，极大地推进了中国社会的历史进程，为新民主主义革命的彻底胜利奠定了坚实的基础，为世界反法西斯战争胜利作出了不可磨灭的贡献。

卢沟桥、宛平城

卢沟桥是中国华北地区最长的联拱石桥，建于金代，初名广利桥，因地跨卢沟河之上，又称卢沟桥。桥长 266.5 米，雕刻了 501 个生动逼真、极富变化的石狮子。“卢沟晓月”是古“燕京八景”之一。

宛平城是华北地区保存较完整的卫城，位于卢沟桥东侧，始建于明崇祯十一年（公元 1638 年），东西长 640 米，南北宽 320 米。当初建造该城是为了抵御李自成农民起义军进京，清代初期依然为军事堡垒。

1937 年 7 月 7 日夜，日军一部在卢沟桥附近借“军事演习”之名，向中国驻军寻衅，诡称参加演习的一名士兵失踪，要求进宛平城搜查。驻守宛平城的中国守军第二十九军拒绝了日军的要求。日军又无理要求中国军队撤到宛平城西门外，让日军进入东门。这一挑衅，再次被第二十九军严词拒绝。蓄谋已久的日军即向宛平城开枪射击，随即又炮轰卢沟桥。第二十九军忍无可忍，奋起还击，震惊中外的卢沟桥事变爆发。卢沟桥抗战标志着全国抗战的开始。

卢沟桥事变的第二天，中共中央向全

宛平城

国发出《中共中央为日军进攻卢沟桥通电》，大声疾呼平津危急！华北危急！中华民族危急！只有全民族实行抗战，才是中国的出路！号召全国同胞和军队团结起来，筑成民族统一战线的坚固长城，驱逐日寇出中国。

日军在玩弄“和谈”手段的同时，不断向平津前线增兵，完成了对北平实行总攻的准备。28 日清晨，日军在几十架飞机的掩护下，向北平南苑、西苑、北苑发动全线进攻。战斗中佟麟阁、赵登禹两位将军壮烈殉国。29 日凌晨，第二十九军撤往保定，古城北平陷落。

在中国共产党的推动下，1937 年 9 月 22 日，国民党中央通讯社发表《中共中央为公布国共合作宣言》。次日，蒋介石发表谈话，实际上承认了中国共产党在全国的合法地位。从此，国共两党第二次合作正式形成。中国共产党以自己的坚定意志和模范行动，在全民族抗战中发挥了中流砥柱的作用。

卢沟桥、宛平城为北京市爱国主义教育基地、国家 3A 级旅游景区。

卢沟桥、宛平城

地址：北京市丰台区卢沟桥城南街 77 号

电话：010-83894614（参观）　83892521（讲解）

景点链接

中国人民抗日战争纪念雕塑园

位于宛平城南，2000 年 8 月 15 日正式对外开放，集历史、文化、艺术和革命传统教育于一体，园内有反映中华民族浴血抗战历史的雕塑群，按中国人民抗日战争历史过程，分为日寇欺凌、奋起救亡、抗日烽火、正义必胜 4 个部分，摆放了 38 尊直径 2 米、高 4.3 米青铜铸造的柱形雕塑，充分表现了中国人民抗击日寇侵略的坚强意志和必胜的信心。

中国人民抗日战争纪念雕塑园
地址：北京市丰台区卢沟桥城南街 77 号
电话：010-83894614（参观）
83892521（讲解）

赵登禹墓

位于北京市丰台区卢沟桥大瓦窑立交桥南公路西侧文子山。

赵登禹（1898—1937），字舜臣，山东菏泽人。1914 年加入冯玉祥的部队，1933 年任第二十九军第三十七师旅长，后任第一三二师师长。1937 年七七事变爆发后，率部在北平南苑抗击日军。7 月 28 日，在与日军交战中壮烈殉国，年仅 39 岁。1946 年 7 月 28 日，北平各界在中山公园举行公祭大会。次日，灵柩由龙泉寺起灵，运至卢沟桥以东 2 公里处的西道口山坡上安葬。“文化大革命”期间，烈士墓被毁，1980 年重建。

赵登禹墓
地址：北京市丰台区卢沟桥大瓦窑立交桥南

新文化运动纪念馆

新文化运动纪念馆

地址： 北京市东城区五四大街29号

电话： 010-66128596

新文化运动纪念馆位于北京市东城区沙滩原北京大学红楼旧址。北京大学的前身是始创于清光绪二十四年（公元1898年）的清代京师大学堂，1912年改称国立北京大学。从1916年开始，北京大学在沙滩兴建学生宿舍楼，因大楼用红砖砌成，故称红楼。1918年落成后，改作北京大学校部、图书馆和文科教室，组成文学院。

红楼为“工”字形，共4层，墙体为红砖，屋顶用红瓦建成。红楼建成后，以当时“雄视一方”的西式楼房风格，成为北京大学的标志和象征。蔡元培在这里提出“兼容并包”的办学理念，陈独秀、李大钊、鲁迅、胡适、钱玄同、刘半农等曾在这里任教，毛泽东曾在这里任图书馆助理员。红楼内产生过许多革新团体和进步刊物。北京大学因而成为新文化运动的中心和五四运动的发源地。

1920年3月，李大钊、邓中夏等在北大红楼成立马克思学

新文化运动纪念馆

说研究会。同年 10 月，又在这里成立北京共产党早期组织。北大红楼成为中国最早介绍和宣传马克思主义的重要阵地。1921 年中国共产党成立后，中共北京地方组织的领导机关也曾设在这里。

1937 年七七事变爆发北平沦陷后，红楼被日本宪兵队占据达 8 年之久。红楼地下室曾被当做囚禁、迫害爱国志士的监狱。1945 年日本投降后，北京大学在红楼复校。

中华人民共和国成立后，红楼受到党和国家的重视与保护。1952 年北京大学由红楼迁至西郊原燕京大学校址。1961 年北大红楼被列为全国重点文物保护单位。2002 年 4 月，新文化运动纪念馆正式对外开放。

新文化运动纪念馆以北大红楼为依托，秉承宣传和弘扬“爱国、进步、民主、科学”的五四精神的宗旨，不断推出各种形式的展览。参观区由红楼旧址一层和院内平房展厅组成，面积 3000 平方米。有图书馆主任室、第二阅览室、登录室、第十四书库、新潮杂志社和学生大教室等陈列，并开辟了蔡元培专题陈列、陈独秀专题陈列等。该馆是全面展示五四新文化运动历史的专题性博物馆，凸显了五四新文化运动时期的红楼历史氛围。

新文化运动纪念馆为北京市爱国主义教育基地。

景点链接

蔡元培故居

位于北京市东城区东堂子胡同，是 1917 年至 1923 年蔡元培任北京大学校长期间租住的居所，门牌 33 号，为东、西各三进的院落，现分为 75 号、77 号两个院落。蔡元培寓居此地时，将 5 间倒座作为客厅。2009 年故居修缮后对外开放。

蔡元培故居

蔡元培故居
地址： 北京市东城区东堂子胡同 75 号
电话： 010-65275840

李大钊烈士陵园

李大钊烈士陵园

地址： 北京市海淀区香山东万安里1号（万安公墓内）

电话： 010-62591044

李大钊烈士陵园位于北京市海淀区万安公墓内，面积2200平方米，坐西朝东，为传统庭院式建筑。

走进陵园，迎面可见高2米的李大钊烈士雕像。雕像背后是李大钊烈士及夫人赵纫兰墓地，松柏掩映，四周环绕万年青等花景。方台最西面是用黑色大理石镶嵌而成的烈士墓碑，碑的正面镌刻着邓小平题词：“共产主义运动的先驱伟大的马克思主义者李大钊烈士永垂不朽”，碑的背面是以中共中央名义撰写的碑文，高度概括了李大钊烈士光辉的一生和不朽的业绩。纪念碑西为宽敞的院落，大门内两侧为党和国家领导人缅怀烈士的18块题词碑刻，正房及南侧房为李大钊烈士陈列室和陵园纪念室，展示着许多烈士的遗物及图片文字资料。

李大钊（1889—1927），河北乐亭人。1918年起，任北京大学图书馆主任，参与编辑《新青年》。俄国十月革命后，相继发表《法俄革命之比较观》、《庶民的胜利》、《布尔什维主义的胜利》、《我的马克思主义观》等著名论文，成为中国最早传播马克思主义的

李大钊烈士陵园

人。1920年10月，创建北京共产党早期组织，并与陈独秀积极筹建中国共产党。1921年中国共产党成立后，负责党在北方的全面工作。在中共三大和中共四大上，当选为中央委员。1927年4月6日，奉系军阀张作霖派军警搜查苏联大使馆等地，李大钊被捕，28日在北京英勇就义。

李大钊牺牲后，灵柩最初寄存在宣武门外长椿寺中，5月1日移灵于妙光阁浙寺。1933年4月23日，中共北平地下组织及革命团体在万安公墓为李大钊举行公葬。同年5月28日，李大钊夫人赵纫兰病逝，葬于李大钊烈士墓旁。

1982年12月，中共北京市委开始规划李大钊烈士陵园。1983年3月，将李大钊夫妇灵柩从旧墓移葬于陵园内。同年10月29日，中共中央隆重举行李大钊烈士陵园落成典礼。李大钊烈士原墓葬地位于李大钊烈士陵园南墙外（万安公墓土区仁组），墓地保存原样，供后人凭吊。

李大钊烈士陵园为全国爱国主义教育示范基地。

景点链接

万安公墓

万安公墓始建于1930年，占地面积8.6万平方米，按金、木、水、火、土划为5区，区内又以《千字文》、《百家姓》为组号。公墓中安葬着革命烈士、社会活动家、昔日军政要人、科学家、文学家、外国友人等，如李大钊夫妇、邓文辉、路友于、张西曼、曹禺、刘继卣、施今墨、冯友兰、韦素园、马占山、柏文蔚、朱自清等。

万安公墓
地址： 北京市海淀区香山东万安里1号
电话： 010-62591545

北京香山万安公墓

中国国家博物馆

中国国家博物馆

地址： 北京市东城区东长安街16号（天安门广场东侧）

电话： 010-65116400

中国国家博物馆位于北京市天安门广场东侧，与人民大会堂相对，是以历史与艺术并重，集收藏、展览、研究、考古、公共教育、文化交流于一体的综合性博物馆。

中国国家博物馆成立于2003年，由原中国历史博物馆和中国革命博物馆合并而成。经改扩建后2011年重新开馆，总建筑面积近20万平方米，藏品数量为106万件。

中国国家博物馆地上共有3层展厅，南北对称。超过1000平方米的展厅有49个，其中，最大的展厅为地下一层的常设展览（古代中国）所在的展厅，面积为1万平方米。

中国国家博物馆设有“古代中国”、“复兴之路”两个基本陈列，以及10余个各艺术品门类的专题展览及国际交流展览，向公众系统展示中国悠久的历史文化、民族传统和当代主流文化精神。

“复兴之路”基本陈列分为：中国沦为半殖民地半封建社会、探索救亡图存的道路、中国共产党肩负起民族独立人民解

中国国家博物馆

放的历史重任、建设社会主义新中国、走中国特色社会主义道路5个部分。通过回顾1840年鸦片战争以来，陷入半殖民地半封建社会深渊的中国各阶层人民在屈辱和苦难中奋起抗争，为实现民族复兴进行的种种探索，特别是中国共产党领导各族人民争取民族独立、人民解放、国家富强、人民幸福的光辉历程，展示历史和人民怎样选择了马克思主义、选择了中国共产党、选择了社会主义道路、选择了改革开放；诠释了中国人民为什么必须始终坚持高举中国特色社会主义伟大旗帜不动摇，坚持中国特色社会主义道路不动摇，坚持中国特色社会主义理论体系不动摇。

中国国家博物馆为全国爱国主义教育示范基地。

景点链接

中山公园

中山公园
地址：北京市东城区中华路4号
电话：010-66052799

位于天安门西侧，与故宫一墙之隔。原是明清两朝皇帝祭祀土地神和五谷神的社稷坛，1914年辟为中央公园。1925年3月12日，孙中山先生病逝后，在公园里的拜殿停灵并举行公祭。为纪念孙中山先生，1928年，国民政府将拜殿更名为中山堂，中央公园亦更名为中山公园。现公园占地23万平方米，是一座纪念性的古典坛庙园林。

中山公园为全国重点文物保护单位。

中山公园

劳动人民文化宫

劳动人民文化宫入口

位于天安门东侧，原为明清两代皇室家庙（旧称太庙），即皇室供奉祖宗牌位、年节大典祭祀先人的地方，为保存最完整的明代建筑群之一。1950年5月1日改为北京市劳动人民文化宫，正式对外开放。

劳动人民文化宫为全国示范工人文化宫、全国重点文物保护单位。

劳动人民文化宫
地址：北京市东城区东华门
电话：010-65252189

中国人民革命军事博物馆

中国人民革命军事博物馆
地址：北京市海淀区复兴路 9 号
电话：010-66866244

中国人民革命军事博物馆位于北京市西长安街延长线上，玉渊潭南畔。1960 年八一建军节之际正式对外开放。

该馆是大型综合性军事博物馆，占地面积 9.37 万平方米，陈列面积近 4 万平方米。展览大楼坐北朝南，气势宏伟，巍峨壮观，主楼高 94.7 米，顶端托举着金碧辉煌的镀金八一军徽，直径达 6 米。正门上方悬挂的馆名由毛泽东亲笔书写。

军事博物馆设有古代战争馆、近代战争馆、土地革命战争馆、抗日战争馆、解放战争馆、新中国国防和军队建设成就馆、抗美援朝战争馆、兵器馆、中国人民解放军对外交往友谊馆、军事艺术馆等专题展馆，荟萃5000年中华军事文化的珍贵遗产，展示人民军队的光辉历程以及新中国国防建设的巨大成就。

中国人民革命军事博物馆

军事博物馆共收藏34万多件文物和其他各类藏品。其中，国家一级文物1793件，大型武器装备207件，油画252幅，国画809幅，书法作品514件，对外军事交往中受赠礼品2500多件。

2010年军事博物馆建筑面积扩大到16万平方米，在陈列体系、社教服务、文物保管利用等方面均有所发展。新展览将通过对整个展览陈列体系进行的更新、完善，使陈展内容更加丰富生动。

中国人民革命军事博物馆为全国爱国主义教育示范基地。

景点链接

中华世纪坛

位于中国人民革命军事博物馆西侧，是为了迎接21世纪新千年而兴建的，由主体结构、青铜甬道、圣火广场、过街桥、世纪大厅、艺术大厅等组成。作为一座集艺术品收藏、展示、研究于一体的大型艺术馆，举办过“世纪国宝展”、“神秘的玛雅”、“大师达利展”等艺术展览；承办过“千禧之夜”、“申奥成功”等大型庆典活动以及“神舟5号展”、“一切为了人民——北京市纪念中国共产党成立90周年展览”、“永远的雷锋”等展览。

中华世纪坛

地址： 北京市海淀区复兴路甲9号

电话： 010-59802222

中华世纪坛

北京焦庄户地道战遗址纪念馆

北京焦庄户地道战遗址纪念馆

地址： 北京市顺义区龙湾屯镇焦庄户村

电话： 010−60461906

活动建议

上午参观焦庄户地道遗址，观看《地道战》电影，吃“抗战饭”（窝窝头、玉米糌粥和咸菜）；下午可选择参观顺义三高科技农业试验示范区或北京燕京啤酒集团公司、北京七彩蝶园等。

北京焦庄户地道战遗址纪念馆位于北京市顺义区龙湾屯镇燕山余脉歪坨山下，距北京市区 60 公里。纪念馆始建于 1964 年秋，定名为焦庄户民兵斗争史陈列室。1979 年更名为北京焦庄户地道战遗址纪念馆。

全国抗日战争时期，焦庄户隶属于冀东抗日根据地，是冀东通往平西、平北根据地的必经之路。1939 年秋，在中国共产党的领导下，焦庄户村组织青救会、妇救会、民兵自卫队等群众组织，修建地道长达 23 华里，成为能藏、能走、能打、能生活的地下长城。在抗日战争和解放战争中，焦庄户村民与敌人作战 150 余次，打死打伤敌人 130 多人，俘虏敌人 60 多人，缴枪 100 余支、子弹 3500 余发，缴获电台 1 部等。由于焦庄户战功卓著，1947 年 11 月，冀热辽十四军分区指示顺义县政府，授予焦庄户“人民第一堡垒”的光荣称号。

2005 年纪念馆重新扩建，主体建筑采用中国北方农村传统的四合院设计风格，以青色为主色调。纪念馆分为 3 个参观区，即展馆参观区、地道参观区、抗战民居参观区，修建了以抗战历史人物为造型的浮雕群以及大型立体三维沙盘，展览以照片、图片和实物为主，再现了焦庄户人民在党的领导下，同敌人进

北京焦庄户地道战遗址纪念馆

行英勇斗争的历史画面。现在供观众参观的地道遗址有 650 多米，地道内有休息室、指挥所、单人掩体、陷阱、碾盘和暗堡等战斗设施，还有在水缸、炕洞、墙柜、锅台、猪圈、柴棚、驴槽等处修建的隐蔽的出入口。

北京焦庄户地道战遗址纪念馆为全国爱国主义教育示范基地。

景点链接

北京顺义三高科技农业试验示范区

示范区集现代农业展示、农业科技成果转化、高新技术企业孵化、青少年科普教育和农业旅游观光等多种功能于一身，形成了以畜牧籽种、精品花卉、树木种苗、旅游观光、物流配送和信息服务为主的产业群。现有旅游景点 7 个：空间花园、蝴蝶兰观赏区、水培蔬菜生产车间、精品牡丹生产观光园、胖龙园艺温室、观光采摘园、神笛陶艺文化村。其中北京神笛陶艺文化村是全国最大的陶艺村，能同时容纳 700 人学习与制作陶艺。在这里不仅可以看到陶瓷艺人精湛的表演，还可以亲身感受拉坯、手捏、刀刻、着色等制作工序，亲手制作陶瓷器皿，感受中国古老的陶瓷文化魅力。

北京燕京啤酒集团公司

北京燕京啤酒集团公司

现为全国最大啤酒生产企业，全国工业旅游示范点。每年 6 月举办燕京啤酒节。在这里，可以了解啤酒生产的历史、参观生产流程、品赏新鲜的啤酒。

北京七彩蝶园

七彩蝶园为活体蝴蝶观赏园，分为蝴蝶观赏区、蝶舞花海、梦幻蝴蝶泉、蝴蝶科普世界、蝴蝶文化展区、蝴蝶标本展区、放飞广场、DIY 体验区等多个区域。园内四季如春，常年蝴蝶纷飞，为少年儿童量身打造了情商拓展游戏，将蝴蝶优秀品质融入其中，让孩子们在快乐中成长。

食宿资讯

●焦庄户村农家乐

该村有旅游接待户 122 户，其中市级旅游接待户 12 户，从业人员 195 人，现有床位 330 个，可供 400 余人就餐。住农家院、吃农家饭、干农家活、睡农家炕为突出特色，推碾子、骑毛驴、放鞭炮、采摘农产品、品尝绿色天然食品、干田间农活等活动丰富多彩。

地址： 北京市顺义区龙湾屯镇焦庄户村

电话： 010-60461250 60461100

北京顺义三高科技农业试验示范区

地址： 北京市顺义区北小营镇后幢村北

电话： 010-60481500

北京燕京啤酒集团公司

地址： 北京市顺义区双河路 9 号

电话： 010-89495683

北京七彩蝶园

地址： 北京市顺义区高丽营镇（白马路北侧）

电话： 010-89422400

北京奥林匹克公园

北京奥林匹克公园

地址： 北京市朝阳区北辰东路 18 号

电话： 010-84992008

北京奥林匹克公园地处北京中轴线北端，北至清河南岸，南至北四环中路，东至安立路、北辰东路，西至林翠路与北辰西路，分 3 个区域。北部森林公园位于科荟路以北，利用挖湖堆山的中国古代园林技术，建造出“奥海”、“仰山”等景观，是北京中轴线向北延伸的终点。中部是主要场馆和配套设施，南部是已建成场馆区和预留地。园内代表性景点有景观大道、国家体育场（鸟巢）、国家游泳中心（水立方）、国家体育馆、奥林匹克多功能演播塔（玲珑塔）、下沉花园、北顶娘娘庙、中国科学技术馆、奥林匹克森林公园等。

北京奥林匹克森林公园位于北京奥林匹克公园北区，占地面积 680 万平方米。北五环路横穿公园中部，将公园分为南、北两园，中间由一座横跨五环路、种满植物的生态桥连接。南园以大型自然山水景观为主，北园则以小型溪涧景观及自然野趣密林为主。公园主峰称仰山，取《诗经》中“高山仰止，景

俯瞰北京奥林匹克公园

中国科学技术馆

行行止”之意。公园主湖称奥海，一借奥林匹克之名，二合北京传统地名中湖泊以“海”称呼的传统。公园内还有射箭场、网球中心、人造湿地、演艺广场等。奥林匹克森林公园是目前北京市规划建设中最大的城市公园。

中国科学技术馆位于北京奥林匹克公园中心区内，建筑规模10余万平方米，集展示与参与、教育与科研、合作与交流、收藏与制作、休闲与旅游于一体，是一个主题突出、功能完善并具有国际先进水平的现代化综合性国家科技馆。常设展览包括科学乐园、华夏之光、探索与发现、科技与生活、挑战与未来五大主题展厅和公共空间展示区，以及宇宙剧场、巨幕影院、动感影院、4D影院4个特效影院。

鸟巢是国家体育场的俗称，位于北京奥林匹克公园内，因其造型如同孕育生命的“巢”而得名，是2008年北京奥运会的主场馆。北京奥运会期间设有10万个座位，承办开闭幕式、田径比赛以及足球比赛决赛等项目。奥运会后成为北京市民广泛参与体育活动及享受体育娱乐的大型专业场所，是具有地标性的体育建筑和奥运遗产。

鸟巢

水立方是国家游泳中心的俗称，位于北京奥林匹克公园内，是北京奥运会的主游泳馆，举行游泳、跳水、花样游泳等项目的比赛，也是该奥运会标志性建筑物之一，与国家体育场（鸟巢）分列于北京城市中轴线北端的两侧。

北京奥林匹克公园是城市传统中轴线的延伸，意喻千年历史文化的延续，是“绿色、科技、人文”三大奥运理念的集中承载地，也是“百年奥运、中华圆梦”奥运情怀的集中体现区。在这里容纳了 2008 年北京奥运会 44% 的奥运会比赛场馆和为奥运会服务的绝大多数设施，进行过 15 个项目的比赛，有超过一半的金牌在此产生。

北京奥林匹克公园是集办公、商业、酒店、文化、体育、会议、居住多种功能的新型城市区域，区域内有完善的能源基础，四通八达的交通网络。

北京奥林匹克公园为北京市爱国主义教育基地、国家 5A 级旅游景区。

北京奥林匹克森林公园

圆明园遗址公园

圆明园遗址公园

地址：北京市海淀区清华西路28号

电话：010-62628501

62658207

圆明园始建于清康熙四十八年（公元1709年），是清朝在150余年间建造的一座大型皇家宫苑，由圆明、长春、绮春三园组成，占地面积350万平方米，建筑面积近20万平方米，曾以其宏大的地域规模、杰出的营造技艺、精美的建筑景群、丰富的文化收藏和博大精深的民族文化内涵而享誉于世，被誉为“一切造园艺术的典范”和“万园之园”。

由于清王朝的逐渐衰落和西方列强的侵略，这一凝聚着中国人民血汗和智慧的举世名园，于1860年10月遭到英法联军的野蛮洗劫，并被付之一炬。1900年，八国联军入侵北京，园内残存建筑再次遭到破坏，此后，一代名园逐渐沦为废墟。

新中国成立后，经过数十年整修，圆明园遗址公园于1988年正式对社会开放。

园内有著名的三一八烈士纪念碑，碑身呈六角形，由白色大理石砌筑而成。碑身正面镌刻有“三一八烈士公墓”7个篆字，

圆明园大水法遗址

三一八烈士纪念碑

碑身下方刻有碑文，记述了三一八惨案的经过，以及刘和珍、杨德群等 39 位烈士的姓名、年龄、籍贯、职业等情况。

如今的圆明园遗址公园，已经形成了以凝固的历史和充满蓬勃生机的园林气氛相结合的独特旅游景观。以西洋楼为代表的宏大遗址群落，给人以深刻的历史启迪。

圆明园遗址公园为全国重点文物保护单位、全国爱国主义教育示范基地、国家 4A 级旅游景区。

景点链接

颐和园

颐和园
地址： 北京市海淀区新建宫门路 19 号
电话： 010-62881144 转 6209

中国现存最大、保存最完整的皇家园林。始建于 1750 年，1860 年被英法联军焚毁；1886 年至 1895 年重建，改称颐和园；1900 年又遭八国联军劫掠。1903 年修复，成为晚清最高统治者在紫禁城之外最重要的政治和外交活动中心。后来，战乱不断，屡遭破坏。新中国成立后迭经修缮。

颐和园为全国重点文物保护单位、国家 5A 级旅游景区，1998 年被列入世界文化遗产名录。

颐和园

北京市规划展览馆

北京市规划展览馆位于北京市天安门广场东南侧，是全面展示北京城规划建设发展历史、现状和未来的大型主题展览馆，2004 年正式对外开放。

展馆分 4 层，展示面积 8000 平方米。第一层是北京湾青铜雕塑，第二层是区县规划展览，第三层是古城变迁、城市规划模型，第四层是奥运场馆、世界大城市、未来家居展览。

展览馆通过先进的科技手段，丰富多彩的展示内容，生动有趣的表现形式详尽介绍了北京的发展历史，当代城市规划建设的全景风貌，展示了北京城市发展的灿烂明天。其中历史部分由“北京古城变迁”和“北京历史文化名城保护”展区组成，通过大量的图片、文字、实物等史料，展现了自石器时代到近代不同时期的北京城风貌格局。当代北京城市规划展区，主要包括北京历次总体规划介绍，北京市各区县及北京经济技术开发区规划建设展览，北京城市交通、环保、水务、节能专项展区和北京奥运场馆规划建设展区等，回顾了新中国成立后，各个时期北京总体规划方案的制定和调整情况。未来北京规划建设发展目标展区，从多个专题和多个层次全方位介绍了未来北京规划发展的宏伟目标，北京规划大模型和多媒体影片直观地展示了未来北京的现代化风采。

北京市规划展览馆

地址： 北京市东城区前门东大街20号（天安门广场东南侧）

电话： 010-67017074

北京市规划展览馆

展馆中的“北京湾”铜雕、“北京旧城”青铜浮雕、“天衢丹阙”工笔长卷、故宫实木模型等许多展品都是不可多得的艺术精品。北京城市规划模型，是目前世界上最大的城市规划模型之一。

北京市规划展览馆为北京市爱国主义教育基地、国家4A级旅游景区。

前门大街
地址：北京市东城区前门大街
电话：010-67018526

景点链接

前门大街

前门大街

位于北京前门箭楼南，北起前门月亮湾，南至天桥路口，长约1600米。明嘉靖二十九年（公元1550年）建外城前，大街为皇帝出城赴天坛的御路；建外城后，为外城主要南北街道。明清至民国时称正阳门大街，1965年正式定名为前门大街。2008年为迎接北京奥运会，重新改建为步行街，恢复清末民国初年的风貌。全聚德烤鸭店、同仁堂药店、六必居酱园、瑞蚨祥绸布店、内联升鞋店、月盛斋酱肉店、都一处烧卖店等北京老字号都能在前门大街见到，成为集中体现老北京文化的地方。

中国铁道博物馆（正阳门馆）
地址：北京市东城区前门大街甲2号（正阳门东南角对面）
电话：010-67051638

中国铁道博物馆（正阳门馆）

中国铁道博物馆（正阳门东车站旧址）

位于正阳门箭楼东，原为京奉铁路正阳门东车站旧址，是中国铁道博物馆3个分馆之一，全面展示中国铁路百余年发展历史。博物馆集收藏、陈列、宣传、教育等功能于一体，展览内容分为蹒跚起步、步履维艰、奋发图强、长足长进和科学发展5部分，涵盖了中国铁路从清末至今130余年的历史。

宋庆龄故居

宋庆龄故居位于风景秀丽的北京什刹海后海北沿，原为清朝康熙年间大学士明珠的府邸花园，乾隆年间为和珅别苑，嘉庆年间为成亲王永瑆王府花园，后为光绪父亲醇亲王奕譞府邸花园，清末又为末代皇帝溥仪的父亲醇亲王载沣的王府花园，即摄政王府花园。

1962年，国务院总理周恩来受党和政府委托，亲自筹划，决定藉此王府花园，精心设计改造葺旧更新，在原来主体建筑迤西，接建一座中西合璧的二层主楼，作为中华人民共和国副主席宋庆龄的住所。1963年4月，宋庆龄迁居于此，至1981年5月逝世，共在这里工作生活了18个春秋。1982年，整座建筑被命名为“中华人民共和国名誉主席宋庆龄同志故居”，并对外开放。

宋庆龄故居门前水天相映，碧波涟漪，堤岸杨柳轻扬；院内曲径回廊，楼堂亭榭，湖水环绕，山石嶙峋，绿树浓荫，花香四溢，是一处雍容典雅、幽静别致的庭园。

故居占地面积2万多平方米，建筑面积约5000平方米，既保留着王府花园的布局和风格，又融入西方别墅的特点，是一处中西合璧的园林。院落建筑分前厅“濠梁乐趣”、后厅“畅襟斋”、东厢“观花室”，西厢与新建主楼相连。园内引自什刹海

宋庆龄故居

地址： 北京市西城区后海北沿46号

电话： 010-64044205转815

宋庆龄故居

宋庆龄居所

活水绕园而行，湖面上建有长廊、恩波亭，西山脚下立有“岁岁平安”太湖石，山上建有箑亭、听雨屋、瑰宝亭。园内有上百年的西府海棠、200年的老石榴桩景、500年的凤凰国槐等古树名木、纳兰性德亲自种植的两棵古树、宋庆龄养护过的西山松等各种名木佳卉。此外，故居内还有近百羽鸽子，寄托着宋庆龄对和平的热爱，同时也给观赏增添了生动祥和的气氛。

宋庆龄故居内设有宋庆龄生平事迹展览馆，展出其一生历史照片近400张、文物资料300多件。院中主楼内所展出的陈设，一如宋庆龄生前起居原状。每年1月27日宋庆龄诞辰纪念日、5月29日宋庆龄逝世纪念日，故居都要组织纪念活动。

宋庆龄故居为全国重点文物保护单位、北京市爱国主义教育基地、国家2A级旅游景区。

人物介绍

宋庆龄

宋庆龄（1893—1981），原籍广东（今海南）文昌，生于上海。1915年与孙中山结婚，成为他的亲密战友和得力助手。孙中山逝世后，坚持“联俄、联共、扶助农工”的新三民主义，与国民党右派进行坚决的斗争。1932年在上海和鲁迅等人组织“中国民权保障同盟”，保护和营救受到迫害的中国共产党党员和反蒋爱国民主人士。抗战期间，先后在广州和香港组织“保卫中国大同盟”，坚持不懈地支持中国共产党领导的抗日斗争。1948年1月，当选为中国国民党革命委员会名誉主席。1949年中华人民共和国成立，当选为中央人民政府副主席，1954年当选为全国人民代表大会常务委员会副委员长，1959年和1965年当选为中华人民共和国副主席，1975年再次当选为全国人民代表大会常务委员会副委员长。1981年5月15日，被接收为中共正式党员，16日被授予中华人民共和国名誉主席的称号。1981年5月29日病逝于北京。

景点链接

郭沫若纪念馆

为庭院式四合院，原为中医世家乐氏达仁堂私宅，1963 年 11 月郭沫若迁入，至 1978 年病故，在这里度过了他的晚年。1988 年 6 月故居正式对外开放，1992 年故居改建为“郭沫若纪念馆”。

郭沫若纪念馆院内塑像

郭沫若纪念馆
地址：北京市西城区前海西街 18 号
电话：010-83222330

梅兰芳纪念馆

梅兰芳纪念馆

该院原为清末庆亲王府的一部分，是一座典型的两进北京四合院，著名京剧大师梅兰芳在此度过人生的最后 10 年。1986 年 10 月，故居对外开放。院内展览陈列着梅兰芳使用过的部分戏装、道具及国内外友人赠送的书法、绘画等纪念品。

梅兰芳纪念馆
地址：北京市西城区护国寺街 9 号
电话：010-83223598

郭守敬纪念馆

该馆建有郭守敬铜像、观星台、展厅、天文观测台等建筑设施和景点。展览反映了郭守敬在天文、水利、仪器制造等方面为人类科学事业发展所作的卓越贡献。

郭守敬纪念馆
地址：北京市西城区德胜门西大街甲 60 号
电话：010-83220015

恭王府
地址：北京市西城区前海西街 17 号
电话：010-83288149

恭王府

中国现存王府中保存最完整的清代王府，分为府邸和花园两部分，有中、东、西三路建筑，由多进四合院落组成。在这里，可以尽情领略翠山碧水、幽径雅台的私家园林魅力，体味醇厚的中国文化韵味。

餐饮资讯

九门小吃
地址：北京市西城区什刹海北沿孝友胡同 1 号
电话：010-84083077

九门小吃

囊括了京城传统的老字号小吃——小肠陈、褡裢火烧、爆肚冯、奶酪魏、茶汤李、月盛斋、年糕钱、羊头马、豆腐脑白、恩元居等，在这里可以品尝北京传统小吃，感受老北京的市井饮食文化。

烤肉季
地址：北京市西城区前海东沿 14 号
电话：010-64042554

烤肉季

创建于清道光二十八年（公元 1848 年），烤羊肉久负盛名，有"南宛北季"的口碑。在烤肉季饭庄，吃烤肉、观山、赏荷并称为"三绝"，有"银锭桥观山一景，烤肉季烤肉一绝"一说。

北京市人物故居纪念馆

1. 茅盾故居
地址：北京市东城区交道口后圆寺胡同 13 号
电话：010-64044089

2. 老舍故居
地址：北京市东城区灯市口丰富胡同 19 号
电话：010-65599218

3. 李大钊故居
地址：北京市西城区新文化街文华胡同 24 号
电话：010-66011512
010-66089208

4. 北京鲁迅博物馆
地址：北京市西城区阜成门内宫门口二条 19 号
电话：010-66164080
010-66156548

5. 徐悲鸿纪念馆
地址：北京市西城区新街口北大街 53 号
电话：010-62276936

6. 刘公馆（纪晓岚故居）
地址：北京市西城区珠市口西大街 241 号
电话：010-63036712

7. 曹雪芹纪念馆
地址：北京市海淀区四季青乡正白旗村（北京植物园内）
电话：010-62591561（转）2028

8. 齐白石旧居纪念馆
地址：北京市东城区雨儿胡同 13 号
电话：010-63750023

香山双清别墅

香山双清别墅

地址：北京市海淀区香山买卖街40号香山公园

电话：010-62599886

香山双清别墅位于北京市香山公园内东南部，因院内一座石壁下淌出的两眼泉水而得名。金代初名“梦感泉”，清代乾隆皇帝兴建静宜园时题名为“双清”，乾隆所题“双清”二字，至今还镌刻在院内石壁上。

双清别墅原是曾任北洋政府国务总理的熊希龄的住所。1917年河北省发生特大水灾，大批难民涌入北京，熊希龄被北京各界推举出面主持赈灾工作。为了安置滞留北京的400多名受灾孤儿，他在香山创办了香山慈幼院，并自任院长。双清别墅就是熊希龄创办香山慈幼院期间为自己建造的住所。

1949年3月25日，毛泽东率中共中央、中央军委机关进驻北平后，最早就在双清别墅居住和办公。在这里，毛泽东发表了《论人民民主专政》、《南京政府向何处去？》等重要文章，签发了《向全国进军的命令》，指挥了渡江战役，会见各民主党

双清别墅

派的代表人物和爱国人士，筹备了中华人民共和国的成立。

“中共中央在双清”主题展览

香山双清别墅环境幽雅，苍翠的竹林、遮天蔽日的银杏、挺拔的松柏、古朴的建筑让人赏心悦目。这里有毛泽东当年生活工作场景复原陈列，有毛泽东与长子毛岸英促膝交谈的地方——六角凉亭，有“毛泽东在双清”和“中共中央在双清”主题展览。展览反映了在中国革命即将取得胜利的重要历史时刻，毛泽东等老一辈革命家所建立的不朽功绩，给后人以深刻的教育和启迪。

香山双清别墅为全国爱国主义教育示范基地。

景点链接

香山公园

香山公园是一座具有皇家园林特色的大型山林公园，始建于金大定二十六年（公元 1186 年）。清乾隆十年（公元 1745 年）又建成了拥有 28 景的静宜园，名列京西“三山五园”。静宜园 1860 年遭英法联军、1900 年遭八国联军两度劫掠焚烧。香山公园内的碧云寺金刚宝座塔是孙中山先生灵柩暂放地。1956 年香山公园被开辟为人民公园，

香山公园景色

香山公园

地址：北京市海淀区香山买卖街 40 号

电话：010-62591155

现已成为闻名的北京十大公园之一，国家4A级旅游景区。每年10月中旬至11月上旬举办香山公园红叶节，可游览香山，观赏红叶。

北京植物园

北京植物园一角

位于北京西山脚下，1956年开始建园，是集植物科学研究、植物知识普及、游览观赏休憩、种质资源保存、新优植物推广等功能为一体的大型综合性植物园。现已建成园林绿地200万平方米，引种栽培植物56万余株、5000余种，铺草90万平方米。植物园以展示我国东北、西北、华北地区植物资源为主，兼顾部分华中、华南亚热带观赏植物，为国家4A级旅游景区。

北京植物园
地址：北京市海淀区香山南路卧佛寺路
电话：010-62591561（转）2140

一二九运动纪念亭

位于北京植物园内的樱桃沟。樱桃沟是一条幽谧、充满野趣并散发着人文气息的峡谷，峡谷北侧3个白色立体的“人”字造型的建筑就是一二九运动纪念亭。1935年，北平学联和中华民族解放先锋队在此联合举办抗日救国军事夏令营。峡谷南侧有当年的“保卫华北”石刻。1985年一二九运动50周年之际，一二九运动纪念碑、亭落成揭幕。

一二九运动纪念亭

一二九运动纪念亭
地址：北京市海淀区北京植物园内樱桃沟
电话：010-82598771
62593644
62591561

没有共产党就没有新中国纪念馆

没有共产党就没有新中国纪念馆

地址：北京市房山区霞云岭乡堂上村

电话：010-60368286

没有共产党就没有新中国纪念馆位于北京市房山区霞云岭乡堂上村，占地约6000平方米，其中展馆建筑面积1800平方米，传唱大舞台4000平方米。2006年纪念馆落成并对外开放。

1943年3月，蒋介石提出“没有国民党就没有中国”的口号。8月，中国共产党在《解放日报》上发表《没有共产党就没有中国》的社论。当时，共产党员曹火星随部队来到房山区堂上村，被这里火热的抗战生活所感染，创作了歌曲《没有共产党就没有中国》。后来，毛泽东为歌名添上“新”字。从此，这首脍炙人口的歌曲传唱至今。

纪念馆采取单层连体的建筑方式，依山而建，造型别致，在蓝天、白云的映衬下，显得分外庄严。馆内主题展览分为历史回响、人民心声；深山里飞出不朽的歌；让心中的歌代代传唱3个部分，展出800幅历史图片，运用文字、摄影、绘画、浮雕、蜡像、幻影成像等展示手段，向世人展示了没有共产党就没有新中国这一历史事实。

2001年中国共产党成立80周年之际，在这里举行了歌曲诞

没有共产党就没有新中国纪念馆

生地纪念雕塑揭幕仪式。雕塑由基座和地球、旗帜两部分组成。基座上面雕刻着江泽民应堂上村 66 名党员的请求题写的“没有共产党就没有新中国”的题词和《没有共产党就没有新中国》词曲，侧面刻有为雕塑落成撰写的题记。基座以上部分由直径 2 米的半球状不锈钢金色地球仪和一面 3.8 米高飘扬的红旗组成。红旗代表革命事业，寓意“没有共产党就没有新中国”。2011 年在建党 90 周年之际，新建了大型金属党旗、党旗广场、“没有共产党就没有新中国”标志柱。

没有共产党就没有新中国纪念馆为北京市爱国主义教育基地、国家 2A 级旅游景区。

景点链接

平西抗日战争纪念馆

地处风光秀美的十渡地区的平西抗日战争纪念馆，主要反映 1937 年至 1945 年平西人民为创建、巩固平西抗日根据地所作出的重要贡献。每张照片背后都有一段鲜为人知的故事，每件文物都铭刻着平西人民英勇奋斗的民族精神。

平西抗日战争纪念馆

平西情报交通联络站展览馆

妙峰山下的平西情报交通联络站是 1941 年初根据中共中央社会部意见建立的，主要任务是领导平津和东北地区情报工作、护送人员、运送物资、电讯联络等，直至 1949 年 1 月北平解放。2009 年 4 月开馆的平西情报交通联络站展览馆为北京地区第一个公开展出的以情报战线为主题的展览馆，展示抗日战争、解放战争期间该地区隐蔽战线的革命历史。

平西情报交通联络站展览馆

平西抗日战争纪念馆
地址：北京市房山区十渡
电话：010－61340702

平西情报交通联络站展览馆
地址：北京市门头沟区妙峰山镇涧沟村
电话：010－61882920

冀热察挺进军司令部旧址陈列馆

地址： 北京市门头沟区斋堂镇马栏村

电话： 010-69816347

冀热察挺进军司令部旧址陈列馆

京西群山怀抱的马栏村，有一座坐北朝南、两进院落的四合院，这就是冀热察挺进军司令部旧址陈列馆。1939 年 10 月，冀热察挺进军司令部驻扎在马栏村；1940 年 1 月，遭敌机轰炸，司令部从这里转移。1997 年 7 月，陈列馆正式建成开馆。

冀热察挺进军司令部旧址陈列馆

爨底下村

地址： 北京市门头沟区斋堂镇爨底下村

电话： 010-69819333
69819090

爨底下村

“兴字头，林字腰，大字下面架火烧”说的就是“爨”（音窜），是“烧火煮饭”的意思。斋堂镇爨底下村保留着许多明清时代的建筑，被誉为“明清古迹山庄”。抗战时期，爨底下是抗

爨底下村一角

日模范村；近年来，爨底下成了著名的旅游山村。到这里，可以一看山村古迹，二寻红色记忆，三品农家饭菜。

白草畔自然风景区

白草畔景区面积 19.2 平方公里，林木覆盖率 82%。景区有上八景和下八景，如高坪百草、五指峰秀、极顶晨光、松海林涛、蚂蚁岭、风动石等；还有观光农业、五千亩杏仁基地、万亩松林、赏花园、采摘园等。

白草畔自然风景区为国家 3A 级旅游景区。

白草畔自然风景区
地址： 北京市房山区霞云岭乡四马台村
电话： 010-60369038

妙峰山

位于门头沟北部，距市中心 55 公里，主峰海拔 1291 米。每年农历四月初一至十五举办传统民俗庙会，现已成为京郊一处集宗教朝圣、民俗采风、康体休闲、花果观光、消夏避暑等为一体的旅游景区。抗日战争和解放战争时期，妙峰山和山脚下的涧沟村，是平西秘密交通线上重要的交通站，也是国民抗日军、冀热察挺进军活动地区，留下了许多感人的斗争故事。

妙峰山
地址： 北京市门头沟区妙峰山风景名胜区
电话： 010-61882936（转）2938

妙峰山冬景

北京市机场火车站资讯

●机　场

北京首都机场： 位于北京市顺义区（机场区域由朝阳区管辖），有T1、T2、T3三个航站楼。机场与市区之间有两条高速公路和机场快轨通达，乘出租车、大巴、快轨进出都很方便。机场和市区之间有多条大巴路线往返，票价根据站点设置实行阶梯票价。

电话：010-96158

北京南苑机场： 位于北京市丰台区南苑，目前主要由中国联合航空有限公司使用，每日有民航大巴往返于西单民航大厦和机场候机楼。

电话：010-67978899

●火车站

北京站： 位于东城区毛家湾胡同甲13号，地铁2号线可达。

电话：010-51834432

北京西站： 位于北京市丰台区莲花池东路，地铁9号线可达。

电话：010-51824233

北京南站： 位于北京市丰台区永定门外大街，地铁4号线可达。

电话：010-63030031

北京北站： 位于北京市西城区西直门北大街，地铁2号线、13号线可达。

电话：010-51866223

北京市美食特产

●北京烤鸭

肉质细嫩，肥而不腻，分挂炉、焖炉两种，分别以全聚德、便宜坊为代表。

●北京果脯

采用宫廷传统秘方，由鲜果加工精制而成，乃蜜饯的一种。口味酸甜适中，甜而不腻。主要有杏脯、桃脯、海棠脯、红果脯等品种。

●北京小吃

融合汉、回、蒙、满等多民族风味小吃以及明、清宫廷小吃而形成，品种多，风味独特，约二三百种，主要有艾窝窝、豌豆黄、驴打滚、豆汁、焦圈、姜汁排叉、炸卷果、褡裢火烧、灌肠、爆肚、炒肝、卤煮火烧等。

●京白梨

主要产于北京市昌平区阳坊镇西南，口感细嫩，含糖量高。

●北京鸭梨

皮薄、肉厚、外表光滑、细嫩清脆。

●平谷大桃

主要产于北京市平谷区，以个大、色艳、甜度高驰名中外。

北京市旅游景点推荐

天坛公园、八达岭长城、北海公园、景山公园、孔庙国子监景区、中华民族园、世界公园、八大处公园、云居寺、石花洞风景区、定陵博物馆、明长陵、周口店猿人遗址博物馆以及南锣鼓巷、798艺术区、首都博物馆等。

天津市

P59-76

天津市红色旅游地图

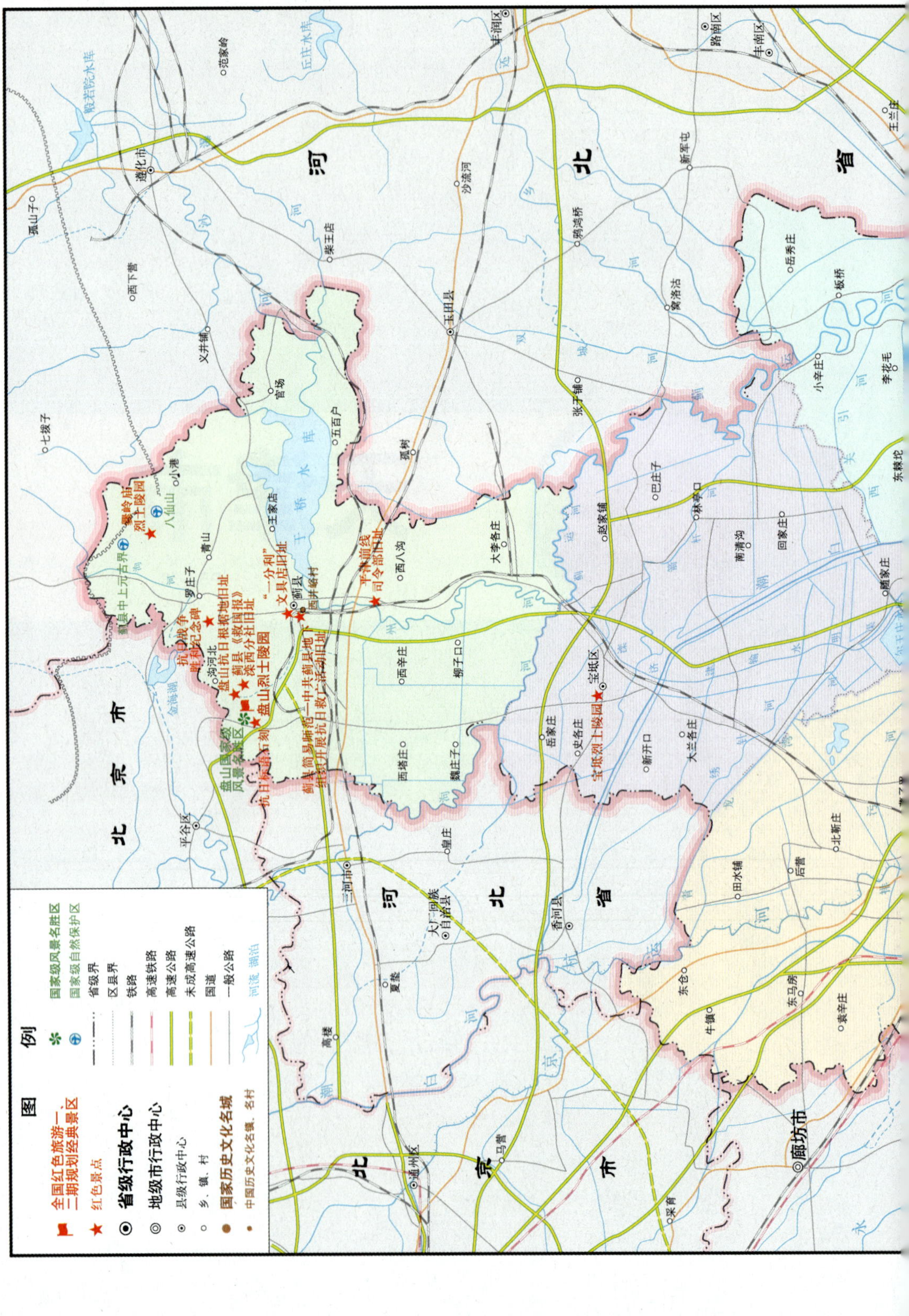
图例
全国红色旅游一、二期规划经典景区
红色景点
省级行政中心
地级市行政中心
县级行政中心
乡、镇、村
国家历史文化名城
中国历史文化名镇、名村
国家级风景名胜区
国家级自然保护区
省级界
区县界
铁路
高速铁路
高速公路
未成高速公路
国道
一般公路
河流 湖泊
河北省
北京市
盘山国家级风景名胜区
盘山烈士陵园
"一分利"文具店旧址
平津前线司令部旧址
宝坻烈士陵园
蓟县
宝坻区
廊坊市
三河市
香河县
大厂回族自治县
平谷区
通州区
于桥水库
玉田县
遵化市
丰润区
丰南区

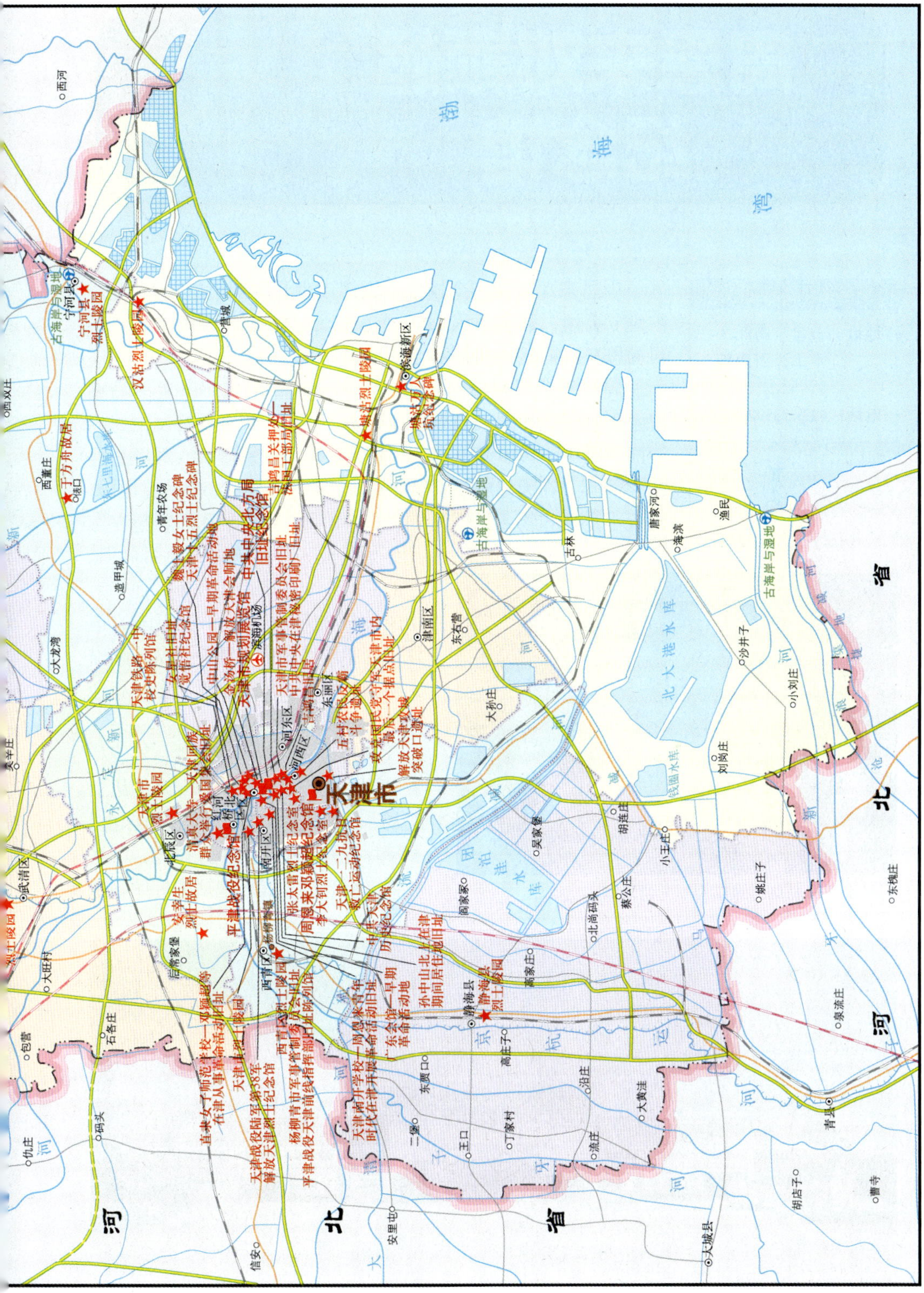

1 : 680 000

0 6.8 13.6 20.4 27.2 34.0km

周恩来邓颖超纪念馆

周恩来邓颖超纪念馆

地址：天津市南开区水上公园西路9号

电话：022-23592257

周恩来邓颖超纪念馆位于天津市南开区都市旅游商贸区，占地6公顷，建筑面积7150平方米。纪念馆于1998年2月28日周恩来百年诞辰之际对社会开放。

周恩来、邓颖超是伟大的无产阶级革命家，坚定的马克思主义者，党和国家的卓越领导人。他们相识于反帝反封建的五四运动中。1919年9月，周恩来、马骏、郭隆真、邓颖超等20名青年，在天津成立了学生爱国运动的领导核心——觉悟社，出版不定期刊物《觉悟》。1925年8月，周恩来和邓颖超在广州结婚，成为终生不渝的革命伴侣。在此后几十年的革命生涯中，他们为中国人民的解放事业和新中国的创建，为中国的现代化建设无私地献出了毕生的精力，深受全党、全军和全国各族人民的爱戴。

周恩来邓颖超纪念馆雕塑——情满江山

周恩来邓颖超纪念馆整体建筑朴素简洁、庄重典雅。馆外配套的纪念广场、巨型花岗岩雕塑“高山仰止”和草坪花卉与主建筑相互衬托，浑然一体。纪念馆主展厅包括瞻仰厅、生

周恩来邓颖超纪念馆

人民总理周恩来展厅

平厅、情怀厅、专机厅，馆藏文物、文献、照片及其他资料达万余件，珍品百余件，文物价值弥足珍贵。展品中有两位伟人共同乘坐的吉姆汽车和往来书信，特别是两位伟人曾乘坐出访许多国家的专机，更是目前馆内体积最大的革命文物之一。

仿建的北京中南海西花厅周恩来办公室

2008 年 2 月完成的西花厅工程，整体依照 20 世纪 60 年代中南海西花厅的布局和风格仿建，占地 1 万余平方米，建筑面积 3379 平方米，由两个院落组成，前院展示周恩来、邓颖超接见重要国内外宾客的情景，后院为周恩来、邓颖超工作、生活的区域，室内陈列皆按原貌布置。一件件实物，一封封书信，一幅幅照片，集中地展示了两位伟人高尚的思想情操、出众的人格魅力、非凡的胆识和对祖国对人民大海般的深情。

周恩来邓颖超纪念馆为全国爱国主义教育示范基地。

景点链接

天津水上公园

该园是天津市规模最大的综合性公园，面积 125 公顷，水面面积 75 公顷，由三湖（东湖、西湖、南湖）、五岛（春岛、夏岛、秋岛、冬岛、瀛岛）构成。其中，七座石拱桥、

天津水上公园
地址： 天津市水上公园东路
电话： 022-23919589

水上公园俯瞰

水上公园——眺远亭

三处明清式长廊、“水景长堤”、“水晶广场”等景点引人入胜，盆景园、神户园、水生植物园风格独具，是国家4A级旅游景区。

天塔湖风景区

“天塔”即天津广播电视塔，总高度为415.2米，矗立于天塔湖之中，是世界唯一的水中塔，为世界第七、亚洲第三高塔。塔区由天塔湖和天塔湖畔绿化带、广场、引桥与环廊等组成。

天塔内部有4部高速电梯，仅60秒便可将游客直接送上天塔观景大厅。距地面253米的观景大厅，天气晴好时可以通过高倍望远镜东看渤海，北望盘山，天津美景尽收眼底。距地面257米的太空旋转餐厅，旋转一周约为50分钟，人随厅转，目随景移。餐厅可同时容纳约200余人边就餐边赏景。天塔湖风景区为国家4A级旅游景区。

天塔湖风景区

天塔湖风景区

地址： 天津市河西区卫津南路1号

电话： 022-23350580

平津战役纪念馆

平津战役是在中共中央、中央军委的领导下，由中国人民解放军东北野战军、华北军区部队百万余人，于 1948 年 11 月 29 日至 1949 年 1 月 31 日，在东起唐山、西至张家口长达 500 公里的战线上，对华北国民党军队进行的大规模战略决战。这次战役共歼灭国民党军 52 万余人，基本上解放了华北全境。

平津战役连同辽沈、淮海等战役的胜利，奠定了全国胜利的巩固基础。平津战役中产生的“天津方式”、“北平方式”和随后产生的“绥远方式”，成为解决残存国民党军队的基本方式。

为了纪念平津战役的伟大胜利，缅怀在这一战役中牺牲的革命烈士，1994 年 8 月，中共中央决定在天津修建平津战役纪念馆。1997 年 7 月中国人民解放军建军 70 周年前夕建成开馆，聂荣臻为纪念馆题写了馆名。

纪念馆占地 4.7 万平方米，建筑面积 1.4 万平方米，由胜利广场、主展馆、多维演示馆和军威园 4 部分组成。主展馆共展出历史照片 400 余幅，历史文物 2000 多件；多维演示馆

平津战役纪念馆

地址： 天津市红桥区平津道 8 号

电话： 022-26526255

平津战役纪念馆

胜利纪念碑

军威园

高 43 米，直径 50 米，主要运用声、光、电等高科技与多元化视听艺术手段，演示了平津战役的历史画面；军威园占地 7000 平方米，其造型恰似一艘航空母舰，共展出大型兵器 16 件。

平津战役纪念馆为全国爱国主义教育示范基地、天津市国防教育基地。

平津战役纪念馆序厅雕塑

景点链接

西沽公园

西沽公园前身是清代老三营“西沽武器库”的一部分。津门七十二沽之一的西沽也是天津最早的村落之一，现为天津四大公园之一，主要包括八大功能区，即：综合活动区、生态湿地景观区、历史文化展示区、演艺观赏区、健体休闲区、游乐区、植物景观区、潞河（现北运河）风情区。设在公园内的黄叶村，土坯茅屋，竹篱菜畦，古井辘轳，营造了一派柴门小院、鸡犬相闻的意境，犹如现代都市中的“世外桃源”。西沽公园为国家3A级旅游景区。

西沽公园
地址：天津市红桥区红桥北大街3号
电话：022-86516925

西沽公园——桥亭映月

西沽公园内的黄叶村

津酒文化园

津酒文化园是天津津酒集团筹建的国家2A级旅游景区，占地面积2000平方米，分为展馆、品酒互动、古典园林、醉酒体验屋、4D放映厅等部分。

津酒文化园展馆

津酒文化园
地址：天津市红桥区丁字沽三号路（津酒集团内）
电话：022-26583957

盘山烈士陵园

盘山烈士陵园

地址： 天津市蓟县盘山

电话： 022–29821622

盘山位于天津市蓟县西北，有“京东第一名山”之称，是抗日战争时期我党在河北敌后进行抗日的重要根据地。抗日战争时期，盘山人民在中国共产党的领导下，依据险要地势，同日本侵略者进行了浴血奋战，为全国抗日战争的胜利作出了重要贡献。

为了纪念在这里牺牲的烈士，1956 年在盘山南麓修建了盘山烈士陵园。园区总面积 300 亩，主要建筑有烈士纪念碑、烈士墓区、革命纪念馆、抗日斗争事迹陈列馆、烈士骨灰堂和牌楼等。

盘山烈士陵园纪念碑

烈士纪念碑位于陵园北部最高点，是陵园的主体建筑，碑身用汉白玉砌成，高 27.5 米，正面镌刻着聂荣臻的亲笔题词：“光荣烈士永垂不朽”，左侧镌刻着谢觉哉题词：“永远活在人民心中”，右侧镌刻着宋劭文题词：“抗日英雄浩气长存”，后面镌刻着李运昌题词：“为人民革命事业而牺牲的英雄们永垂不朽”。

烈士墓区在碑前甬路两侧，共安葬着 205 名烈士。主墓长眠着冀东军分区副司令员包森和冀东西部地委书记田野。

革命纪念馆位于陵园正中，馆内陈列了抗日战争时期曾在

盘山烈士陵园

烈士墓区

蓟县和冀东地区从事抗日工作的53名烈士的生平事迹，其中包括冀东军分区副司令员包森、冀东西部地委书记田野、冀热辽第一专署专员杨大章、抗日支队副司令员白乙化等。

抗日斗争事迹陈列馆内陈列着抗日战争时期的珍贵革命文物200余件，还有大量的文献资料和图片。

牌楼位于纪念碑、纪念馆同一轴线的最南端，是一座四柱七楼式具有民族风格的建筑。

盘山烈士陵园为全国重点烈士纪念建筑物保护单位、全国爱国主义教育示范基地。

盘山革命纪念馆

景点链接

盘山风景名胜区

盘山云罩寺

盘山风景名胜区是国家5A级旅游景区，景色以“五峰八石”、“三盘之胜”（上盘松胜，蟠曲翳天；中盘石胜，怪异神奇；下盘水胜，溅玉喷珠）而称绝，历史上曾建有72座寺庙和众多玲珑宝塔，一座皇家园林——静寄山庄，以“东五台山”著称佛界。

盘山风景名胜区
地址：天津市蓟县官庄镇
电话：022-29826000

蓟县官庄镇联合村

蓟县官庄镇联合村

位于盘山风景名胜区东侧。盘山八大名石之一“摇动石”坐落在该村，此石非常奇特，众人推纹丝不动，一人用手指一推就来回摇动。村内有清代皇家“静寄山庄遗址”，乾隆皇帝游历盘山时曾下榻于此。村内建有300亩采摘园，10多个垂钓园和杂粮种植、畜禽养殖业基地。全村有农家院60多户，是盘山地区远近闻名的旅游特色村。

蓟县官庄镇砖瓦窑村

地处盘山东麓，明代建村，有众多名胜古迹，如盘山北少林寺遗址、正法寺遗址、盘山石塔林、乾隆茶馆和盘山大峡谷自然风景区等。盘山的八大名石，也称八大怪石，其中有四块就在该村内公路旁，分别是燕剪石、棱角石、蟒石、天井石。此外，还有红龙池和黄龙潭，两池无论春夏秋冬均有清泉外涌，从未间断。

蓟县官庄镇砖瓦窑村

砖瓦窑村环境优美，一条山溪贯穿整个村庄，有野生植物几百种，干鲜果品几十种，较知名的有燕山油栗、优质红果、薄皮核桃、盘山柿子以及各种梨、杏等。

天津市规划展览馆

天津市规划展览馆位于天津市河北区博爱道 30 号，建筑面积 15000 平方米，是展示宣传天津城市形象的重要窗口和对外开放招商引资的平台。展览馆共分为 3 层 16 个展区，其中一层设历史展区、总体规划展区、交通规划展区、中心城区规划模型展区、公示区；二层设滨海新区规划展区、海河规划展区、名城保护规划展区、旅游规划展区、海河之旅影厅；三层设住房、公共设施展区、生态规划展区、环境整治展区、重点地区规划展区、区县展区、城市映像影厅和公众互动参与区。

展览馆在采用展板、模型等传统展示手段基础上，大量使用高科技手段，将发光地图、电子翻书、多通道投影等现代声光电技术融入多项展示环节，全面展示了天津的过去、现在和未来。同时注重参观者的参与互动，设有多款规划知识互动游戏，并专门设置了数字多媒体展示区和动感影厅等，让参观者在轻松的心情下认识规划，了解规划。该馆自 2009 年开馆以来，充分发挥其展示城市魅力窗口的作用，成为国内外各界人士走近天津、了解天津的首选之地。

天津市规划展览馆为天津市爱国主义教育基地。

天津市规划展览馆

地址： 天津市河北区博爱道 30 号

电话： 022-24456501

天津市规划展览馆

滨海新区展区

景点链接

天津海河意式风情区

天津海河意式风情区

地址： 天津市河北区北安桥畔

位于天津市河北区南部，始建于1902年，占地28.45公顷，原为意大利租界。区内137栋建筑全部由意大利建筑师设计，包括住宅、领事馆、市政厅、工部局、兵营、学校、医院、教堂、球场、菜市场、消防队和花园、广场等西洋古典建筑，是目前亚洲保存良好的意大利风貌建筑群落。

马可·波罗广场

近现代以来，一批中、意政界文化界名人曾生活活动于此，现存的由意大利建筑师设计的梁启超故居，曹禺、华世奎、张廷谔等名人故居和孟氏家庙、曾国荃祠堂等文化遗迹，以其独特的建筑风格和人文历史内涵，为天津海河意式风情区平添了深厚的文化底蕴。该区为国家4A级旅游景区。

天津海河意式风情区街景

梁启超纪念馆

梁启超纪念馆是天津市第一个在名人旧居基础上建成的纪念馆。

纪念馆共有两栋主体建筑，分别为“梁启超旧居”和“饮冰室”书斋。旧居部分设有主题为“梁启超与近代中国”的展览。展览通过大量的实物和历史照片，并辅以多媒体手段展现了梁启超不同时期的思想变化、政治主张以及学术成就。“饮冰室”书斋通过百余件家具及用品的复原陈列，再现了梁启超当年工作及生活情景。

纪念馆是全国重点文物保护单位、国家 3A 级旅游景区。

梁启超纪念馆
地址： 天津市河北区民族路 44—46 号
电话： 022-24450856

梁启超纪念馆

“饮冰室”书斋一楼大厅

曹禺故居纪念馆

曹禺故居建于 1910 年，由前后两座共计 600 余平方米的意式小洋楼组成，剧作家曹禺（万家宝）在这里度过了他的童年和青少年时期。纪念馆是在故居基础上建成的。前楼以 14 个板块组成的展览为主，通过照片、手稿、书籍等展示，集中反映了曹禺的生平以及他对天津的特殊情感和对戏剧事业的杰出贡献。后楼（也称“万公馆”）主要是对曹禺青少年时期的家庭环境进行了恢复性陈列。

曹禺故居纪念馆
地址： 天津市河北区民主道 23-25 号（海河意式风情区内）
电话： 022-24461985

曹禺故居纪念馆

曹禺剧院

中共中央北方局旧址纪念馆

中共中央北方局旧址纪念馆

地址： 天津市和平区黑龙江路隆泰里19号

电话： 022-27115679

中共中央北方局旧址纪念馆坐落在天津市和平区黑龙江路隆泰里19号，是中共中央北方局1936年春至1937年2月的办公驻地，也是刘少奇任北方局书记期间居住过的地方。

1936年春，为贯彻中共中央瓦窑堡会议决定的建立最广泛的抗日民族统一战线和反对关门主义的方针，刘少奇以中共中央代表的身份，来天津主持中共中央北方局的工作。刘少奇抵津后，先是以茶叶巨商的身份住进日租界的北洋饭店。后来，在天津市委书记林枫的协助下选择了黑龙江路隆泰里19号作为北方局的办公地点。

隆泰里19号是一幢二层小楼，这一带的环境及建筑格局比较适宜从事地下活动。这里位于法租界，由于享有“治外法权”，无论是国民党当局，还是日本特务，都不敢贸然进入捕人。这里虽处市中心，但却闹中取静，便于隐蔽和观察外部环境。刘少奇居住的楼房有3个出口：前门、后门和通向屋顶之

中共中央北方局旧址纪念馆

当年刘少奇居住的房间

隆泰里巷

门，一旦出现紧急情况可迅速撤离。正是依靠这些优越条件的掩护，刘少奇在这里工作到 1937 年春。

中共中央北方局旧址为天津市级文物保护单位，纪念馆为天津市爱国主义教育基地。

景点链接

津湾广场

位于天津海河岸边，是天津金融城的标志性区域，设有 7000 平方米开放式广场及 10000 平方米沿海河湾亲水平台，汇集了商务区、剧场、餐饮等，是融现代化、欧式建筑于一体的高端商务商业聚集区，也是天津第一座不夜城。

津湾广场

津湾广场

地址： 天津市和平区，西临解放北路金融街

天津邮政博物馆

天津邮政博物馆展览面积为 1500 平方米，分序厅、邮驿与其他通信组织厅、邮政厅、集邮厅四大展厅。时间跨度上分为古邮驿时期、近代邮政创办时期、大清邮政时期、中华邮政时期和人民邮政时期 5 个部分，介绍了天津邮政百余年的历史变迁，展示了邮政行业独特的文化魅力。国家 3A 级旅游景区。

天津邮政博物馆

天津邮政博物馆

地址： 天津市和平区解放北路109号（解放北路和营口道交口）

电话： 022-23310386

中共中央北方局旧址纪念

全国红色旅游经典景区

河北省

P77-134

河北省红色旅游地图

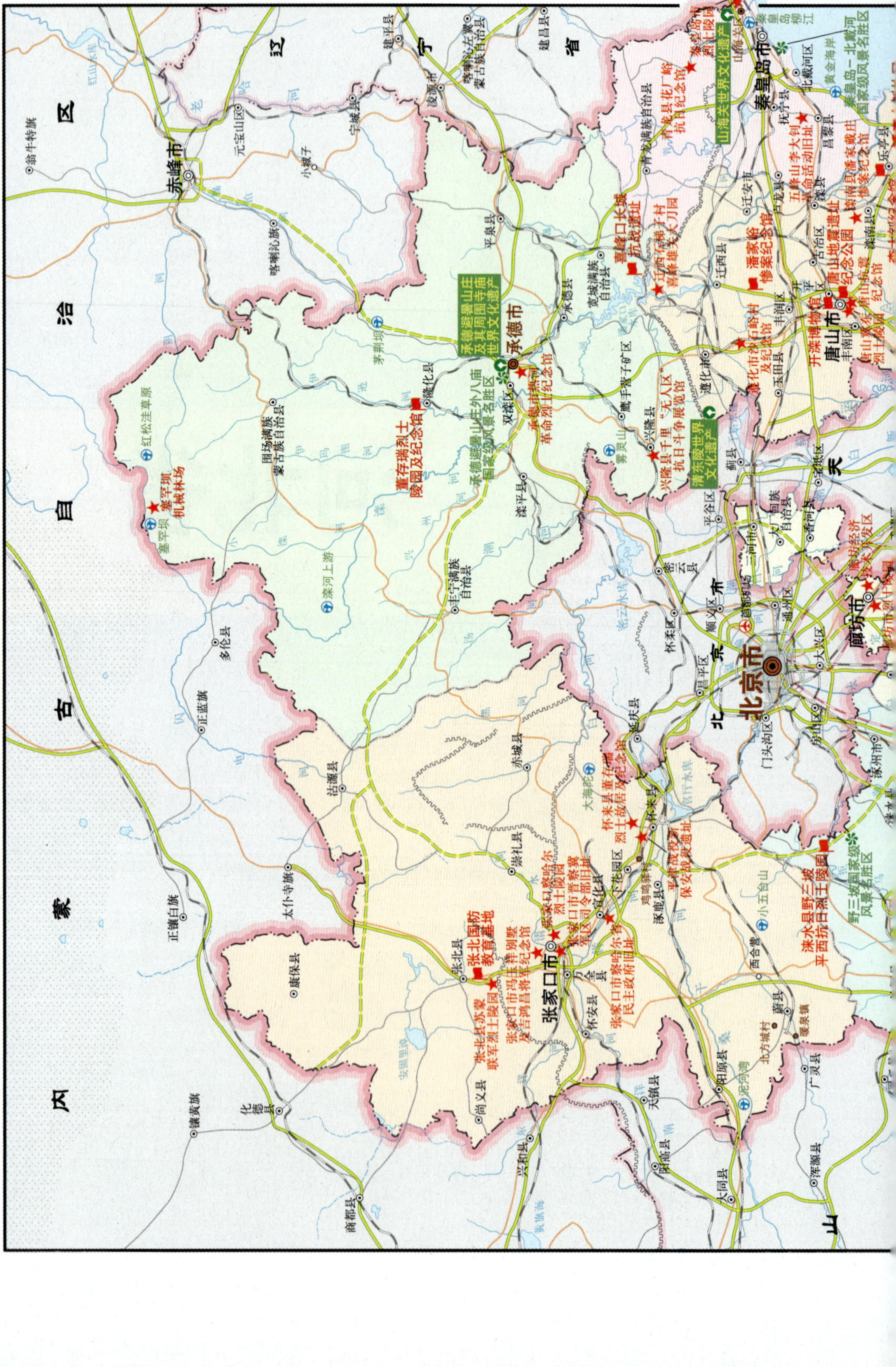

内蒙古自治区
辽宁省
北京市
天津市
山西省
赤峰市
承德市
张家口市
秦皇岛市
唐山市
廊坊市
翁牛特旗
元宝山区
宁城县
喀喇沁旗
平泉县
建平县
凌源市
建昌县
喀喇沁左翼蒙古族自治县
青龙满族自治县
宽城满族自治县
承德县
兴隆县
滦平县
丰宁满族自治县
隆化县
围场满族蒙古族自治县
双滦区
鹰手营子矿区
遵化市
迁西县
迁安市
卢龙县
抚宁县
昌黎县
乐亭县
滦县
滦南县
丰南区
丰润区
玉田县
蓟县
平谷区
密云县
怀柔区
延庆县
昌平区
顺义区
通州区
大兴区
门头沟区
房山区
涿州市
三河市
大厂回族自治县
香河县
怀来县
涿鹿县
赤城县
沽源县
康保县
张北县
尚义县
崇礼县
宣化县
下花园区
万全县
怀安县
阳原县
蔚县
天镇县
阳高县
大同县
广灵县
浑源县
多伦县
正蓝旗
正镶白旗
太仆寺旗
化德县
镶黄旗
商都县
兴和县
塞罕坝
红松洼草原
塞罕坝机械林场
滦河上游
茅荆坝
雾灵山
大海陀
小五台山
泥河湾
北方城村
暖泉镇
鸡鸣驿
西合营
首都机场
黄金海岸
北戴河区
山海关区
承德避暑山庄及其周围寺庙世界文化遗产
承德避暑山庄外八庙国家级风景名胜区
承德市热河革命烈士纪念馆
董存瑞烈士陵园及纪念馆
山海关世界文化遗产
秦皇岛市烈士陵园
青龙县花厂峪抗日纪念馆
五峰山李大钊革命活动旧址
秦皇岛—北戴河国家级风景名胜区
喜峰口长城抗战遗址
迁西县潘家峪惨案纪念馆
迁西县喜峰口长城抗战遗址
遵化市沙石峪村及纪念馆
唐山抗震纪念馆
唐山地震遗址纪念公园
开滦博物馆
唐山市烈士陵园
乐亭县李大钊故居及纪念馆
清东陵世界文化遗产
兴隆县千里"无人区"抗日斗争展览馆
廊坊市烈士陵园
怀来县董存瑞烈士故居及纪念馆
张家口市察哈尔烈士陵园
张家口市晋察冀军区司令部旧址
张家口市察哈尔民主政府旧址
张家口市冯玉祥抗日同盟军纪念馆
张北县苏蒙联军烈士陵园
张北国防教育基地
平北抗日根据地
涞水县野三坡平西抗日烈士陵园
野三坡国家级风景名胜区

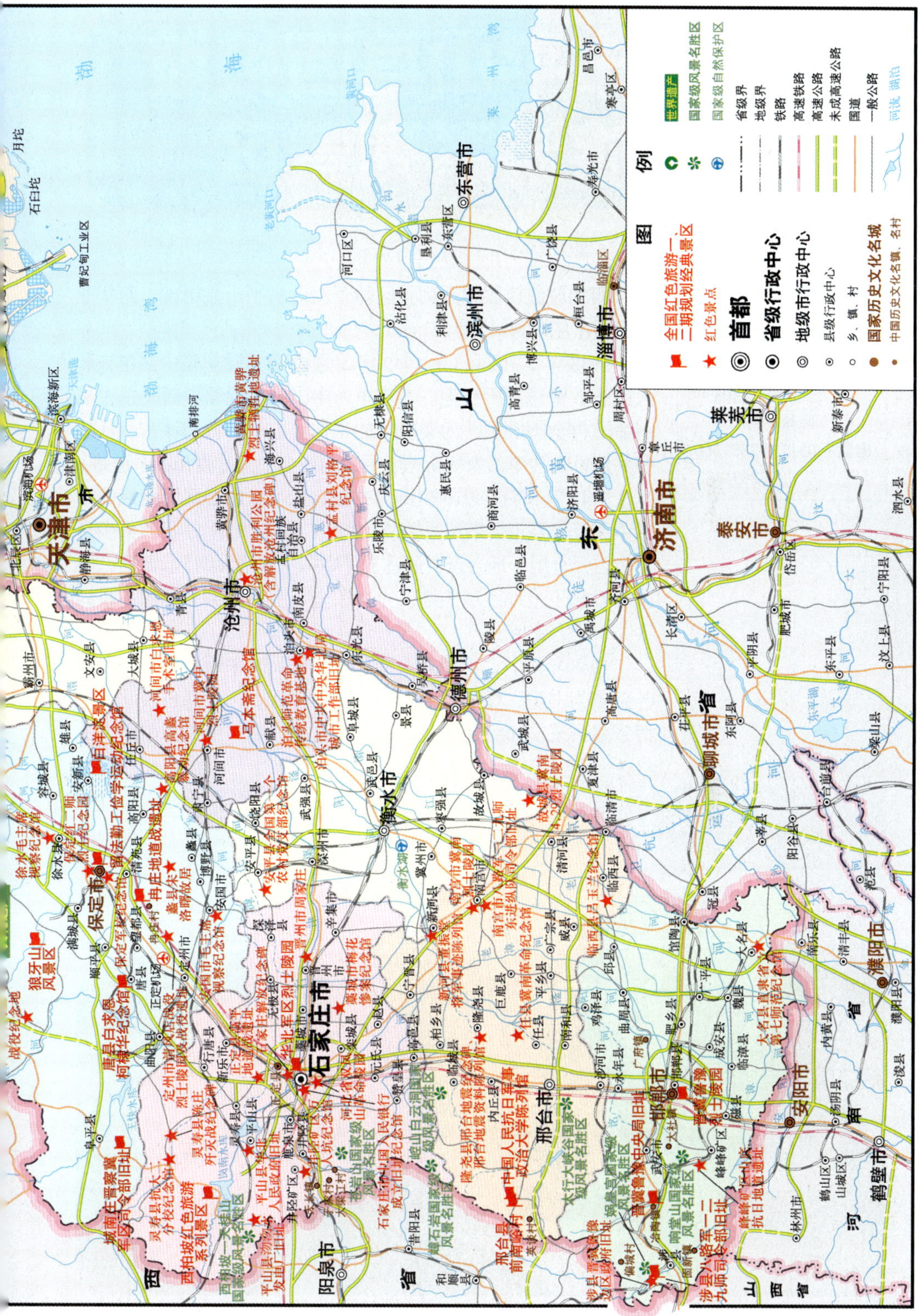

1：2 750 000

0 27.5 55.0 82.5 110.0 137.5km

石家庄市平山县西柏坡红色旅游系列景区

西柏坡红色旅游系列景区

地址： 河北省石家庄市平山县西柏坡镇西柏坡村

电话： 0311-82851366 82851355

西柏坡红色旅游系列景区位于河北省平山县中部，距华北重镇石家庄市 90 公里。

1948 年 5 月 26 日至 1949 年 3 月 23 日，这里是中共中央和人民解放军总部所在地。在这里，中国共产党领导新民主主义革命取得全国胜利，为实现党的工作重心从农村到城市、从战争到建设的转变，为从新民主主义向社会主义过渡开辟了道路。

1947 年 5 月，以刘少奇为书记，朱德、董必武等组成的中共中央工作委员会来到西柏坡。7 月 17 日至 9 月 13 日，刘少奇主持召开全国土地会议，通过了《中国土地法大纲》。此后，解放区掀起了土地改革热潮，为夺取全国胜利提供了源源不断的人力、物力支持。

1948 年 5 月，毛泽东、周恩来、任弼时率领中央前委和以叶剑英为书记、杨尚昆为副书记的中央后委，分别自陕北和山西省临县三交镇经晋绥解放区来到这里，中共中央和中国人民

西柏坡中共中央旧址

解放军总部正式在这里办公。其附近的东柏坡、陈家峪、南庄、北庄、夹峪、柏里、东黄泥、洪子店、李家口等村也随之成为中央机关的驻地。

1948年9月8日至13日，中共中央在西柏坡召开政治局扩大会议，提出建设500万解放军，用5年左右时间从根本上打倒国民党反动统治的战略任务。

从1948年9月12日至次年1月31日，党中央在西柏坡指挥了辽沈、淮海、平津三大战役，为彻底推翻国民党蒋介石的统治、解放全中国奠定了重要基础。

1949年3月5日至13日，中国共产党七届二中全会在西柏坡召开。毛泽东告诫全党，务必继续地保持谦虚、谨慎、不骄、不躁的作风，务必继续地保持艰苦奋斗的作风。会议确立了革命胜利后建设新民主主义社会的蓝图。会议做出的各项政策规定，不仅对迎接中国革命在全国的胜利，而且对新中国的建设事业，都具有重大的指导作用。

1949年3月23日，中共中央和解放军总部离开西柏坡，开赴北平筹备建国。

中共中央离开后，留守人员与建屏县（1958年改为平山县）政府对中央机关留下的东西进行了交接。为了保护革命遗址和文物，1955年，河北省博物馆联合当地政府建立了西柏坡纪念馆筹备处。1958年由于修建岗南水库，西柏坡和东柏坡等20个村庄被搬迁。西柏坡中共中央旧址于1970年在距原址500米处复原建设。主要有：毛泽东、刘少奇、周恩来、朱德、任弼时、董必武的旧居，中国共产党七届二中全会会址，中央军委作战室旧址等。1970年冬，西柏坡中共中央旧址陆续对外开放。1976年10月新修建西柏坡陈列展览馆，1978年5月纪念中共中央和解放军总部移驻西柏坡30周年时对外开放。后经多次改扩建，进一步突出了陈列的教育功能。展览紧紧围绕“新中国从这里走来”这一主题，系统介绍了党中央在西柏坡的伟大革命实践和为建立新中国而作出的卓越贡献。

从1992年开始又陆续修建了西柏坡

西柏坡纪念馆

西柏坡纪念碑

石刻园（2011年扩建改名为西柏坡丰碑林）、西柏坡雕塑园、五大书记铜铸像、西柏坡纪念碑、周恩来评语碑、西柏坡国家安全教育馆、西柏坡文物保护碑、西柏坡青少年文明园、西柏坡廉政教育馆等革命传统教育系列工程，极大地丰富了西柏坡红色旅游系列景区的教育内容。

西柏坡中共中央旧址为全国重点文物保护单位、全国爱国主义教育示范基地、国家国防教育示范基地、国家5A级旅游景区。

景点链接

天桂山景区

天桂山景区
地址：河北省石家庄市平山县天桂山景区，距西柏坡约45公里
电话：0311-82827203

天桂山为道教名山，属喀斯特岩溶地貌，兼有“嶂石岩地貌”特征。这里原始次生林覆盖率达85%以上，有树木上百种，中药材20多种。景区由100多个景点组成，以山奇、洞幽、水醇、观险而闻名遐迩，为国家4A级旅游景区。

天桂山景观

中山国都城遗址

中山国都城遗址
地址：河北省石家庄市平山县中山国都城遗址
电话：0311-82880011

位于林山脚下的中山国都城景区，为战国时期中山国都城所在地。现有宫殿区、居民区、陶器场、冶炼场等遗址十多处，城后有古佛堂三处，山峡内有万寿寺遗址、阴阳柏及众高僧墓塔群，为全国重点文物保护单位。

中山国都城遗址

沕沕水生态风景区

沕沕水生态风景区瀑布

位于平山县西南边缘，明清时期即为平山“八大胜景”之一，是一处兼有奇峰、怪石、峡谷、溶洞、清泉、瀑布、天池和红叶景观的原生态自然保护区。沕沕水灵秀谷北侧的峭崖绝壁上，还分布着许多大小洞穴，里面保留着古代绝壁悬棺的残骸。该景区为国家 4A 级旅游景区、国家水利风景区。

沕沕水生态风景区

地址： 河北省石家庄市平山县沕沕水风景区，距西柏坡 50 公里

电话： 0311–82890098

驼梁自然风景区

驼梁山顶草原

位于平山县西北端冀晋两省交界处。景区内有三叠瀑、白龙瀑、人字瀑、五指瀑等近百处瀑布，有冰泉、白龙泉、马跑泉等数十个清泉，还有海拔 2000 多米高的空中草原、花海，是一处避暑消夏休闲的绝佳胜地，为国家 4A 级旅游景区。

驼梁自然风景区

地址： 河北省石家庄市平山县驼梁景区，距西柏坡 90 公里

电话： 0311–82499110
82499010

食宿资讯

●白鹿温泉

位于平山县温塘镇，是集温泉沐浴、休闲保健、生态旅游以及完善的住、餐、娱、购配套于一体的综合性温泉度假中心，为国家 4A 级旅游景区。

电话： 0311–82800888

●西苑温泉度假村

位于平山县温塘镇，占地 300 余亩，设施齐全，功能完备。

电话： 0311–82813166

●野生源度假村

位于平山县孟贤壁北滹沱河畔，占地 2500 余亩，是石家庄市周边地区唯一拥有山景、水景、园景三景合一的大型度假休闲庄园。走进野生源可以住山里屋、吃农家饭，听虫啾鸟鸣，与青山绿水为伴，享受回归自然的清新感觉。

电话： 0311–82191370

平山县土特产

老粗布、小磨香油、红枣、小米、核桃油、花生等。

石家庄市华北军区烈士陵园

华北军区烈士陵园

地址： 河北省石家庄市中山西路 343 号

电话： 0311-87027585

烈士纪念馆

华北军区烈士陵园位于河北省石家庄市，占地面积 21 万平方米，是 1948 年秋经朱德提议，为了纪念牺牲在华北大地上的革命烈士而修建的。1954 年建成并对外开放，是我国兴建较早、规模较大、建筑规格较高的烈士陵园之一。园内安葬着历次革命战争时期牺牲在华北地区的 318 位革命烈士，安放着新中国成立后牺牲的革命烈士和病故的老红军的骨灰。我国早期工人运动领导人高克谦、回民支队司令员马本斋、伟大的国际主义战士白求恩、柯棣华大夫、新时期爱民模范张金埌等著名革命烈士以及著名拥军模范“子弟兵母

华北军区烈士陵园全景图

纪念碑广场

亲”戎冠秀等均安葬（放）于此。园内馆藏革命文物 11000 余件（套）。

陵园建筑为轴对称布局，南北呼应，东西对称，层次分明。中轴线上的建筑由南向北依次为陵园大门、革命烈士纪念碑、著名烈士铜像区、音乐喷泉广场、烈士墓区、华北革命战争纪念馆。东侧建筑由南向北依次为迎宾厅、柯棣华墓及雕像、烈士纪念馆、董振堂纪念碑亭。西侧建筑由南向北依次是影视厅、白求恩墓及雕像、白求恩 · 印度援华医疗队纪念馆、烈士纪念碑亭、戎冠秀铜像、赵博生纪念碑亭。

华北军区烈士陵园为全国爱国主义教育示范基地、国家国防教育示范基地。

白求恩墓及塑像

景点链接

抱犊寨

位于河北省石家庄市鹿泉市西郊，最大特点是一峰突起，四面都是悬崖绝壁，山的顶部却平坦广阔，有 660 多亩平地，且土质肥沃，草木繁茂，远望仿佛一尊巨佛仰卧在天地之间，近看又像是一个巨大的空中花园，享有“全国最大的山顶园林”等美誉，为国家 4A 级旅游景区。

抱犊寨

抱犊寨

地址：河北省石家庄市鹿泉市抱犊寨风景区，距石家庄市 16 公里

电话：0311-82013208

石家庄美食特产

金凤扒鸡、缸炉烧饼、赵州雪梨、赞皇大枣、藁城宫面及藁城宫灯等。

苍岩山

苍岩山

位于石家庄市西南50公里井陉县境内，总面积63平方公里。群峰、怪石、幽谷、清泉，构成了奇特、幽静、秀丽的自然景观。山上主要建筑有书院、万仙堂、桥楼殿、大佛殿、藏经楼、公主祠、碑亭等。所有建筑依山就势，或建于断岩，或跨于险壁，斗拱飞檐，颇为壮观，为国家4A级旅游景区。

苍岩山
地址：河北省石家庄市井陉县
电话：0311-82022630

隆兴寺

隆兴寺

位于石家庄市正定县城，是国内保存时代较早、规模较大而又保存完整的佛教寺院之一。主要建筑自南向北依次为照壁、石桥、天王殿、大觉六师殿（遗址）、摩尼殿、牌楼、戒坛、慈氏阁、转轮藏阁、大悲阁、御书楼、集庆阁、弥陀殿、毗卢殿等，为国家4A级旅游景区。

隆兴寺
地址：河北省石家庄市正定县东门里街
电话：0311-88786560

赵州桥

位于河北赵县洨河上，是当今世界上现存最早、保存最完善的古代敞肩石拱桥，被誉为“华北四宝之一”。建于公元605年，由著名匠师李春设计和建造，距今已有1400多年的历史。为国家4A级旅游景区。

赵州桥

赵州桥
地址：河北省石家庄市赵县
电话：0311-84902618

邯郸市红色旅游系列景区

晋冀鲁豫烈士陵园

烈士纪念塔

晋冀鲁豫烈士陵园（晋冀鲁豫革命纪念园）位于河北省邯郸市陵园路。它是按照中共七大精神，为纪念牺牲在晋冀鲁豫边区的八路军总部前方司令部、政治部、晋冀鲁豫军区及一二九师的革命烈士，于1946年3月由晋冀鲁豫边区参议会决议修建的，1950年10月落成，是我国建设较早、规模较大、党和国家领导人题词最多的烈士陵园之一。

陵园（纪念园）分南北两院，总面积21.3万平方米。主要建筑有烈士纪念塔、人民英雄纪念墓、陈列馆（晋冀鲁豫革命史迹陈列）、烈士纪念堂（晋冀鲁豫革命烈士事迹陈列）、左权将军纪念馆、左权将军墓、四八烈士阁、晋冀鲁豫人民解放军烈士公墓等。安葬有八路军副参谋长左权、中共中央北方局军委书记张兆丰、抗日民族英雄范筑先、一等杀敌英雄赵亨

人民英雄纪念墓

晋冀鲁豫烈士陵园

地址： 河北省邯郸市陵园路 60 号

电话： 0310-3022896

陈列馆

德、王克勤等 200 多名为国捐躯的优秀指挥员和著名战斗英雄。

晋冀鲁豫烈士陵园为全国重点烈士纪念建筑物保护单位、全国爱国主义教育示范基地、国家 4A 级旅游景区。

烈士纪念堂

左权将军纪念馆

景点链接

邯郸市丛台公园

武灵丛台

武灵丛台是古城邯郸的标志性建筑，始建于战国时期，相传是赵武灵王为阅兵赏舞所建。古人曾用“传闻宫苑似蓬莱，丛台高耸云霄外”来描绘它的宏大壮观，是当时声名鹊起、备受诸侯国羡慕的胜景。

邯郸市丛台公园

地址： 河北省邯郸市中华大街 80 号

电话： 0310-3026820

晋冀鲁豫中央局旧址

晋冀鲁豫中央局旧址位于河北省邯郸市武安市西南部25公里处冶陶镇，是河北南部太行山向东与平原交会处的一个古镇。

1946年6月至1948年5月，晋冀鲁豫中央局、晋冀鲁豫军区司令部、晋冀鲁豫边区政府等党政机关驻扎冶陶镇。期间，受中共中央委托，晋冀鲁豫中央局曾在这里召开具有历史意义的华北财经会议，统一了华北各解放区的财经政策，调剂了财政收支；召开了南征会议，开始了挺进中原、千里跃进大别山的战略进攻；召开了土地工作会议，在全区掀起了轰轰烈烈的土地改革运动，使当时边区的党政组织、军事、经济、文化等各方面都得到空前发展，有力支援了全国的解放战争。此外，还在这里出版了《毛泽东选集》，创办了晋冀鲁豫中央局机关报《人民日报》（即今天《人民日报》的前身）。董必武、刘伯承、邓小平等老一辈革命家在此生活和战斗了两个春秋。

晋冀鲁豫边区革命纪念馆

晋冀鲁豫中央局旧址为全国重点文物保护单位。

晋冀鲁豫中央局旧址

地址：河北省邯郸市武安市冶陶镇

电话：0310-5918258

晋冀鲁豫中央局旧址

冶陶镇

晋冀鲁豫中央局旧址院内

景点链接

学步桥

位于邯郸市内沁河带状公园西段，是跨越沁河的唯一桥梁。

学步桥原为木质浮桥，明万历四十五年（公元 1617 年）改建为石拱桥。取名为“学步桥”是源于《庄子 · 秋水》篇记载邯郸学步的典故。

学步桥桥身长 32 米，宽 9 米，高约 8 米，共有七孔拱券：三孔大券，四孔小券。桥孔中心处雕有向下俯视的龙头。桥面两旁各有 19 块栏板和 18 根望柱，均有雕刻。柱上雕刻石狮等兽形，美观大方。桥北头立有“学步桥”石碣和“学步”石雕雕像。

冶陶镇特产

冶陶镇盛产花椒、柿子、核桃、黑枣。大红袍花椒以个大、色红、味浓享誉全国，为冶陶镇农林支柱产业。

地域特色文化

冶陶镇尚存在我国北方地区较为少见、被称为戏剧活化石的傩戏，每年正月十四日晚开始演出，至十六日上午结束。20 世纪 90 年代曾有 20 多个国家的戏剧专业人士云集冶陶镇固义村进行傩戏研讨，2006 年被列入全国第一批非物质文化遗产名录。

涉县八路军一二九师司令部旧址

涉县八路军一二九师司令部旧址位于河北省邯郸市涉县赤岸村。

1937年全国抗战爆发后，八路军一二九师东渡黄河，挺进太行山，于1940年6月进驻涉县，1945年12月底离开。驻涉近6年中，一二九师在师长刘伯承、政委邓小平的率领下奋战千里太行山，相继取得了长生口、神头岭、响堂铺等一系列战斗战役的胜利，曾有110多个党、政、军、财、文等重要机关单位长期驻扎在涉县，并以涉县为中心创建了全国面积最大、人口最多的晋冀鲁豫根据地，一二九师发展成为一支拥有30万野战军、40万地方部队的“刘邓大军”。

一二九师司令部旧址由两个具有冀西南民居风格的四合院组成。下院是司令部所在地，上院是刘邓旧居，现两院保留着司令部会议室、办公室、机要室、作战室和刘伯承、邓小平、李达、李雪峰等人的居室办公室。后又恢复司令部伙房、识字班等5个院落，现旧址由8个院落组成，占地3949平方米。

将军岭位于一二九师司令部旧址西北约百米处。刘伯承、徐向前、李达、黄镇、李雪峰、王新亭等17位一二九师老领导、老战士的灵骨安放于此。邓小平亲笔题写了“将军岭”和“刘伯承元帅纪念亭”。

八路军一二九师司令部旧址

八路军一二九师陈列馆

将军岭

一二九师陈列馆位于将军岭北侧山坳，由序厅、5个展厅、半景画馆等组成，陈展主题为“我们在太行山上”，形象地再现了一二九师将士当年在太行山战斗、生产和生活的精神风貌。

涉县八路军一二九师司令部旧址为全国重点文物保护单位、国家国防教育示范基地、全国爱国主义教育示范基地、国家4A级旅游景区。

八路军一二九师司令部旧址

地址：河北省邯郸市涉县赤岸村

电话：0310-3868129

食宿资讯

● 涉县八路军大伙房

按照当年八路军生活战斗的场景布置，小米饭、窝窝头等农家饭成为这里的主打特色。每天中午一二九师剧社演出《绣红旗》、《太行情》、《王二小擒敌》、《送军鞋》等剧目。

地址：河北省涉县八路军一二九师纪念馆广场南侧

电话：0310-3868777

景点链接

涉县娲皇宫

涉县娲皇宫

娲皇宫是我国最大、建筑最早的奉祀上古天神女娲氏的古代建筑，是北齐文宣帝高洋往返邺城至晋阳所建的又一离宫，分山上山下两组建筑。山下有朝元宫、停骖宫、广生宫和碑坊等，向上绕行十八盘石径，便可到达最高处的娲皇宫。

涉县娲皇宫为全国重点文物保护单位。

涉县娲皇宫

地址：河北省邯郸市涉县索堡镇索堡村

电话：0310-3922355

涉县五指山

涉县太行五指山主峰海拔1200多米，山势巍峨峻秀，植被郁郁葱葱，以“雄、奇、险、秀”著称。景区集自然风光、森林公园和人文景观为一体，可观天下第一仰佛，浴原生态天然氧吧，住农家小院尝山中美味。

太行五指山卧佛

涉县五指山

地址：河北省邯郸市涉县神头乡

电话：0310-8978036

保定市红色旅游系列景区

阜平县城南庄晋察冀军区司令部旧址

晋察冀军区司令部旧址位于河北省保定市阜平县城南20公里处的城南庄村。

1937年，八路军第一一五师政委聂荣臻率领一部分部队，以阜平为起点开始创建晋察冀抗日根据地，它是我党我军在华北创建的第一块敌后抗日根据地，被毛泽东誉为“模范抗日根据地”。1937年11月，根据中共中央的决定，以阜平、五台为中心的晋察冀军区成立，聂荣臻任司令员兼政委。1947年，晋察冀军区司令部曾设在城南庄。1948年4月13日，毛泽东率领中央机关从陕北来到晋察冀边区阜平县城南庄。4月30日至5月7日，中共中央书记处在城南庄召开扩大会议，研究如何促进和迎接中国革命全面胜利的到来。会议精神被归纳成“军队向前进，生产长一寸，加强纪律性，革命无不胜”20个字，成为党在相当长的一段时间内的行动方针。毛主席还亲自起草

晋察冀边区革命纪念馆

晋察冀军区司令部旧址

了纪念1948年五一劳动节口号，具体描绘了新中国的蓝图，发出成立新中国的动员令。

城南庄晋察冀军区司令部旧址有两重院落，是1947年秋聂荣臻率领军区机关从张家口撤离回到阜平修建的。前院矗立着晋察冀军区司令员聂荣臻的铜像，院中栽有桧柏、银杏和榕树。后院是晋察冀军区司令部旧址，包括3排21间土坯房，其中有毛泽东、周恩来、任弼时等中央领导同志的宿办室，还有军区作战科、电话室和会议室。后山脚下还有一条长约128米的防空洞，是由晋察冀军区工兵连的战士人工挖凿而成的，现依旧保存完好。

1972年，阜平县政府依托晋察冀军区司令部旧址建立城南庄革命纪念馆，后更名为晋察冀边区革命纪念馆。

纪念馆总占地17万平方米，整个景区由休闲广场、主题展览馆（第一展馆、第二展馆）、雕像广场、旧址区、后山旅游区5部分组成。第一展馆围绕“模范抗日根据地——晋察冀边区”的主题，运用大量珍贵的照片、文物以及声、光、电、

晋察冀边区革命纪念馆后广场雕塑群

晋察冀边区革命纪念馆第一展厅序厅

幻影成像等技术，集中反映了晋察冀根据地的光辉历史和晋察冀军民的突出贡献。第二展馆围绕“全国解放战争的战略基地与指挥中心”这一主题，按照历史脉络，从抗战胜利后解放张家口到华北全境解放，分为进驻张家口、保卫解放区、巩固壮大解放区、组建华北解放区、参加大决战、欢庆华北全境解放6个章节，采取景观复原、触摸屏、雕塑等各种方式，展示了晋察冀解放区为解放战争胜利和新中国成立作出的卓越贡献。雕塑广场矗立有聂荣臻和美穗子，邓拓、沙飞与新闻战士，李勇和爆破组，戎冠秀与受伤战士，国际友人白求恩，狼牙山五壮士6组青铜雕塑，表现了晋察冀的红色经典和动人故事。

晋察冀边区革命纪念馆为全国爱国主义教育示范基地、国家4A级旅游景区。

晋察冀军区司令部旧址

地址：河北省保定市阜平县城南庄镇城南庄村

电话：0312-7888372

阜平特产

阜平著名菜品饮食主要有东下关肘子、阜平卤水豆腐、油酥烧饼等，土特产品主要有阜平大红枣、蜜枣、枣酒、枣茶、枣汁、花椒、核桃、蜂蜜等。

景点链接

天生桥国家地质（森林）公园

天生桥国家地质（森林）公园位于太行山东麓，晋冀交界处。该景区以中山和亚高山地貌为特色，集“中国北方最大瀑布群，中国最大片麻岩天生桥、罕见的原始次生林”为一体，以山奇、水奇、桥奇、林奇、草奇、洞奇、冰奇而著称，为国家3A级旅游景区。

天生桥第一瀑

天生桥国家地质（森林）公园

地址：河北省保定市阜平县天生桥镇朱家营村

电话：0312-7855555

城南庄温泉度假村

城南庄温泉位于县城西南27公里处的城南庄镇温塘村。温塘的喷口是一对玲珑剔透的大理石雕刻的狮子头，泉水从石狮嘴中流出，春夏秋冬，流出来的水都清澈透明，恒常水温保持在55℃，被人们称为“宝泉”、“圣水”。1948年春毛泽东、周恩来、任弼时等中央领导来城南庄之后，曾来温塘沐浴，因此当地群众也称这里的温泉池为“领袖泉”、“将军池”。

城南庄温泉度假村

地址：河北省保定市阜平县城南庄镇温塘村

电话：0312-7885678

易县狼牙山风景区

狼牙山风景区位于河北省保定市易县西部的太行山东麓。狼牙山由五坨三十六峰组成，主峰海拔1105米，山势险峻，状如狼牙。

狼牙山是一座英雄山，以抗战时期八路军五勇士浴血抗击日寇舍身跳崖而闻名于世。1941年8月，侵华日军7万余人对晋察冀边区抗日根据地进行“扫荡”。9月25日，日伪军3500余人包围了狼牙山，企图歼灭该地区的八路军和地方党政机关。当时留下担任掩护大部队转移任务的是晋察冀军区某部第七连。完成任务撤离时，留下六班马宝玉等5名战士担任后卫阻击。他们为了使敌人摸不清主力部队撤走的方向，故意暴露自己，把敌人引向相反的方向，通往三面绝壁的小莲花峰上。到了下午三四点，子弹打光了，他们就用石头砸，黄昏时，石头也用光了。他们毁掉枪支，纵身跳下几十丈深的悬崖。马宝玉、胡德林、胡福才壮烈牺牲，葛振林、宋学义被树枝挂住，幸免于难。五勇士跳崖壮举充分体现了中华民族视死如归、英勇不屈的英雄精神。

狼牙山还是一座历史名山。早在战国时期，此地属燕国管辖，“郎山竞秀”是古燕国十景之一，素有“北方小黄山”之称。狼牙山景区为国家级森林公园、国家4A级旅游景区。现有景观18处，主要有五勇士陈列馆、红玛瑙溶洞、五勇士纪念塔、蚕姑坨等。

五勇士陈列馆

五勇士纪念塔

狼牙山风景区

地址：河北省保定市易县狼牙山镇东西水村

电话：0312-8861806

狼牙山

景点链接

清西陵

位于易县城西15公里，是清朝入关后建造的两大皇家陵墓群之一，共有14座陵寝，埋葬着4位皇帝（雍正、嘉庆、道光、光绪）、9位皇后、57位妃嫔、2位王爷、2位公主、6位阿哥。

清西陵——崇陵

清西陵
地址：河北省保定市易县梁各庄镇
电话：0312-4710012 4710016

易水湖

位于易县城西30公里，水面面积27平方公里，其特点是山水相间，具有南国风情，因与漓江风光相媲美，被称为“北方小桂林”，有凤凰山、李密山、小桂林、情人岛等众多景点。

易水湖风光

易水湖
地址：河北省保定市易县安格庄乡安各庄村
电话：0312-8252622 8252621

云蒙山

位于易县城西北约23公里，由77道山峰、33道峡谷组成，顶峰海拔1120米。这里生长着华北地区最大的一片原始次生林，总面积达8万亩。景区内有云蒙双塔、乳水洞、银丝葫、童子洞等景点。

云蒙云海

云蒙山
地址：河北省保定市易县西陵镇白水港村
电话：0312-8263446

千佛山

千佛山瀑布

位于易县城北15公里，有大小山峰80余座，因物产丰富，被称为“保北野生物种基因库”。景区内有瀑布、龙潭峪、一线天、圣人台等景点。

安新县白洋淀景区

被誉为“华北明珠”的白洋淀景区大部区域位于河北省保定市安新县。白洋淀水域辽阔，烟波浩淼，总面积366平方公里，是华北地区最大的淡水湖泊。淀区被3700条壕沟、12万亩芦苇、10万亩荷花分割成大小不同的143个淀泊，景色优美，物产丰富。

白洋淀人民素有革命斗争传统。全国抗日战争爆发后，面对日军疯狂烧杀掳掠，白洋淀人民在中国共产党的领导下同仇敌忾、奋勇杀敌，纷纷建立抗日武装，其中最著名的是水上游击队——雁翎队。队员们利用白洋淀港汊交错、芦荡遍布、便

狼牙山特产

磨盘柿、富士苹果、鲜桃、杏、李、山核桃、野生酸枣、有机杂粮、盆景石头等。

千佛山

地址：河北省保定市易县白马乡盘神庙村

电话：0312-4709828

安新县白洋淀景区

地址：河北省保定市安新县

电话：0312-5116351
5116352

白洋淀风光

于隐蔽的有利地形，打鬼子，除汉奸，配合大部队痛击日军，谱写了一曲曲胜利战歌，也留下了许多可歌可泣的动人故事。朱德、聂荣臻、杨成武、吕正操等都曾在这里战斗、生活过，并留下“爱民井”、“淀上野餐”等许多感人故事。同时，以此为素材的一批优秀文学作品影响深远，如徐光耀的《小兵张嘎》，孔厥、袁静的《新儿女英雄传》，穆青的《雁翎队》，孙犁的《荷花淀》、《白洋淀纪事》，李永鸿的《红菱传》等。

白洋淀打鬼子保运船表演

安新县白洋淀景区景点众多，有白洋淀荷花大观园，白洋淀文化苑，鸳鸯岛、白洋淀之窗等。其中，白洋淀荷花大观园是目前我国种植荷花和水生植物面积较大、品种较多的生态景点。白洋淀文化苑景点主题涵盖历史、传统、民俗、生态四种文化，有雁翎队纪念馆、嘎子村、东堤烟柳、西淀风荷、水生植物园、康熙水围行宫、沛恩寺、钱屏八处景观。

安新县白洋淀景区为国家 5A 级旅游景区。

白洋淀雁翎队纪念馆

食宿资讯

●白洋淀荷花大观园宾馆

地址：安新县白洋淀景区大观园景点内

电话：0312-5130538

●白洋淀文化苑嘎子村宾馆

地址：安新县白洋淀景区文化苑景点内

电话：0312-5117557

白洋淀特产

苇席、羽绒、咸鸭蛋、皮蛋、熏鱼、莲心、芦苇工艺画等。

清苑县冉庄地道战遗址

冉庄地道战遗址地处华北平原中部、河北省保定市西南30公里处的清苑县冉庄镇，是抗日战争时期中国人民抗击日本侵略者的一处重要战争遗址。

全国抗日战争爆发后，在中国共产党的领导下，在毛泽东“人民战争”、“持久战”的军事思想指引下，冉庄人民于1938年春开始挖地洞，并由单口洞逐步发展为双口洞、多口洞。地道一般宽0.7至0.8米，高约1至1.5米，上距地面2米多。地道以十字街为中心，顺沿东、西、南、北大街挖成4条干线地道，再由干线延伸出20多条支线，直通村外和周边几个村，最后挖成户户相连、村村相通、四通八达、上下呼应、能攻能守的长达32华里的地道网。地道结构复杂，设施齐全，有十分完备的作战工事。冉庄人民把发展地道同改造地形和村落结合起来，构成房顶、地面、地道三层交叉火网，形成立体作战阵地，人自为战，村自为战，有效地打击敌人，保存自己。抗日战争和解放战争时期，冉庄人民利用地道优势，配合武工队、野战军对敌作战157次，歼敌2100余名，其中较大的战役5次，荣获了“地道战模范村”的光荣称号。

冉庄地道战遗址现仍保留着20世纪三四十年代冀中平原村落的环境风貌，较为完整地保存了地道3000多米、各种巧妙的地道口32个，街道上遍布的作战工事、

冉庄地道战遗址街头老古槐

冉庄碾子工事

冉庄地道战纪念馆新馆

墙上一条条的抗日标语以及十字街古槐保留至今的累累弹痕，向世人展示着冉庄人民勇敢顽强、勤劳智慧的斗争精神。聂荣臻亲笔题词："神出鬼没，出奇制胜的地道战，是华北人民保家卫国，开展游击战争，在平原地带战胜顽敌的伟大创举。地道战又一次显示出人民战争的无穷伟力。"电影《地道战》、《敌后武工队》、《烈火金钢》等均在此拍摄。

冉庄地道战遗址为全国重点文物保护单位、全国爱国主义教育示范基地、国家国防教育示范基地、国家4A级旅游景区。

冉庄地道战遗址

地址： 河北省保定市清苑县冉庄镇冉庄村

电话： 0312-8036158

食宿资讯

● **冉庄村农家乐**

冉庄村内有十余家农家饭店，就餐方便。

地址： 保定市清苑县冉庄镇冉庄村

电话： 0312-8036158

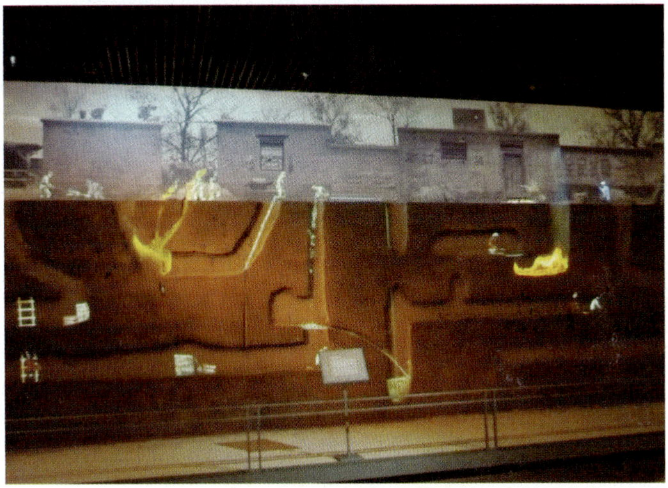

冉庄地道战遗址纪念馆展厅内地道功能演示墙

唐县白求恩柯棣华纪念馆

唐县白求恩柯棣华纪念馆位于河北省保定市唐县城北一公里处的钟鸣山下，整个建筑群采用中国传统形式，气势宏伟，造型精美。

纪念馆主体建筑分为“两馆一堂”，北侧中央是八角型结构的纪念堂，由聂荣臻亲笔题名，主要用于举办各种类型的纪念活动。西侧为白求恩纪念馆，东侧为柯棣华纪念馆。白求恩纪念馆的展览翔实地记述了白求恩大夫的感人事迹，再现了他对工作的极端负责任，对同志对人民的极端热忱，体现了他毫不利己、专门利人的高尚品质。柯棣华纪念馆的展览以大量生动感人的事例反映了柯棣华大夫崇高的国际主义精神、高度的责任心和满腔的工作热忱。

纪念馆藏品丰富，内容翔实，有珍贵历史图片300余幅，实物200余件，其中有白求恩当年用过的手术器械、消毒锅、和毛油灯；有柯棣华当年使用过的医疗器械和生活用品等。这些文物和展品，记录了两位国际主义战士光荣的生命轨迹，陶冶着人们的情操，激励着人们的斗志。

纪念堂

白求恩柯棣华纪念馆为全国爱国主义教育示范基地。

唐县白求恩柯棣华纪念馆

地址：河北省保定市唐县向阳北大街66号

电话：0312-6415074

唐县白求恩柯棣华纪念馆大门

白求恩纪念馆

柯棣华纪念馆

人物介绍

白求恩

诺尔曼·白求恩（1890—1939），加拿大共产党员，著名胸外科专家。1936年西班牙战争爆发，他率领医疗队赴马德里前线，抢救受伤的反法西斯战士。中国抗日战争爆发后，他受加拿大共产党和美国共产党的派遣，率加、美援华医疗队，远渡重洋，前来支援中国人民的正义战争。医疗队1938年3月到延安，随即转赴晋察冀抗日根据地。他不怕艰难，巡回医疗，率队东征，战地救护，卫生检查，编写教材，讲课授技，组建医院，创办卫校。他不畏艰苦的生活环境，奔走在崇山峻岭，出入于枪林弹雨，同边区军民并肩战斗。他不辞劳苦，为边区群众防病治病，送医送药。他以严谨的工作态度和卓越的医疗技术，满腔热忱地为抗日军民服务。他的牺牲精神、工作热忱、高度责任心堪称模范。1939年10月，白求恩在涞源孙家庄小庙抢救伤员时，左手中指被碎骨刺破，后感染败血症，于11月12日逝世于河北省唐县黄石口村。12月1日，延安各界举行追悼大会，毛泽东题写了挽词，并写了《纪念白求恩》一文，高度赞扬白求恩伟大的国际主义精神。

柯棣华

柯棣华（1910—1942），原名德瓦卡纳特·桑塔拉姆·柯棣尼斯，印度人，著名医生。1937年7月，中国抗日战争爆发后，柯棣华积极响应印度国民大会的号召，毅然放弃报考英国皇家医学院的机会，报名参加印度援华医疗队，来华援助抗战。1938年9月，抵达广州。1939年2月，医疗队克服国民党的重重阻挠，到达延安。1940年6月，来到晋察冀边区，任白求恩学校外科教员和白求恩医院第一任院长。在晋察冀边区留下了柯棣华大夫许多动人事迹，被边区军民誉为“第二个白求恩”。他忘我地投身于中国人民的抗日战争，始终和边区军民同甘共苦，并肩战斗。他积极参加战地救护，致力于八路军的医疗工作，对伤病员关怀备至，体贴入微。他和当地群众亲如一家，为老百姓疗伤治病从不收取报酬，老乡们亲切地称他为“老柯”。1942年，柯棣华光荣加入中国共产党。艰苦的环境，繁重的工作，使他积劳成疾，终因癫痫病反复发作抢救无效，于1942年12月9日在唐县葛公村逝世，年仅32岁。

景点链接

白求恩卫生学校
地址：河北省保定市唐县齐家佐乡葛公村
电话：0312-6419181

白求恩卫生学校

白求恩卫生学校旧址

位于唐县齐家佐乡葛公村。1939年白求恩逝世后，为了纪念和弘扬他毫不利己、专门利人的国际主义精神，将晋察冀军区卫生学校改名为白求恩卫生学校，将附属医院更名为白求恩国际和平医院。柯棣华在葛公村期间曾任白求恩国际和平医院院长。现柯棣华居住的房屋仍保存完好。

晋察冀烈士陵园
地址：河北省保定市唐县军城镇南关村
电话：0312-6419181

晋察冀烈士陵园

位于军城镇南关村西，主要包括白求恩墓、柯棣华墓和为抗战牺牲的抗战烈士公墓。

晋察冀烈士陵园

军城，在抗日战争时期为晋察冀军区首脑机关所在地，被称为晋察冀的“小延安”。现仍留存下来的重要遗址有：晋察冀军区司令部旧址（军城镇和家庄村）、晋察冀军区卫生学校旧址（军城镇牛眼沟村）、白求恩逝世纪念地（黄石口村）等。

晋察冀烈士陵园为全国重点烈士纪念建筑物保护单位。

大茂山

大茂山秋色

位于唐县城西北75公里。大茂山海拔1898米，山势雄伟突兀，以“雄、险、奇、秀”著称。这里有两万多亩原始次生林，有溶洞、石窟、天井、道观，冬春白雪皑皑，夏秋紫气升腾，其中“恒山积雪”为唐县古八景之一。1943年，晋察冀军区在这里进行了著名的神仙山保卫战，毙日伪军600余人，并开创了用机关枪击落敌机的壮举。

大茂山
地址：河北省保定市唐县石门乡大岭口村
电话：0312-6419181

唐尧文化园

位于唐县县城东北5公里处，主要包括庆都山、峪山及高昌水库所在区域。唐县是中华始祖之一尧帝的祖籍，唐尧的童年跟随母亲庆都在这里度过。文化园突出表现尧文化、龙文化和石文化等。

唐尧文化园
地址：河北省保定市唐县高昌镇
电话：0312-6419181

唐尧像

青虚山

青虚山云海

东晋道家始祖葛洪曾隐居于此，山上还留有葛洪夫妇用过的药碾、晒艾台、洗心泉、炼丹井等遗迹。辽代道人陈道义在此山传道时修道观多处，历经元、明、清香火长盛不衰，现有三霄圣母庙、玉皇阁、三清宫、葛洪殿等众多人文景观。

青虚山
地址：河北省保定市唐县齐家佐乡
电话：0312-6419181

全胜峡景区

景区四周崇岭环抱，中心孤峰兀立，形成了金峰坐金椅之状。景区内泉水丰沛，潭瀑众多，酷暑盛夏凉爽宜人，是避暑的理想去处。

全胜峡冰瀑

全胜峡景区
地址：河北省保定市唐县齐家佐乡全胜庄村
电话：0312-4960679

西胜沟景区

位于唐县城北38公里处。峡谷内飞泉瀑布，潺潺流水。在这里，可以欣赏到我国北方最大的岩溶峰林景观。峰林下，密

西胜沟景区
地址：河北省保定市唐县齐家佐乡西胜沟村
电话：0312-4961331

西胜沟天门峡

林深处后暖谷里，有一处风格独特的明代建筑无梁殿。

西胜沟景区为国家 3A 级旅游景区。

秀水峪

秀水峪
地址： 河北省保定市唐县倒马关乡南上沟村
电话： 0312-6431499

秀水峪飞虹瀑

区内万亩松林，郁郁葱葱。由于山林茂密，这里蕴含了充沛的水，道道山谷中泉水叮咚，溪流不断，叠瀑潺潺。群山环绕中的小村庄，炊烟袅袅，恬静悠然。这里被人称之为华北最佳生态谷，为国家 3A 级旅游景区。

大石峪

大石峪
地址： 河北省保定市唐县倒马关乡
电话： 0312-6431618

大石峪龙堂瀑布

位于保定西北 100 公里处，由潭瀑峪、寨石峪、双瀑峪三条沟谷组成。景区内有温泉、潭瀑、奇石、古树。花岗岩体量大，造型奇特。这里还有大宋忠良杨家将镇守的倒马关和唐代名将樊梨花驻守的樊家寨。

大石峪为国家 3A 级旅游景区。

唐县美食特产

●唐县碗肉

选用优质山羊肉为原料，经过多道工序加工而成，配以玉米面大煎饼，鲜而不腻，香气四溢。

●尧乡酒

采用传统工艺与现代科技相结合酿造的浓香型、清香型、枣香型白酒，精选五粮和优质红枣，固态发酵、长期储存、精心勾调而成。

●唐县山葱花

产于唐县北部山区，是一种绿色无污染的天然食材。用山葱花做汤、炒菜、炝锅，有一种特殊的香味。

留法勤工俭学运动纪念馆

留法勤工俭学运动纪念馆位于河北省保定市金台驿街 86 号（原保定育德中学旧址），是一座典型的清末时期砖木结构的四合院，占地面积 2400 平方米，建筑面积 1100 平方米，是一所集收藏、研究、宣传、教育为一体的历史专题类纪念馆。“留法勤工俭学运动文物史料陈列”是该馆的基本陈列，以 500 余幅图片为主，附以图表、模型和 100 余件实物等。陈列由五大部分构成，第一部分：运动的缘起；第二部分：运动的热潮；第三部分：勤工俭学生在法国的工学实践；第四部分：运动的新篇章；第五部分：运动的功绩。展览真实再现了留法勤工俭学运动的始末，热情讴歌了蔡和森、赵世炎、周恩来、邓小平、李富春、陈毅、聂荣臻、李立三、蔡畅、向警予等老一辈无产阶级革命家在留法勤工俭学期间崇高的爱国主义精神与光辉业绩。

留法勤工俭学运动纪念馆展室

留法勤工俭学运动是我国近代史上的一件大事，也是中国共产主义运动史上光辉的一页。运动起源于辛亥革命前后，在十月革命的影响和五四运动的推动下，形成一定规模的赴法热潮。留法勤工俭学运动，给有志改造中国的青年提供了寻找真理的机会，它对马列主义在中国的传播、

留法勤工俭学运动纪念馆

留法勤工俭学运动纪念馆展览场景模型

中国共产党的建立和发展、中国人民的反帝反封建斗争以及西方先进科学技术的输入，都产生了重大影响。

保定育德中学始建于1905年，是一所有着光荣革命传统和优良学风的学校，在历史上曾经有“文南开、理育德”之称，保定地区最早的中共组织就在这里成立，大批的革命志士和著名的专家学者，都曾在这里生活、学习、工作过。1917年，育德中学率先创办了留法高等工艺预备班，老一辈无产阶级革命家刘少奇（未赴法）、李维汉、李富春等先后在此班学习。

留法勤工俭学运动纪念馆

地址：河北省保定市金台驿街86号

电话：0312-2025444
2025991

景点链接

直隶总督署

位于保定市区，是目前我国保存最为完好的清代省级衙署，全国重点文物保护单位，国家4A级旅游景区。建于清雍正七年（公元1729年），至清宣统三年（公元1911年）清朝灭亡，先后有李卫、方观承、曾国藩、李鸿章、袁世凯等74人、99任直隶总督在此履职。

直隶总督署

地址：河北省保定市裕华西路99号

电话：0312-2066444

直隶总督署

古莲花池

始建于公元1227年，园内碑碣林立，楼台幽雅，亭榭玲珑，是全国重点文物保护单位，国家3A级旅游景区。清雍正时建莲池书院，乾隆时期辟为行宫，著名学者章学诚、张裕钊、吴汝伦等曾先后执教于此，培养和造就了清末状元刘春霖等一大批莲池俊秀。

古莲花池

古莲花池

地址：河北省保定市裕华西路246号

电话：0312-2022579

大慈阁

大慈阁

始建于公元1227年，为元代蔡国公张柔所建，原名大悲阁，是保定古八景之一“市阁凌霄”，为全国重点文物保护单位、国家2A级旅游景区。现存主要建筑有山门、天王殿、钟楼、鼓楼、大慈阁和关帝庙。

大慈阁

地址：河北省保定市南市区穿行楼北街57号

电话：0312-2020034

保定军校纪念馆

保定军校纪念馆

保定军校被称为“中国近代将军的摇篮”，是中国近代军事教育史上第一所规模较大、学制正规的军事学府，从1902年至1923年共培养出11000余名军事人才，后来成为将军的有1700余名，邓演达、张治中、傅作义、叶挺、董振堂等都曾在该校学习过。保定军校纪念馆为全国重点文物保护单位，国家2A级旅游景区。

保定军校纪念馆

地址：河北省保定市新市区东风东路585号

电话：0312-5020071

保定美食特产

●漕河驴肉火烧

保定名吃，选用肥嫩适中的小驴肉，经过精细的加工制作，配以刚刚出炉的脆软火烧，吃起来回味无穷。

●马家老鸡

清真卤煮鸡，肉嫩骨酥，软而不烂，为保定地方名特产品之一。

●白运章包子

保定名吃，是1919年白运章以自己名字命名的，包子皮薄边窄、馅大、油多，把包子拿起来一晃，成肉丸的包子馅能在里边晃动。

●白肉罩火烧

保定名吃，用猪肉煮制，强调火候，加上精瘦肉、猪肚、肥肠、豆腐泡、素丸子罩火烧，配以泡蒜、黄瓜条、大葱等，吃起来清香适口。

●槐茂酱菜

具有300多年历史，生产的酱菜、面酱、酱油、食醋在国内享有盛誉，被称为“保定三宝”之一的甜面酱年产8000吨，销量居全国前列。

涞水县野三坡平西抗日烈士陵园

野三坡平西抗日烈士陵园位于河北省保定市涞水县野三坡风景名胜区中心腹地刘家河村，距野三坡核心景区百里峡两公里。陵园建于1942年，内有一方柱型石碑和20多个烈士墓，方柱型石碑刻有“陆军第八路军挺进军供给部抗战烈士墓地纪念塔”，碑上刻有八路军挺进军司令员萧克和挺进军政治部主任潘峰撰写的碑文。

1940年1月，为保证军队的武器供应，冀热察区唯一的炸弹厂成立，何鸣岐任厂长，工厂驻地在野三坡刘家河村。该厂的建立奠定了冀热察区爆炸工业的基础，从此打开了山地抗战军工部门的局面。平西兵工厂在艰苦的环境里，出色地完成武器供应任务，为抗战前线提供了大量枪支、弹药。在取得这个成就的同时也付出了很大的代价，许多优秀的干部、战士为了制造更多的武器弹药，献出了自己宝贵的生命。平西抗日烈士陵园记述了他们的英雄事迹。

野三坡平西抗日烈士陵园

地址：河北省保定市涞水县三坡镇刘家河村

电话：0312-4568106

平西抗日烈士陵园

景点链接

百里峡景区

百里峡景区回首观音

百里峡景区由海棠峪、十悬峡、蝎子沟三条峡谷组成，全长105华里，故称百里峡。峡谷内地质构造丰富多彩，岩溶景观形态各异，野生植物种类繁多，构成一幅浓墨重彩的大自然百里画廊。

百里峡景区
地址： 河北省保定市涞水县野三坡苟各庄村
电话： 0312-4563138

龙门天关景区

龙门天关摩崖石刻

龙门天关是历史上京都通往塞外的重要关隘，为历代兵家必争之地，留下了大量人文建筑，如大龙门城堡、内长城、二圣祠、大龙门古村、猿人谷、摩崖石刻、上天沟、龙门峡谷等，被誉为华北最大的历史文化长廊。

龙门天关景区
地址： 河北省保定市涞水县九龙镇大龙门村
电话： 0312-4558269

鱼谷洞

鱼谷洞景区以奇泉、怪洞著称。鱼谷洞泉每逢谷雨前后的喷鱼奇观至今仍是专家学者未解的谜题。而鱼谷洞内千奇百怪、形态各异的石乳、石花，则使之成为一个天成地造的地下画廊。

鱼谷洞钟乳石

鱼谷洞
地址： 河北省保定市涞水县三坡镇马各庄村
电话： 0312-4558287

唐山市红色旅游系列景区

乐亭县李大钊故居和纪念馆

李大钊故居和纪念馆位于河北省唐山市乐亭县，占地面积290亩，由李大钊故居、李大钊纪念馆、青春广场3部分组成。

李大钊故居位于乐亭县胡家坨镇大黑坨村。故居坐北朝南，分为前院、中院、后院，是李大钊出生和生活过的地方。现存文物、资料、图片、题词、题字及字画等720件套。

李大钊纪念馆位于乐亭县觅园街1号。纪念馆由李大钊生平事迹陈列展览、李大钊纪念碑林组成，馆藏有关文物、资料等3000多件。纪念馆沿中轴线由南向北依次是：牌楼式南大门，门匾上镶嵌着江泽民题写的“李大钊纪念馆”馆名；八根功绩柱，象征着李大钊在中国革命史上的丰功伟绩：领导五四新文化运动，在中国最早传播马克思列宁主义，最早提出中国要走社会主义道路，创建中国共产党，建立革命统一战线、促成国共首次合作，领导北方工农运动，首倡党抓武装的军事思想，关心培养青年、为我党培养大批青年领袖人物；纪念广场东西两侧浮雕墙上镶嵌着8块大型浮雕，展现了李大钊不同历史时期生活和战斗的历史画卷；38级台阶象征着李大钊走过的38年人生历程。

进入瞻仰大厅，青石雕塑玄关上面镌

李大钊纪念馆全景

人物介绍

李大钊

李大钊（1889—1927），河北乐亭人。1914 年入日本早稻田大学政治本科。1918 年起任北京大学图书馆主任，参加《新青年》编辑部工作。1918 年发起组织少年中国学会。之后，和陈独秀共同创办《每周评论》。1920 年在北京大学组织马克思学说研究会；领导建立北京的中国共产党早期组织；领导建立北京社会主义青年团。1921 年中国共产党成立后，负责党在北方的全面工作，并任中国劳动组合书记部北方区分部主任。1924 年 1 月在国民党第一次全国代表大会上当选为大会主席团五位成员之一，并被选为国民党中央执委会委员。此后，直接担负国共两党在北方的实际领导工作。1924 年 6 月率中共代表团赴苏联莫斯科参加共产国际第五次代表大会。回国后，负责中共北方区委工作。1924 年 12 起任中共中央北方局书记。中共第三届、四届中央委员。1927 年 4 月 6 日被奉系军阀逮捕，4 月 28 日在北京西郊民巷京师看守所就义。

刻着李大钊生前写下的文章、著作，造型取意于“铁肩担道义，妙手著文章”的对联，大厅中央矗立着李大钊的立式汉白玉雕像，雪白的汉白玉象征着李大钊的革命精神和崇高品德。3 个展厅分 9 个专题对李大钊的一生进行了详细的介绍。

在纪念馆主楼西侧，环人工湖北岸，建有李大钊纪念碑林，展出党和国家领导人为李大钊题写的题词、李大钊的部分手书作品以及中国当代著名书法家颂扬李大钊的书法作品。

青春广场位于李大钊纪念馆南侧，名

李大钊纪念馆

李大钊故居

李大钊故居前院

称源于李大钊的《青春》一文，广场设计充分体现了乐亭县的历史文化和现代思想的统一。

李大钊故居为全国重点文物保护单位。

李大钊纪念馆为全国爱国主义教育示范基地、国家4A级旅游景区、全国廉政教育基地。

李大钊故居和纪念馆

李大钊故居

地址：河北省唐山市乐亭县胡家坨镇大黑坨村

李大钊纪念馆

地址：河北省唐山市乐亭县觅园街1号

电话：0315-4622549

景点链接

唐山湾国际旅游岛屿为中心的海岛景区

乐亭沿海有大小62座海岛，形成以唐山湾国际旅游岛屿为中心的海岛景区。其中，菩提岛是华北第一大岛，总面积2.09平方公里，有潮音寺、朝阳庵遗址等古迹，也是河北省生态旅游示范区、国际观鸟基地，岛上植被覆盖率98%以上，各类植物260余种，鸟类408种，素有“孤悬海上的天然动植物园”之称。月坨岛因鸟瞰似弯月而得名，是天然的海岛浴场和生态旅游度假区。金沙岛因其沙质金黄细腻、沙滩平缓洁净而得名。

唐山湾国际旅游岛屿为中心的海岛景区

地址：河北省唐山市祥云湾林场

电话：0315-4099788
4099858

乐亭美食特产

●乐亭虾油

乐亭出产的虾油风味独特，已有百余年历史。

●缸炉烧饼

呈圆鼓形，色焦黄、味鲜美，香酥可口。

●刘美烧鸡

用肉质优良的家常鸡，佐料中有数十种香辛料，口味独特。

●罗锅香油

采用东北纯天然芝麻做原料，在传统工艺基础上，结合现代科技精制而成，开瓶后香味始终如一。

●白苗笤帚

采用北方的黏高粱苗（黏高粱穗脱粒去壳）做原料，具有扎工结实、柔韧适度、形色美观的特点。

丰润区潘家峪惨案纪念馆

潘家峪惨案纪念馆位于河北省唐山市丰润区东北部腰带山东麓的潘家峪村，地处燕山中段的河北省唐山市丰润、滦县、迁西三县交界处。

全国抗日战争爆发后，潘家峪人民踊跃投身抗战行列，这里成为冀东有名的抗战堡垒村。1941 年 1 月 25 日（农历腊月二十八），侵华日军以极为残忍的手段在潘家峪屠杀了手无寸铁的无辜群众 1230 名，烧毁民房 1200 多间，制造了震惊中外的潘家峪惨案。惨案发生后，幸存下来的 20 多名青壮年组成了复仇团，转战丰（丰润）、滦（滦县）、迁（迁西、迁安）。1942 年夏，与冀东八路军十二团一起，在丰滦迁境内的干河草（现属滦县）伏击战中，全歼了制造潘家峪惨案的部分参与者——驻丰滦一带的一个日军中队，约 180 多人，击毙了制造潘家峪惨案的日军指挥官佐佐木二郎。此战后，复仇团正式编入冀东八路军主力部队，并逐渐成长为一支作战勇敢、纪律严明的英雄部队。

潘家峪惨案遗址包括西大坑、潘家大院、南岩子、老槐树、小铁门、惨案中日军指挥部旧址 6 部分。新中国成立后，政府对潘家峪惨案遗址进行了一系列修复与保护。1952 年，修建了惨案遇难同胞陵园、遇难同胞纪念碑和祠堂。1971 年，恢复建设了部分惨案遗址——潘家大院等 6 处遗址，建立了潘家峪阶级教育展览馆。1997 年新建潘家峪惨案纪念馆，占地 4.5 亩。

潘家峪惨案纪念馆为全国爱国主义教育示范基地、全国重点文物保护单位。

潘家峪惨案纪念馆

地址：河北省唐山市丰润区火石营镇潘家峪村
电话：0315-5592560

潘家峪惨案纪念馆

景点链接

丰润区天宫寺塔

地址：河北省唐山市丰润区汽车站南100米

丰润区天宫寺塔

天宫寺塔为密檐砖塔，通高24米，共13层，八角，实心，保存辽代建筑特色。1987年，从塔7至13层发现有两个塔心室及塔内保存的一批珍贵文物，其中有木板刻经数卷，鎏金铜佛5件，文殊普贤石像及陶器、瓷器等。

天宫寺塔

食宿资讯

●潘家峪旅游度假村

以“生态、环保、可持续”为经营理念，以农为本，以村为特色，可在这里吃农家饭、住农家院、睡农家炕、交农家友、享农家乐。

地址：河北省唐山市丰润区火石营镇潘家峪村

电话：0315-5593182

●绿源山庄

有5亩多地的葡萄采摘园，园内有红星、马奶、玫瑰香等各种葡萄可供游客采摘。可在此吃绿色蔬菜，品山间野味，有内蒙特产莜麦面和荞麦面主食。

地址：河北省唐山市丰润区火石营镇潘家峪村

电话：0315-5591176

●潘家小院

主要特色农家饭菜有瓜干、豆角干、山鸡、野兔、栗子黏米饭、栗子馅饽饽等。可自己采摘、制作农家菜，能亲自体验农家特色生活，享受周边绿色美景。

地址：河北省唐山市丰润区火石营镇潘家峪村

中国人民抗日军事政治大学陈列馆

中国人民抗日军事政治大学陈列馆

地址：河北省邢台市邢台县浆水镇前南峪村

电话：0319－2782477

中国人民抗日军事政治大学陈列馆位于河北省邢台市邢台县浆水镇前南峪村，距邢台市区60公里。该馆筹建于1997年，占地面积2000平方米，简称抗大陈列馆。

中国人民抗日军事政治大学（简称抗大）的前身是1936年6月1日在陕北瓦窑堡创建的中国人民抗日红军大学。1937年初，红大随党中央机关迁入延安，改称抗大，毛泽东兼任学校教育委员会主席，亲自为抗大制定了“坚定正确的政治方向，艰苦朴素的工作作风，灵活机动的战略战术”的教育方针和“团结、紧张、严肃、活泼”的校训。毛泽东、张闻天、刘少奇、朱德、周恩来、陈云、董必武等领导同志经常给抗大讲课、作报告。1940年11月4日，抗大总校进驻河北邢台县浆水一带，校部就设在前南峪村。抗大在抗日战争时期共培养了将近20万名德才兼备的军政干部，为我党我军的发展壮大，为夺取抗日战争和解放战争的胜利，也为新中国成立后的社会主义革命和建设事业的发展，奠定了重要的组织基础。

2010年5月抗大陈列馆进行改扩建，新增面积2888平方米。主要由抗大陈列馆、抗大纪念碑、抗大学员浮雕、抗大首长旧居、抗大学员碑林、抗大学员课堂等组成。

抗大陈列馆门楣镶嵌着杨成武题写的匾额。馆内由序厅、主题厅和展厅3部分组成，展厅以大量的文物、照片、图表展现了抗大当年的学习与战斗生活情况。

抗大陈列馆为全国爱国主义教育示范基地。

抗大陈列馆外景

沧州市献县马本斋纪念馆

马本斋纪念馆

地址： 河北省沧州市献县本斋村北

电话： 0317-4668419

马本斋纪念馆位于河北省沧州市献县本斋村北，占地6000平方米。走进纪念馆大门，迎面为宽阔的广场，广场中央竖立着民族英雄马本斋骑马驰骋的铜像。具有穆斯林建筑风格的纪念馆展厅坐落在最北部。纪念馆前厅的鲜花丛中有马本斋立姿铜像，背景为毛泽东题写的挽词：“马本斋同志不死！”纪念馆现存马本斋及回民支队有关的珍贵图片146帧，实物101件。纪念馆隔道路南是马本斋母子烈士陵园。陵园内栽满了青松翠柏，庄严肃穆。

马本斋纪念馆为全国爱国主义教育示范基地、全国民族团结进步教育基地。

马本斋纪念碑

马本斋纪念馆

人物介绍

马本斋

马本斋（1902—1944），回族，河北献县人，著名抗日民族英雄。

马本斋自幼聪颖，读过私塾，粗通文墨，后为生活所迫，闯关东，投行伍，入东北讲武堂学习。毕业后，历任排长、连长、营长、团长。

1935年，因不满军阀统治，解甲归田，回归故里。1937年卢沟桥事变爆发，日军大举进犯华北，面对山河破碎，铁蹄践踏，马本斋义愤填膺，毅然组织本村青壮年70余名，举起了抗日义勇军的大旗。1938年4月，率队参加八路军，所部编为冀中回民教导队。同年10月，加入中国共产党。此后，他历任回民教导队队长、总队长、八路军第三纵队回民支队司令员，冀鲁豫军区第三军分区司令员兼回民支队司令员。7年间，他指挥回汉健儿，转战于冀中平原、渤海之滨，驰骋于冀、鲁、豫广大敌后战场。身经大小战斗800多次，消灭日伪军3万余名，使敌人闻风丧胆。1944年2月，因积劳成疾，在山东莘县不幸病逝。

景点链接

献县汉墓群

献县汉墓群

地址：河北省沧州市献县境内，西距沧州市70公里

汉墓群是汉代河间王及其子孙乐成侯、中水侯等葬于献县境内陵墓的总称，规模较大，数量较多。1937年以前，献县辖境面积较大，境内号称有大小七十二冢。现存古墓多集中在河城街。献县汉墓群是全国重点文物保护单位，主要有献王墓、孝王墓、刘淑墓、刘英墓、毛公墓、贯公墓等。

献县汉墓群

沧州铁狮子

沧州铁狮子

沧州铁狮子，又称作“镇海吼”，距今有1000多年的历史。沧州铁狮子身高3.8米，头部高1.5米，身躯宽3.17米，总重量为29.30吨。其体积和重量之巨大，堪称是我国最大的铁狮子。

沧州铁狮子

地址：河北省沧州市政府驻地东南，距市区16.5公里

承德市隆化县董存瑞烈士陵园及纪念馆

董存瑞烈士陵园及纪念馆

地址：河北省承德市隆化县隆化镇荣顺街 112 号

电话：0314－7063977

董存瑞烈士陵园位于河北省承德市隆化县城西北部的苔山脚下、伊逊河东岸。园内有纪念牌楼、烈士纪念碑、董存瑞烈士塑像、烈士墓、董存瑞纪念馆、国防教育馆、题词碑廊等主体建筑。纪念碑正面的碑心石上，镌刻着朱德的亲笔题词："舍身为国永垂不朽。"纪念馆陈列着烈士的图片、油画、遗物、有关文献和以烈士故事为题材的文艺作品。

董存瑞烈士陵园为全国重点烈士纪念建筑物保护单位、全国爱国主义教育示范基地、国家国防教育示范基地、国家 4A 级旅游景区。

董存瑞烈士陵园全景

人物介绍

董存瑞

董存瑞（1929—1948），河北怀来人，生前系中国人民解放军东北野战军第十一纵队班长。1945年7月参加八路军。1946年4月初，在察北重镇独石口遭遇战中，他机智地夺下敌人的一挺机枪，立大功一次，被部队授予勇敢奖章。1947年初的长安岭狙击战，他在班长牺牲、副班长受重伤的情况下，挺身而出，自任班长，如期完成了狙击任务，又立大功一次。1947年董存瑞加入中国共产党，先后荣立大功三次、小功四次，荣获勇敢奖章三枚、“毛泽东奖章”一枚。1948年5月，董存瑞所在的第十一纵队奉命攻打隆化，他所在连队担负攻击国民党守军防御重点隆化中学的任务。24日，六连召开攻打隆化的战前动员大会，董存瑞被选为爆破组组长。25日，战斗打响，董存瑞带领爆破组的战友们一鼓作气炸掉了敌人的8个碉堡，顺利地完成了扫除隆化中学外围工事的任务。正当我军发起总攻之时，突然，在一座桥上伪装十分严密的暗堡喷出多条火舌，拦住了部队冲锋的道路。董存瑞毅然抱起炸药包，冲至桥下，但身边无处安放炸药包，危急时刻，董存瑞毫不犹豫地用自己的身体充当支架，手托炸药包，拉燃导火索，用生命为部队开辟了前进的道路，牺牲时年仅19岁。

董存瑞烈士牺牲地

董存瑞烈士塑像

董存瑞纪念馆

景点链接

隆化民族博物馆

隆化民族博物馆
地址：河北省承德市隆化县

博物馆占地5900多平方米，建筑面积2500平方米，馆藏丰富，其中许多为国家珍贵文物，馆藏元代鸽子洞织绣品，体现了元代高超的织绣工艺水平。

茅荆坝国家森林公园

茅荆坝国家森林公园
地址：河北省承德市隆化县隆化镇建设街219号
电话：0314-7088888

总面积19400公顷，其中风景区面积3745公顷，有敖包山、茅荆坝梁、黑熊谷、温泉度假四大景区，分布景点100多个，园内动植物种类繁多，为国家2A级旅游景区。

隆化特产

隆化“一百家子拨御面”曾被清乾隆皇帝御赐为“欺霜赛雪、洁白如玉”，驰名中外。此外，隆化县还盛产榛子、山杏、蘑菇以及蕨菜、刺嫩芽、苍术苗等品种繁多的山野菜。

唐山市开滦博物馆

开滦博物馆是河北省唯一一家大型国企博物馆，坐落在有着134年历史的开滦唐山矿工业广场。博物馆周边，中国第一佳矿、第一条准轨铁路零起点、百年达道等“三大工业遗迹”和遗存星罗密布，整个园区就是一座天然的近代工业博物馆。

博物馆浓缩了开滦煤矿百余年艰辛发展历程，记述了中国近代煤炭工业的摇篮、中国铁路肇始之处、中国水泥和电力业发端之地的历史嬗变。“中国第一佳矿”、“中国第一条准轨铁路”、“中国第一台蒸汽机车”、“中国最早的铁路公路立交桥涵”、“中国最早的股份制”均诞生在这里，被毛泽东称赞为“特别能战斗”的“开滦五矿大罢工”也发生在这里；洋务运动代表人物李鸿章、中国近代煤矿之父唐廷枢、北方工业巨子周学熙、中国共产党创始人之一李大钊、民族英雄节振国等众多历史人物，都曾在这里留下重要历史遗踪。

博物馆地下，是利用唐山矿半道巷遗址精心打造的以反映中国煤矿生产方式演变和矿工生产场景为主题的“井下探秘游”。探秘区内布设井下环形车场、古巷道遗址探幽、煤矿开

开滦博物馆

地址：河北省唐山市新华东道54号

电话：0315-3024659

开滦博物馆与开滦徽记水体广场

井下探秘游——综机采煤

采方式展示、“备战备荒”历史遗迹、井下休闲吧、煤矿自然灾害模拟项目等，向游客展示从原始采煤到现代采煤的历史演变进程。

开滦博物馆园馆合一，是一个全景式展示中国近代工业发展不平凡历程的天然博物馆。

开滦博物馆为全国科普教育基地、国家 4A 级旅游景区。

景点链接

开滦国家矿山公园

开滦国家矿山公园
地址： 河北省唐山市新华东道 54 号（开滦唐山矿业公司）
电话： 0315-3024885

开滦国家矿山公园由中国北方近代工业博览园和老唐山风情小镇两大景区组成，两地之间相距约 2.5 公里，中间由矿用自备铁路连接。博览园分矿业文化博览区和矿业遗迹展示区两部分，包括博物馆、主碑、副碑、三大工业遗迹等景观。

开滦国家矿山公园为国家 4A 级旅游景区。

唐山市冀东民俗艺术博物馆

唐山市冀东民俗艺术博物馆
地址： 河北省唐山市路南区文化路 2 号
电话： 0315-2819565

位于唐山市中心大钊公园内，主要展出具有冀东地域文化特点的民俗文化艺术品，包括乐亭大鼓、玉田泥塑、滦县皮影、地方文人书画、民间石刻与建筑构件、唐山古代民间陶瓷等，还有皮影表演。

唐山市冀东民俗艺术博物馆

喜峰口长城抗战遗址

喜峰口长城抗战遗址位于河北省承德市宽城县桲罗台镇和唐山市迁西县滦阳镇。喜峰口是明长城的重要关隘，雄踞在滦河河谷，左右皆高山对拱，地势十分险要。

这里自古以来便是冀东北地区关内外的重要交通要道，为兵家必争之地。据史料记载，自秦汉以来，这里历代均有战争发生，留下了大量金戈铁马的历史战争故事。而其中最重大、最激烈的战争，当属1933年的喜峰口长城抗战。

1933年3月，日本侵略军进逼长城，平津危急。宋哲元、张自忠、赵登禹等爱国将领，率国民革命军第二十九军，在中

喜峰口长城抗战遗址

地址： 河北省承德市宽城县桲罗台镇

电话： 0314-6862997

地址： 河北省唐山市迁西县滦阳镇

电话： 0315-5882781

1 喜峰口长城抗战纪念碑

2 喜峰口长城

承德特产

大鑫金银产品、宽城神栗系列食品、蟠龙湖胖头鱼、有机杂粮、蜂蜜、干鲜果品等。

共地方组织和抗日民众的支援下，在敌强我弱、装备落后的情况下，用最原始的武器——大刀，与日本侵略军展开生死搏斗。经过7昼夜苦战，喜峰口长城抗战共毙敌5000余人，给武器精良的敌寇以沉重的打击，二十九军成为闻名中外的“抗日英雄部队”。日寇哀叹：“明治大帝造兵以来之皇军名誉，尽丧于喜峰口外。”二十九军的胜利，极大地鼓舞了全国军民的抗日热情和斗志。音乐家麦新据此创作了著名的《大刀进行曲》，传唱至今。

2001年，在迁西县滦阳镇修建了长城抗战纪念馆和喜峰雄关大刀园。纪念馆建筑面积2400平方米，有展品3800多件。2005年，又相继修建了喜峰口长城抗战纪念碑，大刀魂主题雕塑、血战浮雕、死难者纪念墙，成为人们不忘历史、接受爱国主义教育的重要场所。

景点链接

蟠龙湖景区

蟠龙湖景区
地址：河北省承德市宽城满族自治县西部，距宽城县城25公里，距承德市区135公里

是华北最大水利水电工程——潘家口水库蓄水而形成的人工湖，也是华北地区水域面积最大、植被覆盖率最高、历史遗迹保存较为完整的水上休闲旅游区。湖区内景观景点多达60余处，与金山岭长城和燕山主峰雾灵山并称为承德的“紫塞三绝”，为国家3A级旅游景区。

千鹤谷景区

千鹤谷景区
地址：河北省承德市宽城县孟子岭乡大桑园村附近的峡谷内

千鹤谷景色

总面积100多平方公里，由森林、灌丛、河流、水库、沼泽等多种生态类型组成完整的森林湿地景观系统。景区内有野生动物222种，其中鸟类118种，为省级自然保护区。

万塔黄崖寺景区

万塔黄崖寺景区
地址：河北省承德市宽城县宽城镇三异景村，距县城9公里

历史上该寺香客云集，香火不息，在关内外负有盛名。清康熙皇帝钦封的“万塔黄崖”、“独木仙桥”位于该景区内。现修复了部分庙宇、佛塔、佛像等，为国家2A级旅游景区。

邢台市邢台县前南峪村

万邦珍果园

前南峪村位于河北省邢台市邢台县浆水镇，全村386户，人口1415，总面积9700亩，其中耕地面积746亩，宜林山场8300亩。现可供游客观赏的有四大展区：抗大观瞻区、生态观光区、化山览胜区、社会主义新农村参展区，其中抗大观瞻区包括抗大纪念馆、纪念碑，滕代远、何长工旧居和抗大部分领导及学员题词刻成的千米碑林，

前南峪村
地址：河北省邢台市邢台县浆水镇
电话：0319-2782398

洗砚池

前南峪村全貌

是展区最重要的部分。

全国抗日战争时期，前南峪村是中国人民抗日军政大学总校所在地。新中国成立后，前南峪人在抗大精神的指引下，充分发扬艰苦创业的革命精神，在党组织的带领下，经过几十年坚持不懈的奋斗，对全村8300亩山场进行山、水、林、田、路综合治理，使整个园区内林木覆盖率达到90.7%，植被覆盖率达到94.6%。同时利用高科技引种了8个国家20多个果林品种，每年从4月到11月均可采摘品尝多国果品，有乌克兰大樱桃、美国提子、韩国黄金梨、美国凯特杏、日本桑葚、澳大利亚油桃、欧洲榛子等特色果品，堪称万邦珍果园。园区内设置有巨型植物造字、植物造型、绿色长廊、亭榭画廊等景观。

前南峪村为国家4A级旅游景区、全国农业旅游示范基地。

前南峪特产

“浆水”牌苹果、板栗、“前南峪”牌杜仲茶、蜂蜜、山韭花、核桃等。

前南峪节庆活动

每年举行桃花节、樱桃节、栗花节、苹果节、民间乡艺表演等活动，每年4月至11月有果品采摘节。

前南峪生态旅游区入口

唐山地震遗址纪念公园

1976年7月28日凌晨3时42分，河北省唐山市遭遇里氏7.8级大地震。地震使24万人遇难，市区民用建筑94.6%倒塌损坏，工业建筑物70—80%倒塌，生产、交通、公用等各项设备、设施遭受严重破坏，直接经济损失达54亿元。震后，唐山人民在党中央的关怀领导下，在中国人民解放军和全国人民支援下抗震救灾，重建家园，历经“十年重建、十年振兴、十年快速发展”，建成了一座功能完备、环境优美、充满生机与活力的新唐山。

唐山地震遗址纪念公园

地址： 河北省唐山市路南区岳各庄路19号

电话： 0315-5939728

唐山地震遗址纪念公园位于唐山市南部路南区境内，占地面积40万平方米，是以原唐山机车车辆厂铁轨为纵轴，以纪念大道为横轴，划分为地震遗址区、纪念水区、纪念林区、纪念广场等几个区域。

罹难者纪念墙

地震遗址区是原唐山机车车辆厂铸钢车间，地震时，厂房处于震中，烈度为11度，3跨厂房除部分中间立柱扭曲、

唐山地震遗址纪念公园

“永恒的记忆”雕塑

倾斜外，四周墙柱全部倒塌，屋架落地。当时有夜班炼钢工人及辅助生产人员 20 人，11 人遇难，3 人重伤，40 余台设备震毁或受损。厂房南侧的砖砌烟筒，原高 35 米，地震时断成三截，其余两节烟囱被直接嵌入现存的烟囱内，呈套筒式结构，内外共有三层。

唐山大地震罹难者纪念墙由 5 组 13 面墙体组成，镌刻着大地震中罹难的 24 万同胞的姓名。纪念墙每面高 7.28 米，代表 7 月 28 日，墙体距水面 19.76 米，代表 1976 年。纪念墙北侧正后方，是一片占地 14 万平方米的纪念林。

公园内纪念广场占地 3 万平方米，地面由黑白相间的大理石铺成，可供上万人举行重大集会活动。广场正前方是纪念水池，面积 3 万平方米，水池内主题雕塑采用石材和青铜质地，展现唐山人民在灾难面前风雨同舟、患难与共的生动场面。

园内中国 · 唐山地震博物馆于 2009 年落成，建筑面积 12000 平方米，由纪念展馆和科普展馆两个分展馆组成。纪念展馆位于博物馆地下一层，展出照片近 600 幅，实物 500 余件，复原式景观 7 组，蜡像 30 余尊，主要展示唐山大地震造成的巨大灾难以及震后唐山人民在党中央的关怀领导下，在中国人民解放军和全国人民支援下，抗震救灾、重建家园的伟大壮举。科普展馆地上、地下各一层，是一个全面介绍古今中外地震现象，普及宣传地震知识，彰显地震学科总体形象的主题性专业科普馆。

唐山地震遗址纪念公园雕塑

景点链接

唐山南湖中央生态公园

昔日不毛之地，如今已是林地成片、生机盎然。封堵采沉区周边排污口，190多公顷水面实现了水体还清，利用垃圾堆因势造型，建成了独具特色的南湖公园，为市民创造了一个休闲、娱乐的好去处。

唐山南湖中央生态公园

唐山南湖中央生态公园
地址： 河北省唐山市路南区建设南路
电话： 0315-2834514

唐山抗震纪念馆

纪念馆内有大型综合性展览《今日唐山——唐山市建设成就展览》，反映了唐山大地震造成的极其惨重的损失，记述了唐山人民在党的领导和全国人民的支援下抗震救灾、重建家园的英雄壮举，展示了在地震废墟上崛起的新唐山的风姿。

唐山抗震纪念馆
地址： 河北省唐山市路北区新华东道102号
电话： 0315-5265530

唐山抗震纪念馆

张家口市张北国防教育基地

张北国防教育基地

地址： 河北省张家口市张北县张石高速张北南收费站南 500 米

电话： 0313-5319088

张北国防教育基地位于河北省张家口市张北县以南约 7 公里处，占地 2200 亩，包括八〇二演习纪念馆、70 年代地下坑道工程与苏蒙烈士陵园、野狐岭古战场遗址、六代长城古遗址等，是一处集军事教育、爱国主义教育、国防教育、科普宣传、体能训练、参观旅游于一体的综合性国家 3A 级旅游景区，是国家国防教育示范基地。

1981 年 9 月，由时任中央军委主席的邓小平亲自决策和领导，在张北进行了代号为“802”的军事演习。这次军事演习，是新中国成立以来我军举行的规模最大、投入兵力最多、现代化程度最高的一次实兵演习，参加演习的部队有陆军、空军连同保障部队共 11.4 万余人，动用坦克、装甲车 1327 辆，各种火炮 1541 门，各种飞机 475 架，各种汽车 10606 辆。党和国家领

八〇二演习纪念馆

地下工事入口

导人、中央和国务院各部委的领导同志，各省、市、自治区主要负责同志和各大军区、各军兵种的领导同志共 3.2 万余人亲临演习现场。

八〇二演习纪念馆以大量照片、图片、实物展示了我军历史上规模最大的军事演习，介绍了大量的兵器、战争等军事知识。展馆设有电子游戏对抗区、电影放映厅，介绍了张北的历史沿革、发展变化等历史知识。景区因山就势，精心打造了华北地区首家在真实的军事阵地开展真人 CS 大战的俱乐部。景区还建有体能拓展训练区，设有冰桥、缅甸桥、晃动横梯、软桥、吊索桥、攀岩及游戏组合架等器械项目，拥有相关展示教学的光盘、图片，能够很好地满足广大游客的需要，发挥国防教育基地的作用。

地下工事

景点链接

百里坝头风景线

百里坝头一景

百里坝头风景线起于桦皮岭，经野狐岭终至台路沟，沿线包括桦皮岭、岩片山、白龙洞山、六代古长城、南泥河空中草原、鸡冠山、侯营坝烽火台等景区景点，有丰富的自然、人文景观以及军事历史景观。

百里坝头风景线

地址：河北省张石高速张家口至张北段野狐岭出口

元中都博物馆

元中都博物馆是全国第一个蒙元历史专题性博物馆，展示元中都遗址及文物遗存，为元中都遗址考古发掘的文物提供存放和研究平台。

元中都博物馆

元中都博物馆

地址：河北省张家口市张北县南山东路东侧

电话：0313-5398182

中都草原度假村

草原总面积20万余亩，集避暑、观光、休闲、娱乐、度假为一体，为国家4A级旅游景区。

中都草原

中都草原度假村

地址：河北省张家口市张北县郝家营乡三宝盘村北

电话：0313-5353288

张家口美食特产

口蘑、莜麦、奶食品、奶皮子、奶茶、奶酒等。

全国红色旅游经典景区

山西省

P135-170

山西省红色旅游地图

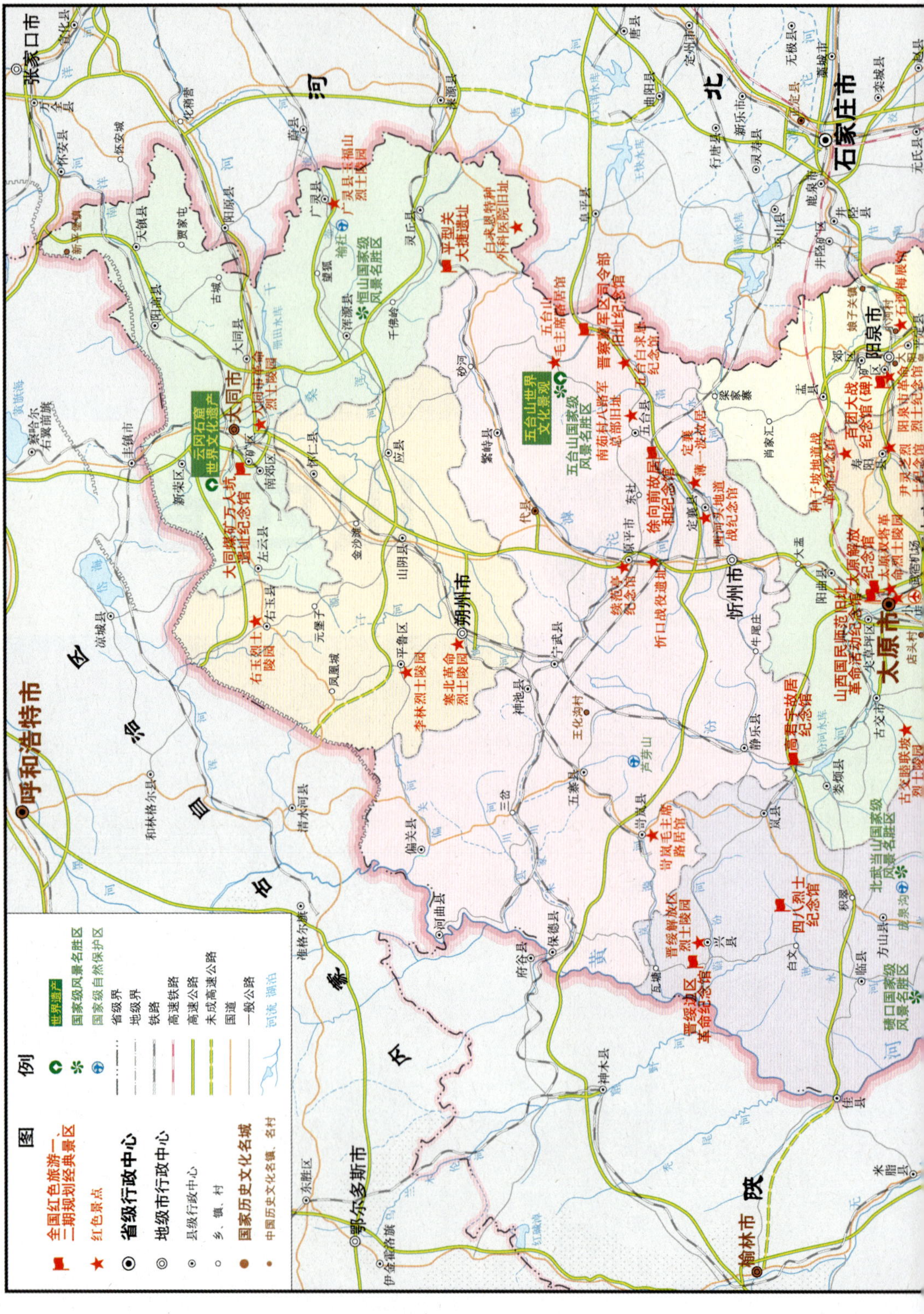

图例
全国红色旅游一、二期规划经典景区
红色景点
省级行政中心
地级市行政中心
县级行政中心
乡、镇、村
国家历史文化名城
中国历史文化名镇、名村
世界遗产
国家级风景名胜区
国家级自然保护区
省级界
地级界
铁路
高速铁路
高速公路
未成高速公路
国道
一般公路
河流 湖泊
太原市
大同市
朔州市
忻州市
阳泉市
石家庄市
张家口市
呼和浩特市
鄂尔多斯市
榆林市
云冈石窟世界文化遗产
五台山世界文化景观
五台山国家级风景名胜区
恒山国家级风景名胜区
北武当山国家级风景名胜区
碛口国家级风景名胜区
平型关大捷遗址
晋察冀军区司令部旧址纪念馆
百团大战纪念馆(碑)
晋绥边区革命纪念馆
四八烈士纪念馆
高君宇故居纪念馆
徐向前故居和纪念馆
忻口战役遗址

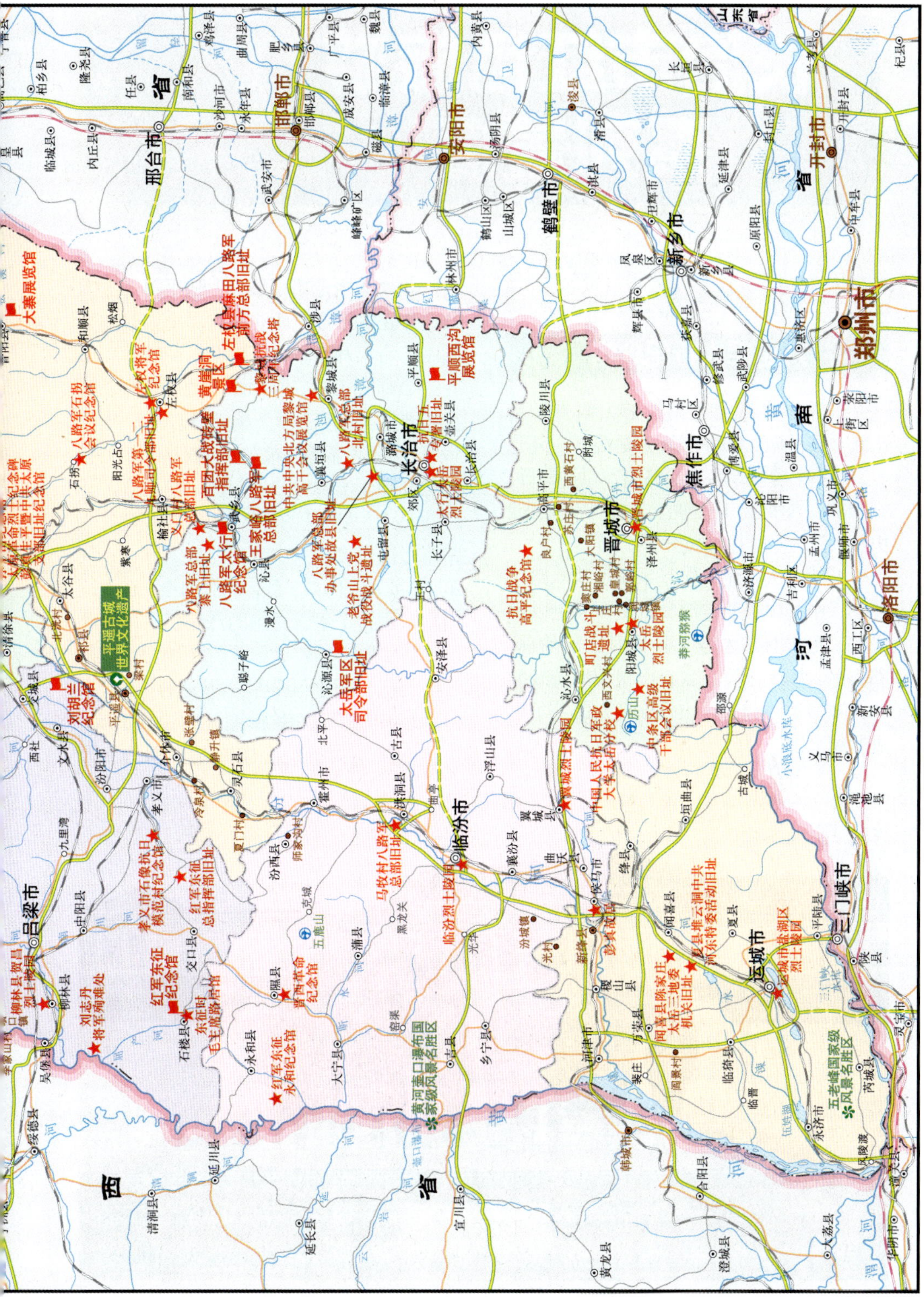

1：2 350 000

0　23.5　47.0　70.5　94.0　117.5km

长治市红色旅游系列景区

武乡县

八路军太行纪念馆

八路军太行纪念馆位于山西省长治市武乡县城西，1988 年正式建成并对外开放，邓小平题写馆名。2005 年 8 月 15 日，纪念馆二期扩建工程竣工，“八路军抗战史陈列”大型主题展览开幕。

八路军太行纪念馆是系统反映八路军总部、中共中央北方局和八路军将士以及朱德、彭德怀、左权、任弼时、刘伯承、邓小平、杨尚昆等在太行山根据地抗战的伟大革命实践和太行山根据地人民斗争事迹的纪念馆。

1937 年七七事变爆发，随后第二次国共合作正式形成。西北的红军主力改编为国民革命第八路军，下辖第一一五师、第一二〇师和第一二九师。朱德总司令、彭德怀副总司令率三师之众，东渡黄河，出师华北，展开敌后游击战争。总部所属机关和一二九师于 1938 年 2 月向晋东南推进，开辟以太行山为依托的晋冀豫抗日根据地。八路军坚决贯彻中共中央的路线、方针、政策，依靠军民团结一致，克服困难，在太行山地区进行了艰苦卓绝的八年抗战，粉碎了日军“晋东作战”，发动了百团大战，创办了兵工厂，领导和组织当地军民进行了生产自救，为夺取抗日战争的胜利作出了重要贡献。

八路军太行纪念馆前是面积为 2 万

八路军太行纪念馆

八路军抗战纪念碑

平方米的广场，广场中央矗立着八路军将领群雕——“太行山”。主馆区占地面积14.8 万平方米，主要有八路军抗战史陈列馆、百团大战半景画馆、窑洞战景观、八路军雄风碑林公园、八路军抗战纪念碑、“和平颂”主题公园等参观点，展陈面积为 8000 平方米，拥有各类藏品 800 余件，尤以八路军抗战历史文物的收藏最具有特色，其中国家一级文物 150 多件。

八路军太行纪念馆为全国爱国主义教育示范基地、国家 4A 级旅游景区。

八路军太行纪念馆

地址： 山西省长治市武乡县凤凰路

电话： 0355-6437583　6438666

王家峪八路军总部旧址

王家峪八路军总部旧址位于山西省长治市武乡县东 35 公里处的丘陵山区。全国抗日战争时期，朱德、彭德怀、左权、刘伯承、邓小平、杨尚昆、陆定一等老一辈革命家曾在这里生活、战斗，指挥华北各抗日根据地的游击战争。

1939 年 10 月 11 日，八路军总部进驻王家峪，至 1940 年 10 月，八路军总部曾在此驻扎 360 多天。期间，正是日军疯狂进犯根据地的严重时刻。1940 年 6 月，日军占领武乡县段村，矛头直指八路军总部所在地。为集中力量抗击日寇，朱德总司令坚定不移地执行党在统一战线中独立自主的

王家峪八路军总部旧址

王家峪八路军总部旧址展厅

原则，对国民党顽固势力进行了有理、有利、有节的斗争。1939 年 12 月至 1940 年 1 月，总部电台曾先后发出朱、彭总副司令通电全国反对枪口对内、进攻边区，朱德同志就山西“十二月政变”发表谈话等电讯，晓以民族大义，电请国民党与中共杜绝磨擦，巩固团结，坚持抗日，并制止了阎锡山进攻山西新军的势态扩大。1940 年 2 月，朱德、左权和杨尚昆、陆定一等，在总部与国民党第九十七军军长朱怀冰进行谈判，指出：抗日根据地是八路军从日寇手里夺回来的地方，你们要占领，人民不会同意。1940 年 3 月 5 日至 9 日，八路军集中 13 个团的优势兵力，一举歼灭朱怀冰 3 个师，击退了国民党顽固派的第一次反共高潮。

1939 年 12 月 21 日，朱德总司令在王家峪八路军总部接见了印度援华医疗队的柯棣华、巴苏华、爱德华等国际友人。是年冬，朱总司令在此奋笔写下了《寄语蜀中父老》的诗篇：伫马太行侧，十月雪飞白，战士仍衣单，夜夜杀倭贼。1940 年清明节前后，朱总司令带领军民开展生产自救和植树造林，组织总部机关和抗大学员，仅在王家峪一带就植树 2 万余株。朱总司令还亲手在王家峪的寨湾栽下一棵白杨树。至今，这棵白杨树依然笔直挺拔，枝繁叶茂。令人惊异的是，此树枝的横断面呈微微发红的五星状，当地人亲切地称之为“红星杨”。

现八路军总部旧址内皆按八路军总部首长当年的生活和办公情况进行了复原陈列。遗址遗迹有朱德、彭德怀、左权、刘伯承、邓小平、陈赓、陈锡联等人的旧居，朱德种过的小菜园，总部篮球场和亲手种植的“红星杨”等。旧址为并列三院民宅，坐北朝南，东西长 78.8 米，南北宽 30 米，占地面积 2364 平方米。北窑 8 孔，东西南房 24 间，均保存完好。

王家峪八路军总部旧址为全国重点文物保护单位。

王家峪八路军总部旧址

地址：山西省长治市武乡县韩北乡王家峪前庄

百团大战砖壁指挥部旧址

百团大战砖壁指挥部旧址位于山西省长治市距武乡县城 94 华里的东部山区砖壁村。

1939 年 7 月 15 日，正当日寇对晋东南抗日根据地发起九路围攻之际，八路军总部机关由潞城北村经黎城霞庄进驻砖壁村，成为华北各解放区的指挥中心。总部在砖壁指挥八路军粉碎日寇对晋东南的围攻和“扫荡”后，除少数人员留守砖壁村外，总部机关于 1939 年 10 月 11 日迁至西南 10 公里处的王家峪。1940 年 6 月，总部又返迁砖壁村。在这里，彭德怀副总司令和左权副参谋长等部署并指挥了震惊中外的百团大战，增强了全国军民争取抗战胜利的信心。1940 年 11 月，总部转移至辽县（今左权县）的武军寺。1942 年 5 月反“扫荡”后，彭德怀副总司令又率领总部机关第三次进驻砖壁村，并在此召开了在 1942 年 5 月反“扫荡”突围中壮烈殉国的左权烈士追悼会。

百团大战砖壁指挥部旧址为全国重点文物保护单位。

百团大战砖壁指挥部旧址

地址：山西省长治市武乡县蟠龙镇砖壁村

百团大战砖壁指挥部旧址

景点链接

八路军文化园

位于长治市武乡县太行西街，主要有八路村、军艺社等主题景观和各种不同风格的演出，以及水、陆、空多种拓展项目。游客可以穿军装、扛步枪、吃小米饭、住老区炕、唱抗战歌曲、看抗战戏剧，感受八路军文化，充分体验八路军的生活。

八路军文化园

板山

板山位于武乡县城东部窑湾乡左会村黎（城）武（乡）交界处，总面积 6 平方公里，平均海拔 1800 米以上，最高峰花儿垴海拔 2008 米。板山群峰壁立，植被茂密，是太行山精华所在。可观赏红叶、日出、云海，参观圣人泉、黄崖洞保卫战工事遗址群等。

板山风光

太行龙洞

位于武乡县蟠龙镇石泉村，洞内溶石错落有序，洞中套洞，晶莹透明，各种造型奇特的钙化景观攀沿四壁，流光溢彩。洞外群山环绕，森林茂密，鸟语花香，景色优美。

太行龙洞

黎城县黄崖洞景区

黄崖洞景区位于山西省长治市黎城县北部，地处晋、冀、豫三省交界区，方圆14平方公里，海拔1500—2000米，因石壁中有一天然石洞而得名。

黄崖洞景区是一处集自然风光与革命史迹于一体的风景名胜区，老一辈无产阶级革命家朱德、彭德怀、左权、刘伯承、邓小平、徐向前等曾在这里战斗生活过。这里曾是抗日敌后根据地创建规模最大的兵工基地，年产武器弹药可装备16个团。著名的“黄崖洞保卫战”曾以敌我伤亡6∶1的辉煌战绩彪炳史册。1985年邓小平为黄崖洞亲笔题名。

黄崖洞景区包括黄崖洞兵工厂遗址、黄崖洞保卫战烈士陵园、黄崖洞兵工厂弹药库旧址等革命纪念地。

黄崖洞景区为全国爱国主义教育示范基地。

■ 黄崖洞兵工厂遗址

黄崖洞兵工厂遗址位于长治市黎城县城西北45公里的水窑山上，占地2平方公里，主要包括厂房、装配车间、锅炉房、图书馆、兵工厂部、供销社、兵工宿舍、家属房等。

1939年7月，八路军总部遵照朱德总司令和左权副参谋长的指示，将韩庄修械所搬迁到地形隐蔽的黄崖洞，扩建规模，正式建设八路军的兵工厂。1943年5月，日军又一次侵入黄崖洞，将厂房大部毁坏。从此，兵工厂迁出黄崖洞，撤到平顺县西安村建厂坚持生产。

黄崖洞兵工厂建设过程中，条件非常艰苦，大量设备器材的运输，全靠人抬肩扛，大的设备不易搬运，就拆整为零，一人扛一个部件，锅炉拆成11片，一片一片地搬到黄崖洞，然后再铆起来重新安装。土建工程更为艰苦，缺乏砖瓦、木材，工程师陈志坚带领民工开山凿石，打石造房，不到半年，一栋栋以方石垒墙，石板做瓦，石灰联结的石头房沿山谷而起，工房、宿舍、办公区、俱乐部相继建成。工厂共建石房12栋，总建筑面积6000多平方米，分布在2平方公里的厂区内。最大的是钳

黄崖洞兵工厂遗址

工房，有1000多平方米，二层结构，楼下生产，楼上住宿。工厂共有机器设备40多部，其中有三节锅炉一台，25马力蒸汽机1台，车、刨、钻、冲等切削机床20多部，10千瓦直流发电机1台，能供部分照明。机加工房使用蒸汽作动力，采用无轴皮带传动。动力设备共50马力，生产能力为月产步枪400支。

黄崖洞兵工厂建成投产时，取名为“八路军总部军工一所”，也称水窑工厂，对外称“八路军总部流动工作团”或“工兵营”，共有职工近千人。

兵工厂于1939年底建成投产，到1943年5月，生产的武器主要有五五式步枪、八一式步枪、五茵炮（又称掷弹筒）、五茵炮弹等，是当时八路军在华北创建最早、规模最大的兵工基地。

黄崖洞兵工厂遗址为全国爱国主义教育示范基地、全国重点文物保护单位。

黄崖洞保卫战烈士陵园

黄崖洞保卫战烈士陵园位于黎城县黄崖洞镇上赤峪村西黄崖洞革命纪念地内，由烈士公墓、纪念碑、纪念塔、纪念馆组成。烈士公墓为圆顶青石水泥建筑，安葬着在黄崖洞保卫战中牺牲的烈士遗骨。纪念塔位于公墓前，塔上正面镌刻着“黄崖洞保卫战殉国烈士永垂不朽”，纪念馆于1985年景区开放后建立。

黄崖洞兵工厂弹药库旧址

黄崖洞兵工厂弹药库旧址位于黎城县黄崖洞镇上赤峪村西黄崖洞革命纪念地内。1939年，黄崖洞兵工厂建成投产，是当时我军最大的兵工基地。黄崖洞兵工厂弹药库位于黄崖洞一处石壁上，洞高25米，深72米，宽18米。

黄崖洞景区

地址：山西省长治市黎城县

电话：0355-6682050

黄崖洞烈士墓

黄崖洞兵工厂弹药库旧址

沁源太岳军区司令部旧址

太岳军区司令部旧址大门

沁源太岳军区司令部旧址位于山西省长治市西北部沁源县，沁源因是沁河发源地而得名。

1939 年 12 月阎锡山策动晋西事变后，陈赓奉八路军总部命令，率领一二九师三八六旅及总部特务团进驻太岳区，与山西青年抗敌决死一纵队配合，给进犯太岳区的国民党二十七军以沉重打击。1940 年 6 月，为统一领导太岳区的武装力量，成立太岳军区，陈赓任司令员，薄一波任政委。军区成立伊始，驻扎于沁源县沁河镇阎寨村崔家大院。同年 10 月，日军对沁源发动空前残酷的大“扫荡”，太岳区领导号召军民挖窑洞居住，继续战斗。村东土崖下现存的 13 孔土窑洞，即是当年军区首长带领官兵挖掘的。窑洞建成之后，司令部即移居于此，陈赓、薄一波、王新亭、毕占云等在这里领导太岳区军民同日本侵略者进行了艰苦卓绝的斗争，阎寨村曾一度被称为太岳区的“小延安”。

沁源太岳军区司令部旧址建筑面积 2000 平方米，现存土窑洞 27 孔，保存完整。旧址分东西两部分，西边是太岳军区司令部办公区，有窑洞 10 孔，有司令部、政治部、参谋部、警卫班、炊事班等。东边是部队驻扎区，有窑洞 17 孔。此外，还有山西青年抗敌决死纵队抗战四年阵亡将士纪念碑及纪念亭一处。

沁源太岳军区司令部旧址为山西省级文物保护单位、山西省爱国主义教育基地。

太岳军区司令部旧址

地址： 山西省长治市沁源县沁河镇阎寨村东

电话： 0355-7839888　7837795

太岳军区司令部办公区旧址

景点链接

灵空山

灵空山风光

地处沁源县西北部五龙川乡，距县城约 40 公里。海拔 1600 至 1850 米。山岩地质为寒武纪石灰岩，山中三条沟壑交汇，形成一处奇险的深谷。山岩之上为第四纪老黄土覆盖，适宜植物生长，所以林木郁郁葱葱，山花野草遍地。山中岩洞较多，幽静奇特。

花坡

位于沁源县西北部，海拔 1800 多米，具有高原气候特征。山上遍地生长着矮矮的野草和豆科植物，五颜六色，各具形态，花的品种繁多，生长茂密，故名“花坡”。花坡山脚下的花坡村，约有二三十户人家，民风淳朴。

菩提寺

菩提寺

位于沁源县东北部，距县城 15 公里。据碑文记载修于西魏大统年（公元 535 年）。主要由无生圣母殿、真武殿、大雄宝殿、观音殿、地藏殿、慈航殿、关圣殿、三教殿、八祖罗师殿等组成。

沁源特色美食

沁源饮食独具地方风味，有荞面捻疙瘩、三合面（二面）捻疙瘩、莜面栲栳栳、莜面菜窝则、煮丸则、搅糊则、拨面、煎饼等特色美食。

沁源特产

有五区莜面、王和牛肉、韩洪粉条以及蘑菇、木耳、蕨菜等，“沁源四宝”、“裕源牛肉”、灵空山绿色食品等品牌在景区和县城都设有专卖店。

长治市旅游景点推荐

太行山大峡谷、老顶山森林公园、平顺天脊山风景区、平顺太行水乡风景区、平顺虹霓大峡谷、平顺神龙湾风景区、平顺通天峡风景区、太行龙洞风景区、黎城太行红石公园、长治国家城市湿地公园、天下都城隍风景区、长治县五凤楼景区、襄垣仙堂山风景区（法显故里）、沁县南涅水石刻馆等。

晋中市左权县麻田八路军前方总部旧址

麻田八路军前方总部旧址

地址： 山西省晋中市左权县麻田镇上麻田村南

麻田八路军前方总部旧址位于晋、冀、豫三省要隘，东出邯郸，西达太原，北上阳泉，南下长治，易守难攻，有“晋疆锁钥，山西屏障”之称。

八路军总部机关于1941年7月从武军寺村移驻上麻田村，一直到抗日战争胜利结束才离开。这期间除重大的作战行动做短期战略转移外，八路军总部机关一直在麻田驻扎。当时，麻田为八路军领导华北地区抗日的军事、政治、经济、文化中心，朱德、彭德怀、左权、邓小平、罗瑞卿等老一辈无产阶级革命家曾生活和战斗在这里，领导八路军开展抗日游击战，打破日伪军五次“治安强化运动”，扩大了抗日根据地，发起攻势作战，直至夺取抗日战争的最后胜利。

麻田八路军前方总部旧址标志碑

麻田八路军前方总部旧址占地面积 4700 平方米，有 18 个展室，馆藏革命文物 183 件，陈列图片 370 幅。旧址现有房屋 36 间，共 3 个院落，由八路军总部机关旧址、邓小平旧居、左权旧居、罗瑞卿旧居等组成。

麻田八路军前方总部旧址为全国重点文物保护单位、全国爱国主义教育示范基地。

景点链接

左权将军纪念馆

左权将军纪念馆位于晋中市左权县城北街社区内陵园街东段北侧。1946 年为纪念在抗战中壮烈殉国的左权将军和 733 名军、政、民烈士而修建。馆内展厅有左权半身铜像、生平简历及他在抗战时期的图片和珍贵遗物。

左权（1905—1942），湖南醴陵人，1925 年加入中国共产党。抗日战争时期任八路军副参谋长、八路军前方总部参谋长等职。1942 年 5 月反“扫荡”突围中，在辽县十字岭壮烈殉国，年仅 37 岁。左权是我军在抗日战争中牺牲的最高将领。1942 年 9 月 18 日，晋冀鲁豫边区政府将辽县改名为左权县。

左权将军纪念馆

大同市红色旅游系列景区

大同煤矿万人坑遗址纪念馆

大同煤矿万人坑遗址纪念馆位于山西省大同市矿区煤峪口西南18公里处的煤峪口南沟。

“万人坑”是大同煤矿在日军侵华期间堆放被害矿工尸骸的山洞。

1937年10月—1945年8月，日本占领大同煤矿期间，施行“以人换煤”的血腥政策，掠夺了1400万吨煤炭，制造了白骨累累的“万人坑”20余处，6万多名矿工惨遭迫害。他们从山东、河南、河北、山西、安徽、江苏、北京、天津、内蒙古等地抓骗大量的农民和失业的手工业者到矿山充当劳工。非人的生活待遇、超负荷的劳动强度、险恶的劳动环境，再加上瘟疫的流行，使大批矿工伤残或生病，丧失劳动力。他们将奄奄一息或死亡的矿工抛到荒郊野外或废弃井洞，日积月累形成一个个白骨累累的“万人坑”。

煤峪口南沟“万人坑”是国内保存较完整的“万人坑”，坑内层层叠叠堆满了死难矿工尸骨。有的头颅被击穿，有的四肢被砍掉，有的张大嘴好像在呼救，有的仿佛挣扎着向洞口爬去。很多尸骨的姿势表明，他们是活着被扔进“万人坑”的。“万人坑”是日本侵略者残害大同矿工的铁证。

大同煤矿“万人坑”开放于20世纪

大同煤矿万人坑遗址纪念馆

"万人坑"遗址

60 年代初期。2010 年，经过 4 年修建的大同煤矿万人坑遗址纪念馆正式开馆。纪念馆占地 33.7 万平方米，主要建筑有展览厅、折板式廊道、多媒体演示厅、“万人坑”悼念厅、无字碑林和游客服务中心。从门口到展馆的缓坡地面上，“1937—1945”字样的 8 块铸字铁板深深嵌入周围的地砖，警示人们牢记大同矿工抗战 8 年中经历的深重苦难。纪念馆门厅下方，设计有遗骨巨幅浮雕，“14000000”和“60000”两组凸起的数字，直观地告诉人们——日本侵略者占领大同煤矿 8 年间掠夺优质煤炭 1400 万吨，造成 6 万名矿工丧失生命。

纪念馆以“牢记历史，珍爱和平，面向未来，振兴中华”为主题，分为“觊觎矿藏，蓄谋已久”、“荼毒大同，霸占煤矿”、“野蛮开采，疯狂攫取”、“奴役矿工，灭绝人性”、“累累白骨，铁证如山”、“铭记历史，珍爱和平”六部分，采用大量珍贵图片、实物资料及背景雕塑、幻影成像、多媒体技术、场景再现等多种现代科技手段，深刻揭露了日本侵略者在大同煤矿犯下的滔天罪行，告诫国人铭记苦难历史，为实现中华民族的伟大复兴而自强不息。

大同煤矿万人坑遗址纪念馆为全国爱国主义教育示范基地、全国重点文物保护单位。

大同煤矿万人坑遗址纪念馆

地址：山西省大同市矿区煤峪口西南 18 公里处的煤峪口南沟

电话：0352-7805095　7802859

灵丘县平型关大捷遗址

平型关大捷遗址位于山西省大同市灵丘县西南的白崖台乡，距县城 30 公里，面积 8.8 平方公里。

1937 年 9 月中下旬，沿津浦铁路、平汉铁路南下的日军，分别占领河北沧州、保定等地。沿平绥铁路推进的日军进入山西北部，占领天镇、广灵、大同。阎锡山指挥的晋绥军纷纷向雁门关方向撤退。进驻五台的八路军总部指示第一二〇师从西面驰援雁门关；第一一五师从东面配合友军作战，对从灵丘增援平型关之敌实施攻击。9 月 22 日，日军第五师团（师团长坂垣征四郎）一部首先从灵丘向平型关方向进犯，23 日和 24 日在平型关正面及团城口与中国守军发生激战。9 月 24 日，第一一五师主力冒雨由冉庄向平型关东北的白崖台前进，在小寨村至老爷庙公路附近山地设伏。9 月 25 日晨，日军第五师团第二十一旅团一部进入八路军的伏击区。八路军利用居高临下的有利地形，突然发起猛烈攻击。八路军充分发挥近战和山地战的特长，对陷入混乱的日军实行分割、包围，与敌进行白刃格斗，歼敌 1000 余人，

平型关大捷遗址

击毁汽车100余辆，缴获一批辎重和武器。9月24日至25日，担任钳制、阻击任务的第一一五师独立团，截断涞源、灵丘之间的交通线，在腰站地区打退日军增援部队的多次冲击，歼敌300余人。平型关战斗，是华北战场上中国军队主动寻歼敌人的第一个大胜仗，有力地配合了正面战场的防御作战。它打破了日军不可战胜的神话，振奋了全国人心，提高了共产党和八路军的威望。

平型关大捷遗址

地址： 山西省大同市灵丘县西南

电话： 0352-8637115

平型关大捷遗址包括平型关大捷纪念馆、纪念碑、将帅广场，主战场乔沟，老爷庙争夺战遗址，一一五师指挥所遗址，林彪、聂荣臻临时驻所旧址，平型关关口遗址，上寨动员会旧址，驿马岭（腰战）阻击战遗址和一一五师师部旧址等。纪念馆内基本陈列由序厅、3个主展厅和半景画馆组成，二楼设缅怀厅和观景台。

平型关大捷遗址为全国重点文物保护单位、全国爱国主义教育示范基地。

景点链接

灵丘空中草原

灵丘空中草原

位于大同市灵丘县柳科乡刁泉村东南，东西狭长，南北广阔，有一块海拔2159米的巨大山顶，四周是陡峭的山坡，顶部宽广平坦，面积达3万亩。居其上，似置身草原。

灵丘禅庵寺

禅庵寺位于大同市灵丘县，背倚连绵起伏的苦安梁北洞山，明清时曾先后修葺。寺院高墙环绕，东西宽25米，南北长50米，有山门、正殿、配殿、钟鼓楼，呈四合院式，建筑基本完好。

灵丘觉山寺

觉山寺坐落于大同市灵丘县东南惆山脚下，始建于北魏太和七年（公元483年），清光绪年间重修。占地面积8100平方米，大小禅院错落有序。最为称奇的是觉山寺的白塔、水井和山峰在同一个高度上，都是13丈，留下了“塔井山齐（奇）觉山寺”的美名。

灵丘龙泉寺

龙泉寺位于大同市灵丘县东北10公里处的龙泉山上，始建于唐代。因龙泉山南山腰有一山洞，洞内有一清泉涌出，山似龙头，泉似龙口，故名龙泉。该寺建在幽壑丛林之中，半依峭壁，半筑高台，悬于阶梯之上，有悬空寺特色。因龙泉水滴入泉池时发出敲钟一样的响声，故有“滴水成钟龙泉寺”的美称。

灵丘古长城

古长城在大同市灵丘县境内绵延100公里，横贯白崖台、下关、三楼、浪子沟四乡，明万历年间修筑。现今城墙虽剩残垣断壁，但由等距离烽火台串连，脉络走向相当清晰，耸立于要道险冲的屯兵古堡保存完好，登上古堡可寻觅到古代战争的遗风。

灵丘地域文化

一是以觉山寺佛教道教文化和古栈道、御射碑等北魏文化群系为依托的佛教道教文化；二是以九景十八坳、赵武灵王故事、李存孝传说等民间文化资源为依托的民间传统文化；三是以空中大草原、桃花溶洞、花塔自然生态村、平型关红色文化旅游区等文化资源为依托的旅游文化；四是以子母绵掌、赵北蹚鏵拳等传统武术文化资源为依托的体育文化；五是以西庄村李家针、弋坡村窗花、西坡村贺氏土陶、刘庄村柳编等手工技艺文化资源为依托的民间技艺传承文化；六是以黄烧饼、苦荞凉粉等传统饮食文化资源和饮食习俗为依托的地域特色饮食文化；七是以灵丘罗罗腔、大涧道情、红石塄秧歌、小寨耍孩儿、史庄小曲儿等地方戏剧资源为依托的传统戏曲文化。

大同特色美食

广灵豆腐干、黄糕、荞麦圪坨、豌豆面、羊杂粉汤、阳高杏脯、莜面、浑源凉粉、莲花豆、帅府街羊杂、七中刀削面、小南街刀削面、油炸糕、烧麦、谷面糊糊等。

大同特产

大同黄花、广灵小米（清康熙时曾作为朝廷贡米晋京，遂有“御米”之称）、斗山杏仁（山西特产三大宝之一，三大宝为杏仁、核桃、大红枣）以及云冈绢人、大同艺术瓷、铜火锅等。

忻州市红色旅游系列景区

五台县

晋察冀军区司令部旧址纪念馆

晋察冀军区司令部旧址纪念馆位于山西省忻州市五台县金岗库乡金岗库村。

1937 年 7 月全国抗战爆发。在国难当头、民族危急的时刻，中国共产党领导的红军改编为八路军，东渡黄河，开赴华北抗日前线。毛泽东根据抗日战争形势发展的需要，审时度势提出了在以五台山为中心的华北地区建立敌后抗日根据地的战略构想。11 月 7 日，根据中共中央和中央军委的决定，晋察冀军区在五台县成立，聂荣臻为司令员兼政委，唐延杰为参谋长，舒同为政治部主任。11 月 18 日，军区机关由五台移驻阜平。

1938 年 3 月，日军进攻阜平，晋察冀军区司令部由阜平移驻五台县金岗库，军区政治部驻大甘河。同年 4 月，晋察冀边区党的第一次代表大会在金岗库召开，中共中央北方局代表彭真到会传达了中共中央十二月会议精神。这次大会对于坚持敌后抗战，巩固与扩大抗日民主根据地具有

晋察冀军区司令部旧址纪念馆

重要的意义。6月中旬，加拿大共产党员白求恩到达金岗库村，聂荣臻在军区司令部亲切会见了白求恩，并委托他为晋察冀军区卫生顾问。

1938年9月下旬，日军出动5万多人的兵力，对五台、涞源、阜平等地区发起围攻，企图分割抗日根据地，打击边区党政军领导机关。9月20日，日军进攻五台县东南的柏兰村，聂荣臻率军区领导机关驻在耿镇附近的山沟里，机动灵活地指挥二分区五大队、六大队、特务营和军区学兵营，抢先占据了王城饭尖山高地，伺机歼敌。敌人一下牛道岭，即遭我军痛击。在一个多月的反围攻作战中，晋察冀军区在第一二〇师部队的配合下，共毙伤俘日、伪军5000余人。

在晋察冀军区司令部旧址基础上修建的晋察冀军区司令部旧址纪念馆，坐西向东，分里外两院，现有陈列室21间，展厅4个，展出实物100余件。展陈内容分为3部分：晋察冀军区司令部抗战史迹展、聂荣臻生平展、晋察冀根据地五台山地区抗日机关分布模型展。

晋察冀军区司令部旧址纪念馆为山西省级文物保护单位、山西省爱国主义教育基地。

晋察冀军区司令部旧址纪念馆

地址：山西省忻州市五台县金岗库乡金岗库村

徐向前故居和纪念馆

徐向前故居位于山西省忻州市五台县东冶镇永安村，是徐向前出生和青少年时期生活学习的地方。

由于家境贫寒，徐向前从小就养成了艰苦朴素、勤俭节约的品德。10岁时入本村私塾读书，12岁时转入高小学习。13岁时到阜平一家书店当伙计。在此期间，他阅读了大量的军事书籍，为后来

徐向前故居

成为文韬武略的军事家打下坚实的基础。1924 年考入黄埔军校，从此便离开了故乡。1937 年全国抗战爆发后，徐向前回到家乡看望了父老乡亲，并在母校沱阳高小召集的群众大会上，发表了热情洋溢的讲话。此次回故乡，徐向前仅在家住了两天。此后因国事繁忙，再没有回过家乡。

徐向前故居始建于清嘉庆、道光年间，原为坐北朝南的三处院落，后因徐向前的祖父做生意赔本，为还清债务变卖家产，只留下现在的一处院落。故居于 1992 年正式对外开放。展览陈列有反映徐向前战斗、生活、工作的珍贵照片 426 幅和珍贵实物，如徐向前童年学习时用过的小木桌、1955 年授勋时的元帅礼服、徐向前穿过的军装和羊毛衫等衣物及他亲笔书写的于谦《石灰吟》和曹操《龟虽寿》两首古诗原件。

徐向前纪念馆位于忻州市五台县东冶镇永安村，2011 年 11 月建成。主展馆陈展面积 3400 平方米，包括出生风雨年代，参加进步活动；开始革命生涯，投身武装斗争；领导创建革命根据地，指挥红军长征、西进；华北抗战，陕北育人；征战山西，敢打硬仗；殚精竭虑，倾心国防；老骥伏枥，风范长存等部分，反映了徐向前各个历史时期的光辉业绩，突出表现了他的崇高品德和革命精神。

徐向前故居为全国重点文物保护单位、全国爱国主义教育示范基地。

徐向前故居和纪念馆

地址：山西省忻州市五台县东冶镇永安村

电话：0350-3028354

人物介绍

徐向前

徐向前（1901—1990），山西五台人。1924 年 4 月入黄埔军校，1925 年参加第一次东征。1927 年 3 月加入中国共产党。大革命失败后，1927 年 12 月参加广州起义。1930 年起任红一军副军长兼红一师师长，红四军参谋长、军长。1931 年至 1936 年任红四方面军总指挥。参加了长征。红一、四方面军会师后，任红军前敌总指挥部总指挥。抗日战争时期，任中共中央军委委员。1937 年 8 月起任八路军第一二九师副师长、八路军第一纵队司令员、陕甘宁晋绥联防军副司令员。解放战争时期，任晋冀鲁豫军区第一副司令员、华北军区副司令员兼华北军区第一兵团（后改称中国人民解放军第十八兵团）司令员、政治委员。1948 年 10 月至 1949 年 4 月曾任太原前线司令部司令员兼政治委员、中共太原前线总前委书记。中华人民共和国成立后，任中央人民政府委员会委员、中央人民政府人民革命军事委员会委员、中央人民政府人民革命军事委员会副主席。1949 年 10 月至 1954 年 10 月任解放军总参谋长。1955 年 9 月被授予中华人民共和国元帅军衔。1966 年 1 月至 1982 年 9 月任中共中央军委副主席。1966 年 8 月增补为中央政治局委员。“文化大革命”中受冲击。1978 年 3 月至 1980 年 9 月任国务院副总理兼国防部部长。1980 年 9 月至 1981 年 3 月任国防部部长。1982 年 9 月至 1987 年 11 月任中共中央军委副主席。1990 年 9 月 21 日在北京逝世。

吕梁市红色旅游系列景区

文水县刘胡兰纪念馆

刘胡兰纪念馆位于山西省吕梁市文水县刘胡兰镇刘胡兰村（原名云周西村）。

刘胡兰纪念馆前身为刘胡兰烈士陵园，始建于1956年，1957年对外开放，1959年改称刘胡兰纪念馆，之后又进行过多次整修扩建。现主要建筑有毛泽东题词纪念碑、刘胡兰事迹陈列室、七烈士纪念厅、刘胡兰雕像、陵墓。整体建筑以纪念碑与陵墓为中轴线对称分布。馆舍坐北朝南，为四合院建筑，占地面积9.3万平方米，馆内陈列文物76件。馆前1万多平方米的广场花坛中央，矗立着汉白玉石纪

毛泽东题词纪念碑

刘胡兰纪念馆

人物介绍

刘胡兰

刘胡兰（1932—1947），山西文水人。1942年参加了抗日救国儿童团，协助八路军干部侦察敌情，铲除汉奸，为抗战做了许多工作。

1945 年 10 月，参加了中共文水县委举办的妇女干部训练班。回村后，担任了村妇女救国会秘书，积极组织妇女上冬学，宣传革命道理，带领妇女纺线织布、做军鞋、看护伤员以及发展生产和支援前线。1946 年 6 月加入中国共产党，为预备党员，这年她才 14 岁。不久参加了区委组织的土地改革工作组，回云周西村领导土地改革运动。

1946 年秋天，中共文水县委根据上级指示，决定留少数干部组织武工队，坚持敌后斗争，大批干部转移上山。刘胡兰也接到转移的通知，但她主动向上级反映，说她年龄小，熟悉当地环境，便于隐蔽和发动群众开展工作，请求留下来坚持斗争，上级批准了她的请求。在艰苦的环境里，她深入敌区，收集情报，发动群众，开展斗争，协助武工队镇压了反动村长。

1947 年 1 月 12 日，刘胡兰因叛徒告密被国民党军和地主武装逮捕。面对敌人的威胁，她坚贞不屈，大义凛然，毫不畏惧地说出："怕死不当共产党员。"她从容地躺在铡刀之下，英勇牺牲，就义时年仅 15 岁。

念碑，碑的正面镌刻着毛泽东的亲笔题词"生的伟大，死的光荣"，碑的背面镌刻着郭沫若书写的中共中央晋绥分局关于追认刘胡兰为中国共产党正式党员的决定。

刘胡兰纪念馆为全国重点烈士纪念建筑物保护单位、全国爱国主义教育示范基地。

刘胡兰纪念馆

地址：山西省吕梁市文水县刘胡兰镇刘胡兰村

兴　县

四八烈士纪念馆

四八烈士纪念馆位于山西省吕梁市兴县东会乡庄儿上村，是为纪念 1946 年 4 月 8 日遇难的出席国共谈判与政治协商会议的中共代表王若飞、秦邦宪（博古）及叶挺等烈士而建的。

1946 年 1 月 10 日，中共代表团同国民党政府代表正式签订停战协定。同日，政治协商会议在重庆召开。但是，国民党统治集团肆意破坏各项协议，对此，中国共产党进行了针锋相对的斗争。4 月 8 日，中共政协代表王若飞、政协宪草审议委员会中共代表秦邦宪等由重庆乘飞机回延安，向党中央汇报工作。飞机上午从重庆起飞，在西安加油后，飞往延安。由于阴雨低云，能见度差而迷失方向，在兴县黑茶山失事，机内 17 人全部遇难。遇难者有：政治协商会议中共代表、中共中央秘书长王若飞，解放日报社兼新华社社长、政协宪草审议委员会中共代表秦邦宪，刚获释不久的新四军原军长叶挺及夫人李秀文、长女扬眉、幼子阿九、保姆高琼，解放区职工联合会筹备会主任邓发，贵州省著名教育家黄齐生（王若飞舅舅）与孙儿黄晓庄，国民革命军第十八集团军参谋李少华，随员魏万吉、赵登俊，机组人员有美军上尉兰奇与上士瓦伊斯、迈欧、马尔丁。

四八烈士纪念馆老馆

空难发生后，中共中央晋绥分局立即责成专人到黑茶山寻找“四·八”烈士遗体、遗物，料理后事。毛泽东等中央领导亲笔为烈士题词撰文，毛泽东题写：“为人民而死虽死犹荣。”

四八烈士纪念馆新馆

“四·八”烈士遇难以后，在兴县黑茶山脚下的庄儿上村修建了四八烈士纪念馆，陈列有王若飞、秦邦宪、叶挺等烈士灵位、遗像、悼词、简历、记事碑以及烈士遗物、遇难飞机残片等。2011 年四八烈士纪念馆新馆建成，为拱形两层建筑。新的展览史料更加丰富，展陈方式也进行了更新完善。

四八烈士纪念馆为山西省爱国主义教育基地。

四八烈士纪念馆

地址：山西省吕梁市兴县东会乡庄儿上村

晋绥边区革命纪念馆

晋绥边区革命纪念馆位于山西省吕梁市兴县蔡家崖村。

晋绥边区革命纪念馆的主体建筑原为晋西北著名开明士绅、爱国民主人士牛友兰的故居和私家花园。该馆由上下两个院子组成，建筑物主要是石拱窑洞、砖包大门、起脊瓦房、盖瓦歇厦等，体现了 20 世纪三四十年代晋西北地方民居特色。

1940 年 2 月，八路军第一二〇师主力返回晋西北，成立以贺龙为书记的晋西北军政委员会。同时，成立以续范亭为主任的晋西北行政公署和以林枫为书记的晋西区党委，全面领导该地区的建设和对敌斗争。

晋西北行政公署在蔡家崖村（后改称晋绥边区行政公署）建立以后，任命了行署各办事机构工作人员，组建西北农民银行，发动边区军民开展大生产、纺纱

晋绥边区革命纪念馆

织布运动。同时，开展民主建政工作，发动县、区、村三级广泛发扬民主，召开各界人民代表大会，选举人民群众满意的干部，加强基层政权的组织建设。

1941 年 8 月，晋西北军区司令部（1942 年 8 月改称为晋绥军区司令部）进驻此院。晋绥军区司令部在这里住了 8 年，指挥过晋西北著名的田家会战斗、小善畔战斗、甄家庄战斗、阳会崖战斗，为打击日军、保卫晋西北人民生命财产安全作出了重大贡献。

1942 年 8 月，中共中央晋绥分局成立，关向应任书记，林枫任副书记（后任代理书记、书记），晋西北军区司令部改称为晋绥军区司令部，贺龙任司令员，续范亭为副司令员，关向应任政委，周士第任参谋长，甘泗淇任政治部主任。晋绥军区司令部驻地设在兴县蔡家崖牛家大院，主要负责军事指挥、作战行动与建军工作。直到 1949 年大军南下，随军撤离蔡家崖村。贺龙、关向应、林枫、续范亭、吕正操、李井泉、周士第、甘泗淇、牛荫冠、武新宇等晋绥边区党政军领导人，都曾在这里生活和战斗过。

1947 年 4 月，刘少奇、朱德等中央领导同志率领中共中央工作委员会，前往河北省西柏坡途中经过此地时暂居此院。1948 年 3 月 25 日，毛泽东、周恩来、任弼时、陆定一等中央领导同志率领中共中央机关，从陕北迁往西柏坡，途经兴县蔡家崖村，在这里居住了 11 天。著名的晋绥干部会议，就是在这里的晋绥军区礼堂召开的。毛泽东发表了《在晋绥干部会议上的讲话》和《对晋绥日报编辑人员的谈话》。

晋绥边区革命纪念馆主要包括：毛泽东、周恩来、任弼时、贺龙等同志旧居，晋绥干部会议旧址，毛泽东和《晋绥日报》编辑人员谈话旧址，毛泽东在蔡家崖革命活动展览厅，刘少奇在兴县晋绥边区纪念活动室，贺龙生平事迹展览室，党和国家领导人视察展览室，晋绥边区革命斗争史陈列室等，是全面反映晋绥边区党政军民革命斗争的综合性纪念馆。

晋绥边区革命纪念馆为全国重点文物保护单位、全国爱国主义教育示范基地。

晋绥边区革命纪念馆

地址：山西省吕梁市兴县蔡家崖村

太原市红色旅游系列景区

山西国民师范旧址革命活动纪念馆

山西国民师范旧址革命活动纪念馆（又称太原革命历史陈列馆）位于山西省太原市杏花岭区五一北路245号，是太原市保存较完整的一处近现代重要史迹及纪念性建筑，整个建筑古朴典雅，是民国初年中国传统建筑与西方建筑相结合的典范。

山西省立国民师范学校始建于1919年6月，是阎锡山创办的一所专门培养小学教师的师范学校，目的是通过控制小学教师来掌控山西教育，进而长期统治山西。然而，学校开办不久，就成为传播进步思想、宣传马列主义、发展党团组织的坚强阵地，成为大革命时期、土地革命战争时期和抗日战争时期中国共产党在山西重要的活动基地之一。1924年，国师学生梁其昌（梁卜五）、韦思恭、纪秀川（纪子中）等秘密建立了社会主义青年团组织。1925年山西党组织又在国师创立了中国共产党国师支部，薄一波任书记。从1928年—1936年夏，省城党组织工作转到农村，但国民师范的革命活动仍在秘密进行，他们通过“九一八读书会”、“山西互济会”、“社会科学同监会”、“山西红军之友社”等党团外围组织播种革命火种。1934年由“山西互济会”党团书记李雪峰和“山西红军之友社”负责人刘耀夫直接组织和领导，在全市中等以上学校开展了规模空前的反会考斗争，并成立了“太原市中等学校应届毕业生同学会”，发动全市学生举行游行、请愿。通过这次斗争，国民师范发展了一大批党员、团员，还有一大批进步青年参加了党团组织的外围群众团体。阎锡山当局决定从1934年下半年开始不再招收新生，1936年学校被迫停办。1936年冬到1937年秋，在中共山西公开工作委员会直接领导下，以山西牺牲救国同盟会（简称牺盟会）的名义，在这里举办了“军政训练班”、“民训干部教练团”、“牺盟会特派员训练班”等许多抗日军政团体，培养了来自全国20多个省、市及海外

山西国民师范旧址革命活动纪念馆

华侨的进步知识青年4500余人，其中包括一个由180多名女学员组成的女兵连。全国抗战爆发后，由第二战区民族革命战争战地总动员委员会主办了“游击干部训练班”。周恩来、刘少奇、彭德怀、彭雪枫、周小舟等也先后到这里讲授抗日救国的方针、政策。在这个革命大熔炉里，一批批进步青年秘密加入中国共产党，随后被派到各地开展工作，打开了山西抗日救亡工作的局面，为在山西创建抗日根据地打下了坚实的基础。1937年8月，山西青年抗敌决死总队在国民师范宣告成立，为创建山西新军奠定了基础。据统计，在国师诞生的牺盟会和决死队中，走出了共和国80位将军、20余位省部级领导。1940年由牺盟会会员傅东岱和人民音乐家冼星海共同创作的抗日救亡歌曲《牺盟大合唱》，艺术地再现了牺盟会的光辉历史。

山西国民师范旧址革命活动纪念馆1991年正式对外开放。馆内陈列有牺盟会陈列、山西新军陈列、国师学生用具陈列、山西革命传统教育陈列、中共太原地区斗争史陈列等。

山西国民师范旧址革命活动纪念馆为山西省级文物保护单位、全国爱国主义教育示范基地。

山西国民师范旧址革命活动纪念馆

地址：山西省太原市杏花岭区五一北路245号

电话：0351-2678560

太原解放纪念馆

太原解放纪念馆位于山西省太原市东山牛驼寨，其前身为牛驼寨烈士陵园。

牛驼寨地势陡峭，沟壑纵横，自古以来就是兵家攻守太原的军事要塞，有“太原门户”之称。1948年10月17日，西北野战军第七纵队夜袭牛驼寨，占领了除4号碉堡以外的全部阵地。由于阎锡山军队连续反扑，21日弃守。25日，牛驼寨、小窑头、淖马、山头四大要塞争夺战同时发

太原解放纪念馆

起。华北野战军第一兵团和西北野战军第七纵队经过近一个月的浴血奋战，于11月13日攻克牛驼寨，打碎了阎锡山军队的东山防御体系，标志着太原外围已被人民解放军控制，太原孤城已被我完全包围。1949年4月24日，太原解放。

为了缅怀攻打东山四大要塞争夺战牺牲的烈士，1959年当地政府在牛驼寨修建了革命烈士陵园，1989年太原解放40周年之际，在牛驼寨烈士陵园基础上扩建太原解放纪念馆。纪念馆占地面积16万平方米，分为太原解放纪念碑碑区、徐向前元帅铜像纪念区、太原解放展览区、烈士墓区4个部分。

太原解放纪念碑碑区，位于纪念馆西侧，由凯旋门、主碑、副碑组成。紫红色花岗岩装饰而成的主碑像一把巨大的钥匙，寓意牛驼寨是打开古城太原大门的钥匙。碑高49.424米，碑体上镌刻着徐向前题写的“太原解放纪念碑”以及太原解放纪念碑碑文。副碑直径为24米，形似被炸开的碉堡，四壁镶嵌着大型浮雕，反映了太原人民解放前的苦难生活和他们反抗压迫、争取解放的斗争精神。白色的凯旋门，形似巨大的钢钳，钢钳下合围着一个大理石制成的乌龟壳，寓意我军民解放太原力摧群顽、瓮中捉鳖的英勇气概。

徐向前元帅铜像纪念区，位于纪念馆正北面，主要由铜像、观瞻台、浮雕墙、广场、甬道组成，徐向前元帅铜像高4米，基座高3米，“徐向前元帅”5个大字镌刻在褐红色花岗岩基座上。铜像后是由5组花岗岩雕刻而成的浮雕墙，分别记述了徐向前在革命战争年代的战斗历程。

太原解放展览区，包括南北两个展厅，面积1200平方米，展厅内陈列着历史文献、历史照片及实物，从多个不同的侧面再现了解放太原的宏伟画卷和战斗史实。展览区广场矗立着死难烈士纪念碑，毛泽东题写的“死难烈士万岁”6个大字镌刻于碑面。

烈士墓区，位于陵园内东侧，排列着1279座烈士墓，安放着当年攻打牛驼寨等四大要塞时牺牲的革命烈士遗骸。死难烈士纪念碑两侧，有两座球形无名烈士墓，安葬着为解放太原牺牲的631位无名烈士。烈士墓区中央，矗立着烈士纪念堂，堂内嵌刻着解放太原战役英勇牺牲的3936位烈士的英名。

太原解放纪念馆为全国重点烈士纪念建筑物保护单位、全国爱国主义教育示范基地。

太原解放纪念馆

地址： 山西省太原市杏花岭区中涧河乡瓦窑头村西南

高君宇故居纪念馆

高君宇故居纪念馆位于山西省太原市娄烦县静游镇峰岭底村，距县城25公里。

高君宇故居是高君宇诞生地及16岁以前生活和学习的地方，建于清同治年间，坐北朝南，以砖窑洞为主，共有房窑70余间，为晋西北农村特有的建筑风格，被当地人称为“高家大院”。除住宅外，还有药店、油坊、粉坊、酿酒等作坊和菜园、小花园。整个大院又分为东上院、东下院、中院、西院和西园子5座院落，占地面积约4500平方米。

1996年高君宇诞辰100周年之际，高君宇故居正式对外开放。中院院门上悬挂着彭真题写的“高君宇故居纪念馆”木质牌匾。上院4孔窑洞陈列着高家当年的家具、灶具、日常生活用品及人物照片、文房四宝等。下院的中央有高君宇全身铜像。下院东起第二孔窑洞是高君宇的出生地，洞壁上悬挂着党和国家领导人的题词，

高君宇故居纪念馆

其余 3 大孔窑内陈列着介绍高君宇生平事迹和进行革命活动的 100 余幅照片和 20 余个文物展柜。展览共分 11 个部分，分别是英雄自古出少年、五四运动的健将、神州大地播火种、中共早期领导人、工人运动的领袖、国共合作呕心血、山西党团创建者、情系周邓当红娘、彗星迅忽英年逝、洁玉爱情万古传、故乡人民的业绩。

高君宇故居为山西省级文物保护单位、全国爱国主义教育示范基地。

高君宇故居纪念馆

地址：山西省太原市娄烦县静游镇峰岭底村

人物介绍

高君宇

高君宇（1896—1925），山西娄烦人。五四运动时为北京大学学生组织负责人之一。1920 年参与组织北京大学马克思学说研究会。1920 年冬加入北京的中国共产党早期组织，成为中国共产党党员。1921 年 8 月任中共北京地方委员会委员。1922 年 1 月参加共产国际在莫斯科召开的远东各国共产党及民族革命团体第一次代表大会。1922 年 5 月当选为中国社会主义青年团第一届中央执行委员。1924 年曾担任孙中山秘书，年底陪同孙中山北上，协助进行国民会议促成会的筹备工作。1924 年 12 月起任中共中央北方局委员、中共第二届中央委员。山西党、团组织的主要创始人。1925 年 3 月 5 日在北京逝世。

阳泉市狮脑山百团大战纪念馆（碑）

狮脑山百团大战纪念馆（碑）

地址：山西省阳泉市狮脑山

电话：0353-2023537

百团大战纪念馆（碑）位于山西省阳泉市狮脑山。

1940年，八路军总部在华北向日军发动了一次大规模的进攻作战，即名震中外的百团大战。这次战役从8月20日开始，至1941年1月结束。我军先后出动105个团，约20万人，以正太路为破袭重点，在2500余公里交通干线上，拔据点，破铁路，炸桥梁，毁公路，给日军以重创，有力地打击了日本侵略者的嚣张气焰，增强了全国军民抗战胜利的信心，对支援正面战场、遏制妥协投降暗流、争取时局好转，起到了积极的作用。

为了缅怀革命先烈，弘扬革命传统和伟大的爱国主义精神，1987年在阳泉市狮脑山建起了百团大战纪念碑等建筑群，由主碑、副碑、题字碑、烽火台、“长城”等组成，象征着中国共产党领导的人民军队是坚不可摧的钢铁长城。主碑呈钢枪的三棱刺刀形，高约39.2米，用灰白色大理石罩面，上面是彭真的题词“战绩辉煌，永垂史册”8个镏金大字和徐向前题词“百团大战，抗日战争中最光辉的一页，必将载诸史册，永放光芒”。

1995年建立了百团大战纪念馆，以大量珍贵图片生动再现了百团大战的光辉业绩。陈锡联为纪念馆题词：“百团大战，功在千秋；爱国精神，永放光芒。”李德生为纪念馆题词：“百团大战功垂青史，先烈精神万世长存。”

百团大战纪念馆（碑）为全国爱国主义教育示范基地。

百团大战纪念碑广场

吕梁市石楼县红军东征纪念馆

红军东征纪念馆
地址： 山西省吕梁市石楼县东城故乡村

红军东征纪念馆位于山西省吕梁市石楼县东城故乡村。

1935 年 10 月，中央红军主力胜利结束长征到达陕北。12 月在瓦窑堡召开的中央政治局扩大会议，确立了建立抗日民族统一战线的新策略，指出党在新形势下的战略方针是：把国内战争同民族战争结合起来。为贯彻这一战略方针，红一方面军行动部署的基础应放在打通抗日路线和巩固扩大现有苏区两个任务上。为此，中共中央决定红一方面军以中国人民红军抗日先锋军的名义实行东征，彭德怀任司令员，毛泽东任政治委员。抗日先锋军下辖红一军团、红十五军团、红二十八军、红二十九军、红三十军。抗日先锋军的战略意图是经过山西进行筹粮筹款，在大量消灭阻拦红军抗日的阎锡山晋绥军基础上，实现扩大红军，巩固陕北苏区，进而开赴河北、绥远前线，推动全国救亡运动发展，准备直接对日作战。

1936 年 2 月 18 日，红一方面军司令员彭德怀、政治委员毛泽东下达发布东征作战命令，并于同日出席红一方面军团以上干部会议，毛泽东作关于东征红军形势与任务的报告中明确指

红军东征纪念馆

红军东征纪念馆展厅

出，这次东征有三个任务：一是到外线打击卖国贼阎锡山，借以粉碎敌人对陕甘边区新的“围剿”；二是配合北平一二九学生运动和全国反内战高潮；三是壮大自己的力量，促进抗日民族统一战线的实现。

2 月 20 日 20 时，红一方面军渡河作战开始。红军将士从北起绥德沟口，南至清涧河口 100 余里长的黄河沿岸渡河，于拂晓时分突破黄河天险和阎锡山部队防线进入吕梁。在石楼留村，毛泽东写下了《沁园春 · 雪》这一不朽名篇。东征红军连续取得了中阳关上、隰县蓬门、孝义兑九峪 3 个战役的胜利，重挫了阻扰红军东征抗日的阎锡山军队。之后兵分三路，由红十五军团组成左路军向北挺进文水、交城，直逼太原近郊的晋祠，而后又转向晋西北，一直打到岢岚、岚县；由红一军团组成右路军南下晋南侯马；总部特务团为中路军与敌周旋于吕梁山区，毛泽东率红军总部随中路军行动。

中共中央在基本上完成了预期战略目的和任务后，为促成抗日民族统一战线，保存抗日实力，决定回师陕北。1936 年 4 月 28 日，毛泽东、彭德怀向各军团下达了红军西渡黄河的命令。5 月 5 日，毛泽东、朱德联名发表《停战议和一致抗日通电》。5 月 20 日，毛泽东等率红军总部回到瓦窑堡。东征胜利结束。

经过两个多月的东征，红军的力量有所扩大。红军在山西的十多个县开展群众工作，宣传党的抗日主张，建立起一些抗日游击队和游击区，为后来开辟抗日根据地打下了基础。

红军东征纪念馆分为序厅和 4 个展室，序厅正中是刚刚渡过黄河的毛泽东在吕梁山上的巨幅浮雕。两侧分别是毛泽东写的《沁园春 · 雪》和陆定一谱写的《红军东征歌》。序厅由西而东，展览内容依次是民族危亡、战略抉择，东渡黄河 、转战晋西，唤醒民众 、抗日救国，统一战线、全民救国，展厅内共陈列着珍贵的历史图片 567 张，文件图表 298 份，实物展品 328 件，再现了红军东征的历史壮举。纪念馆展厅后是中国人民红军抗日先锋军纪念碑，碑的正面镶嵌着江泽民题写的碑名，背面镌刻着记载红军东征历史壮举的碑文。

红军东征纪念馆为全国爱国主义教育示范基地。

晋中市昔阳县大寨展览馆

大寨展览馆
地址： 山西省晋中市昔阳县城东南虎头山下
电话： 0354-4388488

大寨展览馆位于山西省晋中市昔阳县城东南 5 公里的虎头山下。

大寨是昔阳县的一个普通山村。这里自然条件恶劣，土地贫瘠，全村耕地被沟壑切割成无数小块，分散在七沟、八梁、一面坡上。大寨人在党支部的领导下，从 1953 年开始，用 5 年时间，改造了全村 7 条大沟，把深沟变成了良田。1962 年，在全国大灾和严重困难的年景下，大寨粮食亩产竟达 774 斤，高出同县平均产量 530 斤。在浩大的治沟工程中，大寨人没向国家要一分钱，凭借自己的双手，苦干、实干、拼命干，终于实现了丰收的夙愿。

党和政府极为重视大寨人艰苦奋斗的事迹，肯定了大寨是全国农业战线的一面红旗。毛泽东肯定了大寨人的艰苦奋斗精神。1964 年 12 月，周恩来在三届全国人大一次会议的《政府工作报告》中，发出了“农业学大寨”的号召。

大寨展览馆建筑面积 600 多平方米，分为大寨艰苦创业篇和大寨改革开放篇，以历史照片和实物展示为主，配以声光电

大寨展览馆

大寨展览馆展厅雕塑

场景、人物模型、电子沙盘等展示手段，反映了大寨人民的精神风貌。大寨艰苦创业篇展示了大寨人战天斗地、改造大寨穷山恶水所付出的艰苦努力，以及他们在进行农业机械化、水利化建设方面的不懈探索，共 11 个单元。大寨改革开放篇展现了改革开放新时期大寨人在党组织的带领下深化改革、创业致富的艰难转折历程，共 7 个单元。整个展览用现代化的展示手段和形象的图片及简练的文字，将大寨今昔清晰展现在了世人面前。

景点链接

昔阳石马寺

位于晋中市昔阳县城西南 15 公里处，是一座石刻造像与寺庙建筑相结合的佛教寺院。根据寺内石刻题记和碑文记载，北魏永熙三年（公元 534 年）始凿佛像于一大孤石上，取名石佛寺。隋唐时继续镌造，并在后殿平台左右凿石马一对，改名石马寺。寺周群峰环抱，状如卧马，人称石马山。这里怪石嶙峋，清泉绕流，花木丛生，蜂飞蝶舞。

昔阳石马寺

昔阳卧佛寺

位于晋中市昔阳县城东 40 公里的孔氏乡孔氏村西 3 公里处，为一天然岩洞，宽 36 米，深 34 米，高 20 米。洞后壁凿一卧佛，身长 5.2 米，肩宽 1.4 米，螺纹内髻，面相方圆，高鼻大耳，身着袈裟，右臂上曲托头呈卧状。

昔阳崇教寺

位于昔阳县城北隅，始建于北宋熙宁二年（公元 1069 年），后元、明、清各代均有修缮。崇教寺坐北朝南，是一座包括前后大殿、左右配殿的四合殿宇建筑。四殿梁架融为一体，屋顶殿身互相衔接，中间围成天井式院落，为全国重点文物保护单位。

长治市平顺西沟展览馆

平顺西沟展览馆
地址：山西省长治市平顺县西沟村
电话：0355-8871032（西沟村旅游接待中心）

平顺西沟展览馆位于山西省长治市平顺县西沟村。

展览馆始建于1968年，2005年扩建，展馆面积1200平方米。

1938年，西沟村成立党组织，成为平顺县第一个基层党组织的诞生地。1940年12月4日，日军突然包围了老西沟，实行惨无人道的“三光”政策，在老西沟北面山沟磨石凹的一个窑洞里火烧、枪射、杀死16名村民。次年1月，日军又来“扫荡”，西沟民兵配合八路军伏击敌人，取得反“扫荡”的胜利。1943年，根据地遇到极大困难，党组织发出搞好生产度荒的号召。李顺达与6户农民商议决定成立了互助组，这是抗日战争时期全国成立最早的互助组之一。1944年晋冀鲁豫边区群英会上，李顺达被评为一等劳动模范，西沟村被授予“边区农民的方向”锦旗。在新中国成立之初的农业合作化运动中，西沟村于1952年办起农林牧生产合作社。在全国劳模李顺达和申纪兰等人带领下，1954年荣获全国“爱国丰产金星奖章”。

平顺西沟展览馆

西沟展览馆陈列和展出有600余幅珍贵照片和100多件实物，系统地展示了在全国劳模李顺达、申纪兰等人带领下，西沟人民从新民主主义革命时期到社会主义建设及改革开放新时期，自力更生、艰苦奋斗、勤俭办社、建设山区、立足山区、脱贫致富的辉煌历程，是中国社会主义革命、建设和改革开放历程的缩影。

西沟展览馆景区主要包括分布在老西沟、西沟展览馆、金星峰三大景区的10个景点。在展览馆景区有展览馆、李顺达纪念亭、李顺达墓地3个景点。老西沟景区包括李顺达故居、革命岩、血泪凹、互助组雕塑、金星杨、村史碑亭6个景点。

■ 革命岩

在景区内有一处石岩，1938年李顺达等6位老贫农在此开会，成立西沟党小组，进行抗日活动。为了向新的一代进行革命传统教育，大队党组织将此定名为“革命岩”。

■ 血泪凹

1940年日军包围老西沟，实行惨无人道的“三光”政策，在磨石凹的一个窑洞里火烧、枪射、杀死16名平民。为铭记历史，便把磨石凹定名“血泪凹”。

■ 互助组雕塑

1943年，李顺达响应党中央组织起来、发展生产的号召，带头组织6户贫困农民成立了全国第一户农业生产组织——李顺达互助组。

■ 金星杨

李顺达获得“爱国丰产金星奖章”后，从河南老家移来6棵大山杨栽于此。小杨树历经风雨，终成大树。巧合的是杨树枝心有着“金星状”图案，人们称之为金星杨。

平顺西沟展览馆为全国爱国主义教育示范基地。

景点链接

太行水乡

太行水乡位于平顺县城东北的浊漳河畔，全长53公里。这里绝壁千仞，悬瀑飞泻，高峡平湖，浊浪滔天，集黄土高原的阳刚之气与江南水乡的温柔之美于一身。

太行水乡景色

王曲天台庵

王曲天台庵位于平顺县北耽车乡王曲村口的坛形孤山上，是我国目前少有的唐代木结构古建筑之一，是中国佛教创立最早的宗派“天台宗”的庵院。

实会大云院

实会大云院位于平顺县城西北，又称仙岩禅院，建于五代晋天福三年（公元938年），其中的大佛殿（弥陀殿）和平遥镇国寺的万佛殿、平顺龙门寺的西配殿（距西河口43公里）是五代木构建筑。大佛殿始建于后晋天福五年（公元940年），是山西常见的小型歇山顶殿堂。

天脊山

天脊山自然风景区地处太行山腹地，位于山西省与河南省交界处，距平顺县城35公里，总面积1419公顷，海拔1886米，被誉为“天之脊”。天脊山素有“赛江南”的美称，茂密的植被、清澈的泉水、美丽的传说……荟萃了太行山水之精华，是观光旅游、休闲度假、探险写生的理想去处。

天脊山风光

全国红色旅游经典景区

内蒙古自治区

P171-198

内蒙古自治区红色旅游地图

1：8 550 000

0 85.5 171.0 256.5 342.0 427.5km

呼和浩特市红色旅游系列景区

乌兰夫故居和纪念馆

乌兰夫故居

乌兰夫故居位于内蒙古自治区呼和浩特市土默特左旗塔布赛村，是20世纪初一处典型的北方农村民居。

故居经修缮后现占地面积20亩，有正房10间，东西南房26间，包括生活住房、书房、碾磨房、粮仓、牛马厩等，新建了展厅、音像厅、碑墙、怀泽亭，恢复了碾打、晾晒粮食的场面和乌兰夫童年玩耍的地方——芷岌滩等。此外还修建了书画厅，展示了部分党和国家领导人及著名艺术家的书画作品。

乌兰夫从1906年出生到1937年，间断性地在故居生活和从事革命活动，时间

乌兰夫故居展厅

跨度为31年。这里既是乌兰夫青少年时期的成长地，也是他早期从事革命活动的地方。故居共展出文物40件，照片92张，文献资料28件，还辅之展出土默特民俗用品35件以及图表、绘画、珍贵影像资料、实景等，结合声、光、电等表现形式，生动展示了乌兰夫的童年生活和他以

乌兰夫故居

乌兰夫纪念馆展厅

家乡为中心开展党的地下斗争的历程。同时，游客在参观过程中，还能了解20世纪初土默特地区的民俗风貌。

乌兰夫故居为全国重点文物保护单位、国家3A级旅游景区。

乌兰夫故居

地址：内蒙古自治区呼和浩特市土默特左旗塔布赛村

乌兰夫纪念馆

位于内蒙古自治区呼和浩特市乌兰夫公园内，1992年落成开馆，杨尚昆题写馆名。纪念馆占地3万平方米，由主馆、纪念广场、塑像平台、升旗台、碑亭、牌楼6个部分组成。纪念馆展览面积2100平方米，分为序厅及9个展厅，共陈列文物160件、文献资料158件、照片305张，有国家一级文物11件、二级文物12件、三级文物54件，全面展示了乌兰夫光辉的一生。

乌兰夫纪念馆为全国爱国主义教育示范基地、国家3A级旅游景区、全国民族团结进步教育基地。

乌兰夫纪念馆

地址：内蒙古自治区呼和浩特市新华西街26号乌兰夫公园内

电话：0471-3953992

乌兰夫纪念馆

人物介绍

乌兰夫

乌兰夫（1906—1988），蒙古族，内蒙古土默特左旗人。1923年12月加入中国社会主义青年团。1925年9月转为中国共产党党员，不久到苏联莫斯科中山大学学习。1929年回国，任中共西蒙工作委员会组织委员、书记，从事秘密革命工作。1933年组织抗日救亡团体。抗日战争爆发后，任蒙旗独立旅政治部代主任、党委书记。1941年任陕甘宁边区政府民族事务委员会主任委员、延安民族学院教育长。1943年起负责中共中央西北局统战部的蒙古族工作。抗日战争胜利后，回到内蒙古地区，任蒙绥政府主席、中共晋察冀中央局委员、内蒙古自治运动联合会执委会主席兼军事部长、内蒙古人民自卫军司令员兼政委、内蒙古军区军政大学校长等职。1947年5月领导组建内蒙古自治政府，被选为主席。1948年1月任内蒙古军区司令员兼政委，指挥部队反击国民党军队的进攻，歼灭封建王公贵族的武装，解放整个内蒙古地区。新中国成立后，任中共中央内蒙古分局书记、内蒙古自治区人民政府主席、内蒙古军区司令员兼政委，并任中央人民政府委员会委员、政务院民族事务委员会副主任委员兼中央民族学院院长。1954年起任国务院副总理兼国家民族事务委员会主任，曾任中共中央华北局第二书记、中共内蒙古自治区委第一书记、内蒙古自治区政协主席等职。中共八届中央政治局候补委员，十届中央委员，十一、十二届中央政治局委员，曾任中共中央统战部部长。第四、第五和第七届全国人大常委会副委员长，第五届全国政协副主席。1983年6月至1988年4月任中华人民共和国副主席。1955年9月被授予上将军衔。1988年12月8日在北京逝世。

大青山抗日游击根据地旧址

大青山抗日游击根据地旧址位于内蒙古自治区呼和浩特市武川县得胜沟乡，距武川县城40公里，距呼和浩特市约70公里，是大青山抗日根据地大青山支队司令部驻地。大青山西至李齐沟，东至井尔沟，全长100多公里，面积496平方公里，最高山峰海拔2255米，平均海拔1700米。在全国抗日战争中，大青山区以其特定的位置，成为整个大青山抗日游击根据地的中心地带，被人们誉为“塞外小延安”。

1938年5月，毛泽东电示朱德、彭德怀、贺龙等，在平绥路以北沿大青山脉建立游击根据地。7月，第一二〇师派出由李井泉等率领的大青山支队，从五寨进入雁北地区。9月，进入大青山地区，同当地党组织负责人杨植霖领导的蒙汉游击队会合。到12月，开辟以大青山为依托的绥西、绥南、绥口三块游击根据地，并逐步同晋西北根据地连成一片。

大青山抗日游击根据地山大沟深，林木繁茂，地形十分险要，是当年大青山支队司令部、绥远省委、省行署机关的驻扎地。在创建大青山根据地、坚持抗日游击战争的过程中，武川各族人民团结在中国共产党的抗日旗帜下，参军参战，传情报、抬担架、护伤员、挖窑洞、做军鞋……军民共筑血肉长城，在这块洒满先辈热血的土地上建立了不朽的英雄业绩。景区内除了众多的革命遗址，自然风景也十分独特，有狮子嘴、石门、佛爷洞、晾人台、虎头山、板嘴石窑等自然景观，均以“奇、雄、特、险”取胜。

得胜沟大青山抗日游击根据地旧址为全国爱国主义教育示范基地。

得胜沟：距得胜沟乡政府所在地20公里，现有司令部、卫生队、教导队、电台遗址，李井泉、姚喆、杨植霖等领导人住过的窑洞和曾用过的石磨、树墩，存有八路军用过的电台、战刀、马蹬、火盆、粮食袋、火镰等珍贵文物。

李齐沟：在得胜沟的西南面，距乡政府所在地10公里，向南四五公里便是当年郝秀山等老一辈革命家创建的“郝区政府”原址。现存地窝棚旧址，一半在地下，一半在地面，潮湿阴冷，当年的老一辈革命家就是在这样艰苦的条件下坚持抗战。李齐沟地势险要，天然植被极其繁茂，有全区保存完好、面积最大的珍稀树种天然云杉林，素有植物学研究“实验室”之称。

井尔沟：在得胜沟的东面，是外围部队的驻扎地和后勤保障地。八路军大青山支队挺进大青山后，在李井泉、姚喆、武新宇等军政负责人领导下，井尔沟群众与八路军一道同日军展开了艰苦卓绝的斗争。残暴的日本侵略者对井尔沟的山村进行了大“扫荡”，面对敌人的残暴烧杀，井尔沟人民没有被吓倒，纷纷拿起武器，踊跃参军，浴血奋战。现窑洞依旧，见证了当年烽火连天岁月。

大青山抗日游击根据地展馆：展览共分6个部分，分别是：大青山抗日游击根据地成立背景、八路军挺进大青山、转战阴山、大青山抗日游击根据地、青山篝火、抗日胜利。展馆再现了当年在全国和绥蒙的抗日战争大背景下，绥蒙人民抗战的场景，展现了大青山抗日游击根据地开辟、发展、坚持斗争的历史过程，体现了大青山抗日斗争的民族特点和地区特点。

大青山抗日游击根据地旧址

地址：内蒙古自治区呼和浩特市武川县得胜沟乡得胜沟自然村

电话：0471-8821825

大青山抗日游击根据地展馆

景点链接

内蒙古将军衙署博物院

内蒙古将军衙署博物院
地址：内蒙古自治区呼和浩特市新华大街31号
电话：0471-6900724

建于清乾隆四年（公元1739年），是清代绥远将军的办公衙门，是清政府管理漠南、漠北地区一品封疆大吏的官邸，共有76位将军在此履职。民国时，绥远省政府曾驻此，省主席傅作义办公处现保存完好。新中国成立后，一度为绥远省人民政府所在地。在游览景区既可以了解到清代边防屯兵和八旗制度等军事文化的具体情况，还可以熟悉满族民俗和呼和浩特城市发展变迁的历史。将军衙署为全国重点文物保护单位、国家2A级旅游景区。

内蒙古将军衙署博物院

内蒙古博物院

内蒙古博物院
地址：内蒙古自治区呼和浩特市新城区新华东街
电话：0471-4614000
4614333

位于呼和浩特市东二环与新华东街交会处西北侧，展厅面积近2万平方米。博物院集现代元素、地域表征与民族特色为一体，是一部浓缩了中国北方生态变迁史与草原文明发展史的“百科全书”，也是自治区经济社会发展水平和文明程度的见证和记录。

内蒙古博物院

内蒙古博物院立足自治区丰厚的古生物化石、现代生物、历史文物、民族文物等资源优势，以“草原文化”为主题，共分14个陈列。远古世界、高原壮阔、地下宝藏、飞天神舟4个基本陈列介绍草原文化的生成之地，草原雄风、草原天骄、草原风情、草原烽火4个基本陈列展示草原文化从古代——近代——现代的纵向发展线条，草原日出、风云骑士、草原服饰、苍穹旋律、草原华章、古道遗珍6个专题陈列呈现草原文化六大精彩之处。博物院还有蒙古族长调、马头琴表演、敬献哈达等民俗表演，让观众更直观地感受草原文化的魅力与风采。

昭君博物院

昭君博物院原名昭君墓，又称“青冢”，是汉代王昭君的墓地，国家4A级旅游景区。

昭君博物院

王昭君，名嫱，字昭君，西汉南郡秭归人（今湖北省兴山县）。公元前37年，被选入后宫，为汉元帝待诏。公元前33年，王昭君自愿请行出嫁匈奴，做了单于的阏氏，促使汉匈两族之间保持了近半个世纪的和平相处。

昭君墓高33米，底面积约13000平方米，墓前有一座高4米、重5吨的呼韩邪单于与王昭君马上并辔而行的大型铜铸雕像。北面高大的汉白玉石碑上，用蒙汉两种文字镌刻着董必武七绝诗《谒昭君墓》：“昭君自有千秋在，胡汉和亲识见高。词客各摅胸臆懑，舞文弄墨总徒劳。”

2006年，昭君墓进行了扩建，现博物院内主要有汉代阙门、青冢牌坊、嫱浮雕、神道石像生、和亲铜像、匈奴文化博物馆、昭君纪念馆、和亲园、青冢藏墨、单于大帐、历代诗碑廊等。

昭君博物院
地址： 内蒙古自治区呼和浩特市南郊9公里处
电话： 0471-5150201

大召寺

大召寺始建于明朝万历七年（公元1579年），数百年来，一直是内蒙古地区藏传佛教的活动中心和中国北方著名的佛刹之一。寺院占地面积约3万平方米，主体建筑布局为“伽蓝七堂式”。沿中轴线建有牌楼、山门、天王殿、菩提过殿、大雄宝殿、藏经楼、东西配殿、厢房等建筑。附属建筑有乃琼庙、家庙等。大雄宝殿为寺内的主要建筑，采用了藏汉结合的建筑形

大召寺
地址： 内蒙古自治区呼和浩特市玉泉区大召前街
电话： 0471-6303154

大召夜景

式，整个殿堂金碧辉煌，庄严肃穆。大召的珍藏品极为丰富，堪称大召“三绝”的银佛、龙雕、壁画及佛殿内的各种彩塑、金铜造像、晾佛节展开的巨幅唐卡、108部的甘珠尔经卷，以及宗教活动使用的各种法器、面具等都是极为珍贵的历史文物和艺术珍品。辉煌的殿宇，传神的雕塑，精美的壁画，浩荡的经卷，以及神秘的恰木舞蹈和佛教音乐，构成了独特的“召庙文化”。

呼和浩特市土特产

●乌素图杏子

呼和浩特著名的土特产之一，产于呼和浩特市攸攸板镇乌素图。乌素图种杏的历史已有数百年，该地典型的山区气候特点，阳光充足，昼夜温差较大，有利于果类养分的形成和糖分的积累，特殊的地理环境成就了乌素图杏的独特品质。

●毕克齐长山药

又叫薯蓣、怀山药，富含蛋白、淀粉及钙、镁、锌、铁等人体必需的微量元素，被誉为“中国小人参”。长山药为毕克齐镇特产之一，历史悠久，质地优良，以条长、茎粗、皮薄、质细而著称。

●托县辣椒

种植历史悠久，品质独特，这里红辣椒（别名二虎头、灯笼红）结果多，成熟快，含水量低，糖分和含油量高，具有香而不辣的特点。

呼和浩特市特色美食

●焙子

呼和浩特地区特有的小吃，由小麦面发酵，兑碱烤制而成，外干脆内暄软，是早点中常吃食品。

●烧麦

呼和浩特人称稍美，是一种以烫面为皮裹馅上笼蒸熟的面食小吃，其顶端蓬松束折如花状，馅多皮薄。呼市人的早点常以稍美为主，馆子一般都是清真的，和其他地方的稍美味道不同，吃后要喝砖茶。

●武川莜面

呼和浩特市武川县是我国北方最著名的莜麦产地。莜面吃法颇多，可以加工成窝窝、储格、拿糕、饺饺、傀儡、丸丸、馄饨、拨面等，也可以加工成炒面、糊糊、燕麦片等，是当地人的一种主要食品。

呼和浩特市旅游景点推荐

神泉生态旅游景区、席力图召、五塔寺、清固伦恪靖公主府博物馆、蒙古风情园、盛乐博物馆、塞上老街、黄河大峡谷——老牛湾、清真大寺、伊斯兰风情街、圣水梁自然风景区等。

满洲里市红色国际秘密交通线教育基地

满洲里市红色国际秘密交通线教育基地暨国门景区位于内蒙古自治区满州里市西中俄边境中方一侧，距满洲里市 9 公里。

从中国共产党建立到 1937 年，满洲里是中国共产党与共产国际和苏联共产党联系的国际交通线中的重要枢纽，许多党的创建者和早期领导人出席重要国际性会议及派往苏联学习、工作的同志都是经过这里出入境的。

景区占地面积 20 万平方米，主要包括第五代国门、41 号界碑、满洲里红色国际秘密交通线遗址、仿制四代国门、和平之门广场、红色旅游展厅、中共六大展览馆、火车头广场等景观。在火车头广场，展有一个老式蒸汽机车头，毛泽东曾经乘坐这台机车头牵引的火车由满洲里出境出访苏联。

满洲里市红色国际秘密交通线教育基地为国家 4A 级旅游景区。

红色国际秘密交通线教育基地

地址： 内蒙古自治区满洲里市西

电话： 0470—229068

满洲里红色国际秘密交通线遗址碑

1 中共六大展览馆　2 第五代国门全景　3 火车头广场　4 红色旅游展厅

满洲里节庆活动

●中俄蒙三国旅游节

是由三个国家相邻的地区——中国满洲里市、俄罗斯赤塔州、蒙古国东方省共同举办的一年一次的大型旅游节庆活动。自2002年起，每年夏季举办。旅游节期间，举办三国民族服饰大赛，开展形式多样、内容丰富的旅游宣传和促销活动。

●满洲里冰雪节

全称为中俄满洲里·赤塔冰雪旅游节，是由满洲里市和俄罗斯赤塔州的赤塔市每年冬天共同主办的旅游节庆活动，每年确定一个主题。冰雪节举办期间，在满洲里市和赤塔市将同时营造冰雪景观，雕刻精美的冰雪艺术品。

满洲里旅游商品

满洲里的旅游商品以俄罗斯商品为主，主要有俄罗斯制皮帽子和大衣、披肩、围巾，俄罗斯手表、望远镜、各种小型电器，俄制铜版画、工艺台灯、座钟、木制套娃、14K金首饰、邮票、纪念钱币等。

景点链接

满洲里市中俄互市贸易旅游区

中俄互市贸易旅游区是中俄两国政府共同协商建立的边境地区跨国贸易区，位于内蒙古自治区满洲里与俄罗斯赤塔州后贝加尔斯克的交接处，中俄双方各占地10万平方米，整体封闭，中间以通道相通，骑跨在中俄国境线上。区内中方一侧为满洲里中俄互市贸易旅游区，主要功能有：国际贸易、旅游观光、购物服务、餐饮娱乐等；俄方一侧为贸工综合体，包括工业加工、能源开发、高新技术产业开发及博彩娱乐等，双方功能互补，充分体现中俄双方战略协作、优势互补的特色。

中俄互市贸易旅游区
地址：内蒙古自治区满洲里市
电话：0470-6260165

中俄互市贸易旅游区

满洲里市套娃广场景区

套娃广场是以俄罗斯传统工艺品——套娃为主题的旅游、休闲、娱乐广场。广场由一个大套娃、8 个功能性套娃、192 个造型各异的小套娃、20 个异型套娃、30 个复活节彩蛋、十二生肖铜像和音乐喷泉等组成。其中主体大套娃高 30 米，内部共建有 5 层，云集俄罗斯和蒙古国的特色工艺品，并设有高档西餐厅，顶楼为观光台。

套娃广场景区
地址：内蒙古自治区满洲里市华埠大街北侧
电话：0470-6243499

套娃广场

乌兰浩特市内蒙古自治政府成立纪念地

乌兰浩特市原名王爷庙，因清朝第三代札萨克图郡王鄂齐尔在此建立家庙而得名。1947 年 5 月 1 日，全国第一个少数民族自治政府——内蒙古自治政府在这里成立。同年 11 月，王爷庙改称为乌兰浩特市。乌兰浩特市融历史文化、革命胜地、自然风光和民族风情于一体，现有五一会址、内蒙古自治政府办公楼旧址、乌兰夫办公旧址、内蒙古共产党工作委员会旧址、内蒙古民族解放纪念馆等可供参观。城北还有庄严肃穆的烈士陵园，是缅怀革命先烈和进行爱国主义教育的基地；城郊有古城遗址，向世人诉说着历史的沧桑；景色旖旎的成吉思汗公园、民俗风光旅游村、洮儿河公园等，则向人们展现着该城优美的自然风光和民族特色。

■ 五一会址

五一会址占地面积 3999 平方米，始建于 1935 年，原为陆军兴安军官学校礼堂，抗日战争胜利后是东蒙军政干部学校礼堂。

1947 年 4 月 23 日至 5 月 1 日，内蒙

乌兰浩特市街景

古人民代表会议在此召开。参加大会的代表共计 392 名，会议通过了乌兰夫所作的政治报告和《内蒙古自治政府施政纲领》、《内蒙古自治政府暂行组织大纲》、《内蒙古人民代表会议宣言》，乌兰夫当选为内蒙古自治政府主席。这次会议的召开，标志着中国共产党领导的内蒙古民族解放运动取得了伟大胜利，内蒙古的历史翻开了崭新的一页。内蒙古自治政府是中国共产党领导的第一个少数民族自治政府，为各少数民族实行区域自治开创了先例，积累了经验。

五一会址

五一会址经过多次修缮布展，现展出文物 159 件，真实地再现了当年五一大会召开的情景。

五一会址为全国重点文物保护单位。

五一会址

地址： 内蒙古自治区兴安盟乌兰浩特市五一北路

电话： 0482-8423531

乌兰夫办公旧址

乌兰夫办公旧址为青砖砌墙、人字架起脊、古筒瓦罩顶的一层平房建筑。这座普普通通的房舍，不仅是内蒙古自治政府诞生前后的历史见证，也是内蒙古人民走向自由与光明的指挥中心。1947 年 2 月至 1949 年 11 月，乌兰夫奉中共中央东北局之命来到王爷庙（后改为乌兰浩特市）后，就在这栋房子里办公。1947 年 4 月 23 日至 5 月 1 日，内蒙古人民代表会议召开，制定了《内蒙古自治政府施政纲领》，成立了内蒙古自治政府，乌兰夫当选为内蒙古自治政府主席。5 月，内蒙古共产党

乌兰夫办公旧址

乌兰夫办公旧址内景

工作委员会成立，乌兰夫任书记，并任内蒙古人民自卫军司令员兼政委。他在此领导了内蒙古的农村土地改革和牧区民主改革，整顿和建设部队，剿除匪患，掀开了内蒙古历史新的一页。

步入旧址，正厅北侧有两个大房间，分别是当年的会议室和警卫战士的住处。南侧有一狭小走廊，走廊西侧的 3 个小间是当年的警卫室、秘书室、办公室，东侧两个房间是乌兰夫当年的办公室和卧室。办公室约有 30 平方米，粗糙的地板上，靠西墙摆放着一张三人椅、两张单人木椅；南墙下一张小小的写字台上摆放着一架手摇电话机、一只笔筒、一方砚台和一叠文件；办公桌后是一把木质转椅，墙角处有一木制衣架。最引人注目的是南墙上那面内蒙古自治政府旗，长约 1.5 米，宽约 1 米，上下为红色，中间蓝地上缀有交叉着的锄头、套马杆，中间有一颗红五星，象征着农牧民联合奋斗，打出一片新天地。仅有 10 余平方米的卧室更显简陋，一张木板床上铺着一条极薄的褥子，上边叠放着一条军用棉被；窗下摆着一对简易木质沙发，门后放着一个衣架、一个洗脸盆架。走进办公室和卧室，让人真切地感受到当年的环境和乌兰夫生活的简朴。

乌兰夫办公旧址为内蒙古自治区级文物保护单位。

乌兰夫办公旧址

地址： 内蒙古自治区兴安盟乌兰浩特市兴安大马路

电话： 0482-8423531

内蒙古共产党工作委员会旧址

内蒙古共产党工作委员会旧址位于乌兰浩特市兴安北大路 14 号，建于 1934 年，原为伪满洲国兴安南省和兴安总省的办公楼。1947 年 7 月至 1949 年 12 月，内蒙古共产党工作委员会在此办公。1950 年至 1955 年 11 月，中共内蒙古东部区委员会

内蒙古共产党工作委员会旧址（内蒙古党委旧址）

内蒙古民族解放纪念馆

在此办公。旧址为内蒙古自治区级文物保护单位。

内蒙古共产党工作委员会旧址

地址： 内蒙古自治区兴安盟乌兰浩特市兴安北大路 14 号

电话： 0482-8423531

内蒙古民族解放纪念馆

内蒙古民族解放纪念馆是全面反映内蒙古民族解放和区域自治历史进程的纪念性展馆。该馆占地面积 3 万平方米，建筑面积 2 万平方米，由序厅、主展厅、英烈厅组成。主展厅包括 4 个部分：第一部分，觉醒的草原；第二部分，抗日的烽火；第三部分，胜利的曙光；第四部分，永远的丰碑。英烈厅设 4 个单元：第一单元，革命先驱；第二单元，还我河山；第三单元，为了新中国；第四单元，英雄的铁骑兵。

内蒙古民族解放纪念馆陈列

纪念馆陈列通过声、光、电等现代技术和多媒体手段，充分展示民族特点、文化特点和区域特点，突出反映了中国共产党的领导和老一辈无产阶级革命家的历史功绩以及内蒙古各族人民的伟大创造力。

内蒙古民族解放纪念馆

地址： 内蒙古自治区兴安盟乌兰浩特市新桥东街

电话： 0482-8423531

景点链接

成吉思汗庙

成吉思汗庙坐落在兴安盟乌兰浩特市罕山之巅，始建于 1940 年。这座融汉、蒙、藏三个民族建筑风格于一体的庙宇，从正面看是“山”字形。山门到正殿有宽 10 米、长 158 米用花岗岩砌成的 81 级台阶。正殿当中有 16 根粗大的红漆明柱，四周绘有反映成吉思汗业绩的精美图案，

兴安盟美食特产

兴安盟的饮食除了富有蒙古族特色外，还深受东北地区饮食习惯影响。著名的美食有烤羊腿、手扒肉、奶皮子、奶酪等。兴安盟的特色风味小吃主要有蒙古馅饼、荞麦挂面、王小二大饼等。

兴安盟特产主要有野生灵芝、黑木耳、金莲花、黑瓜子等。由于兴安盟属多民族聚居区，各民族独特的工艺品深受人们喜爱，其中以蒙古刀、挂毯、各种民族服饰最受欢迎。

成吉思汗庙

中央为 2.8 米高的成吉思汗铜像。两偏殿陈列有元代的兵器、服装、瓷器等复制品。

阿尔山海神圣泉旅游度假区

温泉博物馆

阿尔山海神圣泉旅游度假区位于兴安盟阿尔山市温泉街，是著名的旅游疗养地。阿尔山地区受远古火山活动影响，形成了大规模的温泉群。由于地下水补给的方式不同，水中溶入了大量的有益矿物质和微量元素。在阿尔山长 500 米、宽 70 米的狭长地带上，分布着冷、温、热、高热 48 眼矿泉，不同的泉水具有不同的保健作用，度假区还建成了一个温泉博物馆。

阿尔山国家森林公园

阿尔山国家森林公园位于内蒙古大兴安岭西南麓，植被类型属寒温带针阔混交林，公园内野生动植物资源非常丰富，具有独特的北国风光。公园内有大兴安岭第一峰——特尔美山（海拔 1378 米）和大兴安岭第一湖达尔滨湖；有火山爆发时熔岩流淌凝成的石塘林和天池；有中蒙界河哈拉哈河，令人惊叹的无底溶洞，绝妙的奇石山——地图神山，还有奇伟挺拔的玫瑰峰。阿尔山天池海拔 1332 米，海拔高度在天山天池、长白山天池之后，居全国第三。石塘林是大兴安岭奇景之一，为第四纪火山喷发的地质遗迹，是亚洲最大的近期死火山玄武岩地貌，地质构造、土壤、植被生物均保持原始状态。

阿尔山天池

阿尔山国家森林公园——石塘林

世界反法西斯战争海拉尔纪念园

世界反法西斯战争海拉尔纪念园位于内蒙古自治区呼伦贝尔市海拉尔北山侵华日军海拉尔要塞遗址处（该遗址是国内现存同类遗址中地上、地下工事最为复杂、规模最大、设施最全、保存最完好的一处环形阵地），整个园区建设充分体现战争主题，彰显中、俄、蒙三国共同抗击法西斯的历史，要塞遗址是第二次世界大战中日本关东军在中国所犯罪行的有力证据之一。

景区总面积为 6 平方公里，主要包括：

海拉尔要塞遗址博物馆：占地 4300 平方米，有 4 个展厅，展出文字资料 100 余万字，珍贵历史照片 1000 余张，地图 39 幅以及大量的战争实物。同时运用声、光、电等高科技布展手段形象揭示了日本侵略者在呼伦贝尔犯下的滔天罪行，通过对中、俄、蒙抗日历史的追忆，告诫人们反对战争，捍卫和平，建设和谐的新世界。博物馆内设电影厅，还有射击场等游客参与项目。

世界反法西斯战争海拉尔纪念园

地址：内蒙古自治区呼伦贝尔市海拉尔

电话：0470-8234537

世界反法西斯战争海拉尔纪念园大门

纪念园地下工事遗址——通讯室

地面军事遗址：包括八号处新建指挥部、清理修复重机枪阵地、野炮阵地，景区四周摆放50余辆仿真坦克。

地下遗址：在原侵华日军地下工事遗址基础上又开发了可参观通道150米，共450米。现已复原司令部、士兵宿舍、卫生室、通讯室4处房间。

辅助设施：包括占地12800平方米的广场、主题雕塑（高18米的中俄蒙三国抗战英雄形象）、坦克大门、具有园区特色的休息座椅、游步道等。

射击场：射击俱乐部建筑面积2500平方米，内设激光枪、彩弹枪、靶道以及配套基础设施。

纪念园为全国爱国主义教育示范基地、国家国防教育示范基地、国家4A级旅游景区。

景点链接

海拉尔国家森林公园

位于海拉尔西山，以著名的樟子松天然林为主要景观，也是距离城市最近的原始樟子松林，其中百年古树1000多株。

海拉尔国家森林公园
地址：内蒙古自治区呼伦贝尔市海拉尔西山
电话：0470-8347165

海拉尔国家森林公园大门

海拉尔国家森林公园木栈道

园区总面积22万亩，由樟子松林、白沙滩、冰湖湿地共同构成一处集娱乐、休闲、科普教育于一体的旅游地，为国家3A级旅游景区。

和平公园（断桥遗址）

断桥原称伊敏桥，日军侵占海拉尔期间修建，为当时海拉尔贯通伊敏河东西的唯一的一座公路桥梁。1945年8月9日，苏军进攻海拉尔要塞，日军为阻止苏军合围，将大桥炸毁，此后大桥被称作断桥。和平公园是在海拉尔断桥遗址上修建而成的。

和平公园（断桥遗址）
地址：内蒙古自治区海拉尔、鄂温克旗交界处

和平公园

海拉尔美食特产

肉类有风干牛肉干、羊肉卷、手把羊肉、羊血肠、肉肠等；

奶制品有奶干、奶油、奶皮子、奶酪、黄油等；

特色蒙餐有锅茶、烤全羊、烤羊腿、烤羊排、水煮牛肉等；

鱼类有贝加尔湖白鱼、鲤鱼、鲫鱼、鲶鱼等；

菌类有草原蘑菇、林区木耳等；

果干及饮料类有以呼伦贝尔本地出产的沙果、蓝莓为原料加工而成的果干、饮料。

锡林郭勒盟多伦县察哈尔抗战遗址

察哈尔抗战遗址

地址： 内蒙古自治区锡林郭勒盟多伦县旧城区西环路山西会馆北侧

电话： 0479-4523866

察哈尔抗战遗址位于内蒙古自治区锡林郭勒盟多伦县旧城区西环路山西会馆北侧，占地面积达2.2平方公里。景区内有察哈尔抗日同盟军收复多伦指挥部（察哈尔抗战纪念馆）、吉鸿昌将军演讲台、苏蒙联军光复多伦指挥所旧址、同盟军收复多伦战斗旧址、群众抗日集会旧址、革命烈士陵园等景点。

在全国抗日救亡运动高潮的推动下，1933年5月26日，冯玉祥在张家口成立察哈尔抗日同盟军。以冯玉祥为首的抗日同盟军得到共产党人的大力帮助，也得到群众的广泛支持，队伍很快由数千人发展到10万余人。抗日同盟军于6月中旬在张家口召开军民代表大会，通过关于同盟军的纲领等决议案。会后，冯玉祥任命吉鸿昌为北路前敌总指挥，方振武为北路前敌总司

革命烈士陵园内的吉鸿昌雕像

令，率部北上迎击日、伪军。6月下旬至7月初，抗日同盟军连克康保、宝昌、沽源等县，于7月12日收复察北重镇多伦，并乘胜收复察哈尔省全部失地，使全国人心十分振奋。共产党员在同盟军中积极进行抗日的宣传、组织工作，广泛发动群众，开展工农运动，以塞外名城张家口为中心，掀起了轰轰烈烈的抗日热潮。

群众抗日集会旧址——山西会馆大戏台

近年来，多伦县政府相继对察哈尔抗战遗址景点进行了修复、完善，建设内容主要包括吉鸿昌将军抗日演讲地旧址、抗日同盟军收复多伦指挥部旧址、抗日同盟军前线指挥部遗址等景区。

景区内的革命烈士陵园，建于1959年，包括烈士纪念碑、革命烈士纪念馆、革命烈士墓。2006年进行了重新装修，改建了革命烈士纪念馆，树立了吉鸿昌汉白玉雕像。纪念馆里陈列展出了从抗日战争至新中国成立这一历史时期多伦的重要历史事件资料及重要党史人物介绍。景区内的苏蒙联军作战指挥所旧址汇宗寺，为全国重点文物保护单位。景区内的群众抗日集会场所山西会馆也是全国重点文物保护单位，馆内陈列了察哈尔抗日同盟军收复多伦期间的史实资料和部分文物。

景点链接

多伦湖景区

多伦湖景区

地址：内蒙古自治区锡林郭勒盟多伦县城东南，距县城17公里

电话：0479-6787888

位于多伦县城东南，地处大河口乡境内。多伦湖东西两岸各有17公里长，两岸多是低缓的丘陵、沙地、草甸，整个景区自然景观丰富多彩，四季气温变化分明，为国家水利风景区、国家4A级旅游景区。

多伦湖景区

多伦县特产

●多伦月饼

多伦生产的“喇嘛庙”牌提浆月饼自清代起就享有盛誉。该种月饼制作精细，皮薄馅大，口感独特，便于携带，颇受游客青睐。

●细鳞鱼

多伦县所产的细鳞鱼在清雍正年间即为重要御膳贡品。

●“口外三件宝”之莜面

莜面所含蛋白质、脂肪、维生素及钙、铁、磷等矿物质的含量在同类粮食作物中最高，而且含糖量低，对糖尿病、高血压等病有一定的预防和保健作用。

●莜面窝子

在瓷片或铁片上推制而成。推出来的面片非常薄，自然成卷，将其摆放在笼屉里整体看似蜂窝，因此得名为莜面窝子。

●苦菜

一种药用食用兼具的野生植物，药名“败酱草”，有清凉解毒、消炎利尿、消肿等功效。

●蘑菇

多伦的野生蘑菇富含蛋白质、氨基酸、多种矿物质，其营养价值较高。

●蕨菜

又叫如意菜，不仅味道清淡鲜美，还有一定的清热解毒、安神利尿之功效。

●沙棘

一种野生药用食用兼具的植物，为我国传统蒙、藏药和中药的常用药，有利于提高免疫力、防治心脑血管疾病。多伦县是内蒙地区天然沙棘植物主要产地，其主要产品沙棘油远销国内外。

蒙古族特色饮食

●手扒肉

蒙古族传统的食肉方法之一，因食用时不用筷子而得名。斟酒敬客，吃手扒肉，是草原牧人表达对客人敬重和爱戴之情的传统方式。

●烤全羊

蒙古族烤全羊是热情好客的蒙古族人民庆祝重大节日和婚娶等喜庆之日款待尊贵客人的传统食品。“全羊”必须是绵羊，以二三岁的羯羊为上品。吃时，通常要配几盘热菜、牛羊肉内脏做的冷盘和奶食品。

●蒙古锅茶

蒙古锅茶主要采用传统方法将奶茶熬好，然后加入风干肉、奶酪、奶皮子等在锅中边煮边吃。

●奶豆腐

也称奶干。把鲜奶放置发酵后，撇取上层白油，再倒入锅里煮熬，等奶子呈糊状，装入刻有各种图案的木模中，压制成块放通风处晾干即成。

●炒米

又称“蒙古米”，呈黄色，干脆而不焦，带有特殊的香味。由于炒米具有方便、快捷又特别耐饥的特点，因而成为蒙古族生活、生产、旅行中不可短缺的食品。

乌兰察布市绥蒙革命纪念地及田家镇惨案遗址

绥蒙革命纪念地及田家镇惨案遗址

地址： 内蒙古自治区乌兰察布市凉城县岱海镇井沟村

电话： 0474-4201296

绥蒙革命纪念地位于内蒙古自治区乌兰察布市凉城县境内，由凉城境内的一些纪念园、革命遗址组成。现有贺龙革命活动旧址纪念馆、绥南专署遗址、厂汉营革命烈士陵园、田家镇惨案遗址、鞍山革命烈士陵园、蛮汉山隐藏伤员遗址、天城村战斗遗址等景点。绥蒙革命纪念地通过挖掘在绥蒙革命中蒙、汉各族人民在党和八路军的领导下团结斗争的史实，真实地展现了在血雨腥风的革命战争年代，英雄的内蒙古儿女为新中国建立作出的重要贡献。

1937 年 9 月 23 日，在凉城县永兴镇东南田家镇，侵犯凉城的日军受阻，攻陷凉城后，对城内男女老幼疯狂屠杀，杀害 299 人，制造了骇人听闻的“田家镇惨案”。死者年龄最大的 73 岁，最小的 12 岁。“田家镇惨案”成为日本帝国主义侵华所犯下滔天大罪的又一铁证。

贺龙革命活动旧址

绥南专署遗址

1938 年，中共中央就绥蒙工作问题指出，党与八路军在绥蒙的任务是唤起和团结蒙汉一切力量，联合抗日。马头山、蛮汉山抗日根据地的开辟，配合了我军主力开辟大青山根据地的斗争，为建立晋西北——蛮汉山——大青山之间的通道，奠定了深厚的群众基础。

1939 年 2 月，晋察绥边区工作委员会（简称动委会）主任武新宇派贾靖尧到蛮汉山建立绥东办事处，领导绥东地区的工作，并建立了动委会的武装——归凉县游击队。同年 3 月，中共绥远省委书记白如冰带领原绥蒙工委部分人员和晋西北派往绥远的 160 多名干部到达大青山，正式组建绥东工委并开始工作，驻蛮汉山一带，下辖归凉县委、丰凉县委、丰兴县委、集丰县委。

田家镇惨案遗址纪念碑

1939 年冬，绥南的骑兵一营、警备六团和雁北骑兵大队，在警备六团政委张达志的指挥下，在丰镇以东地区开辟了游击区，使蛮汉山游击区与丰东游击区连成一片。蛮汉山抗日游击根据地成为联系晋西北根据地向绥中、绥西发展的重要依托。

1945年10月，根据中央军委指示，贺龙率晋绥野战军北上，进驻凉城县，下达了打响解放卓资山战斗的命令。解放卓资山后，贺龙率部队再次进驻凉城，驻军井沟村，指挥绥包战役直到结束。1946年6月26日，全面内战爆发，9月，国民党军队占领绥蒙解放区。1948年9月，中国人民解放军发动第二次绥远战役，收复了绥蒙解放区，绥蒙政府辖丰镇、凉城、集宁、龙胜、兴和、陶林等地。1949年6月，绥蒙政府改称绥远省人民政府，9月，绥远省宣布解放。

凉城县是内蒙古自治区著名的革命老区，是中国共产党在绥蒙地区建立的抗日根据地所在地。县境内的马头山、蛮汉山抗日根据地是大青山抗日根据地的重要组成部分，是从延安通往绥蒙地区的咽喉要道，是保卫晋西北解放区的战略要地。

凉城县岱海旅游度假区

地址：内蒙古自治区乌兰察布市凉城县三苏木村

电话：0474-4487000

景点链接

凉城县岱海旅游度假区

位于乌兰察布市凉城县岱海湖畔，是内蒙古中西部面积最大的旅游区，区内拥有130余平方公里的水域，10平方公里的滨湖草原、湿地和1平方公里的花海，还有温泉，形成了水岸相接、花草相间的美丽景观，是国家4A级旅游景区。

岱海温泉城

雨后岱海

凉城县二龙什台国家森林公园

地址：内蒙古自治区乌兰察布市凉城县蛮汉镇太平寨村

电话：0474-4203332

凉城县二龙什台国家森林公园

位于凉城县西北部，是蛮汉山最具特色的两个大峡谷（二龙什台和鸱姥太）之一，原始森林面积53公顷，高山草甸100公顷，有野生动植物1400余种。主峰海拔2305米，是凉城县境内最高的山峰。公园内有大理石、花岗岩等珍贵石材资源；有甘草、黄芪、芍药、百合等药材资源；有山杏、山榆、山樱桃、山楂果、沙棘等野生果树；还有佛爷洞、对佛山、鳄脊山、神女峰、金鸡峰、骆驼峰、万年冰窖、石林奇观、观景塔等景观，是开展森林疗养、科学考察、休闲避暑、登山活动的理想场所。

二龙什台之奇峰怪石

食宿资讯

●凉城县双古城西口农家乐生态园

双古城西口农家乐生态园坐落于双古城水库东，占地1000余亩，可同时容纳200多人就餐，50多人住宿。园内山峦起伏，小溪潺潺，野鸭成群，有山樱桃、山杏、大接杏、岱海秋红苹果等瓜果蔬菜，怡人的田园景色构成了一幅动人的山水画。农家乐生态园以“住农家屋、吃农家饭、干农家活、享农家乐”为特色，双古城还有横穿两个行政村的古长城及保存完好的烽火台和古战场遗址，是游客住宿餐饮、观光旅游、休闲娱乐和采摘体验的度假地。

地址：内蒙古自治区乌兰察布市凉城县六苏木镇双古城村

辽宁省

P199-244

辽宁省红色旅游地图

内蒙古自治区
河北省
克什克腾旗
翁牛特旗
奈曼旗
库伦旗
红山水库
赤峰市
敖汉旗
扣河子
哈尔套
元宝山区
喀喇沁旗
围场满族蒙古族自治县
建平
北票日伪时期死难矿工纪念馆
北票鸟化石群
北票市
阜新蒙古族自治县
阜新市
阜新煤炭博物馆
海州露天矿国家矿山公园
海棠山
清河门区
黑山阻击战烈士陵园
黑山县
黑山阻击战纪念馆
努鲁儿虎山
朝阳市北塔博物馆
赵尚志纪念馆
朝阳市
朝阳市烈士陵园
宁城县
小塘
建平县
隆化县
北镇市
义县
中共沟帮子铁路党支部活动旧址
医巫闾山国家级风景名胜区
巴图营
阎王鼻子水库
凌源市
羊山
凌海市
辽沈战役纪念馆
盘锦市烈士陵园
盘山县
侵华日军关东军护路守备队旧址
盘锦市
辽军纪念馆
双台河口
双滦区
承德市
平泉县
喀喇沁左翼蒙古族自治县
下五家子惨案遗址陵园
南票区
锦州市
大洼县
塔山阻击战纪念馆
塔山革命烈士陵园
盘锦甲午末战殉国将士墓
北京市
承德县
药王庙
建昌县
葫芦岛市
龙港区
营口市
营口西炮台遗址
宽城满族自治县
鹰手营子矿区
兴城海滨国家级风景名胜区
兴城市
潘家口水库
兴隆县
新开岭
觉华岛
青龙满族自治县
辽东湾
遵化市
绥中县
鲅鱼圈区
迁西县
高岭
迁安市
山海关区
玉田县
丰润区
秦皇岛市
卢龙县
抚宁县
北戴河区
万家岭
古冶区
滦县
复州城
唐山市
昌黎县
丰南区
复州湾
长兴岛
瓦房店市
滦南县
乐亭县
滦河口
葫芦山湾
天津市
宁河县
西中岛
凤鸣岛
普兰店湾
普兰店市
曹妃甸区
唐山港
关向应故居纪念馆
月坨
西蚂蚁岛
滨海新区
石臼坨
东坑坨
成山头海滨地貌
天津港
金州湾
猪岛
旅顺万忠墓纪念馆
金州区
金石滩国家级风景名胜区
曹妃甸工业区
苏军烈士陵园
大连市
蛇岛一老铁山
蛇岛
大连现代博物馆
海猫坨
渤海
中苏友谊纪念塔
大连海滨一旅顺口国家级风景名胜区
旅顺口区
渤海湾
大连斑海豹
旅顺日俄监狱旧址博物馆
遇岩

四平市
梨树县
八面城
伊通满族自治县
二龙山水库
东辽县
辽源市
吉
林
省
磐石市
桦甸市
科尔沁左翼后旗
康平县
昌图县
西丰县
辉南县
东丰县
梅河口市
通江口
清河区
开原市
清河水库
八棵树
法库县
调兵山市
靖宇县
柳河县
周恩来少年读书旧址纪念馆
铁岭市
银州区
沈阳二战盟军战俘集中营
雷锋纪念馆
苏联红军阵亡将士纪念碑
沈北新区
抚顺市
抚顺战犯管理所旧址陈列馆
清原满族自治县
江源区
新民市
抗美援朝烈士陵园
元帅林
盛京三陵世界文化遗产
抚顺平顶山惨案纪念馆
沈阳市
抚顺煤矿博物馆
永陵镇
白山市
临江市
二道江区
通化县
通化市
铁西老工业基地展览馆
沈阳故宫世界文化遗产
新宾满族自治县
中共满洲省委旧址纪念馆
张氏帅府博物馆
"九·一八"历史博物馆
辽宁省博物馆
苏家屯区
沈阳科学宫
辽中县
周恩来少年读书旧址纪念馆
本溪烈士纪念馆
灯塔市
本溪湖中国近代煤铁工业遗址园
老秃顶子
高句丽王城、王陵及贵族墓葬世界文化遗产
台安县
李兆麟将军故居
本溪满族自治县
辽阳市
辽阳博物馆
东北抗联史实陈列馆
桓仁满族自治县
本溪市
本溪水洞国家级风景名胜区
辽阳县
辽阳市烈士陵园
李秋实纪念馆
鞍山市
宏伟区
桓仁水库
集安市
回龙山水库
弓长岭区
南芬庙儿沟"万人坑"纪念地
鞍钢孟泰纪念馆
鞍山烈士陵园
鞍山烈士纪念馆
千山区
南芬区
抗联第一路军西征会议遗址
青山沟国家级风景名胜区
白石砬子
江界
牛庄镇
凉水
千山国家级风景名胜区
黄沟岭
海城市
宽甸满族自治县
大石桥市
黄花甸
凤城市
大梨树村史展览馆
凤凰山国家级风景名胜区
盖州市
大庙沟
鸭绿江国家级风景名胜区
丹东抗美援朝烈士陵园
辽东省人民政府旧址
岫岩满族自治县
辽东解放烈士纪念塔
任国桢故居
丹东市
抗美援朝纪念馆
新义州
鸭绿江断桥景区
鸭绿江浮桥
朝
鲜
仙人洞
东港市
抗美援朝志愿军第十三兵团指挥所旧址
桂云花
黄土坎
鸭绿江口滨海湿地
鸭绿江口
小鹿岛
大鹿岛
庄河市
黑岛甲午海战遗址
大鹿岛甲午海战古战场
大溪岛
石城岛
椴岛
身弥岛
大王家岛
大和岛
牛里岛
大长山岛
乌蟒岛
长海县
小长山岛
西朝鲜湾
哈仙岛
群
褡裢岛
海洋岛
獐子岛
外长山岛
大连中华工学会旧址
大连自然博物馆
黄
海
图　例
全国红色旅游一、二期规划经典景区
红色景点
省级行政中心
地级市行政中心
县级行政中心
外国主要城市
乡、镇、村
国家历史文化名城
中国历史文化名镇、名村
世界遗产
国家级风景名胜区
国家级自然保护区
国界
省级界
地级界
铁路
高速铁路
高速公路
未成高速公路
国道
一般公路
河流 湖泊
1：2 750 000
0
27.5
55.0
82.5
110.0
137.5km

沈阳市红色旅游系列景区

“九·一八”历史博物馆

“九·一八”历史博物馆位于辽宁省沈阳市大东区望花南街柳条湖立交桥北侧。1991 年开始修建“残历碑”，1999 年 9 月 18 日博物馆建成并向社会开放。博物馆占地面积 35000 平方米，建筑面积 12600 平方米，共设有 7 个展厅，展览照片 800 余幅，实物 300 余件，文献、档案资料近 100 件，大小型场景 19 组，雕塑 4 尊，油画、国画等 20 余幅。馆内采用了现代科学技术，配备有分区广播、影视报告厅、电子阅览室、多媒体电脑系统及国际互联网等设施，是一座大型的、现代化的历史博物馆。

1931 年 9 月 18 日夜，日本驻中国东北的侵略军——关东军按照精心策划的阴谋，由日军铁道守备队炸毁沈阳柳条湖附近的南满铁路路轨，并嫁祸于中国军队。日军以此为借口，突然向驻守在沈阳北大营的中国军队发动进攻，制造了蓄谋已久的九一八事变。当晚日军便攻占北大营，次日占领沈阳城。由于国民党蒋介石的不抵抗政策，短短 4 个多月内，日军相继占

九一八残历碑

据了辽宁、吉林、黑龙江，整个东北的大好河山沦为日本的占领地，3000多万同胞成为亡国奴。

九一八事变激起了全国人民的抗日怒潮。各地人民纷纷要求抗日，反对国民党政府的不抵抗政策。在中国共产党的领导和影响下，东北人民奋起抵抗，开展抗日游击战争，先后出现了东北义勇军和各种抗日武装。义勇军的斗争揭开了东北抗日游击战争的序幕。

博物馆通过大量文物、资料、历史照片及多种现代化展示手段，真实反映了日本帝国主义策划、发动九一八事变及对我国东北进行残酷殖民统治的屈辱历史；生动再现了东北人民和全国人民一道，在中国共产党领导下不屈不挠、浴血奋战，最终取得抗日战争伟大胜利的历史画卷。

“九·一八”历史博物馆为全国爱国主义教育示范基地、国家4A级旅游景区。

“九·一八”历史博物馆

地址： 辽宁省沈阳市大东区望花南街46号

电话： 024-88338981

抗美援朝烈士陵园

抗美援朝烈士陵园位于辽宁省沈阳市北陵公园东侧。为纪念在抗美援朝战争中英勇牺牲的烈士，1951年在沈阳修建抗美援朝烈士陵园，主要由抗美援朝烈士纪念碑、志愿军群雕、烈士墓群、烈士纪念馆组成。

抗美援朝烈士陵园

抗美援朝烈士纪念碑

抗美援朝烈士陵园园名由郭沫若题写。烈士纪念碑高23.5米，碑身是用花岗岩砌成的四棱锥形建筑，象征着烈士们的丰功伟绩和人民对先烈的深深怀念。碑身的正面镌刻着董必武的题词：“抗美援朝烈士英灵永垂不朽。”纪念碑的顶端是铜铸的中朝两国国旗，寓意着中朝两国人民的友谊万古长青，旗下是手握冲锋枪的中国人民志愿军战士铜像。纪念碑底部由黑色大理石组成，卧碑上面镶嵌花环，花环两侧是1950—1953字样，标志着中国人民志愿军出国作战到美国被迫在板门店签订停战协议的时间。

卧碑下部是郭沫若为抗美援朝烈士题诗：“煌煌烈士尽功臣，不灭光辉不朽身。鸭绿江南花胜锦，北陵园畔草成茵。英雄气魄垂千古，国际精神召万民。峻极高山齐仰止，誓将纸虎化为尘。”

碑身的背面镌刻着由国务院办公室起草、经周恩来亲自审定的471字碑文。碑座后侧是8幅铜铸浮雕，生动地再现了在抗美援朝战争中志愿军战士英勇战斗的场

抗美援朝烈士纪念馆

面。在纪念碑前广场的东侧，矗立着黄继光、杨根思、邱少云、孙占元、杨连第的一组雕像。在纪念碑前广场的西侧，矗立着表现中国人民志愿军战士奋勇杀敌场面的群雕。

在纪念碑后面和两侧，绿草如茵，松柏成行，这里安葬着123位志愿军烈士。他们当中有用胸膛堵住敌人机枪口的特级战斗英雄黄继光，有抱着炸药包冲向敌群的特级战斗英雄杨根思，有烈火烧身也不暴露潜伏目标的一级战斗英雄邱少云等20多位战斗英雄。还有中国人民志愿军五十军副军长蔡正国、三十九军副军长吴国璋、二十三军参谋长饶惠谭等90多位团职以上干部。

在陵园广场西侧设有抗美援朝烈士纪念馆。纪念馆于2010年9月扩建落成，建筑面积2000平方米。纪念馆将常规展出形式和高科技手段相结合，将著名烈士牺牲时的壮烈场面生动形象地展示在观众面前，同时充分展示了抗美援朝战争的历史图片以及在战争中牺牲的134位战斗英雄和217位团以上干部的英雄事迹。

沈阳抗美援朝烈士陵园为全国重点烈士纪念建筑物保护单位、全国爱国主义教育示范基地。

抗美援朝烈士陵园

地址：辽宁省沈阳市北陵公园东侧

沈阳市美食特产

老边饺子、新洪记饺子、李连贵熏肉大饼、马家烧麦、西塔大冷面、东北杀猪菜、东北铁锅炖、重工火腿、雪花啤酒、红梅味精、辉山乳品、不老林糖等。

景点链接

沈阳周恩来少年读书旧址纪念馆

沈阳周恩来少年读书旧址纪念馆

沈阳周恩来少年读书旧址始建于清光绪三十一年（公元1905年），校舍最初属于大东关镶红旗汉军第二佐领官厅，清宣统二年（公元1910年）成为奉天省官立东关模范两等小

沈阳周恩来少年读书旧址纪念馆

地址：辽宁省沈阳市大东区东顺城街育才巷10号

电话：024-24843069

学校教学楼。1910 年春，周恩来随伯父周贻庚来到东北，半年后转入该校学习，1913 年 7 月以优异成绩毕业。纪念馆共分 7 个展室，以介绍周恩来少年在沈阳读书时的经历为主，讲述了周恩来不平凡的一生。

沈阳故宫

沈阳故宫是清代努尔哈赤和皇太极建造使用的宫殿，始建于 1625 年，占地 6 万多平方米，宫内建筑物保存完好，共有建筑 100 余座，房屋 500 余间。

沈阳故宫大门

沈阳故宫为全国重点文物保护单位，2004 年入选世界文化遗产名录。

沈阳故宫
地址： 辽宁省沈阳市沈河区沈阳路 171 号
电话： 024-24857236

张氏帅府

张氏帅府又称“大帅府”、“小帅府”，是奉系军阀首领张作霖及其长子——著名爱国将领张学良的官邸和私宅。始建于 1914 年，占地 5.3 万平方米，由东院、中院、西院和院外的不同风格的建筑群组成，为全国重点文物保护单位。20 世纪初，张氏帅府中曾发生过多起震惊中外的事件：张作霖在此成为“东北王”；皇姑屯事件发生后，张作霖被日军炸成重伤，死在帅府；张学良在这里宣布“东北易帜”，维护了国家统一。张氏帅府还包括赵一荻旧宅和沈阳金融博物馆。

张氏帅府
地址： 辽宁省沈阳市沈河区朝阳街少帅府巷 46 号
电话： 024-24842454

张氏帅府大青楼

沈阳怪坡

位于沈阳东北新城子区清水台镇内的帽山西麓，长 80 余米，宽约 15 米，是一条西高东低走势的斜坡。各种车辆到此下坡不加油不走，而上坡不用加油却自然向坡上滑行。专家、学者有的说是重力位移，有的说是磁场效应，还有的说是视觉误差，但都不能自圆其说。

沈阳怪坡——上坡容易下坡难

沈阳怪坡
地址： 辽宁省沈阳市新城子区杭州路
电话： 024-82219373

抚顺市红色旅游系列景区

抚顺平顶山惨案纪念馆

抚顺平顶山惨案纪念馆位于辽宁省抚顺市区南约 4 公里的东洲区平山街南昌路 17 号。

1931 年，日本帝国主义发动了九一八事变，东北大好河山陷于日军铁蹄之下。东北爱国民众纷纷成立各种抗日武装。1932 年 9 月 15 日（农历八月十五中秋节）夜，途经平顶山村的辽东民众抗日自卫军袭击了日军杨柏堡采炭所等地，日军以平顶山村民没有报告即“通匪”为名，于 16 日出动守备队和宪兵队包围了平顶山村，将全村 3000 余名男女老幼驱赶到平顶山下，开始灭绝人性的大屠杀。日军先用机枪扫射，又用刺刀重挑一遍，甚至挑出孕妇腹中的胎儿。最后为了掩盖罪行，用汽油焚尸，放炮崩山，将殉难者的尸骨掩埋于山下，并纵火烧毁全村 800 多间房屋，将平顶山村夷为平地，制造了震惊中外的平顶山惨案。

为了纪念在平顶山惨案中死难的同胞，抚顺市于 1951 年修建了纪念碑，于 1970 年对遗址现场进行局部的发掘，并在原址修建纪念馆，1971 年建平顶山殉难同胞遗骨馆，馆内陈列了在现场发掘出的殉难同胞遗骨 800 余具以及部分遗物，于 1972 年对外开放。2005 年，平顶山惨案遗址纪念馆进行改扩建并更名为抚顺平顶山惨案纪念馆。

抚顺平顶山惨案纪念馆分为展示惨

抚顺平顶山惨案纪念馆

平顶山殉难同胞纪念碑

殉难同胞遗骨池

案背景的陈列馆和平顶山殉难同胞遗骨馆以及记载幸存者证词的主题碑苑和园区景观，园区面积 16.5 万平方米，馆藏文物 1200 余件。

抚顺平顶山惨案纪念馆为全国重点文物保护单位、全国爱国主义教育示范基地、国家 3A 级旅游景区。

抚顺平顶山惨案纪念馆

地址：辽宁省抚顺市东洲区平山街南昌路 17 号
电话：024–54250072

抚顺战犯管理所旧址陈列馆

抚顺战犯管理所旧址陈列馆位于辽宁省抚顺市高尔山下，原是日本侵略者在侵华战争中为了囚禁中国抗日志士和爱国同胞于 1936 年修建的一所监狱，当时称“抚顺典狱”。1945 年日本投降后，被国民党接收，改名为辽东省第四监狱。1948 年 11 月抚顺解放后，东北人民政府在此设立辽东省第三监狱。1950 年 6 月，该监狱改建为抚顺战犯管理所。

1950 年 7 月，中国政府依据《波茨坦公告》、纽伦堡国际军事法庭、远东军事法庭有关处理第二次世界大战战争罪犯之规定，根据中苏有关协定的条款，开始正式接收由苏联政府移交给中国的在侵华战争中，被苏军俘获的犯有破坏和平罪、战争罪、违反人道罪的日本战犯共计 982 人，伪满洲国战犯 71 人。之后，抚顺战犯管理所又陆续收押了在国内解放战争中被人民解放军俘获的犯有战争罪的蒋介石集团战犯 354 人。其中包括伪满国务院总务厅长官武部六藏、次长古海忠之、日本陆军第一一七师团中将师团长铃木启久、第五十七师团中将师团长藤田茂、第三十九师团长佐佐真之助，伪满皇帝爱新觉罗 • 溥仪等。

抚顺战犯管理所

抚顺战犯管理所全体工作人员，认真贯彻执行中国共产党和人民政府为改造战犯所确定的一系列政策，给予战犯人道主义待遇，通过艰苦细致的教育和改造，终于使昔日犯下滔天罪行的日本战犯在我国特别军事法庭的正义审判面前低头认罪，把伪满洲国战犯和蒋介石集团战犯改造成为热爱祖国、热爱和平的人。

1956 年 6 月至 1964 年 3 月间，在抚顺战犯管理所关押的日本战犯被分期分批全部释放回国。1959 年 12 月到 1975 年 3 月，在此关押的伪满战犯和蒋介石集团战犯也被分期分批全部特赦。

1986 年，抚顺战犯管理所旧址对外开放。1988 年，中国归还者联络会捐款建造了一座 6.37 米高的由大理石和花岗岩构成的“向抗日殉难烈士谢罪碑”。

2010 年，抚顺战犯管理所旧址重新对外开放。该馆现占地面积约 3 万平方米，建筑面积 1 万平方米。共有改造日本战犯陈列馆和改造末代皇帝专题展两处展馆，另有反映当年战犯学习和生活的监舍、俱乐部、医务室、大伙房、花窖、菜园、露天舞台、理发室、浴室、面包房、运动场、谢罪碑、御花园、管教人员办公室等 30 余处景点。重新修建的两处现代化陈列馆里共展出图片 800 余张，实物 500 余件，80% 以上都是首次向社会公开。

抚顺战犯管理所旧址陈列馆为全国爱国主义教育示范基地、全国重点文物保护单位、国家 3A 级旅游景区。

抚顺战犯管理所旧址陈列馆

地址：辽宁省抚顺市顺城区宁远街 43 号

电话：024-57673307

向抗日殉难烈士谢罪碑

景点链接

三块石国家森林公园

三块石国家森林公园坐落于长白山老龙岗余脉南麓，因在高山之巅有三块长 50 余丈巨石昂然剑立而得名。三块石是抚顺地区在抗日战争和解放战争时期的革命根据地。1934 年，东北人民革命军领导人杨靖宇根据中共满洲省委关于“要扩大游击活动，建立根据地”的指示，在三块石地区创建游击根据地。解放战争时期，辽东三军分区和中共沈抚县委就以三块石革命根据地为依托，与敌周旋，配合主力作战。现在这里还有当年抗联战士留下的遗址遗迹，如将士们住的地窨子、使用过的石碾子。

公园有鸽子洞、神龟出潭、海狮入水、白龙潭瀑布、龙首山（比丘洞）、仙人台、小偏桥和石棚山（三块石主峰）等景点，能欣赏到国家珍稀濒危木兰科植物——天女木兰。

三块石国家森林公园为辽宁省农家旅游示范点之一，这里盛产各种山野菜及 40 多种野生食用菌，园区内有农家小院可住宿，还能吃到地道的农家饭菜，享受乡村田园生活。

三块石国家森林公园
地址：辽宁省抚顺市抚顺县后安镇佟庄子村，距抚顺市 52 公里
电话：024-54041018

三块石景区

三块石景区内的抗联遗址

高尔山公园

位于抚顺市区北高尔山上，有距今 900 余年的辽代八角九级密檐式古塔、清代的古刹观音阁等。

高尔山公园
地址：辽宁省抚顺市顺城区高山路

萨尔浒风景区

萨尔浒风景区是国家 3A 级旅游景区，以大伙房水库为中心，沿湖有白龙山、王杲山、德古湾、莲花岛、营盘三岛、元帅林、铁背山、萨尔浒山 8 个游览区。

萨尔浒风景区
地址：辽宁省抚顺市东洲区新太河街萨尔浒南路 6 号
电话：024-54460888

丹东市抗美援朝纪念馆，鸭绿江断桥景区

丹东市抗美援朝纪念馆

抗美援朝纪念馆位于辽宁省丹东市振兴区山上街7号。

1958年，位于鸭绿江边沿江街16号的安东市历史文物陈列馆改为安东抗美援朝纪念馆。1984年，中共中央、国务院正式批准在丹东市扩建抗美援朝纪念馆，馆址选在原志愿军炮兵指挥所遗址所在地——丹东市锦江山西麓的桃源守备山（后改为英华山）上。1993年新馆落成并举行了开馆典礼。2003年，抗美援朝纪念馆进行二期改扩建工程，2004年，改扩建工程完成并正式对外开馆。

抗美援朝纪念塔

抗美援朝纪念馆占地面积23万平方米，总建筑面积2万平方米，由纪念塔、陈列馆、全景画馆及国防教育园、纪念园组成，有馆藏文物4万余件，其中国家一级文物61件，二级文物296件，是全面反映抗美援朝战争和抗美援朝运动历史的大型军事专题纪念馆。

纪念塔高53米，正面镶嵌着邓小平亲笔题写的“抗美援朝纪念塔”7个鎏金大字，4个塔墩上分别雕有志愿军空军、钢铁运输线、抗美援朝运动、抗美援朝战争4组大型群雕像。

陈列馆正门上方镶嵌着郭沫若题写的“抗美援朝纪念馆”7个鎏金大字。馆内分序厅、抗美援朝战争馆、抗美援朝运动馆、中朝人民友谊馆、英雄烈士馆、志愿军空军馆、尾厅7个部分。整个陈列内容由600余幅图片、700余件文物，辅助以70余幅各种图表、复原陈列和创意陈列“钢铁运输线”、“无敌坑道”、“邱少云”、“上甘岭”、“奇袭白虎团”五大电动演示场景及各种雕塑组成，真实客观地再现了抗美援朝战争和抗美援朝运动的历史。此外，陈列馆内还装有10部多媒体电子触摸屏和液晶显示器，观众可以运用多媒体电子触摸屏进行相关资料的查询、留言和为烈士献花、植树。

全景画馆直径44.6米，高24米。馆

抗美援朝纪念馆——陈列馆

内陈列有周长 132.15 米、高 16 米的大型全景绘画《清川江畔围歼战》，并设有表现各种战斗场景的地面塑型，配有描述战争场面的音响效果，艺术地再现了抗美援朝第二次战役志愿军围歼敌人的壮观场面和恢宏的战争氛围。

国防教育园区包括兵器展示区、军事体能训练区、军事项目拓展区、模拟阵地对抗区、兵器模拟演示区。

抗美援朝纪念馆为全国爱国主义教育示范基地、国家国防教育示范基地、国家 4A 级旅游景区。

抗美援朝纪念馆——全景画馆

抗美援朝纪念馆

地址：辽宁省丹东市振兴区山上街 7 号

鸭绿江断桥景区

鸭绿江断桥位于中朝界河——鸭绿江辽宁省丹东市区段，未断前是鸭绿江下游的第一座铁路大桥（通称老桥）。

1905 年，日本为掠夺中国东北资源，在中朝界河鸭绿江上勘探设计了一座大桥——鸭绿江铁路大桥。1909 年 8 月施工，1911 年 10 月竣工通车。大桥全长 944.2 米，宽 11 米，中间铁路路面宽 5 米，两侧各有人行步道 3 米。1943 年 4 月，日本侵略者在此桥上游不足百米处建成第二座铁路大桥（即今中朝友谊桥），遂将此桥改为公路桥。

抗美援朝战争开始后，鸭绿江老桥成

鸭绿江断桥全景

了美军攻击的重要目标。1950 年 11 月，在美军发动的“空中战役”中，鸭绿江老桥被拦腰炸断。抗美援朝战争胜利后，朝鲜将断桥朝方所属的 6 孔及中方两孔的铁路残骸拆除，只有桥墩还留在水中。中方所属的 4 孔残桥完整地保存下来，成为抗美援朝的历史见证。

1994 年，鸭绿江断桥正式对外接待游客。2006 年，大型青铜群雕《为了和平》落成。雕塑高 5 米，长 12 米，由参加抗美援朝的统帅、领导和英烈形象组成。站在最前面的是中国人民志愿军司令员兼政委彭德怀，右边是在抗美援朝战争中牺牲的中华人民共和国中央人民政府主席毛泽东的长子毛岸英，左边是抗美援朝战争中我军牺牲在战场上的最高将领、五十军副军长蔡正国，后面依次是战斗英雄杨根思、黄继光、孙占元、杨连弟、邱少云等。

断桥上现保存有日本建的五层碉堡，苏联制造的三七高炮等文物，开设有大桥旋转处观赏台，有断桥炸断处观赏台、“断桥”史话、世界桥梁与战争史展。

鸭绿江断桥为全国重点文物保护单位、全国爱国主义教育示范基地、国家 4A 级旅游景区。

鸭绿江断桥景区

地址：辽宁省丹东市振兴区江岸路

电话：0415-2122145

鸭绿江断桥遗址桥头

鸭绿江断桥朝鲜一侧留下的桥墩

景点链接

虎山风景区

虎山风景区位于丹东市东北方向约 12 公里，是鸭绿江国家级风景名胜区的核心景区，国家 4A 级旅游景区。景区内有明万里长城东端起点——虎山长城、中朝边境“一步跨”、睡观音、长城历史博物馆、古道遗址等景点。

虎山长城

虎山风景区
地址：辽宁省丹东市宽甸满族自治县虎山镇虎山村
电话：0415-5578511

河口风景区

位于丹东市宽甸满族自治县长甸镇境内，沿江两岸群峰竞秀，九岛十八湾清幽婉转，有河口断桥、长河岛、龙泉山庄三大景点。

河口断桥是当年志愿军三大渡江地之一，断桥原名青城桥，是鸭绿江上连接中朝两岸最早的一座公路桥。1951 年 3 月，美军出动飞机对青城桥轮番轰炸，形成了今日的河口断桥。

长河岛朝鲜民俗村是位于中朝界河上一处四面环水的旅游度假村。全岛绿色覆盖率达 60% 以上，有哥特式仿欧别墅、朝鲜民俗村等 20 余处景点和独具特色的满族、朝鲜族风味佳肴。

龙泉山庄是电视剧《刘老根》的拍摄地点之一，游客在此不但可以体会剧中的人物情节，还可以利用各类剧中道具摄影留念。

河口春季万亩桃花竞相开放，歌曲《在那桃花盛开的地方》就是依此地风光创作的。

河口风景区景色

河口风景区
地址：辽宁省丹东市宽甸满族自治县长甸镇河口村，距宽甸县城 56 公里
电话：0415-5625106

凤凰山风景区

凤凰山风景区——老牛背

凤凰山系长白山余脉，最高峰海拔 836 米。唐贞观年间，唐太宗李世民御封为“凤凰山”。凤凰山自然景观独特，人文景观荟萃，以雄伟险峻、泉洞清幽、花木奇异、四季景秀而著称于世。每年的农历四月二十八日，是凤凰山传统的“药王庙会”，时间长达 4 天，盛况空前。

凤凰山风景区
地址：辽宁省丹东市凤城市凤凰大街
电话：0415-8126042

大梨树生态旅游区
地址：辽宁省丹东市凤城市大梨树村
电话：0415-8189639

大梨树生态旅游区

位于丹东市凤城市西南郊10公里处，由花果山、药王谷、联珠三湖、仿古新村、影视城、休闲游乐区等区域组成。其山水田园风光、传统中国医药文化、地道的农家饭菜深受游人喜爱。花果山是全国最大的村级集体果园，占地2.6万亩，共栽种杏、桃、梨、李子、苹果、板栗等果树100多万株，采摘期从6月末开始持续到11月份。

大梨树生态旅游区“干”字广场

大鹿岛风景区

大鹿岛风景区
地址：辽宁省丹东市东港市孤山镇
电话：0415-7599833

位于丹东市东港市大孤山镇，著名的甲午黄海大战就爆发在大鹿岛海面，民族英雄邓世昌等700名将士和“致远”号等4艘战舰分别牺牲和沉没在这里。岛上有二郎石、嘎巴枣树、滴水湖、老虎洞、骆驼峰、邓世昌墓和邓世昌塑像、毛文龙碑、海神娘娘庙、英式导航灯塔以及丹麦教堂遗址等多处自然和人文景观，岛前环抱的月亮湾、双珠滩，为中国北部海角最大的天然浴场，也是游人拾贝、冲浪、晨观日出、夜半听涛的理想去处。

大鹿岛月亮湾

民族英雄邓世昌墓

丹东饮食特色

丹东饮食文化丰富多彩，特色鲜明，其中包括满族、朝鲜族、回族等不同民族饮食特色。东北菜、朝鲜族菜肴、特色烧烤、海鲜构成丹东餐饮的地方特点。丹东地方风味小吃别具一格，酸汤子、炒馇子、煎焖子、炸蚕蛹等风味小吃深受游客喜爱。

丹东特产

东港大米、板栗、人参、杜鹃花、燕红桃、蓝莓；有对虾、梭子蟹、黄蚬子、面条鱼等水产品；还有羊肚蘑、香菇、滑菇、杏鲍菇、鲍鱼菇、鸡腿菇、香菇颗粒、松茸、松树伞、榛蘑、木耳、刺嫩芽、蕨菜等。

锦州市红色旅游系列景区

辽沈战役纪念馆

辽沈战役纪念馆是为纪念解放战争三大战役中的辽沈战役而修建的一座专题性纪念馆。

辽沈战役是1948年9月12日至11月2日，中国人民解放军东北野战军在辽宁西部和沈阳、长春地区对国民党军进行的战略性决战，是中国人民解放战争中具有决定意义的三大战役之一。辽沈战役历时52天，共歼灭国民党精锐部队47.2万余人。至此，人民解放军不但在质量上占有优势，而且在数量上也取得优势，改变了长期以来敌强我弱的基本格局。由于辽沈战役的胜利，近百万人的东北野战军成为全国战局中一支强大的战略预备队。

位于辽宁省锦州市的辽沈战役纪念馆园区占地面积18万平方米，经过纪念馆南大门——胜利之门，由低到高经过104级台阶，象征着辽沈战役经历的52个昼夜。贯穿南北的中轴线，将胜利之门、纪念塔、纪念馆主体建筑连成一体。

胜利之门是一组具有现代气息的3个几何单体建筑组成的建筑群，东西长77米，南北宽42米，3个几何单体寓意着三大战役的胜利。

辽沈战役纪念馆园区全景

辽沈战役纪念馆——胜利之门

矗立在广场北侧的辽沈战役纪念塔，高 16 米，正面镶嵌着朱德亲笔题写的“辽沈战役革命烈士永垂不朽”鎏金大字，塔顶是一座 6 米高的全身铜质战士塑像，表现了我军战士顶天立地、勇往直前的英雄气概。

辽沈战役纪念塔南面两侧，是烈士名录墙，在辽沈战役中牺牲的 5 万多烈士的名字被镌刻在碑墙上，这是中国最大的烈士名录墙。

在辽沈战役纪念塔西侧 60 米处，坐落着朱瑞将军雕像。朱瑞是东北人民解放军炮兵司令员，1948 年在辽沈战役攻打义县战斗中牺牲，是中国人民解放军在解放战争时期牺牲的最高将领。

在辽沈战役纪念塔东侧 60 米处有两座并列的陵墓，分别是梁士英墓和张士毅墓。他们是辽沈战役中牺牲的两位著名烈士。墓碑上记述了烈士生平和英雄事迹。梁士英墓为衣冠冢，张士毅墓为尸骨墓。

纪念馆为城堡式建筑，主体建筑面积 8600 平方米，展览面积为 4900 多平方米，展品 1460 余件。分 4 个专题展馆：一层为序厅和战史馆，下一层为支前馆，下二层为英烈馆，最后沿着螺旋式坡道盘旋而上为全景画馆。陈列内容全面反映了东北解放战争的历史，突出展示了辽沈战役的胜利进程，揭示了辽沈战役胜利的诸多因素及伟大意义。

辽沈战役烈士纪念塔

辽沈战役纪念馆主体陈列馆

全景画馆采用绘画、雕塑、灯光、音响等多种艺术形式，生动地再现了辽沈战役的关键性战役——攻克锦州的宏大战争场景。全景画《攻克锦州》，画面长122.22米，高16.1米，总面积1968平方米，重量达4吨。高超的绘画技法、逼真的地面塑型和声光电系统巧妙衔接，浑然天成，使观众如临其境，印象深刻。

辽沈战役纪念馆为全国爱国主义教育示范基地、国家国防教育示范基地、国家4A级旅游景区。

辽沈战役纪念馆

地址：辽宁省锦州市凌河区北京路5段1号

电话：0416-3839610　3839719

黑山阻击战纪念馆

黑山阻击战纪念馆位于辽宁省锦州市黑山县镇安满族乡，黑山县城东“101”高地西南山脚下。

黑山阻击战是辽沈战役的重要组成部分。1948年10月，东北解放军攻克锦州后，决定采取诱敌深入、打大歼灭战的方针，集中主力在沈阳至锦州间歼灭国民党“西进兵团”。蒋介石强令由东北“剿总”主力编成的西进兵团（又称廖耀湘兵团）从彰武、新立屯地区南进，企图夺取黑山、大虎山，以便重占锦州，打通北宁路。为阻止廖耀湘兵团西进，东北野战军第十纵队和第一纵队一个师及内蒙古军区骑兵第一师在黑山、大虎山地区组织坚守防御。阻击部队经过5天浴血奋战，胜利地阻止了廖耀湘兵团的前进，对辽沈战役的最后胜利起了重要作用。

黑山阻击战纪念馆占地面积9000多平方米，建筑面积2279平方米，建筑主体高11米，为二层框架钢穹顶结构建筑，是一座集收藏、保护、展示、研究于一体的专题性纪念馆。馆内陈列分4个部分：第一部分：战前形势；第二部分：战役实施，主要展现迎击强敌、鏖战三日、浴血黑山、四面合围、会战辽西的壮烈场面；第三部分：人民支前，展现后方人民紧急动员、支援前线、执行战勤、保障后援、踊跃参战的动人场景；第四部分：英烈风范，歌颂英烈功绩，缅怀先烈千秋。

黑山阻击战纪念馆

纪念馆以真实而丰富的陈列内容，展示了人民解放战争的发展形势和中央军委对黑山阻击战的决策过程，再现了黑山阻击战中各阶段的主要战斗情景。展览通过大量珍贵的历史照片、文字资料、实物展品、战事地图、多媒体半景画等手段生动展示出黑山阻击战的真实过程，歌颂了在中国共产党领导下人民战争取得的伟大胜利。

黑山阻击战纪念馆为全国爱国主义教育示范基地。

黑山阻击战纪念馆

地址：辽宁省锦州市黑山县镇安满族乡

电话：0416-5528101　5517313

黑山阻击战纪念馆展厅雕像墙

景点链接

辽沈战役东北野战军锦州前线指挥所旧址

东北野战军锦州前线指挥所旧址

辽沈战役期间，这里曾是东北野战军锦州前线指挥所。1948 年 10 月 5 日，东北野战军司令员林彪、政委罗荣桓、参谋长刘亚楼率指挥机关，从黑龙江省双城堡秘密到达牤牛屯，按照中央军委指示，指挥锦州攻坚战以及黑山阻击战、塔山阻击战、辽西围歼战，为夺取辽沈战役的全面胜利奠定了基础。旧址依据史料恢复了原貌，拓展和延伸了战史陈列内容。

东北野战军锦州前线指挥所旧址为辽宁省级文物保护单位。

辽沈战役东北野战军锦州前线指挥所旧址
地址：辽宁省锦州市凌海市翠岩镇牤牛屯村，距锦州市约 18 公里
电话：0416-3839650

黑山阻击战烈士陵园

黑山阻击战烈士陵园

黑山阻击战烈士陵园是为纪念在黑山阻击战中牺牲的革命烈士而建的，占地面积 3.2 万平方米。陵园内有革命烈士纪念塔、革命烈士公墓、革命烈士名录碑等。革命烈士塔高 12 米，塔顶竖立有五角星。塔后的革命烈士墓内安放着 752 位烈士的骨灰。黑山阻击战烈士陵园为全国爱国主义教育示范基地。

黑山阻击战烈士陵园
地址：辽宁省锦州市黑山县黑山镇吉祥社区陵园路北外环 10 号
电话：0416-5522765

“101”高地战斗遗址

“101”高地纪念碑

“101”高地战斗遗址是辽宁省级文物保护单位。1988 年 10 月，在黑山阻击战胜利 40 周年之际，在“101”高地主峰前平台上建立了一座 1.2 米高、2.4 米宽的汉白玉“101”高地纪念碑。

“101”高地战斗遗址
地址：辽宁省锦州市黑山县镇安满族乡山东村
电话：0411-5517311

萧军纪念馆

地址： 辽宁省锦州市凌海市国庆路东段萧军公园内

萧军纪念馆

萧军纪念馆

纪念馆建于1986年，始称“萧军资料室”，是全国第一个在世作家资料室。萧军去世后改称萧军纪念馆。现有藏品4085件，其中国家二级文物23件，三级文物282件。

笔架山景区

地址： 辽宁省锦州市经济技术开发区渤海大街1号

电话： 0416-3582477

笔架山景区

景区以笔架山岛和“天桥”为主要景点，分为岛上游览、海上观光、岸边娱乐、沙滩海浴和度假修养5个区域，总面积8平方公里。自然景点有马鞍桥、一线天、神龟出海、石猴泅渡、虎陷洞、梦兰湾等，文物古迹有吕祖亭、太阳殿、五母宫、万佛堂、龙王庙、三清阁等，为国家4A级旅游景区。

笔架山景区风光

锦州市美食特产

特产有沟帮子熏鸡、锦州烧鸡、北镇熏猪蹄、道光廿五酒、锦州干豆腐、锦州苹果、锦丰梨等；锦州小吃有锦州烧烤、水馅包子、白家锅烙、锦州什锦小菜等。

锦州市旅游景点推荐

北镇医巫吕山、北普陀山、北镇大芦花风景区、北镇青岩寺、义县奉国寺、义县万佛堂、北镇国家森林公园、凌海岩井寺、凌海吴楚庄园等。

葫芦岛市塔山阻击战纪念馆

塔山阻击战纪念馆

地址：辽宁省葫芦岛市连山区塔山乡塔山村

电话：0429-4016049

塔山阻击战纪念馆位于辽宁省葫芦岛市连山区塔山乡塔山革命烈士陵园内。

塔山阻击战是解放战争时期东北野战军在辽沈战役中，为保障主力夺取锦州，于锦州西南塔山地区对增援锦州的国民党军所进行的一次防御作战。从1948年10月10日开始，至10月15日结束，歼灭国民党军6000多人。

10月10日，东北野战军第二兵团司令员程子华、政治委员黄克诚奉命指挥第四、第十一纵队及冀察热辽军区独立第四、第六师，于塔山地区占领阵地，组织阵地防御，阻击国民党“东进兵团”，以保障野战军主力夺取锦州。10日，国民党军向白台山、塔山阵地进行了八九次冲锋，毫无进展。战至11日傍晚，国民党军付出伤亡1300人的代价，寸地未进。10月13日是塔山战斗最激烈的一天。拂晓4时30分，国民党军炮兵开始向塔山阵地猛烈轰击，我军防线遭受前所未有的压力。四

塔山革命烈士陵园

塔山阻击战纪念馆

纵在塔山阵地对国民党军进行猛烈还击，国民党军遭到重大伤亡。10 月 14 日上午 10 时，塔山阵地的后方响起震天动地的炮声，锦州总攻开始。塔山之战已经到了最关键的时刻。国民党军不顾一切地向解放军防线冲击，双方一直激战到黄昏。15 日之后，锦州方面的炮声渐渐减弱，敌“东进兵团”仍在塔山地区未能前进一步。塔山阻击战的胜利，保障了我军主力攻克锦州作战的胜利，对辽沈战役的胜利起了重要作用。

1963 年在塔山阻击战原址上修建了烈士陵园。现在陵园有风景林 3 万余株，总占地面积 0.74 平方公里，为全国爱国主义教育示范基地。

塔山革命烈士纪念塔

塔山阻击战纪念馆主体外形为碉堡形，寓意塔山阵地牢不可破。纪念馆建筑面积 3000 平方米，主体分两层，二层楼顶设环形观景台，登台可环视战场遗址全貌。纪念馆通过图片、实物、史料、电影、3D 投影等各种展示手段再现了当年战争场景，介绍了塔山阻击战的全过程。

塔山革命烈士陵

园内有塔山阻击战革命烈士公墓，安葬着塔山阻击战中牺牲的700多名烈士。墓前黑色大理石纪念碑上镌刻着这些烈士的姓名。

油画《塔山阻击战》

公墓纪念碑的前方，是8位生前直接指挥了塔山阻击战将军的墓碑。他们曾不约而同留下遗嘱，把骨灰全部或部分安葬在塔山，与当年牺牲的烈士们永远在一起。他们是：东北野战军第四纵队司令员吴克华、政委莫文骅、副司令员胡奇才、副政委兼政治部主任欧阳文、参谋长李福泽、四纵师长江燮元、塔山英雄团团长焦玉山，塔山英雄团政委江民风。

景点链接

葫芦山庄景区

位于葫芦岛市东北部海滨，以葫芦文化为主线，以民俗文化为特点，依托渤海湾畔自然风光，致力于营造中国葫芦文化之乡和关东民俗第一村。葫芦山庄是国家4A级旅游景区。

葫芦山庄入口

葫芦山庄景区

地址：辽宁省葫芦岛市经济开发区

电话：0429-2077655

葫芦岛市特产

葫芦岛海蟹、葫芦岛秋李子、兴城梭子蟹、兴城多宝鱼、对虾、大红枣、绥中苹果、黄土坎大杏、虹螺岘干豆腐等。

葫芦岛市旅游景点推荐

葫芦岛兴城古城、绥中九门口上长城、灵山风景区、葫芦岛兴城菊花岛、葫芦岛龙潭大峡谷、建昌白狼山风景区、葫芦岛龙回头观海景等。

大连市关向应故居纪念馆

关向应故居纪念馆

地址： 辽宁省大连市金州新区向应街道关家村大关屯 173 号

电话： 0411-87296932

关向应故居纪念馆始建于 1986 年，后经多次改扩建。2007 年在关向应诞辰 105 周年之际，新改扩建的关向应纪念馆正式对外开放。

关向应纪念馆新馆占地面积 52000 平方米，由关向应纪念馆、关向应故居、延安窑洞、红三军指挥所、关向应雕塑、关向应衣冠冢等部分组成。

纪念馆展览分 6 个部分全面介绍了关向应光辉的一生。一、从满族农家走出的革命青年，二、在国民党统治区工作，这两部分主要展示关向应的童年生活、求学历程、接受马列主义和在国民党统治区工作的史料。三、开辟湘鄂川黔革命根据地，四、带领红二方面军胜利完成长征，这两部分通过大量的照片展示、实物陈列和模拟场景，展现关向应与贺龙带领红二、六军团转战湘鄂川黔以及参加长征的壮丽画卷。五、创建晋绥抗日根据地，六、鞠躬尽瘁、光辉永存，着重展示关向应在抗日

关向应纪念馆

战争中与病魔顽强斗争的资料文献和场景模拟，展现关向应对党对人民无限忠诚、兢兢业业、死而后已的革命形象。

关向应故居

关向应故居始建于清光绪二十八年（公元1902年），为3间石筑硬山式建筑，屋顶覆草毡。正面两端烟囱立于墙外，房后有一眼井，附属一架辘轳，房前右侧有一个碾盘，院落内有菜园和猪舍。故居门口有一棵百年中国槐，是关向应小时候和父亲一起栽下的。关向应自幼就生活在这里，1924年由大连去上海参加革命后，再也没有回到过故居。

关向应衣冠冢于2012年关向应诞辰110周年之际建立，由主题雕塑和浮雕墙两部分组成。主题雕塑表现1945年党的七大期间，关向应在病榻上给全党写告别信的历史瞬间，以青铜锻造而成。底座长4.4米，寓意了关向应44年的戎马生涯；雕塑长1.902米、宽1.946米，寓意他1902年出生，1946年逝世。

关向应故居纪念馆为全国爱国主义教育示范基地、国家4A级旅游景区。

人物介绍

关向应

关向应（1902—1946），满族，辽宁大连人。1924年春加入中国社会主义青年团。同年冬，赴苏联学习。1925年1月加入中国共产党。五卅运动后回国，在上海从事工人运动和共青团工作。1928年7月在中共六届一中全会上当选为中央政治局候补委员。会后任共青团中央委员会书记。1929年1月后任中共中央军委委员、中央军事部副部长、中央军委常委。1930年后任中央政治局委员，1930年冬任中共中央长江局军委书记。1932年后任中共中央湘鄂西分局委员、湘鄂西军事委员会主席、红三军政委、红二军团副政委。1935年11月，同贺龙、任弼时等率红二、六军团主力开始长征。长征途中，同张国焘分裂党和红军的行径作了坚决斗争。后任红二方面军政委、中革军委委员。全国抗战爆发后，任中央军委前方分会委员，八路军第一二〇师政委，参与创建晋西北抗日根据地。1940年2月起任晋西北军区政委、晋绥军区和陕甘宁晋绥联防军政委、中共中央西北局委员、中共中央晋绥分局书记。由于长期艰苦的战争环境，积劳成疾，1941年秋到延安休养。1946年7月21日在延安病逝。

景点链接

小石棚遗址

地址：辽宁省大连市金州新区向应镇小关屯东山上

小石棚遗址

该遗址位于向应镇小关屯东山高坡上，石棚是指用三到四块板石套合在一起立在地上作为壁石、上覆一块大盖石的一种古代巨石建筑物，是青铜时代的墓葬遗址，对研究辽东半岛人类社会的变迁具有重要价值。

小石棚遗址

小黑山景区

地址：辽宁省大连市金州区向应街道土门子村

小黑山景区

位于大连金州东北 31 公里处，面积约 11 平方公里，是金州诸多河流的发源地，是大连市重要的水源涵养保护区。主峰海拔 469 米，山中有扳倒井、大龟石、云雾洞、点将台、佛爷庙等景点。

小黑山景区

大连市美食特产

大连鲍鱼、长海海参、紫海胆、对虾、旅顺赤贝、庄河大骨鸡、樱桃、瓦房店红富士苹果、黄桃等；美食小吃有海鲜焖子、清蒸加吉鱼等。

大连市旅游景点推荐

金石滩、老虎滩极地海洋公园、冰峪沟、森林动物园、圣亚海洋世界、世界和平公园、旅顺东鸡冠山、大连观光塔等。

抚顺市雷锋纪念馆

雷锋纪念馆位于辽宁省抚顺市望花区雷锋路东段 61 号。纪念馆始建于 1964 年，后经 3 次改扩建，现占地面积 99900 平方米。

雷锋纪念馆按功能划分为 6 个区：凭吊区、展览区、碑苑区、雕塑区、青少年教育活动区和综合服务区。

凭吊区位于园区东北侧，由凭吊广场、雷锋塑像、雷锋墓组成。耸立在广场上的雷锋全身塑像高 5 米，基座高 3 米。雷锋身穿棉军装，手捧《毛泽东选集》，身背冲锋枪，昂首阔步，向前走来。雷锋墓坐落在凭吊区的东北角。雷锋的棺椁安放在地下一米多深的砖筑椁室里，地上为直径 2.5 米的葵花状拱顶圆形混凝土体。墓主体上部为一整块灰色梯形花岗岩石，重 7.5 吨，下部为黑色磨光花岗岩基石。墓前有用汉白玉精雕的四季花卉花环，斜嵌在黑色的花岗岩方石上。

展览区为雷锋纪念馆的主体部分，由雷锋之路、雷锋纪念碑、雷锋事迹陈列馆组成。雷锋之路长 70 米，由 22 枚红色花

雷锋纪念馆

地址： 辽宁省抚顺市望花区雷锋路东段 61 号

电话： 024-56658801
56658816

雷锋纪念馆俯瞰图

1 雷锋纪念馆陈列展
2 雷锋塑像
3 雷锋纪念碑

岗岩雕刻的五角星和 22 块黑色花岗岩雕刻的雷锋日记碑组成。雷锋纪念碑上镌刻着毛泽东题写的“向雷锋同志学习”7 个大字。碑体下部嵌刻一组以雷锋模范事迹为内容的汉白玉浮雕，其中有雷锋刻苦学习、请战、风雨中送老大娘、和少先队员在一起植树等生动感人的形象。雷锋事迹陈列馆展出照片 239 张，实物 115 件，文献 165 件，生动地展现了雷锋精神。展室内还有党和国家领导人为雷锋题词手迹、雷锋遗物、雷锋蜡像、组合场景、多媒体音箱和触摸屏等。

碑苑区位于陈列馆西侧，22块自然山石碑象征雷锋22岁光辉的生命。碑石将雕刻艺术、建筑艺术和园林艺术融为一体，构成“雷锋文化”一道亮丽的风景线。

雷锋纪念馆雕塑区

雕塑区是整个园区最大的景区，有《雷锋和少先队员在一起》等7座雕塑。

青少年教育活动区位于园区的西侧，由游戏喷泉、三角踏泉、正兴亭、涌泉湖、琴桥、露天剧场、攀岩等景观组成。

综合服务区位于纪念馆西南，设有入口广场、停车场、游客中心、服务中心等公共设施。

雷锋纪念馆是全国爱国主义教育示范基地、全国青少年教育活动基地、全国重点烈士纪念建筑物保护单位、国家4A级旅游景区。

人物介绍

雷　锋

雷锋（1940—1962），湖南望城人，中共党员。1960年入伍，生前系中国人民解放军某部汽车连班长。

雷锋出身于贫苦的农民家庭。新中国成立后，怀着对党和人民的感激之情，把自己有限的生命投入到无限的为人民服务之中。他虽然只有小学文化，但刻苦学习科学文化知识，认真研读马克思主义理论，《雷锋日记》真实记录了他对党的事业的坚定信念。他始终以“螺丝钉”精神，干一行、爱一行，最苦最累的活，他总是冲到最前面。他乐于助人，关心同志，无论在部队，还是到外地，只要遇到别人有困难，他都尽全力帮助。“雷锋出差一千里，好事做了一火车”当年传为美谈。他生活俭朴，把省吃俭用积存起来的钱，基本都捐寄给受灾群众和需要帮助的战友。1960年，在国民经济困难时期，他一次捐款就达200元。他长期义务担任校外辅导员，通过为中小学生买书、送文具，讲自己的成长经历等，激励青少年成长。1962年8月15日，他执行运输任务时不幸殉职，年仅22岁。1963年，毛泽东等老一辈无产阶级革命家发出“向雷锋同志学习”的号召。国防部命名他生前所在班为“雷锋班”。

朝阳市赵尚志纪念馆

赵尚志纪念馆

地址：辽宁省朝阳市双塔区中山大街2段

电话：0421-2655225

朝阳市赵尚志纪念馆位于辽宁省朝阳市双塔区中山大街2段，2008年落成开馆。该馆占地面积2万平方米，整个建筑平面为矩形，俯视整个建筑可以看到平面为一个“尚”字。纪念馆高11米，正面宽34米，象征着赵尚志11岁离开家乡和34年短暂而壮丽的人生。

纪念馆基本陈列由忠义之家，刚烈少年；寻求真理，投身革命；武装抗日，威震北满；白山黑水，铁血三军；治军治校，文韬武略；面对挫折，忠贞不渝；将军蒙难，血染梧桐；中华英魂、浩气长存8个部分组成。由于赵尚志生前留有的文物、照片很少，馆内陈展主要通过人物历史图片、赵尚志遗物、场景绘画及幻影成像等声光技术再现赵尚志生前的光辉业绩。高科技手段的运用，生动再现了当年赵尚志及东北抗日联军浴血奋战的情景，令观众有身临其境之感。

纪念馆展出的实物有赵尚志用过的水杯、饭碗、皮箱以及他生前使用的手枪，还有他的亲笔信，以及由国家公安部物证鉴定中心根据赵尚志的头骨及生前照片制作的赵尚志头部复原

赵尚志纪念馆

人物介绍

赵尚志

赵尚志（1908—1942），辽宁朝阳人。1925年夏加入中国共产党，同年冬受党派遣南下广州进入黄埔军校第四期学习。中山舰事件后，1926年5月毅然退出黄埔军校，按照党的指示，回到哈尔滨参加建立党组织和从事反帝反军阀的革命活动。曾两次被捕入狱，始终坚贞不屈。1931年九一八事变后经党组织营救出狱，被任命为中共满洲省委常委、军委书记。1933年10月领导创建北满珠河反日游击队，任队长。随着部队的发展壮大，1934年6月任东北反日游击队哈东支队司令员，与李兆麟等创建了珠河、汤原抗日游击根据地。1935年1月任东北人民革命军第三军军长。1936年1月任北满抗日联军总司令。同年8月任东北抗日联军第三军军长。后任中共北满临时省委执委会主席、东北抗日联军第二路军副总指挥。面对日伪军的疯狂“讨伐”、“清剿”，率领抗联部队进行了英勇无比的艰苦战斗，远征松嫩平原，爬冰卧雪，餐风宿露，作战百余次，打破了敌人一次次重兵“讨伐”和“清剿”。1942年2月12日，在战斗中身负重伤被俘，宁死不屈，壮烈牺牲。

像，还有当年抗联部队缴获的日军武器等近200件，绘画作品30件，图片180多张。

赵尚志纪念馆为全国爱国主义教育示范基地。

1 赵尚志纪念馆雕塑
2 东北抗日联军战斗场景展现
3 抗联战士遗物

景点链接

凤凰山国家森林公园
地址：辽宁省朝阳市东郊
电话：0421-2862298

凤凰山国家森林公园

凤凰山国家森林公园景致

凤凰山国家森林公园位于朝阳市城区东4公里处，最高峰海拔668米。景区以奇异峰峦、峭壁、岫罅为特点，古塔、寺庙交相辉映，是一处人文景观与自然景观交融并重的山岳型风景游览区，为国家级森林公园、国家4A级旅游景区。

朝阳鸟化石国家地质公园
地址：辽宁省朝阳市龙城区七道泉子镇上河首
电话：0421-2888003

朝阳鸟化石国家地质公园

朝阳鸟化石国家地质公园主要地质遗迹面积207平方公里，除上河首中心园区以外，还包括四合屯古生物化石园区、凌源大杖子园区、凤凰山地质地貌景区。

朝阳鸟化石国家地质公园

朝阳北塔博物馆
地址：辽宁省朝阳市双塔区慕容街2-1号
电话：0421-2813498

朝阳北塔博物馆

朝阳北塔博物馆

该馆是依托朝阳北塔而建立的一座佛教文化专题博物馆，位于辽宁省朝阳市慕容街北侧的北塔广场上，集文物陈列、古塔保护、园林景观为一体。北塔是朝阳的标识，全国重点文物保护单位。

朝阳市特产

大平顶枣、喀左陈醋、朝阳小米等。

本溪市东北抗联史实陈列馆

东北抗联史实陈列馆位于辽宁省本溪市本溪满族自治县小市镇滨河东岸，2007 年建成开馆，占地面积 6.9 公顷，建筑面积 5040 平方米。陈列以“林海雪原，抗联英雄”为主题，以东北抗联重要事件、人物、战斗为线索，共分 4 个部分：第一部分为抗联概况，包括抗联情况综述、历史背景介绍、组织建制系统、重点活动区域等；第二部分为抗联斗争史实，包括东北及辽宁抗日烽火、各地主要义勇军兴起、抗日民族统一战线形成、抗联主要战斗等；第三部分为抗联英烈形象展馆，包括抗联在东北特别是辽宁地区的主要将领、知名人物画像、塑像、蜡像等；第四部分为纪念性展厅，主要是领袖题词题字、名人书画、有关东北抗联书籍、影视作品及纪念活动介绍、图片等。

东北抗联全称为东北抗日联军，是中国共产党创建并领导的抗日队伍，它的前身是东北抗日义勇军余部、东北反日游击

东北抗联史实陈列馆

地址： 辽宁省本溪市本溪满族自治县小市镇滨河东路

电话： 0414-6854706

东北抗联史实陈列馆

东北抗联史实陈列馆展览

队和东北人民革命军，经历了由初始的抗日游击队和后来的人民革命军到东北抗日联军的逐步发展过程，并经历了对义勇军等民间抗日武装的改造。从 1936 年初到 1937 年秋，东北抗日联军已有 11 个军，3 万多人。他们在东北抗日的艰苦斗争中牵制了数十万日军，有力地支援了全国的抗日战争。

东北抗联史实陈列馆为全国爱国主义教育示范基地。

东北抗联史实陈列馆展陈

景点链接

本溪水洞

本溪水洞位于本溪市东35公里的太子河畔，是四五百万年前形成的大型充水溶洞。本溪水洞分水、旱两洞。水洞深邃宽阔，一条蜿蜒5800米的地下长河贯穿全洞，已开放的2800米中有三峡、七宫、九湾。洞内水流终年不竭，平均水深1.5米，最深处7米，最浅处只有0.8米。新开发的“源头天地”、“玉女宫”等500米暗河景观别有天地。洞内常年保持12℃的恒温。旱洞现辟为古生物宫。国家4A级旅游景区。

本溪水洞

本溪水洞
地址：辽宁省本溪市东郊太子河畔
电话：0414-4891162

关门山国家森林公园

关门山国家森林公园占地3517公顷，森林覆盖率95%，是一处集旅游、观光、避暑、度假、休闲于一体的森林旅游景区，旅游项目有水上快艇、水上大游船、水上游乐中心、垂钓、游泳、深山探险、篝火联欢等。

关门山国家森林公园景色

关门山国家森林公园
地址：辽宁省本溪市本溪满族自治县
电话：0414-6358366

本溪市特产

虹鳟鱼、长宽猪蹄、刺嫩芽（山野菜）、人参、鹿茸、黑木耳等。

东北老工业基地转型发展系列景区

本溪湖中国近代煤铁工业遗址园

本溪湖中国近代煤铁工业遗址园位于辽宁省本溪市溪湖区，东邻太子河，距本溪市中心约10公里，包括本钢一铁厂旧址、本钢第二发电厂冷却水塔、大仓喜八郎遗发冢、本溪湖小红楼和大白楼、本溪煤矿中央大斜井、东山张作霖别墅、本溪湖火车站、彩屯煤矿竖井和肉丘坟共9处工业遗址。

本钢第二发电厂冷却水塔

1904年日俄战争后，日本财阀大仓喜八郎对本溪煤铁资源进行非法开采掠夺。此后，在中国政府多次交涉下，1910年中日双方达成协议，成立日清合办本溪湖煤矿公司，1911年改称本溪湖煤铁有限公司。直至1945年日本战败投降，日本对本溪湖煤铁资源进行掠夺性开发长达40年。在这一过程中形成了一系列生产设施和建筑：如本钢一铁厂，始建于1905年，是中国最早的近代钢铁企业之一，其1、2号高炉是中国现存最早的高炉；彩屯煤矿竖井始建于1938年2月，曾被当时日本人称为“东洋第一大竖井”；肉丘坟是1941年为掩埋本溪湖煤矿瓦斯爆炸死难的3000余名中国劳工而建。1948年10月本溪解放后，中国共产党对本溪湖煤铁公司接收并加以改造，将其建设成为全国著名的钢铁生产基地。本钢一铁厂曾承担着全国四分之一的统配铸造生铁和二分之一球磨铸造用生铁的生产任务，其中1号高

本钢一铁厂

彩屯煤矿竖井

炉的利用系数自1958年起连续30年名列全国第一，新中国的第一批枪、第一门炮、第一辆解放牌汽车、第一台汽轮发电机、第一颗返回式人造地球卫星、第一枚运载火箭都曾使用该厂生产的优质钢铁原料。2008年，本钢一铁厂全面关停。

为切实保护这一重要的工业遗产，根据规划，将以1号高炉为核心，包括第二发电厂一座冷却水塔、高炉鼓风机、焦炉交换机、料罐料车、渣铁罐和蒸汽机车等有代表意义的设备，形成一座万余平方米的文化主题公园。同时，将规划建设冶铁陈列馆、煤铁工人斗争纪念馆、帝国主义侵华史实馆等，力争将这一景区打造成集爱国主义教育基地、红色旅游和文化产业于一身的工业遗址主题风景区。

本溪湖中国近代煤铁工业遗址园

地址：辽宁省本溪市溪湖区

景点链接

本溪湖公园

位于本溪市溪湖区湖前街，地处卧云山西麓崖下，是以湖

本溪湖公园

本溪湖公园

地址：辽宁省本溪市溪湖区湖前街

电话：0414-5836627

景为主的公园。本溪湖公园以小巧精致见长，园内建有慈航寺，前身为明朝末年所建的观音寺，清代和民国时期均有重修，改名慈航寺。

怪石洞公园
地址：辽宁省本溪市溪湖区湖前街
电话：0414-5836627

怪石洞公园

怪石洞俗称龙洞，是坐落在市内的溶洞型风景区，山洞口位于悬崖峭壁之上，远望十分险峻。洞内怪石林立、钟乳威严、石笋丛生。洞内有好几个大溶洞，建有水帘厅、罗汉厅、天地厅、石林厅等。

怪石洞公园景观

东风湖旅游度假村
地址：辽宁省本溪市溪湖区东风镇
电话：0414-2212388

东风湖旅游度假村

度假村四季经营，主要有8个种类，共计30多个游乐项目。其独具特色的冰雪旅游产品，包括21种中国北方冬季冰雪娱乐项目和世界各国的冰雪娱乐产品，能同时接待上万人在雪场和冰上场地进行娱乐；满族民俗村农家院可供400人同时就餐，100人住宿。旅游项目有冰雪大世界、团队拓展训练、真人CS又称野战游戏、大型标准化垂钓园、绿色生态养殖种植、大型水上游乐等。

东风湖旅游度假村景致

餐饮资讯

老五驴肉城
地址：辽宁省本溪市溪湖西路

老五驴肉城

专营各种驴肉菜肴：驴三件、驴腩肉、酱驴皮、驴肉饼、驴犍肉、驴板肠、驴肉锅、驴汤、驴肉馅蒸饺等。

新肖记全羊清真八大碗
地址：辽宁省本溪市溪湖区河西办事处美食一条街
电话：0414-5825222

新肖记全羊清真八大碗

专营清真风味全牛宴、清真八大碗、羊汤、烧卖等。

阜新市海州露天矿国家矿山公园

阜新市海州露天矿国家矿山公园位于辽宁省阜新市太平区南部，是在露天采矿遗址上建立的集旅游观光、商务休闲、科普实践、工业忆旧、探险体验于一体的现代工业遗产旅游项目，是全国工业遗产旅游示范区。

海州露天矿国家矿山公园的前身为海州露天煤矿，是国家“一五”时期156个重点工程项目之一。露天矿东西长4公里，南北宽2公里，垂直深度300多米。海州露天矿从1953年投产到2005年关闭，累计开采煤炭2.4亿吨，为新中国的经济建设作出了重要贡献。2007年，海州露天矿国家矿山公园破土动工，2009年开园。

矿山公园总占地面积28平方公里，分为世界工业遗产核心区、蒸汽机车博物馆和观光线、孙家湾国际矿山旅游区和国家矿山体育公园四大板块上百个景点。

目前，主题公园已正式开放，包括公园正门、生态恢复示范区、矿山文化广场、国家矿山公园博物馆、矿山主题纪念碑等。

公园正门。矿山公园正门是采用国际建筑学最流行的解构主义理念，模拟露天采矿标志性的机械设备——单斗挖掘机（俗称电镐）设计并建造的。两侧手形像征电铲的勺头，四根钢管象征电镐的动力支臂，椭圆形寓意露天采矿大坑。大门高5.3米、宽24米，分别寓意海州露天矿自1953年建成投产至2005年关闭的53年间，共为国家生产煤炭2.4亿吨，为新中国的经济建设作出了巨大贡献。

生态恢复示范区。大门南面的道路两侧是生态恢复示范区，与露天矿坑北帮相接，总面积13万平方米，建有林间小径、休憩广场和健身小区等。

矿山文化广场。集中展示了海州露天矿生产期间穿孔爆破、采装和运输3个关键环节中广泛应用的一种大型机械设备。

国家矿山公园博物馆。博物馆分为A、B两馆，有地下通道相连。主体建筑高15米，总建筑面积5000平方米，寓意

海州露天矿国家矿山公园正门

矿山主题纪念碑

50多年来海州露天矿三代矿工15万人为共和国建设所作的贡献。

矿山主题纪念碑。在博物馆A、B两馆中间正南方，矗立着一座书写着“海州矿精神永存”的纪念碑，总高度为24.5米。纪念碑主体仿岩石组合造型，岩石缝隙中开出变体电镐，电镐上面是4组矿工群雕，主题分别为：创业豪情、宏图壮志、辉煌岁月、情暖千秋。

海州露天矿国家矿山公园

地址：辽宁省阜新市太平区煤城路与太平大街交汇处

电话：0418-2490015

景点链接

阜新海棠山风景区

阜新海棠山风景区是国家4A级旅游景区、国家森林公园、国家级自然保护区。海棠山素有“佛教艺术名山”的美誉，山上有“小布达拉宫”之称的普安寺措钦大殿，岩石崖壁上还有几百尊摩崖神佛造像。

阜新海棠山风景区景致

阜新海棠山风景区

地址：辽宁省阜新市阜新蒙古族自治县大板乡

电话：0418-8210034

阜新市美食特产

美食有蒙族馅饼、全羊汤、熏兔、手把羊肉等；特产有玛瑙等。

抚顺煤矿博物馆

抚顺煤矿博物馆

抚顺煤矿博物馆于 2011 年建成开馆，位于辽宁省抚顺市西露天矿参观台原址。博物馆景区分为抚顺煤矿博物馆、露天矿大型设备陈列广场、大型毛泽东塑像、西露天矿矿坑几大部分。

抚顺煤矿博物馆主体建筑面积 6630 平方米，展览分为物华天宝、百年回眸、熔铸辉煌、亲切关怀、矿山脊梁、美好未来、乌金墨玉、煤海之珠 8 个部分，从自然、历史、人文等方面介绍了煤及抚顺煤矿的衍生过程，抚顺煤矿百年起伏跌宕的难忘岁月和新世纪以来抚矿集团的恢宏进程。博物馆在分别运用 3D 电影、实景再现的基础上，还特别引进了幻影成像技术、悬浮立体成像技术等，增加了展陈的生动性。

在陈列广场可以看到抚顺煤矿百年开采所用的各种开采及运输设备，俨然一部百年矿山设备发展史。游客在瞭望塔上还能饱览这一露天煤矿的神奇景观，观看日常开采煤炭的真实场景。

大型毛泽东塑像取材于毛泽东当年视察西露天矿时的场景，铜像高 3 米，寓意着战斗在 30 里煤海的 3 万名抚顺西露天矿全体员工，永远铭记毛泽东主席对抚顺煤都的亲切关怀。

西露天矿矿坑东西长 6.6 公里，南北宽 2.2 公里，开采垂直深度 418 米。西露天矿开采于 1901 年，当时是进工开采，1914 年 4 月转为露天开采。矿产品主要为优质动力煤和油母页岩富矿。新中国成立后，为国家的经济建设作出了重大贡献。毛泽东、朱德、邓小平、江泽民等党和国家领导人都曾来矿山视察。

抚顺煤矿博物馆

地址：辽宁省抚顺市望花区古城子街煤海路

电话：024-52512425

西露天矿全景

景点链接

清永陵

清永陵是清皇室的祖陵，初称兴京陵，清顺治十六年（公元1659年），改兴京陵为永陵。这里埋葬着清太祖努尔哈赤的六世祖孟特穆、曾祖福满、祖父觉昌安、父亲塔克世和伯父礼敦、叔父塔察篇古以及他们的福晋。

清永陵为全国重点文物保护单位，2004年被列入世界文化遗产名录。

清永陵

地址： 辽宁省抚顺市新宾满族自治县永陵镇

电话： 024-55154318

清永陵四碑楼

赫图阿拉城

“赫图阿拉”是满语，意思为平顶小山岗。赫图阿拉城是后金开国的第一都城，也是保存较完善的女真族山城。

景区分内外两城，方圆十里，城垣由土、木、石杂筑而成。内城有汗宫大衙门（尊号台）、汗王寝宫、昭忠祠、罕王井、塔克世故居、启运书院、正白旗衙门等八旗衙署及文庙、关帝庙、城隍庙等一大批古建筑群和遗址；外城有驸马府、堂子、中华满族风情园。园内有满族历史文化长廊、兴京满族民俗博物馆、地藏寺、显佑宫、满族老街等，环湖建有多处具有浓郁满族特色的景观。赫图阿拉城为全国重点文物保护单位、国家 4A 级旅游景区。

赫图阿拉城汗宫大衙门

赫图阿拉城
地址：辽宁省抚顺市新宾满族自治县永陵镇老城村
电话：024-55157595

猴石国家森林公园

猴石国家森林公园因园内中心有一块酷似“金猴拜月”的天然巨石耸立在山峰之上而得名。公园总面积 2400 公顷，森林覆盖率为 96.7%。公园有林海行舟、骆驼回头、启运石、天成弥勒大佛及我国目前最长夹扁石等 40 多处自然及人文景观，生长着天女木兰、红豆杉等多种奇花异草、珍稀树种和野生动物，为国家 4A 级旅游景区。

猴石国家森林公园
地址：辽宁省抚顺市新宾满族自治县木奇镇
电话：024-55150666

抚顺市满族美食

●八碟八碗

起源于新宾满族自治县，也称八八席，八碟一般为冷菜，八碗一般为热菜，菜肴原料均为当地土特产品，有猪肉炖粉条、酸菜、笨鸡、黏玉米等。在新宾能吃到最正宗的“八碟八碗”席。

●萨其玛

是满族人喜爱的传统糕点。先把蒸熟的米饭放在打糕石上，然后用锤反复打成面团，蘸黄豆面搓拉成条状，油炸后切块，撒上一层较厚的熟黄豆面即成。后来用白糖代替了熟豆面，成了“糖缠”，更名为萨其玛。

●苏耗子

是满族的风味面食。将黏高粱米或糯米以水浸泡后磨成黏米面，将小豆煮熟捣成泥做成豆馅儿，包进黏米面擀成的圆饼中，外用苏子叶裹之，上笼屉蒸熟即成。

●酸汤子

是辽东地区的满族长期食用的一种风味食品。把玉米在水里浸泡一星期左右，用磨磨成水面，再用细纹布袋将水面里的粗渣子过滤掉，把剩下的细面放在缸里进行发酵，到有点酸味的时候捞出来，将发酵面挤进“汤筒”（或凿有小洞的猪哈拉巴骨），使之成面条状漏入沸腾水锅中，煮熟加佐料即可食用。

●波罗叶饽饽

将糯米或黄米以水浸泡数日，磨成面，擀成薄饼煮熟，再以小豆煮烂捣成豆泥包于其中，把波罗叶内面涂一层油裹于其外，蒸熟后去叶食用。

●黄金肉

是清太祖努尔哈赤时期流传下来的，俗称努尔哈赤金肉，曾被列为满族珍馐第一味。用上好的鲜肉做成，颜色金黄，清香酥嫩。

抚顺市特产

●煤精雕刻

煤精，也叫煤玉，是一种腐泥混合类型煤，产于抚顺西露天矿的煤层之中。由于它质地细密，韧性大而适于刻镂，人们便把它从煤中精选出来雕刻成各种工艺品，特点是色泽乌黑，光亮如莹，材质细腻。

●琥珀

西露天矿是出产高质琥珀的地方。抚顺琥珀的种类有金珀、白云珀、花珀和奇特的血珀等透明、半透明品种。

●新宾根雕

新宾的根雕自然天成，豪放大气，颇有满族风韵。

土特产主要有鹿茸、林下参（一种人工种植的人参）、哈什蟆、单片黑木耳、香菇、蕨菜等。

抚顺市旅游景点推荐

浑河源森林公园、红河峡谷漂流、和睦森林公园、关山湖风景区、宝泉山善缘寺、月牙岛生态公园、皇家海洋主题乐园、丰远热高乐园、中华寺等。

全国红色旅游经典景区

吉林省

P245-270

吉林省红色旅游地图

兴安盟
乌兰浩特市
科尔沁右翼前旗
侵华日军机场遗址群
白城市中共辽吉省委辽北省政府办公旧址
白城市
白城市吉鹤灵苑(烈士陵园)
镇赉县
莫莫格
洮南市
突泉县
向海
通榆县
大安市
查干湖
宁江区烈士陵园
松原市
宁江区
前郭县烈士陵园
前郭尔罗斯蒙古族自治县
乾安县
大布苏
查干花
太平川
长岭县
科尔沁左翼中旗
大庆区
大同区
安达市
兰西县
肇东市
呼兰区
肇州县
肇源县
太平机场
大穆子洞惨案遗址
双城市
扶余市
扶余革命纪念馆
榆树市
德惠市
农安县
九台市
东北沦陷史陈列馆
长春市
龙嘉机场
长春电影制片厂
长春革命烈士纪念馆
八大部－净月潭国家级风景名胜区
吉林市革命烈士陵园
乌拉街镇
丰满区
桑树台
公主岭市
双阳区
伊通火山群
伊通满族自治县
东北民主联军四平保卫战指挥部旧址
梨树县
四平市烈士纪念塔
四平烈士陵园
四平市
四平战役纪念馆
日军辽源高级战俘营旧址
东辽县
辽源市
磐石市
东丰县
辉南县
解放将军纪念馆
中共中央东北局梅河口会议会址
梅河口市
龙湾
柳河县
江源区
白山市
七道江会议旧址
二道江区
通化市
通化县
通化市杨靖宇烈士陵园
集安鸭绿江铁路大桥
高句丽王城、王陵及贵族墓葬世界文化遗产
集安市
内蒙古自治区
扎鲁特旗
科尔沁右翼中旗
通辽市
开鲁县
双辽市
科尔沁左翼后旗
库伦旗
康平县
昌图县
西丰县
开原市
清河区
法库县
调兵山市
彰武县
银州区
铁岭市
新邱区
阜新市
阜新蒙古族自治县
新民市
沈北新区
清原满族自治县
沈阳市
于洪区
抚顺市
清河门区
黑山县
北镇市
桃仙机场
苏家屯区
新宾满族自治县
义县
辽中县
灯塔市
本溪市
台安县
辽阳市
凌海市
盘山县
盘锦市
辽阳县
本溪满族自治县
桓仁满族自治县
锦州市
鞍山市
弓长岭区
南芬区
大洼县
海城市
辽宁省
辽东湾
黑

1：3 150 000

0　31.5　63.0　94.5　126.0　157.5km

四平市红色旅游系列景区

四平战役纪念馆

四平战役纪念馆坐落在吉林省四平市英雄大街中心地段，始建于1958年，后几经易名，1987年定名为“四平战役纪念馆”，彭真题写馆名。2005年纪念馆重新修建，建筑面积2700平方米。

1946年3月至1948年3月，中国共产党领导的人民军队与国民党军队先后4次大战四平：四平解放战、四平保卫战、四平攻坚战、四平收复战。许多老一辈无产阶级革命家都参与过四平战役的作战部署和指挥。

四平战役纪念馆包括半景画馆、序言厅、战史厅、人民支前厅、英烈厅、电影厅、临时展厅以及人文服务区等，展示文物、照片、资料约2000件。纪念馆正面墙体上设有反映四战四平历史的浮雕。

进入纪念馆序言厅，映入眼帘的是红色墙体上1946年四平保卫战期间毛泽东“化四平街为马德里”的电文手迹，红色墙体与下方黑色基石，意寓英勇的东北民

四平战役纪念馆

四平战役纪念馆广场

主联军在四平之战中血沃东北黑土地，右侧浮雕表现了东北民主联军气势如虹、纵横东北的英雄气概。序言厅顶部的红五星和圆环意寓人民军队四战四平的丰功伟绩。战史厅分为战前时局和战史风云两部分，再现了四战四平的历史。人民支前厅展现了后方根据地人民支援前线的场景。英烈厅展示了先烈们的英雄事迹。

英雄广场

四平战役纪念馆为全国爱国主义教育示范基地。

四平战役纪念馆

地址： 吉林省四平市英雄大街 60 号
电话： 0434-5016927　5011518

四平烈士陵园

四平烈士陵园始建于 1951 年，地处吉林省四平市北郊，占地面积近 20 万平方米，大门为城堡式。陈云为陵园题字。

陵园由四平英烈事迹展览馆、烈士纪念碑、瞻仰区、游览区 4 部分组成。

四平英烈事迹展览馆内部陈列分两层，展出了彭真、洪学智等曾指挥四平战役的老一辈无产阶级革命家的题词、刻有以抗日名将李红光为首的 10083 名烈士名字的英烈榜和姬兴周、王西兰等英烈的事迹，陈列实物 111 件、照片 58 张、图表 31 幅。

四平烈士陵园大门

四平烈士陵园纪念碑

四平英烈事迹展览馆

烈士纪念碑高 32.4 米，形如四把尖刀，底座上镌刻着彭真题写的“四平烈士永垂不朽”8 个鎏金大字。6000 平方米的纪念碑广场全部由灰、黑两色的花岗岩相间而成，显得格外庄严肃穆。

瞻仰区正中是一座无名烈士墓，高 4.8 米，长 11.93 米，宽 11.33 米，安葬着四战四平期间英勇牺牲的一万余名烈士，

四平烈士陵园无名烈士墓

是国内最大的烈士合葬墓之一。正面“四平烈士墓”5个字由四平攻坚战的指挥者之一洪学智题写。无名烈士墓四周是4个呈方队形的209座有名的单体烈士墓，单体墓与无名烈士墓对应呈花盆形状，寓意为陶铸的诗句“成仁有志花应碧，杀敌留红土亦香”。瞻仰区的西侧是烈士英名录碑廊，南侧是红军墓区，安葬着9位老红军的遗骨。四战四平的四组浮雕，刻画了战争的激烈场景，讴歌了我军官兵奋不顾身、勇往直前的大无畏革命精神。

四平烈士陵园为全国重点烈士纪念建筑物保护单位、全国爱国主义教育示范基地。

四平烈士陵园

地址： 吉林省四平市铁西区

电话： 0434-3516146

四平市烈士纪念塔

四平市烈士纪念塔位于吉林省四平市铁西区英雄大街与新华大街交会处的广场中央，是为纪念在四战四平战役中牺牲的英烈而建的。纪念塔由塔、牌坊和塔园三部分组成，占地面积18997平方米。纪念塔高23.25米，塔基为二级

四平市烈士纪念塔

园台，塔座上有八面体塔室，20 根瓜棱石柱环绕塔室、支撑室顶，托起 20 多米高的塔身。塔顶镶嵌着一颗五角红星，象征着英烈的精神永放光芒。塔前 30 米处建有牌坊。塔园为圆形，园内青松环绕，花草繁茂。

四平市烈士纪念塔为吉林省级文物保护单位、省爱国主义教育基地。

四平市烈士纪念塔

地址：吉林省四平市铁西区英雄大街

东北民主联军四平保卫战指挥部旧址

东北民主联军四平保卫战指挥部旧址位于吉林省四平市梨树县城，是一座清代建筑的宅院。当时的东北民主联军负责人就是在这里指挥了著名的四平保卫战。

1946 年 3 月，东北民主联军在苏军撤出后从伪军手中解放了四平。3 月 23 日，中共中央在给东北民主联军领导人的电报中强调指出，要不惜以重大伤亡，阻止国民党军队于四平以南，以利今后谈判。遵照中共中央的指示，东北民主联军集中主力实施四平保卫战。他们鏖战整整一个月，歼灭国民党军队 1 万余人。5 月 19 日，东北民主联军主动撤离四平地区。四平保卫战，是中共中央从战略全局出发，为配合国共谈判斗争而进行的一次城市防御战。这次作战，东北民主联军虽付出伤亡 8000 余人的代价，但赢得了整补军队、建设东北解放区的宝贵时间。

东北民主联军四平保卫战指挥部旧址

地址：吉林省四平市梨树县酱园路

东北民主联军四平保卫战指挥部旧址大门

东北民主联军四平保卫战指挥部旧址

景点链接

叶赫那拉古城

叶赫那拉古城，位于四平市梨树县东南部，以富有女真族特色的城堡建筑而闻名。清太祖努尔哈赤夫人孝慈高皇后那拉氏及清末慈禧太后皆出生在此，故该城享有“两代皇后的家乡”别称。古城建筑极有特点，有木、土、石三道城墙，城外有护城河环绕；内有八角时楼，古朴肃穆，是我国北方少见的古建筑群体。堡体及内部楼台等保存完整，有着多处清代著名的遗迹，其中点将台、烽火台尤为引人注目。叶赫那拉古城景区分“古城文化区”和“转山湖风景游艺度假区”两部分，古城文化区内有东西二城遗址、古驿站、伽蓝寺、娘娘庙、虫王庙等景点；转山湖景区湖面约5000亩，充满诗情画意。

叶赫那拉古城一角

白山市红色旅游系列景区

七道江会议旧址

七道江会议旧址位于吉林省白山市浑江区七道江镇七道江村，是一所青石砖瓦结构的平房。

1946 年 12 月 11 日至 14 日，中共中央东北局南满分局书记陈云与南满根据地高级干部萧劲光、萧华、江华、韩先楚等在七道江村原“通明炭矿”办公室召开了师以上干部军事会议，即著名的七道江会议。会议在坚持南满这一基本方针指导下，研究了具体作战方针和作战部署。会议通过了“巩固长白山区，坚持敌后三大块”（即辽南一分区、辽宁二分区、安东三分区）的指导思想，以及正面与敌后两大战场密切配合、内线作战与外线作战相结合、运动战与游击战相结合的军事作战指导方针。七道江会议所形成的坚持南满、敌后“大闹天宫”与正面战场作战相结合的重大决策，为此后四保临江作战的胜利奠定了重要基础。

七道江会议旧址为吉林省级文物保护单位。

七道江会议旧址

地址：吉林省白山市浑江区七道江镇七道江村

电话：0439-3365252

七道江会议旧址大门

四保临江战役纪念馆大门

四保临江战役纪念馆及烈士陵园

四保临江战役纪念馆位于吉林省临江市区的猫耳山下。

“四保临江”，习惯上称为“三下江南、四保临江”战役。江南，指松花江以南；临江，即临江县，当时是南满根据地中心区域。1946 年，国民党为占领整个东北，实行“先南后北，南攻北守”的作战方针，向以临江为中心的长白山根据地发动了大规模的进犯，企图在消灭南满地区的东北民主联军后，集中兵力大举向松花江以北推进。东北民主联军根据中共中央指示，坚持南满，巩固北满，粉碎国民党军进攻。从 1946 年 12 月 17 日至 1947 年 4 月 3 日，南满军区部队和位于北满地区的东北民主联军 3 个主力纵队，采取“南打北拉，北打南拉”的方针，实行南北配合作战，进行“三下江南、四保临江”战役，共歼敌约 5 万人，粉碎了国民党军队对南满解放区的进攻，并迫使东北国民党军队全面转为守势。

四保临江烈士陵园位于临江市猫耳山南坡，鸭绿江北岸，始建于 1947 年，由纪念馆、纪念广场和墓区三部分组成，占地面积 33000 多平方米。陵园内安葬着在四保临江战役中牺牲的最高将领杜光华师长、温士友团长和著名英雄李安仁烈士以及在四保临江、抗美援朝和社会主义建设时期牺牲的革命烈士 483 位。

陵园为全国重点烈士纪念建筑物保护单位、全国爱国主义教育示范基地。

四保临江战役纪念馆及烈士陵园

地址： 吉林省白山市临江市猫耳山下
电话： 0439-5225646

四保临江烈士陵园

陈云旧居

陈云旧居

陈云旧居位于吉林省白山市临江市南国街45号，原系清光绪六年防军统领左宝贵建的防营，砖瓦结构，有正房5间，左右厢房各10间。陈云旧居门上方横额，有萧劲光题写的“陈云同志旧居”牌匾。这里同时也是四保临江战役指挥部旧址。

全国抗日战争胜利后，中共中央提出“向北发展，向南防御”的战略方针，强调全党全军目前的主要任务是完全控制热河、察哈尔两省，发展和控制东北。为此，先后派出2万名干部和11万部队挺进东北。

根据中共中央关于“建立巩固的东北根据地”的指示，中共中央东北局先后组织部队从长春、四平等一些大中城市撤出，到比较偏僻的山区临江、长白、抚松、靖宇等广大地区建立根据地。1946年10月，中共中央东北局决定成立南满分局，陈云任分局书记、辽东军区政委，萧劲光任分局副书记、军区司令员，萧华为副司令员。陈云于11月3日离开哈尔滨，经佳木斯、牡丹江、图们等地，于11月27日到达临江。陈云在此居住期间，坚决贯彻执行中共中央关于“建立巩固的东北根据地”的指示，主持了七道江会议，指挥了“三下江南、四保临江”战役。

陈云旧居

地址：吉林省白山市临江市南国街45号

陈云旧居室内陈列

杨靖宇将军殉国地

杨靖宇将军殉国地位于吉林省白山市靖宇县三道崴子，建有杨靖宇将军纪念塔和纪念碑。

杨靖宇是东北抗日联军的创建人和领导人之一。1934年任抗日联合军总指挥部总指挥，1936年任东北抗日联军第一路军总司令兼政治委员。他率领抗联第一路军在白山黑水之间积极开展抗日游击战争。1938年中共六届六中全会发出给杨靖宇为代表的东北抗日联军和东北同胞的致敬电，称颂东北抗联是“在冰天雪地与敌周旋七年多的不怕困苦艰难奋斗之模范”。1939年，东北抗日游击战争进入极端困难的阶段。由于日军实行大规模的疯狂的军事“讨伐”和严密的经济封锁，使抗日联军的活动地区日益缩小，部队大部分被迫转移到深山密林。战斗在冰天雪地之中，又因缺少粮食，常以树皮野果充饥，备受饥寒交迫之苦。1939年10月，中共南满省委和第一路军决定将部队化整为零，分散活动。杨靖宇率400余人转战数月，到1940年2月，陷入日军“讨伐队”重围，最后只身一人。敌人劝他投降，他用猛烈的枪弹回答敌人。2月23日，杨靖宇在濛江西南保安村三道崴子壮烈殉国。残忍的日军将其割头剖腹，发现他的胃里是枯草、树皮和棉絮，竟无一粒粮食。抗联战士这种不畏困难、威武不屈、战斗到最后一息的革命气概，使敌人也为之震惊。

杨靖宇将军纪念塔由塔基、塔身、塔顶3部分组成。塔外基周长19.40米，寓意杨靖宇殉国时间是1940年。第一层石基正面石柱高1.905米，寓意他出生时间为1905年；背面石柱高1.927米，寓意他1927年加入中国共产党。第二层基座高1.932米，寓意他到南满开展抗日武装斗争的时间为1932年。塔身高15米，寓意他为人民艰苦奋斗15年。塔顶部高3.5米，寓意他终年35岁。顶端镶着铁制红五星，象征党的哺育。塔正面刻有朱德题词“人民英雄杨靖宇同志永垂不朽”。

纪念塔北侧50米处，是杨靖宇殉国牺牲地，在此建有一座石碑。碑正面刻有“人民英雄杨靖宇同志殉国地”，背面刻有杨靖宇的简历。碑身两侧镶边的条石面上刻有民族风格的“回”字形纹以及红灯和海浪等饰纹。石碑四周为劲松环抱，以衬托人民英雄杨靖宇威武不屈、坚韧不拔的高大形象。

杨靖宇将军殉国地

地址：吉林省白山市靖宇县三道崴子

杨靖宇将军殉国地

杨靖宇将军殉国地纪念碑

景点链接

吉林长白山天池

长白山天池位于吉林省东南部，是中国和朝鲜的界湖，是松花江之源。长白山原是一座火山，火山爆发喷射出大量熔岩之后，在火山口处形成盆状，时间一长，积水成湖，便形成了现在的天池。

天池呈椭圆形，周长约13公里，湖面面积10平方公里，海拔2100多米，平均水深204米。天池蓄水20亿立方米，是一个巨大的天然水库，在天池周围环绕着16个山峰，天池犹如镶在群峰之中的一块碧玉。

长白山天池

锦江大峡谷

锦江大峡谷

锦江大峡谷位于长白山西坡北锦江谷地，峡谷长达70公里，最宽处约300米，垂直深达160米。两岸多是坡陡如削的悬崖绝壁，峡谷之中耸立着奇特的熔岩石峰林，形成双熊登山、犀牛望月、双象吸水、鳄鱼吞石、孔雀开屏等奇异景观。峡谷两壁呈砖红、银灰、灰黑色，凝重古朴。两岸森林茂密，松树、桦树、榕树等植物群落形成白、绿、黄、红等不同区域和层次的景观。谷底锦江之水湍流而过，轰隆作响。

通化市杨靖宇烈士陵园

通化市杨靖宇烈士陵园位于吉林省通化市浑江东岸山岗上，是为纪念著名抗日英烈杨靖宇而建的。1954年动工，1957年竣工。

杨靖宇（1905—1940），河南确山人。1926年加入中国共产主义青年团。1927年加入中国共产党，同年10月参与领导确山农民暴动，并担任农民革命军总指挥。1928年后在河南、东北等地从事秘密革命工作。1929年春赴东北，任中共抚顺特别支部书记，领导工人运动。九一八事变后，任中共哈尔滨市委书记兼满洲省委军委代理书记。1932年秋被派往南满，组建中国工农红军第三十二军南满游击队，任政治委员，创建了以磐石红石砬子为中心的游击根据地。1933年9月任东北人民革命军第一军第一独立师师长兼政治委员。1934年4月联合17支抗日武装成立抗日联合军总指挥部，任总指挥。同年11月任东北人民革命军第一军军长兼政治委员。1936年6月任东北抗日联军第一军军长兼政治委员。7月任东北抗日联军第一路军总司

杨靖宇烈士陵园

地址： 吉林省通化市东昌区靖宇路23号

电话： 0435-3616042

杨靖宇烈士陵园大门

陵园内杨靖宇将军铜像

杨靖宇烈士陵园内雕塑

令兼政治委员。率部长期转战东北，有力配合了全国的抗日战争。在1940年1月反“讨伐”作战中，他率警卫旅转战于濛江（今靖宇县）一带，最后只身与敌周旋5昼夜，以无比坚强的毅力顽强战斗，直至弹尽粮绝，于2月23日壮烈牺牲，时年35岁。

杨靖宇烈士陵园南北长200米，东西宽100米，由5座琉璃瓦民族式建筑组成。正面主体建筑为灵堂和墓室，两侧4个偏殿为陈列室，气氛庄严肃穆。正中竖立着杨靖宇将军的高大戎装铜像。陵墓是烈士安息的地方，烈士的遗首遗骨合葬于白丁香木民族式棺柩中。两侧的陈列室展出杨靖宇青少年时期的遗物以及他在抗日战争艰苦岁月里的一些用品、战利品等有关文物、文献、照片共250余件。

杨靖宇烈士陵园为全国重点烈士纪念建筑物保护单位、全国爱国主义教育示范基地、全国廉政教育基地、国家国防教育示范基地、国家4A级旅游景区。

景点链接

龙湾群国家森林公园

位于吉林省辉南县境内，由集中分布的地形复杂、地貌奇特的火山口湖群体组成。公园面积为8000多公顷。景区包括大龙湾、三角龙湾、东龙湾、南龙湾、二龙湾、小龙湾、旱龙湾、金龙顶子、四方顶子、吊水壶瀑布、龙湾漂流等，是国家4A级旅游景区。

长春市
东北沦陷史陈列馆

东北沦陷史陈列馆位于吉林省长春市光复路，占地面积1.06万平方米，展览面积5600平方米。陈列馆由沦陷篇、残暴篇、抗争篇三大板块构成，分为日本帝国主义武力侵占中国东北、炮制傀儡政权、摧残民族意识、残酷镇压、疯狂掠夺、移民侵略、以东北为基地继续侵略扩张、东北人民的抗日战争和历史的反思共9个篇章33个部分组成。展出历史图片1200余张，文物1000多件，原始音像资料14个专题，电脑触摸屏50多万字，其中包括在日本、俄罗斯、美国等国家收集到的大量珍贵的原始音像资料及战争亲历者的证言和证词。同时辅以半景画、雕塑、景观景箱、声控模拟音响、历史音像资料视频播放、多媒体资料查询系统、观众参与等先进的展示手段，全面展示了东北沦陷的屈辱历史，深刻揭露了日本帝国主义武力侵占中国、炮制傀儡政权、推行法西斯统治的罪行，充分反映了中国共产党领导下的东北人民抵御外侮、抗击日寇的斗争史实。

东北沦陷史陈列馆为全国爱国主义教育示范基地。

东北沦陷史陈列馆

地址： 吉林省长春市光复路

东北沦陷史陈列馆

东北沦陷史陈列馆序厅

长春市
长春电影制片厂

长春电影制片厂

地址： 吉林省长春市朝阳区红旗街1118号

长春电影制片厂景区位于吉林省长春市红旗街1118号，包括伪满映画株式会社旧址、电影摇篮宫、电影资料馆、道具库等景点。其中伪满映画株式会社旧址始建于1937年，建成于1939年，占地面积为4.7万平方米，主要包括主楼、1—6号摄影棚。

长春电影制片厂是在东北解放战争的炮火硝烟中建立和发展起来的。1945年全国抗日战争胜利后，我党为建立自己的电影生产基地，派中共党员刘健民、赵东黎进入当时的“满洲映画株式会社”，10月1日成立东北电影公司（长影的前身）。1946年，我党派袁牧之、吴印咸等延安电影团33名同志奔赴东北电影公司，尔后，西北电影工学队、东北文艺工作团、东北军政大学文工团等文艺单位集体调入东影。林农、于蓝、田方、于洋、葛存壮等一大批艺术家在此期间来到东影。1946年5月，根据中共中央东北局指示，东北电影公司迁往合江省兴山市（今黑龙江省鹤岗市），同年10月，经中共中央东北局批准，东北电影公司改称东北电影制片厂。当时的工作环境异常艰苦，

长影集团院内

设备简陋，但人民电影的开拓者们以满腔的爱国热情和自己的勤劳智慧，在一片废墟上建起了由我党领导的第一个电影生产基地。在建厂的同时，为了紧密配合东北解放战争，东北电影制片厂派出数十支拍摄队到前线、工厂和农村，拍摄了大量珍贵的历史文献资料，先后拍摄了第一部纪录片《民主东北》、第一部木偶片《皇帝梦》、第一部科教片《预防鼠疫》、第一部短故事片《留下他打老蒋》、第一部长故事片《桥》、第一部译制片《普通一兵》。东北电影制片厂开拓性、创造性的工作奠定了人民电影基业，为发展新中国的电影事业建立了不朽的功勋。

1949 年 4 月，东北电影制片厂迁回长春现址。1955 年 2 月，东北电影制片厂更名为长春电影制片厂。几十年来，长影拍摄了革命历史题材、农村题材、少数民族题材和反映党和人民共同关心的重大社会问题的现实题材的故事片 900 多部，译制影片 1000 多部，同时还为新中国电影事业培养和输送了 1000 多名电影人才，在弘扬优秀传统文化、推动社会主义精神文明建设发展方面作出了重要贡献。

长春电影制片厂为吉林省爱国主义教育基地、吉林省对外宣传展示基地。

景点链接

伪满皇宫博物院

伪满皇宫博物院位于长春市光复路 5 号，是在伪满洲国傀儡皇帝爱新觉罗・溥仪的宫殿旧址上建立的遗址型博物馆，占地面积 255000 平方米。溥仪 1932 年到 1945 年曾在这里居住，主要建筑有溥仪用于办公、处理政务、举行大典的勤民楼和同德殿，溥仪及其后妃日常生活的寝宫缉熙楼，供奉列祖列宗的怀远楼，举行宴会的嘉乐殿、清宴堂以及书画楼、中膳房、洋膳房、东西御花园、防空洞、游泳池、建国神庙遗址等附属建筑。此外，还有多个专题和基本陈列展览，是东北沦陷 14 年史、伪满宫廷史及东北人民抗战史研究中心、文物资料收藏研究和展示中心，是全国爱国主义教育示范基地，国家 5A 级旅游景区。

伪满皇宫博物院缉熙楼

净月潭景色

净月潭国家森林公园

净月潭国家森林公园位于长春市东南部，距市中心18公里。公园森林面积100多平方公里，潭水面积430公顷，林海茂密，构成了含有30个树种的森林生态体系。园内森林浴场素以“天然氧吧”著称，这里林木伟岸笔挺，万物静谧清新，体现了人与自然和谐交融的完美图画。占地万米的净月潭沙滩浴场可容纳3000人同时嬉水，游人可在乘船戏水之后小憩于韩式帐篷，品尝美味的净月鱼宴。

长春市美食

●一锅出

一锅出是最能体现吉林人性格的招牌菜。一个超大的盘子，里面有排骨、大油豆角、土豆、南瓜、玉米，配玉米饼做主食。油豆角肥厚，土豆绵甜，南瓜甘香，玉米味醇，集美味健康于一锅。

●鹿茸三珍汤

以长白山梅花鹿的鹿茸、鹿筋、鹿鞭为主料，辅以高汤、佐料烹制而成，有补精髓、壮筋骨之效。

●笨鸡炖榛蘑

长白山多山珍，吉林盛产榛蘑。菌香和着笨鸡的肉香，再炖入筋道的土豆粉，滑爽浑香，肥而不腻。

●扒猪脸

选料精良，软烂脱骨，口感鲜嫩，肥而不腻。

●猪肉炖粉条

选用当地荷包猪上五花部位，肥而不腻，粉条则选用东北的土豆粉，是典型的东北炖菜。

●雪绵豆沙

主要原料有红豆、鸡蛋、白糖等，形状圆团，色泽洁白，吃前撒上白糖，香甜可口，在长春已有百年的历史。

●翡翠人参茅台鸡

此菜将母鸡、茅台酒、人参汇于一菜烹调制成，是一道药膳结合、荤素搭配、特色鲜明的地方名肴。

●烧鹿尾

烧鹿尾是高级宴席上的名贵佳肴，此菜皮烂肉香，汁红色亮，味道醇厚，被赞为“味中奇”。

●渍菜白肉火锅

原料一是极薄的猪肉片，二是牛肉、羊肉、海鲜等，三是蔬菜、粉丝、冻豆腐等，四是芝麻酱、韭菜花、葱蒜姜末、食盐、味精等佐料，吃时由个人任选自配。

●回宝珍饺子

因创制者为回宝珍而得名，已有70多年历史，是回族风味食品，特点是皮薄馅大，汤鲜味美，不破肚，不塌腔。

●长白山珍宴

长白山珍宴共分6道大菜，采用长白山人参、鹿茸、雪蛤、松茸蘑等数十种珍稀产品为原料，集中国传统宴席之荟萃，做工精细，席面优美华贵。

●朝鲜民族风味

最具特色的是冷面、打糕和泡菜。

冷面是朝鲜族夏季最喜欢的主食之一，选精致荞面、土豆淀粉，佐料有牛肉、鸡蛋、芝麻、胡椒、苹果片等。

打糕是朝鲜族过节、招待客人的主要食物，是用蒸熟的黏米，放在石臼里捶打，再加豆沙、芝麻等制作而成。

朝鲜族的泡菜家喻户晓，原料有大白菜、桔梗、萝卜、苏子叶等等，佐料为盐、大蒜、辣椒、生姜、味精等，吃起来爽口开胃。

辽源市日军辽源高级战俘营旧址

日军辽源高级战俘营旧址位于吉林省辽源市（原西安县）人民大街 887 号，是第二次世界大战时期日军秘密设立的专门用来关押美、英等国高级将领和高级文职官员的场所。1944 年 12 月至 1945 年 8 月，这里先后关押了 34 名盟军高级将领，包括美国陆军的温莱特中将、帕克少将、爱德华·金少将、乔治·摩尔少将，英国陆军的珀西瓦尔中将，荷兰考尔中将等。

该旧址现已收集大量文史资料，已挖掘部分文物，还有大面积的地下室和地下通道尚未发掘。目前已挖掘出的文物有日式三八式步枪子弹壳、日本手雷等武器；短把铁锹、日式短把洋镐等劳动工具；铁皮罐头盒子、搪瓷盆、标有“陆军”字样的瓶、碗、罐底、瓶嘴、搪瓷杯、注射用针剂等生活、医疗用品；还有折页、卡子、门栓、门叉、骨头等遗物。

这是我国现存的唯一一所高级盟军战俘营遗址，是日本法西斯侵略罪行的铁证，也是中国人民和世界反法西斯同盟共同抗击日本帝国主义的见证。

日军辽源高级战俘营旧址为吉林省爱国主义教育基地、省级文物保护单位。

日军辽源高级战俘营旧址

地址：吉林省辽源市（原西安县）人民大街 887 号

日军辽源高级战俘营旧址现存平房

白城市中共辽吉省委、辽北省政府办公旧址

中共辽吉省委、辽北省政府办公旧址

地址：吉林省白城市洮北区新华街道新华社区明仁南街156号、177号

中共辽吉省委旧址位于吉林省白城市洮北区新华街道新华社区明仁南街156号，今为白城铁路工人文化宫。辽北省政府旧址位于明仁南街177号，今为白城铁路运输法院、白城铁路运输检察院。两处旧址均为日伪时期建筑。

1946年6月，中共中央东北局决定成立中共辽吉省委、辽吉军区和辽吉行政公署，先驻洮南天恩地局，9月迁入白城子（今白城市），隶属中共西满分局。辽吉省委书记兼辽吉军区政治委员陶铸，军区司令员邓华，行署主任朱其文。1947年2月，辽吉行署改称辽北省政府，阎宝航任主席，朱其文任副主席。辖区包括今白城地区、松原地区，长春地区部分县区，内蒙古、辽宁部分地域。

随着东北解放战争的不断胜利，原辽北省区域相继解放。1948年7月，中共中央东北局决定，将辽吉省委改为辽北省委，

中共辽吉省委旧址，今白城铁路工人文化宫

辽北省政府旧址，今白城铁路运输法院、铁路运输检察院办公楼

隶属东北局。辖区包括今天吉林省的白城、松原、四平、辽源地区、通化部分县区，辽宁、内蒙古等省区部分地域。

以陶铸、阎宝航、邓华为首的辽吉党、政、军领导，在中共中央东北局和西满分局的领导下，以土地改革为中心，领导辽吉人民胜利完成了剿匪、建立民主政权、参军参战、经济建设、文化建设、党的建设等多项任务，巩固、扩大和发展了辽吉根据地。在全国三年解放战争中，辽吉（辽北）省委、省政府和辽吉军区圆满完成了党和人民赋予的光荣历史使命。全国解放战争期间，中共中央东北局、西满分局的彭真、李富春、罗荣桓、林枫、蔡畅、黄克诚等领导同志，都曾亲临白城市，指导辽北解放区的各项工作。1948 年 1 月，辽吉省委、省政府由白城市迁往双辽市的郑家屯。

中共辽吉省委、辽北省政府办公旧址为吉林省级文物保护单位。

白城市侵华日军机场遗址群

白城市侵华日军机场遗址群

地址： 吉林省白城市镇西镇（今岭下镇）查干浩特旅游经济开发区

在吉林省白城市镇西镇（今岭下镇）的查干浩特旅游经济开发区，有一处面积约为10平方公里的日本侵华时期日本关东军所建的军用飞机场遗址。此遗址呈南北走向，长5000余米，宽2000余米，是当年日本关东军建在白城地区的最大一处军用机场，也是洮儿河谷（即从白城到阿尔山一线）乃至白城到呼伦贝尔一带的最大的一处军用机场。机场南侧有9个飞机库，3个物资储备库，北侧有10个飞机库，5个物资储备库。在公路两侧有建筑遗址多处，保存较好的建筑有两处4栋青砖房。

从1936年开始，日本关东军在镇西、平安镇、平台、大青山、吉庆岗、大岭等地建立6处飞机场，形成了20多平方公里的空军战斗基地。这些机场的建立有两个目的：一是占领整个东北后，防止苏联干涉；二是准备对苏联动武，占领苏联远东地区，并将其与中国东北一起，作为日本的永久殖民地。

侵华日军机场给水处遗址

侵华日军白城慰安所遗址

这一军用机场规模大、机库数量多、设施全，不仅建有日本关东军第七飞行团的指挥所，还有飞机库、弹药库、高炮阵地、兵营、军官宿舍、慰安所等。机库呈圆形，长 20 米、宽 20 米、高 6 米，每个机库可容纳零式战斗机 3 架，九六式 E3M 型轰炸机 2 架。物资储备库是用来储存弹药或是其他军用物资的。在机场四周还有高射炮阵地及地堡等。

当时驻在这里的系日本关东军第二飞行集团第七飞行团，团长为宝藏寺久雄。该飞行团辖飞行第一、第十二、第十五共三个战队，分别驻在镇西、平安镇、公主岭、将军庙、新京（长春）等机场。

1939 年 6 月，日本关东军第七、第十二飞行团全部投入对苏军的诺门罕战争。此战以日军失败告终，这就彻底打破了日军北进东扩的美梦，而修筑这些进攻性的飞机场、基地也就失去了原来的作用，不得不将其改为防御的工事。白城查干浩特机场也改为培养日本飞行员的航校和修理飞机的场所。

不久，宝藏寺久雄被任命为白城子（今白城市）飞行学校校长。1940 年 1 月，飞行学校迁入白城子地区，投入飞行训练。同年 2 月飞行训练时，宝藏寺久雄因飞机失事毙命。

目前，平安镇、平台镇、吉庆岗、大岭、大青山等侵华日军机场遗址均保存较好。在洮北区查干浩特旅游经济开发区西侧，还有两栋青砖平房，是当年日军第七飞行团慰安所遗址。这些遗址已成为日本帝国主义侵华的铁证。

景点链接

白城市烈士陵园

吉鹤灵苑（前身是白城市烈士陵园）位于白城市长白公路旁，始建于1947年，主要包括英雄纪念碑、革命烈士陈列馆和烈士墓群，安葬着在抗日战争、解放战争及社会主义建设时期牺牲的近200位烈士的遗骨。

白城市烈士陵园陈列馆

向海国家级自然保护区

位于松辽平原边缘、科尔沁草原东部边陲，通榆县西部额穆泰河与露林河下游，总面积为10.5万公顷，是以观赏具有草原特色的水塘、沼泽、湖泊、鸟兽、黄榆、苇荡、浅滩、杏树林等自然景观为主的风景区，有各类珍禽253种。这里为蒙、汉民族聚居区，具有蒙古族民俗风情的美食手扒肉、河水炖鲜鱼及马头琴歌舞表演等别具特色。

向海风景

全国红色旅游经典景区

黑龙江省

P271-310

黑龙江省红色旅游地图

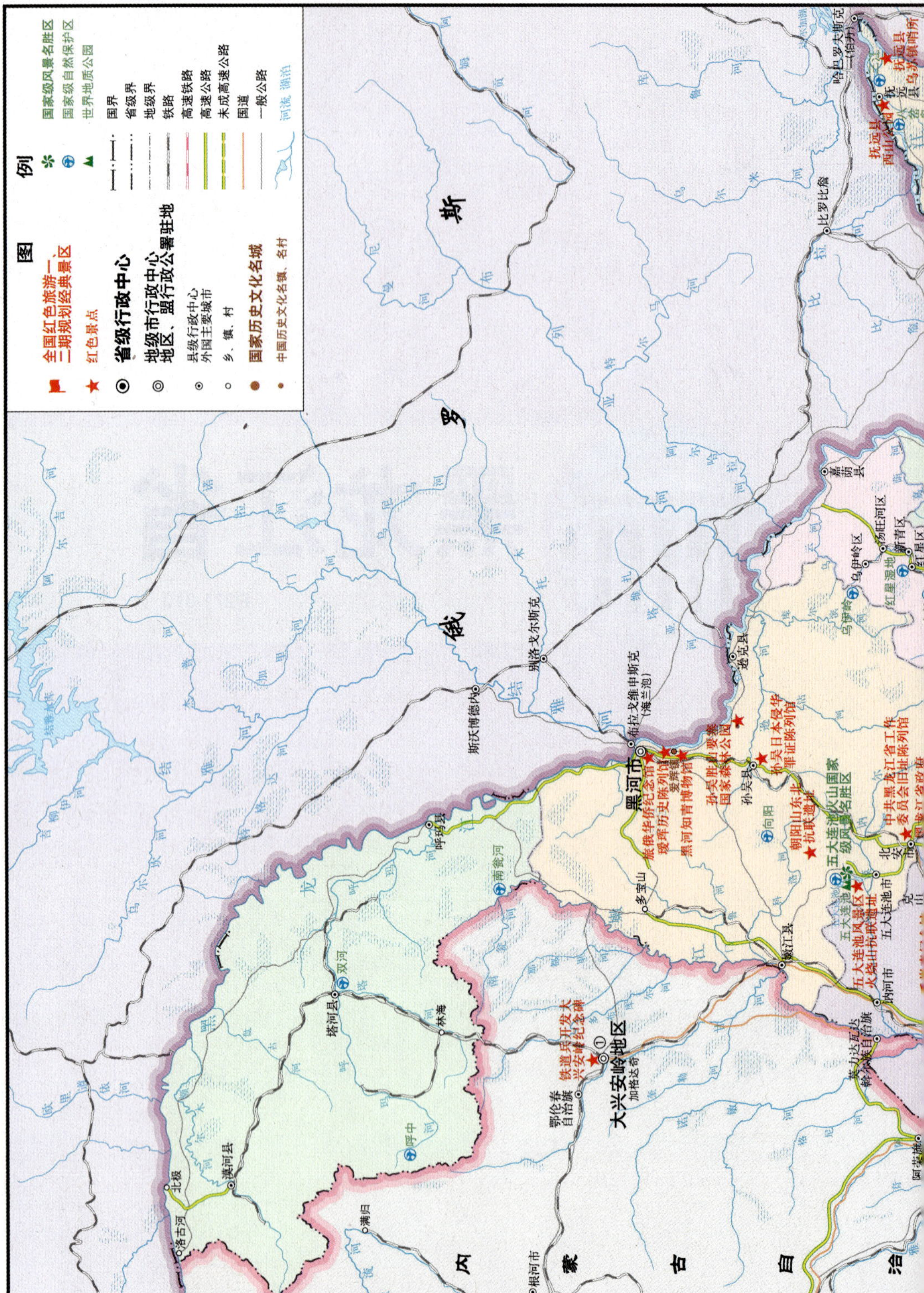

图例
全国红色旅游一、二期规划经典景区
红色景点
省级行政中心
地级市行政中心
地区、盟行政公署驻地
县级行政中心
外国主要城市
乡、镇、村
国家历史文化名城
中国历史文化名镇、名村
国家级风景名胜区
国家级自然保护区
世界地质公园
国界
省级界
地级界
铁路
高速铁路
高速公路
未成高速公路
国道
一般公路
河流 湖泊
俄罗斯
内
蒙
古
自
治
黑河市
大兴安岭地区
加格达奇
塔河县
漠河县
呼玛县
北极
洛古河
双河
呼中
南瓮河
林海
满归
根河市
鄂伦春自治旗
莫力达瓦达斡尔族自治旗
嫩江县
多宝山
孙吴县
向阳
逊克县
五大连池市
北安市
讷河市
嘉荫县
乌伊岭区
布拉戈维申斯克(海兰泡)
斯沃博德内
别洛戈尔斯克
比罗比詹
哈巴罗夫斯克(伯力)
瑷珲历史陈列馆
黑河知青博物馆
孙吴胜山要塞国家森林公园
孙吴日本侵华罪证陈列馆
朝阳山东北抗联遗址
铁道兵开发大兴安岭纪念碑
五大连池风景区
火烧山抗联遗址
五大连池火山国家级风景名胜区
中共黑龙江省工作委员会旧址陈列馆
抚远县西山哨所
抚远县乌苏镇哨所

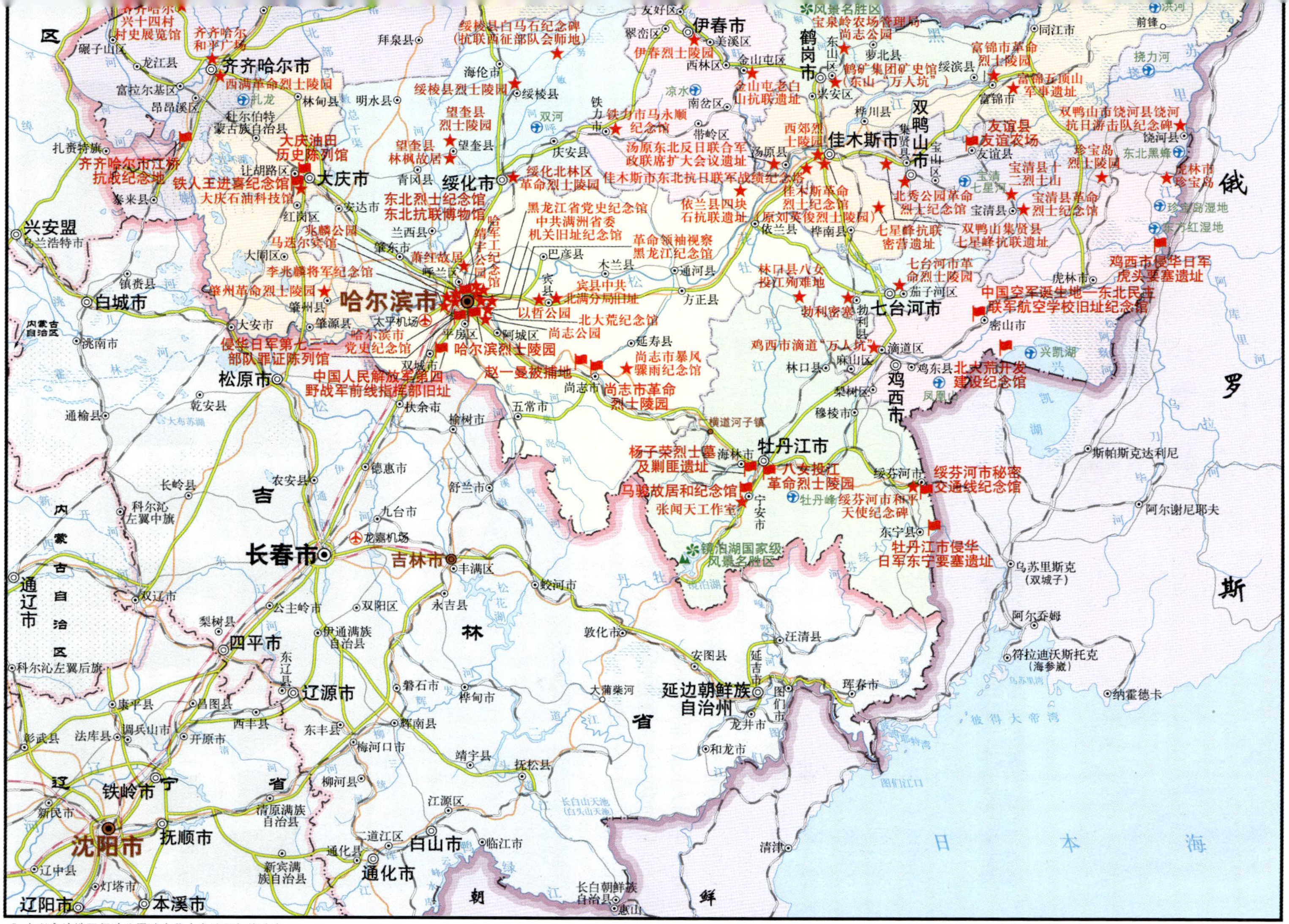

1：5 500 000

0　50.0　100.0　150.0　200.0　250.0km

① 大兴安岭地区行政公署驻内蒙古自治区加格达奇

哈尔滨市红色旅游系列景区

东北烈士纪念馆

东北烈士纪念馆位于黑龙江省哈尔滨市南岗区一曼街 241 号。该馆原是东北三省特别区图书馆，建筑样式为西欧古典主义风格，楼通体呈白色，楼前有一排巨大的克林斯柱。

日本帝国主义武装侵占我国东北后，1933 年，该楼为伪满哈尔滨警察厅占用。从此，这里成为日本侵略者及其帮凶残酷镇压中国人民的罪恶场所，不计其数的共产党员和爱国志士在这里被关押、折磨致死，著名抗日女英雄赵一曼烈士就曾在这里被关押和行刑。1946 年哈尔滨解放后，伪满哈尔滨警察厅旧址改为东北烈士纪念馆，1948 年正式开馆。

东北烈士纪念馆主要介绍抗日战争和解放战争中为东北和全国的民族独立和人民解放事业牺牲的 170 多位烈士的事迹。基本陈列为《黑土英魂——东北抗日战争时期烈士事迹陈列》、《伪满洲国哈尔滨警察厅遗址及罪恶展》两部分。现有馆藏文物 2 万余件，国家三级以上珍贵文物 7000 余件，其中国家一级文物 82 件。

《黑土英魂——东北抗日战争时期烈

东北烈士纪念馆

东北烈士纪念馆陈列

士事迹陈列》，展示了在东北14年艰苦卓绝的抗日战争中，为民族独立和人民解放英勇不屈、前仆后继的抗日英烈的事迹，由序厅及5个陈列厅组成。序厅主要展示日本侵华政策的制定与战争准备以及反日先驱的斗争事迹。第一陈列厅，民族危亡时刻。主要展示九一八事变、江桥抗战和东北抗日义勇军爱国将领的斗争事迹。第二陈列厅，创建人民抗日武装。主要展示中国共产党创建东北反日游击队、东北人民革命军和这一时期抗日英烈的斗争事迹。第三陈列厅，夜幕下的抗日斗争。主要展示在日伪统治中心从事地下斗争的共产党员、爱国志士的事迹。第四陈列厅，东北抗日武装的脊梁。主要展示东北抗日联军的建立和发展，以东北抗联为主体的社会各阶级、各阶层、各民族以及不同国籍的抗日英烈的事迹。第五陈列厅，抗日战争的最后胜利。主要展示东北抗联教导旅配合苏军出兵东北对日作战，取得东北抗日战争和世界反法西斯战争最后胜利的历程。

《伪满洲国哈尔滨警察厅遗址及罪恶展》，通过展示伪满哈尔滨警察厅在政治、经济、思想、文化等方面对哈尔滨地区人民的残暴统治，揭露了日本侵略者在政治上残酷镇压东北人民的反满抗日活动，在经济上不择手段掠夺财物，在思想文化上进行专制统治的罪行，展示了东北沦陷时期社会生活的各方面情况。

东北烈士纪念馆

地址： 黑龙江省哈尔滨市南岗区一曼街241号
电话： 0451-53643712

东北抗联博物馆

东北抗联博物馆坐落于黑龙江省哈尔滨市南岗区一曼街243号，是为纪念东北抗日联军在中国抗日战争中作出的特殊贡献而建立的。

九一八事变后，在东北三省，除各种抗日义勇军外，中国共产党领导的抗日武装，依靠群众，同日本侵略者进行了极其艰苦的斗争。到1933年底，党直接领导的各地游击队已发展成为东北抗日游击战争

东北抗联战斗场景展现

的主力，先后组建了杨靖宇、李红光领导的东北人民革命军第一军独立第一师，童长荣、王德泰等领导的东北人民革命军第二军独立师，赵尚志、李兆麟等领导的东北人民革命军第三军，李延禄等领导的东北抗日同盟军第四军，以及周保中、冯仲云、夏云杰等领导的抗日游击队等。1936年，东北各抗日武装力量陆续改编为抗日联军的各军。全国抗日战争爆发后，在异常艰苦的条件下，东北抗联坚持同日、伪军进行顽强斗争。1939年，东北抗日游击战争进入极端困难的阶段。由于日军实行大规模疯狂的军事“讨伐”和严密的经济封锁，部队被迫转移到冰天雪地、缺衣少粮的深山密林中。杨靖宇、赵尚志、李红光等先后牺牲。此后，东北抗联在极为艰苦的环境中，依靠各族人民，继续战斗在白山黑水之间。东北抗联的英勇斗争，打击了日本在中国东北的统治，牵制了大量的日军，有力地配合了全国的抗日战争。

东北抗联情景展现

东北抗联博物馆筹备的新展，将以更加丰富的史料再现东北抗联那段可歌可泣的英雄岁月。

东北抗联博物馆

地址： 黑龙江省哈尔滨市南岗区一曼街243号

哈尔滨烈士陵园

哈尔滨烈士陵园位于黑龙江省哈尔滨市香坊区体育街1号，占地面积4.2万平方米。

陵园建于1948年，园区内有革命烈士陵墓18座、革命烈士诗抄碑林、烈士浮雕、革命烈士英名录碑、无名烈士雕塑、烈士骨灰安放堂和革命烈士纪念馆。陵园内共

哈尔滨烈士陵园

安葬着在抗日战争、解放战争、抗美援朝、社会主义建设及改革开放等不同历史时期牺牲的革命烈士240多位。其中，有我军在解放战争时期牺牲的最高将领、东北军区炮兵司令员兼炮兵学校校长朱瑞，松江军区司令员卢冬生，东北抗日联军第一路军第三方面军指挥陈翰章，东北抗日联军第十军军长汪亚臣，被中央军委命名为“献身国防现代化的模范干部”苏宁，被国家公安部命名为“一级英模”的宋兆东等。

陵园内的革命烈士纪念馆展览面积867平方米，主题为《为了明天》的展览采用景观复原、多媒体小半景画、幻影成像等陈展手段，分曙光初照、抗日先驱、为了新中国、保家卫国、和平年代、金色少年6部分，展出了党领导的不同历史时期的烈士事迹、图片、文物等。

哈尔滨烈士陵园为全国重点烈士纪念建筑物保护单位、全国爱国主义教育示范基地。

哈尔滨烈士陵园

地址：黑龙江省哈尔滨市香坊区体育街1号

侵华日军第七三一部队罪证陈列馆

侵华日军第七三一部队罪证陈列馆位于黑龙江省哈尔滨市平房区新疆大街47号，开放面积14.8万平方米，展馆陈列面积6000平方米，馆藏文物5200件，其中国家级珍贵文物207件。主要旧址有：本部大楼、“四方楼”细菌实验室、特设监狱旧址、动力班锅炉房、南门卫兵所、黄

侵华日军第七三一部队遗址

侵华日军第七三一部队罪证陈列馆

地址：黑龙江省哈尔滨市平房区新疆大街47号

电话：0451-87108731

鼠饲养室、二木班结核菌实验室、吉村班冻伤实验室、小动物地下饲养室、铁路专用线等31处。

侵华日军第七三一部队是由当年日本最高统治者敕令组建的一支特种部队，于1935年在中国哈尔滨市平房地区筹建了生物武器研究、试验和生产基地。

为实现侵略目的，七三一部队网罗当时日本国内最先进的细菌学研究人才，在这个被称为“食人魔窟”的庞大特别军事区域内，不仅进行了规模巨大的杀伤性细菌武器的研究、试验和生产，而且惨无人道地用健康人做细菌试验。从1939年至1945年，至少有3000人被当作试验材料惨遭杀害，而在侵华日军发动的生物战中，遭到屠杀和残害的无辜民众不计其数。1945年8月日本战败后七三一部队溃逃时，为了掩盖其残暴罪行，对实验设施、场所进行了大规模的销毁和破坏。

侵华日军第七三一部队罪证陈列馆为全国爱国主义教育示范基地，旧址为全国重点文物保护单位。

景点链接

黑龙江省博物馆

位于哈尔滨市南岗区红军街50号，建于1906年，是一座欧洲巴洛克式建筑。现有各类藏品约11万件，其中饶河小南山墓葬出土的新石器时代玉器、宁安渤海上京城遗址出土的唐代渤海鎏金铜佛和金佛、阿城齐国王墓出土的金代丝织品服饰等均为精品，更有镇馆之宝——金代铜坐龙等珍贵文物。基本陈列有《黑龙江历史文物陈列》、《自然陈列》等。

黑龙江省博物馆

黑龙江省民族博物馆

黑龙江省民族博物馆位于哈尔滨市南岗区，以收集、研究和展出黑龙江省满族、蒙古族、回族、朝鲜族、赫哲族、鄂伦春族、鄂温克族、达斡尔族、锡伯族、柯尔克孜族等民族的历史、生产生活原生态中的民族文化等为宗旨。如这些民族的鱼皮文化、桦皮文化、萨满文化等，具有浓郁的民族特色，馆藏一、二、三级文物上万件，基本陈列为《黑龙江省少数民族文物展》。

黑龙江省民族博物馆

革命领袖视察黑龙江纪念馆

革命领袖视察黑龙江纪念馆（原名毛泽东、周恩来、刘少奇、朱德同志视察黑龙江纪念馆），位于哈尔滨市南岗区颐园街 1 号，是一幢精美的欧式建筑。

纪念馆陈列着中共中央三代领导集体亲临黑龙江省，深入工厂、农村、油田、林区、学校和科研等单位视察期间用过的实物、留下的珍贵照片和题词等文物，陈列了毛泽东 1950 年视察黑龙江时工作和居住的原貌场景。

革命领袖视察黑龙江纪念馆

哈尔滨太阳岛国家湿地公园

公园东至滨洲铁路桥、西至松北肇东边界，主要包括太阳岛中心景区内的 4 平方公里湿地景观、太阳岛西区超过 1600 公顷湿地、松北区万宝镇大亮子湿地等主要湿地景观。

哈尔滨太阳岛国家湿地公园

哈尔滨市人民防洪胜利纪念塔

哈尔滨市人民防洪胜利纪念塔

哈尔滨市人民防洪胜利纪念塔位于哈尔滨市道里区中央大街，是为纪念哈尔滨市人民战胜1957年特大洪水而建的，1958年10月建成。

中央大街步行街

中央大街始建于1898年，初称“中国大街”，1925年改称“中央大街”，后来发展成为哈尔滨市最繁华商业街。大街北起松花江防洪纪念塔，南至经纬街。全街建有欧式及仿欧式建筑71栋，有文艺复兴时期建筑艺术、巴洛克式等多种建筑风格的市级保护建筑13栋。

中央大街夜景

哈尔滨的冰雪文化

哈尔滨是处于中国最北端、纬度最高的省会城市，冬季漫长，气候寒冷，因此冰雪休闲文化成为它的特色文化，主要由冰雪艺术、冰雪旅游、冰雪文化、冰雪经贸和冰雪体育五大板块组成。在冰雪大世界、太阳岛雪博会、冰灯艺术游园会等主要冰雪活动以及冰雪经贸活动开展之际，人们的参与热情更是高涨。除此之外，平日里组织的一些冰雪秧歌、冰雪摄影展、冬泳比赛、冰球赛、高山滑雪邀请赛、冰雕比赛、雪雕比赛、雪地越野车争霸赛、冬钓赛、冰雪风光游等活动也无一不体现着冰雪文化在哈尔滨的休闲文化中占有着重要地位。

尚志市红色旅游系列景区

尚志市革命烈士陵园

尚志市革命烈士陵园位于黑龙江省哈尔滨市尚志市尚志镇北环街 176 号，主要是为纪念抗日英雄赵尚志和赵一曼烈士而建的。陵园内建有赵尚志、赵一曼烈士纪念馆，还建有珠河抗日游击队纪念碑等。

赵尚志、赵一曼烈士纪念馆建于 1986 年，2005 年纪念馆重新布展，展览以突出反映两位烈士事迹为主，同时介绍东北抗日联军第三军史实。纪念馆现有文物 200 余件，国家级文物 49 件。文物包括赵一曼使用过的铜勺、赵尚志的书箱、李兆麟的衣箱、毛泽东与谢觉哉给东北抗联吕老妈妈的请柬、田仲樵的书箱等，并收集到抗联将士回忆录、档案、革命历史文献等。

珠河抗日游击队纪念碑坐落在陵园内北侧。碑呈方柱形，高 14.6 米，用磨光花岗石建造。碑身宽 2.1 米，正面汉白玉石上镌刻着“珠河抗日游击队纪念碑”10 个鎏金大字。碑座宽 4.6 米，正面和背面刻写的碑文简要介绍了 1933 年赵尚志、金策等同志创建珠河反日游击队，后部队扩建为东北抗日联军第三军，顽强抗击日本侵略军的事迹。

尚志市革命烈士陵园为全国重点烈士纪念建筑物保护单位、黑龙江省爱国主义教育基地、黑龙江省国防教育基地。

尚志市革命烈士陵园

地址： 黑龙江省哈尔滨市尚志市尚志镇北环街 176 号

电话： 0451-53348663

尚志市革命烈士陵园烈士纪念碑

尚志市革命烈士陵园珠河抗日游击队纪念碑

赵一曼被捕地

赵一曼被捕地位于黑龙江省哈尔滨市尚志市原珠河县长寿乡一曼村。2008年，在赵一曼被捕地遗址基础上建立了赵一曼纪念园，总占地面积60万平方米，共建有赵一曼塑像、国旗台、主题群雕、赵一曼陈列室、纪念碑刻、抗联井、英烈墙、养伤窝棚、石砬子会议遗址等14处景点。

赵一曼，1905年出生于四川省宜宾县一个书香门第，1924年加入中国社会主义青年团，1926年转为中国共产党党员。曾在莫斯科中山大学学习。1928年冬回国后，在宜昌、南昌、上海等地从事地下工作。九一八事变后被派到东北地区发动抗日斗争，先后担任满洲总工会秘书、组织部长、中共珠河中心县委特派员、铁北区委书记等职。1935年秋，任东北抗日联军第三军一师二团政治委员。11月，在春秋岭左撇子沟被敌人包围。突围中，赵一曼身负重伤，在村民家养伤时被日军发现。战斗中，赵一曼左腿负重伤被俘。敌人对其进行严刑审讯，她始终坚贞不屈。敌人为得到口供，不得不把她送进医院监视治疗。赵一曼在中国籍看护人员的帮助下逃出医院，但又被日本军警抓捕，受到更加残酷的刑讯。1936年8月2日，赵一曼在临刑前被押往珠河的火车上，给心爱的儿子写下遗书：

宁儿：

母亲对于你没有能尽到教育的责任，实在是遗憾的事情。

母亲坚决地做了反满抗日的斗争，今天已到了牺牲的前夕了！

母亲和你生前是永远没有见面的机会了，希望你，宁儿啊！赶快成人，来安慰你地下的母亲！我最亲爱的孩子啊！母亲不用千言万语来教育你，就用实行来教育你。

在你长大成人之后，希望不要忘记你的母亲是为国而牺牲的！

一九三六年八月二日

你的母亲赵一曼于车中

赵一曼被捕地

是日，在黑龙江省珠河县（今尚志市）小北门，赵一曼英勇就义，年仅 31 岁。

赵一曼被捕地

地址：黑龙江省哈尔滨市尚志市长寿乡一曼村

电话：0451-53348663

尚志市特产

黑木耳、三莓、山野菜、人参、鹿茸、帽儿山烧鸡、干豆腐、蜂蜜等。

景点链接

赵尚志纪念园

位于哈尔滨市尚志市东浦新区东侧原石嘴山风景区，主要有英烈群雕、抗联密营、九龙壁、廉政文化园、红松林、吉祥亭、如意亭、荷花池、文昌阁、石坊广场等景点。

赵尚志纪念园群雕

暴风骤雨纪念馆

暴风骤雨纪念馆位于哈尔滨市尚志市以东 30 公里处的元宝镇元宝村，是著名作家周立波创作小说《暴风骤雨》的地方，小说中的主要人物和情节大都源于元宝村（书中的元茂屯）。纪念馆介绍了周立波的生平与作品，回顾了元宝村的土改历史，展示了该村改革开放 30 年来在党支部带领下走上富裕道路和取得的各项成就。

暴风骤雨纪念馆

帽儿山生态旅游度假区

位于哈尔滨市尚志市西北部帽儿山镇，拥有得天独厚的山地、森林、河流、冰雪、现代农业等丰富的旅游资源以及便捷的交通条件，形成了集乡村风情游、休闲度假游、户外运动游、农业观光游、水上休闲运动游、冰雪运动娱乐游为一体的综合旅游产业园区。主要景点有帽儿山、神龟山、阿什河源头漂流和吕家围子农家风情园、滑雪培训基地、开元寺等。

帽儿山

牡丹江市红色旅游系列景区

八女投江革命烈士陵园

八女投江革命烈士陵园位于黑龙江省牡丹江市太平路南端江滨公园，临牡丹江畔，由八女投江烈士群雕和八女投江纪念馆组成。

1938 年 10 月，以冷云为代表的东北抗日联军 8 名女战士，在顽强抗击日本侵略军的战斗中弹尽援绝，毅然投入滚滚江水，为国捐躯。她们是东北抗日联军第二路军第五军妇女团的指导员冷云，班长胡秀芝、杨贵珍，战士郭桂琴、黄桂清、王惠民、李凤善和被服厂厂长安顺福。

冷云，1915 年生，黑龙江省桦川县人，1934 年加入中国共产党，在佳木斯从事秘密抗日活动。1936 年冷云参加东北抗日联军第五军。1938 年夏，与冷云同在第五军的丈夫英勇牺牲，她强忍巨大悲痛，告别刚刚出生两个月的婴儿，随第五军第一师部队西征，任妇女团政治指导员。西征中妇女团的战士们和男战士一样跋山涉水，英勇作战。7 月 12 日参加攻打楼山镇战斗。10 月上旬，该部在牡丹江地区乌斯浑河渡口与日伪军千余人遭遇，已行至河边准备渡河的妇女团 8 名女战士，为掩护大部队突围，毅然放弃渡河，在冷云的率领下，

八女投江烈士群雕

八女投江纪念馆

分为3个战斗小组，主动吸引日伪军火力，与敌人展开激战。在背水作战至弹尽援绝、被敌人困死在河边的情况下，面对日伪军逼降，誓死不屈。她们毁掉枪支，挽臂投入滚滚的乌斯浑河，壮烈殉国，表现了中华民族同敌人血战到底的英雄气概。

八女投江烈士群雕1988年落成。群雕采用了花岗岩材质，长18米，宽6.9米，高8.8米，生动展示了冷云等8位女战士威武不屈的英雄气概。基座上“八女投江”4个大字由邓颖超题写。

八女投江纪念馆位于牡丹江市太平路156号，与八女投江烈士群雕相呼应，2011年正式开馆。纪念馆展出面积1200平方米，展出实物500余件、照片（画像）400余张。展出内容分为：日寇铁蹄下的牡丹江、牡丹江的抗日烽火、多民族人民并肩抗日、八女英烈壮歌、中苏军民并肩作战赢得抗战的最后胜利、英烈千秋等几部分，突出表现了“八女英烈，视死如归，忠魂永驻，流芳千古”的主题。

八女投江油画

八女投江革命烈士陵园

地址：黑龙江省牡丹江市太平路江滨公园

电话：0453-6911699

杨子荣烈士墓及剿匪遗址

杨子荣烈士墓位于黑龙江省牡丹江市海林市子荣街杨子荣烈士陵园内。陵园占地面积8.5万平方米，由纪念馆区、烈士墓区、植物园区和军事展区4部分组成。主要建筑有革命烈士纪念碑、杨子荣烈士墓和纪念馆。

杨子荣

杨子荣（1917—1947），山东牟平人。13岁时随父母闯关东，先后在鸭绿江上当船工，在鞍山、辽阳一带当矿工，因此对东北的三教九流、风土人情、行帮黑话等都有所了解。1943年春，因反抗日本工头，被迫跑回山东老家。1945年参加八路军，同年10月随部队开赴东北，被编入牡丹江军区第二团某部炊事班当战士，不久调到战斗班当班长。1946年1月加入中国共产党。由于在战斗中的突出表现，荣立特等功，并被团里评为战斗英雄，后提升为侦察排排长。1947年1月下旬，所在部队得到号称“座山雕”的匪首张乐山在海林县境内活动的线索，遂派他带领5名战士化装成土匪吴三虎的残部前去侦察。杨子荣等人到达夹皮沟的山林中，几番巧妙地与“座山雕”的坐探接触，经过用黑话联络，取得了土匪的信任，打入其隐居地。2月7日，一举将“座山雕”等25个土匪全部活捉，创造了深入匪巢以少胜多的战斗范例。为此，团里给杨子荣记了三大功。2月23日，杨子荣在追剿残匪的战斗中英勇牺牲。东北军区司令部追授他

杨子荣烈士陵园

“特级侦察英雄”的光荣称号，其生前所在排被命名为“杨子荣排”。

杨子荣牺牲后，被安葬在海林市东山脚下，烈士墓前竖立一块 3 米多高的木碑。烈士墓碑经过多次修建，现全部采用花岗岩建制，墓长 2.5 米，宽 1.2 米，高 1 米，梯形造型，庄严肃穆，墓前立有“革命烈士杨子荣之墓”的墓碑，碑高 3.1 米，象征着杨子荣牺牲时 31 岁。

1998 年修建了由纪念馆通向烈士墓的 131 级花岗岩甬道台阶，寓意着英雄们奠基的祖国百年基业和杨子荣烈士牺牲时的 31 岁。1999 年在甬道下端两侧，修建了“小分队滑雪进山剿匪”和“活捉三代惯匪‘座山雕’”两面刨铜浮雕。2000 年修建了以东北白桦树和松树墩造型的杨子荣烈士陵园大门。

2003 年，重建杨子荣纪念馆，新馆建筑面积 2760 平方米，馆内设有序厅、陈列厅、声像影视厅、4D 影院，展示了杨子荣烈士的英勇事迹。

杨子荣烈士陵园为全国重点烈士纪念建筑物保护单位、全国爱国主义教育示范基地、国家 3A 级旅游景区。

杨子荣烈士墓及剿匪遗址

地址：黑龙江省牡丹江市海林市子荣街杨子荣烈士陵园内

海林市特产

有木耳、蘑菇、榛松子、薇菜、刺嫩芽等野生食用菌类和野果、山野菜等 100 余种；有山参、北芪、五味子、刺五加等中草药 200 多种。

景点链接

北国雪乡国家森林公园

位于牡丹江市海林市长青镇，面积 18.6 万公顷。园内有两座 1700 多米的高峰，年积雪期长达 7 个月，积雪最厚处近 2 米。由于这里地形独特，窝风朝阳，冬雪漫林间随物具形，千姿百态，因此有“中国雪乡”之美誉。

北国雪乡国家森林公园一景

海林威虎山影视城

位于牡丹江市海林市横道河子镇，1999 年正式建成，是为拍摄 20 集电视连续剧《林海雪原》而建的影视拍摄基地，为国家 3A 级旅游景区。

海林威虎山影视城

马骏故居和纪念馆

马骏故居和纪念馆位于黑龙江省牡丹江市宁安市宁安镇马骏街。故居为清代宁古塔典型四合院建筑；纪念馆为3层仿古式建筑，高33米、宽50米，造型古朴、典雅，邓颖超题写馆名。

马骏纪念馆为全国爱国主义教育示范基地、全国民族团结进步教育基地、黑龙江省国防教育基地。

马骏故居和纪念馆

地址： 黑龙江省牡丹江市宁安市宁安镇马骏街

电话： 0453-7625474

马骏纪念馆

马骏纪念馆陈列

马骏用过的木箱

人物介绍

马　骏

马骏（1895—1928），回族，吉林宁安（今属黑龙江省）人。1915年8月，马骏考入天津南开学校。1919年五四运动爆发后，参与领导天津学生总罢课，担任天津学生联合会副会长，积极声援北京学生的爱国运动。9月，与周恩来、邓颖超、郭隆真等发起组织觉悟社。同年11月，作为京津学生代表，赴上海参加全国各界联合会成立大会，被选为常务委员。1920年冬加入中国社会主义青年团，1921年冬加入中国共产党。入党不久，受党派遣回东北开展革命斗争，创建党的组织。1925年上海发生五卅惨案，他积极组织领导了声援上海工人的爱国运动。后被派往苏联学习。1927年7月大革命失败后，中共北方区组织被军阀张作霖严重破坏。正在莫斯科学习的马骏奉党组织调遣回国，担任中共北京市委副书记兼组织部部长。面对严重的白色恐怖，他不惧艰险，艰苦细致地开展党的秘密工作，恢复党的组织，宣传党的主张，坚定群众信心，继续坚持革命斗争。同年12月被捕。敌人许以高官厚禄，他说："叫我不宣传马列主义，不搞革命，这比太阳从西边出来还难！"在狱中，他威武不屈，受尽酷刑。1928年2月15日在北京英勇就义。

景点链接

镜泊湖风景名胜区

位于牡丹江市宁安市西南50公里处，由镜泊湖游览区、火山口原始森林自然保护区、唐代渤海国上京龙泉府遗址3部分组成。镜泊湖景区风韵奇秀，有"吊水楼"瀑布、大孤山、小孤山、白石砬子、城墙砬子、珍珠门、道士山等景点。

镜泊湖瀑布

火山口森林公园

位于牡丹江市宁安市境内的北湖临场，园内分布着7个直径70米至500米、深10米至一二百米大小不等的火山口森林景观。公园内树种繁多，有红松、鱼鳞松、落叶松、紫椴、黄菠萝、水曲柳、胡桃楸等，许多树高达50多米，树龄多在百年以上，有的树龄达600年以上。

宁安市土特产

山货类有人参、松茸、猴头、木耳等；水产类有镜泊湖虹鳟鱼、红尾鱼、三花五罗等；地产类有大蒜、兰岗西瓜、响水村大米等。

火山口森林公园景观

渤海国上京龙泉府故城

位于牡丹江市宁安市城区西南30余公里处，为唐代粟末靺鞨族为主体建立的区域性民族政权渤海国（公元698—926年）都城。该城远处四面环山，近处三面临水，可谓远山为屏，近水成堑。故城由外城（廓城）、内城（皇城）、宫城（紫禁城）及内苑等部分组成，为全国重点文物保护单位。

渤海国上京龙泉府故城一角

大庆油田历史陈列馆

大庆油田历史陈列馆位于黑龙江省大庆市萨尔图区中七路32号，是在大庆石油会战指挥部旧址基础上修建的，是我国第一个石油工业题材原址性纪念馆。

展馆占地面积15900平方米，陈展面积4200平方米，拥有藏品8000件，国家级文物212套件。展览分为松辽惊雷，油出大庆；艰苦创业，光辉历程；大庆赤子，油田脊梁；大庆精神，民族之魂；巨大贡献，卓越品牌；春风沐雨，光耀征程；油田・百年等展区。通过大量的照片、文献、实物、音像资料以及油画、雕塑、场景复原、多幕投影等表现形式，全面回顾了大庆油田的发展历程，系统展示了大庆油田的英雄群体、宝贵经验和为国家作出的巨大贡献，突出反映了“爱国、创业、求实、奉献”的大庆精神。

大庆油田历史陈列馆为全国爱国主义教育示范基地、国家4A级旅游景区、全国科普教育基地。

大庆油田历史陈列馆

地址：黑龙江省大庆市萨尔图区中七路32号

电话：0459-5813777
5806138

大庆油田历史陈列馆

大庆油田历史陈列馆场景展示

大庆油田历史陈列馆展厅

铁人王进喜纪念馆

铁人王进喜纪念馆

地址： 黑龙江省大庆市让胡路区世纪大道和铁人大道交会处

电话： 0459-5935111
5935100

铁人王进喜纪念馆位于黑龙江省大庆市让胡路区世纪大道和铁人大道交会处。馆区占地面积 11.6 公顷，主体建筑外形为“工人”二字组合，鸟瞰呈“工”字形，侧看为“人”字形。主体建筑高 47 米，正门台阶 47 级，寓意铁人 47 年不平凡的人生历程。建筑顶部为钻头造型，象征大庆油田奋发向上，积极进取。馆区正门伫立着铁人王进喜的大型花岗岩雕像，身穿羊皮袄，手握刹把，巍然挺立。

纪念馆展览以“爱国、创业、求实、奉献——石油魂”为主题，共分序厅、不屈的童年、赤诚报国、艰苦创业、科学求实、无悔奉献、鞠躬尽瘁、精神永存、尾厅 9 个部分。展出照片 494 张、文物（实物）953 件、文照 48 件、文献 184 件，辅

铁人王进喜纪念馆

王进喜用过的撬扛

之以大型群雕和纤维艺术铁人绣像软浮雕、大屏幕互动展示等，全面展现了铁人王进喜光辉的一生。

铁人王进喜纪念馆为全国爱国主义教育示范基地、国家 4A 级旅游景区、中国石油企业精神教育基地。

大庆市旅游景点推荐

大庆石油科技馆、大庆城市规划展示馆、大庆博物馆、大庆广播电视塔—城市森林公园、龙凤湿地自然保护区、黑龙江国际艺术村、黑鱼湖生态园等。

人物介绍

王进喜

王进喜（1923—1970），甘肃玉门人，中共党员。生前系中国石油大庆油田 1205 钻井队队长。王进喜是新中国第一代钻井工人。面对新中国成立之初石油短缺的局面，他以强烈的责任感，高昂的政治热情投入到为祖国找石油的工作之中。1958 年 9 月，他带领钻井队创造了当时月钻井进尺的全国最高纪录，荣获“钢铁钻井队”的称号。1960 年 3 月，他率队从玉门到大庆参加石油大会战，发扬“为国分忧，为民族争气”的爱国主义精神，为结束“洋油”时代而顽强拼搏。他组织全队职工把钻机化整为零，用“人拉肩扛”的方法搬运和安装钻机，奋战 3 天 3 夜把井架树立在荒原上。打第一口井时，为解决供水不足，王进喜带领工人破冰取水，“盆端桶提”运水保开钻。打第二口井时突然发生井喷，当时没有压井用的重晶石粉，王进喜决定用水泥代替；没有搅拌机，他不顾腿伤，带头跳进泥浆池里用身体搅拌，经全队工人奋战，终于制服井喷，被人们誉为“铁人”。由于长期积劳成疾，他身患胃癌，在病床上仍然关心着油田建设，直到生命最后一刻，1970 年 11 月病逝，年仅 47 岁。王进喜为我国石油工业的发展和社会主义建设作出突出贡献，留下宝贵的精神财富——铁人精神。他是中共第九届中央委员、第三届全国人大代表，被授予全国劳动模范等荣誉称号。

齐齐哈尔市江桥抗战纪念地

江桥抗战纪念地

地址： 黑龙江省齐齐哈尔市泰来县江桥蒙古族镇

江桥抗战纪念地位于黑龙江省齐齐哈尔市泰来县江桥蒙古族镇，总面积近10万平方米，主要有江桥抗战纪念碑、马占山铜像、反满抗日爱国志士伊作衡纪念碑、抗日爱国将领苏炳文纪念碑、江桥抗战纪念馆、江桥抗战无名勇士雕像、抗战十四年雕塑长廊，还有江桥抗战时期嫩江哈尔葛大桥（木桥）桥墩遗址，嫩江大桥（铁桥）桥墩、桥头碉堡遗址，日本占领时期江桥铁道守备队遗址，关东军驻江桥守备队大营碉堡、地下工事遗址等。

江桥即原嫩江哈尔葛大桥的简称，是洮（洮南）昂（昂昂溪）铁路的咽喉，南北交通要冲。1931年九一八事变后，日本侵略军占领了辽宁、吉林的大部分地区，欲侵占当时的黑龙江省会齐齐哈尔。1931年11月，黑龙江省代主席马占山率领江桥守军阻止日军北上。江桥抗战中，黑龙江军民在敌强我弱的情况下，浴血抗战，抵御外侮，表现了中华民族不屈不挠的爱国

江桥抗战纪念馆

江桥抗战纪念碑

主义精神，极大地鼓舞了全国人民的抗日斗志，对东北的抗日斗争发生了重要影响。

江桥抗战纪念地为黑龙江省爱国主义教育基地、黑龙江省级文物保护单位、国家3A级旅游景区。

马占山手书“还我河山”

中国人民解放军第四野战军前线指挥部旧址

中国人民解放军第四野战军前线指挥部旧址

地址： 黑龙江省哈尔滨市双城市昌盛街优干胡同6号

电话： 0451-53125726

中国人民解放军第四野战军（原东北民主联军）前线指挥部旧址位于黑龙江省哈尔滨市双城市昌盛街优干胡同6号。旧址占地面积5760平方米，分东西两院，东院为三合院，一正两厢各5间；西院为四合院，南、北、东、西各5间房围成一个院落。

全国抗日战争胜利后，基于东北地区的重要战略地位，党中央提出“向北发展，向南防御”的战略方针，作出建立巩固的东北根据地的战略部署。1945年11月，进入东北的部队同原东北的部队组成了东北人民自治军，由林彪任总司令，彭真、罗荣桓分别任第一、第二政治委员，司令部设在哈尔滨市辽阳街1号。1946年1月东北人民自治军改称东北民主联军。1946年10月，东北民主联军司令部前线指挥部由哈尔滨移驻双城东北隅该处宅院。1948年1月1日东北民主联军改编为东北人民解放军，其前线指挥部仍设在该院内。同年10月初，东北人民解放军前线指挥部南迁。

中国人民解放军第四野战军前线指挥部旧址纪念馆

中国人民解放军第四野战军前线指挥部机要处旧址

从 1946 年 10 月至 1948 年 10 月，东北民主联军即东北人民解放军前线指挥部在双城两年期间，先后指挥大小战斗、战役22次，有新开岭与三下江南、四保临江战役以及夏季、秋季、冬季三大攻势，将国民党军队围困在中长铁路沿线长春、沈阳、锦州等大城市狭小地域内，并在双城成功策划了历时 52 天、歼敌 47 万的辽沈战役。

1998 年，中国人民解放军第四野战军前线指挥部旧址纪念馆在此成立。纪念馆的基本陈列有：第四野战军将帅英雄谱、第四野战军战史展、司令部旧址陈列、机要处旧址陈列、伙房旧址陈列、警卫班旧址陈列等。

中国人民解放军第四野战军（原东北民主联军）前线指挥部旧址为黑龙江省级文物保护单位、黑龙江省爱国主义教育基地。

景点链接

合作化纪念馆

位于黑龙江省双城市希勤乡希勤村，因建国初期的农业合作化运动而得名。纪念馆主要介绍希勤村这一地区的合作化运动情况，现存档案 120 册，有建国初期到 20 世纪 90 年代的生产生活等文物 600 余件，历史照片 300 多张。

双城市饮食特色

双城市饮食以特色鲜明的龙江菜为主，满族、朝鲜族等少数民族饮食文化特色浓厚，传统火锅、杀猪菜、驴肉馆及鲜鱼馆等种类繁多，味道浓郁独特。

密山市中国空军诞生地——东北民主联军航空学校旧址纪念馆

中国空军诞生地——东北民主联军航空学校旧址纪念馆

地址：黑龙江省鸡西市密山市密山镇

密山市中国空军诞生地——东北民主联军航空学校旧址纪念馆简称东北老航校纪念馆，位于黑龙江省鸡西市密山市密山镇西 3 公里处。纪念馆占地面积 15000 平方米，建筑面积 1100 平方米，主体结构为上下两层，馆内设有 6 个展室。

1946 年 3 月 1 日，为培养飞行员、领航员和航空技术人员，为组建创办空军、发展航空工业奠定基础，东北民主联军航空学校（东北老航校）在吉林通化成立，这是中国共产党创办的第一所航空学校。1946 年 11 月，全校迁至东安（今密山），直至 1949 年 12 月。

东北老航校在创建时期条件非常艰苦。冬天，有的学员因为没有多余的钱去买一双棉鞋，在机场学习甚至都光着脚；吃的东西也经常是萝卜白菜、苞米楂子。建校时，各类器材的唯一来源，是靠老航校建设者们四处搜集。学校领导经常组织全校人员到各地搜集和运输器材。他们先后走遍了东北三省的 50 多个城镇和已有的机场，冒严寒卧冰雪，并随时准备与敌特土匪战斗。

在学习航空理论时，学员们因为文化程度很低，经常遇到困难，但大家发扬战场上冲锋陷阵的精神，刻苦钻研，总结出“勤观察、细体会、反复练、常总结”的学习方法，勤学苦练，很快掌握了飞行技术。连日本教员也感慨地说：“你们中国共产

东北老航校纪念馆

党人在这么困难的条件下搞飞行训练能取得这样的成绩，真是奇迹啊！”东北老航校培育出的团结战斗、艰苦创业、英勇献身的革命精神，是中华民族和中国人民自立自强精神的生动体现。

东北老航校纪念馆展出的飞机

东北老航校被誉为中国航空事业的摇篮，为祖国培养了大批飞行员、领航员、航空工程、通信、气象等各类航空技术人才，其中有 80 多位已成为我党我军及航空领域的领导和将领。

东北老航校纪念馆展出了不同型号的退役飞机 8 架和 17 个高级木雕飞机模型，展览通过珍贵资料、图片、实物等 800 余幅（件），反映了老航校的光辉历史。

东北老航校纪念馆为国家国防教育示范基地。

景点链接

蜂蜜山

位于密山市东南 39 公里处，海拔 577 米。这里山势陡峭，林木茂密，山顶奇石遍布，自然景观巧布其间，春、夏、秋、冬景色各异，气象万千。

北大荒书法长廊

位于密山市，距市区 10 公里，占地 12 万平方公里，由碑林、碑廊、碑刻等部分构成，收录了老一辈革命家、当代书法家作品 3000 余幅。

蜂蜜山景色

北大荒书法长廊牌楼

荷香园

位于密山市西南3公里处，占地面积33万平方米，园内荷塘面积300亩，有仿古建筑亭、榭、阁、桥，充满传统荷文化恬淡祥和景象。

荷香园

将军湖

位于密山市北13公里处，是1958年王震率转业官兵和知识青年兴建的，原名青年水库，方圆400平方公里，是当地著名的旅游景区。

将军湖

兴凯湖

位于密山市东南部，是由火山喷发、欧亚大陆板块与太平洋板块相撞造成地壳陷落而形成的内陆湖，1860年沙俄通过不平等的《北京条约》才使之变成界湖。

兴凯湖是满族祖先肃慎人的发祥地，“兴凯”是满语，意思是“水往低处流”。兴凯湖总面积约4380平方公里，是国家级自然保护区和国家地质公园，也是国际重要湿地和候鸟栖息地。

兴凯湖

密山市特色产品

古陶装饰画、铁浮雕装饰画、海东青（白尾海雕）等工艺品；野生山木耳、榛蘑、猴头、山野菜等诸多“东北山珍”和山参、刺五加、五味子等中草药；大兴凯湖秀丽白虾、小兴凯湖草虾和河虾及大白鱼（翘嘴红鲌）等水产品；“完达山”牌乳珍、牛初乳、奶酪、奶片等乳制品；白瓜子、黄豆、大米、玉米、红小豆、芸豆等农产品。

此外，通过密山口岸进入市场的俄罗斯产品较多，主要分为食品、日用品、工艺品三大类，有俄罗斯面粉、海鲜、啤酒、套娃、铜版画等。

北大荒开发纪念地

密山市北大荒开发建设纪念馆

北大荒开发建设纪念馆位于黑龙江省密山市农垦当壁镇兴凯湖旅游度假区内，占地面积2.28万平方米，分为纪念园区及馆内展厅两个部分。

纪念园区有纪念碑、五色土、花岗岩浮雕等。纪念碑两侧的花岗岩浮雕分别向人们展示了1958年王震率复员转业官兵刚到北大荒时杂草丛生、野兽出没的艰苦环境和1968年知青、支边青年来到北大荒时的情景。浮雕后面题写着一幅对联：密虎宝饶千里沃野变良田，完达山下英雄建国立家园。

纪念馆建筑外形设计独具创意，呈现"北大仓"三个字，寓意着原来的北大荒变成了现在的北大仓。展厅中央矗立着王震的汉白玉半身塑像，在塑像的下面安放着他的部分骨灰。馆内展厅分为5个部分：第一展厅：开国将军，拓荒先锋；第二展厅：英雄齐聚北大荒，艰苦创业立家园；第三展厅：中国北大荒，中华大粮仓；第四展厅：完达山下风光美，兴凯湖畔渔米香；第五展厅：亲切的关怀，巨大的鼓舞。

北大荒开发建设纪念馆

地址：黑龙江省密山市农垦当壁镇兴凯湖旅游度假区内

北大荒开发建设纪念馆

> **密山市旅游景点推荐**
>
> 农垦当壁镇兴凯湖旅游度假区、千岛林湿地景区、青山湖旅游区、北大荒海林北欧度假村、北大荒宁安北欧花园度假村等。

双鸭山市友谊县友谊农场

友谊农场位于广袤、美丽的黑龙江三江平原腹地，东与宝清县为邻，西与集贤县接壤，南依双鸭山市，北临富锦市。主要包括北大荒农机博览园、友谊博物馆、中苏友谊纪念碑、王正林纪念碑、友谊建场升旗旧址等景点。

■ 北大荒农机博览园

北大荒农机博览园位于友谊农场场部西侧 2 公里处，建于 2009 年，占地面积为 35 万平方米。园内展有北大荒开发建设 60 多年来所使用过的农机具 150 余台件及当今世界上最先进的农业机械，介绍了北大荒农机发展和开发建设、由机械化向现代化转变、从现代化向精准信息化方向迈进的历史。

■ 友谊博物馆

友谊博物馆位于友谊农场场部内，以实物、雕塑、历史照片、微缩景观、大型沙盘等多种表现形式陈展文物 4000 余件，全面展示友谊地区从汉魏时期至今 1800 年间的历史进程。该博物馆以历史发展为主线，以人物和古今垦荒为重点，集中反映了汉魏时期挹娄人繁衍生息、肇兴强盛的历史，中苏专家携手建设友谊农场的史实，转业官兵及支边、知识青年开发建设北大荒艰苦创业的历程，以及友谊地区现代农业建设成就。

■ 中苏友谊纪念碑

位于友谊农场场直公园西侧。1954 年，苏联党政代表团在新中国国庆 5 周年之际，送给我国建设 2 万公顷土地的谷物国营农场的全部设备，并于 1955 年 5 月帮助中国进行勘测、开荒、建场。为纪念这一伟大的友谊，特立此碑。

友谊博物馆

中苏友谊纪念碑

王正林纪念碑

王正林纪念碑位于友谊农场场直公园东侧。1954 年秋，王正林任友谊农场副场长兼农业总技师，参加农场组建工作。他带领群众艰苦创业，当年开荒 40 万亩，比计划超额 10 万亩。多年来，王正林以忘我精神不断探索，锐意改革，为办好中国第一个国营大型农场作出了重要贡献。他逝世后，垦区广大群众自愿集资建起一座“王正林同志纪念碑”。

友谊建场升旗旧址

升旗旧址位于友谊农场场部内。1954 年 12 月 7 日，国务院常务会议通过关于建设国营友谊农场的决定，并指定场址设在黑龙江省集贤县三道岗地区，任命王操犁（时任黑龙江省农业厅厅长）为场长。经过勘测设计，选定三道岗东北 8 公里处作为农场场部，于 12 月 21 日举行升旗仪式，标志着友谊农场的成立。

友谊建场升旗旧址

友谊农场有生态自然景区和历史人文景区，有省级自然保护区三环泡、黑鱼泡 4593 公顷，保护区内有国家级保护动物和鸟类 40 余种。农场生态环境良好，空气爽朗，每到夏秋两季瓜果飘香，金染大地，景色独特。

友谊农场

地址： 黑龙江省双鸭山市友谊县

电话： 0469-5852880

友谊农场土特产品

主要有四粒红花生，北大荒烤鹅系列，龙谊面粉系列，野生蘑菇、木耳、山野菜等。

地域特色

友谊农场境内生活着满族、朝鲜族、回族、蒙古族等多个少数民族。其中，人口最多、分布最广的是满族和朝鲜族，两个民族的文化也是当地最具特色、最有代表性的。

为了让更多的游客体会、了解这一地区的少数民族风情，友谊农场精心编排了具有满族和朝鲜族特色的舞蹈、演唱等文艺节目。

鸡西市侵华日军虎头要塞遗址

侵华日军虎头要塞遗址

地址：黑龙江省鸡西市虎林市虎头镇

侵华日军虎头要塞遗址位于黑龙江省鸡西市虎林市虎头镇。

侵华日军虎头要塞是日本关东军在中国东北的一个军事基地，修建于1934年至1939年，动用了数万名中国劳工。虎头要塞西起火石山，东至乌苏里江，与俄罗斯的伊曼隔岸相望，南起边连子山，北至虎北山。虎头要塞中心区域正面宽12公里，纵深6公里。在此方圆数十公里的范围内，共有大小十余处要塞，由猛虎山、虎北山、虎东山、虎西山、虎啸山五个阵地组成。其中，猛虎山是主要阵地，虎东山、虎北山为其两翼前沿阵地，虎西山、虎啸山为第二线阵地。地下工事以猛虎山为中心，包括指挥所、通讯室、士兵休息室、伙房、浴池、粮库、弹药库、发电所等，并有竖井直通山顶观测所。1945年8月，苏联远东第一方面军经过激战，攻克虎头要塞。

虎头要塞遗址包括地下通道3800米，房间8处，文物2000余件，并在遗址上建成了侵华日军虎头要塞遗址博物馆。该馆占地2.8万平方米，2001年8月15日正式对外开放，地上和地

侵华日军虎头要塞遗址博物馆

侵华日军虎头要塞遗址博物馆展陈

侵华日军虎头要塞地下设施

下相结合，主要展出虎头要塞相关资料和图片。

侵华日军虎头要塞遗址为全国重点文物保护单位、全国爱国主义教育示范基地、国家 3A 级旅游景区。

景点链接

月牙湖

月牙湖位于虎林市城东 50 公里，虎头镇西 18 公里处，总面积 5000 多亩，因形似一钩弯月而得名。这里林木茂盛，水鸟众多，湖东南部与乌苏里江相通。

月牙湖

珍宝岛

珍宝岛面积为 0.74 平方公里，1924 年因岛上有几位老人居住捕鱼，故称翁岛。因该岛的形状似元宝，1961 年边界堪察时定名为珍宝岛。珍宝岛在乌苏里江主航线我方一侧，自古以来是中国的领土。1969 年 3 月，苏联军队进入乌苏里江主航道中国一侧的珍宝岛，造成严重流血事件。现岛上建有珍宝岛纪念馆。

珍宝岛

关帝庙

关帝庙

虎头关帝庙位于虎头旅游风景区内的乌苏里江畔，始建于清雍正年间，是鸡西地区保存较为完整的古建筑遗址。

虎林口岸

虎林口岸位于虎林市区东南 58 公里处，与俄罗斯马尔科沃口岸对应，1993 年正式开通。口岸建有目前中俄边界上最大的公路桥梁——松阿察界河大桥（长 207.08 米，宽 13.96 米），可全天候均衡过货，年过货能力达 260 万吨。

虎林口岸

地域文化特色

●赫哲文化

乌苏里江是肃慎、女真人发祥地，赫哲人是其后裔。他们的白桦皮工艺品和鱼皮服饰代代相传。赫哲族虽人口稀少，但游牧渔猎的生活习性使他们能够抵抗恶劣的自然环境，散居在乌苏里江流域长达几千年。他们的渔猎文化、放山文化以及建筑风格仍在虎林流传。现在的人们上山作业、下江捕鱼仍沿袭赫哲族人古老的生存方式和方法。

●垦荒文化

在社会主义建设时期，虎林人民与十万转业官兵、支边青年一起，经过艰苦卓绝的努力拼搏，以铁人的意志与旱霜冰雹、水灾旱灾等自然灾害进行了顽强的抗争，在苍茫荒原上开垦了万顷良田，磨炼出了不朽的垦荒文化。

●知青文化

虎林是北大荒精神的发源地之一。1969 年，3000 余名知识青年响应党中央上山下乡的号召，从祖国各地来到边陲虎林，把青春和生命融入了这片荒原。在那段激情燃烧的岁月里，拓荒人承受了难以想象的艰难困苦，战天斗地，把亘古荒原变成了良田万顷的全国产粮大县，创造出带有军旅气息的知青文化。

牡丹江市侵华日军东宁要塞遗址

侵华日军东宁要塞遗址

地址：黑龙江省牡丹江市东宁县三岔口镇

侵华日军东宁要塞遗址位于黑龙江省牡丹江市东宁县三岔口镇南 9 公里处，由侵华日军东宁要塞群遗址、要塞历史陈列馆、要塞和平广场、苏联红军烈士纪念碑等组成。

东宁要塞遗址洞内面积约 7 万平方米，要塞历史陈列馆建筑面积 1200 平方米，和平广场（陈列馆前）及其它占地面积 37000 平方米。遗址分山上、山下两部分，山上为要塞部分，山下为历史陈列馆。

东宁要塞遗址是侵华日军为实施“北进”，即进攻苏联计划而修筑的，主要分布于东宁县三岔口镇、东宁镇中俄边境的中方一带，主体工事建于 1934 年至 1937 年。1933 年 1 月日本关东军占领东宁后，便开始谋划修筑边境要塞。从南部的吉林珲春接壤的白刀山子开始至北部二段林场的大石砬子，南北 90 多公里，纵深从边境至西部的老黑山 50 多公里，总面积 4500 多平方公里，是攻防兼备的北满永久要塞、筑垒地域和当年日军在中苏边境上对苏作战的主阵地之一。主要遗址有：勋山、胜哄山、朝日山、236 高地、麻达山、409 高地、三角山、北天山、南天山、十八盘等要塞阵地，其地下、地上工事有甬

侵华日军东宁要塞勋山要塞远景

侵华日军东宁要塞勋山要塞炮口

侵华日军东宁要塞胜哄山要塞地下通道

道、通风井、仓储室、兵舍、碉堡、炮台、掩蔽部、防坦克壕、战壕、交通壕等。1945 年 8 月，苏军出兵东北，将要塞各工事全部摧毁。

侵华日军东宁要塞遗址为全国爱国主义教育示范基地、全国重点文物保护单位、国家 4A 级旅游景区。

东宁特产

龙江苹果梨、松茸、珍菇、滩头鱼、木耳、东宁大米、松子、人参、鹿茸、薇菜、蕨菜、刺五加等。

景点链接

东宁口岸

东宁口岸是我国距俄罗斯远东最大港口城市——符拉迪沃斯托克最近的一级陆路口岸，与俄罗斯铁路相通，又是中俄水陆联运的最佳路线。1990 年正式开放。

东宁口岸

东宁宝玉石城

东宁宝玉石城

东宁宝玉石城位于黑龙江省东宁县，占地 21 万平方米，是黑龙江省珠宝玉石产业基地、东北亚宝玉石毛料集散中心和成品批发市场。

绥芬河市秘密交通线纪念馆

绥芬河市秘密交通线纪念馆

地址： 黑龙江省绥芬河市梨树街 2 号

绥芬河市秘密交通线纪念馆位于黑龙江省绥芬河市梨树街 2 号铁路大白楼。

铁路大白楼始建于 1913 年，是中东铁路的附属性建筑，占地面积 1165 平方米，为长方环形二层楼房，中间有天井。原为绥芬河铁路交涉分局总理委员官邸，俗称“大白楼”。

纪念馆现有馆藏资料 1000 多万字，图片 20000 多张，文物 500 余件，其中一级文物 188 件，三级文物 18 件。展览以丰富的资料和珍贵的图片、历史文物等展示了绥芬河秘密交通线的历史作用。

纪念馆展览主要分为“绥芬河红色国际通道”和“中共六大”两大部分。“绥芬河红色国际通道”展览以红色中东路为主线，以绥芬河地下交通站为切入点，再现了党的国际地下交通站、交通

“绥芬河红色国际通道”展览

绥芬河市秘密交通线纪念馆

“中共六大”展览

中共六大用过的打字机

员艰苦卓绝的斗争故事。同时，在当年李大钊、周恩来等途经绥芬河时居住过的二楼几个房间辟建了展室，以缅怀革命先辈为中国革命建立的丰功伟绩。“中共六大”展览展示了中共六大召开前的中国革命形势，中共六大的酝酿和召开过程，大会代表从绥芬河出入境情况，中共六大解决的问题和重要历史作用等。

1928 年，在白色恐怖形势下，中国共产党第六次全国代表大会在苏联首都莫斯科召开。中共六大代表主要是在哈尔滨秘密接待站统一安排下，经绥芬河、满洲里地下交通站赴苏和回国的。据不完全考证，从绥芬河出境的中共六大代表有瞿秋白、蔡畅等 19 人。从绥芬河入境的中共六大代表有周恩来、邓颖超、李立三、蔡畅、邓中夏、杨之华、向忠发、张国焘等 51 人。绥芬河地下交通站为掩护中共六大代表平安往返做了大量工作，为中共六大顺利召开作出了重要贡献。

绥芬河市秘密交通线纪念馆为全国爱国主义教育示范基地。

景点链接

共产国际地下交通站旧址——欧罗巴旅馆

位于绥芬河市迎新街 63 号。欧罗巴旅馆约建于 1916 年，初为俄国人经营，后来共产国际派人在此处以经营旅馆为掩护设立国际交通站。

欧罗巴旅馆

绥芬河国门旅游景区

绥芬河国门位于天长山脚下的小绥芬河南峰，总体造型为火箭发射架，四角矗立象征腾飞。中间通道洞开，宽敞明亮，两侧为三角形磨光花岗岩石墙。绥芬河国门于 1991 年启用，整个游览区占地面积 16 万平方米，是绥芬河市著名的旅游观光地。

绥芬河口岸

全国红色旅游经典景区

上海市

P311-342

上海市红色旅游地图

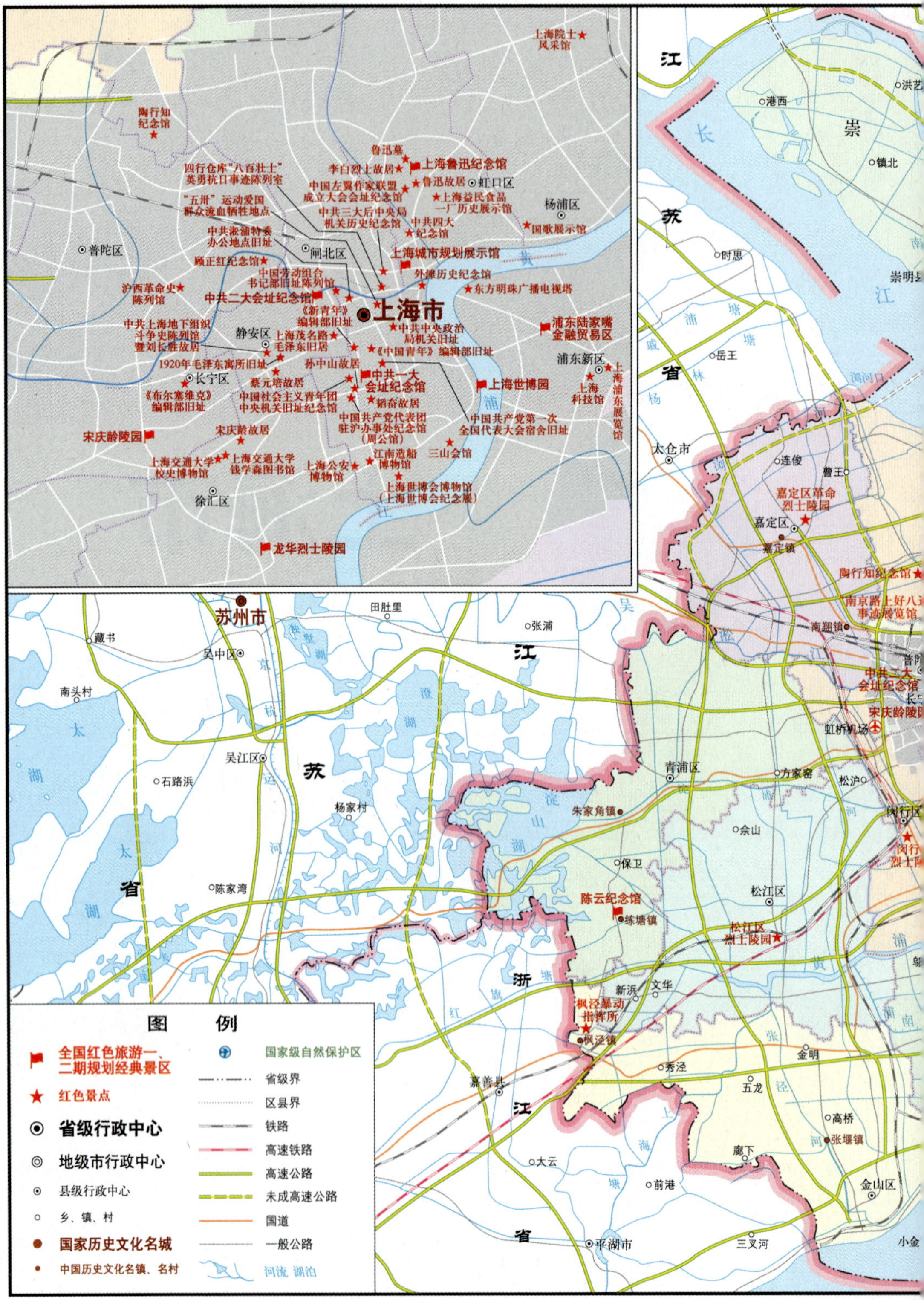

上海院士风采馆
陶行知纪念馆
四行仓库"八百壮士"英勇抗日事迹陈列室
"五卅"运动爱国群众流血牺牲地点
中共淞浦特委办公地点旧址
顾正红纪念馆
沪西革命史陈列馆
中共上海地下组织斗争史陈列馆暨刘长胜故居
1920年毛泽东寓所旧址
《布尔塞维克》编辑部旧址
宋庆龄陵园
宋庆龄故居
上海交通大学校史博物馆
上海交通大学钱学森图书馆
徐汇区
龙华烈士陵园
普陀区
闸北区
静安区
长宁区
鲁迅墓
李白烈士故居
上海鲁迅纪念馆
鲁迅故居
虹口区
中国左翼作家联盟成立大会会址纪念馆
上海益民食品一厂历史展示馆
中共三大后中央局机关历史纪念馆
中共四大纪念馆
杨浦区
国歌展示馆
上海城市规划展示馆
外滩历史纪念馆
东方明珠广播电视塔
中国劳动组合书记部旧址陈列馆
中共二大会址纪念馆
《新青年》编辑部旧址
上海市
中共中央政治局机关旧址
上海茂名路毛泽东旧居
《中国青年》编辑部旧址
孙中山故居
中共一大会址纪念馆
蔡元培故居
中国社会主义青年团中央机关旧址纪念馆
韬奋故居
中国共产党代表团驻沪办事处纪念馆（周公馆）
中国共产党第一次全国代表大会宿舍旧址
上海公安博物馆
江南造船博物馆
三山会馆
上海世博会博物馆（上海世博会纪念展）
上海世博园
浦东陆家嘴金融贸易区
浦东新区
上海科技馆
上海浦东展览馆
江 苏 省
长 江
崇
港西
镇北
洪
崇明
时思
岳王
浦
塘
城
林
杨
太仓市
连俊
曹王
嘉定区革命烈士陵园
嘉定区
嘉定镇
陶行知纪念馆
南京路上好八连事迹展览馆
南翔镇
中共二大会址纪念馆
宋庆龄陵园
虹桥机场
苏州市
田肚里
张浦
藏书
吴中区
南头村
太 湖
吴江区
石路浜
杨家村
陈家湾
淀山湖
青浦区
方家窑
松沪
闵行区
朱家角镇
佘山
保卫
松江区
陈云纪念馆
练塘镇
松江区烈士陵园
浙 江 省
新浜
文华
枫泾暴动指挥所
枫泾镇
金明
秀泾
五龙
嘉善县
高桥
张堰镇
大云
廊下
前港
金山区
平湖市
三叉河
小金
图 例
全国红色旅游一、二期规划经典景区
红色景点
省级行政中心
地级市行政中心
县级行政中心
乡、镇、村
国家历史文化名城
中国历史文化名镇、名村
国家级自然保护区
省级界
区县界
铁路
高速铁路
高速公路
未成高速公路
国道
一般公路
河流 湖泊

江苏省
协南
启东市
惠丰
惠萍
兴隆沙
黄海
明
新建
港沿
新河
崇明县烈士馆
岛
向化
红星
灯塔
东滩鸟类
长
江
口
佘山
宝山区
上海淞沪抗战纪念馆
海军上海博览馆
九段沙湿地
长
兴
岛
横沙岛
高桥烈士陵园
高桥镇
上海院士风采馆
上海市
上海鲁迅纪念馆
闸北区
虹口区
杨浦区
上海城市规划展示馆
浦东陆家嘴金融贸易区
静安区
浦东新区
上海世博园
中共一大会址纪念馆
龙华烈士陵园
黄炎培故居
张闻天故居
浦东机场
浦江
永新
新场镇
三墩
路北
南行
蔡桥
分水墩
奉贤区烈士陵园
中共奉贤县委旧址
奉贤区
奉城
石南
南桥
共耕
星丝
东
海
大
戢
洋
大戢山
北鼎星
金鸡山
泗礁山
嵊泗县
马迹山
小戢山
杭
州
湾
崎
岖
列
岛
嵊
泗
列
岛
1：680 000
0
6.8
13.6
20.4
27.2
34.0km

上海红色旅游系列景区

中国共产党第一次全国代表大会会址纪念馆

中国共产党第一次全国代表大会会址位于上海市黄浦区兴业路 76 号，原为法租界望志路 106 号，是风韵古朴的旧式石库门建筑，建成不久即被李书城、李汉俊兄弟租为寓所，人称“李公馆”。

1921 年 7 月 23 日晚，来自国内各地党组织和旅日党组织的 13 名中共一大代表在这座小楼秘密召开了中国共产党第一次全国代表大会。他们是：上海的李达、李汉俊，武汉的董必武、陈潭秋，长沙的毛泽东、何叔衡，济南的王尽美、邓恩铭，北京的张国焘、刘仁静，广州的陈公博，旅日的周佛海，以及由陈独秀指定的代表包惠僧，他们代表着 50 多名党员。此外，共产国际代表马林、尼克尔斯基也参加了大会。7 月 30 日，会场受到法租界巡捕房的注意和搜查，于是，代表们分批转移到浙江嘉兴南湖，在一艘游船上召开了最后一天的会议。中共一大制定并通过了中国共产党的第一个纲领，选举产生了党的中央领导机构，宣告了中国共产党的诞生。

如今，纪念馆在原会址的基础上，按照原貌进行修葺，呈现了中西合璧式的建

中共一大会址

中共一大会址纪念馆陈列

筑风格：青黛色的外墙镶嵌着红色的砖石，黑漆大门配着一对沉甸甸的铜环，门框四周用米黄色石条围成，砇红色的“铿锵玫瑰”在门楣上怒放，和谐朴实而不失典雅。

纪念馆主要分为两大部分：一为《中国共产党创建历史文物陈列》展览厅，二为一大原址。馆内文物丰富，在这里，既可以看到一大代表的生平照片和根据当时场景复制的蜡像，还可以看到建党时珍贵的文物、文献等数百件展品。一大开会的会议室，按照当年式样摆设布置，让人如临其境。

中共一大会址为全国重点文物保护单位，纪念馆为全国爱国主义教育示范基地。

景点链接

中国社会主义青年团中央机关旧址纪念馆

中国社会主义青年团中央机关旧址纪念馆为两层砖木结构石库门建筑。1920年，在上海共产党早期组织领导人陈独秀倡导下，俞秀松、袁振英等8人在此成立上海社会主义青年团。纪念馆分为序厅、中国青年英模展厅、上海青年运动史展厅、“渔阳里”历史展厅和旧址五个部分，讲述了中国青年为中华之崛起而奋斗的艰辛历程。

中国共产党成立的意义

中国共产党的成立，是近代中国革命历史上划时代的里程碑，是中国历史上开天辟地的大事件。虽然它刚成立时在中国政治舞台上还是一个很小的政党，但它所提出的纲领和奋斗目标，代表着中国社会发展的正确方向，代表着中国无产阶级和其他广大劳动群众的根本利益。因此，它从诞生之日起，就充满着勃勃生机和活力，预示着中国的光明和希望。它满怀信心地以改造中国为己任，它为根本改变中国各族人民被剥削、被压迫的状况，实现民族独立、人民解放和国家富强，开始了不屈不挠、艰苦卓绝的斗争历程，中国革命的面貌从此焕然一新。

中国共产党第一次全国代表大会会址纪念馆

地址：上海市黄浦区兴业路76号

电话：021-53832171

中国社会主义青年团中央机关旧址纪念馆

地址：上海市黄浦区淮海中路567弄1—6号

电话：021-53823370

中国共产党代表团驻沪办事处（周公馆）旧址
地址：上海市黄浦区思南路73号
电话：021-64730420

中国共产党代表团驻沪办事处（周公馆）旧址

一座见证历史的三层花园别墅，因对外称为周恩来府邸，所以又称周公馆。解放战争时期，周恩来在这里接待过美国总统特使马歇尔，与国民党政府代表邵力子、吴铁城及第三方面代表沈钧儒、黄炎培等讨论时局，交换意见，还举行过中外记者招待会。

中国共产党代表团驻沪办事处（周公馆）旧址

上海孙中山故居
地址：上海市黄浦区香山路7号
电话：021-54659050

韬奋故居

上海孙中山故居

上海孙中山故居为一幢欧式洋房，有主楼、辅楼各一幢，毗邻相连。室内陈设按照宋庆龄生前回忆布置，绝大部分是原物。

上海孙中山故居

韬奋故居
地址：上海市黄浦区重庆南路205弄54号
电话：021-63842811

韬奋故居

韬奋故居为三层新式里弄建筑，1930年至1936年邹韬奋居住于此。现室内陈列的都是原物。旁边53号是介绍邹韬奋思想发展和奋斗历程的韬奋纪念馆。

新天地

上海新旧与中西结合的时尚地标之一，分“南里”和“北里”两部分。北里皆是20世纪初的石库门老建筑，内部则被改造成极富情调的餐厅、酒吧、咖啡馆等。南里则耸立着一座巨大的集逛街、吃饭、看电影等消费娱乐方式为一体的精致商厦。

新天地
地址：上海市黄浦区太仓路

餐饮资讯

透明思考 TMSK

一楼酒吧幽雅宁静，二楼餐厅选用黑色骨瓷餐具，配着优雅的中国民乐，环境宜人。

透明思考 TMSK
地址：上海市黄浦区太仓路181弄新天地北里11号2单元
电话：021-63262227

兰亭餐厅

颇有人气的上海本帮餐厅，菜肴多是旧时沪上特色，忆旧味道十足。

兰亭餐厅
地址：上海市黄浦区嵩山路107号
电话：021-53069650

龙华烈士陵园

龙华烈士陵园位于上海市徐汇区龙华西路180号。

1950年，上海市人民政府根据多方提供的线索，在龙华原国民党淞沪警备司令部旧址附近挖掘出一批遗骸和遗物。经鉴定，证实这里就是1931年2月7日林育南、何孟雄、李求实等24位烈士的遇难地。为纪念先烈，经中央批准，上海市规划建设龙华烈士陵园。1995年7月1日，陵园建成对社会开放，邓小平为龙华烈士陵园题写园名。1997年5月28日，专题人物纪念馆开馆，陈云题写“龙华烈士纪念馆”馆名。

龙华烈士陵园分为主题纪念园区、专题人物纪念馆、历史遗址三个部分，占地近20万平方米。主题纪念园区由纪念瞻仰区、纪念雕塑、龙华碑苑、烈士墓区构成，园区内四季绿草茵茵，松柏常青，涌泉水幕，鲜花盛开。

入口广场、园名牌楼、纪念广场、纪念碑构成了主题纪念园区的纪念瞻仰区。这一区域以其庄重大气和富有时代气息的风格，营造出陵园独特的纪念氛围，既是陵园的纪念活动中心，也是广场文化的活动中心。

大型纪念雕塑有十余组，内容创意源自上海100多年来的一些重大历史事件，这些雕塑散列于园内各处，构成又一独特景观。

龙华碑苑由镌刻先烈诗文的碑石、碑亭、碑廊、碑壁等构成，碑苑书法部分沿用烈士手迹，余者皆以楷、行、隶、草、篆等风格各异的书法艺术，刊刻于亭、廊、壁、石之上，和烈士诗文意境珠联璧合，相映成辉。

烈士墓区由烈士墓、烈士纪念堂和无

龙华烈士陵园纪念碑

名烈士墓组成。在这里安息着1700余位牺牲于不同时期的烈士。无名烈士墓正前方的长明火坛，昼夜燃烧的熊熊火焰，象征着烈士精神生生不息。

龙华烈士陵园雕塑

龙华烈士纪念馆陈展面积5000平方米。馆内有基本陈列《丹心碧血为人民——上海革命烈士革命先驱英雄业绩展览》，展览共分7个展厅，以1000余件文物、文献和照片，陈列和展出了自1840年以来为中国的独立、自由、解放、建设而献身的235位革命英烈的英雄事迹。另有陈展面积达600余平方米的专题展厅，常年展出各种专题展览。

历史遗址即龙华革命烈士纪念地，由原国民党淞沪警备司令部旧址和龙华革命烈士就义地两部分组成，曾有宣中华、孙炳文、陈延年、赵世炎、罗亦农、彭湃及“龙华二十四烈士”等许多共产党人和革命志士在这里被拘禁和就义。

龙华革命烈士纪念地为全国重点文物保护单位，龙华烈士陵园为全国爱国主义教育示范基地。

龙华烈士陵园
地址： 上海市徐汇区龙华西路180号
电话： 021-64685995

景点链接

龙华寺

龙华寺是上海地区历史最久、规模最大的古刹，距今已有1700多年历史，现存寺院为清光绪年间重建，是由古寺、古塔、龙华庙会、龙华晚钟等组成的旅游景点。

龙华寺
地址： 上海市徐汇区龙华路2853号
电话： 021-64566085

上海植物园
地址：上海市徐汇区龙吴路 1111 号
电话：021-54363369

上海植物园

上海植物园是一个以植物引种驯化和展示、园艺研究及科普教育为主的综合性植物园。植物园内盆景园、展览温室和兰室在国内外享有较高的知名度。温室内展示了世界各地的植物，近 3500 余种。

黄道婆纪念馆
地址：上海市徐汇区华泾镇东湾村徐梅路 700 号
电话：021-64963328

黄道婆纪念馆

黄道婆纪念馆与清幽古朴的黄道婆墓相邻相伴。建筑面积约300平方米，院内矗立着2.2米的黄道婆塑像。内设三个展馆，分别展示黄道婆的生平事迹及功绩、不同时期的纺织工具和棉纺织品，有不少明清时期保留下来的珍品。

黄道婆纪念馆

餐饮资讯

扎西达娲西域风情演艺餐厅
地址：上海市徐汇区天钥桥路 666 号体育馆 5 号阶梯下
电话：021-64265576

扎西达娲西域风情演艺餐厅

极有特色的西藏风情主题餐厅，晚上有热情洋溢的歌舞表演，气氛活跃，人气颇高。

一品粤珍
地址：上海市徐汇区龙华路 2577 号创意大院内
电话：021-64687877

一品粤珍

知名粤菜馆，最有特色的是茶饮和点心。正餐以海鲜料理最为出名。

龙华素斋馆
地址：上海市徐汇区龙华路 2853 号龙华寺内
电话：021-64574805

龙华素斋馆

因在龙华寺内使游人便于前往，其素面味美量足，并有各式素点心、八宝饭、凤梨酥等供应。

中华人民共和国名誉主席宋庆龄陵园

中华人民共和国名誉主席宋庆龄陵园位于上海市长宁区宋园路 21 号。陵园初名为万国公墓，1984 年改为中华人民共和国名誉主席宋庆龄陵园。整个陵园由宋庆龄纪念设施、名人墓区和外籍人墓区以及上海儿童博物馆四个区域组成。

在通往陵园的大道上，耸立着一块用青黑色花岗岩制成的宋庆龄纪念碑，上面镌刻着邓小平的题词：爱国主义、民主主义、国际主义、共产主义的伟大战士宋庆龄同志永垂不朽！纪念碑的背面镌刻着 3000 余字的碑文，概括并高度评价了宋庆龄光辉的一生。

陵园的北端，宋庆龄的汉白玉雕像坐落在鲜花丛中，头挽发髻，面含微笑，双目炯炯有神，双手自然交叉在膝上，背衬着挺拔青翠的松柏，更显出宋庆龄如玉般的典雅气质。走过雕像，就是宋庆龄的墓地。宋庆龄父母合葬的墓居中，宋庆龄与其保姆李燕娥的墓分东西两旁。墓地四周植满了丁香、玉兰、紫薇、杜鹃等宋庆龄生前喜爱的花卉。

宋庆龄纪念馆分别以出身宋氏家族、矢志民主革命、为新中国奋斗、缔造民族未来、致力世界和平与闪耀千秋光华六个部分，全面展示了宋庆龄的瑰丽人生。展览汇集了宋庆龄生前照片、文物等展品 200 多件，图像资料 1000 多件和 50 多段宋庆龄影像资料，是目前国内拥有史料最多、信息量最大的宋庆龄陈列。

上海儿童博物馆位于宋庆龄陵园东南部，由综合楼、航天馆、航海馆、环幕电影厅四部分组成。

宋氏墓地两侧分别为名人墓区和外籍人墓区，分别安葬有 20 余位国内名人和 600 余位外籍名人，为开展爱国主义和国际主义教育的场所。

宋庆龄陵园为全国重点文物保护单位、全国爱国主义教育示范基地。

中华人民共和国名誉主席宋庆龄陵园

地址：上海市长宁区宋园路 21 号

电话：021-62783104

宋庆龄纪念广场

宋庆龄纪念馆

景点链接

徐家汇景区

徐家汇景区
地址：上海市徐汇区宛平路、宜山路、广元路、零陵路区块内
电话：021-64683330

徐家汇的形成可上溯至明代，著名科学家徐光启曾在此建农庄，后渐成集镇。景区内有远东第一大教堂徐家汇天主堂、有 140 多年历史的徐家汇观象台、上海现存最早的近代图书馆徐家汇藏书楼、中国最早按西洋办学模式设立的学校徐汇公学等历史建筑，同时徐家汇地区也是上海的商业中心之一。

红坊创意园区

红坊创意园区
地址：上海市长宁区淮海西路 570 号

原为上钢十厂旧址，如今华丽转身，成为上海城雕中心和创意园区。

餐饮资讯

九兴里经典本帮餐厅

九兴里经典本帮餐厅
地址：上海市长宁区古羊路 316 号
电话：4006119971

步入九兴里餐厅，仿佛来到了上海的老弄堂，旧上海的奢华古典在这里被演绎得淋漓尽致。

大风车私家菜馆

大风车私家菜馆
地址：上海市长宁区虹桥路 1440 号申康宾馆内
电话：021-62197514

原为美国“飞虎队”陈纳德将军和夫人陈香梅的旧居。作为花园 1 号洋房，和其他 10 幢类似风格的西班牙洋房组成了独具风韵的陈氏花园，餐厅内满是怀旧气息。

陈云纪念馆

陈云纪念馆原名陈云故居暨青浦革命历史纪念馆，2013年更名为陈云纪念馆。该馆位于上海西郊青浦练塘，北依市河，南临西塘港，既富江南水乡民居风格，又具现代纪念场馆气息，朴素而庄重。

陈云自幼失去双亲，被舅父母收养。陈云故居即陈云舅父母家。1911年至1919年，陈云在此生活了8年。1984年，陈云故居按原状修复。故居内陈列了少年陈云用过的物品、相关人物照片以及故居修复的专题图片展，基本保持了当年原貌，较为全面地展示了陈云在练塘成长的历史情景。

1995年陈云去世后，在他的家乡建立了纪念馆。2000年6月6日，纪念馆建成并对外开放。这是系统展示陈云生平业绩的传记性专馆，占地52亩，建筑面积5000多平方米，由铜像广场、主馆、故居、长春园和碑廊等组成。

主馆的一层和二层分四个展厅，以照片、文献、实物、文摘为主，辅以油画、蜡像、场景复制和多媒体等现代手段，再现了陈云光辉的一生。主馆的地下层是青浦革命历史纪念馆，展示了青浦人民在中国共产党领导下的革命斗争历史和建设成就。长春园位于陈云故居东面，园内的陈设保持了历史原貌，陈列了“陈云与评弹”专题展览，复原了“长春园”评弹书场。“永恒的怀念”专题陈列，展示了各界干部群众追思陈云业绩、学习陈云思想、传承陈云风范的活动。陈云手迹碑廊，展示了80幅陈云在各个历史时期手书的墨迹以及党和国家领导人的题词等。

陈云纪念馆为全国爱国主义教育示范基地。

陈云纪念馆

地址：上海市青浦区练塘镇朱枫公路3516号

电话：021-59255052

陈云纪念馆

人物介绍

陈　云

陈云（1905—1995），上海青浦人。1925年加入中国共产党。同年参加五卅运动，8月起，任商务印书馆发行所职工会委员长。后历任中共青浦县委书记、淞浦特委组织部部长，中共江苏省委沪宁巡视员、省委军委委员、省委常委兼农委书记，中共上海闸北、法南区委书记和江苏省委组织部部长、省委书记等职。1931年至1934年任中共临时中央政治局成员。1934年参加长征。1935年10月入莫斯科列宁学校学习。1937年4月回国，任中共中央驻新疆代表。1937年11月到延安，任中共中央书记处书记、中共中央组织部部长。在中共七届一中全会上当选为中共中央政治局委员。抗战胜利后，任中共中央东北局委员、北满分局书记兼北满军区政治委员。1946年起任东北局常委、副书记，东北民主联军副政治委员。1946年10月至1947年底兼任中共中央南满分局书记、辽东军区政治委员。1948年起任东北财政经济委员会主任。中华人民共和国成立后，任中央人民政府委员会委员、政务院副总理兼财政经济委员会主任、中共中央书记处书记。1954年任国务院副总理。1956年9月当选为中共中央政治局委员、常委、副主席。1975年1月当选为第四届全国人大常委会副委员长。1978年3月至1979年7月任五届全国人大常委会副委员长。1978年12月任中共中央纪律检查委员会第一书记。1987年11月任中共中央顾问委员会主任。1995年4月10日在北京逝世。

陈云故居外景

景点链接

东方绿舟

位于上海市青浦区，是沪上唯一的集拓展培训、青少年社会实践、团队活动以及休闲旅游为一体的大型公园。

东方绿舟
地址： 上海市青浦区沪青平公路6888号
电话： 021-59233000

东方绿舟

青浦大观园

大型仿古建筑群和现代园林，东部以上海民族文化村、梅花园、桂花园为主要景观；西部则是根据《红楼梦》意境，运用中国传统园林艺术手法建成的大型仿古建筑群。

青浦大观园一角

青浦大观园
地址：上海市青浦区金商公路701号
电话：021-59262831

朱家角古镇

紧靠淀山湖风景区，素有“江南明珠”之称。这里有36座古桥，9条长街临水而建，民居多为明清建筑，古风犹存。横跨于漕港上的明代建筑五孔石拱放生桥，建于明万历年间，是上海地区最古老的石拱桥之一。

朱家角古镇

朱家角古镇
地址：上海市青浦区朱家角古镇
电话：021-59240077

餐饮资讯

酒坛子饭桶

朱家角镇内的特色酒店，环境装潢突出“乡下渔村”的格调，到处挂满了渔乡常用的桨、网、蓑衣、斗笠等。

酒坛子饭桶
地址：上海市青浦区朱家角古镇泗景园路13号—1
电话：4006665034

联怡枇杷生态园

青浦郊区知名菜馆，其四周都是枇杷树。餐厅整个被罩在一个硕大的玻璃罩子里，饭桌则布置在树丛当中或是木亭子里，是很有特色的农家菜馆。

联怡枇杷生态园
地址：上海市青浦区外青松公路7166号
电话：021-39270218

中国共产党第二次全国代表大会会址纪念馆

中国共产党第二次全国代表大会会址纪念馆

地址： 上海市静安区成都北路7弄30号

电话： 021-63590984

中国共产党第二次全国代表大会会址纪念馆为联排式石库门旧式里弄建筑，始建于1915年，坐北朝南，庄重雅致，现总建筑面积2282平方米。

1922年7月16日，中国共产党第二次全国代表大会第一次全体会议在这里召开。会议通过了《中国共产党第二次全国代表大会宣言》，第一次制定了党的民主革命纲领，初步认识了最低纲领与最高纲领的关系。会议通过了九个决议案，第一次提出了党的统一战线思想——民主联合战线的思想，第一次比较完整地对工人运动、妇女运动和青少年运动提出了要求，制定了第一部《中国共产党章程》，选举产生了中央执行委员会。中共二大与中共一大共同完成了党的创建。

中共二大会址

中共二大会址纪念馆党章历程厅

纪念馆展陈庄重大气，巧中见精，突破传统布展理念，怀旧感与时代感相结合，平面展陈和现代化设备相结合，兼具艺术感和现代感。第一展厅全面展现了中国共产党从创建到二大召开的光辉历程。第二展厅展现了二大召开后工人、农民运动日益发展，党的理论宣传工作进一步加强，党酝酿和推动国共合作的相关史实。党章历程厅集中陈列中国共产党的党纲和党章，通过党章发展过程反映中国共产党与时俱进、开拓创新的精神。平民女校展厅则重现了我党第一个培养妇女干部的学校风貌。

纪念馆共展出文献、实物、资料等300余件，辅助以电子翻书、电子沙盘、指点江山感应系统、电子留言板、查询系统等现代化多媒体手段，真实地再现了中国共产党创建初期的峥嵘岁月。

中共二大会址为全国重点文物保护单位，中共二大会址纪念馆为全国爱国主义教育示范基地。

景点链接

茂名北路毛泽东旧居

茂名北路“甲秀里”是毛泽东1924年在上海的居住地，如今是上海唯一一处对社会开放的毛泽东寓所，内有“1924年毛泽东在上海”的主题陈列展。

茂名北路毛泽东旧居
地址： 上海市静安区茂名北路120弄
电话： 021-62723656

茂名北路毛泽东旧居

中国劳动组合书记部旧址陈列馆
地址：上海市静安区成都北路893弄3—7号
电话：021-62157732

中国劳动组合书记部旧址陈列馆

中国劳动组合书记部是中华全国总工会的前身，成立于1921年8月11日。该馆是目前唯一展现中国劳动组合书记部史迹的专题陈列馆。

中国劳动组合书记部旧址陈列馆

中共上海地下组织斗争史陈列馆暨刘长胜故居
地址：上海市静安区愚园路81号
电话：021-62155939

刘长胜故居

中共上海地下组织斗争史陈列馆暨刘长胜故居

愚园路81号是解放战争时期中共中央上海局副书记刘长胜的居住地，也是中共中央上海局的秘密机关之一。这是一幢沿街的砖木结构的三层楼房，2004年5月正式对社会开放。

静安寺
地址：上海市静安区南京西路1686号
电话：021-62566366

静安寺

上海知名古刹之一，近年翻修一新。寺庙内有大雄宝殿、天王殿、三圣殿三座主要建筑，藏有八大山人名画、文徵明真迹《琵琶行》行草长卷等珍品。

静安寺

餐饮资讯

哈亚地中海餐厅
地址：上海市静安区大沽路415号
电话：021-63270897

哈亚地中海餐厅

经营以色列菜肴和地中海风味菜的餐厅，彩色马赛克点缀的地面、桌子上艳丽的花朵图案、五彩的壁画，使小店充满异域风情。

慧公馆（巨鹿路店）
地址：上海市黄浦区巨鹿路168号
电话：4008202028

慧公馆（巨鹿路店）

原为杜月笙四姨太的公馆，内设尽显老上海的复古气息。其经营的本帮菜和粤菜最为知名。

上海城市规划展示馆

上海城市规划展示馆位于上海人民广场东侧，是一座通体白色、外观线条流畅典雅、富有海派风情的大型展览建筑。它是展示上海城市规划和建设成就的专业性场馆，也是上海的标志性建筑之一，2000 年 2 月 25 日正式对外开放。

展馆大楼主体顶部由四片硕大的连体薄壳艺术造型组成，犹如四朵正在盛开的上海市花——白玉兰，象征着上海的朝气和活力。馆内以传统与现代相结合，大量采用高科技手段，全面展示上海至 2020 年的城市发展蓝图。

展示馆占地面积 4000 平方米，建筑面积 2 万余平方米，可供展示面积7000 平方米，以“城市、人、环境、发展”为主题，沿着历史的文脉，全面系统地介绍了上海城市形态发展变化的昨天、今天和明天。馆内包含五层功能区、一个影视会议厅和一条老上海风情街。序厅主题为“历史的丰碑”，夹层为历史文化名城厅，反映上海从一个东海渔村发展到大都市的历史进

上海城市规划展示馆

地址： 上海市黄浦区人民大道 100 号

电话： 021-63184477

上海城市规划展示馆

展馆内城市规划模型

程。二层为展示馆临时展厅。三、四层为总体规划一厅、二厅，分别展示上海的总体规划、重点建设和专业规划。地下一层是“上海——1930 风情街”，展示了上海 20 世纪 30 年代独特的建筑风格。

上海城市规划展示馆是展示上海城市发展和未来规划的重要窗口，为上海市爱国主义教育基地、国家 4A 级旅游景区。

景点链接

上海博物馆

上海博物馆

地址： 上海市黄浦区人民大道 201 号，近武胜路

电话： 021-63723500

大型中国古代艺术博物馆，馆藏珍贵文物 12 万件，其中尤以青铜器、陶瓷器皿、书法、绘画为特色。

上海博物馆

南京路

南京路

上海著名商业街之一，是上海开埠后最早建立的一条商业街，也是上海对外开放的窗口，购物者的天堂。

南京路
地址： 上海市黄浦区（西起西藏中路，东至河南中路）

外滩

外滩被视为上海的风景线，全长约1.5公里，由哥特式、罗马式、巴洛克式、中西合璧式等52幢建筑风格迥异的大楼组成，被誉为“万国建筑博览群”。

外滩万国建筑

豫园

豫园原是明朝时期的私人花园，始建于1559年，充分展现了中国古典园林的建筑与设计风格，园内有1853年小刀会起义的指挥所点春堂。豫园周边有城隍庙及商店街，有多家著名食店，包括以小笼包著名的南翔馒头店、绿波廊及上海老饭店等。

豫园
地址： 上海市黄浦区安仁街218号
电话： 021-63260830

豫园·湖心亭

餐饮资讯

绿波廊

上海闻名遐迩的百年老店，原址是明朝嘉靖潘氏豫园西楼阁轩厅，以海派菜式著称，招牌菜有水晶虾仁、松鼠桂鱼、蟹粉菜心、虾子大乌参等。眉毛酥、萝卜丝酥饼、枣泥酥等点心，更是酒楼的成名作。

绿波廊
地址： 上海市黄浦区老城隍庙内豫园路115号
电话： 021-63280602

Jean Georges

上海老牌的高档法国餐厅，有着“米其林三星”水准，每一道菜都被誉为艺术品，尤以鹅肝最为出名。

Jean Georges
地址： 上海市黄浦区中山东一路3号外滩3号4楼
电话： 021-63217733

上海鲁迅纪念馆

上海鲁迅纪念馆

地址： 上海市虹口区甜爱路 200 号

电话： 021-65402288

上海鲁迅纪念馆是新中国成立后建立的第一个人物类纪念馆，周恩来题写馆名，1951 年 1 月 7 日建成对外开放。馆址初设于山阴路大陆新村 9 号、10 号，1956 年 10 月搬迁至现址。1999 年 9 月，扩建后的纪念馆新馆对外开放。

纪念馆馆舍造型简洁雅致，青瓦白墙，马头式山墙，是一座具有江南民居风格、中西合璧的两层庭院式建筑，总占地面积 5266 平方米，建筑面积 5043 平方米。

纪念馆一楼设有文化名人专库朝华文库、学术报告厅树人堂、专题展览厅奔流艺苑。二楼是鲁迅生平陈列厅，以鲁迅手稿、文献照片、遗物为基础，辅以展示艺术与雕塑、场景、蜡像及多媒体影视等多种展示方法，用生命的路，首在立人，画出国人的魂灵，保存者、开拓者、建设者，精神界之战士，人之子六个专题来表现鲁迅为追求民族和社会解放而不懈斗争的光辉业绩。中厅前有一个鲁迅笔下的“百草园”，园内枫叶如丹，百花争艳。

上海鲁迅纪念馆

鲁迅与青年木刻工作者交谈蜡像

该馆现有馆藏文物资料约 20 万件，其中有鲁迅文稿、诗稿、译稿、书信、生活用品和 20 世纪 30 年代木刻作品等珍贵文物 1 万余件。

上海鲁迅纪念馆为全国爱国主义教育示范基地。

景点链接

上海鲁迅故居

上海鲁迅故居
地址：上海市虹口区山阴路 132 弄 9 号
电话：021-56662608

故居为一幢红砖红瓦砖木结构的三层新式里弄住宅，一楼为客厅和餐室，二楼是鲁迅的卧室兼工作室，三楼前间是其儿子海婴的卧室，后间是客房。1933 年 4 月，鲁迅搬到此处，直至 1936 年 10 月 19 日逝世。在这里，鲁迅曾掩护瞿秋白夫妇、冯雪峰等共产党人在此居住。

上海鲁迅故居

鲁迅墓

鲁迅墓

鲁迅墓位于虹口区四川北路2288号鲁迅公园（原虹口公园）内。墓坐北朝南，平面呈长方形，墓前广场绿地中央置鲁迅铜质坐像。墓碑上面镌刻着毛泽东手书“鲁迅先生之墓”六个鎏金大字。

中共四大纪念馆

中共四大会址原在虹口区东宝兴路254弄28支弄8号处，1932年一·二八事变中毁于日军战火。2012年9月中共四大纪念馆在现址建成并正式对公众开放。纪念馆由序厅、主展厅、场景再现厅、影视厅等组成，展出照片170余幅，实物和复制件120余件。

中共四大纪念馆
地址： 上海市虹口区四川北路1468号
电话： 021-60821097

中共四大纪念馆

中国左翼作家联盟成立大会会址纪念馆

中国左翼作家联盟成立大会会址纪念馆
地址： 上海市虹口区多伦路201弄2号
电话： 021-56960558

该馆是一幢带花园的砖混结构建筑，具有浓郁的英国建筑风格。馆内展示的文献、照片、实物，反映了中国左翼作家联盟的主要历程和业绩。花园里有左联五烈士的群雕像。

中国左翼作家联盟成立大会会址纪念馆

李白烈士故居纪念馆

是一幢坐南朝北的三层砖木结构的老式洋房。1937 年李白从延安来到上海，长期从事中共地下电台工作。1948 年 12 月被国民党当局逮捕，次年 5 月 7 日在浦东戚家庙就义。现一楼、二楼辟为烈士事迹陈列室，三楼恢复了居室原貌。

李白烈士故居纪念馆

多伦路文化名人街

多伦路，原名窦乐安路，是上海的一条小街，但在近现代中国文化史上却有浓墨重彩的一笔。鲁迅、茅盾、郭沫若、叶圣陶等人以及丁玲、柔石等左联作家曾在此活动过。还有风格各异的孔（祥熙）公馆、白（崇禧）公馆、汤（恩伯）公馆等，使多伦路成为海派建筑的“露天博物馆”。

餐饮资讯

希望小学堂

以“做了不起的 80 后”为口号的饭店，在沪上 80 后人群中颇具人气，课桌、大队长标志、红领巾、热水瓶、游戏机……光是这些装饰就非常吸引人，菜肴也主打怀旧牌。

绿茶餐厅

上海滩排队人最多的十大餐厅之一，其古香古色的环境及诱人的特色餐饮使这里人气十足。

李白烈士故居纪念馆
地址： 上海市虹口区黄渡路 107 弄 15 号
电话： 021-56960680

希望小学堂
地址： 上海市虹口区昆山路 214 号
电话： 021-36533763

绿茶餐厅
地址： 上海市虹口区西江湾路 388 号虹口凯德龙之梦购物中心 A 座 4 楼
电话： 021-56661877

浦东陆家嘴金融贸易区

浦东陆家嘴金融贸易区

地址：上海市浦东新区黄浦江畔

浦东陆家嘴金融贸易区1990年由国务院批准设立，是全国185个国家级开发区中唯一以“金融贸易”命名的开发区。贸易区地处浦东新区，位于黄浦江畔，与浦西外滩一江之隔，为上海的母亲河——黄浦江和上海城市内环线所环绕。区域面积31.78平方公里，以金融、保险和证券为主导产业。

贸易区中外金融机构集聚，现有中外金融机构600余家，拥有证券、期货、钻石、石油等11家国家级和市级要素市场，有跨国公司地区总部71家，交通便捷，商业、宾馆、酒店设施齐全，生活、文化设施一流。在这里，不仅有充满现代感的东方艺术中心、上海科技馆，还有“千年古观”上海钦赐仰殿道观，作为陆家嘴开发陈列室的陈桂春宅等。在这里，环球金融中心成为俯瞰上海的新制高点，金茂大厦和东方明珠塔每日都接待着来自世界各地的宾客；亚洲最大的海洋水族馆让游客仿

浦东陆家嘴夜景

佛置身海洋深处；上海大自然野生昆虫馆和上海科技馆为热爱科学和自然的游客开辟了一方新天地；正大广场、第一八佰伴商厦、巴黎春天、证大·大拇指广场等商业购物中心为广大市民、游客提供了便捷的购物场所。

贸易区已成为中国内地金融投资机构密集、要素市场完备、资本集散功能强劲的经济增长极，成为构建上海国际金融中心、航运中心的重要组成部分。对于上海市而言，贸易区已经成为上海现代化建设的缩影，上海国际大都市品牌的象征，成为与香港金融区、东京金融贸易区并列的亚洲金融贸易中心。

景点链接

上海科技馆

上海最主要的科普教育基地和精神文明建设基地，国家 5A 级旅游景点。

上海科技馆

上海科技馆
地址： 上海市浦东新区世纪大道 2000 号
电话： 021-68622000

上海东方明珠塔

上海旅游新地标，塔高 468 米，集广播电视发射、娱乐、游览于一体。263 米高的观光层和 350 米处太空舱是游人 360 度鸟瞰上海市景色的最佳地点之一。

上海东方明珠塔
地址： 上海市浦东新区世纪大道 1 号
电话： 021-61180000

上海东方明珠塔

上海浦东展览馆（浦东开发开放展）

上海浦东开发开放展，全面展示了浦东开发开放以来的光辉历程和取得的重大成就，描绘了未来 10 年浦东开发开放的美

上海浦东展览馆（浦东开发开放展）
地址：上海市浦东新区合欢路201号
电话：021-68546930

浦东开发开放展序厅

好前景，分为成果展、规划展、产品展三部分，总展出面积约5000平方米。

餐饮资讯

国金中心
地址：上海市浦东新区世纪大道8号
电话：021-20207000

国金中心

位于陆家嘴中心的顶级购物中心，环境一流，配套设施豪华。地下1、2层汇集了各式各样的小吃，3、4层汇集了中餐、西餐、日本料理等不同特色的餐饮店。

正大广场
地址：上海市浦东新区陆家嘴西路168号
电话：021-20207000

正大广场

上海知名的购物中心，集购物、餐饮、娱乐和休闲于一体，5楼至7楼汇集了从快餐到正餐、从中式到西式等各式餐饮店，部分餐厅还配设“江景座位”，人气颇高。

上海世博园

上海世博园为2010年上海世博会而建，园区范围东至白莲泾，西至卢浦大桥，南至浦东南路、昌里路商业街，北至黄浦江，道路总长度约11公里，占地面积约39万平方米，总建筑面积约200万平方米，规划展馆总建筑面积约85万平方米，以临时性展馆为主。

上海世博园
地址：上海市南浦大桥和卢浦大桥之间黄浦江两岸

世博会后，上海政府取其精髓，将公共活动中心改为国际会议中心；其演艺中心改为旅游和演出场所；中国馆改为中华艺术宫，收藏和展示中国近现代艺术珍品；城市未来馆改建为上海当代艺术博物馆，集中展示当代艺术；意大利馆经过整修调整为意大利中心；沙特馆则以月亮船为名，重新开放。

中华艺术宫作为上海市重大文化项目，于2012年10月1日隆重开馆。其拥有27个展厅，具有收藏保管、学术研究、陈列展示、普及教育和对外交流的基本职能。馆内常年展示和陈列反映中国近现代美术的起源与发展脉络的艺术珍品。同时展

中华艺术宫

馆联手全国美术界，收藏和展示代表中国艺术创作最高水平的艺术作品，并联手世界著名艺术博物馆合作展示各国近现代艺术珍品。

上海当代艺术博物馆，前身是始建于1897年的南市发电厂，其建筑主体长128米，宽70米，高50米，建筑面积31088平方米。高达165米的钢筋混凝土烟囱笔直高耸，具有极强的标志性，见证了中国近代工业的发展历程，昭示着浦江两岸新一轮的历史机遇和文化创造。改建后，其建筑面积将增加至4万多平方米，展陈面积达到1.5万平方米，拥有12个展厅。博物馆于2012年10月1日开馆，是中国大陆第一座公立的当代艺术博物馆。上海当代艺术博物馆的目标是搭建起当代艺术与民众之间的沟通桥梁，汇聚国内外当代艺术的优秀成果，利用多种渠道展示、收集和保存当代艺术的优秀作品。

原意大利馆经过整修调整后，成为了全新的上海意大利中心。这里不仅展示意大利的文化、艺术、设计和美食，还经常举办意大利名品发布、经贸洽谈等活动。

月亮船是原沙特国家馆，因其独特的展示内容与令人震撼的展示方式成为2010上海世博会上最具人气的场馆之一，曾一度创下观众排队时间长达9小时的纪录。重新开放的月亮船，基本保留了原沙特馆的场景。可以在全球最大的异型幕影院——珍宝剧院中，感受犹如站在阿拉丁飞毯上方能看到的立体景象；可以在围绕中庭的螺旋式坡道“艺术走廊”中，欣赏有如行云流水般的阿拉伯书法作品；可以前往屋顶花园，看看这里“种植”的象征沙特王国的枣椰树，还有传统贝都因人的帐篷；此处视野开阔，既可以俯瞰

上海当代艺术博物馆

意大利中心

月亮船

整个世博园区，也能远观陆家嘴高楼林立的美景。

经过调整后重新开放的上海世博园，承载了上海世博会的美好记忆，延续了上海世博会效应，发扬了上海世博会的理念，成为上海又一著名旅游景点。

餐饮资讯

梅赛德斯·奔驰文化中心

原为世博文化中心，现作为国内第一个可变容量的大型室内场馆，成为集综艺表演、庆典集会、艺术交流、休闲娱乐等功能为一身的特殊演艺场所。在此可以一边眺望世博园区，一边品尝最具新意的来自世界各地的创意美食。

梅赛德斯·奔驰文化中心

地址： 上海市浦东新区世博大道1200号

电话： 4001816688

上海市人物故居纪念馆

张闻天故居
地址： 上海市浦东新区机场镇邓三村北张家宅
电话： 021-68960317

宋庆龄故居
地址： 上海市徐汇区淮海中路1843号
电话： 021-64747183

黄炎培故居
地址： 上海市浦东新区川沙镇兰芬堂74弄1号
电话： 021-58929513

蔡元培故居
地址： 上海市静安区华山路303弄16号
电话： 021-62484996

史量才故居
地址： 上海市松江区泗泾镇开江路
电话： 021-57621143

陶行知纪念馆
地址： 上海市宝山区武威东路76号
电话： 021-66670825 66397768

上海市机场火车站资讯

●机 场

上海虹桥机场： 位于上海市西郊，现有1号、2号航站楼。轨道交通2、10号线可至2号航站楼，有多路公交车抵达。

电话：021-96990

上海浦东机场： 位于上海市浦东新区江镇、施湾、祝桥滨海地带，距市中心约30公里。轨道交通2号线、磁悬浮和多路公交车可抵达。

电话：021-9608138

●火车站

上海站： 位于闸北区秣陵路303号，轨道交通1、3、4号线可达。

上海南站： 位于徐汇区老沪闵路289号，轨道交通1、3号线可达。

上海西站： 位于普陀区桃浦路22号，轨道交通11号线可达。

上海虹桥站： 位于闵行区虹桥机场西侧，轨道交通2、10号线可达。

电话：021-12306

上海市美食特产

●枫泾丁蹄

市郊金山区出产，已有100多年历史。采用黑皮纯种“枫泾猪”的蹄子精制而成。煮熟后外形完整，热吃酥而不烂，冷吃喷香可口。

●上海浦东鸡

肉质肥嫩鲜美，筵席上常作白斩鸡或整只炖煮。

●松江鲈鱼

仅产于松江区西门外秀野桥下，以鲜而无腥而闻名，是中国四大名鱼之一。

●大白兔奶糖

上海冠生园食品有限公司生产，是中国著名食品，曾两次荣获国家优质食品银质奖。

●南翔小笼包

市郊南翔镇的传统名点。重馅薄皮，小巧玲珑。

上海市旅游景点推荐

上海科技馆、碧海金沙景区、上海博物馆、古猗园、嘉定州桥、枫泾古镇中国农民画村、世纪公园、海洋水族馆、鲜花港、大观园、朱家角古镇、方塔园、月湖雕塑公园等。

全国红色旅游经典景区

江苏省

P343-422

江苏省红色旅游地图

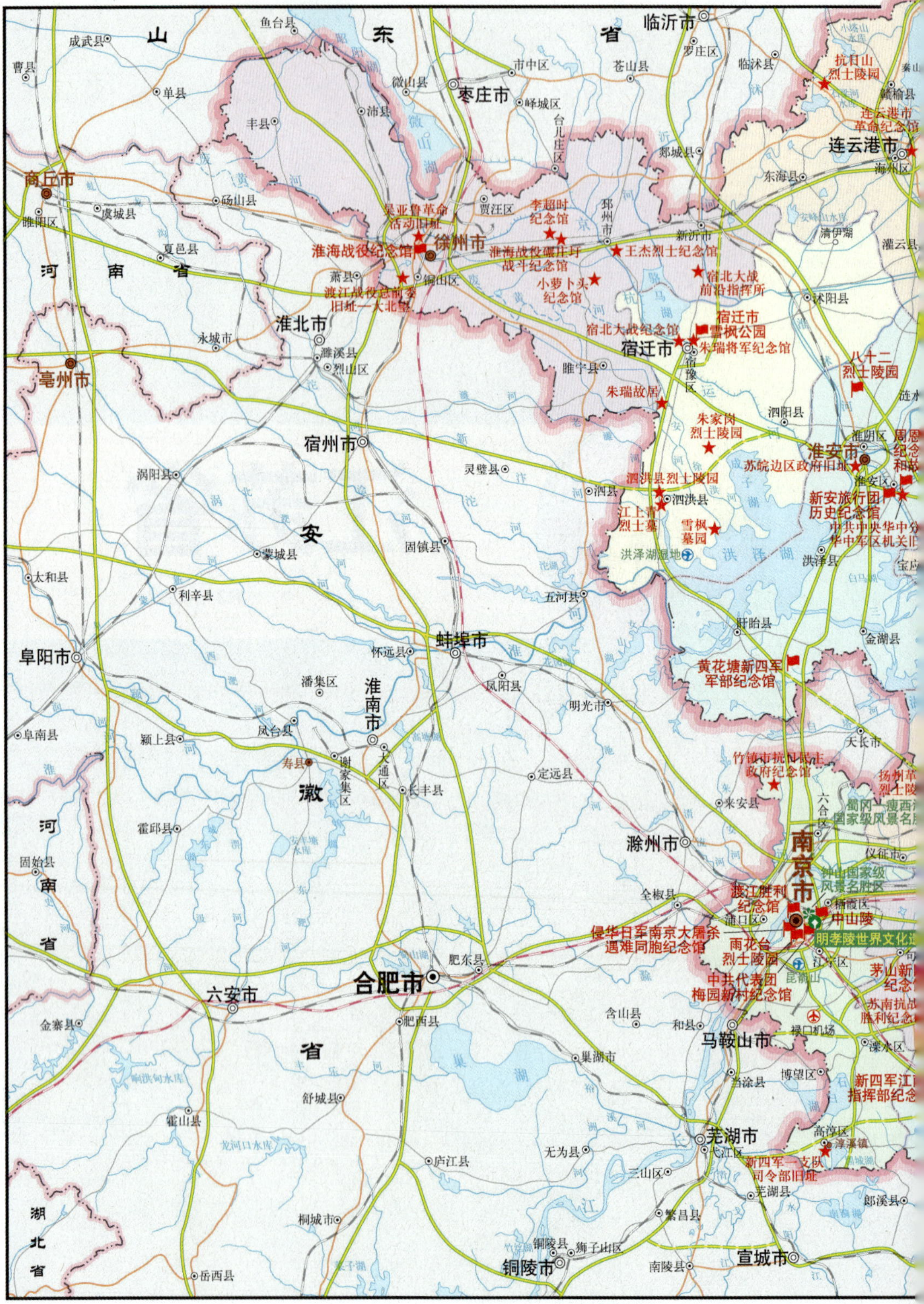

山　东　省
河　南　省
安
徽
省
河
南
省
湖
北
省
临沂市
枣庄市
连云港市
徐州市
宿迁市
淮安市
南京市
马鞍山市
芜湖市
宣城市
铜陵市
合肥市
六安市
阜阳市
淮南市
蚌埠市
宿州市
淮北市
亳州市
商丘市
滁州市
抗日山烈士陵园
连云港市革命纪念馆
昊亚鲁革命活动旧址
淮海战役纪念馆
淮海战役碾庄圩战斗纪念馆
李超时纪念馆
王杰烈士纪念馆
小萝卜头纪念馆
宿北大战前沿指挥所
渡江战役总前委旧址—大王庄
宿北大战纪念馆
宿迁市雪枫公园
朱瑞将军纪念馆
朱瑞故居
八十二烈士陵园
朱家岗烈士陵园
苏皖边区政府旧址
泗洪县烈士陵园
江上青烈士墓
雪枫墓园
新安旅行团历史纪念馆
中共中央华中分局、华中军区机关旧址
黄花塘新四军军部纪念馆
竹镇市抗日民主政府纪念馆
扬州革命烈士陵园
蜀冈—瘦西湖国家级风景名胜区
钟山国家级风景名胜区
渡江胜利纪念馆
中山陵
明孝陵世界文化遗产
侵华日军南京大屠杀遇难同胞纪念馆
雨花台烈士陵园
中共代表团梅园新村纪念馆
茅山新四军纪念馆
苏南抗战胜利纪念馆
新四军江南指挥部纪念馆
新四军一支队司令部旧址
洪泽湖湿地
禄口机场

1：2 380 000

0　23.8　47.6　71.4　95.2　119.0km

南京市红色旅游系列景区

中共代表团梅园新村纪念馆

中共代表团梅园新村纪念馆位于江苏省南京市玄武区长江东路东端，由中共代表团办事处旧址、国共南京谈判史料陈列馆、周恩来铜像、周恩来图书馆等组成，占地面积 4600 平方米。

1946 年 5 月至 1947 年 3 月，以周恩来为首的中共代表团进驻梅园新村，与国民党政府进行了长达 10 个月的谈判。南京谈判期间，中共代表团坚定地执行党中央的指示，在国统区广泛地领导开展爱国民主运动，揭露了蒋介石假和平、真内战的阴谋，争取了朋友，教育了人民，对解放战争的胜利作出了巨大贡献。

中共代表团办事处旧址包括梅园新村 17 号、30 号、35 号。梅园新村 30 号是周恩来、邓颖超办公和居住的地方。梅园新村 35 号是董必武、李维汉、廖承志、钱

梅园新村30号院内

梅园新村30号周恩来办公室

瑛等同志办公和居住的地方。梅园新村 17 号是中共代表团办事机构所在地，设有会议室、新闻组、抄报室、第十八集团军驻京办事处处长办公室、电讯室、外事组、军事组、党派组、妇女组和工作人员的宿舍。

1949 年南京解放后，办事处旧址被妥善保护。1978 年 1 月，梅园新村纪念馆正式对外开放。1990 年国共南京谈判史料陈列馆和周恩来铜像落成。1998 年 2 月，周恩来图书馆建成开馆。现有一级革命文物 24 件，二级革命文物 93 件，三级革命文物 337 件。

周恩来全身铜像高 3.2 米，反映了周恩来在特定的历史环境中表现出的坚定、沉着、机智、从容的革命家气概。《梅园风范》专题陈列以国共南京谈判史为线索，运用声、光、电等现代化的陈列展示手段，展出 200 多幅（件）珍贵历史照片和一级文物。

中共代表团梅园新村纪念馆为全国爱国主义教育示范基地、国家 4A 级旅游景区，中共代表团办事处旧址是全国重点文物保护单位。

中共代表团梅园新村纪念馆

地址：江苏省南京市玄武区长江路梅园新村
电话：025-84504828　84540739

梅园新村30号外景

景点链接

南京中国近代史遗址博物馆

南京中国近代史遗址博物馆

地址： 江苏省南京市长江路 292 号

电话： 025-84578888

南京中国近代史遗址博物馆入口

这片有着 600 多年历史的建筑群，是国家 4A 级旅游风景区和全国重点文物保护单位，是中国最大的近代史遗址博物馆。它目睹了清王朝由盛而衰的屈辱，感受过太平天国“十年壮丽天王府，化作荒庄野鸽飞”的悲壮，也见证了人民解放战争的钟山风雨和国民政府的兴衰荣辱。

江苏省美术馆

江苏省美术馆

地址： 江苏省南京市玄武区长江路 333 号

电话： 025-89610800

具有国际标准和时代特征，是江苏乃至全国的艺术品典藏、研究、展示的重要场所，是进行艺术信息传播和海内外文化交流的活动中心。

江苏省美术馆

毗卢寺

毗卢寺

地址： 江苏省南京市玄武区长江路东端汉府街 4 号

电话： 025-84405431

毗卢寺

始建于明嘉靖年间（公元 1522—1566 年），清咸丰年间毁于兵火，清光绪十年（公元 1884 年）重建，遂改庵为毗卢寺，为南京第一大寺。

雨花台烈士陵园

雨花台烈士陵园位于江苏省南京市中华门外1公里处，占地面积153.7公顷，绿地覆盖率达90%以上。雨花台因盛产晶莹圆润、色彩斑斓的卵石古称为玛瑙岗、聚宝山；又因传说南朝梁武帝时期高僧云光法师在岗上设坛讲经说法，虔诚所至，感动苍天，落花如雨而得名。到了明、清两代，景区内的“雨花说法”和“木末风高”分别被列为“金陵十八景”和“金陵四十八景”，为江南著名风景游览胜地。有史料记载的文物古迹还有10多处，其中包括属于国家、省、市级文物保护单位的“李杰墓”、“辛亥革命人马冢”、“方孝孺墓”、“古高座寺遗址”、“乾隆御碑”等。

解放前，这里沦为国民党屠杀共产党人和爱国志士的重要刑场。新中国成立后，为了纪念在雨花台牺牲的革命先烈，党和政府决定在此兴建烈士陵园。经过半个世纪的绿化和建设，现已形成了纪念圣地和旅游景区相辅相成，烈士陵园区、名胜古迹区、雨花石文化区、雨花茶文化区、游乐活动区和生态密林区等六大功能区并举的崭新格局。

烈士陵园区包括雨花台烈士就义群雕，雨花台烈士纪念碑，纪念池和纪念桥，雨花台烈士纪念馆，知名烈士墓，东、西烈士殉难处，忠魂亭等建筑。烈士群雕位于北殉难处，于1980年落成，共塑造了9位烈士的光辉形象。雕像周围松柏常青，象征着革命烈士的忠魂永垂不朽。沿群雕环陵大道而上，即可到达雄伟的烈士纪念碑。烈士纪念碑碑高42.3米，寓意为1949年4月23日南京获得解放。碑额形如红旗和火炬，碑身正面为邓小平题写的碑名。烈士纪念馆位于陵园南侧的任家山上，与纪念碑遥相对应，由邓小平题写馆名。馆门庭南北两面均雕有2.5米

雨花台烈士陵园全景

1 雨花台烈士纪念碑　2 雨花台烈士纪念群雕　3 雨花台烈士纪念馆

见方的“日月同辉”花岗岩浮雕，象征着烈士精神与河山共存，与日月同辉，成为新时代雨花台的标志。2011 年，对纪念馆进行了扩建，建筑面积由原来的 6000 平方米，扩大为 7000 平方米。新的陈展以“为中华民族之崛起”为主题，上版陈列 170 位烈士，英名榜上的烈士有 2401 位。

南京市雨花台烈士陵园为全国重点文物保护单位、全国爱国主义教育示范基地、国家 4A 级旅游景区。

雨花台烈士陵园

地址：江苏省南京市雨花台区雨花路 215 号
电话：025-52411003

★红色记忆

雨花台最年轻的烈士——袁咨桐

16岁，这样的年纪，人生憧憬的画卷才刚刚打开。

然而，在血雨腥风的1930年，16岁的袁咨桐已身在狱中，他所面对的，是必须做出生与死的抉择。

1928年，14岁的袁咨桐离开家乡贵州赤水，来到刚刚创办不久的南京晓庄师范学校求学。1929年冬天，他加入了中国共产主义青年团，不久便担任了晓庄师范的团支部书记。

1930年8月，袁咨桐在从事革命活动时被捕。

在南京卫戍司令谷正伦眼中，16岁的小同乡袁咨桐只不过是个不谙世事的孩子，他想给袁咨桐留下一条活路，前提是在悔过书上签字。

但袁咨桐的刚硬与决绝让谷正伦十分恼怒。

在狱中，袁咨桐给他的二哥写了一封信：“我们各有着不同的处境，有人在忍辱顺受，有人在观望徘徊，有人在勇往直前。一个人到了不怕死的地步，还有什么顾虑的？有了这种舍己为公奋斗的精神，还怕理想事业不能成功？”

按当时的法律，不满18岁是不能判刑的。当值法官便在判决书上做了手脚，将他的年龄由16岁改为18岁，判处极刑。

16岁的袁咨桐，成为了牺牲在雨花台最年轻的烈士。

人的生命是宝贵的。然而为了理想和信念，许多年轻的生命猝然中断在雨花台，他们将青春熔铸到了扶危救国的历史使命中。他们无私的献身精神和对革命无怨无悔的责任担当将永远被人们所铭记。

景点链接

菊花台公园

菊花台公园
地址： 江苏省南京市雨花台区宁丹路
电话： 025-52418434

菊花台公园有玉乳泉、天隆寺等名胜古迹，同时也是座纪念性公园。在绿竹掩映之中，有一座半圆形水泥墓地，这里埋葬着9位抗日外交官烈士的遗骨。九烈士是抗日战争时期国民政府驻菲律宾等地的外交使节。1942年，马尼拉沦陷，中国9位驻外使节在日军严刑拷打下，大义凛然，威武不屈，最终惨遭日军杀害。1947年7月，他们的忠骸由专机运抵南京，9月3日，南京各界人士在菊花台安葬这9位外交使节，建成一排九座陵墓，菊花台成为忠烈公园。

菊花台公园景观

南京民间抗日战争史料陈列馆
地址： 江苏省南京市雨花台区安德门大街48号
电话： 025-52892866

南京民间抗日战争史料陈列馆

南京民间抗日战争史料陈列馆展览

这是由南京民间人士吴先彬投资于2006年建造的南京第一所私人抗日战争史料陈列馆。馆内收藏了3万多张照片、1000多件国内外珍贵文物，以一个南京人的视角反映了日军攻破南京城、大肆屠杀南京人的全过程。

南京科技馆
地址： 江苏省南京市雨花台区紫荆花路9号
电话： 025-58076111

南京科技馆

常设展厅按主题划分为宇宙探秘、地球万象、智慧主人、创造天地、知识海洋和儿童科技乐园等6个展区，展品总计350多件，其中70%以上的展品是参与性项目。科技影院由IMAX球幕影院和4D立体动感影院组成。该馆是开展科普教育的重要阵地，是融入科技、人文、艺术、旅游休闲为一体的现代科技主题公园。

南京科技馆为国家4A级旅游景区。

南京科技馆

将军山旅游风景区

将军山景区为国家3A级旅游景区。景区四面环山，天然形成的大小湖泊星罗棋布，山水相衔，景点众多，最著名的是水杉林中蜿蜒曲折的池林栈道，被游人誉为“南京九寨沟”和“金陵第一景”。

将军山旅游风景区
地址： 江苏省南京市雨花台区铁心桥高家库
电话： 025-52894496

将军山旅游风景区之池林栈道

浡泥国王墓

这是南京市唯一一座涉外全国重点文物保护单位，为国家2A级旅游区。浡泥国即今天的文莱，明永乐六年，浡泥国王麻那惹加那乃携王后、王子一行150多人，随郑和航海船队来中国访问，受到了明成祖朱棣的盛情款待。不幸的是，他仅在中华大地游览月余，便因染重病而病逝于南京。明成祖遵其“希望体魄托葬中华”之遗愿，以高规格礼节埋葬了这位异邦君主。景区内建有中国——文莱友谊馆、文莱风情园。整个建筑依照伊斯兰风格设计，已成为古都南京一处名胜。

浡泥国王墓
地址： 江苏省南京市雨花台区宁丹路
电话： 025-52899485

浡泥国王墓

侵华日军南京大屠杀遇难同胞纪念馆

侵华日军南京大屠杀遇难同胞纪念馆位于江苏省南京市建邺区水西门大街418号，建立在南京大屠杀江东门集体屠杀场地及“万人坑”遗址之上，是一座纪念性的遗址型历史博物馆。1937年12月间，侵华日军在江东门集体屠杀了1万多名中国战俘及平民，遇难者尸体被慈善团体就地掩埋于“两个水塘和一条壕沟内”。1983年、1998年和2006年，曾先后3次在此地发掘近千具遗骸，经史学、法医学、考古学等多学科鉴定，确认为南京大屠杀遇难者的骸骨。

为悼念南京大屠杀遇难同胞，启迪后人牢记历史、珍爱和平，1985年8月15日侵华日军南京大屠杀遇难同胞纪念馆正式建成开放，后经1994年至1995年、2005年至2007年两次扩建，现占地面积约7.4万平方米，建筑面积2.5万平方米，展陈面积1.2万平方米。新馆于2007年12月13日南京大屠杀70周年之际建成开放，分展览集会区、遗址悼念区、和平公园区、馆藏交流区4个功能性区域。现有藏品15万余件，文物1.5万余件。馆内展示了3500多幅历史照片、3300多件历史文物、149部历史影像资料片、12800盒南京大屠杀遇难者和幸存者档案，综合运用了场景复原、声光电等现代科技展陈手段，使整个展览场景逼真，令人震撼。

侵华日军南京大屠杀遇难同胞纪念馆为全国爱国主义教育示范基地、全国重点文物保护单位、国家国防教育示范基地、国家4A级旅游景区。

侵华日军南京大屠杀遇难同胞纪念馆

地址：江苏省南京市建邺区水西门大街418号

电话：025-52667177（总机）

侵华日军南京大屠杀遇难同胞纪念馆新馆

侵华日军南京大屠杀遇难同胞纪念馆悼念广场

景点链接

中国南京云锦博物馆

其前身是1984年国家轻工业部批准筹建的中华织锦陈列馆，2004年正式成立中国南京云锦博物馆，2008年成为中国民族博物馆南京云锦分馆。展出云锦文物及相关实物970余件，包括中国丝绸发展简介、云锦发展史、宫廷及民间云锦传世珍品、为各类博物馆复制的云锦文物精品及工艺展示等。2009年南京云锦织造技艺被联合国教科文组织列入人类非物质文化遗产代表作名录。

中国南京云锦博物馆

中国南京云锦博物馆
地址：江苏省南京市建邺区茶亭东街240号
电话：025-86518580
86611377

渡江胜利纪念馆

1949年4月，渡江胜利纪念馆位于江苏省南京市下关区三汊河渡江路1号。1949年初，蒋介石曾为了赢得时间，伺机卷土重来，企图依托长江天险阻止人民解放军渡江南进。4月20日晚至21日晚，中央军委命令第二、第三野战军和第四野战军一部共百万大军，发起中国历史上规模空前的渡江作战。在西起湖口东至江阴的千里战线上，人民解放军一举突破国民党军陆、海、空军组成的长江防线。22日，国民党军实施总退却，分别向浙赣路、杭州和上海撤逃。23日人民解放军占领南京，宣告了国民党22年反动统治的灭亡。突破江防之后，由第三野战军组成的中、东两集团东西对进。与此同时，由第二野战军组成的西集团渡江后向南疾进。随后，第九、第十兵团，于5月12日向上海发起攻击，至27日，完全攻占上海。6月2日，解放崇明岛。至此，渡江战役宣告胜利结束。在此期间，第七兵团解放了浙东、浙南广大地区，第二野战军解放了闽北、赣中大部地区。第四野战军先遣兵团于5月15日发起渡江作战，17日解放武汉三镇。渡江战役，亦称京沪杭战役，历时43天，人民解放军以伤亡6万余人的代价，歼灭国民党军11个军部、46个师共43万余人，解放了南京、上海、武汉等大城市，以及江苏、安徽两省全境和浙江省大部及江西、湖北、福建等省各一部，为而后解放华东全境和向华南、西南地区进军创造了重要条件。

渡江胜利纪念馆于1984年4月23日建成开馆，邓小平题写馆名。该馆建筑面积8200余平方米，展览面积近5000平方米，总占地面积21000平方米，由主馆区、挹江门城楼、渡江胜利纪念碑三部分组成。

主馆区位于南京市三汊河河口——长江与秦淮河的交汇处，由展馆、渡江战役五前委群雕、渡江胜利广场三部分组成。

挹江门城楼与风景秀丽的狮子山、八字山相连，为一座两层仿明宫殿式门楼，是南京重要的历史文化遗产。原为“海陵门”，1929年易名“挹江门”。1949年4月23日解放南京时，中国人民解放军就是从这里入城的。

渡江胜利纪念馆主馆区

挹江门城楼

渡江胜利纪念碑

渡江胜利纪念碑呈双帆船形，碑座为紫绛色船体，白色双帆正中悬挂着一枚直径 2.5 米、重约 400 公斤的铜质渡江胜利纪念章。碑座正面镌刻邓小平手书“渡江胜利纪念碑”，背面镌刻毛泽东手迹《七律·人民解放军占领南京》。

渡江胜利纪念馆陈列以“天翻地覆慨而慷——渡江战役胜利纪念展”为题，以 500 余幅历史照片、400 余幅珍贵文物资料、8 个历史场景、数十幅历史绘画和视频演播辅陈，翔实生动地再现了人民解放军取得渡江战役胜利的光辉历程和丰功伟绩。

渡江胜利纪念馆

地址： 江苏省南京市下关区三汊河渡江路 1 号

电话： 025−84649423

景点链接

阅江楼景区

坐落于南京城西北濒临长江的狮子山，景区有阅江楼、玩咸亭、古炮台、孙中山阅江处、五军地道、古城墙、地藏寺、五色土、静海寺等 30 余处历史遗迹，是一个融人文景观与自然景观于一体的国家 4A 级旅游景区。静海寺为中国历史上第一个不平等条约《南京条约》议约处。

阅江楼景区

地址： 江苏省南京市下关区建宁路 202 号

电话： 025−58590292

阅江楼

郑和下西洋遗址——宝船遗址公园

坐落于 600 年前的龙江宝船厂遗址之上的宝船遗址公园是为纪念郑和下西洋 600 年而开发的一座融旅游、纪念、展览、休闲为一体的大型遗址性公园，由东、中、西三片八区组成，全景式再现了当年宝船厂的恢宏气势和繁华。

宝船厂遗址牌楼

郑和下西洋遗址——宝船遗址公园

地址： 江苏省南京市鼓楼区漓江路 57 号

电话： 025−86227011

江苏新四军红色旅游系列景区

镇江市句容市茅山新四军纪念馆

茅山新四军纪念馆坐落于江苏省镇江市句容城东南 25 公里处的茅山镇。

1938 年夏，陈毅、粟裕等同志率领新四军东进抗日，创建了以茅山为中心的苏南抗日根据地。这是中国共产党在华中敌后创建最早、坚持最久的革命根据地之一。它长期屹立在敌人的心脏地区，充分发挥了尖刀作用、基地作用和枢纽作用，为抗日战争的胜利作出了重大贡献。

为了缅怀老一辈无产阶级革命家的丰功伟绩，教育后人，1985 年 9 月建成了茅山新四军纪念馆，经 1998 年、2006 年两次扩建，新馆占地面积为 26000 余平方米，建筑面积 11000 多平方米。基本陈列为《新四军苏南抗日斗争历史陈列》。展览分为：苏南人民奋起抗击日本侵略军、茅山抗日根据地的开辟、新四军东进北上、苏南抗日根据地的艰苦坚持、苏南人民夺取抗日斗争的胜利五大部分。展出各种珍贵文物和历史资料 2000 余件，生动再现了

茅山新四军纪念馆

苏南抗战胜利纪念碑

陈毅、粟裕、谭震林等老一辈无产阶级革命家的光辉业绩和抗日军民浴血奋战的斗争历史。另有两个专题陈列:《茅山新四军将帅陈列展》和《苏南抗战英烈事迹专题展》，展出各个时期的珍贵文物 2500 余件。

1995 年 9 月 1 日，在茅山脚下的望母山巅建成了“苏南抗战胜利纪念碑”。碑名由张爱萍题写。纪念碑前有“碑前放鞭炮，空中响军号”的奇观，2006 年 4 月，“军号奇观”成功申报为上海大世界吉尼斯纪录。

茅山新四军纪念馆为全国爱国主义教育示范基地、江苏省国防教育示范基地。

茅山新四军纪念馆

地址: 江苏省镇江市句容市茅山风景名胜区内

电话: 0511-87828207

景点链接

郭村保卫战纪念地

郭村保卫战纪念地位于江苏省扬州东缘，紧邻泰州。纪念地含新四军挺进纵队驻郭村旧址、新四军苏北指挥部成立旧址、郭村保卫战烈士陵园等。新四军挺进纵队驻郭村旧址位于郭村镇东进村。1940 年 5 月下旬，新四军挺进纵队在反击日、伪军 1000 余人的进攻后，转移到泰州西北的郭村休整，在此击退国民党顽固派韩德勤派来的李明扬、李长江部的进攻。新四军苏

郭村保卫战纪念地

地址: 江苏省扬州市江都区郭村镇

电话: 0514-86302953

郭村保卫战纪念馆

北指挥部成立旧址位于郭村镇塘头村于氏双楼。郭村保卫战烈士陵园由门楼、纪念碑、纪念馆三部分组成。2010年再次对陵园进行修缮。重新布局的纪念馆展厅内共展览珍贵历史资料、图片347件（幅），实物27件，再现了新四军渡江北上东进抗日的波澜壮阔的历史画面。

句容茅山风景区

茅山风景区景观

国家4A级旅游景区，中国十大道教文化旅游胜地之一，素以“峰奇、洞异、泉涌、石怪、树古”为特色。始建于西汉的茅山道观有2000多年的历史，是道教上清派的发源地，被道家列为“第八洞天”、“第一福地”。

句容茅山风景区
地址：江苏省镇江市句容茅山镇
电话：0511-87828192
87827158

句容宝华山风景区

宝华山风景区景观

国家4A级旅游景区、国家级森林公园，集“山麓之美、峰峦之秀、洞壑之深、烟霞之胜”于一体，史前“活化石”宝华玉兰为山中独有。全国重点开放寺观隆昌寺堪称佛教最高学府，被尊为“律宗第一山”。

句容宝华山风景区
地址：江苏省镇江市宝华镇宝华山山北六棵松1—2号
电话：025-85818499
0511-87786313

镇江“三山”（金山·焦山·北固山）风景区

该景区为国家5A级旅游景区。

金山（镇江市金山路62号）：是“白娘子水漫金山”神话故事的发生地，始建于东晋的古刹金山寺距今已有1600多年。

寺宇依山而建，远观近眺总见寺不见山，故有“寺裹山”之称。水陆法会发源于此。法海和尚被尊为开山第二代沙门。周鼎、诸葛铜鼓、苏东坡玉带和文徵明的金山图是其镇寺之宝。

焦山（镇江市东吴路183号）：古木参天，竹树芳菲，宛如碧玉浮江，又称浮玉山。号称“江南第一”的焦山摩崖石刻和碑林为全国重点文物保护单位，尤以南朝《瘗鹤铭》最为珍贵，被历代书家尊为“大字之祖”。创建于东汉的焦山定慧寺距今已有1800余年，是江南最古老的寺庙。殿阁楼台皆掩映于老树葱茏之中，与金山相对，素有“山裹寺”之说。景区内的焦山炮台是我国抗英反帝斗争的重要遗迹。

1 金山风景区
2 焦山风景区
3 北固山风景区

北固山（镇江市东吴路3号）：有“天下第一江山”之誉。千年古刹甘露寺，因刘备招亲、孙权“赔了夫人又折兵”的传奇故事名闻遐迩。北固山上的北固楼更因南宋著名爱国词人辛弃疾的千古绝唱享誉于世。登临绝壁，放眼江山，可叹“金戈铁马，气吞万里如虎”的壮烈；可感“何处望神州，满眼风光北固楼”的豪迈。

镇江南山风景区

国家4A级旅游景区，国家森林公园，江南杜鹃花观赏基地。周围有山头16座，山上树木品种繁多，约有160多种，鸟类约有70多种。有始建于东晋时期的古寺——招隐寺、竹林寺、鹤林寺。还有名泉——虎跑泉、鹿跑泉、珍珠泉等。

镇江南山风景区
地址：江苏省镇江市竹林路98号
电话：0511-84423090

南山风景区景致

镇江博物馆

国家4A级旅游景区，其馆舍于1890年落成。这里西依云台山麓，北

镇江博物馆

镇江博物馆

地址： 江苏省镇江市伯先路 85 号

电话： 0511-85277143

邻浩荡长江，东毗西津渡古街，原为英国领事馆，是具有重要历史、科学、艺术价值的近代建筑遗存。

昭关石塔

西津渡古街

国家 4A 级旅游景区，是镇江文物古迹保存最多、最集中、最完好的地区，获联合国文化遗产保护杰出项目奖，是镇江历史文化名城的“文脉”所在。古渡建于六朝，盛于唐宋。昭关石塔，是我国现存唯一完好、年代最久的元代过街石塔。还有老码头文化园、小码头遗址、铁柱宫、小山楼、救生会、观音洞、待渡亭、一眼看千年、西津雅苑、西津渡古街、券门、蒜山游园、亚细亚火油公司旧址、巡捕房、民国遗存、租界遗珍等游览点。

西津渡古街

地址： 江苏省镇江市西津渡街 25 号

电话： 0511-85288555

镇江醋文化博物馆

国家 4A 级旅游景区，分为醋史馆、老作坊、陈列馆三大主体展馆及一个体验馆，是专业性主题醋文化博物馆。

镇江醋文化博物馆

镇江醋文化博物馆

地址： 江苏省江丹徒新城广园路 66 号（恒顺工业园隔壁）

电话： 0511-85307755

镇江市美食特产

● **镇江三怪**

“肴肉不当菜，香醋摆不坏，面锅里煮锅盖（锅盖面）”，被称为镇江三怪。

镇江肴肉：又叫水晶肉蹄，皮白肉红，卤冻透明，肥而不腻，香酥鲜嫩。

镇江香醋：在我国诸多醋品中别具一格，色、香、酸、醇、浓俱全。

镇江锅盖面：这种面条有毛孔，卤汁易入味，吃在嘴里耐嚼有劲，味道独具。

● **蟹黄汤包**

镇江最负盛名的点心，皮薄、汤多、馅饱、味道鲜美，风味独特。

● **扬中河豚**

扬中市乃长江一岛，是食河豚的最佳之地。扬中已连续举办九届中国扬中河豚美食节，形成具有当地特色的河豚文化。

● **茅山老鹅**

以当地草鹅为原料，在百年传统腌制工艺基础上精心制作，肉质鲜嫩，风味独特，荣获江苏省第七届食品博览会金奖。

● **东乡羊肉**

又名“佛跳墙”，盛产于镇江丹徒区的大路镇、姚桥镇以及大港一带。肉质细嫩，肥而不腻。

● **东乡长鱼汤**

长鱼即鳝鱼。东乡长鱼汤原料简单，但烹制工艺复杂。早春食之驱寒暖身，炎夏食之则消暑降温。

盐城市新四军纪念馆

盐城市新四军纪念馆位于江苏省盐城市亭湖区建军东路159号，是一座全面、系统地反映新四军军史的综合性史料馆。馆区占地50亩，由新四军纪念馆、新四军人物馆和外围广场组成。

1941年1月，挺进华中敌后抗日的新四军，历经皖南事变的磨难，浴火重生，在盐城重建军部，独立自主地开辟了华中敌后抗日根据地，为华中抗战胜利作出重要贡献。新四军纪念馆就是以新四军华中

盐城市新四军纪念馆

抗战为主要题材，以文字、图片、文物和文献的展示为主要方式，在陈列形式上大量运用声光电等辅助手段，图文并茂地展现了新四军坚持敌后抗战的光辉业绩。展览内容包括组建铁军、开赴敌后，重建军部、挺进华中，驰骋江淮、浴血奋战，战略反攻、夺取胜利 4 个部分共 7 个展厅，展出图片 1000 多幅。

盐城市新四军纪念馆序厅

新四军人物馆位于新四军纪念馆东侧，面积近 3000 平方米。为国内首家集中展示全国新四军代表人物生平风采的大型专题展览馆。内容分为治国精英、将帅风采、群星璀璨、英烈千秋 4 个部分，以照片墙的形式展现了近 900 名新四军人物的传奇人生和英雄事迹，铭刻了老一辈革命家为民族解放事业所建立的丰功伟绩。

新四军人物馆

外围广场卧碑上“新四军纪念馆”馆名由江泽民题写。广场中央立有李先念题字的“国民革命军新编第四军重建军部纪念碑”，背面刻有黄克诚题写的《盐城会师记》碑文。广场东西两侧为“英勇战斗”和“拥军支前”两组花岗石浮雕，东北侧为 120 余块刻有老一辈革命家以及全国各地知名书法家作品的碑林。

盐城市新四军纪念馆为全国爱国主义教育示范基地、国家国防教育示范基地、国家 4A 级旅游景区。

盐城市新四军纪念馆

地址： 江苏省盐城市亭湖区建军东路 159 号

电话： 0515-88335812

景点链接

新四军重建军部旧址——泰山庙

1941 年皖南事变后，新四军在盐城重建军部，泰山庙是重建后的新四军军部所在地。新四军重建军部旧址泰山庙为全国重点文物保护单位。

新四军重建军部旧址——泰山庙

新四军重建军部旧址——泰山庙

地址： 江苏省盐城市建军西路 118 号

电话： 0515-88335706
88324147

中国海盐博物馆

全国唯一一座全面反映中国海盐历史文明的大型专题博物馆，坐落于盐城市区古代著名的人工运盐河——串场河与宋代捍海名堤——范公堤之间，馆区占地面积 6 万平方米，全方位展示了中国海盐文化历史资料。

中国海盐博物馆

中国海盐博物馆
地址：江苏省盐城市开放大道 1 号
电话：0515-89902306

盐城国家级珍禽自然保护区

这里是全球丹顶鹤最大的越冬地，国内最大的海岸带保护区，国际上最重要的鸟类迁徙通道之一，每年约有 300 万只数百种鸟类在此停栖。区内生物多样性十分丰富，有植物 450 多种，鸟类 395 种，两栖爬行类 45 种，鱼类 281 种，哺乳类 47 种。其中国家一级重点保护野生动物 14 种，二级重点保护野生动物 76 种。

盐城国家级珍禽自然保护区

盐城国家级珍禽自然保护区
地址：江苏省盐城市亭湖区黄尖镇新洋港，距盐城市约 40 公里
电话：0515-82642605

大纵湖旅游景区

国家 4A 级旅游景区，总面积 30 平方公里，是苏北里下河地区最大、最深的湖泊，享有“苏北第一湖”美誉。这里水质清澈，水产品极为丰富，以“大纵湖清水大闸蟹”最为闻名。主要景点有：芦荡迷宫、观湖楼、龙兴寺、水乡风情民俗馆等。景区内还设有水上婚礼、鱼鹰捕鱼等特色项目，可以提供秘制龙虾、大纵湖醉蟹、清蒸泥鳅等特色美食和芦苇工艺品等特色旅游纪念品。

大纵湖旅游景区

大纵湖旅游景区
地址：江苏省盐城市盐都区滨湖社区大纵湖旅游景区
电话：0515-88688888

泰兴市新四军黄桥战役纪念馆

新四军黄桥战役纪念馆位于江苏省泰兴市黄桥镇米巷10号，有4处革命旧址：新四军苏北指挥部旧址、通如靖泰临时行政委员会旧址、新四军第三纵队司令部旧址、黄桥决战支前委员会旧址。新四军苏北指挥部旧址为原私立黄桥初级中学校址，建于1924年，系仿德式建筑。通如靖泰临时行政委员会旧址为清代民居丁家花园，是我国著名地质学家丁文江故居。新四军第三纵队司令部旧址为清代民居严复兴油坊会客楼。黄桥决战支前委员会旧址为明代何斐御史府第，清代扩建为黄桥何氏宗祠。

1940年，抗日战争处于战略相持阶段，国民党顽固派消极抗日加紧进行反共军事摩擦。为了坚持抗战，新四军江南指挥部奉命率主力部队挺进苏北，执行党中央开辟苏北、发展华中的战略任务。1940年10月4日至6日，陈毅、粟裕等率领的新四军7000将士与韩德勤3万多主力决战于黄桥，歼顽敌11000多人，取得了黄桥战役的全面胜利。黄桥战役是我军历史上以少胜多的著名战役，奠定了苏北抗日根据地的基础，打开了华中抗战的新局面。

1979年，依托黄桥战役旧址筹建新四军黄桥革命历史纪念馆，1980年10月建成对外开放。1988年9月，经江苏省人民政府批准，更名为新四军黄桥战役纪念馆。后经数次修缮扩建，现在的纪念馆占地面积10000平方米，建筑面积3900平方米。主展厅分五部分，运用多种表现手法，再现黄桥战役的战斗历程，弘扬抗战时代的革命精神。纪念馆另辟有丁文江

新四军黄桥战役纪念馆序厅

通如靖泰临时行政委员会旧址

黄桥决战支前委员会旧址（原何氏宗祠）

先生居室。全馆馆藏三级以上历史文物 3000 余件，历史照片 2500 多幅，新四军老战士及省部级以上领导干部书画、题词 300 多幅。

黄桥战役旧址为全国重点文物保护单位、全国爱国主义教育示范基地、国家 3A 级旅游景区。

新四军黄桥战役纪念馆

地址： 江苏省泰兴市黄桥镇米巷 10 号

电话： 0523-87211543

景点链接

中共江浙区泰兴独立支部纪念馆

中共江浙区泰兴独立支部纪念馆包括纪念馆主馆、中共江浙区泰兴独立支部旧址、醒农合作社旧址、沈毅旧居、烈士亭碑等景点。展厅以彩雕、油画、照片、实物等多种表现方法，使参观者有身临其境之感。

中共江浙区泰兴独立支部旧址

中共江浙区泰兴独立支部纪念馆

地址： 江苏省泰州市泰兴市古溪镇刁网村醒农路 26 号

电话： 0523-87381671

福慧寺
地址：江苏省泰州市泰兴市黄桥镇东进中路 188 号

“裕泰和”茶叶店

活动建议

线路 1 上午参观新四军黄桥战役纪念馆和黄桥古镇景区；中午到小南湖农家乐品尝祁巷八大碗；下午参观小南湖生态休闲风景旅游区。

线路 2 上午参观新四军黄桥战役纪念馆和黄桥古镇景区；下午参观中共江浙区泰兴独立支部纪念馆。

小南湖生态休闲风景旅游区
地址：江苏省泰州泰兴市黄桥镇南首祁巷村
电话：0523-82569283

福慧寺

始建于北宋天圣四年（公元 1026 年）。寺内由关帝庙、药王庙、城隍庙、都天宫、东寺庙、火帝庙等构成，其中以东寺庙最为著名，被百姓誉为“苏北第一名刹”。

福慧寺大雄宝殿

黄桥古镇景区

黄桥古镇具有悠久的历史和丰厚的文化底蕴，至今仍完好保留有明清时期的建筑群。现有 31 处传统古街区、24 条古街巷，有寺庙、宗祠、御史府和唐宋明清石刻、木匾等。景区内的“裕泰和”茶叶店为 19 世纪末期由安徽绩溪胡氏兴办，以零售茶叶为主，兼营油漆、锅、席等，“裕泰和”规模并不算太大，但因地理位置极佳，加上善于经营，注重信誉，很快便成为黄桥首屈一指的品牌名店。古镇内还有许多名人故居和革命遗址。

小南湖生态休闲风景旅游区

是规模较大、观光休闲配套较全的现代农业高科技生态观光园，包括跑马场、垂钓中心、南山果园、永志茶楼、游船码头、九曲桥观光河、真人 CS 基地、沙滩跑车、葡萄采摘、农家乐等。

小南湖茶楼

食宿资讯

●祁巷村农家乐

祁巷村农家乐共有 726 家农家餐厅及客栈，能同时接待 180 人住宿。主推菜系——祁巷八大碗：干咸菜烧肉、白果烧仔鸡、白汁猪手、黄鳝烧猪尾、农家杂烩、菊花港红烧鱼、老肝肥肠、祁巷老鹅。

地址：江苏省泰州市泰兴市黄桥镇南首祁巷村

电话：0523-82569283

常熟市沙家浜革命历史纪念馆

沙家浜革命历史纪念馆位于江苏省常熟市沙家浜镇秀丽明媚的阳澄湖畔，距常熟市区 10 余公里。

1939 年 5 月，叶飞率新四军六团战士 1000 多人，以江南抗日义勇军（简称“江抗”）的番号东进苏南敌后抗日，开辟苏常太抗日游击根据地。10 月，江抗主力奉命西撤，在阳澄湖畔留下了 36 名伤病员。奉中共中央东南局和新四军军部之命，原江抗二团政治处主任杨浩庐返回常熟，以伤病员为骨干，于 11 月组建“江南抗日义勇军东路司令部”（简称“新江抗”）。在中国共产党领导和广大人民群众的支持下，新江抗与日、伪、顽反动势力进行了殊死拼杀，为创建苏南东路抗日根据地奠定了基础。20 世纪 60 年代，据此创作的沪剧《芦荡火种》和京剧《沙家浜》反映了新江抗及其诞生地常熟所发生的一些真人实事，讴歌了军民鱼水情深、共同团结抗日的“沙家浜精神”。

纪念馆初建于 1971 年，当时称“沙家浜革命传统陈列室”。1990 年 5 月，时任全国人大常委会副委员长的叶飞参观展览并题词。2001 年纪念馆异地重建，更名为“沙家浜革命历史纪念馆”，配套建造碑亭、瞻仰广场，有反映军民鱼水深情的花岗石群雕及反映抗日活动的锻铜浮雕两幅，雕像基座前后镌刻叶飞、江渭清的题词手迹。

纪念馆坐北朝南，与瞻仰广场、碑亭成同一轴线，气势恢宏，占地面积 6400 平方米，建筑面积 4492 平方米，展出照片 300 多幅，实物 160 多件。纪念馆分为序厅、展示区、接待区等多个功能区域。展示区设“烽火沙家浜”、“京剧沙家浜”、“情系沙家浜”3 个展馆 12 个板块，通过运用声光电科技展示手段，达到历史图片和仿真环境、实物展示与动态互动体验的有机结合，生动呈现了血战沙家浜、激战洋沟溇、伏击八字桥、夜袭浒墅关、奇袭

沙家浜革命历史纪念馆

沙家浜革命历史纪念馆

地址： 江苏省常熟市沙家浜镇沙家浜风景区

电话： 0512-52500000

虹桥飞机场等历史事件。

纪念馆所在的沙家浜风景区占地面积6000多亩，有革命传统教育区、红石民俗文化村、国防教育园、芦苇迷宫、横泾老街影视基地、芦荡湿地公园、美食购物区，逐渐形成了红色经典游、绿色生态游、金色美食游、文体互动游、民俗风情游、影视文化游等旅游特色产品。

沙家浜革命历史纪念馆为全国爱国主义教育示范基地、国家国防教育示范基地、国家5A级旅游景区。

1 “军民鱼水情”雕塑
2 风起芦苇荡

景点链接

虞山风景区

虞山，古名乌目山、海隅山，又因山形如卧牛，亦称卧牛山，后因商末周太王次子仲雍（虞仲）与兄泰伯让国南来，死后葬于此而改称虞山，是我国吴文化的重要发源地。景区有维摩、兴福、剑门、宝岩、三峰、虞山城墙、虞山公园、吴地先贤遗址等游览区和景点，为国家级森林公园、国家5A级旅游景区和全国农业旅游示范点。

虞山大门

虞山风景区
地址：江苏省常熟市北门大街45号
电话：0512-52225000

尚湖风景区

尚湖

尚湖因商末姜尚（姜子牙）在此隐居垂钓而得名，是国家5A级旅游景区、国家城市湿地公园、中国十大魅力之最佳生态休闲湖泊。主体水面800公顷，与十里虞山交相辉映。湖内湿地遍布，荷香洲、钓鱼渚、鸣禽洲、桃花岛等7个洲岛镶嵌其中。岛上设有太公岛、拂水山庄、船模馆、江南牡丹馆等一批人文景观。景区四季活动丰富，其中春季的牡丹花会已成为江南地区最有品牌影响力的旅游节庆活动之一。

尚湖风景区
地址：江苏省常熟市景湖路1号
电话：0512-52225000

蒋巷村

全国文明村、中国最有魅力休闲乡村、全国农业旅游示范点、国家4A级旅游景区。游客在此可以品尝乡村美食，体验江南民俗风情，进行垂钓、烧烤、游船、采摘绿色生态果蔬等一系列活动，体验乡村旅游的独特魅力。现已推出新农村考察游、学生教育游、农家乐趣味游、田园风光游、休闲生态游等五大旅游产品。

蒋巷村生态园

蒋巷村
地址：江苏省常熟市支塘镇（任阳）蒋巷村
电话：0512-52580545

食宿资讯

秋萍农家乐

距离沙家浜风景区仅500米，集休闲、度假、美食为一体。农家设施齐全，装修精致，又不失农家的古朴。可以旅居小住，远离城市的喧闹和拥挤；品尝特色农家菜，尤以“西风王”阳澄湖大闸蟹最为出名。

地址：江苏省常熟市沙家浜镇沙家浜风景区

电话：0512-52507599

五福大酒店

供应各类河鲜、沙家浜本地特色农家菜，是常熟旅游推荐特色农家菜饭店。

地址：江苏省常熟市沙家浜镇沙家浜风景区出口处商业街

电话：0512-52508666
52509777
（老店）

常熟及周边美食特产

阳澄湖大闸蟹

产于阳澄湖，又名金爪蟹。蟹身不沾泥，俗称清水大蟹，青壳白肚，金爪黄毛。煮熟凝结，是享誉中国的名牌产品。

松鼠桂鱼

苏菜系菜肴中的代表作。当炸好的犹如“松鼠”的桂鱼上桌时，随即浇上卤汁，这“松鼠”便吱吱地“叫”起来。

叫花鸡

江南名吃，历史悠久，是把加工好的鸡用泥土和荷叶包裹起好，用烘烤的方法制作出来的一道特色菜。

藏书羊肉

藏书羊肉制作历史悠久，以其独特的烧煮技艺，烹调成各式羊肉菜肴，味美可口，营养丰富。

鸭血糯

常熟特产，是一种红粳稻米，米色微红而粒长，气香而味腴，成饭后即可做成各种点心。

水八仙

苏南地区的传统食物，包括茭白、莲藕、水芹、芡实（鸡头米）、茨菰、荸荠、莼菜、菱。大多在秋天上市。

太湖三白

太湖产名食，以太湖银鱼、白鱼、白虾三味湖鲜之冠名。

苏州小吃

苏州小吃历史悠久闻名天下，蜜汁豆腐干、松子糖、苏式月饼、酒酿饼、海棠糕、枣泥麻饼、猪油年糕等，都是脍炙人口的美食。

常熟及周边旅游景点推荐

苏州园林（拙政园、虎丘、留园）、盘门风景名胜区、山塘历史街区、平江历史街区、寒山寺、西园寺、苏州博物馆、苏州乐园、太湖、金鸡湖、阳澄湖生态休闲旅游度假区、东山风景区、西山风景区、周庄、同里等。

常州市新四军江南指挥部纪念馆

常州市新四军江南指挥部纪念馆位于江苏省常州市溧阳市竹箦镇水西村。

1939 年 8 月，新四军第二支队司令员张鼎丞奉调延安，新四军军部决定第一、第二支队由陈毅统一指挥，并增设新四军江南指挥部，统一领导第一、第二支队。11 月 7 日，新四军江南指挥部在溧阳水西村宣布成立，指挥陈毅，副指挥粟裕，参谋长罗忠毅，政治部主任刘炎、副主任钟期光，指挥部设在李氏宗祠。指挥部辖第二团、新六团、第四团、挺进纵队和地方武装，共 1.4 万余人。自此，陈毅、粟裕等在水西村运筹帷幄、决战千里，并从苏南抗日斗争的实际出发，创造性地运用武装斗争、统一战线和党的建设三大法宝，创建、巩固和发展了以茅山为中心的苏南抗日根据地，并为华中抗日根据地的形成奠定了基础。

新四军江南指挥部纪念馆距常州市溧阳市区约 18 公里。纪念馆占地面积 40000 平方米，其中展厅面积 10000 平方米。馆区有新四军江南指挥部旧址群（包括司令部旧址、司令部副官处旧址、司令部通讯班宿舍旧址、政治部战地服务团旧址、政治部印刷室旧址）、新四军江南指挥部展览馆、纪念广场、陈毅元帅诗词将军书法碑廊、毛泽东像章陈列馆、新四军廉洁思想教育馆等组成部分，收藏历史照片 810 幅，纸质类文物 328 件，金、铁、木、布、瓷等质类文物 260 件，书画作品 400 余幅，相关史料 1250 份及毛泽东像章 10024 枚。

新四军江南指挥部旧址群中的司令部旧址李氏宗祠（又名光裕堂），始建于明代万历年间，属徽派建筑，清代同治年间重修。整个祠堂分为三进四厢房，建筑考究，造型美观。1939 年 11 月，新四军江南指挥部在水西村成立时，指挥部就设

新四军江南指挥部司令部旧址

新四军江南指挥部展览馆

新四军廉洁思想教育馆陈列

在李氏宗祠，是陈毅、粟裕等老一辈无产阶级革命家办公、住宿的地方。旧址群于1984年按原貌修复后正式对外开放。司令部旧址至今还分别保留着陈毅、粟裕的办公室兼卧室。

新四军江南指挥部展览馆于2007年建成对外开放。展览以照片、实物、图表、电子模型等展品，反映了新四军江南部队在陈毅、粟裕的率领下，深入苏南敌后，开创和发展以茅山为中心的苏南抗日根据地的战斗历程。

纪念广场松柏葱茏、花木相掩、景色宜人，以“东进东进”、“运筹帷幄”、“疆场硝烟”、“鱼水情深”为主题的地刻，刻凿精湛、含义深刻；停放在广场中央的战斗机在阳光的照射下熠熠生辉。

2010年建成的新四军廉洁思想教育馆以新四军生动的廉洁实例和廉洁语录，运用现代展示手法，充分展示了新四军廉洁思想及其精神境界。

2011年建成开放的陈毅元帅诗词将军书法碑廊，占地面积3000平方米，展示了中华人民共和国110位将军抄录陈毅元帅诗词和纪念陈毅元帅诞辰110周年题词的书法作品。

常州市新四军江南指挥部纪念馆为全国爱国主义教育示范基地、国家国防教育示范基地。

新四军江南指挥部纪念馆

地址： 江苏省常州市溧阳市竹箦镇水西村

电话： 0519-87818918

景点链接

大石山旅游农庄

集餐饮、住宿、会议、娱乐、休闲、农产品为一体的旅游农庄，种植珍稀白茶 50 多公顷，特种水果 140 公顷。有特色家庭别墅 28 幢和商务中心、农产品购物中心等综合服务功能。主要景点有观光农业示范园区、大石山摩崖石刻、孟郊射鸭堂、临湖竹楼等。

大石山旅游农庄一隅

大石山旅游农庄

地址： 江苏省常州市溧阳市新昌镇西郊大山下 158 号

电话： 0519-87186666

南山竹海风景区

位于溧阳市南部山区，地处苏、浙、皖三省交界处，平均气温比市区低 5℃，是吴越之地难得的避暑胜地。景区分静湖娱乐区、休闲服务区、长寿文化园、历史文化区和登山游览区，内有熊猫馆、鸡鸣村、竹文园、御水温泉、竹乡一条街、静湖长廊、索道览胜、吴越第一峰等景点。

南山竹海

南山竹海风景区

地址： 江苏省常州市溧阳市戴埠镇李家园村

电话： 0519-879350888
87980000

徐州市淮海战役纪念馆

淮海战役纪念馆

地址： 江苏省徐州市解放南路2号淮海战役烈士纪念塔园林内

电话： 0516-83843254

徐州市淮海战役纪念馆位于江苏省徐州南部凤凰山麓淮海战役烈士纪念塔园林内。2002年纪念馆进行改扩建，2007年新馆建成开放。徐州市淮海战役纪念馆是内容丰富、配套设施完善的军事文化博物馆。

淮海战役是中国人民解放战争中具有决定性意义的三大战役中的第二个战役。淮海战役自1948年11月6日开始，至1949年1月10日结束，历时66天。淮海战役是解放战争战略决战三大战役中规模最大的战役，国民党军先后投入80万人。解放军由总前委刘伯承、陈毅、邓小平、粟裕、谭震林统一指挥。解放军参战部队华东野战军和中原野战军共60万人。歼灭国民党军55.5万人。淮海战役是一场人民战争，陈毅元帅曾说淮海战役的胜利是人民群众用小车推出来的。

新馆位于原纪念馆南北中轴线与国防教育馆东西轴线的交会点，占地7万平方米，建筑面积2.5万平方米，为百米见方的正方形建筑。馆内陈展面积1.2万平方米，展出珍贵的文物资料、历史照片和艺术作品近3000件。其中有毛泽东为中央军委起草的关于淮海战役作战方针的电报手稿，总前委在淮海战役中使用的电台，刘伯承、陈毅、邓小平签发的文件，支前民工运粮用的独轮车，支前功臣唐和恩的支前小竹竿，烈士的遗

淮海战役纪念馆新馆

像遗物，缴获国民党军的部分武器等。纪念馆中心顶层的全景画馆，为圆柱形密闭堡垒式建筑。全景画画面长151米，高20米，面积3000平方米，地面塑型2700平方米，中心是直径16.8米、可容纳150人的旋转看台。淮海战役全景画是目前世界上体量最大的全景画。

淮海战役纪念塔园林，面积79万平方米，主要由纪念塔、纪念馆、淮海战役总前委群雕、碑林、粟裕骨灰撒放处、国防园等组成。其中，淮海战役烈士纪念塔是淮塔园林主要景点之一。纪念塔于1965年10月1日建成，同年正式对外开放。纪念塔高38.15米，面东朝阳，依山而立。塔体正面镶嵌着毛泽东题词“淮海战役烈士纪念塔”9个鎏金大字。塔座正面碑文概述了淮海战役的经过及伟大意义。塔座南北两侧为大型浮雕，高2.6米，总长度为34.5米。南侧浮雕再现了人民解放军一往无前的英雄形象，北侧浮雕刻画了人民群众支前的感人场面。纪念塔南北西三面由146米长的回廊环抱，镌刻着党和国家领导人为淮海战役烈士的题词及烈士英名录。

1 车轮滚滚支前场景展示
2 淮海战役烈士纪念塔
3 淮海战役总前委群雕

淮海战役纪念塔园林为全国重点烈士纪念建筑物保护单位、全国爱国主义教育示范基地、国家4A级旅游景区。

景点链接

中共地下组织联络站——山西会馆

地址：江苏省徐州市云东二道街

电话：0516-82166198

中共地下组织联络站——山西会馆

中共地下组织联络站——山西会馆

山西会馆位于云龙山东麓，是徐州地区唯一建筑格局保留较为完整的会馆。清乾隆七年（公元 1742 年），山西同乡集资扩建相山神祠，后改为山西会馆。日本投降后，国民党新编第六路军二师师部驻山西会馆，中共地下组织负责人与师长张奇在此会谈起义，之后先后派入多人在敌人内部开展工作，此处也与云龙山兴化寺同为中共地下组织的联络点。

徐州汉文化景区

地址：江苏省徐州市兵马俑路 1 号

电话：0516-83566263

汉文化景区

徐州汉文化景区

位于云龙区狮子山风景区内，主要景点有狮子山楚王陵、汉兵马俑博物馆、汉画像石长廊及相关附属设施。楚王陵位于狮子山主峰南坡，是汉代刘氏家族诸侯王刘戊的陵寝，其发掘被称为“1995 年中国十大考古发现之首”、“中国 20 世纪 100 项考古大发现之一”，出土金、银、铜、铁、玉、陶等各类文物 2000 余件。1984 年，在陵墓西南侧约 400 米发现楚王墓之组成部分的汉代彩绘陶俑，原址上修建了徐州汉兵马俑博物馆，收藏有不同种类兵马俑 5000 余件，充分展现了徐州汉文化精髓。

徐州社会主义青年团诞生地——戏马台

地址：江苏省徐州市户部山项王路 1 号

电话：0516-83827740

徐州社会主义青年团诞生地——戏马台

徐州社会主义青年团诞生地——戏马台

公元前206年，项羽灭秦后自立为西楚霸王，定都彭城（徐州），于城南的南山（即今徐州户部山）上，构筑崇台，以观戏马、演武和阅兵，故得名戏马台，与苏州园林、南京六朝石刻并称为“江苏三宝”，号称“徐州第一胜迹”。1924年6月，徐州社会主义青年团在戏马台诞生。

餐饮资讯

“两来风”辣汤店

辣汤起源于宋代，以鳝鱼辅以佐料煮汤，味鲜辣。20世纪40年代，有客品尝鳝鱼辣汤后赞不绝口，题赠“客从两面来，顾主风踊至”。店主取其中“两、来、风”三字为店名和汤名传为佳话。两来风辣汤被中华烹饪协会认定为“中华名小吃”，为徐州特色饮食文化的代表。

“两来风”辣汤店
地址： 江苏省徐州市彭城路234号
电话： 0516-83907666

马市街饣它（sha）汤店

早在4300多年前，中国烹饪先师彭鉴用野鸡配麦糁制作雉羹献给尧帝，得尧赏识，封于大彭氏国（今徐州市）。雉羹是饣它汤的前身。乾隆皇帝下江南时品尝雉羹，问此汤何名，没文化的厨师随手画了一个食字和一个它字，并随口说“啥汤。”事后不久，乾隆传诏：封徐州饣它汤为“天下第一羹”。徐州马市街饣它汤店就是传统老店，饣它汤被评为中华名小吃。

马市街饣它（sha）汤店
地址： 江苏省徐州市解放南路苏园小区7号楼
电话： 0516-83827676

徐州市美食特产

● 小孩酥糖

“黑猫”牌小孩酥糖是徐州传统名牌产品，香甜酥松，被誉为“群酥之冠”。

● 蜜三刀

选料考究，油润金黄，香甜可口，已经成为外地游客来徐州游览时首选的名特产品。相传蜜三刀由宋时徐州知府苏东坡于云龙山起名。乾隆皇帝吃过蜜三刀后，“龙颜大悦”，御笔手书“徐州一绝，钦定贡品”。

● 徐州壮馍

又称“锅盔”、“锅拍”，用未发酵的面做成。其吃法与陕西“羊肉泡馍”相似。

● 徐州白果

白果，俗称银杏，徐州著名特产，在国内外享有极高声誉，是上好的食用佳品。

● 邵店板栗

新沂市邵店镇是全国板栗重点产区之一，已有数百年历史。邵店镇被誉为“中国平原板栗第一镇”。

● 大王集香肠

苏北特产，有数百年历史，精选新鲜猪里脊肉，辅以秘方，精制而成。明太祖朱元璋曾将其列入宫廷御宴食谱，食者交口称赞。

南通市海安县苏中七战七捷纪念馆

苏中七战七捷纪念馆

地址： 江苏省南通市海安县城长江中路 68 号

电话： 0513-88918361 88926696

苏中七战七捷纪念馆位于江苏省南通市海安县城长江中路 68 号。

苏中七战七捷亦称苏中战役。1946 年 7 月 13 日至 8 月 27 日，华中野战军在粟裕、谭震林的指挥下，以 3 万兵力迎击美式装备的国民党军 12 万之众，一个半月内连续作战 7 次，仗仗奏捷，取得歼敌 5.3 万余人的胜利，毛泽东亲拟电文向各战区介绍苏中作战经验。苏中七战七捷在政治上、军事上具有极其重要意义。它书写了解放战争史上以少胜多的典范篇章，彰显了苏中军民的伟大力量，表现了粟裕非凡的军事指挥才能。

苏中七战七捷纪念碑 1988 年落成，2004 年，纪念馆建成并对外开放，占地 2.1 万平方米，包括纪念碑、陈列馆、国防园、新四军苏中廉政教育馆、碑廊等。纪念碑碑身由古铜色花岗岩砌成，设计犹如一把刺刀，高 27 米，被誉为世界上最大的“刺刀”。苏中七战七捷纪念馆馆名由张爱萍题写。陈列馆正面是

苏中七战七捷纪念馆

向天鸣捷的7支步枪，馆内陈列着大量历史图片和数百件文物、史料以及中央领导和全国各地书画家的500多件题词、书法、绘画作品，再现了苏中战役的战斗经过和胜利情景；展示了统帅的英明、将军的韬略、勇士的壮烈、人民的奉献等不朽场面；表现了苏中人民不忘先烈、开拓争先、再创佳绩的精神风貌。

新四军苏中廉政教育馆于2012年建成并对外开放，分为辟区建政、廉政建设、廉洁精神、继往开来4个展区，迟浩田题写馆名。

苏中七战七捷纪念馆是全国爱国主义教育示范基地、国家3A级旅游景区、江苏省级文物保护单位。

苏中七战七捷纪念碑

景点链接

南通市狼山风景名胜区

狼山风景名胜区景致

国家4A级旅游景区，由军山、剑山、狼山、马鞍山、黄泥山5座山组成，有“天然水石盆景”之美誉。

狼山风景名胜区
地址： 江苏省南通市崇川区狼山镇
电话： 0513-85705215（狼山景区）

南通市濠河风景名胜区

以南通千年古城河——濠河为依托，独具城包水、水包城、城水一体的自然格局，集游、购、食、住、娱于一身的多功能环城状开放式的国家5A级风景旅游区。景区内有全国、省、市文物保护单位30余处。

濠西书苑

濠河风景名胜区
地址： 江苏省南通市市区
电话： 0513-85093121

南通博物苑

地址：江苏省南通市崇川区濠南路19号

电话：0513-85516233

南通博物苑

由晚清著名实业家、教育家、社会活动家张謇于1905年创办，是中国第一座公共博物馆。现为全国重点文物保护单位、国家4A级旅游风景区，苑内新老建筑和谐组合，是人们学习科学、接受文化熏陶及旅游休闲的理想场所。

南通博物苑新馆

中国工农红军第十四军纪念馆

1930年4月中国工农红军第十四军在如皋宣布成立。这是土地革命战争时期江苏境内唯一列入中央序列的正规红军武装。纪念馆由青少年素质拓展训练基地、青少年红军历史教育馆、广场景观组成，为国家4A级旅游景区。

中国工农红军第十四军纪念馆

中国工农红军第十四军纪念馆

地址：江苏省如皋市如城镇福寿东路148号

电话：0513-87533675

南通市美食特产

● 西亭脆饼

江苏名产，始于清朝光绪年间，用料考究，做工精细，曾获首届中国食品博览会金奖。

● 白蒲茶干

选用优质大豆精制而成，是南通久负盛名的传统风味土特产。

● 文蛤饼

以号称“天下第一鲜”的南通特产文蛤肉与鲜猪肉及荸荠、丝瓜等鲜嫩蔬菜制作而成，色泽金黄，滋味鲜美。

● 如皋董糖

以精白面、白糖、芝麻、饴糖为原料精工细作而成，入口易化，酥松香甜。

● 嵌桃麻糕

选用芝麻粉、白糖、炒米粉及核桃仁等原料精工细作而成，色泽金黄，香甜松酥。

● 金钱萝卜饼

以面粉、萝卜丝、猪板油等烘烤而成，成品形如金钱，皮酥松微脆。

淮安市红色旅游系列景区

周恩来纪念馆和故居

■ 周恩来纪念馆

周恩来纪念馆位于江苏省淮安市淮安区淮城镇桃花垠。馆区由纪念岛、水面和湖四周环形绿地组成，总面积 35 万平方米。岛上建有主馆和附馆，总建筑面积为 3265 平方米。

周恩来纪念馆于 1992 年落成并对外开放，由邓小平题写馆名。1998 年为纪念周恩来诞辰 100 周年，增建了仿北京中南海西花厅和周恩来铜像广场；2008 年为纪念周恩来诞辰 110 周年，增建了周恩来生平业绩陈列馆。

在周恩来纪念馆南北 800 米长的中轴线上，依次建有瞻台、主馆、附馆、周恩来生平业绩陈列馆、周恩来铜像广场和仿北京中南海西花厅等纪念性建筑。此外，还有岚山诗碑、海棠林、樱花路、五龙亭、怀恩亭、西厅观鱼等游览景点。

纪念馆主馆坐落在绿色草坪的基台上，外观庄重肃穆，与四周的清波绿水交相辉映，象征着周恩来的博大胸怀和平易近人的高尚情操。主馆分三层，底层为陈列厅，以丰富翔实的图片、实物展示周恩来光辉的一生；二层为瞻仰大厅，厅内放

周恩来纪念馆主馆

1 周恩来铜像　2 仿西花厅　3 周恩来生平业迹陈列馆

置着周恩来全身汉白玉座像；三层为观景台，可远眺淮安古城和馆区风景。主馆后边为附馆，造型呈“人”字形，分为两层，一层为展厅和游客休息室，二层为办公用房。

周恩来铜像广场上的周恩来铜像高7.8米，基座上“周恩来同志”5个大字由江泽民题写。

仿西花厅内前客厅是周恩来会见外宾、举行重要国事活动的主要场所。仿西花厅院内由西向东依次为周恩来的活动室、办公室、总理卫士值班室、后客厅、邓颖超卧室、邓颖超办公室和周恩来卧室，两边厢房分别为周恩来身边工作人员、周恩来亲属和烈士子女用房。

周恩来生平业绩陈列馆由立志求索、艰苦奋斗、鞠躬尽瘁、风范长存等4部分组成，用图片、油画、雕塑及声、光、电等多种展陈形式，再现了周恩来光辉的一生。

周恩来纪念馆为全国爱国主义教育示范基地、国家4A级旅游景区。

周恩来纪念馆

地址：江苏省淮安市淮安区淮城镇桃花垠
电话：0517-85912365

周恩来故居

周恩来故居位于江苏省淮安市淮安区驸马巷7号，占地面积1987.4平方米，共有大小房屋32间，由东西相连的两个宅院组成。整个建筑都是青砖、灰瓦、木结构的平房，具有明清时期苏北城镇民居建筑风格。故居大门上方的“周恩来同志故居”门匾由邓小平题写。

周恩来故居是清道光十九年（公元1839年）由周恩来的曾祖父周光勋和弟弟周光焘以260两银子买的淮安府山阳县（今淮安市淮安区）人胡干成的房子。1898年3月5日，周恩来就诞生在故居东

周恩来故居正门

院面朝南一幢房屋的东厢房里。1976 年 1 月 8 日周恩来逝世以后，淮安县委根据广大人民的要求，把故居按 1910 年周恩来离开淮安时的原貌进行修复，于 1979 年 3 月 5 日正式对外开放。

周恩来故居的东宅院是周恩来诞生、童年读书和生活的地方。西宅院现为周恩来家世、童年与故乡纪念展览陈列室。两院之间有主堂屋、乳母住房、厨房、水井、榆树、菜地、嗣父母住房。故居后院有周恩来墨迹碑廊、观音柳、一品梅、日本樱花、八婶母住房、“瞻仰故居缅怀总理”名人题词留影展览等。附属设施有邓颖超纪念园、周恩来书画苑等。在周恩来书画苑里，展出了党和国家领导人为故居留下的极为珍贵的题词及一大批著名书画家为缅怀周总理捐献的字画墨宝。

周恩来故居为全国重点文物保护单位、全国爱国主义教育示范基础、国家 4A 级旅游景区。

周恩来故居

地址：江苏省淮安市淮安区驸马巷 7 号

电话：0517−85912517

周恩来故居主堂屋

人物介绍

周恩来

周恩来（1898—1976），祖籍浙江绍兴，生于江苏淮安。1913年春入天津南开学校学习。1917年赴日本留学。1919年参加五四运动。1920年11月赴法国勤工俭学。1921年春加入旅法中国共产党早期组织，成为中国共产党党员。1924年9月回国，历任中共广东区委委员长、中共广东区委常委兼军事部部长、黄埔陆军军官学校政治部主任。1926年初起任中共中央军委委员。1927年3月任上海工人第三次武装起义总指挥，5月当选为中共中央政治局委员。大革命失败后领导南昌起义，任中共前敌委员会书记。1928年7月在中共六届一中全会上当选为中共中央政治局委员、常委。1931年12月进入中央革命根据地，任中共苏区中央局书记、中华苏维埃共和国中央革命军事委员会委员、副主席等职。1934年10月参加长征。遵义会议后为中共中央负责军事行动的三人小组成员。1935年11月至1936年12月任中华苏维埃西北革命军事委员会委员、副主席。1936年12月作为中共全权代表赴西安，参与和平解决西安事变。1937年2月至9月作为中共首席代表同国民党就停止内战、一致抗日进行多次谈判。抗日战争时期，任中共中央军委委员、副主席，长江局副书记、南方局书记。1945年6月在中共七届一中全会上当选为中共中央政治局委员、中共中央书记处书记。解放战争时期，任中共中央军委委员、副主席。1945年8月起作为中共代表之一多次同国民党谈判。1946年12月起兼任中共中央城市工作部部长。1947年8月起兼任中央军委代总参谋长。1949年6月起任新政治协商会议筹备会常务委员会副主任。新中国成立后，1949年10月至1976年1月任中央人民政府政务院总理、国务院总理。1949年10月至1954年9月任中央人民政府委员会委员、中央人民政府人民革命军事委员会副主席。1949年10月至1958年2月兼任外交部部长。1949年10月以后任政协第一届全国委员会副主席，政协第二届、三届、四届全国委员会主席。1956年9月起当选为中共中央政治局委员、常委，中共中央副主席。1966年8月中共八届十一中全会后实际主持中央日常工作。1976年1月8日在北京逝世。

周恩来童年读书旧址

地址：江苏省淮安市清河区漕运西路174号

景点链接

周恩来童年读书旧址

周恩来童年读书旧址正门

旧址由周恩来童年故居和陈家花园私塾馆组成，是周恩来6岁至10岁随父母、嗣母在淮安清河居住、读书的地方。在这里居住的4年里，外祖父万青选家的藏书为周恩来广泛阅读古今书籍提供了良好条件。

吴承恩故居

明代文学家、《西游记》作者吴承恩的故居是江苏省级文物保护单位。故居由吴承恩生平陈列厅、玄奘纪念堂、美猴王世家艺术馆、六小龄童工作室等组成，为明代风格的古典园林式建筑群。

吴承恩故居

吴承恩故居
地址：江苏省淮安市淮安区河下镇打锣巷12号
电话：0517-83326820
83326771

勺湖园

勺湖园

勺湖园位于淮安古城的西北隅，古运河东侧，因园内的湖形状似勺，故称勺湖。勺湖园总面积100亩，水域面积60亩。因其优越的地理位置和优美的自然环境，自晋建淮安城池后，在其周围修建了许多庵观寺院，主要有法华禅院、文通寺、龙兴寺、千佛寺、老君殿等。

勺湖园
地址：江苏省淮安市淮安区西长街419号
电话：0517-85912574

刘鹗故居

这里是晚清文学家刘鹗生活著书的场所。故居为刘鹗父亲刘成忠所购买，由东边的花园、当中的正宅以及西边3个院落所组成。现存大厅、穿堂、堂屋三进，所存文物有刘鹗弹的古琴、金丝楠木围棋桌及刘鹗穿过的皮袄等。

刘鹗故居

刘鹗故居
地址：江苏省淮安市淮安区西长街312号

漕运总督署遗址公园
地址：江苏省淮安市淮安区镇淮楼北首
电话：0517-85839095

漕运总督署遗址公园

漕运总督署遗址

这里是明、清两代统管全国漕运事务的漕运总督的官署建筑群遗址，规模宏大，布局严谨，为江苏省级文物保护单位。2011 年中国漕运博物馆在漕运总督府遗址基础上建成并正式对外开放，是我国目前唯一展示中国漕运历史和文化的专题博物馆。博物馆采用我国明清时期江淮流域的建筑风格，典雅凝重、古朴大方，由漕运专题展区与淮安精品文物展区组成。

淮安府署
地址：江苏省淮安市淮安区东门大街33号
电话：0517-85131181

淮安府署

淮安府署

这是中国仅存的两座古代府署之一，其大堂体量为全国之最，被列为全国重点文物保护单位。淮安府署与其南面的漕运总督署、镇淮楼、山阳县衙首尾相连，成为中国国内最大的古代官衙景区，且雄居古城中轴线，总长约 1 公里左右。

餐饮资讯

文楼饭店
地址：江苏省淮安市淮安区北门大街
电话：0517-85802346

文楼饭店

建于清嘉庆年间，与周恩来纪念馆处于同一主干线上。聘请淮安名厨料理，浓缩正宗淮安菜点，特色菜有文楼涨蛋、甲鱼羹、平桥豆腐及特色小吃，在第一届中国淮扬菜美食文化节活动中，获“淮扬名菜馆银牌店”称号。

黄花塘新四军军部纪念馆

黄花塘新四军军部纪念馆位于江苏省淮安市盱眙县黄花塘镇黄花塘村，占地面积 6000 平方米。除主体纪念馆外，还有军部礼堂旧址和陈毅、饶漱石、张云逸、赖传珠、曾山旧居等。在建筑风格上，除主体纪念馆为造型别致的现代建筑外，其余均为当年民居式样的院落和茅草房。

1943 年 1 月，新四军军部暨中共中央华中局移驻盱眙黄花塘，直到抗战胜利，历时两年零八个月。这是新四军军部在一地驻扎时间最长的地方。新四军军部在黄花塘期间，陈毅、饶漱石、张云逸、赖传珠等新四军领导人在这里运筹帷幄，华中抗日根据地军民进行反“扫荡”、反“清乡”、反“蚕食”、反“摩擦”的艰苦斗争，开展了整风、大生产和军政整训三大运动，教育和培养了一大批能文能武的干部，并适时转入战略反攻，巩固和发展了华中抗日根据地，为争取抗日战争胜利作出了历史性贡献。

1986 年黄花塘新四军军部旧址正式对外开放，2003 年在军部旧址左前方约 100 米外新建了黄花塘新四军军部纪念馆。2010 年建成新四军文化艺术馆。

主体纪念馆共有 4 个展馆，通过历史文献、珍贵文物和新四军各个时期的图片、资料，再现了新四军军部在黄花塘时期运筹帷幄、决胜大江南北的光辉业绩。

在纪念馆北侧 500 米之遥，还有一座庭院式的建筑群，这就是张云逸旧居陈列馆。其间有张云逸居住过的 3 间草屋、军部机关办公用民舍和陈列馆。陈列馆里共展出了新四军时期的珍贵照片、图例 200 余张，以及张云逸曾用过的木床、桌子和军部司、政、后机关以及医疗、兵工等单位当时用过的大量实物。

黄花塘新四军军部纪念馆为江苏省级文物保护单位、江苏省爱国主义教育基地。

黄花塘新四军军部纪念馆

地址：江苏省淮安市盱眙县黄花塘镇黄花塘村

电话：0517-88481869

黄花塘新四军军部纪念馆

1 新四军文化艺术馆　2 黄花塘新四军军部旧址　3 黄花塘新四军政治部旧址

铁山寺国家森林公园
地址：江苏省淮安市盱眙县
电话：0517-88762808

景点链接

铁山寺国家森林公园

位于苏皖交界处，距盱眙45公里，是江苏省保存最好、面积最大的野生动植物王国，国家4A级旅游景区。这里繁衍着40多种动物，170多种鸟类，280多种稀有植物，800多种中草药，其中绝大多数为南北地域边缘物种，是天然的动植物基因库。区域内山、林、泉、湖、石、洞，自然造化，佳景天成。建于宋代毁于战火的铁山寺现已修复成功，中科院紫金山天文台观测基地已落户园中。

铁山寺国家森林公园景色

明祖陵

为明代第一座陵墓。朱元璋登上皇位后，追尊其高祖为玄皇帝，曾祖为恒皇帝，祖父为裕皇帝，父亲为淳皇帝。公元1386年，朱元璋命皇太子朱标带领文武群臣和工匠，到泗州城北杨家墩修建高祖、曾祖、祖父三代祖陵。建成后杨家墩改称明祖陵，明祖陵神道两旁的石像共有21对，在配置顺序上以4尊雄性麒麟为首。在祖陵石像生中，令人叹绝的是拉马侍，整个石雕和青石底板连为一体，重23.4吨。祖陵石像无论是文臣武将还是神兽，形体都十分高大威武。

明祖陵石像

明祖陵
地址：江苏省淮安市盱眙县明祖陵镇
电话：0517-88481869

第一山国家森林公园

第一山雄踞淮水南岸，原名南山。北宋书画家米芾由汴京（今开封）经汴水南下就任，一路平川。入淮忽见南山，诗兴勃发："京洛风尘千里还，船头出汴翠屏间。莫论横霍撞星斗，且是东南第一山"，并大书"第一山"，从此南山易名"第一山"。现有玻璃泉、杏花园、魁星亭、米芾书第一山碑、明伦堂等景观。第一山题刻在清代存172块，经1986年普查有88块，书体有正、草、隶、篆，文体有诗、词、题、记。该公园为国家森林公园、国家3A级旅游景区。

第一山国家森林公园

第一山国家森林公园
地址：江苏省淮安市盱眙县淮北路
电话：0517-88222828

八仙台风景区
地址： 江苏省淮安市盱眙县穆店乡
电话： 0517-88351188

八仙台风景区

八仙台风景区景色

占地面积10平方公里，其中水域占3平方公里，错落有致的低山丘陵和亚热带向温带过渡的特定气候环境，使八仙台景区形成了集自然风光与人文景观于一体的优美环境。

古泗州城遗址
地址： 江苏省淮安市盱眙县淮河岸边

古泗州城遗址

古泗州城香华门遗址

古泗州城在唐代至明代处于黄河与长江的漕运中心，有水陆都会之称，扼守淮河两岸及南北大运河由淮河入汴河的南端口岸，具有突出的战略、交通和经济位置。清康熙十九年（公元1680年）黄河夺汴入淮，泗州城遭没顶之灾，至康熙三十五年（公元1696年）全城彻底被泥沙埋没。它是中国唯一一个灾难性古城遗址，其城下的建筑根基、街道布局还保存完好。

大云山汉墓
地址： 江苏省淮安市盱眙县马坝镇云山村大云山山顶区域，西距盱眙县城30公里

大云山汉墓

大云山汉墓博物馆效果图

大云山汉墓是西汉景帝之子、汉武帝同父异母哥哥、第一代“江都王”——刘非及其后妃的同冢异穴合葬墓遗址群，共发现主墓3座、陪葬墓14座、祭祀坑3座、车马坑遗址4座、兵器坑遗址两座、建筑基址两处以及司马道遗址。目前已出土编钟、编磬、玉棺、金缕玉衣等精美文物上万件。

新安旅行团历史纪念馆

新安旅行团历史纪念馆位于江苏省淮安市淮安区县西街85号新安小学院内。新安小学作为晓庄师范的特约学校，成立于1929年6月，是践行陶行知“生活教育”理论的重要基地。学校开办后，陶行知兼任校长，后由他的学生汪达之继任。为了实践陶行知“生活即教育、社会即学校”的办学理念，1933年10月，学校7名学生组成新安儿童旅行团到镇江、上海修学旅行，用演讲、卖报纸的方法赚取经费，自己管理自己。这一行动，在当时的江苏和上海的教育界、新闻界产生了轰动。

1935年10月，在全国人民抗日救亡运动的浪潮中，校长汪达之将新安小学的14名学生组成新安旅行团，采取修学旅行的形式，宣传孙中山遗教，唤起民众，共赴国难。在团员中，年龄最大的20岁，最小的12岁。一个细雨蒙蒙的早晨，在三角形团旗的引导下，新安旅行团全体成员脚穿草鞋，肩背挎包，踏上了2.5万公里的行程。此后7年，新安旅行团的孩子们，驰骋江淮，转战淞沪，奔赴绥远前线，远达塞外荒原，积极宣传抗日，行程遍至全国22个省市，共吸收团员600多人。1941年皖南事变后，新安旅行团回到家乡，来到了华中抗日根据地，在刘少奇、陈毅的关怀下，新安旅行团派出工作队，在阜宁、盐城、淮安等7个县组织起18万名儿童团员，为华中的抗战胜利作出了贡献。

1979年纪念建校50周年，新安小学布置了有50余幅图片的新安旅行团史迹展览，宋庆龄为展览题词。1985年纪念新安旅行团建团50周年，在新安小学校园内兴建了建筑面积455平方米的新安旅行团历史陈列馆。展览共分6个部分，展出了150余幅历史图片和50余件实物。

2005年重建后的新馆建成并正式对外开放，更名为“新安旅行团历史纪念馆”。纪念馆占地13.29亩，有停车场、广场雕塑和纪念馆三个部分。新安旅行团历史纪念馆为景区主体建筑，一楼为新安旅行团

新安旅行团历史纪念馆

周恩来与新安旅行团成员雕塑

新安旅行团历史纪念馆

地址： 江苏省淮安市淮安区县西街85号新安小学院内

电话： 0517-6230197

事迹展厅、小好汉剧场、名家书画厅和接待室。2011年陈列厅重新布展，将传统展陈手段与现代科技手段有机融合，再现了新安旅行团的革命历程，反映了新中国成立后新安旅行团团员们在祖国各条战线上所取得的卓越成绩。

新安旅行团历史纪念馆为江苏省青少年爱国主义教育基地。

景点链接

关天培祠

关天培祠

地址： 江苏省淮安市淮安区县东街37号

电话： 0517-85923214

为纪念民族英雄关天培所建，是一座古朴肃穆的祠堂。有三间大殿、两间厢房，享殿门上悬有“关忠节公祠”匾额，殿两旁悬有书法家周木斋书写的林则徐的楠木挽联。

关天培祠

镇淮楼

又称鼓楼，始建于北宋年间。镇淮楼为砖木结构城楼式单体建筑物，下层为台基，中有城门洞，上层为二层山楼，全楼通高18.5米，东西长36米，南北宽26米，造型优美，敦厚坚实。清代为镇压淮河水患，更名镇淮楼。现镇淮楼被辟为淮安区博物馆展览厅，楼四周建成市民公园。

镇淮楼

镇淮楼

地址： 江苏省淮安市淮安区镇淮楼东路1号

电话： 0517-85912991

韩侯祠

为纪念秦末汉初军事家韩信所建的祠，有大殿、中殿、前殿，以及其他一些附设建筑。祠庙坐北朝南，东西宽约23米，南北长约130米。前为大门，门上挂“汉韩侯祠”匾额，中殿是穿堂，道中立一石刻碑记，后殿前檐有走廊，殿内设神台，帷幕佛龛，韩信坐像置于龛中，两山墙内嵌有韩信事迹和明、清名人题词石刻。

韩侯祠

韩侯祠

地址： 江苏省淮安市淮安区镇淮楼东

河下古镇

河下古镇一角

曾称北辰镇，是淮安历史文化名城的核心保护区之一。这里曾诞生巾帼英雄梁红玉、大文学家吴承恩等历史名人，明清两代曾出过67名进士、123名举人、12名翰林，有“进士之乡”之称，文化底蕴十分深厚。

河下古镇

地址： 江苏省淮安市淮安区河下镇

电话： 0517-83326820

八十二烈士陵园

八十二烈士陵园位于江苏省淮安市淮阴区西北28公里处，是为纪念抗战中在刘老庄牺牲的82位新四军战士而建，占地147亩，内有八十二烈士墓、八十二烈士纪念馆、八十二烈士纪念碑及壮志亭、八十二棵青松等纪念设施。2010年3月18日，新的八十二烈士纪念馆开工建设。新馆共分三层，建筑面积4000平方米，前部为金字塔形，后部为倒斜面机翼形，整体为六边锥形体。馆内分为勇士浴血刘老庄、光荣部队英雄连、淮阴革命斗争史三个展览区，并设有多功能教育厅等。

1943年2月，侵华日军对盐阜区发动大规模“扫荡”。3月中旬，日军第十七师团在向淮海区撤退途中，沿途继续“扫荡”，寻歼新四军主力。17日，连日激战的新四军三师七旅十九团二营（四连）宿营刘老庄。次日清晨，部队准备开拔时与敌遭遇，为了给老百姓和兄弟连队撤退争取时间，四连与敌展开激战。待阻滞敌人的目的达到后，四连立即沿交通沟转移。没走多远，大批敌人压了过来，四连陷入重围。在此情况下，四连82位指战员，凭着比钢铁更坚强的革命意志，与千余日军对峙整日，多次打退敌人的进攻。至黄昏时，四连已经无弹药可用，在连长白思才和指导员李云鹏的带领下，拆毁枪支，销毁文件，与敌肉搏，82位勇士全部壮烈殉国。

刘老庄战斗结束后，淮阴人民堆起了一座三丈高的大墓，墓碑上刻着“新四军三师七旅十九团四连八十二烈士公墓”。新中国成立后园区经过多次改扩建。2009年，围绕陵园开发刘老庄红色景区，包括陵园、纪念馆、红星广场、红色影视基地等。红星广场位于陵园正门对面，占地约50亩。在核心位置建有铜铸主题雕塑《砥柱》，另外还建有张芳久烈士纪念碑、无名烈士墓区、刘皮街阻击战纪念亭等纪念建筑设施。红色影视基地建设内容包括影视拍摄、红色旅游、休闲娱乐、军事集训、素质拓展、特色商业六大主题和城市

八十二烈士陵园

八十二烈士纪念碑

烈士群雕

影视拍摄区、模拟野战场拍摄区（新四军重要活动景区）、村庄拍摄区（包括苏鲁豫皖浙五个地区村庄特色）、军事集训区、配套设施区五大片区。

八十二烈士陵园为江苏省级文物保护单位、江苏省爱国主义教育基地、省全民国防教育基地。

八十二烈士陵园
地址：江苏省淮安市淮阴区
电话：0517-84360017

景点链接

苏皖边区政府旧址

苏皖边区政府是中国共产党领导的苏中、苏北、淮南、淮北四大解放区的民主联合政府，于 1945 年 11 月在淮阴城成立。旧址现存两个院落，占地面积 6700 平方米。保存砖木结构、古色古香的房屋 48 间。

苏皖边区政府旧址为全国重点文物保护单位、国家 3A 级旅游景区。

苏皖边区政府旧址
地址：江苏省淮安市淮海南路 30 号
电话：0517-83932096

苏皖边区政府旧址

漂母墓

地址：江苏省淮安市码头镇东1公里处

漂母墓

漂母墓大门

俗称泰山墩。北魏郦道元在其所著的《水经注 · 淮水》中写道："淮阴故城东西两冢，西者漂母冢也，周回数百步，高十余丈。"后此墓被毁，至清代地方堆土为墓。民国时又立起一碑高1.25米，宽0.6米，上刻"漂母墓"三字，并有碑文，记载漂母赐食韩信于淮阴的事迹。为江苏省级文物保护单位。

码头镇

地址：江苏省淮安市区西南郊

码头镇

始建于公元前221年，淮阴古城遗址、秦甘罗城遗址、清河旧县遗址都是古镇悠久历史的重要见证。境内古运河惠济、通济、福兴三闸遗址，为码头镇烙上了深深的运河文化印记。"码头牛羊肉"是淮扬名菜，其制作技艺为省级非物质文化遗产。这里也是"韩信故里"，相传"汤羊肉"就是韩信门下高厨所传，其用料讲究，配方独特，制作精细，为人称道。

码头镇街景

活动建议

线路1　上午瞻仰八十二烈士陵园，游览刘老庄红色影视基地；中午赴码头镇品尝码头牛羊肉；下午参观漂母墓、淮阴故城遗址、秦甘罗城遗址、清河旧县遗址等。

线路2　上午瞻仰八十二烈士陵园，游览刘老庄红色影视基地；下午返回市区游览苏皖边区政府旧址和清晏园。

清晏园

是清代河道总督府办公地点及其后花园。经历任河督、漕督的精心修建，园内形成关帝庙、荷芳书院、叶园、淮香堂、乾隆御碑、假山荷池等多处美景佳境。乾隆皇帝南巡，曾多次亲临后花园中荷芳书院，所以历史上此园又有“江淮第一园”美称，其小桥流水，粉墙黛瓦，飞檐翘角，明窗朱棂，兼具南北特色，是苏北地区最具代表性的古典园林遗址，亦是中国河运史上唯一保留下来的官宦园林。

清晏园

清晏园

地址： 江苏省淮安市清浦区人民南路西侧

电话： 0517-83932096

淮安市美食特产

● 淮安茶馓

用精白面拉出像麻线一样的细面丝绕成4寸多长、1寸多宽的套环，环环相连，呈梳状、菊花形等网壮图案，放入麻油锅中炸制而成，质地酥脆，味道香美。

● 文楼汤包

由文楼名厨在加汤肉包的基础上改成水调控面汤包制成。其皮透亮明澈，其馅选用蟹黄、老母鸡汤、鸡丁、猪五花肉、虾米等20种原料拌制而成。1997年文楼汤包被中国烹饪协会授予“中华名小吃”称号。

● 盱眙十三香龙虾

是盱眙特有的菜肴，以洪泽湖天然养殖的龙虾为原料，配13种中药材精心烹饪而成，其色泽殷红，肉质细嫩，虾黄鲜美，堪称一绝。

● 涟水鸡糕

以鸡胸脯肉为主料，配之以鲜虾仁、鸡蛋、山药、豆粉、葱姜汁等辅料，加上10多种调味品制作而成，在配料、用刀、拌工、火工上都十分考究，特点是嫩、细、素、鲜、明。

● 淮城蒲菜

蒲菜是淮安城里仅有的土特产，生长在淮城的勺湖、月湖，放入鸡汤或肉汤内外加佐料烩制，味道鲜美。

淮安市旅游景点推荐

古淮河文化生态景区、淮安博物馆等。

南京市中山陵

中山陵

地址：江苏省南京市中山陵园风景区

电话：025-84431174

紫金山中茅山南坡的苍松翠柏之中，矗立着一座驰名中外的陵墓建筑——中山陵。1925年3月12日我国伟大的民主革命先行者孙中山逝世于北京，1929年6月1日移葬长眠于此。

孙中山对南京怀有非常深厚的感情，他在临终前谈起要葬于南京时指出：“吾死之后，可葬于南京紫金山，因南京为临时政府成立之地，所以不可忘辛亥革命也。”孙中山逝世后，其葬事委员会选择了紫金山中茅山南坡为墓址所在地，并用悬奖的办法向全世界的建筑师和美术家征求陵墓设计图案，青年建筑师吕彦直的设计获首奖。中山陵于1926年1月开工，1929年主体工程完工，1931年全部工程竣工。

中山陵占地面积8万多平方米，坐北朝南，前临平川，后拥青嶂，视野开阔，气势雄伟。音乐台、光化亭、流徽榭、仰

中山陵全景

中山陵牌坊

止亭、藏经楼、行健亭、永丰社、中山书院等纪念性建筑，如众星捧月般环绕在陵墓周围。

中山陵继承了我国传统的陵墓建筑风格，但又剔除了古代帝王陵墓中属于封建糟粕一类的东西，吸取了西方建筑的一些先进技术。整体建筑平面呈警钟形，墓室海拔 158 米，从墓室到陵墓牌坊，高低相差 70 多米，平面距离 700 多米，全部建筑都是用白色花岗石和钢筋水泥构筑，上盖蓝色琉璃瓦。中轴布局则倚仗山势，用 392 级花岗石石阶和 480 多米长的水泥墓道将牌坊、陵门、碑亭、祭堂和墓室串联起来。整座陵墓给人以庄严、肃穆、坚固、巍峨之感。

中山陵为全国重点文物保护单位、全国爱国主义教育示范基地。

景点链接

孙中山纪念馆（藏经楼）

位于中山陵东侧，主体建筑由藏经楼、《三民主义》石刻碑廊、纪念广场三部分组织。藏经楼是抗战前中国佛教会捐建的中山陵纪念性建筑之一，由著名建筑师卢树森设计。楼内珍藏孙中山的经典著作和奉安照片等珍贵史料。楼前纪念广场正中的花台上竖有孙中山全身铜像。楼后有长达 125 米的碑廊，上刻孙中山所著《三民主义》全文。

孙中山纪念馆（藏经楼）

地址： 江苏省南京市中山陵园风景区

电话： 025-84430116

孙中山纪念馆

邓演达墓

邓演达墓
地址： 江苏省南京市灵谷寺景区内

邓演达墓

占地5000余平方米，墓前花岗石墓碑正面镌刻何香凝题写的“邓演达烈士之墓”7个鎏金大字。墓碑的背面，刻有中国农工民主党中央委员会撰写的碑文，记述了邓演达的生平事迹。

国际抗日航空烈士公园

国际抗日航空烈士公园
地址： 江苏省南京市蒋王庙街289号
电话： 0255-85477129

南京抗日航空纪念馆

国际抗日航空烈士公园由航空烈士公墓、航空烈士纪念碑、英烈碑、南京抗日航空纪念馆四部分组成。公墓始建于1932年，这里安葬着一批在抗日战争中血洒长空的中国、苏联和美国的空军飞行员。纪念碑与英烈碑于1995年落成，英烈碑上镌刻有3305名中、苏、美等国烈士的姓名和生卒年月。纪念馆于2009年9月26日正式开馆，全面展示了第二次世界大战期间中、苏、美等国空军在中国大地上联合抗击侵华日军的史实。

灵谷塔

国民革命军阵亡将士公墓

国民革命军阵亡将士公墓
地址： 江苏省南京市灵谷寺景区内

在三年北伐战争中，数万将士流血牺牲，抛尸疆场。1928年11月，中国国民党中央执行委员会决定建造公墓，以“安慰亡魂”，并成立建筑阵亡将士公墓筹备委员会，选定灵谷寺旧址为公墓墓址，邀请美国著名建筑师茂非（Henryk. Murphy）担任公墓的建筑师。其方案包括三座公墓、一座纪念馆、一座纪念塔、一座石牌坊，改建金刚殿作为公墓的正门，改建无量（梁）殿作为公墓的祭堂，所有这些公墓建筑现在都保存完好。

明孝陵

明孝陵神道

明朝开国皇帝朱元璋和皇后马氏的合葬陵墓，因皇后谥“孝慈”，故名孝陵。作为中国明陵之首的明孝陵壮观宏伟，代表了明初建筑和石刻艺术的最高成就，直接影响了明清两代500多年帝王陵寝的形制。明孝陵坐落在南京市紫金山南麓独龙阜，东毗中山陵，南临梅花山，是中国现存最大的古代帝王陵寝之一，为世界文化遗产。

参观线路建议

明孝陵景区——中山陵——孙中山纪念馆——灵谷寺景区——南京抗日航空纪念馆

明孝陵

地址：江苏省南京市明孝陵风景区

食宿资讯

中山陵青年旅馆

主体为颇有江南古典园林特色的原木质中式庭园，其间错落着欧式别墅型尖顶木屋，拥有标准客房29间，是一家集住宿餐饮、音乐歌舞、烧烤品茗、培训开会、休闲娱乐于一体的乡村蓝调旅馆。

地址：江苏省中山陵石象路7号

电话：025-84446688

南京市美食特产

● **盐水鸭**

选用当年成长的仔鸭制成。表皮洁白，肥而不腻，香酥滑嫩。

● **牛肉锅贴**

外脆里嫩、馅足汁多，最大特色是咸中带甜。

● **糕团小点**

大多玲珑小巧，色彩缤纷，入口香甜松软，清香满腔。

● **鸭血粉丝**

将鸭血煮熟，切成小块放在瓷碗里，浇上一勺滚烫的鲜汤，滴上数滴香油，撒上一撮虾米，美味可口。

● **小笼包**

讲究汤汁，制作时要把高汤凝成透明的固体胶质，切碎了拌在里面，热气一蒸，就全化成了汤水。制作精良的小笼包皮薄如纸，提来提去也不破。

● **状元豆**

状元豆实际上就是五香豆，入口喷香，咸甜软嫩。

● **什锦豆腐涝**

也叫豆腐脑、豆腐花，南京话又称“都不老”。佐料有虾米、榨菜、木耳、葱花、辣油、香油等十余种，口味醇、浓、香、鲜、咸淡适宜。

南京市旅游景点推荐

栖霞山风景区、江宁织造府博物馆、求雨山文化名人纪念馆、溧水周园、甘熙民居、高淳老街、汤山古猿人洞、栖霞寺、毗卢寺、鸡鸣寺等。

宿迁市雪枫公园

宿迁市雪枫公园

地址： 江苏省宿迁市宿城区黄河北路 288 号

电话： 0527-84246862

雪枫公园位于江苏省宿迁市宿城区黄河北路 288 号，是为纪念以彭雪枫将军为代表的抗日民族英雄而建设的一座集纪念瞻仰、爱国主义教育、国防教育及休闲旅游等多种功能于一体的大型城市公园。

全国抗日战争时期，彭雪枫曾任新四军游击支队司令员兼政治委员，领导开辟豫皖苏边区抗日根据地，任中共豫皖苏边区委员会书记。后任新四军第六支队司令员兼政治委员、八路军第四纵队司令员。1941 年皖南事变后，任新四军第四师师长兼政治委员、淮北军区司令员，在淮北大地上生活、战斗过。

雪枫公园建成于 2007 年 9 月，占地 320 亩，分为纪念瞻仰、水景游览、励志教育和配套服务等四大功能区。公园围绕主轴线规划布置了“一馆、一塔、一湖、二桥、三座雕塑、四个广场”，并以彭雪枫革命历程为主线，通过长征路、长淮大道、将军大道等道路，将育德广场、红星眺望台、九月湖、飞骑桥、捷胜亭、卖马坡、彭雪枫纪念馆、拂晓广场等主要景点有机串联，构成了公园的景观体系。

雪枫公园纪念馆主馆分为展览馆、将军馆、拂晓影院、报告厅四部分。纪念馆外墙面采用白色花岗岩石和红色花岗岩

雪枫公园

石，寓意白雪和枫叶。以彭雪枫将军名字中的“雪”和“枫”作为造型设计的立足点，着力体现了雪的纯净与枫的热烈。纪念塔外墙用白色花岗岩石和透明玻璃构筑而成，其造型设计理念来源于彭雪枫为骑兵团设计的一把锋利宝剑，被人们称颂为“雪枫刀”。巍巍纪念塔充分彰显了彭雪枫领导的抗日队伍英勇杀敌、不怕牺牲的革命精神。

彭雪枫纪念馆

雪枫公园为国家 4A 级旅游景区。

景点链接

宿北大战纪念馆

是集瞻仰先烈、学习革命历史与旅游休憩为一体的旅游景点，国家 3A 级旅游景区，包括陈毅亲笔题名的“宿北大战马陵山革命烈士纪念塔”，宿北大战纪念馆等，纪念馆陈列通过运用现代科技手段真实再现了宿北大战波澜壮阔的历史场景。

宿北大战纪念馆
地址：江苏省宿迁市幸福路 185 号
电话：0527-84213965

宿北大战纪念馆

抗日山烈士陵园
地址： 江苏省连云港市赣榆县
电话： 0518-86558000

抗日山烈士陵园

抗日山烈士陵园位于连云港市赣榆县班庄镇。1941年至1944年间八路军一一五师教导二旅及滨海军区的广大军民一边抗日，一边在此为死难烈士树碑建塔，抗日山烈士陵园因此得名。

陵园现占地600亩，分为东西两大墓区和陵园。墓区安葬着800余位烈士的忠骨，墓碑上铭刻着3576位烈士英名。抗日山烈士陵园是为纪念因抗战牺牲的烈士兴建的时间最早、规模最大，安葬八路军、新四军抗日烈士最多的陵园。

抗日山烈士陵园全景

抗日山烈士陵园为全国重点烈士纪念建筑物保护单位、全国青少年爱国主义教育基地、国家4A级旅游景区。

宿迁市美食特产

● **宿晓红葡萄**

俗名小黑葡萄，为我国古老优良酿造葡萄品种。小黑葡萄的栽培，最早见于1901年的《宿迁县志》上，当时洋北半壁店（今船行）一带多处连片棚架栽培。

● **铁球山楂**

又名麻球，产于黄河故道沿线、马陵山麓的支口、蔡集、皂河乡一带，自明代1570年前后即有栽培。果实圆，色红，味酸甜。

● **水晶山楂糕**

呈玫瑰色，晶莹透亮，放在报纸上能透过糕体看清文字，酷似一枚红色的水晶。口感细腻，酸甜适口，放于手上，似有弹性。

● **“黄狗”猪头肉**

由民间名师黄德（诨名叫黄小狗）始创，人称“黄狗”猪头肉，已有200多年历史。其肉色泽红润，香味浓郁，肥肉酥烂，精肉鲜香。乾隆皇帝下江南曾品尝此肉，大为赞赏。

● **车轮饼**

洋河车轮饼是乾隆皇帝下江南时较为欣赏的一种食品，既香又甜，既脆又酥，工艺复杂，口味独特，是馈送亲友的佳品。

● **骆马湖银鱼**

通体洁白透明如美玉，形状如根根银条，肉质细嫩鲜美，有“水中白银”、“水中人参”的美誉。此鱼产卵期内发出黄瓜青香味，当地渔民又称之为黄瓜鱼。骆马湖银鱼营养丰富，含大量蛋白质和脂肪。

宿迁市旅游景点推荐

项王故里景区、皂河龙王庙行宫景区、洪泽湖湿地公园、宿迁市博物馆、三台山森林公园、古黄河水景公园、真如禅寺、骆马湖旅游度假区、中运河风光带等。

泰州市中国人民解放军海军诞生地纪念馆

中国人民解放军海军诞生地纪念馆位于江苏省泰州市高港区白马镇，分为三野渡江战役指挥部旧址和中国人民解放军海军诞生地纪念馆两部分。1949 年 4 月，中国人民解放军华东野战军（三野）司令部暨东、中集团渡江战役指挥部设在泰州白马庙地主王镜湖读书楼，三野首长粟裕、张震曾在此指挥渡江战役。23 日，为适应渡江战役的胜利形势，三野奉中央军委电令，在此组建华东军区海军，张爱萍任司令员兼政治委员。渡江战役胜利后，旧址得到有效保护，1989 年成立专门文保所，对旧址进行了局部修缮，加筑了砖底花墙，使旧址组成完整庭院并正式对外开放。

旧址现有清式二层楼房一座及平房数间，分为 4 个展区 6 个展室，楼上为三野渡江战役指挥中心，复原了会议室场景，陈列有发报机、放大镜、马灯、行军杯等实物；楼下为粟裕、张爱萍、张震的卧室兼办公室，陈列有粟裕等三野将领当年使用过的雕花木榻及木箱、茶几、太师椅、铜盆、灯柜、油灯等实物 50 余件。

1999 年 4 月，为纪念人民海军诞生 50 周年，在旧址西侧 200 米处兴建中国人民解放军海军诞生地纪念馆，江泽民题写馆

中国人民解放军海军诞生地纪念馆

地址： 江苏省泰州市高港区白马镇

电话： 0523-86181423

中国人民解放军海军诞生地纪念馆

参观路线建议

线路1　海军纪念馆——古银杏群落森林公园——雕花楼——杨根思烈士陵园

线路2　海军纪念馆——新四军东进泰州谈判纪念馆——安定书院及胡公祠——曲江楼

中国人民解放军海军诞生地旧址

名。纪念馆占地25000平方米，主体建筑外形像一艘军舰，寓意中国人民海军在这里扬帆起航。纪念馆从近代沧桑、白马建军、威震海疆、发展壮大、鱼水情深5个方面展示了人民海军发展的光辉历程，广场上的实物展区陈列有飞机、舰炮、鱼雷、导弹等装备。

2009年，海军成立60周年之际，纪念馆进行了馆区环境维护和展厅改陈设计。改建后的纪念馆陈列展示内容更加丰富，成为集教育、观赏、互动、游戏于一体的现代展馆。

泰州市中国人民解放军海军诞生地纪念馆为全国重点文物保护单位、国家国防教育示范基地、全国爱国主义教育示范基地。

★人民海军的诞生

解放战争后期，人民解放军取得了辽沈、平津、淮海三大战役的胜利，百万雄师以排山倒海之势进军长江北岸，直捣蒋家王朝的巢穴南京。

现实斗争的需要使中国共产党认识到建立海军的重要性。1949年1月8日，中共中央政治局会议通过的《目前形势和党在一九四九年的任务》提出，1949年及1950年我们应当争取组成一支能够使用的空军，及一支保卫沿海沿江的海军。

1949年初，中共中央决定由第三野战军组建人民海军，并首先在华东组建，这与当时渡江战役的胜利形势密切相关。

白马庙，是一个自然村庄，在军事上的地理位置十分重要，距长江不远不近，又是老解放区，群众基础好，交通便利。3月下旬，三野司令员陈毅向张爱萍传达了党中央和中央军委的决定：由第三野战军组建海军，任命张爱萍担任司令员兼政治委员。渡江战役前夕，张爱萍来到白马庙三野司令部驻地，开始了人民海军的筹建工作。4月23日，南京解放。中央军委急电三野，立即组建海军，定名为中国人民解放军华东军区海军。

1989年2月17日，中央军委批复海军党委，以1949年4月23日成立华东军区海军的日期为中国人民解放军海军诞生日，江苏泰州白马庙为海军诞生地。

景点链接

蒋垛苏维埃纪念馆

江苏省唯一一座红色苏维埃政权纪念馆。土地革命战争时期，中共泰县县委组织赤卫队，领导群众在如（皋）、泰（兴）、泰（县）地区开展了轰轰烈烈的农民运动。1930 年 4 月，在蒋垛镇界河村成立了苏维埃政府。20 世纪 90 年代初，在蒋垛镇建立了苏维埃纪念馆。馆区建有纪念碑、纪念塔各 1 座、烈士墓 64 座，馆内陈列有珍贵照片和相关实物。

蒋垛苏维埃纪念馆

蒋垛苏维埃纪念馆
地址：江苏省泰州市姜堰区蒋垛镇东环路
电话：0523-88301102

新四军苏北指挥部旧址——曲江楼

曲江楼始建于 1840 年前后，本为凌氏开设的曲江旅馆，又名曲江楼。民国初年为新交通旅馆与咏亭茶馆。1940 年秋，新四军苏北指挥部驻扎姜堰，陈毅曾下榻曲江楼，在此召开苏北八县军民代表会议，号召团结抗日。曲江楼坐东朝西，为前后两进上下两层走马回廊式古典风格建筑。后楼大厅为当年八县军民代表会议会场。陈列室中陈列着新四军东进抗日前后的相关史料和部分文物，介绍了当年新四军苏北指挥部的历史背景和丰功伟绩。

新四军苏北指挥部旧址——曲江楼
地址：江苏省泰州市姜堰区姜堰镇南大街 219 号
电话：0523-88221318

曲江楼

新四军东进泰州谈判纪念馆

这里原为国民党鲁苏皖边区游击总指挥部驻地。抗战时期，陈毅三进泰州，与鲁苏皖边区游击总指挥李明扬谈判合作抗日。解放后，这里作为谈判旧址被完好保存。纪念馆以大量的历史图片、文献、实物为基础，运用多种手段展现了陈毅三进泰州的史实。

新四军东进泰州谈判纪念馆

新四军东进泰州谈判纪念馆
地址：江苏省泰州市海陵区迎春西路 36 号
电话：0523-86351166

杨根思烈士陵园
地址：江苏省泰州市泰兴市根思乡宣泰路49号
电话：0523-87831167

杨根思烈士陵园

杨根思烈士碑

为纪念中国人民志愿军特等功臣、特级战斗英雄杨根思烈士，1955年在英雄家乡兴建了“杨根思烈士祠”。1965年改名为“杨根思烈士纪念馆”，1970年改名为“杨根思烈士陵园”，现占地25330平方米。烈士纪念馆内陈展了烈士的遗物和珍贵图片，介绍了杨根思的成长历程和英雄事迹。

古银杏群落森林公园
地址：江苏省泰兴市宣堡镇
电话：0523-87841185

古银杏群落森林公园

位于“中国银杏第一镇”泰兴市宣堡镇，总面积9700亩。现有定植银杏13800多株，其中千年古银杏3株，200年以上的银杏树1600多株，百年以上的银杏树3800多株，是全国罕见的古银杏群落。

古银杏群落森林公园景色

雕花楼大门

雕花楼
地址：江苏省泰州市高港区金港南路
电话：0523-86910186

雕花楼

雕花楼又称“四方楼”，系四合院式两层砖木结构建筑。楼内天井四周、走廊上方、门扇、梁枋等处雕有大量的奇花异草、飞禽走兽、人物故事等图案花纹。景区有漱芳园、时新堂、光裕厅、凝香阁等景点，配套水榭、连廊、假山、鱼池，重现了翠竹伴岩、曲径通幽的精巧别致小园林。

安定书院及胡公祠
地址：江苏省泰州市海陵区迎春西路36号
电话：0523-86351166

安定书院及胡公祠

在宋代经学家、教育家胡瑗讲学旧址上创建，也称胡公书院，为江苏省

安定书院

内最古老的书院之一。书院内古建筑蝴蝶厅（外形似蝴蝶，故名）和胡公祠保存完好，院内还有一株900多年的古银杏，枝繁叶茂，相传为胡瑗栽植。

餐饮资讯

泰州老街

有皮包水早茶、草炉烧饼等百种泰州传统乡土风味小吃及地方特产。

泰州老街

地址： 江苏省泰州市海陵区迎春巷东路东侧南侧泰州老街

电话： 0523-86369031

泰州市美食特产

● 溱湖八鲜宴

以溱湖鱼鲜和水蔬为主料，以溱湖民间传统烹饪技艺制作而成。

● 泰州干丝

泰州饮食文化、风土人情的靓丽招牌。

● 泰州金三麻

即麻糕、麻油、麻饼，清朝时已负盛名，为传统名特产品。

● 梅兰春酒

被誉为“江苏茅台”，开创白酒芝麻香型之先河，成为全国芝麻香型的标杆酒。

● 黄桥烧饼

用油酥和面，馅是用火腿或猪油等制成。烧饼酥脆焦黄，外酥里松，油润不腻。

● 溱湖簖蟹

因捕蟹渔具——“簖”得名。自古“南有阳澄闸蟹，北有溱湖簖蟹”之说。

● 大佛指银杏

中国银杏之乡泰兴出产的大佛指银杏是1999昆明世博会唯一指定的无公害银杏。

● 靖江肉脯

有猪肉脯系列、牛肉脯系列、肉松系列等品种，猪肉脯国内市场占有率达60%。

● 河横三样

“全球生态环境500佳”的河横村，盛产“有机大米、绿壳鸡蛋、三泰酱菜”。

● 兴化红膏蟹

“中国生态河蟹养殖第一县”兴化，所产螃蟹有壳青、肚白、金爪、黄毛、膏红的特点。

● 中庄醉蟹

肉质细嫩，酒香浓郁，香中带甜，味道鲜美。

● 兴化蚕丝被

怡身保暖，蓬松轻柔，透气保健。

● 溪桥提琴

黄桥镇溪桥被誉为“中国小提琴之乡”，小提琴产量占中国的70%、全世界的20%以上。

泰州市旅游景点推荐

姜堰溱湖旅游景区、凤城河风景区、溱潼古镇、引江河风景区、光孝律寺、泰山公园、兴化李中水上森林景区等。

常州市瞿秋白故居

瞿秋白故居

地址：江苏省常州市钟楼区延陵西路 188 号

电话：0519-86636909

瞿秋白故居位于江苏省常州市钟楼区延陵西路 188 号，由故居和纪念馆两部分共同组成，是收藏、陈列、展示瞿秋白业绩、研究瞿秋白思想、弘扬瞿秋白精神的专业馆。

瞿秋白故居原为瞿氏祠堂，由瞿秋白叔祖父瞿赓甫等在清朝光绪年间捐资修建。1912 年至 1916 年间，瞿秋白一家寄居于此。宗祠坐北朝南，分东西两院各有四进，西院为正房，东院为扩充的辅屋，中列隔墙，有廊道门扇相连通，是常州保存较完整的江南宗祠建筑。瞿秋白故居按原样陈列。

瞿秋白纪念馆 1962 年首次对外开放，1965 年关闭。1985 年在瞿秋白就义 50 周年之际，纪念馆重新开放。纪念馆门楼下的金字横匾“瞿秋白同志纪念馆”系邓小平书写。1988 年、1999 年、2008 年故居先后三次进行了整修和扩建，修改了陈列馆内容，重新制作了版面，充实了展品。新建了一座两层楼四合院式的仿古建筑。改版后的陈列，以现代设计理念与艺术装饰手法，用自然丰富的展示效果，通过实物、图片和多媒体展示，全面、客观地展示了瞿秋白革命的一生、光辉的一生。

瞿秋白故居为全国重点文物保护单位、全国爱国主义教育示范基地。

瞿秋白故居

瞿秋白纪念馆

瞿秋白铜像

人物介绍

瞿秋白

瞿秋白（1899—1935），江苏常州人。1919 年五四运动时参加领导北京的学生爱国运动。1921 年起任莫斯科东方劳动者共产主义大学中国班教员。1922 年 2 月加入中国共产党。1923 年 1 月回国后任中共中央机关刊物《新青年》、《前锋》主编和《向导》编辑；7 月同邓中夏一起筹办上海大学，任教务长兼社会学系主任。1924 年 1 月在中国国民党第一次全国代表大会上当选为国民党中央候补执行委员。1925 年 1 月当选为中共中央中央局委员，任中共中央宣传部委员；5 月起主编中国共产党创办的《热血日报》。1927 年 4 月至 5 月任中共中央常务委员会委员。1927 年 5 月在中共五届一中全会上当选为中共中央政治局委员（任职至 1927 年 8 月），6 月任中共中央政治局常委。大革命失败后，1927 年 8 月至 1928 年 7 月任中共中央临时政治局委员、常委、主席。1928 年 7 月在中共六届一中全会上当选为中共中央政治局委员。同年当选为共产国际执委会委员、主席团委员及政治书记处成员，在苏联任中共驻共产国际代表团负责人。1930 年 8 月回国，任中央总行动委员会委员、主席团成员，中共中央宣传部长、宣传部成员，《红旗日报》编委会成员等职。1931 年 1 月在中共六届四中全会上被解除中央领导职务。此后在上海同鲁迅一起领导左翼文化战线的斗争。1931 年 11 月和 1934 年 2 月连续两届当选为中华苏维埃共和国中央执委会委员、中央执委会人民委员会教育人民委员，任中华苏维埃共和国临时中央政府教育部部长。1934 年初进入中央革命根据地。1934 年 2 月当选为中央执委会主席团成员。1934 年 10 月中央红军主力长征后，留在南方坚持游击战争，任中共苏区中央分局宣传部部长。1935 年 2 月在福建省长汀县水口镇被国民党军逮捕，6 月 18 日在长汀就义。

景点链接

南大街商贸休闲旅游区

南大街商贸休闲旅游区
地址：江苏省常州市钟楼区南大街
电话：0519-86688531
88128555

南大街商业步行街

为常州主要特色街区，占地面积0.52平方公里，包括南大街商业步行街、莱蒙都会国际商业街区等，为国家4A级旅游景区。街区服务设施完善，有商铺800余个，除各类服装、服饰和特色餐饮外，还有影视文化、电玩、溜冰场、茶座等休闲游乐设施。

青果巷历史文化街区

青果巷历史文化街区
地址：江苏省常州市青果巷
电话：0519-88128555

位于常州老城中部、古运河北侧，东西长约400米，南北约200米，面积为8.7公顷。该街区是古运河常州段现存较为完整的一条老街区，文化底蕴丰厚，其“深宅大院毗邻，流水人家相映，小巷深处幽幽”的风貌，是江南常州民居文化的缩影。明清两朝，从青果巷走出许多著名的历史文化名人，今街区内尚存唐荆川唐氏八宅中的贞和堂、八桂堂（瞿秋白诞生地）、筠星堂、松健堂、礼和堂以及赵元任、刘国钧、恽鸿仪等名人故居。

青果巷流水人家

篦箕巷历史文化街区

篦箕巷

位于常州城西古运河北岸，古代以制作篦箕和木梳闻名，至今已有1600多年历史。明朝正德十四年（公元1504年）起这里开始设驿站，名为毗陵驿。乾隆六下江南，曾三次从这里的大码头上岸，巷内的皇华亭，是古时的接官亭。明清时期这里是交通枢纽和商贸中心，一到晚上家家店里挂着宫灯，个个工场悬着照灯，常常彻夜不灭。晶莹闪烁的灯彩映在运河水里与岸边船上，远远看去，宛如金色游龙，形成了被称为常州西郊八景之一的“篦梁灯火”。

篦箕巷历史文化街区
地址：江苏省常州市钟楼区篦箕巷
电话：0519-88128555

荆川公园

荆川先生读书处

为纪念明代常州籍文学家、抗倭英雄、先贤唐荆川先生而建，原名陈渡草堂，1998年更名为荆川公园。主要景观有荆溪竹海、陈渡草堂、古道松涛、樟林叠翠、梨洲白雪、桃岭春坞、柳岸樱堤、枫峦旌胜等20余处。除唐荆川墓、荆川先生读书处和唐氏宗祠等文物保护单位实行封闭管理外，其余均对游客免费开放。

荆川公园
地址：江苏省常州市钟楼区清潭西路
电话：0519-86969149

运河五号创意街区

坐落在原常州第五纺织厂旧址内，占地54亩，建筑面积达3万多平方米。整体划分为常州工业历史博物馆、创意和设计工作室、商业配套实施三大部分。老街老巷老厂房，运河文化，工业遗存，创意产业串联起了运河五号创意街区。

运河五号创意街区

运河五号创意街区
地址：江苏省常州市钟楼区三堡街141号
电话：0519-86879555
86855988

常州市张太雷故居

张太雷故居

地址： 江苏省常州市天宁区清凉路子和里3号

电话： 0519-88873919

张太雷故居位于江苏省常州市天宁区清凉路子和里3号张太雷纪念馆内，该馆由张太雷故居、张太雷生平事迹陈列室和共青团史陈列室三部分组成。全馆建筑面积900平方米，陈展面积500平方米。1987年，张太雷故居修复后正式对外开放，2000年张太雷故居正式更名为张太雷纪念馆。

张太雷故居为一座二进三开间木结构的江南老式民居建筑。1918年至1925年张太雷一家曾借居于此，女儿张西屏、张西蕾和儿子张一阳都出生在这里。这座古朴而清雅的建筑，真实记载了张太雷一家当年生活的痕迹，见证了这个家庭为中国革命所作出的奉献与付出（儿子张一阳18岁时牺牲于上饶集中营）。故居具有浓郁生活气息的复原陈列再现了张太雷及家人在此生活的场景。故居前进门楼上方镶嵌着邓小平书写的“张太雷故居”金字匾额，天井中央安放着张太雷的半身汉白玉雕像。

张太雷纪念馆大门

纪念馆东首是张太雷生平事迹陈列室。通过图片、油画、实物等陈列，展示了张太雷29个春秋不朽的业绩。“为天下人谋永久的真正的幸福”，“愿化作震碎旧世界惊雷”的誓言，蕴含着令人震撼的巨大精神力量，激励后人开创更加宏伟的现代化事业。

张太雷故居

纪念馆西首是共青团史陈列室，面积约140平方米，陈列珍贵图片131幅及相关资料，以战斗的青春、建设的青春、改革的青春三大篇章，较为全面地反映了共青团的历史进程。

张太雷纪念馆为全国爱国主义教育示范基地、全国重点文物保护单位、国家2A级旅游景区。

人物介绍

张太雷

张太雷（1898—1927），江苏武进人。1920年10月参加北京的中国共产党早期组织，成为中国共产党党员。1921年赴苏俄，任共产国际远东书记处中国科书记；6月陪同共产国际代表马林等来中国筹建中国共产党。1922年相继出席远东被压迫民族大会、东方劳动者大会和青年共产国际代表大会，被选为青年共产国际执委会委员。1922年5月当选为中国社会主义青年团团中央委员。1923年继续当选为团中央委员，任青年团驻少共国际代表。其间，入莫斯科东方劳动者共产主义大学学习。1924年回国后负责团中央工作。1925年1月当选为团中央书记。中共四大后被派往广州，任苏联政治顾问鲍罗廷的翻译和助手。1925年中共两广区委改为中共广东区委，为区委主要负责人之一。1926年2月至1927年4月任广东区委机关刊物《人民周刊》主编。1927年4月至5月任中共湖北区委书记，5月在中共五届一中全会上当选为中共中央政治局候补委员（任职至8月），7月至8月任中共中央政治局临时常委会委员。大革命失败后，1927年8月当选为中共中央临时政治局候补委员，同月起任中共广东省委书记，11月起兼任省委军委书记；8月至11月任中共中央南方局委员，9月至11月任南方局书记，10月至11月兼任南方局军委委员。1927年12月参与领导发动广州起义，任广州苏维埃政府代主席、人民海陆军委员。1927年12月12日在广州指挥战斗时遭遇敌人伏击牺牲。

景点链接

红梅公园

红梅公园雪景

建于1959年，原为天宁寺林园旧址，因园内有著名古建筑红梅阁而得名。园内分为三区八景，三区即文物古迹区、娱乐活动区和科普教育区，八景是文笔夕照、红梅春晓、凤桥花径、曲池风荷、青峦倒影、翠薇秋霞、雪山劲松和林园钟声，为国家4A级旅游景区。

红梅公园
地址：江苏省常州市区天宁区红梅路
电话：0519-88108020

天宁禅寺

始建于唐贞观年间，有“东南第一丛林”之称。寺内同时供奉着文殊、普贤、观音、地藏四大菩萨，使游客一日之内便如同朝拜了五台、峨眉、普陀、九华这佛教四大名山。清朝乾隆皇帝下江南时，曾三次到寺拈香顶礼，并题写了“龙城象教”匾额和大殿抱柱楹联，历代名人也留下众多诗画墨宝。寺内古建筑及文物保存完好，有精美的五百罗汉石刻以及缅甸佛教界礼赠的玉佛十二尊等镇寺瑰宝，为国家4A级旅游景区。

天宁禅寺
地址：江苏省常州市区天宁区罗汉路1号
电话：0519-88115647
88178011

天宁禅寺大雄宝殿

东坡公园

是一座名胜古迹与自然风光相结合的古典园林，有舣舟亭、御碑亭、龙亭、野宿亭、四方亭、东坡洗砚池、御码头、抱月堂、广济桥等20余处景点，在四方亭旁有苏东坡铜像一座。北宋著名文学家苏东坡曾往返常州11次，最后终老于常州藤花旧馆内，主景点舣舟亭是苏东坡当年舣舟上岸的遗迹。清朝乾隆皇帝仰慕苏东坡文才，追随其足迹到此修建行宫，为皇太后祝寿召试地方文人，并作诗怀念苏东坡，题匾“玉局风流”，留下了万寿行宫遗址、龙亭、御碑亭、御码头等遗迹。

东坡公园夜景

东坡公园
地址：江苏省常州市区天宁区延陵东路
电话：0519-88115005

常州市恽代英纪念广场

恽代英的祖籍在江苏省常州市新北区孟河镇的恽家村。汉朝司马迁外孙西汉平通侯、文学家杨恽遭诬陷被处以腰斩罪后，其子为避难改父名为姓，避难至此。后世代繁衍，形成自然村，名恽家村。从此，这里走出了大批恽姓名人，恽代英便是其中杰出的代表之一。

恽代英是清代阳湖文派创始人之一恽敬（字子居）的六世侄孙，是常州画派（恽派）代表之一恽寿平（名格，号南田）的九世侄孙。恽代英的祖父恽元复（号祖南）对恽氏祖先南田与子居文风十分推崇，壮年时为张之洞幕僚，携全家迁居武昌。受父辈影响，恽代英长大后对故乡常州有着一种“青山明月梦中看”的独特情怀。在其后的革命生涯中，恽代英与常州的另外两位革命家瞿秋白、张太雷结下了深厚的革命友谊，后来被常州人民称为“常州三杰”。

恽代英纪念广场

地址：江苏省常州市新北区孟河镇兴镇路

电话：0519-83791039

恽代英纪念广场

为纪念恽代英，1998年在常州市新北区孟河镇兴建了恽代英纪念广场。恽代英纪念广场建有草坪、花台、喷泉、长廊、亭阁等，广场中央矗立着恽代英汉白玉全身雕像。距广场约2000米的小河中学内，建有恽代英主题馆，馆内藏有有关恽代英的图文资料并设图片展。

恽代英纪念广场为全国爱国主义教育示范基地。

恽代英汉白玉全身雕像

人物介绍

恽代英

恽代英（1895—1931），江苏武进人。1921年底加入中国共产党。1923年当选为中国社会主义青年团中央执委会候补委员，1924年国共合作后任国民党上海执行部宣传部秘书，负责编辑《新建设》月刊。1925年1月当选为中国共产主义青年团中央执委会委员，任团中央宣传部主任、学生部主任。1926年1月在国民党第二次全国代表大会上当选为国民党中央执委会委员，随后担任黄埔军校政治主任教官、中共党团书记，并在广州农民运动讲习所任教。曾任中共广东区委委员。1927年1月起在武汉中央军事政治学校任政治总教官。1927年5月率领由中央军校和农民运动讲习所学员组成的中央独立师参加讨伐夏斗寅的战斗，任该师党代表。大革命失败后，参加南昌起义，任前敌委员会委员、革命委员会主席团成员、宣传委员会代主席。起义失败后赴香港。1927年8月起任中共中央南方局委员，中共广东省委常委、宣传部部长，1927年12月参加组织领导广州起义，任广州苏维埃政府秘书长。1928年6月到上海任中共中央宣传部秘书长，主编中央机关刊物《红旗》。后又任中共中央组织部秘书长。1930年任上海沪中区、沪东区行动委员会书记，曾任中共沪东区委书记。1930年5月被国民党当局逮捕。1931年4月29日在南京就义。

景点链接

新四军六师师部旧址纪念馆

新四军六师师部旧址纪念馆为新四军挺进京沪路东地区进行抗日斗争的重要指挥部。1941 年 3 月，根据中央军委命令，苏南新四军部队整编为第六师，谭震林任师长兼政委。六师师部一度设在寨门村诸巷。在此期间，谭震林积极贯彻中共中央关于“扩军建政”的指示，大力推进抗日民主政权建设，广泛开展军事、统战、财经、文教等各项工作，发展和巩固了苏南抗日游击根据地，在苏南抗战史上占有重要地位。8 月为反击日、伪军的大规模“清乡”，撤离无锡。2003 年对旧址进行修复，并利用旧址房屋筹建新四军六师师部旧址纪念馆。2008 年该馆又得到精心修缮，充实了展览内容。

新四军六师师部旧址纪念馆
地址：江苏省无锡市锡山区锡北镇寨门村诸巷
电话：0510-83791039

新四军六师师部旧址纪念馆主楼

九龙禅寺

九龙禅寺

为一佛教寺院，建于南梁时期，是梁武帝皇后郗氏的家庙。主殿为大雄宝殿，东西两侧有许多侧殿和副房。

九龙禅寺
地址：江苏省常州市新北区孟河镇九龙村
电话：0519-83509092

孟河城北老街

孟河城北老街最南的一段建于明朝，其余部分建于清朝和民国时期。现孟河城北老街总长度为 562 米，其中保存完好、历史韵味浓厚的民清建筑老街为 382 米。

孟河城北老街

孟河城北老街
地址：江苏省常州市新北区孟河镇城北村
电话：0519-83509092

常州市美食特产

● 常州大麻糕

特点是色泽黄润而不焦，咸甜适度而不腻，香酥可口而不脆。

● 马蹄酥

选用精白面粉、棉白糖、豆油等原料制作，延用传统烘炉烘制，色呈金黄，香甜酥松。

● 天目湖砂锅鱼头

选用天目湖天然生养的大花鲢鱼头作原料，纯天然天目湖水为汤基，以特有的烹调工艺加工而成。

● 建昌红香芋

常州种植芋头的历史悠久，尤其是金坛建昌镇种植的芋头品质最佳，因其微露红皮，口味香甜，被称为“红香芋”。

● 金坛封缸酒

因明太祖朱元璋曾驻跸金坛卧龙山，饮后为之命名，并列为贡酒，故又称朱酒。其色泽自然，久藏不浊，醇稠如蜜，馥郁芳香。

● 常州萝卜干

色泽黄里有红，味道咸中微甜，且价廉物美，携带方便。是人们佐餐的小菜。

● 常州梳篦

形成于魏晋时期，至清代有“宫梳名篦”之美称。

常州梳篦声名之盛，在于选材严格、工艺独特、制作精良。1926年在美国费城国际博览会上获金奖。

● 乱针绣

由我国著名刺绣艺术家杨守玉首创，将绘画艺术与刺绣技法相结合，打破传统“密接其针，排比其线”的框架，以针代笔，以线代色，运用长短交叉的线条，来表现物体的深度和广度，作品具有独特的艺术效果，宛如油画或近似艺术摄影。

常州市旅游景点推荐

中华恐龙园、金坛茅山风景旅游区、天目湖旅游度假区、中国春秋淹城旅游区、青枫公园、亚细亚影视城、常州博物馆、武进太湖湾旅游度假区、环球动漫嬉戏谷、瓦屋山休闲旅游区、奥金鳄鱼乐园、新华村全国农业旅游示范点、碧春缘生态林艺、常州梳篦博物馆、武进夏溪艺林园、武进湖塘三勤生态园等。

浙江省

P423-468

浙江省红色旅游地图

江苏省
庐江县
桐城市
芜湖县
繁昌县
郎溪县
铜陵县
铜陵市
狮子山区
南陵县
宣城市
广德县
新四军苏浙军区旧址
新四军苏浙军区一纵队司令部旧址（苏浙军区纪念馆）
长兴县
新四军苏浙公学旧址
湖州市
南浔区
乌镇
枞阳县
池州市
青阳县
泾县
安庆市
周恩来与蒋介石谈判旧址、中共浙西特委旧址、毛泽东下榻赋诗处
宁国市
孝丰革命烈士陵园、新四军天目山反顽战役纪念馆
安吉县
莫干山国家级风景名胜区
德清县
茅盾故居
新市镇
安
徽
省
新四军反顽自卫战指挥部旧址
杭州市
马寅初旧居
杭州西湖世界文化景观
夏衍故居
旌德县
黄山区
天目山
1937年蒋介石与周恩来杭州会谈旧址—澄庐
临安市
梅家坞周总理纪念室
萧山机场
中共杭州
石台县
东至县
钱塘江大桥纪念馆
杭州革命烈士纪念馆
萧山区
清凉峰
顺溪
绩溪县
侵浙日军投降仪式旧址（含千人坑遗址）
富阳市
郁达夫故居
浙江革命烈士纪念馆
柯桥区
黟县
祁门县
徽州区
歙县
百江
龙门镇
俞秀松故居
休宁县
深澳村
桐庐县
“枫桥经验”展示厅
威坪
黄山市
富春江—新安江国家级风景名胜区
浣江—五泄国家级风景名胜区
诸暨市
淳安县
新安江水库（千岛湖）
建德市
新安江水电站、新安江水库（千岛湖景区）
浮梁县
江
景德镇市
中共浙皖特委旧址
中共闽浙赣省委旧址
浦江县
东阳市
义乌市
婺源县
古田山
新叶村
兰溪市
开化县
三门源村
双龙国家级风景名胜区
佛堂镇
严济慈纪念馆
台湾义勇队纪念馆
侵华日军细菌战衢州展览馆
龙游县
金华市
金东区
金佛庄烈士陵园及陈列馆
寺平村
乐平市
德兴市
衢江区
衢州市
常山县
刘英烈士陵园
徐英烈士纪念馆、故居
永康市
方岩国家级风景名胜区
大红岩国家级风景名胜区
武义县
西
万年县
江山市
玉山县
厚吴村
郭洞村
俞源村
江郎山世界自然遗产
仙都国家级风景名胜区
上饶市
缙云县
遂昌县
弋阳县
横峰县
广丰县
丽水市
中国工农红军第十三军军部旧址群
松阳县
贵溪市
上饶县
铅山县
廿八都镇
九龙山
松阳县安岱后苏维埃旧址
浙西南革命根据地纪念馆（中共浙江省委机关旧址）
鹰潭市
省
遂昌县王村口苏维埃旧址
安民
云和县
龙泉市
龙泉革命烈士陵园
大顺
青田县
温州革命烈士纪念馆
温州革命历史纪念馆
龙泉市披云山苏维埃旧址
浦城县
景宁畲族自治县
鹤溪镇
凤阳山—百山祖
百丈漈—飞云湖国家级风景名胜区
文成县
资溪县
武夷山市
庆元县
大济村
左溪
乌岩岭
珊溪革命历史纪念馆
浙南（平阳）革命根据地旧址
平阳县
泰顺县
光泽县
松溪县
苍南县
苍南县革命烈士陵园
江西省
中共闽浙边临时省委成立地旧址
寿宁县
邵武市
建阳市
政和县
福鼎市
福
建
省
建瓯市
周宁县
柘荣县
福安市
南关岛
北关

1：2 350 000

0 23.5 47.0 70.5 94.0 117.5km

嘉兴市南湖风景名胜区（中共一大旧址）

南湖革命纪念馆（新馆）

南湖革命纪念馆（新馆）位于浙江省嘉兴市南湖区烟雨路七一广场。

1921 年 7 月 23 日，中国共产党第一次全国代表大会在上海秘密召开。会议中途，因遭到法租界巡捕的袭扰搜查而被迫停会。一大代表们分批秘密转移到浙江嘉兴，在南湖的一条游船上举行了最后一天的会议。中共一大通过了中国共产党第一个纲领和第一个决议，选举产生了党的领导机构——中央局，庄严宣告中国共产党正式成立。

1959 年，南湖革命纪念馆在南湖湖心岛烟雨楼对外开放。1991 年，在南湖渡口北侧，一座占地面积 3870 平方米、建筑面积 1980 平方米的新南湖革命纪念馆建成。新馆主体建筑俯瞰呈镰刀铁锤党徽形状，顶部矗立高 6 米、“井”字形外方内圆的丰功牌坊。2011 年 6 月 30 日，占地面积 40.95 亩、建筑面积 1.96 万平方米的南湖革命纪念馆（新馆）在南湖区烟雨路七一广场正式建成并对外开放。纪念馆坐北朝南，由“一主两副”三幢建筑组成，分三大功能区，中间主楼为主展区、西副

南湖革命纪念馆（新馆）

南湖革命纪念馆（新馆）陈列

楼为副展区、东副楼为服务区，整体具备陈列展览、文物保存、多媒体演示、学术交流等功能。

嘉兴南湖中共一大会址为全国重点文物保护单位，南湖革命纪念馆为全国爱国主义教育示范基地。

南湖革命纪念馆（新馆）

地址：浙江省嘉兴市南湖区烟雨路七一广场

电话：0573－82851183

中共一大纪念船

中共一大纪念船位于浙江省嘉兴市南湖区南湖湖心岛烟雨楼前湖畔。1959 年，仿造的当年中共一大开会的游船（当年南湖的游船已经在抗战时期损毁），作为中共一大纪念船，停泊在烟雨楼前湖畔对外正式展出。1964 年 4 月，中共一大代表董必武视察南湖，参观纪念船后欣然题诗“革命声传画舫中，诞生共党庆工农。重来正值清明节，烟雨迷濛访旧踪”。这条中共一大纪念船被人们亲切地称为南湖红船。

纪念船是一艘中型的单夹弄丝网船，船身全长约 16 米，宽 3 米，内有前舱、中舱、房舱和后舱。中舱放一张方桌，桌上摆设茶具，周围放着椅、凳，当年中共一大会议就在中舱举行。前舱搭有凉棚，房舱设有床榻，后舱置有橱灶等物，船梢系一条小拖梢船，为当时进城购物接人等所用。

中共一大纪念船

地址：浙江省嘉兴市南湖区南湖湖心岛烟雨楼前湖畔

电话：0573－82532848　82532222

中共一大纪念船

中共一大代表铜像雕塑群——“1921 · 狮子汇”

中共一大代表铜像雕塑群——“1921 · 狮子汇”

地址： 浙江省嘉兴市南湖区中山东路环城绿化带原狮子汇渡口

2001 年 6 月，一座名为“1921 · 狮子汇”的中共一大代表铜像大型雕塑群在当年中共一大代表候船原址落成。铜像反映的人物动态定格在 1921 年中共一大在南湖开会前代表们上游船前的一刹那。他们或站、或坐，三三两两地正在交谈着什么，寓意着中国共产党在中国大地上将“星火燎原”，同时也昭示了革命征途中的“大浪淘沙”。

中共一大代表铜像雕塑群——“1921 · 狮子汇”

景点链接

南湖风景区

嘉兴南湖

南湖位于嘉兴市中心，素以“轻烟拂渚，微风欲来”的迷人景色著称于世，是浙江三大名湖之一。景区内有会景园、湖心岛、烟雨楼、小瀛洲、壕股塔、揽秀园等景点，极具江南园林特色与历史文化价值。目前，南湖景区已成为一个集旅游观光、休闲娱乐、历史教育为一体的综合性历史文化景区。

沈钧儒纪念馆

沈钧儒纪念馆

设于沈钧儒故居内，位于浙江省嘉兴市环城南路535号。故居建于清代晚期，具有太湖流域和新安江流域两种传统建筑文化的特征，粉墙黛瓦，古朴典雅。

沈钧儒（1875—1963），浙江嘉兴人。早年参加辛亥革命和反对北洋军阀的斗争，以后，在中国共产党的号召、影响和领导之下，为新民主主义革命、社会主义革命和建设事业奋斗终生。新中国成立后，历任最高人民法院院长、全国政协副主席、全国人大常委会副委员长、民盟中央主席等职。

沈钧儒纪念馆
地址：浙江省嘉兴市环城南路535号
电话：0573-82055894

嘉兴革命烈士陵园（英雄园）

嘉兴革命烈士陵园（英雄园）

嘉兴革命烈士陵园（英雄园）是为纪念在解放嘉兴战斗中牺牲的革命先烈，在原三塔公墓的基础上，将分散在嘉北、东栅、南门、新塍等地的革命烈士墓移葬集中而成的。建有纪念碑、英雄广场、烈士墓区、陈列馆等。

嘉兴革命烈士陵园（英雄园）
地址：浙江省嘉兴市南溪路南湖大桥堍
电话：0573-82511054
82511008

嘉兴购物资讯

● 月河历史街区

有百年老店、传统老字号、地方特色餐饮等。

地址：浙江省嘉兴市建国北路22号

● 江南大厦

有百货、超市、地方特色农产品等。

地址：浙江省嘉兴市中山东路481号

嘉兴地域文化

嘉兴南湖红色文化——烟雨南湖，运河古城。

嘉兴江南民俗文化——端午粽香，子胥庙会。

嘉兴水乡古镇文化——丝绸富庶地，吴越百姓家。

嘉兴名人文化——江南名士，文豪故里。

嘉兴时尚“潮”文化——潮起之地，悠闲生活。

地方节庆活动

中国·嘉兴端午民俗文化节，中国（嘉兴）红色旅游节，中国国际钱江（海宁）观潮节，江南网船会，嘉兴市生态文化旅游节，中国古镇西塘国际文化旅游节，中国·平湖西瓜灯文化节，中国海盐南北湖旅游节，乌镇香市。

绍兴市鲁迅故居及纪念馆

鲁迅故居及纪念馆

地址：浙江省绍兴市鲁迅中路235号

电话：0575-85132084 85132080

绍兴鲁迅故居（亦称“鲁迅故里”）是鲁迅诞生和青少年时期学习、生活的地方。包括：鲁迅故居、百草园、鲁迅笔下风情园、三味书屋、鲁迅祖居等一批与鲁迅有关的人文古迹。1953年，绍兴鲁迅纪念馆成立，它是新中国成立后浙江省最早建立的纪念性人物博物馆。经过几年的保护和修缮，鲁迅故里已成为绍兴市区街区风貌最完整、地域传统建筑最典型、最具文化内涵和水乡古城风貌的景区。

鲁迅故居（周家新台门）

周家新台门位于浙江省绍兴市越城区鲁迅中路235号（东昌坊口），建于清嘉庆年间。新台门共分3进，由台门斗、大厅、香火堂、侧厢及杂屋等组成。1881年9月25日，鲁迅就诞生在这里，著名的百草园就在其中。“碧绿的菜畦，光滑的石井栏，

“鲁迅故里”全貌

高大的皂荚树……”景色依旧。鲁迅在周家新台门内度过了他的童年和少年时代。

鲁迅故居（周家新台门）

■ 鲁迅笔下风情园（朱家台门）

朱家台门位于百草园旁，环境幽雅，为古城保存最完整的典型花园式台门。修缮后辟为“鲁迅笔下风情园”，陈列“绍俗祝福”、“越俗漫画”、“迎神赛会”、“男婚女嫁”4个部分。辅助陈列有手工作坊，园内每天都举行绍兴地方戏曲表演。

三味书屋（寿家台门）

■ 三味书屋（寿家台门）

寿家台门与周家老台门隔河相望，建于清嘉庆年间，前临小河，架桥以通。东侧厢房就是著名的“三味书屋”，是当时绍兴城中最有名的私塾，以严厉著称。鲁迅 12 岁到 17 岁在此读书。

■ 鲁迅祖居（周家老台门）

周家老台门位于鲁迅故居东首（鲁迅中路 237 号），坐北朝南，前临东昌坊口，后通咸欢河，青黛粉墙，砖木结构，是目前绍兴保存最完好的清代台门建筑之一，是鲁迅祖辈世居之地。

鲁迅故居特色活动

● 三味早读活动

三味书屋旁边的“三余书屋”组织的一个旧时私塾活动，游客可以参与其中，与老先生一起念念《三字经》，对对课，亲身感受鲁迅当年读书的意境和绍兴旧时私塾文化。

● 看社戏

鲁迅笔下风情园内建有江南水乡特色戏台，每天有专业演员表演绍兴地方戏曲，曲艺种类众多。游客可参与登台同唱，充分体验绍兴戏曲、曲艺魅力。

● 年终大典“祝福”演示

绍兴“祝福”，是绍兴城乡春节风俗中最具特色的仪式，相传起源于元代，绵延至今。通常年终家家户户都要在家中举行祭祀活动。景区每年正月初一至初五在鲁迅祖居德寿堂举行鲁迅笔下祝福仪式演示。

人物介绍

鲁 迅

鲁迅（1881—1936），原名周树人，浙江绍兴人。早年就读于南京江南水师学堂、矿务铁路学堂。1902 年赴日本留学学医，后放弃医学救国思想，为改变国民精神转而志向文学。五四运动前后，提倡新文化，反对旧文化。1918 年首次以“鲁迅”为笔名发表白话小说《狂人日记》。参加《新青年》编辑工作，结识李大钊、陈独秀等人。1927 年 10 月到上海，从事革命文艺运动。1930 年参与发起成立中国左翼作家联盟，任常务委员，与瞿秋白一起领导左翼文艺运动。1933 年任中国民权保障同盟执行委员，与宋庆龄等一起为营救共产党人和爱国人士而斗争。他一生创作了大量小说、杂文、散文、诗歌等作品，如《阿 Q 正传》、《祝福》、《呐喊》、《彷徨》、《朝花夕拾》等。他的作品被译成英、日、俄、西、法、德等 50 多种文字。他以笔为武器战斗一生，是中国现代文学的奠基人之一。1936年10月19日在上海病逝。

绍兴鲁迅纪念馆

绍兴鲁迅纪念馆

绍兴鲁迅纪念馆位于鲁迅故居东侧，东接鲁迅祖居，北毗朱家台门，南临东昌坊口，与寿家台门隔河相望，始建于 1953 年。2003 年初，为恢复鲁迅故里的传统风貌，拆除了与故里环境不协调的旧陈列厅，在原址新建鲁迅纪念馆。新纪念馆总占地面积为 6000 平方米，总建筑面积约 5000 平方米，陈列厅由序厅、南北主展厅、辅助展厅、休闲区等几部分组成。

鲁迅故居及纪念馆为全国重点文物保护单位、全国爱国主义教育示范基地。

周恩来祖居

景点链接

周恩来祖居（纪念馆）

周恩来祖居系明清风格的台门式建筑。1689 年，周恩来远祖周懋章之妻王氏寿至百岁时，浙江巡抚特题“百岁寿母”匾额志贺，故又称“百岁堂”。周恩来纪念馆于 2001 年建成，与祖居相毗邻，陈列主题为“风范垂青史”，由爱国、爱民、廉政、缅怀4部分组成，通过大量照片、实物、手稿、书信，并运用影视、多媒体等多种手段，展示了周恩来一生勤政廉洁的高尚品格。

周恩来祖居（纪念馆）
地址：浙江省绍兴市越城区劳动路369号
电话：0575-85133368

蔡元培故居（纪念馆）

蔡元培故居

蔡元培故居（纪念馆）为明清台门式建筑，初为蔡元培祖父蔡嘉谟所购置，仅两进，后虽略有改建，尚基本保持原貌。蔡元培诞生于此，故居内有他当年的书房兼卧室和生平事迹陈列厅。故居（纪念馆）为全国重点文物保护单位。

蔡元培故居（纪念馆）
地址：浙江省绍兴市萧山街笔飞弄13号
电话：0575-85110652

范文澜故居

范文澜故居也称“锦麟桥范家台门”，系清代建筑。故居坐南朝北，正屋3开间，穿斗式结构，条板石台阶，方砖墁地，其中西次间为范文澜出生处，也是他童年、少年时代的卧室兼书房。东、西次间现为范文澜生平简史陈列室，用史料和图片展示了这位史学大师不平凡的一生。

范文澜故居

范文澜故居
地址：浙江省绍兴市胜利西路500号
电话：0575-85154056

绍兴美食特产

● 小绍兴鸡粥
用鸡汤原汁烧煮成的梗米粥，配以鸡肉和各种佐料。

● 孟大茂香糕
以“孟大茂”为店号名，创建于清嘉庆年间。

● 绍兴麻鸭
以白灰色的鸭毛略带褐色麻点而得名。

● 日铸雪芽
简称日铸茶，茶芽细而尖，因遍生雪白茸毛而得名。

● 梅干菜
系用鲜嫩的雪里蕻菜为原料加工制成。

● 咸亨母子酱油
因采用酱油为汤料再制酱油而得名，创始于清康熙年间。

台州市解放一江山岛战役纪念地

解放一江山岛烈士陵园

解放一江山岛烈士陵园是为纪念解放一江山岛战斗而牺牲的454名革命烈士于1956年修建的，进行过多次整修、扩建。陵园占地面积675亩，陵园内现有纪念碑、纪念塔、烈士桥、烈士墓群、纪念牌坊、“众志成城”、“光照千秋”、“三军丰碑”、“和平昌盛”群雕、52名将军题词碑廊等主要建筑物。

20世纪50年代，全国大陆解放后，浙东及台州一带的国民党残余军队逃至台州海口外的大陈岛、一江山岛等岛屿，时常骚扰大陆沿海。为粉碎美蒋“共同防御”的阴谋，保卫社会主义建设，中央军委决定首次实施海、陆、空三军协同作战解放一江山岛。1955年1月18日上午8时，解放一江山岛战斗打响，经过激烈战斗，人民解放军攻克全岛。整个战役击毙守敌519人，生俘567人，缴获大批武器弹药。一江山岛解放后，附近大陈、鱼山、披山等岛屿的国民党军队悉数撤退，浙江全境宣告解放。这次海、陆、空三军联合作战，成为我军战史上一个具有划时代意义的里程碑。

解放一江山岛烈士陵园

一江山岛登陆战纪念馆

解放一江山岛烈士陵园为全国重点烈士纪念建筑物保护单位、全国爱国主义教育示范基地。

一江山岛登陆战纪念馆

一江山岛登陆战纪念馆建于2004年，占地面积2600平方米。纪念馆功能布局基本分为3部分，包括展厅、演示放映厅及接待、会议和办公区域。展厅分上下两层，一楼展厅主要展出战役的背景、筹划和准备3个部分，二楼展厅主要展出战斗经过、大陈岛的解放以及战后重建工作的情况。展厅内还设有多个展柜，陈列了大量一江山岛战役中使用的物品、烈士遗物和参战老同志捐赠的物品等。

景点链接

台州第一个党组织纪念馆

1924年3月，中共海门小组的成立，掀开了中国共产党在台州领导革命的历史篇章。纪念馆通过资料和珍贵的历史图片，分4个板块介绍了党组织在台州的发展历程以及在台州大地掀起的波澜壮阔的革命运动。

大陈岛景区

大陈岛位于浙江中部台州湾东南洋面上，由上、下大陈等29个岛屿组成。大陈岛是国家一级渔港、省级森林公园和

解放一江山岛烈士陵园
地址：浙江省台州市椒江区枫山北麓
电话：0576-88895379

一江山岛登陆战纪念馆
地址：浙江省台州市椒江区青年路518号
电话：0576-88895379

台州第一个党组织纪念馆
地址：浙江省台州市椒江区葭芷镇西南路100号

大陈岛景区
地址：浙江省台州市椒江区大陈镇
电话：0576-88900899

大陈岛垦荒纪念碑

大陈岛甲午岩景观

省级海钓基地，岛周围海域是浙江省第二大渔场。大陈岛自然风光奇绝，有号称“东海第一大盆景”的甲午岩，碧水细沙的帽羽砂，乌沙头海滨浴场和风景如画的屏风山、浪通门、高梨头和下屿龙洞等海上景观。

海门老街
地址：浙江省台州市椒江区人民路
电话：0576-88829887

海门老街

海门老街位于浙江省台州市椒江区中山东路与东新街之间，南北总长225米，是一个集历史、文化、商贸、旅游、娱乐于一体的休闲街区。有杨府庙、武圣庙、海关、戏台、接官亭、海关牌坊等重要建筑，有同康酱酒坊、李文元百货号、泰山银楼百货等地方老字号商店。海门老街曾荣获联合国科教文组织颁发的亚太地区物质文化遗产保护荣誉奖。

海门老街夜景

台州地域文化

台州是浙江沿海中部的一个新兴城市，辖区内有9个县（市、区）。台州境内有名山、平原，濒临大海，丰富的地理环境形成了丰富的区域文化。

● 名山文化

天台山文化博大精深，涉及哲学、历史、地理、文学艺术等各个领域，对中华民族文化的发展和繁荣有着重要贡献，成为古台州区域文化的代表。

● 集镇文化

台州以山峰丘陵为主，亦有一马平川的温黄平原和错落于丘陵地带的谷地，全市68个集镇，就星罗棋布于其间。这些错落分布的集镇，是台州文化的重要载体。

● 渔海文化

台州是海洋城市，大陆海岸线745公里，占浙江省的28%，9个县市区中有6个县市区濒临东海，有695个面积大于500平方米的岛屿。生活在海边的台州人民在与大海的搏击中，形成了歌唱渔海、反映渔海的渔海文化，以椒江葭芷、温岭石塘、玉环坎门、三门健跳等为代表。

温州市浙南（平阳）革命根据地旧址

温州市浙南（平阳）革命根据地旧址位于浙江省温州市平阳县的山门镇和凤卧镇一带，是革命战争年代中国工农红军挺进师、中共闽浙边临时省委与浙江省委的活动中心，是曾山、刘英、粟裕等领导创建的浙南革命根据地区域之一。境内现存革命遗址众多，形成了包括红军革命史迹、闽浙边根据地史迹、中共浙江省一大史迹、平阳烈士纪念史迹在内，以红色旅游资源为主和自然景观相辅的革命遗址景观群。

■ 中国工农红军挺进师纪念碑建筑群

中国工农红军挺进师纪念碑建筑群位于山门镇凤岭山，总占地面积5280平方米，分为主碑、北上抗日出征门、碑林三大部分，共同组成一个阶梯式的建筑群。纪念碑主碑高18米，碑身是两根由钢筋混凝土浇铸而成的外贴黑色花岗岩板块的长方形砌体，中间由花岗岩碑名石相连。碑形为双肢合一、向上有力的长方体，象征着红军挺进师与浙南、闽东革命力量紧密结合，并肩战斗。主碑周围有高低不同

红军挺进师纪念碑

红军北上抗日出征门

的6根立柱，如春笋破土，象征红军挺进师活动过的闽浙赣等地区的革命力量蓬勃发展。主碑前方是北上抗日出征门，门柱两边各有一堵相称的白石板墙，正反两面都刻有抗战浮雕像。主碑后面是以黑色花岗岩为底的碑林，刻有中央、省和市领导及各界名人的题词。

中共闽浙边临时省委机关驻凤林、大屯旧址

中共闽浙边临时省委机关驻凤林、大屯旧址位于凤卧镇凤林村和山门镇大屯村。

1937年秋，刘英、粟裕率领中共闽浙边临时省委机关和红军挺进师部队，在凤卧镇的凤林村集中整训。临时省委机关驻在凤林村满垟郑志西的六份内大屋，闽浙边临时省军区司令部驻在满垟郑学超家。10月，挺进师全部集中后，在六份内大屋召开关于部队改编的全体指战员大会，部队番号改为国民革命军闽浙边抗日游击总队，粟裕任司令员，刘英任政委。

1938年1月，闽浙边临时省委机关从凤林村迁驻山门镇的大屯村。省委机关办公地点设在大屯村东南贫苦农民郑永盛的平房里。教导队随省委驻在大屯，负责保卫工作和培训军队干部。省委机关的油印室、收发报机组、缝纫组、军械组、红军食堂等分设在大屯村其他群众家中。当

中共闽浙边临时省委机关驻大屯旧址

时，这个只有几十户人家的小山村，几乎家家户户都住进了红军。

闽浙边抗日救亡干部学校旧址（粟裕同志部分骨灰敬撒处）

闽浙边抗日救亡干部学校旧址（粟裕同志部分骨灰敬撒处）位于山门镇山门小学校园内。

闽浙边抗日救亡干部学校旧址（粟裕同志部分骨灰敬撒处）

1938年1月，中共闽浙边临时省委利用山门小学（原畴溪小学）校舍，创办了抗日救亡干部学校。学校当时对外称“国民革命军闽浙边抗日游击总队救亡干部训练班”，粟裕任校长。学员主要是来自温州各地进步知识青年及少数工人、教师等，以及来自丽水、台州、宁波、绍兴和上海等地的知识青年，共计100多名。3月15日，抗日救亡干校结业。部分学员组成随军服务团，随粟裕北上抗日；部分学员组成新四军流动宣传队，深入闽浙边各地宣传抗战；多数学员则被分配到浙南各地和全省其他地方开展斗争。

闽浙边抗日救亡干部学校原址呈U形，东西两边各有1幢6间两层木楼和1间厢房，称为东楼、西楼。楼下为教室，楼上为教员和学员寝室。北边的耶稣教堂作为大礼堂。现仅存西楼，占地面积210平方米。校园里有一片桂花林，为刘英、粟裕当年种植。1985年，西楼经整修辟为抗日救亡干校纪念室。纪念室门口上方，悬挂着张爱萍题写的“闽浙边抗日救亡干部学校旧址”匾额。1984年2月，曾任抗日救亡干部学校校长的粟裕在京病逝。5月，遵其遗愿，将他的部分骨灰敬撒在抗日救亡干校旧址的桂花林中，并在桂花林中建立了一座高1.8米、宽0.8米的青石纪念碑，碑上镌刻“粟裕同志部分骨灰敬撒于此”。

中共浙江省第一次代表大会旧址（中共浙江省一大陈列馆）

中共浙江省第一次代表大会旧址（中共浙江省一大陈列馆）位于凤卧镇凤林村。

1939年7月21日至30日，中共浙江省第一次代表大会在凤林村的冠尖和马头岗两地召开。出席大会的代表有26名，大会以无记名投票的方式选举产生了新的浙江省委，刘英任书记。这次大会是新民主主义革命时期浙江党组织召开的唯一一次全省党代表大会，在浙江党的历史上具有重要意义。

中共浙江省一大陈列馆

中共浙江省一大陈列馆全景

凤林村的冠尖和马头岗是两个自然村，冠尖在东边冠尖山半山腰，马头岗在西边山上，中隔凤林溪，两地间距约3.5公里，两峰对峙，群山环抱，地势险要。冠尖会址是在郑永暖家一幢5间2层木结构楼房（俗称新楼）；马头岗会址是在翁吉忠家一幢9间木结构平房。

中共浙江省一大陈列馆位于凤林村冠尖山半山腰省一大冠尖会址旧址附近，建筑面积569.4平方米，展厅为266.7平方米。陈列馆展览反映了平阳人民在党的领导下，从保护省委机关到承担保卫省一大，直至浙江解放和进入改革开放的辉煌历史。

平阳县革命烈士纪念馆

平阳县革命烈士纪念馆位于浙江省平阳县城坡南凤山南麓，1961年正式开馆。纪念馆占地面积4100平方米，建筑面积370多平方米，主体建筑为展览大厅，另辟有鱼池、花圃和草坪。展览大厅为中国古典宫院式建筑，前有吊唁平台，外有回廊。大厅中堂有一以黑色花岗岩为底的大幅屏风，上镌刻毛泽东手书“为人民而死，虽死犹荣”。大厅展出85件革命先辈用过的武器、生活用品等实物。

温州市浙南（平阳）革命根据地旧址为浙江省级文物保护单位、全国爱国主义教育示范基地。

浙南（平阳）革命根据地旧址

地址：浙江省温州市平阳县山门镇、凤卧镇

电话：0577-63820213　63821910

平阳县革命烈士纪念馆

景点链接

南雁荡山

位于浙江省平阳县南雁镇，是我国东南沿海名山之一，相传在千年前五代高僧愿齐率领300门徒对南雁进行开发，建了18座庵堂。吴越王钱叔亲驾前往参观游览。南北宋时期，达官贵人、骚客名士更是纷至沓来，南宋状元张九成为之编写南雁荡山志，南宋理学家朱熹也曾在南雁会文书院开堂讲学。

南雁荡山景观"雄奇幽秀"兼备，"以山得势，因水成景"，秀溪、幽洞、奇峰、景岩、银瀑、石蜇"南雁自然风光六胜"交相辉映；儒、释、道三教荟萃，寺观建筑因地制宜，宛如天成；明清古屋群鳞次栉比，别有风韵。南雁荡山分东西洞、顺溪、明王峰、碧海天城、赤岩山五大景区。

南雁荡山景色

南雁荡山
地址： 浙江省温州市平阳县南雁镇
电话： 4007997955

南麂列岛

位于浙江省平阳县东南海面，是我国首批5个海洋类型的自然保护区之一，是中国最早加入联合国教科文组织世界生物圈保护网络的海岛，为联合国环境开发署生物多样化示范保护区。南麂列岛陆域面积11.3平方公里，拥有大小岛屿52个。岛上交通、水电、通讯设施完善，有宾馆、度假村多处，气候宜人，夏凉冬暖，年平均气温16.7度。南麂列岛分大沙岙、三盘尾、竹屿百屿三大景区，拥有景点75处。

南麂列岛风光

南麂列岛
地址： 浙江省温州市平阳县东南海岛
敖江港电话： 0577-63653991

温州机场火车站资讯

机场

温州永强机场： 位于温州市龙湾区。
电话：0577-85805729

火车站

温州火车站： 位于温州市鹿城区。
电话：0577-88389999

温州火车南站： 位于温州市瓯海区潘桥镇。

温州特产

南麂海产品、腾蛟五香干、怀溪番鸭、五十丈粉干、顺溪黄年糕、马蹄笋等。

宁波市浙东（四明山）抗日根据地旧址

浙东（四明山）抗日根据地旧址

浙东（四明山）抗日根据地旧址位于浙江省宁波市余姚市梁弄镇横坎头村。

1941 年皖南事变后，根据党中央和毛泽东指示，中共中央华中局决定开辟浙东抗日根据地。9 月，中共浦东工委秘密控制的浦东抗日武装900余人，分7批南渡杭州湾，到达浙东三北地区。1942 年 7 月，成立中共浙东区委，谭启龙任书记。8 月，成立了三北游击司令部，统一领导浙东抗日武装。1943 年 8 月，中共浙东区委、三北游击司令部进驻梁弄。自此梁弄成为浙东敌后抗日根据地党政军指挥中心。12 月，新四军军部命令浙东抗日武装统一改名为新四军浙东游击纵队，开辟了以四明山为中心的浙东抗日根据地。抗战胜利后，根据党中央的指示，除留少数人员秘密坚持原地斗争外，浙东抗日根据地主力部队和干部奉命北撤至苏北。浙东抗日根据地是抗日战争时期全国 19 块根据地之一，四明山成为抗战名山，梁弄被称为“浙东小延安”。

浙东（四明山）抗日根据地旧址包括中共浙东区委旧址（浙东革命根据地纪念馆）、浙东区行政公署旧址、新四军浙东游击纵队司令部旧址、新四军浙东游击纵

中共浙东区委旧址（浙东革命根据地纪念馆）

浙东区行政公署旧址

队政治部旧址、浙东抗日军政干校旧址、《新浙东报》报社旧址、浙东银行旧址等十几处红色革命遗址。

浙东（四明山）抗日根据地旧址为全国重点文物保护单位、浙江省爱国主义教育基地。

浙东（四明山）抗日根据地旧址

地址：浙江省宁波市余姚市梁弄镇横坎头村
电话：0574–62370909

四明山革命烈士纪念碑

四明山革命烈士纪念碑始建于 1973 年，扩建于 2001 年。纪念碑高 18.5 米，用花岗岩砌成，碑正面“革命烈士永垂不朽”由郭沫若题写。烈士陵园占地 85 亩，辟有革命烈士史迹陈列室，展出 58 位不同历史时期的革命烈士照片和生平事迹简介，以及 846 名革命烈士英名录。

四明山革命烈士纪念碑为浙江省重点烈士纪念建筑物保护单位、浙江省爱国主义教育基地。

四明山革命烈士纪念碑

地址：浙江省宁波市余姚市梁弄镇如意路 128 号
联系电话：0574–62367022

四明山革命烈士纪念碑

樟村（四明山）革命烈士陵园

宁波鄞州区樟村（四明山）革命烈士陵园

樟村（四明山）革命烈士陵园位于浙江省宁波市鄞州区樟村。

1944年12月，当地抗日民主政府和新四军浙东游击纵队，为悼念李敏、徐婴、陈晓云、严培远等12位在抗日反顽战斗中牺牲的死难烈士，在樟村许家前晒场召开追悼大会。会后，将烈士灵柩安葬在现在陵园的右前方，墓前竖立一块书有“抗日阵亡将士，反顽殉难烈士纪念塔奠基石”的大石碑。1951年，当地政府又建成了占地7000平方米的烈士陵园和一座高10.6米的烈士纪念塔及一座拱形圆座烈士公墓，1953年又建造两座五角形纪念碑亭，并在烈士公墓后增建了5座烈士公墓，安放了146具英烈灵柩，成为浙江省最早建立的革命烈士陵园之一。后经多次扩建整修，现主要由纪念塔、烈士纪念馆、室外兵器陈列、群雕、烈士墓地等建筑组成。

樟村（四明山）革命烈士陵园为全国重点烈士纪念建筑物保护单位、全国爱国主义教育示范基地。

樟村（四明山）革命烈士陵园

地址： 浙江省宁波市鄞州区章水镇樟村振兴中路66号

电话： 0574-88476427

景点链接

余姚河姆渡遗址

位于浙江省宁波市余姚市河姆渡镇，发现于1973年，遗址总面积达5万平方米，叠压着4个文化层。经测定，最下层的年代为7000年前。通过1973年和1977年两次科学发掘，出土了骨器、陶器、玉器、木器等各类质料组成的生产工具、生活用品、装饰工艺品以及人工栽培稻遗物、干栏式建筑构件，动植物遗骸等文物近7000件，全面反映了我国原始社会母系氏族时期的繁荣景象，反映了中国长江下游地区的新石器时代文化。

河姆渡遗址双鸟朝阳雕塑

1993年在遗址西侧建起了博物馆，造型犹如一只展翅欲飞的大鸟，表现了先民爱鸟、崇鸟的习俗。文物陈列馆分3个展厅，以300余件出土文物精品为依托，辅以模型、木雕、灯箱、照片等，展示了7000年前先民的生产生活内容和精神面貌。1999年在遗址保护区的原两期考古发掘现场开发建设了“河姆渡遗址发掘现场和原始聚落展示区”，展区占地面积2.3万平方米。2002年建起了“河姆渡原始生态区”。

余姚河姆渡遗址

地址： 浙江省宁波市余姚市河姆渡镇芦山寺村（东距宁波25公里，西距余姚25公里）

电话： 0574-62963731

余姚地方节庆活动

余姚杨梅节，时间：6月中旬至7月初，地点：余姚市三七市镇、丈亭镇、牟山镇、马渚镇。活动内容：“杨梅之乡欢乐游”主题旅游活动，杨梅山灯谜会，西山白杨梅品尝。

四明山旅游节，时间：9月至10月，地点：余姚市四明山镇、大岚镇、梁弄镇。活动内容：古山村风情民俗游，特色小吃品尝展销会。

河姆渡遗址博物馆

浙西南革命根据地旧址群

丽水市

浙西南革命根据地纪念馆（中共浙江省委机关旧址）

浙西南革命根据地纪念馆（中共浙江省委机关旧址）位于浙江省丽水市莲都区大猷街 135 号。

纪念馆由 5 个单体建筑组成：东侧为主体展区，分为建立党组织，开展武装斗争；创建浙西南革命根据地；抗日救亡，解放浙西南 3 个展区、9 个单元；中间为中共浙江省委机关旧址；西侧为机动展厅、报告厅及办公区；西南侧为保留的两层木结构古建筑；北侧为红军标语展墙。展厅通过大量史料和实物，并运用场景复原、视频望远镜、电子翻页书、电动沙盘、电动地图等现代陈列形式，生动展现了浙西南光辉的革命历史。

浙西南革命根据地纪念馆（中共浙江省委机关旧址）为浙江省级文物保护单位、浙江省爱国主义教育基地、浙江省国防教育基地。

浙西南革命根据地纪念馆（中共浙江省委机关旧址）

地址： 浙江省丽水市莲都区大猷街 135 号（紫金大桥边）

电话： 0578-2171939　2171939

浙西南革命根据地纪念馆

浙西南革命根据地纪念馆雕塑

中共浙江省委机关旧址

景点链接

东西岩风景区

位于浙江省丽水市西北28公里处的曳岭区崇义乡与丽新乡交界处，景点全部由沉积岩自然形成，属典型的丹霞地貌。东西岩两岩高约40米，对峙兀立江边，多峡谷奇洞和象形岩石，形态各异。另有东西岩十景：玉甑岩、水帘洞、桃花洞、将军岩、试剑岩、穿身洞、卓笔峰、牛鼻洞、清风峡、幞头岩。东西岩风景区以石奇水秀、山静林幽和畲族风情为特色，是风景文化游赏兼野营度假的综合旅游区。风景区内的沙溪村是畲族聚居的地方。畲民能歌善舞，至今还保留着许多独特的习俗。

东西岩风景区

地址：浙江省丽水市崇义乡老竹镇

电话：0578-2131882
2190136

东西岩风景区景致

餐饮资讯

- 丽水市美食一条街（两处）

地址：丽水市宇雷路
丽水市花园路中段

- 丽水市夜间小食一条街

地址：丽水市继光街（府前菜场口）

丽水地域特色

丽水位于浙江省西南部，地域总面积1.73万平方公里，人口257万，自然风光秀美，是中国国家级生态示范区。1999年，丽水被中国摄影家协会命名为首个“中国摄影之乡”。丽水地区各县市均山清水秀，空气清新，被誉为绿谷；丽水市景宁畲族自治县民族风情浓郁，有特色畲族文化表演；丽水市青田县为全国著名侨乡，特产石雕；丽水地区龙泉市特产宝剑、青瓷；丽水市古堰画乡为广大画艺爱好者胜地。

中共浙西南特委驻地纪念亭

龙泉市披云山苏维埃旧址

龙泉市披云山苏维埃旧址位于浙江省丽水市龙泉市宝溪乡和住龙镇。

1935 年 3 月，中国工农红军挺进师进入浙江后，宝溪乡和住龙镇因地处龙泉、遂昌和福建浦城县交界的战略要地，很快成为浙西南革命根据地的中心区。红军挺进师师长粟裕率领部队多次进驻住龙镇住溪村。同年 8 月 20 日，中共龙浦县委在住溪村廖家祠堂召开了由龙浦边境各游击区代表 200 多人参加的住溪苏维埃政府成立大会，推选方志富为住溪苏维埃政府主席。浙西南苏维埃政府、龙浦、龙遂县委旧址等，都在住龙镇域内。宝溪乡还是挺进师入浙打第一仗的地方，是中共浙西南特委、龙浦县委驻地，至今流传着许多红军挺进师战斗的感人事迹和歌谣。

住溪苏维埃政府旧址（廖家祠堂）

主要景点有：红军挺进师入浙第一仗（溪头战斗红军纪念亭），红军挺进师师部会议旧址（金铭大院），中共浙西南特委、处属特委、闽浙边委驻地旧址，中共龙浦县委、苏维埃政府驻地（廖家祠堂、张家祠堂），中共龙遂县委驻地旧址（杨家大屋）等。

披云山苏维埃旧址

地址：浙江省丽水市龙泉市宝溪乡、住龙镇

电话：0578-7181306

景点链接

龙泉披云山景区

位于浙江省龙泉市浙闽赣三省交界处，为仙霞岭山脉中的著名山峰和中心区域，海拔1680米，因终年披云而得名。这里是瓯江、闽江、钱塘江三江的发源地，山中奇峰叠嶂，怪石嶙峋，风光秀丽，景色怡人。

披云山景区牌坊

龙泉披云山景区

地址：浙江省丽水市龙泉市住龙镇

电话：0578-7211884
7212982

龙泉特色活动

龙泉每年举行各类特色活动，著名的有：青瓷宝剑节，龙泉山登山节，龙泉特色小吃节等。

龙泉特色购物

● **龙泉青瓷宝剑苑**

位于龙泉市区西部，提供龙泉特色的青瓷和宝剑。

● **龙泉市香菇市场**

位于龙泉市剑池西路8号，提供龙泉地区香菇、木耳等菌种。

松阳县安岱后苏维埃旧址

松阳县安岱后苏维埃旧址位于浙江省丽水市松阳县安民乡安岱后村。

1935年5月，刘英、粟裕率中国工农红军挺进师来到松阳县安岱后、枫坪、小吉一带，并以此为根据点，开辟了浙江第一块革命根据地——浙西南游击根据地；建立了中共浙西南特委（丽水市委前身）、浙西南军分区（丽水军分区前身）；成立了竹溪区委和根据地内的第一个红色政权——竹溪苏维埃政府；组建了根据地内的第一支人民游击队——松遂龙游击队；成立了第一支正规部队——红军挺进师第十五支队（后改为第五纵队），粟裕称这支部队是由浙西南地区领导干部、党员、进步青年组织的第一支人民子弟兵。农民领袖陈凤生、陈丹山、卢子敬，为保卫革命根据地英勇牺牲，粟裕称他们“不愧是浙西南革命史上的光荣代表”。

松阳县安岱后苏维埃旧址包括红军挺进师师部驻地，中共浙西南特委、浙西南军分区、游击总队的办公地和领导机关，红军疗养院所在地，粮食、武器贮藏、供给基地，刘英、粟裕等红军首长生活、工作、战斗旧址，红军召开大会的主会场，红军医院，红军桥，红军寮，以及革命烈士墓地等十几处革命遗址。

安岱后苏维埃旧址

地址： 浙江省丽水市松阳县安民乡安岱后村
电话： 0578-8062075

红军廊桥旧址

红军会场旧址

景点链接

箬寮原始林景区

位于浙江省松阳县西南部，距县城约50公里，森林覆盖率达95%以上，最热的7月平均气温为23.7℃，具有独特的高山小气候环境，是理想的避暑之地。景区主要由箬寮岘高山风光旅游区、箬寮谷休闲旅游区、关山源探险旅游区及景区周边村庄组成。主峰箬寮岘海拔1502米，为松阳县第一高峰，是登顶远眺、观赏日出和云海的理想之地。

箬寮原始林景色

松阳旅游线路

1. 茶乡文化游： 采茶、制茶、品茶、体验茶乡文化、感受乡野风情。

线路安排： 松阳——浙南茶叶市场——卯山——内孟文化村——新兴乡茶园——茶厂参观、品茶。

2. 摄影风情游： 闽南文化风俗、古建筑群鉴赏、群瀑探幽、高山云雾。

线路安排： 松阳——石仓古民居——竹源峡瀑布群——三都民俗村——四都寨头。

3. 绿谷探险游： 群瀑探幽、特色民俗摆祭、市口排档街。

线路安排： 松阳——延庆寺景区——竹源峡瀑布群——竹溪风情。

4. 周边自驾游： 原始森林探险、红军遗迹寻踪、闽南文化风俗、古建筑群鉴赏。

箬寮原始林景区

地址： 浙江省丽水市松阳县安民乡李坑村

电话： 0578-8095278

松阳县交通资讯

●松阳客运中心站

位于松阳县西屏街道车站路1号。

电话： 0578-8062075

松阳汽车站每天有4次班车发往箬寮、安岱后风景名胜区。

食宿资讯

●箬寮山庄

地址： 浙江省丽水市松阳县安民乡李坑村

电话： 0578-8095278

●箬寮乡村饭店

地址： 浙江省丽水市松阳县安民乡李坑村

电话： 0578-8095133

●原野休闲山庄

地址： 浙江省丽水市松阳县安民乡李坑村

电话： 0578-8095056

遂昌县王村口苏维埃旧址

遂昌县王村口苏维埃旧址位于浙江省丽水市遂昌县王村口镇。王村口地处钱塘江二级主流乌溪江上游，历史上水路与衢州相通，陆路与龙泉、江山、福建浦城相连，是浙西南重要交通要塞。

1934 年底和 1935 年初，红军北上抗日先遣队两度袭取遂昌县王村口村，为以后开展革命活动奠定了基础。1935 年春，刘英、粟裕率红军挺进师孤军深入浙江开展游击战争。7 月进驻遂昌县王村口，创建了浙西南游击根据地，并不断发展壮大。他们的活动牵制了国民党军队，支援了邻近游击区的斗争，从战略上策应了长征中的主力红军。红军挺进师将士浴血奋战，众多先烈牺牲于此。1984 年 5 月，依粟裕将军遗愿，将其部分骨灰安放此处，与牺牲战友共长眠。王村口苏维埃旧址群包括中国工农红军挺进师纪念馆、白鹤尖红军纪念亭、红军挺进师师部旧址、粟裕陵园和当时红军的重要活动场所蔡相庙、天后宫、宏济桥等。

红军活动旧址宏济桥

遂昌县王村口苏维埃旧址为浙江省级文物保护单位、浙江省爱国主义教育基地。

王村口苏维埃旧址

地址： 浙江省丽水市遂昌县王村口镇

电话： 0578-8456694

遂昌县中国工农红军挺进师纪念馆

景点链接

南尖岩景区

南尖岩景区
地址： 浙江省丽水市遂昌县王村口镇石笋头村
电话： 0578-8555666

位于浙江省遂昌县王村口镇，距县城约50公里，主要包括天柱峰、神坛峰、千丈岩等奇峰异石构成的地貌景观；霞归瑶池、九级瀑布、龙门飞瀑等构成的水体景观；竹海、林海、针阔混交林、古松等160多科、1100多种动植物构成的生物景观；以及奇特的云海、日落、长虹、雪景、雾凇、冰挂等天象景观和近2000亩高山梯田景观。

景区是联合国科教文组织与中国民俗摄影协会共同授予的“国际民俗摄影创作基地”，浙江省首批生态旅游示范区，浙江省五星级森林旅游区，国家4A级旅游景区。

1 南尖岩景区地标
2 南尖岩景区景观

遂昌县交通资讯

遂昌县北界客运中心

位于遂昌县妙高镇南溪路35号。

电话： 0578-8123563

中巴车： 遂昌—王村口，约每小时一班，行程80分钟。

食宿资讯

遂昌县王村口镇乡村农家乐（点）有：三仁凤凰山庄、大柘大田村农家乐、石练镇路堰村农家乐、焦滩鱼头一条街、王村口老区农家乐、盛杨农家乐、大众饭店、大溪坝农家乐等。

衢州市开化县中共浙皖特委旧址、中共闽浙赣省委旧址

中共浙皖特委旧址

中共浙皖特委旧址位于浙江省开化县何田乡柴家村福岭山自然村。

1936年4月，中共皖浙赣省委根据皖浙赣革命形势的迅速发展，决定建立浙皖、下浙皖等5个特委。同月，中共开（化）婺（源）休（宁）中心县委由开化长虹乡库坑转移到何田乡福岭山。同年8月，中共开婺休中心县委改称中共浙皖特委，赵礼生任特委书记。浙皖特委下辖婺德中心县委、衢遂寿中心县委、休宁（龙头）县委、婺源中心区委（县级）和开化县委，有80多个党支部，400多名党员。浙皖军分区和浙皖红军独立营也同时建立，邱老金任军分区司令员和独立营营长，有1300余人。

中共浙皖特委旧址为两层砖木结构，坐西朝东，徽派建筑风格，占地面积约90平方米。大门左侧门框墙上至今还留有当年红军标语的落款“红军政宣”墨迹。另有陈列室一幢，建筑面积约200平方米，展出图板50多块。

中共浙皖特委旧址为浙江省级文物保护单位、浙江省党员廉政教育培训基地、浙江省国防教育基地。

中共浙皖特委旧址

中共浙皖特委旧址

地址： 浙江省衢州市开化县何田乡柴家村福岭山自然村

电话： 0570-6070100　6510700

中共闽浙赣省委旧址

中共闽浙赣省委旧址位于浙江省开化县长虹乡库坑村。

1935年7月，中共闽浙赣省委书记关英率省委一部分人，从江西婺源三十里岗转战至开化长虹库坑一带，在开（化）婺（源）休（宁）中心县委所在地库坑，建立了中共闽浙赣省委秘密机关。12月，闽浙赣省委机关从开化库坑转移到婺源鄣公山。中共闽浙赣省委在开化期间，以开化为中心，直接领导和指挥开婺休中心县委及游击队开展革命斗争。至1936年3月，开婺休中心县委下辖的7个中心区委中，开化境内就有4个。中心县委共建立党支部107个，有党员470名，并发展开婺休中心游击大队120多人枪。

中共闽浙赣省委旧址现保存木结构房屋两幢，建筑面积约300平方米，有陈列室一处。另有省委书记关英等省委工作人员居住过的房屋各3间，有部分生活起居用品展出和省委会议室陈列等。

中共闽浙赣省委旧址为浙江省级文物保护单位。

中共闽浙赣省委旧址

地址： 浙江省衢州市开化县长虹乡库坑村

电话： 0570-6084103

中共闽浙赣省委旧址

景点链接

钱江源国家森林公园

位于浙江省衢州市开化县齐溪镇内，园内有数万亩原始次生阔叶林，有木本植物720余种，包括南方红豆杉、长柄双花木、红楠等在内的一大批国家一、二级保护植物。景区内还有黑麂、棕熊、红嘴蓝鹊、相思鸟等鸟兽。公园内群山起伏，流泉飞瀑，千米以上高峰有25座。公园主要景区有水湖、枫楼、莲花溪（钱江源大峡谷）、莲花塘等，为浙江省级风景名胜区。

公园内钱江源大峡谷石碑

古田山国家级自然保护区

位于衢州市开化县苏庄镇境内，与江西婺源、德兴毗邻。总面积约8107公顷，主峰青尖海拔1258米，保护区内分布着典型的中亚热带常绿阔叶林，是生物繁衍栖息的理想场所。

圣潭沟风景区

距衢州市开化县城30公里，南接道教旅游胜地三清山。景区内古木参天，森林茂盛，“瀑布满山川，云雾四处飘”，素有“人间、仙境、天堂”之美称。

钱江源国家森林公园

地址：浙江省衢州市开化县齐溪镇

食宿资讯

● 八面山风情宝寨

地址：浙江省衢州市开化县城关镇桃溪村高平坞

电话：0570-6170588

● 水湖山庄

地址：浙江省衢州市开化县齐溪镇钱江源国家森林公园

电话：0570-6076299

● 金凤凰农庄

地址：浙江省衢州市开化县城关镇下溪村

电话：0570-6340577

温州市泰顺县中共闽浙边临时省委成立地旧址

中共闽浙边临时省委成立地旧址位于浙江省温州市泰顺县九峰乡白柯湾村。

1935 年 8 月初至 9 月底，红军挺进师在浙西南第一次反“围剿”斗争中损失较大。此后，政委刘英、师长粟裕率红军挺进师主力部队转战闽浙边，于同年 10 月 5 日在福建省寿宁县含溪村与叶飞率领的闽东红军独立师一部会合。双方当日移驻郑家坑村并举行了联席会议，刘英建议成立中共闽浙边临时省委，并对有关事宜进行酝酿。11 月 7 日，双方在泰顺县九峰乡白柯湾村小宫庙召开了第二次联席会议，决定由刘英任临时省委书记，粟裕任组织部长，叶飞任宣传部长兼少共（团）省委书记。会后，正式宣布成立中共闽浙边临时省委，下辖浙西南、闽东两个特委。中共闽浙边临时省委的成立，对于加强闽东游击区与浙南游击区之间的联系和配合，广泛开展游击战争，起到了重要作用。

中共闽浙边临时省委成立地旧址包括临时省委成立地（小宫庙）、临时省委成立纪念碑、红军指战员住所（古民居）、中国工农红军挺进师纪念馆等设施。

中共闽浙边临时省委成立地旧址（小宫庙）为浙江省爱国主义教育基地、浙江省国防教育基地。

中共闽浙边临时省委成立地旧址

地址： 浙江省温州市泰顺县九峰乡白柯湾村
电话： 0577-67648008

中共闽浙边临时省委成立地旧址（小宫庙）

泰顺县中国工农红军挺进师纪念馆

景点链接

泰顺“红军路”沿线纪念地

革命战争年代，泰顺东部的南雁荡山脉（现九峰、松垟、峰文3个乡的行政管辖区域）曾是红军及浙南、闽东党组织活动和战斗的地区。为缅怀先烈和发扬革命传统，中共泰顺县委、县人民政府修筑了横贯九峰、松垟、峰文3个老区乡的通乡公路，老区人民亲切地称这条公路为“红军路”。1999年9月，“红军路”全线贯通。

“红军路”起于泰顺县九峰乡政府驻地西地村，止于彭溪镇富垟村，全长42公里。在“红军路”沿线建有灵家山革命堡垒村、红军挺进师峰文大战纪念碑、红军山洞医院等十几处革命纪念碑、纪念馆，再加上奇峰秀谷、林海雾纱、纯朴民风，实为接受红色教育、享受绿色沐浴的旅游资源宝地。

泰顺“红军路”沿线纪念地
地址：浙江省温州市泰顺县九峰乡、峰文乡、彭溪镇
电话：0577-86768101

1 红军路纪念碑
2 灵家山革命堡垒村纪念碑

泰顺廊桥

地址：泰顺廊桥主要分布在泰顺县的三魁镇、罗阳镇、泗溪镇、筱村镇以及洲岭乡等地。各乡镇之间均有班车相通，交通十分方便，适合自驾或者自助出游。

泰顺廊桥

泰顺是浙江省南部一个山区县，泰顺民间桥梁数量众多，结构类型多种多样。廊桥是当地乡民休息、交易的场所。现存廊桥包括木拱廊桥、木平廊桥和石拱廊桥在内的明清廊桥30多座，其中在世界桥梁史上占有重要地位的木拱廊桥6座，即泗溪姐妹桥、三魁薛宅桥、仙居桥、筱村文兴桥、三条桥。木拱桥以较短的木材，通过纵横相贯，犹如彩虹飞架宽阔水面，其巧妙的结构，令人惊叹。

泰顺廊桥——北涧桥

泰顺廊桥为全国重点文物保护单位。

泰顺县农家乐

●枫树梢农家乐

地址：泰顺县罗阳镇下交洋村

电话：0577-67588347

●桃花园农家乐

地址：泰顺县罗阳镇北外村

电话：0577-67563155

●秀涧农家乐

地址：泰顺县松洋乡秀涧

电话：0577-67666222

●泗水山庄

地址：泰顺县泗溪镇下桥村

电话：0577-67647979

●埠下农家乐

地址：泰顺县雅阳镇埠下村

电话：0577-67666000

●得尔乐农家乐

地址：泰顺县月湖乡月湖村

电话：0577-67654888

●大洋山庄

地址：泰顺县大安乡大洋村

电话：0577-67689988

泰顺县美食特产

猕猴桃、馍糍干、九层糕、糯米酒、泰顺米烧、茶叶、竹木制品、竹炭日用品等。

泰顺县地域特色

泰顺县是浙江省海拔最高的县城之一，是首批国家级生态示范区、中国廊桥之乡、中国茶叶之乡、中国黄腹角雉之乡、中国木偶之乡、革命老根据地县。泰顺还被誉为“浙南净土”、“中国十大最纯净美丽风景线”、“自助旅游天堂”。

泰顺药发木偶和木拱廊桥营造技艺被列入国家首批非物质文化遗产，“中国木拱桥传统营造技艺”被联合国教科文组织列入首批《急需保护的非物质文化遗产名录》；泰顺元宵节·百家宴是浙江省元宵节传统节日标志地；还有三月三畲族风情节、提线木偶等非物质文化遗产。泰顺还是《采茶舞曲》的诞生地。泰顺绿茶享有浙江绿茶“味精”之美誉。

湖州市新四军苏浙军区旧址群

长兴县

新四军苏浙军区旧址

新四军苏浙军区旧址位于浙江省湖州市长兴县槐坎乡、白岘乡。

1943年9月，日军侵犯苏浙皖边，根据中共中央和新四军军部指示，驻扎苏南的新四军第一师十六旅挺进苏浙皖边，开辟了郎（溪）广（德）长（兴）敌后抗日根据地，部队驻扎在浙西的长兴县槐花坎（今槐坎乡）、白岘一带。1945年1月6日，粟裕率领新四军一师主力由苏中渡江南下到达长兴槐坎与十六旅会师。1月13日，中央军委电令成立苏浙军区，任命粟裕为司令员，谭震林为政治委员（未到职，由粟裕代政委），刘先胜为参谋长，统一指挥苏南、浙西、浙东地区的抗日反顽斗争，建立了以天目山为中心的浙西抗日根据地，使浙西和苏南连成一片。至1945年8月，苏浙军区共拔除日、伪据点100多座，解放苏浙皖边人口370多万。同年10月，根据中共中央的指示，苏浙军区撤至苏北地区。

新四军在浙西近两年时间里，以苏浙军区司令部为中心，各种机构呈星状分布于长兴县西北部的槐坎、白岘，现基本保存的有17处旧址建筑，总面积达1万多平方米。

新四军苏浙军区旧址

新四军苏浙军区旧址群为全国重点文物保护单位。

新四军苏浙军区一纵队司令部旧址（苏浙军区纪念馆）

新四军苏浙军区一纵队司令部旧址（苏浙军区纪念馆）位于浙江省湖州市长兴县槐坎乡温塘村。建筑原系清咸丰时期民宅，为砖木结构，正屋是四面高墙前后两进 5 开间的走马楼，共有大小房 46 间，建筑面积 2000 余平方米。

1945 年新四军苏浙军区成立后，一纵队司令部设在此处，纵队司令员王必成曾在此办公。1985 年在该旧址基础上设立新四军苏浙军区纪念馆，1995 年在广场东侧建立新四军苏浙军区纪念碑，2002 年在纪念馆西侧建“新四军英勇作战”塑像。馆内收藏和陈列着 998 件革命历史文物、1000 多幅历史照片，记录了 1943 年秋至 1945 年 10 月新四军在浙西的战斗及根据地建设历程。

新四军苏浙军区纪念馆为全国爱国主义教育示范基地。

新四军苏浙公学旧址

新四军苏浙公学旧址位于浙江省湖州市长兴县槐坎乡十月村台基自然村。主体建筑为清末大户张福寿的民宅，砖木结构，占地面积 634 平方米。

1945 年 2 月，新四军苏浙军区在此创办苏浙公学，粟裕任校长，共培养学员 1400 多名。至今该旧址内墙大门两侧上还保留当年新四军苏浙公学学员用矾红粉写下的抗日标语：“这里没有黄埔军官，只有身经百战的老战士，这里没有学士博士，只有宝贵经验的革命者。”

新四军苏浙公学旧址于 2006 年初修复正式对外开放。除旧址房屋本体文物外，还内设了复原陈列，有当年的校长办公室、教育长办公室、政治处办公室、整风队教室、学生队教室、女生队教室，在办公室和教室内均设置复制了旧式办公桌、椅子、煤油灯、课桌、木凳、黑板和苏浙公学学员读书学习用的《论持久战》、《中国革命战争的战略问题》以及《苏南报》、《苏浙日报》等，展出了《新四军苏浙公学旧址简介》、《江南抗大——新四军苏浙公学》、《新四军苏浙公学的创立》、《新四军苏

新四军苏浙军区一纵队司令部旧址（苏浙军区纪念馆）

新四军苏浙公学旧址

浙公学招生简章》、《新四军苏浙公学英烈——王绍杰》五大块展板的文字资料、历史文献和历史照片。

新四军苏浙军区旧址群

地址：浙江省湖州市长兴县槐坎乡、白岘乡
电话：0572-6078039

安吉县新四军反顽自卫战指挥部旧址

安吉县新四军反顽自卫战指挥部旧址位于浙江省湖州市安吉县天荒坪镇井村。

1945 年春，新四军苏浙军区取得天目山第二次反顽战役胜利，基本控制了东、西天目山地区，解放人口达 100 余万。为便于即将展开的第三次反顽战役，苏浙军区于 4 月 4 日将领导机关从长兴仰峰岕迁至孝丰县城，并设立前线指挥部。17 日，前线指挥部移驻井村一带，政治部设在当地地主姚氏宅院内，司令部进驻马吉村吴家道，供给部也随迁至井村附近的港口地区，同时在长兴的仰峰岕设置留守处。天目山第三次反顽战役结束后，苏浙军区分兵整训，7 月 15 日，前线指挥部撤回长兴仰峰岕，留守处也随之撤销。

新四军苏浙军区前线指挥部旧址之一"姚家大院"占地万余平方米，院内尚存木石结构建筑 2 幢，辟有私家花园，有假山、水池和银杏、桂花、玉兰等古树名木。当年，这片树林曾用作临时救护所。

安吉县新四军反顽自卫战指挥部旧址

地址：浙江省湖州市安吉县天荒坪镇井村

新四军反顽自卫战指挥部旧址

景点链接

大唐贡茶院

大唐贡茶院
地址：浙江省湖州市长兴县水口乡顾渚村
电话：0572-6552777

位于浙江省湖州市长兴县水口乡顾渚村。茶圣陆羽著作《茶经》在此写就，中国历史上第一座皇家茶厂坐落于此。大唐贡茶院里悠悠茶香洋溢着盛唐茶都的神韵，千年古茶山上片片翠茗吐露着茶文化圣地的情怀。

大唐贡茶院

金钉子远古世界

金钉子远古世界
地址：浙江省湖州市长兴县槐坎乡葆青山麓
电话：0572-6795333

位于浙江省湖州市长兴县槐坎乡葆青山麓。这里拥有世界地质学界重要的全球二叠系、三叠系界线层型剖面，记载着古老地球的沧海桑田，蕴藏着科学世界的无穷奥秘。金钉子展馆和世界标准剖面的直观展露、户外拓展以及4D动感的拟真体验，带你穿越时空隧道，感悟远古生命的神奇演绎。

金钉子远古世界景区为地质遗迹国家级保护区，国家4A级旅游景区。

金钉子，即全球界线层型剖面和点位（GSSP）的俗称。就像历史学家把人类的历史划分为不同时期那样，地质学家按地球所有岩石形成时代（时间）的先后，建立了一套年代地层单位系统，而"金钉子"就是每个时代的起点。截至2011年8月，全世界共发现了64个"金钉子"。每一个时代的全球界线层型和点位（金钉子）的选取，都由国际地层委员会下属的有关地层分会的各国专家通过投票方式产生，报国际地层委员会和地质科学联合会批准公布。

金钉子远古世界大门

长兴县其他景点

中国扬子鳄村

地址： 长兴县泗安镇尹家边村

电话： 0572-6017171

清泉自然科学探索园

地址： 长兴县夹浦镇父子岭村湖州清泉文武学校西区

电话： 0572-6019222

城山沟风景区

地址： 长兴县和平镇城山村

电话： 0572-6970629

长兴县农家乐

槐坎民乐农家乐

地址： 长兴县槐坎乡仰峰村（仰峰路口右转）

电话： 0572-6789366

南山农家乐（芭堤雅）

地址： 长兴县水口乡水口村长水公路西侧

电话： 0572-6767777

毛草屋农家乐

地址： 长兴县水口乡金山村水顾公路北侧

电话： 0572-6532792

方苑农家乐

地址： 长兴县小浦镇方一村

电话： 0572-6306877

长兴特产

长兴雪藕

产于吕山乡的胥仓雪藕，比一般藕多一孔，特别香糯可口。

长兴四宝

白果、青梅、栝楼、板栗被誉为“长兴四宝”。

太湖四珍

银鱼、白虾、梅鲚，太湖蟹被誉为“太湖四珍”。

品茗三绝

长兴的紫笋茶、金沙泉、紫砂壶被誉为“品茗三绝”。

长兴地域文化

白岘十番锣鼓

民间打击乐表演。

泗安旱船

又名“太湖船家”，长兴县泗安镇的民俗健身活动。

小浦马灯

“马灯”是长兴东部地区所流传的民间艺术形式。

五色傩舞傩

傩文化，即面具文化，表示有节度地驱鬼逐疫。

洪桥龙舟

又名“龙舟”，是长兴县洪桥镇的民俗健身活动。

长兴百叶龙

“百叶龙”为民间舞龙，经常与马灯队一起表演。

长兴开渔节

流行于长兴太湖沿岸的民间节庆活动。

长兴滩簧戏

“滩簧戏”是长兴县东部环太湖区所流行的地方小调。

温州市永嘉县中国工农红军第十三军军部旧址群

中国工农红军第十三军军部旧址群

地址： 浙江省温州市永嘉县岩头镇五濉村

电话： 0577－67178063

中国工农红军第十三军军部旧址群位于浙江省温州市永嘉县岩头镇五濉村。

1927 年党的八七会议召开之后，浙南农民武装斗争风起云涌，引起了中共中央的重视。1930 年 1 月，党中央派金贯真到浙南。3 月又派胡公冕等到浙南领导武装斗争。5 月，在永嘉县成立中国工农红军第十三军，军长胡公冕，政委金贯真，政治部主任陈文杰，下辖 3 个团（后改建制为师），最盛时达到 6000 多人。红十三军是当时编入中共中央军委正式序列的全国 14 支红军之一，它以永嘉、温岭、永康为中心，经历大小战斗 100 余次，足迹遍及浙江南部 20 多个县，沉重打击了国民党反动派统治和农村封建势力，在一定程度上牵制了国民党“围剿”中央苏区的兵力。红十三军军部旧址群主要由红十三军军部旧

红十三军军部旧址

址、纪念碑、纪念馆、纪念广场雕塑 4 部分组成。

红十三军军部旧址（胡氏四房宗祠），是一座“口”字形的古祠堂，始建于清雍正六年（公元 1728 年），占地面积 1467 平方米，系 5 间两进、左右廊、合院式木结构建筑，有前厅、后厅、左右两廊，中央天井里有一方形水池。

红十三军纪念碑在军部旧址南侧约 80 米的山冈上，始建于 1986 年。纪念碑高 17.8 米，正面是张爱萍手书“中国工农红军第十三军纪念碑”。2010 年扩建了纪念碑前广场，广场中间建有一座 3 米高的红十三军战斗群雕。

红十三军纪念馆在军部旧址北侧约 30 米处，馆中陈列着红十三军的历史资料、图片和红军战士使用过的土炮、刀枪等实物。

中国工农红军第十三军军部旧址群为浙江省级文物保护单位、浙江省爱国主义教育基地。

红十三军纪念碑

红十三军纪念馆

永嘉县革命历史景点

●金贯真烈士墓
地址：永嘉县岩头镇永嘉第二中学操场后山
电话：0577-67151232

●东宗惨案旧址
地址：永嘉县岩头镇岩头村
电话：0577-67151232

●李得钊烈士纪念碑
地址：永嘉县岩头镇港头村
电话：0577-67151232

●永嘉革命历史纪念馆
地址：永嘉县上塘镇屿山
电话：0577-67210718

●谢文锦烈士纪念碑及故居
地址：永嘉县岩坦镇潘坑村
电话：0577-67061788

金贯真烈士墓

永嘉革命历史纪念馆

景点链接

楠溪江景区

位于浙江省温州市永嘉县境内，分为楠溪江及沿江农村文化（又称岩头景区）、狮子岩、大若岩、石桅岩、水岩、北坑、陡门和四海山七大景区，800多个景点，以水秀、岩奇、瀑多、村古、滩林美而闻名遐迩，是我国国家级风景区当中以田园山水风光见长的景区。

狮子岩景区

主要包括以狮子岩为中心的楠溪江中上游曲流、芙蓉峰、北坑等自然山水景观和岩头、芙蓉、苍坡、枫林等古村落人文景观，以及五潮村红十三军军部旧址群等革命纪念地。

狮子岩景区
地址：浙江省温州市永嘉县岩头镇狮子岩村
电话：0577-67061688（楠溪江游客服务中心）

狮子岩景色

芙蓉古村

石桅岩景区

主要包括石桅岩、小三峡、龙湾潭、红岩等自然景观和蓬溪、鹤盛、鹤垟等古村落人文景观。近年又开发了岭上人家等古村落民间风情游。

石桅岩风光

石桅岩景区
地址：浙江省温州市永嘉县鹤盛镇
电话：0577-67198056
67198057

龙湾潭国家级森林公园
地址：浙江省温州市永嘉县鹤盛镇
电话：0577-67191678
67191688

龙湾潭国家级森林公园

大若岩景区
地址：浙江省温州市永嘉县大若岩镇
电话：0577-67121181
67198056
67198057

龙湾潭国家级森林公园

为楠溪江流域唯一的国家级森林公园，拥有各类树种1063种，并保存世界独有的雁荡润楠树，被外界誉为“浙南药王谷”，森林覆盖率高达98%。

大若岩景区

位于小楠溪中游，是以宗教旅游和自然山水风光旅游相结合的景区，景区包括被道家誉为“天下第十二福地”的陶公洞、高达300多米的陡岩仅露一线蓝天的崖下库、峰峦如柱石般拔地而起的十二峰、因一溪谷有九瀑而闻名的石门台九漈瀑等。

大若岩景区之陶公洞

永嘉县农家乐

● 山里人之居（特色为烤全羊）
地址：永嘉县鹤盛镇岭上村
电话：0577-67198024

● 四海山庄（特色为全牛宴）
地址：永嘉县四海山林场
电话：0577-67188003

● 青龙湖（特色为烤全猪）
地址：永嘉县岩头镇深固村
电话：0577-67187888

● 满香楼
地址：永嘉县岩头镇日川村
电话：0577-67177988

● 楠溪码头
地址：永嘉县岩头镇下日川村
电话：0577-67151889

● 楠风楼
地址：永嘉县大若岩镇埭头村
电话：0577-67126688

永嘉特产

楠溪杨梅、素面、永嘉田鱼、碧莲香柚、东皋红柿、荆州板栗、楠溪香鱼等。

全国红色旅游经典景区

安徽省

P469-522

安徽省红色旅游地图

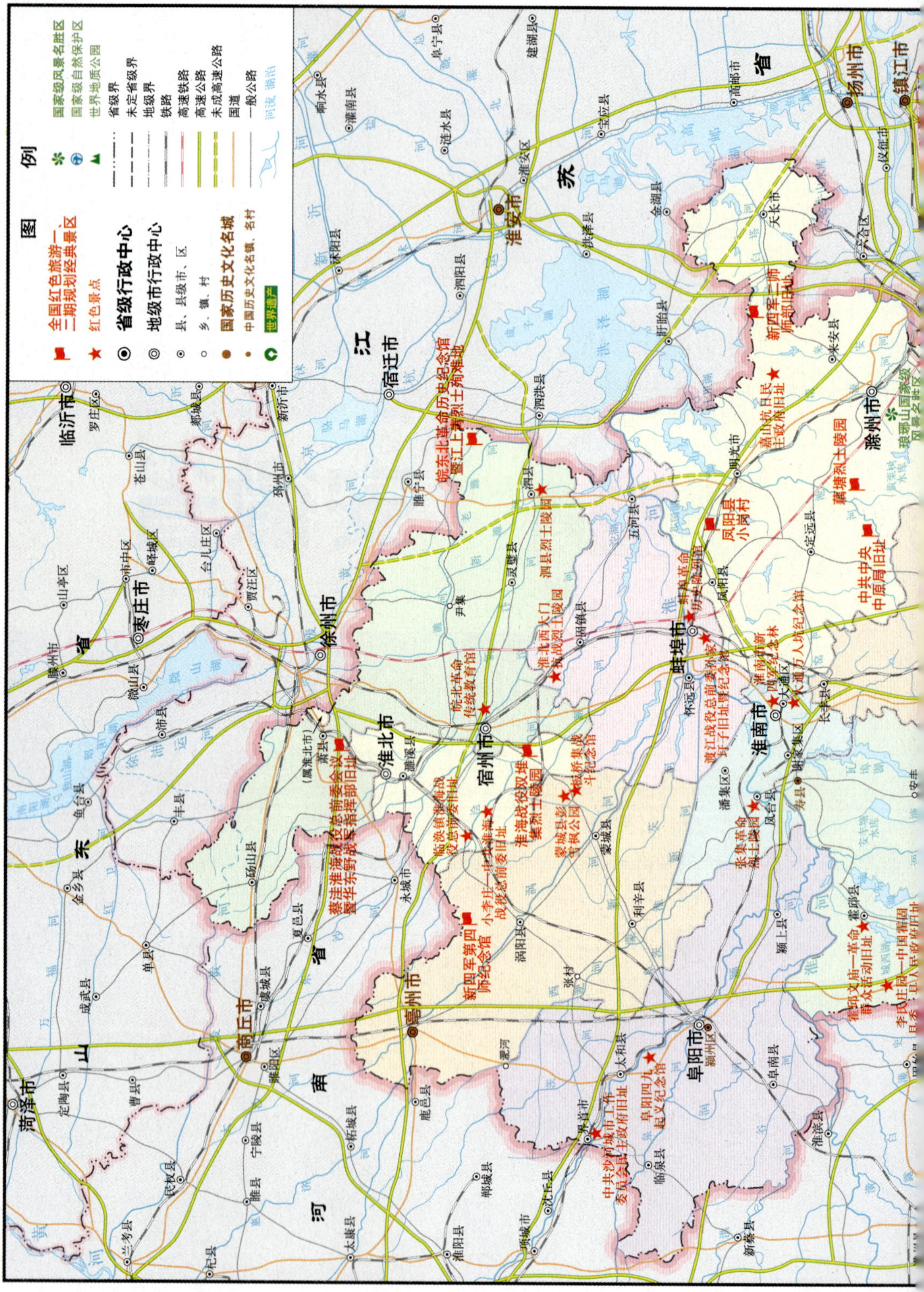

图例
全国红色旅游一、二期规划经典景区
红色景点
省级行政中心
地级市行政中心
县、县级市、区
乡、镇、村
国家历史文化名城
中国历史文化名镇、名村
世界遗产
国家级风景名胜区
国家级自然保护区
世界地质公园
省级界
未定省级界
地级界
铁路
高速铁路
高速公路
未成高速公路
国道
一般公路
河流 湖泊
皖东北革命历史纪念馆
暨江上青烈士殉难地
泗县烈士陵园
淮北西大门战役烈士陵园
皖北革命传统教育馆
淮海战役双堆集烈士陵园
蔡洼淮海战役总前委会议暨华东野战军指挥部旧址
小李庄—中共淮海战役总前委旧址
新四军第四师纪念馆
蒙城县彭雪枫公园
凤阳县小岗村
藕塘烈士陵园
中共中央中原局旧址
新四军二师师部旧址
大通万人坑纪念馆
张集革命烈士陵园
阜阳四九起义纪念馆
淮北市
宿州市
蚌埠市
淮南市
阜阳市
亳州市
滁州市
徐州市
宿迁市
淮安市
扬州市
镇江市
临沂市
枣庄市
商丘市
菏泽市
江苏省
山东省
河南省

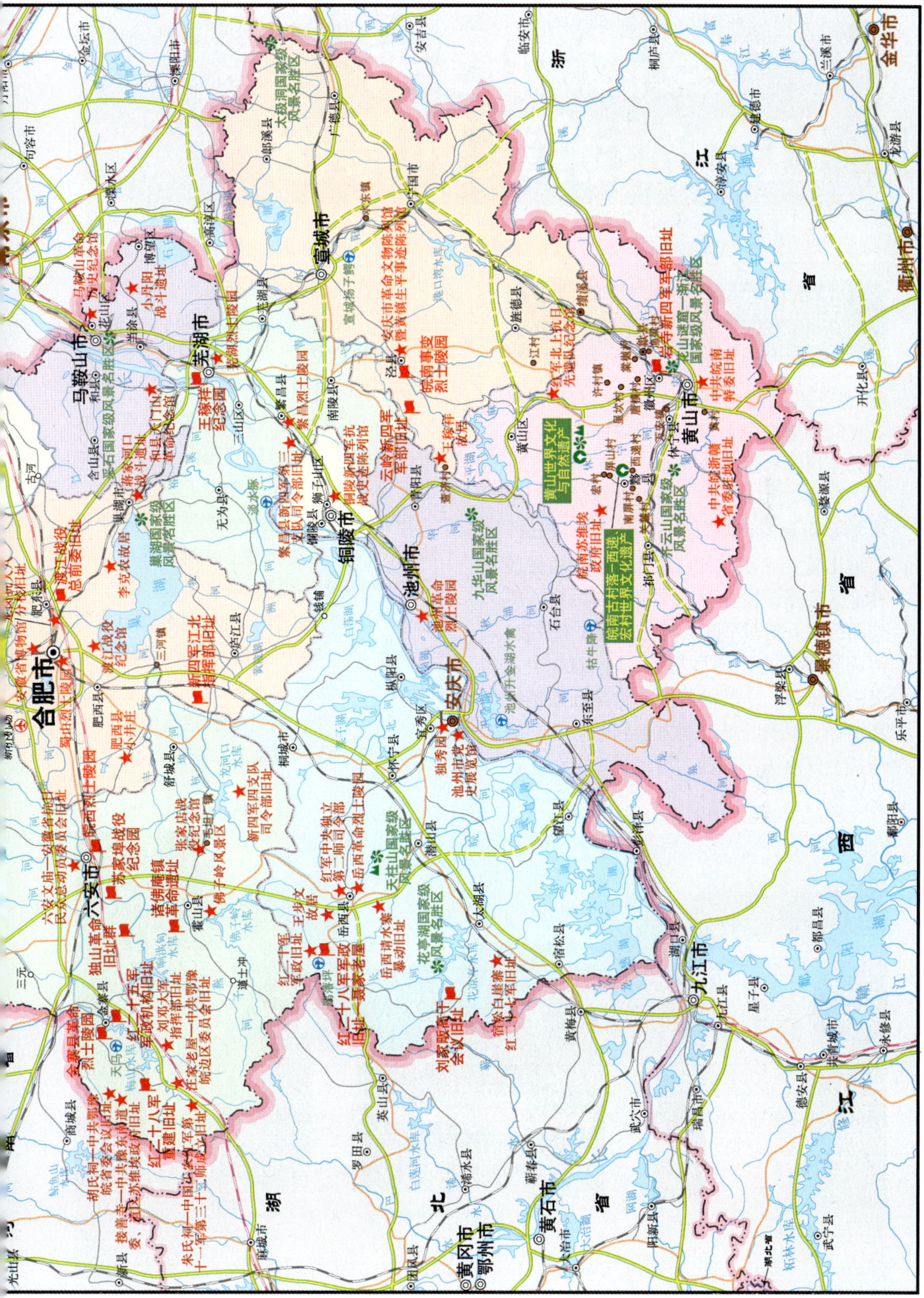
合肥市
六安市
马鞍山市
芜湖市
宣城市
铜陵市
池州市
安庆市
黄山市
景德镇市
九江市
黄冈市
鄂州市
黄石市
金华市
衢州市
巢湖国家级风景名胜区
九华山国家级风景名胜区
天柱山国家级风景名胜区
太极洞国家级风景名胜区
齐云山国家级风景名胜区
花亭湖国家级风景名胜区
黄山世界文化与自然遗产
皖南古村落—西递宏村世界文化遗产
浙
江
省
西
湖
北
1：2 350 000
0 23.5 47.0 70.5 94.0 117.5km

安徽新四军红色旅游系列景区

泾县皖南事变烈士陵园及新四军军部旧址

■ 皖南事变烈士陵园

皖南事变烈士陵园位于安徽省宣城市泾县泾川镇水西路 24 号。

1941 年 1 月 4 日，奉命北移的新四军军部及所属皖南部队 9000 余人，从云岭驻地出发往长江以北，6 日在安徽泾县茂林地区突遭国民党军队 7 个师 8 万余人的包围袭击。新四军部队英勇奋战 7 个昼夜，终因寡不敌众，弹尽粮绝，除 2000 余人突出重围外，一部被打散，大部壮烈牺牲和被俘。军长叶挺与对方谈判时被扣，政治部主任袁国平牺牲，副军长项英、参谋长周子昆在突围中被叛徒杀害。蒋介石反诬新四军"叛变"，宣布取消新四军番号，声称将把叶挺交付"军事审判"。这次事件史称"皖南事变"。

1976 年，为纪念在皖南事变中死难的烈士，在泾县水西山麓桃花台上修建革命烈士纪念塔，1980 年工程竣工。

1990 年，在纪念塔处修建皖南事变烈士陵园。1991 年陵园竣工并对外开放。皖南事变烈士陵园由纪念塔、主题广场、主碑纪念广场和无名烈士墓及皖南事变陈列馆组合而成。整个陵园以邓小平题写的"皖南事变死难烈士永垂不朽"纪念碑为中心，结合山势，将各纪念建筑组合成一个完整有序、庄严肃穆的有机整体。

皖南事变烈士陵园大门

皖南事变烈士陵园主碑纪念广场

皖南事变烈士陵园为全国重点烈士纪念建筑物保护单位、全国爱国主义教育示范基地。

皖南事变烈士陵园

地址： 安徽省宣城市泾县泾川镇水西路 24 号

电话： 0563-5081522

皖南事变陈列馆

新四军军部旧址

新四军军部旧址分布于安徽省宣城市泾县云岭镇东西约 15 公里的 13 个自然村内。在云岭镇罗里村“种墨园”新四军军部司令部旧址，建有新四军军部旧址纪念馆。

1938 年 8 月 2 日，新四军军部进驻云岭，直至 1941 年皖南事变发生，总共 3 年多时间。在党的领导下，新四军广大战士活跃在大江南北，英勇抗敌，留下了许多抗日足迹，也留下了不少机构遗址。到 1940 年底，新四军在两年多的敌后抗日游击战中，展开于南京、上海、武汉、徐州、开封外围，直接威胁敌人的统治中心

中共中央东南局旧址

地区，共对日、伪军作战2700次，毙伤俘敌5.5万人，缴获大批武器、装备；在华中建立了皖东、豫皖苏、皖东北、苏北等抗日根据地，扩大了苏南、皖中根据地，沟通了华北与华中抗日根据地的联系；新四军主力部队发展到近9万人，地方武装和不脱产的地方武装数十万人。

1963年，陈毅为新四军军部旧址纪念馆题词，纪念馆正式建立。现在纪念馆管理保护的旧址包括军部司令部、军部大会堂、修械所、政治部、教导队、战地服务团、中共中央东南局、烈士墓、叶挺桥等处，并新增了云岭碑园、叶挺铜像广场等设施，馆内现陈列各种珍贵图片、文物、资料达4000多件。

新四军军部旧址为全国重点文物保护单位，新四军军部旧址纪念馆为全国爱国主义教育示范基地。

新四军军部旧址

地址： 安徽省宣城市泾县云岭镇

电话： 0563-5900706

新四军军部司令部旧址

景点链接

中国宣纸文化园

中国宣纸文化园外景

中国宣纸文化园（暨中国宣纸传习基地）坐落在中国宣纸之乡泾县乌溪境内，是全国工业旅游示范点，也是人类非物质文化遗产代表性单位，宣纸原生态展现地。文化园由宣纸古作坊、宣纸古籍印刷、文房四宝体验园、宣纸陈列室、中国纸及世界纸博物馆、书画长廊（含书画家工作室）、文房四宝与书画市场、江南民俗园 8 个部分组成。游客可以参观传承千余年的古法宣纸制作工艺，了解和体验纸、墨、笔、砚、扇、纸帘等制作工艺。

查济古民居

唐朝初年，查姓先人来到这美丽的地方安家落户，繁衍生息。依山傍水而建的徽派民居，绵延数公里。关于它的特色，

查济古民居

中国宣纸文化园

地址：安徽省宣城市泾县乌溪境内

中国宣纸文化园造纸车间

查济古民居

地址：安徽省宣城市泾县桃花潭镇查济村，距泾县县城 60 公里

电话：0563-5981918

有诗曰："十里查村九里烟，三溪汇流万户间。寺庙亭台塔影下，小桥流水杏花天。"查济村现尚有古建筑140余处，其中桥梁40余座、祠堂30座、庙宇4座，是目前保存较为完整的古建筑群。

泾县桃花潭

地址：安徽省宣城市泾县桃花潭镇

泾县桃花潭

桃花潭位于泾县境内太平湖畔，为青弋江流经翟村至万村间的一段水面。潭东岸有东园古渡，系汪伦踏歌送别李白处，有明朝建踏歌岸阁；西岸有垒玉墩、书板石、彩虹岗、谪仙楼、钓隐台、怀仙阁、汪伦墓等景点。传说桃花潭豪士汪伦邀请李白来游，谓："此地有十里桃花，万家酒店。"李白欣然应邀，却不见桃花酒店，汪伦解释说："十里桃花是指十里处有桃花渡，万家酒店，是说潭边有姓万的酒肆。"李白甚感主人情意，临别作《赠汪伦》诗一首："李白乘舟将欲行，忽闻岸上踏歌声。桃花潭水深千尺，不及汪伦送我情。"溯桃花潭而上，就是闻名遐迩的"黄山情侣"太平湖。

桃花潭景色

月亮湾漂流风景区

地址：安徽省宣城市泾县蔡村镇月亮湾

电话：0563-5430888

月亮湾漂流风景区

月亮湾漂流风景区位于泾县县城东北18公里处的被誉为"华夏毛竹第一镇"的蔡村镇大康村境内，是一项以竹筏漂流为主的展现江南秀丽山水的旅游景区。景区内山清水秀、峰秀岭峻、层次分明，有多处景点被选为影视拍摄外景地。

月亮湾竹筏漂流

食宿资讯

●银海山庄

银海山庄占地240亩，视野开阔，环境优美，是一个集休闲、旅游、食宿、垂钓为一体的农家乐示范中心。

地址：安徽省宣城市泾县琴溪镇琴溪村桂冲组

电话：0563-2366669

滁州市藕塘烈士陵园及中共中央中原局旧址

藕塘烈士陵园

藕塘陵园位于安徽省滁州市定远县城东南 30 公里处的藕塘镇新大街，紧连皇甫山自然保护区和琅琊山国家森林公园。藕塘曾是中国共产党领导创建的全国 19 块抗日民主根据地之一的淮南抗日民主根据地的中心。

1939 年，新四军四支队第八团抵达定远藕塘镇，开辟了以藕塘为中心的皖东津浦路西抗日根据地，藕塘成为根据地的政治、军事、经济、文化中心。同年底，刘少奇率中原局来到藕塘地区，领导抗日根据地的建设。1940 年 3 月 9 日，华中地区第一个县级民主政权——定远县抗日民主政府成立。作为津浦路西抗日根据地中心，藕塘多次受到日、伪军进犯，根据地军民在党的领导下，坚持抗日，前仆后继，浴血奋战，在周家岗、大桥集、战鸡岗、五尖山等地抗击日、伪军进攻，进行大小战斗数百次。

藕塘革命纪念馆

为褒扬革命先烈，1942 年 5 月，津浦路西临时参议会通过关于建立藕塘抗日烈士陵园的决定。1944 年 9 月，陵园建成。1946 年 5 月，陵园被国民党军队炸毁。1964 年，安徽省人民政府批准在原址重建藕塘烈士陵园。陵园占地面积 3.6 万平方米，中央矗立着高 24 米的烈士纪念塔，塔东西两侧有梅园、竹园，北面是用琉璃瓦建造的仿古式大门楼及两边耳房，南面

藕塘烈士陵园入口

藕塘烈士陵园

地址： 安徽省滁州市定远县藕塘镇新大街 58 号

电话： 0550-4881269

是藕塘革命纪念馆。纪念馆主要陈列抗日战争时期刘少奇在藕塘地区革命活动的史料，皖东军民与日军浴血奋战的历史照片、实物，著名烈士遗像、遗物及《烈士英名录》，记载了为国捐躯的先烈英名和可歌可泣的事迹。

藕塘烈士陵园为安徽省省级文物保护单位、省爱国主义教育基地、省重点烈士纪念建筑物保护单位。

■ 中共中央中原局旧址

中共中央中原局旧址

地址： 安徽省滁州市定远县大桥镇湾杨村（第三次会议旧址）

1939 年底，刘少奇率中共中央中原局机关抵达皖东藕塘新四军江北指挥部。从 1939 年 12 月到 1940 年 2 月，中共中央中原局先后在定远县与滁县交界处的瓦屋薛村、定远县山黄村、定远县大桥镇湾杨村召开三次会议。会议深入讨论了发展华中的战略方向、根据地建设和统一战线问题。中原局认为，苏北已是敌后，地靠山东，可同八路军相互策应，开辟这个地区，可以使华中同华北连接起来。中原局建议中央派一部分八路军南下，协同北上的江南新四军，支援江北新四军，大力发展苏北游击战争。这三次会议为扩大抗日民族统一战线、巩固华中抗日根据地、发展壮大新四军发挥了重要作用。

中共中央中原局第三次会议暨新四军江北指挥部旧址

景点链接

令狐山旅游风景区

令狐山旅游风景区

地址： 安徽省滁州市定远县藕塘镇，距县城 36 公里

电话： 0550-4789888

紧邻皇甫山国家森林公园，景区自然景观和人文景观丰富多彩，主要景点有令狐塔、清流河水域、荷月亭、夕照亭、圣母庙等。

黄山市岩寺新四军军部旧址

岩寺新四军军部旧址位于安徽省黄山市徽州区岩寺镇荫山巷22号金家大院，是典型的清末皖南古民居建筑群，坐北朝南，背靠丰乐河，面临岩寺老街，占地面积约3000平方米，建筑面积近2000平方米，包括四栋砖木结构楼房，以及回廊、庭院和前、后花园。

全国抗日战争爆发后，1937年10月，国共双方达成协议，将在南方8省15个地区的红军游击队改编为国民革命军陆军新编第四军（简称新四军）。1937年12月25日，新四军军部在湖北汉口组建，1938年1月由汉口迁至武昌。军长叶挺、副军长项英、参谋长张云逸、副参谋长周子昆、政治部主任袁国平、政治部副主任邓子恢。1938年2月，新四军军部命令各部队到岩寺集中整编。4月初，军部机关到达岩寺。军部设于岩寺后街的金家大院。

岩寺文峰塔、点将台（新四军点兵、操练处）

在岩寺，新四军整编成军，下辖4个支队、1个特务营，共1.03万余人。新四军在岩寺集合，主要是为东进抗日进行短期培训，充实武器弹药，加强军政训练和开展民运工作。4月28日，新四军组建的

岩寺新四军军部旧址

岩寺新四军军部旧址

地址：安徽省黄山市徽州区岩寺镇荫山巷22号

电话：0559-3512513

抗日先遣队从潜口出发，揭开了东进抗日的序幕。到5月上旬，新四军一、二、三支队陆续离开岩寺地区，军部于5月5日撤离岩寺，向太平、泾县进发。

新四军在岩寺整编前后近3个月，各部队迅速完成集中整训，随即进入长江南北敌后地区开展游击战争，建立抗日根据地，完成了从分散的游击力量向正规化的抗日革命武装力量的历史性转变。

岩寺新四军军部旧址为安徽省级文物保护单位、安徽省爱国主义教育基地。

景点链接

中共皖南特委旧址

中共皖南特委旧址

地址：安徽省黄山市屯溪区屯溪老街69号

电话：0559-2596171

中共皖南特委旧址

1933年冬，中共闽浙赣省委派李杰三等人到屯溪秘密组建皖南特委，特委机关设在屯溪街“合记春号”中药店内。1935年，特委机关被军统徽州站破坏。1987年10月1日，旧址修缮恢复后正式对外开放。

皖南古村落——西递、宏村

皖南古村落——西递、宏村

地址：安徽省黄山市黟县西递镇、宏村镇

电话：

西递：0559-5155444

宏村：0559-5541158

黟县西递、宏村两处古村落以其保存良好的传统风貌被列入世界文化遗产。它们以世外桃源般的田园风光、保存完好的

西递牌坊

宏村景色

村落形态、工艺精湛的徽派建筑和丰富多彩的历史文化内涵而闻名天下。西递和宏村是皖南民居中最具代表性的两座古村落，其街道的风格，古建筑和装饰物，以及供水系统完备的民居都是非常独特的文化遗存。

徽州府衙

徽州府衙广场

徽州府衙

地址：安徽省黄山市歙县县城

电话：0559-6512663

歙县自秦建制以来，历为郡、州、路、府所在地，是古徽州政治、经济和文化中心。它与四川阆中、云南丽江、山西平遥一起被史学界并称为当今中国保存最完好的四大古城。徽州府衙是古徽州府的象征。修复后的徽州府衙由南谯楼、仪门、正堂、二堂、知府廨组群等主体建筑组成，全部据史料按明清府衙建筑格局恢复，再现了明代府衙“规模宏敞，面势雄正”的旧貌。

府衙二堂（知府和师爷商事的地方）

黄山市机场火车站资讯

机场

黄山屯溪机场：位于安徽省黄山市屯溪区。

电话：0559-2934144

火车站

黄山站：位于安徽省黄山市前园北路。

电话：0559-2116222

黄山市旅游景点推荐

黄山风景区、屯溪区花山谜窟、黄山醉温泉度假城、呈坎景区、唐模景区、潜口民宅、丰乐湖旅游景区、太平湖风景区、翡翠谷（情人谷）风景区、九龙瀑景区、东黄山旅游度假区、芙蓉谷景区、棠樾牌坊群、鲍家花园景区、新安江山水画廊景区、雄村景区、齐云山风景名胜区、南屏风景区、归园——赛金花故居归园景区、牯牛降景区等。

宿州市皖东北革命历史纪念馆暨江上青烈士殉难地

江上青烈士1911年出生于江苏省扬州市江都县。他积极投身人民革命和抗日战争的洪流，为创建皖东北抗日根据地和建立皖东北抗日民族统一战线作出了重要贡献。1939年7月29日，在泗县刘圩镇小湾村遭地主反动武装伏击，不幸以身殉国，年仅28岁。

江上青烈士纪念园

为缅怀他的光辉业绩，在江上青殉难处建亭立碑，原秦场村小学更名为江上青小学。2011年4月10日，在江上青殉难地新建成的江上青烈士纪念园正式开园。园内建有江上青纪念馆、花岗岩浮雕纪念墙、纪念亭、牌坊、半身塑像等设施。纪念馆内设有陈列室、题词走廊、影视厅等，以丰富的实物、照片和资料，展示了江上青追求真理、不畏艰险、为中国人民解放事业无私奉献、抛洒热血的一生。江上青烈士纪念园为安徽省爱国主义教育基地。

正在筹建中的皖东北革命历史纪念馆，将通过更加丰富的展陈内容和完备设施，向人们展示皖东北的革命历史，成为当地进行爱国主义和革命传统教育的基地。

皖东北革命历史纪念馆暨江上青烈士殉难地

地址：安徽省宿州市泗县刘圩镇秦场村

电话：0557-7968191

江上青纪念馆

亳州市涡阳县新四军第四师纪念馆

新四军第四师纪念馆坐落于安徽省亳州市涡阳县新兴集，距县城 20 公里。

1939 年 9 月初，彭雪枫带领新四军游击支队来到新兴集，开创了以新兴集为中心的豫皖苏边区抗日民主根据地。1939 年 11 月，刘少奇来此视察。1940 年 2 月，新四军游击支队改番号为新四军第六支队；1940 年 6 月底，与南下的八路军第二纵队黄克诚部合编为新四军第四纵队；1941 年初，新四军重建军部时改编为新四军第四师；1941 年 5 月初，彭雪枫率部队转移至津浦路东。

1992 年，在新兴集恢复重建了新四军第四师司令部作战室、机要室、彭雪枫旧居，共 16 间，面积 320 平方米。1994 年 5 月，原第四师参谋长张震来新兴集故地凭吊，题写了“新四军第四师纪念馆”馆名。1996 年，恢复重建了刘少奇旧居、张震旧居、参谋处、拂晓报社旧址，共 18 间，面积约 350 平方米。纪念馆内陈列着作战地图、电报机等革命文物以及与彭雪枫相关的各类图片资料和抗日军民用于生产、生活、抗战的文物。1998 年，纪念馆重塑了高 3.5 米的彭雪枫骑马铜像。

彭雪枫骑马铜像

新四军第四师纪念馆为安徽省级文物保护单位、省爱国主义教育基地。

新四军第四师纪念馆

地址：安徽省亳州市涡阳县新兴集

电话：0558-7408000

新四军第四师纪念馆

景点链接

天静宫

天静宫

地址： 安徽省亳州市涡阳县闸北镇郑店村，县城北5公里处

天静宫

天静宫坐落在亳州市涡阳县城北郑店村，这里三面环水，北枕龙山，南临武家河（古水）。天静宫俗称老子庙，又称太清宫，是中国先秦伟大思想家、哲学家、道家学派创始人、道教鼻祖老子的诞生地。天静宫始建于东汉延熹八年（公元165年），历史上屡加修葺，到唐宋时期达到鼎盛。到了清末民国时期，因兵匪劫掠，天静宫损毁殆尽。20世纪90年代初又恢复重建。从1998年至今，天静宫已举办数届老子庙会，吸引众多游客和海内外道教信徒前来观光拜谒。

庄子祠

庄子祠

地址： 安徽省亳州市蒙城县城北郊

始建于北宋，后几经战火，现存庄子祠是在宋代庄子祠旧址上新建的，占地面积52亩，由祠堂建筑群与万树园两部分组成。主要建筑有大三门、影壁、山门、逍遥堂、古衡门、濮池、五笑亭、观台、观鱼桥、梦蝶楼、南华经阁、东西碑廊、道舍、客舍等。

庄子祠大门

庄子梦蝶塑像

曹操运兵道

曹操运兵道位于亳州市老城区地下，全长数千米，是迄今发现历史最早、规模最大的地下军事战道，被誉为“地下长城”。现存古地道距地表深度一般2—3米，最深处超过7米，有单形道、平行双道、上下两层道、立体交叉道等，内部设有猫耳洞、掩体、绊腿板、陷阱等军事设施，另有通气孔、灯龛等附属设施。古地道出土有汉、唐、宋各代文物，对研究我国古代军事建筑、军事战术以及曹操军事思想具有重要价值。

曹操运兵道

曹操运兵道

地址：安徽省亳州市谯城区人民中路490号

电话：0558-5510132

亳州花戏楼

原名大关帝庙，因戏楼遍布戏文，彩绘鲜丽，俗称花戏楼。始建于清顺治十三年（公元1656年），是山西、陕西两省药商集资兴建的，后经康熙、乾隆年间多次扩建，距今有300余年历史。

花戏楼景区是以大关帝庙为主体建筑，由张飞庙、岳飞庙、朱公书院、火神庙和粮坊会馆等组成的古建筑群。景区内常年有地方特色戏曲表演和梦回清朝、地方民俗表演等活动项目，在这里不仅可以欣赏到清代砖雕、木雕，还可以体验亳州特色民风民俗。花戏楼现为全国重点文物保护单位、国家4A级旅游景区。

亳州花戏楼

亳州花戏楼

地址：安徽省亳州市谯城区花戏楼街北段路东

电话：0558-5552589

亳州市旅游景点推荐

道德中宫、尉迟寺遗址、万佛塔、南京巷钱庄、郑店子风景区、亳州古井酒文化博览园等。

滁州市来安县新四军二师师部旧址

新四军二师师部旧址位于安徽省滁州市来安县半塔镇大刘郢。

1943 年初，新四军第二师师部由盱眙县黄花塘移驻来安县大刘郢。师政治部、供给部、锄奸部、参谋处、电台、医院、兵工厂、印刷厂及被服厂等直属机关分驻附近村庄。师长罗炳辉、政委谭震林、参谋长詹化雨、政治部主任萧望东、政治部副主任余立金率部在此驻扎 4 年，刘少奇在这里作过“建设一个好的党，做一个好的党员”的报告。大刘郢新四军墓群现有烈士墓三座，一座为新四军某团参谋长王凤岐之墓，其他两座各埋葬 200 多位新四军烈士。整个墓地苍松掩映，翠柏环绕。

在来安县半塔镇，还建有半塔烈士陵园，又名皖东烈士陵园。1944 年，新四军二师召开军政民座谈会，为纪念在 1940 年半塔保卫战和抗日反顽斗争中英勇牺牲的革命烈士，决定在半塔镇建立一座抗日烈士纪念塔。后因国民党发动内战，工程停建。1958 年 10 月，来安县人民政府开始继续修建纪念塔，并以半塔为中心，兴

半塔烈士陵园

建半塔烈士陵园。1973 年、1984 年，陵园先后经过两次扩建。2007 年，来安县委、县政府决定整修陵园，重建纪念馆。重建后的烈士陵园定名为皖东烈士陵园，重建的纪念馆定名为皖东革命纪念馆，内设有新四军第二师纪念馆，其展览从“红二十八军坚持在鄂豫皖大别山区”开始，一直到“原第二师部队在全国解放后”，共分六个板块。布展的图片资料是从众多的历史图片中精选的，全面反映了新四军二师成立、发展到壮大的整个过程。

新四军二师师部旧址

地址：安徽省滁州市来安县半塔镇大刘郢

新四军二师政治部礼堂遗址

景点链接

琅琊山国家森林公园

琅琊山地处滁州市西南郊，城山相连，林壑优美。唐宋以来，韦应物、欧阳修、王安石、辛弃疾、文徵明等文人墨客纷来此地，广留胜迹。公园内主要景区有醉翁亭景区、琅琊寺景区、丰乐亭、欧阳修纪念馆、深秀湖、琅琊古道、让泉、峰回路转、野芳园、南天门、天蹊云径、清流关等，为国家 4A 级旅游景区。

琅琊古寺

琅琊山国家森林公园

地址：安徽省滁州市西南郊

电话：0550-3512999

滁州市旅游景点推荐

琅琊山国家森林公园、狼巷迷谷风景区、凤阳明皇陵、韭山洞、皇甫山等。

食宿资讯

● **图业生态农业观光园**

图业生态农业观光园位于风景秀丽的琅琊山脚下的沙河镇，是皖东首家“无污染、零排放、高效益、自动化”的生态农业园。占地面积 2260 平方米的玻璃日光温室大棚内种植了大量的珍贵热带植物，置身其中仿佛进入景色宜人的大自然中。观光园内设有餐饮、购物、休闲中心。

地址：安徽省滁州市南谯区沙河镇新塘村

电话：15105506366

● **小李庄农家乐**

为安徽省五星级农家乐，占地 1300 亩，内有果蔬园、养殖园、垂钓中心、文化中心、农家宾馆等，是集观光、休闲、采摘、垂钓、餐饮、演艺、会议、住宿为一体的农家生态乐园。

地址：安徽省滁州市来安县汊河镇相官村

电话：0550-5952999

合肥市庐江县新四军江北指挥部旧址

新四军江北指挥部旧址位于安徽省合肥市庐江县汤池镇南，西南环山，层峦叠嶂，地势险要，风景如画，是西进大别山的通道。

全国抗日战争期间，为打开皖东敌后抗战局面，根据中共中央指示，建立新四军江北指挥部，统一指挥长江以北的新四军部队。1939 年 4 月下旬，新四军军长叶挺与政治部副主任邓子恢、参谋处长赖传珠、第一支队副司令员罗炳辉、第三支队第五团团长孙仲德从皖南来到庐江县东汤池，组建江北指挥部。5 月中旬，江北指挥部在东汤池正式成立，张云逸兼任指挥，徐海东任副指挥，赖传珠任参谋长，邓子恢兼政治部主任。同时成立江北指挥部前委，张云逸任书记。

新四军江北指挥部纪念馆

江北指挥部成立后，将所属江北部队进行整编。原四支队分编成第四、第五支队，原江北游击纵队改由江北指挥部直接指挥。第四支队由徐海东兼任司令员，戴季英任政治委员，下辖第七、第九、第十四团；第五支队由罗炳辉任司令员，郭述申任政治委员，下辖第第八、第十、第十五团；江北游击纵队由孙仲德任司令员、黄岩任政委。

江北指挥部成立后，指挥部队开展华中抗日战争和华中抗日根据地建设，进行大小战斗 200 多次，取得了反“扫荡”、反“摩擦”的胜利，创建和巩固了皖东抗日根据地，为抗日战争的胜利立下了不朽功勋。

1994 年当地政府在该镇兴建新四军江北指挥部纪念馆，2005 年易址相思林复

新四军江北指挥部纪念馆陈列

建扩建。这座四合院式纪念馆，采取徽派建筑风格，白墙青瓦，庄严肃穆。纪念馆陈展部分主要由日军侵华暴行，抗战中坚新四军，四支队东进抗日，江北游击纵队坚持皖中，新四军江北指挥部，第五、六支队在皖东，皖南事变，二师的诞生等几个板块组成，通过大量史料和图片，反映了新四军江北指挥部的历史，热情讴歌了新四军广大将士在江北指挥部领导下，不畏艰难困苦，坚持抗战的崇高精神。

新四军江北指挥部纪念馆为安徽省爱国主义教育基地。

新四军江北指挥部旧址

地址： 安徽省合肥市庐江县汤池镇

电话： 0551-87381016

景点链接

金孔雀温泉度假村

金孔雀温泉度假村是华东地区规模较大、档次较高的温泉度假村，集度假、健身、休闲、娱乐、餐饮、住宿为一体，国家4A级旅游景区。

金孔雀温泉度假村

金孔雀温泉度假村

地址： 安徽省合肥市庐江县汤池镇

电话： 0551-87085666 87085888

庐江县白云山庄

山庄以其原始相思林、天然氧吧林、山里人家生态种植、农事体验为特色。游客在这里可以观白云生态茶园，赏金汤湖畔美景，食白云山庄农家菜，游白云相思天然氧吧，品白云春毫有机绿茶，乐白云深处风俗民情，购地方特色山珍野菜。

庐江县白云山庄

地址： 安徽省合肥市庐江县汤池镇马槽村

电话： 0565-3685777

合肥市机场火车站资讯

● 机场

合肥新桥国际机场： 位于合肥市肥西县高刘镇。

电话：0551-63777666　63777699

合肥骆岗机场： 位于合肥市庐州大道。

电话：0551-63401459

● 火车站

合肥站： 位于合肥市瑶海区站前路。

电话：0551-64243311

合肥西站： 位于合肥市望江西路。

电话：0551-65571833

合肥市旅游景点推荐

徽园、肥西县三河镇、元一双凤湖国际旅游度假区、丰乐生态园、三国遗址公园、三十岗乡生态农业旅游区、紫蓬山风景名胜区等。

安徽省淮海战役系列景区

淮北市濉溪县淮海战役双堆集烈士陵园

淮海战役第二阶段，中原野战军及华东野战军一部，在双堆集地区歼灭国民党军精锐部队——黄维兵团约12万人，生俘兵团司令官黄维。

淮海战役双堆集烈士陵园位于安徽省淮北市濉溪县双堆集镇，面积10.6公顷，1976年筹建，1981年10月淮海战役烈士纪念碑落成，碑高22.5米，白色花岗岩上镶嵌着邓小平题写的“淮海战役烈士永垂不朽”10个金光闪闪的大字。烈士纪念碑巍峨雄伟，庄严肃穆。

1988年10月淮海战役双堆集歼灭战纪念馆竣工，占地面积900多平方米。展出内容共分八个部分：第一至第七部分以双堆集歼灭战为重点，介绍了战役经过，陈列珍贵照片300余张、文物200余件，作战地图、图表、美术作品20余幅等；

淮海战役双堆集歼灭战纪念馆展览

第八部分为缅怀先烈厅，陈列27位烈士的遗像和遗物，并附有事迹介绍。

淮海战役双堆集烈士陵园为全国爱国主义教育示范基地、全国重点烈士纪念建筑物保护单位。

淮海战役双堆集烈士陵园

地址：安徽省淮北市濉溪县双堆集镇

电话：0561-7079718

双堆集烈士陵园纪念碑

景点链接

淮海战役总前委旧址

淮海战役总前委旧址——文昌宫

1948年11月10日，刘伯承率中原野战军前线指挥部从豫西东进淮海前线，同陈毅、邓小平会合。11月16日，根据中央军委指示在临涣文昌宫成立了由刘伯承、陈毅、邓小平、粟裕、谭震林组成的淮海战役总前委，在这里指挥取得了淮海战役第一阶段的胜利。11月23日，总前委移驻临涣以东7.5公里、浍河北岸的小李家。

临涣文昌宫始建于唐代，现存为清代建筑。旧址前后有三进庭院，占地面积2916平方米。后院室内陈列着刘伯承、陈毅、邓小平当年使用过的床、桌子、凳子、提灯、发报机等文物；前院设立淮海战役纪念馆和陈列室，展示许多珍贵图片、史料。

淮海战役总前委旧址为全国重点文物保护单位、安徽省爱国主义教育基地。

淮海战役总前委旧址

地址：安徽省淮北市濉溪县临涣镇临涣村

电话：0561-7071019

淮北市旅游景点推荐

淮北市相山风景区、隋唐大运河博物馆、黄里风景区、化家湖、龙脊山风景区、临涣古城、濉溪老城石板街、柳孜隋唐大运河、乾隆湖风景区等。

蔡洼淮海战役总前委会议暨华东野战军指挥部旧址

蔡洼淮海战役总前委会议暨华东野战军指挥部旧址位于安徽省宿州市萧县丁里镇蔡洼村，为清末古建筑群落，原为杨姓

淮海战役总前委会议暨华东野战军指挥部旧址——蔡洼村杨家台子

蔡洼淮海战役总前委会议暨华东野战军指挥部旧址

地址：安徽省宿州市萧县丁里镇蔡洼村

淮海战役总前委成员在萧县蔡洼村杨家台子合影，左起：粟裕、邓小平、刘伯承、陈毅、谭震林

地主的住宅大院。其东侧是华东野战军动员会、誓师会、庆功会会场，面积约 3000 平方米；广场西部原有粟裕发表讲话的土台。当年总前委会议开会用的房屋以及用过的桌、椅、马灯、文件柜、水桶等实物保存完好。

1948 年 11 月 6 日至 1949 年 1 月 10 日，中国人民解放军共约 60 万人，以徐州为中心，在东起海州、西至商丘、北起临城（今薛城）、南达淮河的广大地区发起了淮海战役。这是人民解放战争战略决战中历时最长、规模最大、歼敌数量最多的一个战役。1948 年 11 月 16 日，中央决定由刘伯承、陈毅、邓小平、粟裕、谭震林 5 人组成总前委，刘伯承、陈毅、邓小平为常委，临机处置一切，邓小平为总前委书记。战役进行至第三阶段，为便于指挥淮海决战，华东野战军指挥部于 12 月 16 日

旧址室内陈列的实物与图片

淮海战役总前委会议旧址碑

搬到萧县丁里镇蔡洼村。12月17日，总前委在这里召开了会议，对战役第三阶段和渡江作战的有关问题进行研究，对夺取淮海战役全面胜利、解放长江以北、渡江作战、解放全中国起到了重要的决策作用。

蔡洼淮海战役总前委会议暨华东野战军指挥部旧址为全国重点文物保护单位、安徽省爱国主义教育基地。

景点链接

萧县皇藏峪国家森林公园

萧县皇藏峪国家森林公园地处江北罕见的暖温带落叶阔叶林区、亚热带和暖温带交汇地带，为皖北地区保存最为完整的原始森林。据史料记载，公元前205年春，刘邦和项羽在彭城大战，刘邦战败，躲在皇藏洞中避难，出来后运气转变，士气振作，一举战胜项羽，成为西汉王朝的开国皇帝。

景区内汉文化氛围浓厚，古树名木众多，寺庙建筑风格独特。主要景观有锁龙桥、九龙潭、拔剑泉、马扒泉、瑞云寺、皇藏洞、洗钵池、三仙洞、碑林艺术馆、仙人桥等十余处，为中国历史文化遗产保护区，国家4A级旅游景区。

萧县皇藏峪国家森林公园

地址： 安徽省宿州市萧县官桥镇

电话： 0557-5960266

皇藏洞

皖西南红色旅游系列景区

金寨县革命烈士陵园

安徽省金寨地区是鄂豫皖主力红军的主要诞生地和组建地之一，也是中国工农红军重要发源地之一。在整个土地革命战争时期，金寨境内先后共组建了11支主力红军队伍，还先后建立了县独立团和第一、第二、第三路游击师、战斗营等地方武装力量，有10多万金寨儿女投身革命参加红军和地方革命武装组织，其中参加主力红军的有4万余人。

在金寨组建的红军队伍及金寨籍红军将士，为中国革命胜利舍生忘死，浴血奋战，建立了不朽功勋。新中国成立后，已统计出在金寨籍红军中授衔的开国将军有59位，金寨县成为全国第二大将军县。

金寨现在册的革命烈士有10500多人，占安徽省烈士总数的五分之一以上，其中县团级的革命烈士有500多人。还有许多难以统计的无名烈士长眠在金寨和祖国各地，金寨人民为中国革命胜利付出了巨大牺牲。

为缅怀革命先烈，1960年兴建金寨县革命烈士陵园。以后逐步扩建，现已形成占地面积25万平方米的大型烈士陵园。陵园共分5个部分：烈士塔区，为追思悼念先烈的场所；博物馆区，1983年建成开馆，陈列包括金寨革命史厅、将军厅等7个部分；红军烈士墓园区，安葬有革命烈士、红军将军；红军广场区，是游客参观、休闲的场所；红村区，先后有46位离休老红军在此居住。

金寨县革命烈士纪念塔位于陵园中央，坐北向南，1964年10月奠基，1965年10月建成。塔高24米，塔身正面镌刻着刘伯承题写的“燎原星火”4个镀金大字。塔周广场面积2500平方米，可容纳5000人。

金寨县红军纪念堂由洪学智题名，为两层钢筋混凝土结构，呈八角形，酷似红军八角帽，寓意红军精神永放光芒。堂内陈列有领导人题字的碑石、老红军照片

金寨县革命烈士纪念塔

金寨县红军纪念堂

等。洪学智去世后，在红军纪念堂左侧建成洪学智纪念碑。

红军墓园面积 3 万平方米，安葬革命战争年代牺牲的县团级以上的烈士和省军级开国将军。

金寨县革命烈士陵园为全国重点烈士纪念建筑物保护单位、全国爱国主义教育示范基地。

金寨县革命烈士陵园

地址： 安徽省六安市金寨县梅山镇红村路 35 号

电话： 0564-7068506 7068306

景点链接

梅山水库风景区

梅山水库

位于鄂、豫、皖三省交界处的大别山腹地，库区碧波荡漾，群峰侧映，植被茂盛，风光旖旎，被誉为“高峡平湖”。湖区内有天鹅岛、万鸡山、九王寨、梳妆台、风动石、狮子口等 70 多处大小不同、形态各异的岛屿、山峰，游客在欣赏湖光山色美景的同时，还可以领略到观蛇、观鸟、观鱼、观民俗文化所带来的乐趣。

梅山水库风景区

地址： 安徽省六安市金寨县城南端梅山镇

电话： 0564-7053229 7062736

天堂寨风景区
地址：安徽省六安市金寨县燕子河镇
电话：0564-7528101

天堂寨景区之九影瀑

天堂寨风景区

天堂寨景区之吴楚风云

天堂寨集国家森林公园、国家级自然保护区和风景名胜区为一体，景区内有多种珍稀动物及丰富的植物资源，是中国七大基因库之一，总面积120平方公里，主峰海拔1729米，为大别山主峰之一，是江淮分水岭。天堂寨有“植物的王国、天然的氧吧、动物的乐园、云雾的海洋、圣水的世界、杜鹃花的领地、娃娃鱼的故乡”之美誉，为国家5A级旅游景区。

响洪甸水库
地址：安徽省六安市金寨县西南20公里处响洪甸镇
电话：0564-7315879

响洪甸水库

响洪甸水库是20世纪50年代新中国治理淮河水患的枢纽工程之一，是淮河支流西淠河上的一座以防洪灌溉为主，结合发电、城市供水、航运、水产养殖等综合利用的大型水利水电工程。

响洪甸水库群山叠翠，风景秀美，不仅有旧六安州八景之一的“齐山拥雾”等景点，还有名茶齐山翠眉、六安瓜片、青山湖鳜鱼、板栗、食用菌等土特产资源。

响洪甸水库

皖西烈士陵园革命烈士纪念塔

皖西烈士陵园

皖西烈士陵园位于安徽省六安市区中心九墩塘畔。

皖西是鄂豫皖革命根据地的重要组成部分，中国革命三大主力红军之一的红四方面军的发祥地。在中国革命岁月中，英雄的皖西人民在中国共产党的领导下，前仆后继，英勇奋斗，先后有30多万名优秀儿女为革命献出宝贵生命，其中新中国成立后被追认的在册烈士就达2.6万多名，有许继慎、舒传贤、周维炯、刘淠西等一大批革命英烈。为了深切缅怀革命先烈，1952年在六安市风景秀丽的九墩塘畔兴建皖西烈士纪念馆。1956年兴建烈士纪念祠。1980年将位于烈士祠附近的原六安县工人俱乐部改建为皖西革命历史纪念馆，1989年改名为革命烈士纪念馆，后更名为皖西烈士陵园。

陵园中的大别山革命历史纪念馆建筑面积2700平方米，其中展陈面积1400平方米，分上下两层展厅。纪念馆的正面有一下沉式广场，西面建有面积为3000平方米的悼念广场，广场西部矗立着一座16米高的烈士纪念塔。

皖西烈士陵园为全国重点烈士纪念建筑物保护单位、全国爱国主义教育示范基地。

皖西烈士陵园

地址：安徽省六安市金安区解放路九墩塘畔

电话：0564-3325528

景点链接

皖西大裂谷

地址：安徽省六安市金安区张店镇太平桥村

电话：0564-2610111

皖西大裂谷

皖西大裂谷

皖西大裂谷原名避王岩，源于明末清初农民起义军首领张献忠在六安地区流动作战的史实和民间传说。

穿越大裂谷，你会领略到大自然的鬼斧神工。一线天、点将台、石窟王宫（避王岩）、清水潭、蘑菇石、三道闸、回音壁、藏宝阁、窥天崖、云梯、雄起岩等景点，无不让人称奇叫绝。到处可见怪石嶙峋，泉水淙淙，奇花异草，秀竹红枫，是集观光、探险、避暑、健身、度假于一体的旅游之地。刘邓大军挺进大别山时的一次战役——张家店战役，就发生在此地。现仍保存有许多革命遗迹，也是大别山红色旅游的亮点之一。

寿县博物馆

地址：安徽省六安市寿县古城

电话：0564-4036300

寿县博物馆

寿县博物馆

寿县博物馆筹建于1958年，建成于1962年11月，现收藏文物及标本共2万多件（套），其中国家一级文物162件（套），二级文物145件（套），三级文物1443件（套）。寿县博物馆馆藏丰富，在安徽仅次于安徽省博物馆。

寿县古城墙

地址：安徽省六安市寿县县城

电话：0564-3379183

寿县古城墙

寿县古城墙为全国屈指可数的保存完好的古代城墙之一。由于寿县地处襟江扼淮的重要位置，千百年来一直是兵家争夺

的军事重镇。据清光绪《寿州志》记载，今寿县城墙重建于北宋熙宁年间（公元1068—1077年），明清时曾多次修固。

寿县古城墙

安丰塘

安丰塘古称芍陂，为2500多年前春秋时代楚国相国孙叔敖主持修筑的大型水利工程，曾被誉为“世界塘中之冠”。与都江堰、漳河渠、郑国渠并称为中国古代四大水利工程，比都江堰还早300年，素有“天下第一塘”之誉。面积34平方公里，为全国重点文物保护单位。

安丰塘
地址：安徽省六安市寿县城南30公里戈店乡
电话：0564-4576561

安丰塘景色

万佛湖风景区

被誉为“安徽的北戴河、合肥的后花园”。这里可谓“湖光山色，百里画廊，山水醉地，休闲天堂”，为国家4A级旅游景区。万佛湖即龙河口水库，是举世闻名的淠史杭灌区的重要组成部分，安徽十大水库之一。

万佛湖风景区
地址：安徽省六安市舒城县万佛湖镇
电话：0564-8535119
8535069

万佛湖风光

独山革命旧址群

独山革命旧址群位于安徽省六安市裕安区独山镇。

独山镇是皖西革命老区的中心地区之一。1927 年大革命失败后，党在这里领导了独山暴动，打响了六霍起义的第一枪。起义后的部队组建为中国工农红军第十一军第三十三师，是鄂豫皖边区早期红军的三大主力之一，建立的六安三区工农革命委员会是皖西第一个工农民主革命政权，创建的皖西苏区是鄂豫皖革命根据地的重要组成部分。旧址群中的革命旧址包括独山暴动指挥部、中共六安县委和少共六安县委、六安县苏维埃政府、六安县赤卫军指挥部、六安县苏维埃俱乐部、六安县列宁小学、六安县经济合作社、六安县政治保卫局、六安县革命法庭等革命遗址，主要分布在独山镇的西街、中街两条老街上，是安徽保存较完整的苏维埃时期县级机构旧址群。

独山暴动指挥部旧址

独山暴动指挥部旧址

原为六安县立第四高等小学。1929 年 11 月 7 日晚，一些独山农民协会会员突然被捕，成为独山暴动的导火线。第二天早晨，该镇周围 15 个乡的 1 万多名农协会员包围了独山反动武装驻地马氏宗祠，打响六霍起义的第一枪。9 日，成立皖西地区第一个工农民主革命政权——六安三区工农革命委员会，同时建立了 6 支游击队和 2300 多人的赤卫队。

六安县政治保卫局旧址

六安县政治保卫局旧址

旧址原为刘铭传当铺，始建于清朝末年。政治保卫局是苏维埃政府的保卫机关，主要是保卫新生革命政权的正常工作秩序，维护社会治安，同时负责肃反工作。

六安县列宁小学

六安县列宁小学旧址

独山暴动胜利后，政治、经济上翻身解放的劳苦大众，迫切渴求得到文化知识。皖西北的党和苏维埃政府克服种种困难，于1931年5月在独山王氏宗祠创办列宁小学，直至1932年9月，共有教师6人、学生200人。在教学上，要求教师思想进步，无宗教信仰，会白话文等。对工农分子实行免费教育。

独山革命旧址建筑多为清朝中晚期至民国初年的古建筑，建筑精美，气势恢宏，兼具大别山区的民居特色和徽州民居的建筑风格，素有“大别山区民居博物馆”之称。现在老街大部分还保留了当年的风貌，并与西淠河、南头山连成一片，自然形成一个相对独立的历史文化保护区。

独山革命旧址群为全国重点文物保护单位、安徽省爱国主义教育基地。

独山革命旧址群

地址：安徽省六安市裕安区独山镇

电话：0564-2820738

景点链接

龙井沟风景区

该景区为自然生态景区，至今仍是一块原始森林地带。景区内瀑布叠岩绵延，两岸峭壁林立，河床弯曲有致，怪石千姿百态，翠竹遮天蔽日，树木凿石而生，并拥有大别山稀特植物楠木、杜鹃、兰草等。主要景点有飞来石、拜仙石、仙人床、棋盘石、磨剑石等。景区附近景点密布，有独山古刹、红石谷、皖西第一漂、响洪甸水库等。

龙井沟风景区

地址：安徽省六安市裕安区独山镇

电话：0564-2870738

龙井沟风景区之龙涎潭

红二十五军军政机构旧址

红二十五军军政机构旧址位于安徽省六安市金寨县梅山镇，原址在修建响洪甸水库时被淹没，2009 年实施异地复建。

1931 年，鄂豫皖根据地红军粉碎敌人第二次“围剿”后，为应对新一轮的“围剿”，抓紧整顿发展地方武装，扩大正规红军，10 月 25 日，根据中共鄂豫皖中央分局和军委会决定，中国工农红军第二十五军在金寨县麻埠正式成立。为加强党的领导，将 1930 年至 1931 年在金家寨成立的皖西北特区苏维埃政府、中共皖西北特委、皖西北苏维埃银行、造币厂等单位迁至麻埠镇，并创建了彭杨军政学校，以培训红军干部。

1932 年 3 月，为了壮大红军力量，做好苏家埠战役的准备，鄂豫皖军委于 3 月上旬在麻埠将红四军第十一师三十一团和五星县独立团合编为红二十五军第七十五师，师长廖荣坤，政治委员戴克敏。

1932 年 3 月，根据地红军发动了苏家埠战役，历时 48 天，歼敌 3 万余人，并配合兄弟部队夺取了黄安战役、商潢战役、潢光战役的胜利，取得了第三次反“围剿”的胜利。战后在金寨县白塔畈成立红二十五军第七十四师，师长汪明国、政治委员戴季英。至此，红二十五军编制序列 3 个师全部在金寨境内完成组建，共 1.2 万余人。1932 年 10 月红四方面军西征川陕后，中共鄂豫皖省委在红安重建红二十五军。1933 年 4 月，红二十五军进驻金寨，与在金寨的红二十八军组建新的红二十五军。1934 年 11 月，红二十五军北上川陕，开始长征。1935 年 9 月 15 日到达延川永坪镇，成为长征到达陕甘革命根据地的第一支红军，被誉为“长征先锋”。

红二十五军军政机构旧址

地址：安徽省六安市金寨县梅山镇

电话：0564-7061913

红二十五军军政机构旧址

岳西县及金寨县红二十八军军政及重建旧址

红二十八军军政旧址——聂家老屋

红二十八军军政旧址——聂家老屋坐落于距安徽省安庆市岳西县城60公里的鹞落坪。

1934年11月，中共鄂豫皖省委按照中央军委的指示，率红二十五军北上长征，撤离鄂豫皖革命根据地。1935年2月，省委常委、皖西北道委书记高敬亭在岳西县凉亭坳重建红二十八军，继续坚持大别山区的武装斗争。1935年6月，中共皖西特委迁驻鹞落坪。不久，高敬亭率领红二十八军在转战途中进入鹞落坪，并在此建立根据地。此后，红二十八军在鹞落坪建立了便衣队，开设了红军棚、红军山林医院、被服厂、小型修械厂、交通站和红军商店。

在艰苦卓绝的鄂豫皖三年游击战争中，红二十八军在人民的大力支持下，以近2000人的兵力，以鹞落坪游击根据地为中心，转战于鄂豫皖三省的45个县，与敌人进行大小战斗243次，歼敌18个营、15个连和大量反动民团武装，粉碎了敌人的反复“清剿”，有力地支持了主力红军长征和南方各省红军的游击战争，被毛泽东称誉为很不容易，很了不起。

1937年全国抗日战争爆发后，遵照中共中央关于建立抗日民族统一战线的指示精神，红二十八军和国民党地方军政当局在岳西县达成了停止内战、一致抗日的协议。1937年8月，高敬亭率领红军撤离鹞落坪，后改编为新四军第四支队。

为弘扬红二十八军坚持鄂豫皖的历史功绩，2007年红二十八军军政旧址恢复重建，维修屋后战壕，再现了旧址原有风貌。

红二十八军军政旧址——聂家老屋

地址：安徽省安庆市岳西县鹞落坪自然保护区

电话：0556-2440481

红二十八军军政旧址——聂家老屋

红二十八军展览馆

■ 红二十八军重建旧址

红二十八军重建旧址位于安徽省六安市金寨县南溪镇北塘村吕家大院。

1933 年初，红二十八军成立，军长廖荣坤、政委王平章。4 月初，红二十八军改编为红二十五军七十三师。1933 年 10 月，中共皖西北道委鉴于红军和根据地受到严重损失的现状，在南溪东北的吕家大院召开会议，把八十二师和徐海东带来的部队合并，组成新的红二十八军，军长徐海东，政委郭述申，共 2300 余人。

该旧址占地面积 1600 平方米，建筑面积 240 平方米，始建于清朝末年，部分毁于战乱，1941 年吕氏族人重建，为青砖小瓦、木梁斗拱结构。“文革”期间中殿损毁，经 2005 年重修，现存房屋 6 间。

红二十八军重建旧址

地址：安徽省六安市金寨县南溪镇北塘村

红二十八军重建旧址——吕家大院

景点链接

红军中央独立第二师司令部旧址

红军中央独立第二师司令部旧址位于安徽省安庆市岳西县天堂镇东山村汪氏宗祠。汪氏宗祠为清末古建筑，三进两厢四合院式，建筑面积1500平方米。1930年2月，继六霍、黄麻起义之后，岳西县爆发了鄂豫皖四大暴动之一的请水寨暴动，诞生了工农武装——中国工农红军中央独立第二师。1930年7月，独立二师司令部撤离后，司令部内部陈设遭到国民党的破坏。解放后旧址得以完好保存。2004年，在旧址内开辟了“独立二师革命史”和“王步文生平事迹”两个陈列。2005年在西厢房开辟了“大别山民俗展”。

红军中央独立第二司令部旧址现为安徽省重点文物保护单位，国家3A旅游景区。

红军中央独立第二师司令部旧址

红军中央独立第二师司令部旧址
地址：安徽省安庆市岳西县天堂镇东山村汪氏宗祠
电话：0556-2177366

鹞落坪国家级自然保护区

保护区总面积123平方公里，属大别山主峰分水岭主段。区内茂林修竹，溪谷萦回，流泉飞瀑，碧潭清影，云雾缭绕，其景致可概括为“山、谷、林、岩、水、潭”六个字，一弯一景，一岩一奇，一潭一画，堪称“一块尚未雕琢的翡翠”。保护区实验区设立四个风景区：鹞落坪景区、十里画廊景区、寸密河景区和石佛寺景区。

鹞落坪国家级自然保护区
地址：安徽省安庆市岳西县鹞落坪自然保护区
电话：0556-2173700
2440369

鹞落坪国家级自然保护区

天柱山风景区

天柱山位于长江北岸、安庆市潜山县境内，主峰海拔1489米，高耸挺立，如巨柱擎天，因而称为天柱峰，天柱山也就此得名。山上遍布苍松、翠竹、怪石、奇洞、飞瀑、深潭。《天柱山志》称其“峰无不奇，石无不怪，洞无不杳，泉无不吼”，可见其自然景色之奇特。

天柱山之天柱峰

天柱山风景区
地址：安徽省安庆市潜山县梅城镇
电话：0556-8932218

霍山县诸佛庵镇革命遗址

诸佛庵镇革命遗址

地址：安徽省六安市霍山县诸佛庵镇

诸佛庵镇革命遗址位于安徽省六安市霍山县西北部诸佛庵镇。全镇现有革命遗址8处，革命烈士墓4座，革命烈士纪念碑2座。

1929年5月，打入霍山县戴家河民团任队长的中共霍山县委委员朱体仁，利用宴请新店河反动头目陈乾士之机，将其击毙，缴获其部下枪械30多支，接着又缴了前去调查的县自卫团十几支枪。与此同时，担任诸佛庵民团团总的中共霍山县委委员刘淠西率部发动诸佛庵兵变。起义后，中共霍山县委将所掌握的武装组建为秘密游击队。诸佛庵民团兵变的成功，揭开了当地武装斗争的序幕，也是中共霍山县委建立革命武装的早期尝试。

随着鄂豫皖军民取得第二次反“围剿”斗争的胜利和红四军回师皖西，霍山苏区不仅全面恢复，而且又有了新的发展。1931年2月中共霍山县委在诸佛庵再度组建，霍山被省委确定为安徽省唯一的红色区域中心。5月23日，霍山县第二届苏维埃政府在诸佛庵宣告成立，赵小波任主席。所辖范围除原有七区外，流波幢被划为市郊区，政府机关设在诸佛庵后街曹家行（今诸佛庵粮站），县委机关也设在苏维埃政府院内。当时的诸佛庵成为全县政治、经济、文化中心。

诸佛庵兵变遗址

景点链接

佛子岭水库

佛子岭水库是淮河流域的大型山谷水库，库区山清水秀，生态环境优美，巍巍大坝上镌刻着毛泽东题词“一定要把淮河修好”8个红色大字。库区内著名景点有卧佛、睡美人、狮子岩、老鹰洞等，为国家级水利风景区。

佛子岭水库

佛子岭水库
地址：安徽省六安市霍山县佛子岭镇
电话：0564-5231269

白马尖景区

白马尖景区风光

大别山主峰（白马尖）景区地处大别山国家地质公园的核心园区。相传李白曾到此，站在白马尖上，顾盼南北两侧风光，感慨道：“山之南山花烂漫，山之北白雪皑皑，此山大别于他山也！”大别山由此得名。主要景点有白马尖（大别山主峰）、龙井峡（大别山区规模最大的瀑布群）、别山湖、四望寨（古城堡）等，为国家4A级旅游景区。

白马尖景区
地址：安徽省六安市霍山县南太阳乡
电话：0564-5758699

食宿资讯

●堆谷心愿农家乐

为省级农家乐示范点，位于大别山腹地霍山县磨子潭镇堆谷山村、龙井河大峡谷风景区入口处，周围山清水秀，鸟语花香，拥有农家宾馆、农家菜、农俗游等多种农家乐旅游项目，曾荣获“安徽旅游十大我最喜爱的农家乐”称号。

地址：安徽省六安市霍山县磨子潭镇堆谷山村狮形老屋组
电话：0564-5641184

裕安区苏家埠战役纪念园

苏家埠战役纪念园位于安徽省六安市横排头水库风景区内的丰源湖畔。

1932 年，在裕安区苏埠镇发生了著名的苏家埠战役，历时 48 天。中国工农红军第四方面军在总指挥徐向前的率领下，将敌军陈调元部分别围困在 3 个据点，采取“围点打援”战术，专打援敌，成功击退国民党军队重兵“围剿”，取得空前大捷。苏家埠战役总指挥部和前线指挥部遗址位于苏埠镇孙湾村，距纪念园 3 公里。

纪念园占地面积 160 亩，主要有徐向前铜像广场、苏家埠战役陈列馆、苏家埠战役纪念碑等。步入纪念园，站在徐向前铜像广场前可以瞻仰元帅横刀立马、远观敌阵的雄姿。放眼望去，远处是六安古八景之一的九公寨，山顶建筑高峰寺与铜像广场、纪念碑成一条直线。广场左前方为苏埠战役陈列馆，建筑风格采用清朝中晚期大别山民居特色和徽派风格，分为前、后两个展厅，前厅展示 48 天大战的战前形势、战略决策和战役经过，后厅用沙盘形式展示 3 次“打援”的经过和显赫战果。

陈列馆外，一侧为亲水休闲广场，另一侧是象征 48 天大战的 48 组台阶，穿过

徐向前铜像广场

台阶又见数百个阶梯，寓意着革命道路的漫长曲折。拾级而上，便来到了苏家埠战役纪念碑，碑身高 19.32 米，象征着苏家埠战役发生在 1932 年。身临此境，既可寄托对革命先烈的敬仰与哀思，又可饱览“横排仙境”的湖光山色。

苏家埠战役纪念园

地址：安徽省六安市裕安区苏埠镇

电话：0564-2820738

苏家埠战役陈列馆

苏家埠战役陈列馆陈列

景点链接

横排头水利风景区

横排头水利风景区是国家级水利风景区，依托淠史杭灌区横排头枢纽工程，位于淠河总干渠渠首，总面积54平方公里，主要有横排头水利枢纽工程、丰源湖、清源楼、龙王寺、徐向前纪念馆、苏家埠48天大战指挥部旧址、大别山书碑廊、情人岛、沙滩浴场、沼泽地等景观，集险峰峻岭、平湖怪石、古刹名寺等自然景观与革命历史人文景观为一体。

“横排仙境”石碑

横排头水利风景区

地址： 安徽省六安市裕安区苏埠镇

电话： 0564-2820738

六安市旅游景点推荐

东石笋景区、临淮岗旅游景区、燕子河大峡谷景区、八公山风景区、皖西大裂谷景区、龙井沟旅游景区、南岳山景区等。

太湖县刘家畈高干会议旧址

刘家畈高干会议旧址位于安庆市太湖县刘家畈乡刘畈村。

1947 年 11 月 2 日，刘伯承、邓小平从湖北蕲春出发，到达太湖刘家畈南阳河，部队驻扎在上至凉亭（红光）下至南阳河约 7.5 公里长的地区，司令部、政治部设在南阳河的胡氏新祠。11 月 9 日至 12 日，刘伯承、邓小平在胡氏新祠主持召开了有三纵队旅长以上干部和中共皖西工委、皖西人民自卫军支队长以上干部参加的高干会议。出席会议者约 30 余人，会议共开了 4 天。9 日，政委邓小平、司令员刘伯承作报告；10 日，中共中央中原局常委刘子久作报告。会上，皖西人民自卫军司令员刘昌毅介绍了中原突围到皖西的情况和中共皖西工委、皖西人民自卫军坚持斗争的情况。会议还传达了中国人民解放军宣言、中国土地法大纲、中原局关于放手发动群众、创建大别山革命根据地的指示。会议做出三项决定：成立中共皖西区党委、皖西军区和皖西行署；下设皖西 3 个地委、3 个军分区和 3 个专员公署；兵力的集结和分遣。刘家畈高干会议，是刘邓大军从挺进大别山到走出大别山这一战略链中一个承上启下的重要会议。

刘家畈高干会议旧址

刘家畈高干会议旧址石碑（胡氏新祠）

刘家畈高干会议旧址即刘畈乡胡氏新祠，为典型的大别山清代中期建筑。该祠堂一进三重，每重间有天井，天井地面用正方形石块铺砌而成。群墙照壁式结构，青砖小瓦，雕龙刻凤，立柱大梁，古朴气派，整体布局严谨，设计独特，为典型的清代徽派建筑，本身具有一定的历史和建筑艺术价值。

刘家畈高干会议旧址

地址： 安徽省安庆市太湖县刘畈乡刘畈村潘家大屋组

电话： 0556-4371025

景点链接

安庆市革命文物陈列馆

安庆市革命文物陈列馆既是革命文物陈列馆，也是安庆市博物馆，并设有黄镇生平事迹陈列馆，建筑面积3500多平方米，其中展厅面积1800平方米。该馆为安徽省爱国主义教育基地。

安庆市革命文物陈列馆

安庆市革命文物陈列馆
地址：安徽省安庆市沿江东路150号
电话：0556-5504935

独秀园

独秀园是在原陈独秀墓园基础上扩建的，占地面积1.37平方公里，核心区占地面积0.39平方公里，包括陈独秀墓、浮雕墙、陈独秀纪念馆等景点。

1942年，陈独秀病逝于四川江津县，当年安葬在江津。1947年6月，陈独秀之子陈松年遵父遗嘱将其灵柩从四川江津迁回安庆，与原配夫人高晓岚合塚安葬。

2005年，陈独秀墓园扩建，结合自然地形地貌条件，围绕纪念主题，形成“一轴、二区、三园”功能结构，使之成为集文化、纪念、旅游为一体的园林式纪念地。

独秀园

独秀园
地址：安徽省安庆市大观区十里铺乡火龙山叶家冲村

中华文博园

又名“五千年文博园”，以“中华文化主题公园”为建设定位。园内布局采用古典徽派建筑与苏州园林风格相结合，亭台楼阁、小桥流水、碑廊石刻、文化名景尽含其中，人文气息浓郁。文博园分为三大景区：人文历史景区、主题公园景区和休闲度假景区。人文历史景区占地面积约600

中华文博园一景

中华文博园
地址：安徽省安庆市太湖县经济开发区人民路
电话：0556-4567890

亩，由中华百工坊、五千年文化长廊、五千年根雕文化园、炎黄二帝、龙行天下、中华孝道园、茶马古道、大好河山、四大名著文化园、华夏爱情文化园、千米文化古栈道、安庆园及皖江第一街——皖街等景点组成。

安庆市旅游景点推荐

巨石山生态文化旅游区、菱湖风景区、嬉子湖生态旅游区、花亭湖景区、石莲洞旅游景区、枞阳浮山景区、孔雀东南飞旅游景区、天峡景区、明堂山风景区等。

花凉亭水库

花凉亭水库又名花亭湖，建于1958年。水库大坝为水泥核心墙砂壳坝，原为中国第二大土坝，是以防洪、灌溉、发电为主，兼有水产、航运、旅游开发等综合效益的大型水利枢纽工程。

湖水面积100平方公里，四周山峦起伏，郁郁葱葱，有九龙涧瀑布、天生塔、飞来石、禅宗卧佛等景点。

花凉亭水库
地址：安徽省安庆市太湖县天华镇黄镇村

花凉亭水库风光

赵朴初故居
地址：安徽省安庆市迎江区天台里街9号
电话：0556-5564702

赵朴初故居

赵朴初故居大门

赵朴初故居又称“世太史第”、“四代翰林宅”，因赵氏族中自赵文楷始，赵畇、赵继元、赵曾重四代均为翰林，故得名。赵朴初为赵畇曾孙，1907年诞生于此。

世太史第融北方古建筑的恢宏粗犷及南方徽州古建筑的细腻精致于一体，建筑结构凸显了皖西南地域古建筑的特色，为全国重点文物保护单位。

芜湖市王稼祥纪念园

王稼祥纪念园

地址：安徽省芜湖市中山北路 153 号

电话：0556-5564702

王稼祥纪念园坐落在安徽省芜湖市狮子山北麓，西临长江，东望赭山。

王稼祥（1906—1974），安徽泾县人。1935 年，在遵义会议上支持和拥护以毛泽东为代表的正确路线。会后，王稼祥与毛泽东、周恩来组成三人军事指挥小组，作为中共中央指挥红军的最高领导机构（又称三人团）。1943 年 7 月，王稼祥发表《中国共产党与中国民族解放的道路》一文，提出了“毛泽东思想”的科学概念，对毛泽东思想的产生及其伟大意义作了深刻阐述。新中国成立后，王稼祥以外交部副部长身份担任第一任驻苏联大使。1951 年，根据中央决定，王稼祥负责组建中共中央对外联络部并出任部长，同时仍兼任外交部副部长至 1959 年。1966 年 3 月，担任中央外事小组副组长。在这期间，王稼祥参与党的对外联络工作和国家外交工作的许多重大决策，提出了比较完整的关于党际交往准则的思想，为发展对外党际关系作出了重要贡献。

纪念园内王稼祥塑像

王稼祥纪念园始建于 1986 年，2006 年扩建，占地面积 1.24 公顷，建筑面积 1500 平方米，由王稼祥生平陈列馆、综合馆、藏馆等组成。纪念广场面积 2000 平方米，由铜像、浮雕墙组成。生平陈列馆设有 6 个展厅，分别展示了王稼祥在中国革命的各个历史时期的重要贡献。陈列馆收集陈列了王稼祥珍贵遗物 110 余件、重要信件文章 130 件、照片 200 余幅，珍藏了王稼祥生前藏书共 1200 余册、部分生前用品和苏联领导人伏罗希洛夫赠给王稼祥的吉姆轿车等。

王稼祥纪念园为全国爱国主义教育示范基地、国家 4A 级旅游景区。

马仁奇峰景区风光

马仁奇峰风景区
地址：安徽省芜湖市繁昌县孙村镇
电话：0553-7216888

景点链接

马仁奇峰风景区

马仁奇峰位于芜湖市繁昌县境内，为国家 4A 级旅游景区、国家森林公园，素有“皖南门户”之称。景区内峰石俊秀，林木森森，是八百里皖江风情画廊中一幅美妙的山水佳作。这里以山水生态文化、远古文化、历史名人文化、红色文化、佛教文化五大文化为依托，被誉为“祈福源头，休闲胜地”。

奇瑞汽车有限公司工业园

奇瑞汽车有限公司工业园
地址：安徽省芜湖市经济技术开发区长春路 8 号
电话：0553-5922231

奇瑞工业园东临凤鸣湖，南接芜湖方特欢乐世界，西傍长江，北倚四褐山，园区规模宏大，环境优美。在这里，可参观现代化的厂容厂貌，领略独特的企业文化。特设的空中参观通道，可以让人们目睹诞生在现代化的生产制造车间、高效有序的生产流水线下的无数个奇瑞“新生命”，专业细致的讲解可让人了解汽车制造的重重工序和汽车工业的艰辛不易。奇瑞汽车有限公司工业园是全国工业旅游示范点。

奇瑞汽车有限公司工业园

芜湖市旅游景点推荐

赭山风景区、丫山花海石林旅游区、鸠兹风景区等。

餐饮资讯

芜湖凤凰美食街

芜湖凤凰美食街
地址：安徽省芜湖市新芜区

坐落于芜湖市中心繁华区——新芜区，与中山路步行街、九华广场、吉和广场等城市景点连成一体。美食街全长 600 多米，汇聚了来自全国各大菜系的美味佳肴和受人喜爱的地方土菜，是一条以饮食为主，集旅游、休闲、购物为一体的特色商业街。

合肥市肥东县渡江战役总前委旧址

渡江战役总前委旧址位于安徽省合肥市肥东县撮镇瑶岗村，原为清末五品顶戴中书科中书衔太学生王景贤的宅第，雕梁画栋，古朴典雅。

辽沈、淮海、平津战役结束后，中共中央决定实施渡江战役。1949 年 2 月 11 日，中共中央决定，由淮海战役期间成立的总前委统一领导指挥渡江战役。1949 年 4 月初，总前委机关和华东局、华东军区机关移驻肥东县瑶岗村。总前委由刘伯承、陈毅、邓小平、粟裕、谭震林 5 人组成，邓小平既是总前委书记又是华东局第一书记。总前委下属机关有参谋处、机要处、秘书处等。1949 年 4 月 20 日，总前委发布渡江命令。4 月 23 日，南京解放。4 月 27 日，邓小平、陈毅率总前委机关离开瑶岗前往南京。总前委在瑶岗指挥渡江战役全局，圆满完成了中共中央、中央军委赋予的重任。肥东瑶岗村因而成为渡江战役的军

渡江战役总前委旧址

地址： 安徽省合肥市肥东县撮镇瑶岗村

电话： 0551-67600555 67363135

渡江战役总前委旧址纪念馆

事指挥中心和华东地区政治决策中心。

1985 年 7 月，中共肥东县委、县人民政府决定在瑶岗村建立渡江战役总前委旧址纪念馆。纪念馆现有实物、图片（表）700 余件，将帅题词、书画作品 108 幅，党政领导题词 36 幅，复印文件和资料 100 余件。纪念馆包括总前委旧址、中共中央华东局旧址、总前委参谋处旧址、机要处旧址、秘书处旧址和“渡江颂”书画展厅等。另有后勤处、警卫营、总前委医院、防空洞、墩塘等多处遗址。

渡江战役总前委旧址纪念馆为全国爱国主义教育示范基地。

景点链接

渡江战役纪念馆

渡江战役纪念馆

地址：安徽省合肥市滨湖新区徽州大道与云谷路交口东 4 公里

电话：0551－63412746

渡江战役纪念馆

渡江战役纪念馆占地面积 22 万平方米，外形犹如一艘乘风破浪的巨型战舰。整个纪念馆以叙事的方式，从领导人群雕为起点，将胜利之师雕塑、解放广场、铁石铺成的金沙滩、胜利广场、90 米高的五角星胜利塔依次展开，气势恢宏。

安徽省博物馆

安徽省博物馆老馆

安徽省博物馆成立于 1956 年 11 月，是当时全国四大样板馆之一。经过多年的征集、收藏，安徽省博物馆现有馆藏文物 23 余万件，其中以商周青铜器、楚国货币、汉画像石、文房四宝、元代金银器、新安书画、徽州雕刻和

安徽省博物馆新馆

古籍善本、徽州契约文书等最为突出。2010 年，更名为安徽省博物院。2011 年，安徽省博物院新馆建成开放。新馆推出一个基本陈列：《安徽文明史陈列》，四个特色专题陈列：《徽州古建筑》、《新安画派》、《安徽文房四宝》和《江淮撷珍》。博物院为国家 4A 级旅游景区。

包公祠

包公祠大门

包公祠全名“包公孝肃祠”，白墙青瓦、素朴典雅，是包河公园的主体古建筑群。周边莲荷盈盈，绿树掩映，花木繁茂。包公祠是纪念宋代龙图阁直学士、礼部侍郎、开封府尹包拯的公祠，它与逍遥津、明教寺合称为合肥三大名胜古迹。

李鸿章故居陈列馆

李鸿章故居陈列馆以晚清军政重臣李鸿章的家宅为基础建立，是典型的晚清江淮地区民居建筑。李鸿章故居布局整齐，结构严谨，雕梁画栋，由南向北依次为大门、前厅、中厅、走马楼（小姐楼）。东面新开放的淮系展馆，在李鸿章生平展的

安徽省博物馆

地址：老馆：安徽省合肥市安庆路 268 号
新馆：安徽省合肥市怀宁路 268 号

包公祠

地址：安徽省合肥市芜湖路 72 号

电话：0551-62884490

李鸿章故居陈列馆

地址：安徽省合肥市淮河路步行街中段208号

电话：0551-62616772

李鸿章故居正门

基础上，充分揭示了以李鸿章为首的淮系集团对中国近代军事、经济、文化以及国防方面产生的影响。

中国（合肥）非物质文化遗产园

地址：安徽省合肥市北郊卧龙山自然生态风景区

电话：0551-66736001

中国（合肥）非物质文化遗产园

中国（合肥）非物质文化遗产园距市中心17.6公里，设置了楚汉文化园、千年文房四宝园、佛艺园、大自然玩乐园、中华物产园等子园区。

中国（合肥）非物质文化遗产园

肥西老母鸡家园

地址：安徽省合肥市肥西县三岗英山林场

电话：0551-68445888

肥西老母鸡家园

肥西老母鸡家园占地面积2200亩，是农业旅游示范点、安徽省五星级农家乐。这里为游客提供自然生态风景观光、垂钓、逮鸡、斗鸡、摸鱼、真人CS枪战、野炊以及餐饮、住宿、会议、听松茶座等项目，同时也是生态菜园、生态养殖基地。游客可在此闻听山野鸡鸣，观赏原生态风景，品尝农家饭菜。

滁州市凤阳县小岗村

小岗村位于安徽省滁州市凤阳县小溪河镇，距县城 40 公里。

1978 年 12 月的一个夜晚，小岗生产队各家户主开会一致决定：分田到户包干，对外隐瞒；各户必须保证完成每年夏、秋两季交给国家和集体的任务；队干部如因单干“蹲班房”，其他社员帮助其家庭完成农活，并把他们的孩子抚养到 18 岁。会议结束时，小岗 18 户农民在“大包干保证书”上，按下鲜红的手印，由此揭开了中国新时期农村改革的序幕。

经过多年建设，小岗村建成并对外开放了大包干纪念馆、村文化广场、葡萄采摘园、蘑菇大棚和高效生态农业示范园等景点。其中，大包干纪念馆占地面积 30 亩、建筑面积 2600 平方米，全国人大常委会原委员长万里题写馆名。馆内分为主展厅、多功能厅、附展厅等。主展厅由抉择、追梦、关爱三个展区和大型群雕“十八颗红手印”以及实物展台、展柜组成，再

凤阳县小岗村

地址： 安徽省滁州市凤阳县小溪河镇

电话： 0550-6490819

大包干纪念馆

当年村民酝酿实行大包干的塑像

现了当年大包干从酝酿到发生、发展的历史过程。

大包干纪念馆为安徽省爱国主义教育基地。

景点链接

明皇陵

明皇陵
地址：安徽省滁州市凤阳县城南7公里处
电话：0550-6651640

明皇陵是明太祖朱元璋父母陵墓，占地面积2万余亩，历经600余载。虽经多次兵乱，但陵前神道上的31对（原为32对）石象生和皇陵碑、无字碑及坟丘等保存完整。皇陵碑文为朱元璋所撰。明皇陵石象数量之多、刻工之精美为历代帝王陵之冠。

明皇陵神道

藤茶山庄

藤茶山庄
地址：安徽省滁州市凤阳县殷涧镇
电话：0550-6321669

藤茶山庄

藤茶山庄因其坐落于凤阳藤茶野生区并盛产藤茶而得名，现为安徽省四星级农家乐景点。山庄占地面积1200亩，其中水域面积150亩，四周群山环抱，碧水荡漾，林木苍翠。景区现有野生藤茶园、特色蔬果园、林间畜禽养殖场、农家宾馆、农俗展示及体验区等，可开展采摘、垂钓、摸鱼、采茶、登山、游泳、品茗、棋牌、农事体验等多项活动，集食宿游乐、会议休闲于一体。

安徽美食特产

●黄山毛峰

形似雀舌，白毫显露，色似象牙，鱼叶黄金。冲泡后清香甘甜，汤色清澈。

●祁门红茶

色泽乌润，茶叶清香持久，汤色红艳透明，叶底鲜红明亮。与印度大吉岭茶、斯里兰卡乌伐茶，并列为世界三大高香茶。

●泾县宣纸

以细薄、绵韧、洁白、紧密、墨韵层次清晰、色泽经久不变、不蛀不腐、卷折无损为特点。

●六安瓜片

外形平展，茶芽肥壮，叶缘微翘，色泽翠绿有光，滋味鲜醇甘美，汤色清澈晶亮，叶底嫩绿。

●砀山酥梨

果实硕大，皮薄多汁，肉多核小，甘甜酥脆，驰名海内外。

●徽墨

安徽文房四宝之一，享有“落纸加深，万载存真”之誉。色泽黑润，入纸不晕，历久不褪色，馨香浓郁，防腐防蛀，造型美观，为历代贡品。

●滁菊

我国四大名菊之一，主产于滁州。花蕊金黄，花瓣玉白，有“金心玉瓣、翠蒂玉香”之称，是药用菊花中的保健珍品。

●太平猴魁

茶叶挺直，两端略尖，全身白毫，色泽苍绿，入杯冲泡，芽叶徐徐展开，舒放成朵，两叶抱一芽，或悬或沉，茶汤清绿，味醇爽口。

●亳州白芍

是一种重要的中药材，有平肝潜阳、养血敛阴等作用。

●符离集烧鸡

产于宿县，原名“红鸡”。外观油润发亮，肉质雪白，肉烂脱骨，肥而不腻，冷食热食均可，是闻名全国的特产。

●宁国山核桃

籽大壳薄，核仁肥厚，含油量高，是宁国的名优特产。

●怀远石榴

色彩艳丽，果形端正，籽粒晶莹剔透，栽培历史悠久，品质名列全国各大石榴之首。

●沱湖螃蟹

五河县沱湖螃蟹选用正宗的长江系中华绒螯蟹苗，水草茂盛的沱湖为其提供了良好的生长环境，螃蟹青背、白肚、黄毛、金爪，具有膏丰肉满、味道鲜美、营养丰富的特点。

●长丰草莓

长丰水湖镇有“草莓之乡”之美誉，草莓销售到全国各大中城市。

●巢湖银鱼

古称“脍残鱼”，俗称“面条鱼”、“绣花针鱼”。体小而细长，呈半透乳白色，阳光下，闪闪发出银光，故取名“银鱼”。肉质细嫩，味道鲜美，蛋白质丰富，营养价值高。

●三潭枇杷

产于歙县漳潭、绵潭和瀹潭三个自然村。它皮薄、肉厚、汁甜、水多，以早熟优质而闻名，有20多个品种。

●胡玉美蚕豆辣酱

采用川中辣酱风味试制而成，色泽泛红，微辣而甜，风味独特。曾在巴拿马万国博览会上获金质国际荣誉奖章。

岳西翠兰

安庆岳西翠兰选用芽头均匀的一芽二叶精工焙制而成，茶芽形似兰花初放，色泽鲜绿，细毫显露，饮尝则滋味醇浓爽口，嫩香持久。

九华山素斋

素菜原料取于九华山出产的竹笋、百合等山珍野味，配以豆腐、面筋、素油等，以清淡为本色，青丝绿叶，天然野味，香、脆、鲜、嫩并重，久食不腻。

太和贡椿

曾被清朝乾隆皇帝点为御用贡品，品种多样，有黑油椿、红油椿、春油椿等，尤以黑油椿品质最佳，谷雨前采摘，腌制后长年不腐。

八公山豆腐

因采用八公山泉水精制而得名，其成品晶莹剔透，嫩若凝脂，质地细腻，清爽滑利。

芜湖腐乳

块形整齐，色泽艳丽，味道鲜美，有桂花腐乳、芝麻腐乳、多味腐乳等多个品种。

芜湖芝麻香菜

以梗长、叶短、棵壮而白嫩的高杆白菜为主料，采用传统工艺制成，鲜香嫩脆，别具风味。

傻子瓜子

芜湖“傻子瓜子”采苏州、上海、南京、无锡等地众家之长，熔南北口味于一炉，炒制方法因季节而不同，口味独特。

采石矶茶干

以优质大豆为主料，色泽酱红，风味独特，对折不断，是四季皆宜的美食。

黄池小菜

承传统工艺，取黄池甘泉和新鲜榨菜、豇豆、萝卜、乳瓜、大蒜、生姜、香菜等制作，可佐酒、下饭。

铜陵白姜

稀有的地方优良品种，北宋时期被列为贡品。它以“块大皮薄、汁多渣少、肉质脆嫩、香味浓郁”的特色而闻名，食后有“隔夜留香”的感觉。

徽州臭豆腐

俗名“大呆臭”，为王致和于清康熙年间创制，与绍兴的臭千张、淮南的臭香干呈鼎足三分之势。表面为灰、兰、黑综合色，内里洁白如玉，闻着臭，吃则异香，独具一番风味。

合肥四大名点

合肥四大名点是麻饼、烘糕、寸金、白切，是合肥历史悠久、风味独特的四大传统特产。麻饼面如蟹壳黄色，脆而不焦，香甜柔软；烘糕香、甜、酥；寸金软不粘牙，甜味纯正；白切色泽洁白，酥脆可口，是糯米制品中独具特色的品种。

吴山贡鹅

长丰吴山贡鹅原系朝廷贡品，其肉质较普通鹅细嫩，烧、煮、炖、烤、腌食皆宜。秘方卤制后，其色清正，味道鲜美。

合肥龙虾

肉质洁白细嫩，味道鲜美，高蛋白，低脂肪，营养丰富。

三河米饺

以籼米粉制成饺皮，猪五花肉及调料制成馅心，成饺后油炸而成。色泽金黄，外皮微酥脆、馅味鲜美，已有近百年制作历史。

全国红色旅游经典景区

福建省

福建省红色旅游地图

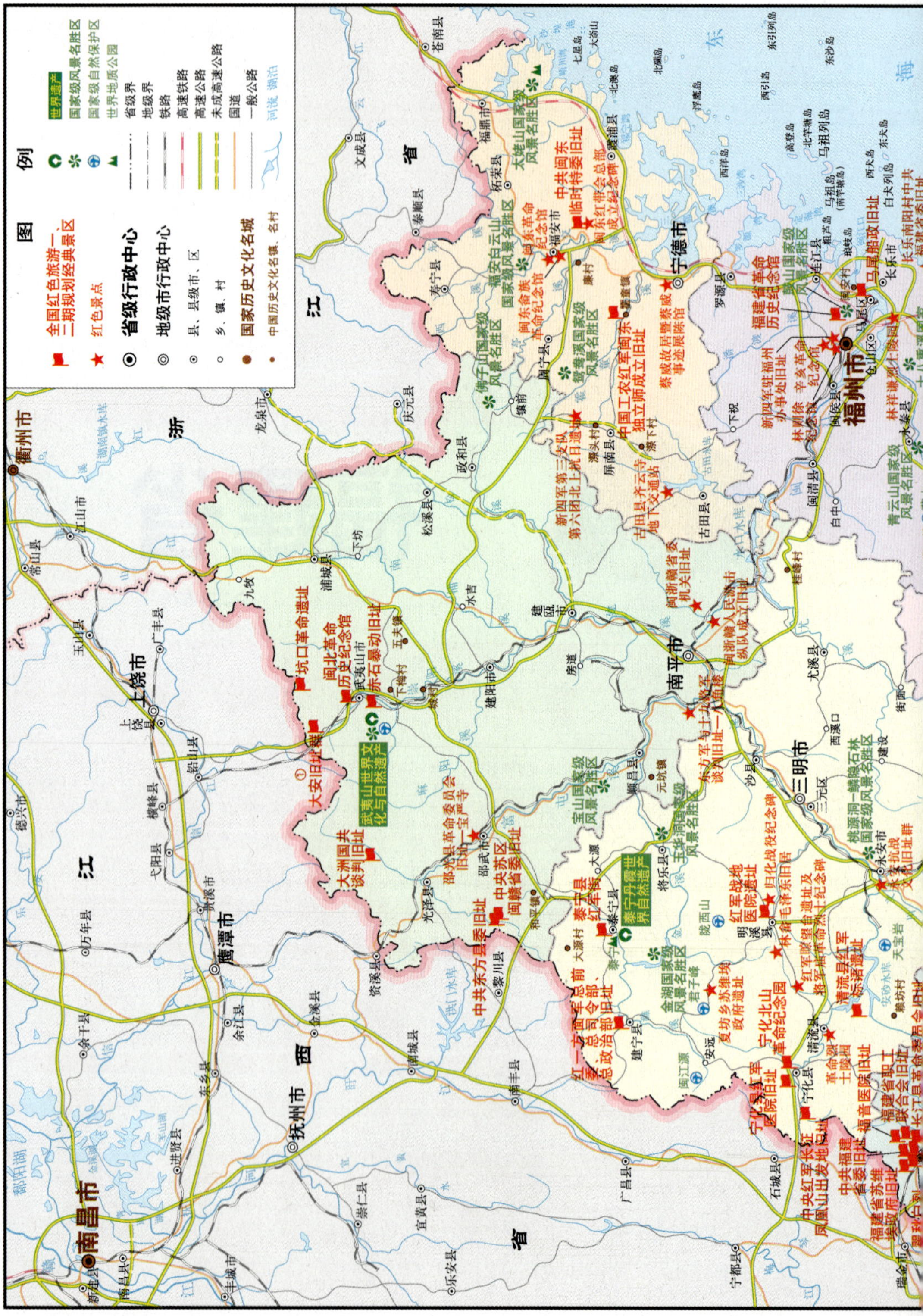

图例
全国红色旅游一、二期规划经典景区
红色景点
省级行政中心
地级市行政中心
县、县级市、区
乡、镇、村
国家历史文化名城
中国历史文化名镇、名村
世界遗产
国家级风景名胜区
国家级自然保护区
世界地质公园
省级界
地级界
铁路
高速铁路
高速公路
未成高速公路
国道
一般公路
河流 湖泊
福州市
宁德市
南平市
三明市
南昌市
上饶市
鹰潭市
抚州市
衢州市

1：2 350 000

0　23.5　47.0　70.5　94.0　117.5km

福建省革命历史纪念馆

福建省革命历史纪念馆

地址：福建省福州市晋安区鼓山镇福马路988号

电话：0591-87897316
87897285
87897286

福建省革命历史纪念馆位于福建省福州市风景名胜区鼓山脚下。

纪念馆占地30亩，建筑面积1.6万平方米，1998年对外开放。整座建筑以内广场为中心，包括序厅、陈列厅、半景画馆等，馆体具有福建土楼的建筑风格。

大门两旁叠落水池中有名为《曲折》、《崛起》的两组现代艺术铜雕，寓意着福建人民在曲折中奋进，在探索中崛起。大门横楣上镶嵌着花岗岩浮雕《迈向新世纪》，象征着八闽儿女在中国共产党领导下进行革命、建设和改革开放的光辉历程和美好前景。

内广场为圆形，直径20米，抬头仰望与天际相通，取天人合一的意境。内广场上竖立着一座高7米的大型铜雕《奋斗》。

序厅大型影雕《闽之魂》高2.4米，长14米，黑色花岗岩上雕刻着福建百年风云人物和革命文物精华，形象生动，大气

福建省革命历史纪念馆

福建省革命历史纪念馆主题雕塑——《奋斗》

福建省革命历史纪念馆巨幅影雕——《闽之魂》

磅礴，堪称福建工艺美术经典之作。

“福建革命史陈列”和“解放福建”半景画馆是纪念馆的基本陈列。“福建革命史陈列”，展出革命文物800多件和历史照片800多幅。陈列采用图片、文物与历史场景再现相结合的形式，全面展示了福建自1840年鸦片战争到1949年新中国成立的百年历史风云。

“解放福建”半景画长80米，高17米，采用无接缝画布绘制战争场景，在180度半圆形视角空间里，结合大型地面塑型和声光电等高科技演示，生动再现了1949年解放福州、厦门海陆作战的战斗场面，具有很强的震撼力，使观众有身临其境的感觉。

福建省革命历史纪念馆为全国爱国主义教育示范基地。

景点链接

鼓山风景区

地址：福建省福州市晋安区鼓山风景区

电话：0591-87484585

鼓山风景区

鼓山风景区位于福州市东北隅，因最高峰上有一巨石，每当风雨交加之时，发出巨响，如擂鼓之声，故名“鼓山”。景区总面积 49.7 平方公里，最高海拔近千米，分为石鼓、鼓岭、长田—鳝溪、磨溪、凤池—白云洞、南洋—安溪六大景区，为国家 4A 级旅游景区。

鼓山风景区大门

福州国家森林公园

地址：福建省福州市晋安区新店镇上赤桥 4 号，距福州市中心 7 公里

电话：0591-87913726

福州国家森林公园

公园总面积 2891 公顷，三面青山环抱，南临八一水库。园区内植被丰富，植物种类繁多，青山耸峙，飞瀑争流，古驿道、古墓、古寺庙和摩崖石刻点缀其间，形成了别具一格的自然与人文景观，为国家 4A 级旅游景区。

福州国家森林公园景色

青云山风景名胜区

青云山羚羊洞

青云山景区总面积约50多平方公里，有7座千米以上山峰，9条溪流穿行于峡谷之中。景区主要分为云天石廊景区、白马峡谷瀑布景区、九天瀑布景区、刺杪椤神谷景区等，为国家重点风景名胜区、国家4A级旅游景区。

青云山风景名胜区
地址： 福建省福州市永泰县岭路乡青云山
电话： 0591-24501048

于山风景区

于山风景区位于福州城区中心鼓楼区东南隅，面积11.96公顷，形似巨鳌，有六鳌胜迹：揽鳌亭、倚鳌轩、接鳌门、应鳌石、步鳌坡、耸鳌峰。山上名胜古迹众多，主要景点有戚公祠、大士殿、榕寿岩、补山精舍、影雕长廊、平远台、狮子岩、炼丹井、九仙洞、兰花圃等，至今还存有宋、元、明、清及近代的摩崖石刻160多段。于山景区植被资源丰富，共有植物种类57科146种，具有观赏价值的野生植物有15科20种，园林观赏植物42科126种，为国家4A级旅游景区。

于山风景区
地址： 福建省福州市鼓楼区于山顶1号
电话： 0591-83355720
83306464

于山风景区

三坊七巷景区

三坊七巷景区位于福州市中心，由三坊七巷历史文化街区、乌山历史风貌区等组成，占地面积127公顷。

三坊七巷景区

地址：福建省福州市鼓楼区营房里10号

电话：0591-87675791

三坊七巷

三坊七巷历史文化街区，由三坊（衣锦坊、文儒坊、光禄坊）、七巷（杨桥巷、郎官巷、塔巷、黄巷、安民巷、宫巷、吉庇巷）、一条街（南后街）组成，拥有众多保存较好的明清古建筑。乌山历史风貌区作为三坊七巷的后花园，是福州古城“三山两塔”的地标之一，与三坊七巷核心区紧密相连。区内峰峦叠翠，景色秀丽，自古便是文人墨客的游览胜地，保留有乌塔及唐代至民国摩崖石刻200余处。

永泰天门山风景区

地址：福建省福州市永泰县葛岭镇溪洋村

电话：0591-24581888

永泰天门山风景区

天门洞

天门山巍峨秀丽，景点众多，因山中有一巨石屹立形状如门而得名。主要景观有天门、天门洞、天门窗、天门桥等。神奇的地下河岩壁上万年石乳形成的天然“观音”、“弥勒”佛栩栩如生；天门山瀑布深潭众多，葫芦瀑布、人参瀑布、燕潭瀑布、万石瀑布等姿态万千；景区奇峰怪石林立，诸如飞来石、试剑石、帆船石、风动石、佛光岩、骆驼峰等形态逼真；古代水利遗址斗门、天门寺遗址、千年园坪、古代染窑等具有重要的考古价值；天门山峡谷漂流全长3.5公里，水道蜿蜒，惊险刺激。

龙岩市红色旅游系列景区

上杭县

古田会议旧址

古田会议纪念馆

古田会议纪念馆位于福建省龙岩市上杭县古田镇古田路76号，下辖古田会议会址、红四军前委机关暨红四军政治部旧址、红四军司令部旧址、毛泽东《星星之火，可以燎原》写作旧址等10处革命旧址。

为了加强革命军队和党的建设，1929年12月28日至29日，红四军党的第九次代表大会（即古田会议）在上杭古田召开。会议总结了红军创建以来党在同各种错误思想、错误倾向作斗争的过程中积累起来的丰富经验，讨论并通过了毛泽东起草的《中国共产党红军第四军第九次代表大会决议案》（即古田会议决议），这个决议由8个决议案组成，其中最重要的是关于纠正党内的错误思想的决议。古田会议决议系统地回答建党、建军的一系列根本问题，不仅把中央九月来信的精神具体化，而且结合红四军的实际情况，发展了中央九月来信的内容。古田会议决议的中心思想是要用无产阶级思想进行军队和党的建设。会议还选举产生了红四军新一届前委，毛泽东、朱德、陈毅等11人为委员，毛泽东任前委书记。古田会议决议是中国共产党和红军建设的纲领性文献，它所规定的基本原则，集中体现了着重从思想上建党这一独特的党的建设道路。

古田会议纪念馆有馆藏文物1万多件，其中珍贵文物2000余件。陈列展览展线长306米，展出文物400多件。展览内容分三部分：一、古田会议召开的历史背景；二、光辉的古田会议决议；三、古田会议永放光芒。

古田会议纪念馆

古田会议会址

古田会议纪念馆为全国爱国主义教育示范基地、国家 4A 级旅游景区。

古田会议会址

古田会议会址位于福建省龙岩市上杭县古田镇溪背村，原系廖氏宗祠，又名“万源祠”，始建于 1848 年。1917 年，古田第一所小学——和声小学在此建立。1929 年，红四军第二次入闽，将其改为曙光小学。1929 年 12 月，古田会议在这里召开。会址为小四合院平房建筑，砖木结构，有庭院、前后两厅和左右两厢房。后厅是会场，设有主席台和 5 排代表席桌椅。左厢房第一间是毛泽东在大会期间的办公室。

古田会议会址为全国重点文物保护单位。

红四军前委机关暨红四军政治部旧址——松荫堂

红四军前委机关暨红四军政治部旧址

红四军前委机关暨红四军政治部旧址松荫堂位于福建省龙岩市上杭县古田镇八甲村，始建于清嘉庆十二年。1929 年 12 月中旬，红四军进驻上杭古田镇，前委机关和政治部在此驻扎。毛泽东在陈毅等人协助下，在这里召开各种座谈会、调查会，起草古田会议决议草案，由前委审查后提交大会通过。陈毅在这里起草了《废止枪毙逃兵的决议》(草案)。

红四军前委机关暨红四军政治部旧址为全国重点文物保护单位。

红四军司令部旧址

红四军司令部旧址中兴堂位于福建省龙岩市上杭县古田镇八甲村，始建于

红四军司令部旧址——中兴堂

清嘉庆十年，属围垅式建筑。1929 年 12 月，红四军进驻古田后，司令部设在中兴堂。毛泽东、朱德、陈毅等曾在这里召开各级党代表联席会议，号召大家肃清各种非无产阶级意识。朱德还在这里起草了《关于军事问题的报告》，撰写了《新游击战术》。

红四军司令部旧址为全国重点文物保护单位。

毛泽东《星星之火，可以燎原》写作旧址——协成店

毛泽东《星星之火，可以燎原》写作旧址

毛泽东《星星之火，可以燎原》写作旧址协成店位于福建省龙岩市上杭县古田镇赖坊村，建于 1922 年，两层悬山式砖木结构，由大门、下厅、天井、上厅组成，上厅两边有厢房，左厢房为毛泽东卧室，二楼为红四军其他领导同志卧室。

1930 年 1 月，毛泽东在这里给第一纵队司令员林彪写了一封近万字的回信。毛泽东批评了林彪以及党内一些同志的悲观思想，并说明了中国革命高潮快要到来、星星之火可以燎原的道理。毛泽东这封信总结两年多的革命实践经验，发展了“工农武装割据”的思想，基本上形成了农村包围城市、武装夺取政权的理论。这封信编入《毛泽东选集》时题为《星星之火，可以燎原》。

毛泽东《星星之火，可以燎原》写作旧址协成店为全国重点文物保护单位。

中共闽西第一次代表大会会址

中共闽西第一次代表大会会址文昌阁位于福建省龙岩市上杭县蛟洋镇蛟洋村，建于清乾隆六年，砖木结构，为宝塔式楼阁建筑，具有闽西地方建筑特色。

中共闽西第一次代表大会会址——文昌阁

1929年7月20日至29日，中共闽西第一次代表大会在这里召开。毛泽东在会上作了政治报告，指出闽西党组织今后的任务是巩固和发展革命根据地。大会通过的由邓子恢起草、毛泽东修改的《闽西第一次代表大会政治决议案》规定了坚决地领导群众，为实现闽西工农政权的割据而奋斗的闽西党目前的总路线。这次会议的突出贡献，是在毛泽东的指导和帮助下制定并通过了《土地问题决议案》。

中共闽西第一次代表大会会址文昌阁为全国重点文物保护单位。

中共闽西特委机关旧址

中共闽西特委机关旧址树槐堂位于福建省龙岩市上杭县古田镇苏家坡村。

1929年10月，中共闽西特委从上杭城迁至苏家坡，特委机关就设在树槐堂，在这里领导闽西地方党的各项工作，开展土地革命斗争，协助红四军的各项工作，为建立和巩固发展闽西革命根据地作出了应有的贡献。随同特委机关来到苏家坡的毛泽东和贺子珍就住在树槐堂后厅左侧的小阁楼里。身患疟疾的毛泽东一边养病，一边代表红四军前委指导闽西特委工作。

中共闽西特委机关旧址树槐堂为福建省级文物保护单位。

古田会议旧址

地址：福建省龙岩市上杭县古田镇、蛟洋镇

毛泽东才溪乡调查纪念馆

毛泽东才溪乡调查纪念馆位于福建省龙岩市上杭县才溪镇。

1933年11月下旬，毛泽东率领中央政府检查团来到福建上杭县才溪乡进行调查，先后召开由工人、农民和乡干部等参加的各种类型的座谈会，还走访红军家属和贫苦农民，对乡村政权建设、扩大红军、经济建设、文化教育等问题进行了详细的考察和研究，写出了《才溪乡调查》。调查全面总结了才溪乡苏维埃工作的成绩和经验，回答了在国内革命战争环境下根据地的建设是必要的和可能的这个重要问题，批驳了机会主义者脱离实际的错误观点。

毛泽东才溪乡调查纪念馆建于1959年，1972年对外开放，管辖毛泽东才溪乡调查会址、光荣亭、列宁台等革命遗址遗迹。

毛泽东才溪乡调查会址共两幢平房，

中共闽西特委机关旧址——树槐堂

毛泽东才溪乡调查会址

毛泽东亲笔题名的光荣亭

包括上杭才溪区苏维埃政府旧址、才溪区工会旧址。1933 年 11 月下旬，毛泽东在区苏维埃政府和区工会旧址里分别召开工人代表、贫农代表、耕田队长等参加的调查会，并在这里写下了著名的《才溪乡调查》。

土地革命战争时期，才溪区人民在扩大红军、生产支前、根据地建设等方面取得了令人瞩目的成就。1933 年 6 月，福建省苏维埃政府授予才溪区“第一模范区”的光荣称号，奖给“我们是第一模范区”的石碑。7 月，为了表彰才溪人民的突出贡献，福建省苏维埃政府在才溪老墟上兴建一座“光荣亭”，省苏维埃政府奖励的石碑竖立在亭的中间。红军长征后，光荣亭被国民党烧毁。1956 年另址重建，毛泽东亲笔题写亭名。

毛泽东才溪乡调查纪念馆新馆 2009 年开馆，占地面积 1 万多平方米，设有毛泽东才溪乡调查陈列馆、“九军十八师”展览馆、才溪英雄烈士馆、今日才溪馆 4 个馆。通过大量珍贵文物、资料、照片，介绍了毛泽东才溪乡调查情况以及才溪人民在土地革命战争时期的革命活动史实。

毛泽东才溪乡调查纪念馆为全国爱国主义教育示范基地。

毛泽东才溪乡调查纪念馆

地址： 福建省龙岩市上杭县才溪镇下才村
电话： 0597-3130838

毛泽东才溪乡调查纪念馆新馆

长汀县

福建省苏维埃政府旧址

福建省苏维埃政府旧址汀州试院位于福建省龙岩市长汀县城兆征路 41 号。

1932 年 3 月 18 日，福建省第一次工农兵代表大会在此召开，100 余名代表出席大会。中华苏维埃共和国临时中央政府派代表任弼时出席指导大会。大会讨论通过了《土地问题》、《军事问题》、《经济财政问题》、《实行劳动法令》和《苏维埃建设问题》等重要文件，成立了福建省苏维埃政府，张鼎丞任主席。由 35 名执行委员和 13 名候补执行委员组成执行委员会，下设土地、劳动、工农检察、财政、内务、文化、粮食、裁判 8 个部，不久又增加了妇女部。福建省苏维埃政府的成立，标志着福建苏区发展到了一个新的阶段。

福建省苏维埃政府旧址汀州试院始建于宋代，是明、清两代汀州府的府试院，为八邑科举考生应试的院所。由门房、东西两廊两列号房（东列今为长汀县革命历史陈列馆，西列为客家首府历史文化陈列馆）、正中大堂、左右两列住房、大堂后厅、厢房、简舍等砖木平房相互联结组成。长汀县博物馆现也设在这里。

福建省苏维埃政府旧址——汀州试院为全国重点文物保护单位、国家 4A 级旅游景区。

福建省苏维埃政府旧址

地址： 福建省龙岩市长汀县城兆征路 41 号

福音医院旧址

福音医院旧址位于福建省龙岩市长汀县城东门街东后巷 58 号，原名“亚盛顿医馆”，由英国伦敦基督教会于 1904 年开

福音医院旧址

福建省苏维埃政府旧址——汀州试院

长汀县革命委员会旧址——云骧阁

办。1925年五卅运动后，傅连暲主持院务，后将“亚盛顿医馆”改为“福音医院”。1927年9月初，南昌起义军从江西来到长汀，福音医院医务人员在院长傅连暲的带领下，为南昌起义军救治了300多名伤病员。1929年3月，红四军攻克长汀县城后，傅连暲带领福音医院医护人员为红四军指战员接种牛痘，医治伤病员。之后，许多中央和地方领导曾在福音医院接受治疗。1932年，傅连暲遵照毛泽东为革命战争培养医务人员的指示，先后在福音医院创办了中国工农红军中央看护学校和中央红色医务学校，为红军培养了大批医务人员，还利用教会医院的名义，千方百计为红军解决缺医少药的困难。

1933年，福音医院迁往瑞金，更名为“中央红色医院”，傅连暲任院长。

福音医院旧址为全国重点文物保护单位、国家4A级旅游景区。

福音医院旧址

地址：福建省龙岩市长汀县城东门街东后巷58号

长汀县革命委员会旧址

长汀县革命委员会旧址云骧阁位于福建省龙岩市长汀县城乌石巷80号。

1929年3月，红四军攻克长汀县城后，在云骧阁召开了工农兵代表大会，通过选举正式成立了长汀县革命委员会。这是红四军下井冈山以来，在赣南、闽西创建的第一个县级红色政权，由地方党代表、红军代表和民众代表组成，下设军事、宣传、财政、土地、内务、妇女等部，贫农出身的丘潮保任革命委员会主席。长汀县革命委员会就设在云骧阁。

云骧阁始建于宋代，土木结构，依汀江而立，飞阁凌空，宛如骏马腾飞，遂名“云骧阁”，为汀州八景之一。清代重建改为厅式两层楼房。1978年进行了全面维修。

长汀县革命委员会旧址为全国重点文物保护单位。

长汀县革命委员会旧址

地址：福建省龙岩市长汀县城乌石巷80号

红四军司令部、政治部旧址——辛耕别墅

中共福建省委旧址暨周恩来旧居——中华基督教堂

红四军司令部、政治部旧址

红四军司令部、政治部旧址辛耕别墅位于福建省龙岩市长汀县城汀江巷 11 号。

1929 年 3 月 14 日，毛泽东、朱德、陈毅率领红四军攻克长汀城，红四军司令部、政治部均设在辛耕别墅，毛泽东、朱德、陈毅等也在这里居住。朱德与康克清在此喜结良缘。3 月中旬，毛泽东在辛耕别墅大厅亲自主持召开了有老佃农、老裁缝、老教书先生、钱粮师爷、老衙役等各阶层人参加的座谈会和调查会，了解长汀的政治经济情况和风俗民情。根据调查情况，广泛发动群众，开展打击豪绅地主活动，同时制定各项城市政策，为红四军在长汀进行“打土豪、筹军饷”摸底。3 月 20 日，毛泽东在辛耕别墅主持召开红四军前委扩大会议，讨论时局和红军的行动方针。会议报告提出了红军的战略计划和行动方针，勾画了创建赣南、闽西革命根据地的蓝图。

红四军司令部、政治部旧址为全国重点文物保护单位。

红四军司令部、政治部旧址

地址：福建省龙岩市长汀县城汀江巷 11 号

中共福建省委旧址

中共福建省委旧址中华基督教堂位于福建省龙岩市长汀县城水东街人民巷 43 号。

1932 年 3 月，中共闽粤赣省委第二次代表大会在这里召开。苏区中央局派任弼时出席指导大会，任弼时在会上作了政治报告。大会通过了《目前政治形势与闽粤赣苏区党的任务》决议案等重要文件。会议宣布将中共闽粤赣省委改为中共福建省委，设有组织部、宣传部等，并选举产生了新的省委，罗明、张鼎丞，谭震林、李明光、郭滴人、刘晓为省委常委，罗明任代理书记。省委机关就设在中华基督教堂。

同年 4 月初，毛泽东、周恩来等在中华基督教堂召开了攻打漳州的军事会议。随后，毛泽东率红军东路军前往攻打漳州，周恩来和中革军委督守汀州并做好支前运输工作。周恩来居住在教堂后面的二楼右厢房。

中华基督教堂建于民国初期，由礼拜堂、牧师楼和学校楼组成，砖木结构，1978 年维修复原。

中共福建省委旧址为全国重点文物保护单位。

中共福建省委旧址

地址：福建省龙岩市长汀县城水东街人民巷 43 号

福建省职工联合会旧址

福建省职工联合会旧址张家祠位于福建省龙岩市长汀县城水东街 204 号。

1932 年 3 月，福建省职工联合会在这里成立，内设组织、宣传、交通、妇女等部。1933 年，中华全国总工会苏区中央执行局委员长刘少奇和党团书记陈云多次到长汀检查指导工会工作，就住在这里。刘少奇在汀州视察了基层工会和手工作坊，多次召开小型的工人座谈会，并与工人及基层工会干部谈心、作调查；在省职工联合会会议厅召开有省、市、县和基层工会干部参加的会议；多次与代理福建省委书记工作的刘晓交谈，帮助当地解决生产、工作、生活等方面的困难和问题，有力地促进了闽西苏区的各项工作。陈云也多次深入汀州基层工会进行调查，在张家祠召开工会支部会、工人座谈会、资方座谈会、工人代表会等各种形式的座谈会，并先后发表了《苏区工人的经济斗争》、《怎样订立劳动合同》等文章。

福建省职工联合会旧址暨刘少奇旧居——张家祠

福建省职工联合会旧址为全国重点文物保护单位。

福建省职工联合会旧址

地址：福建省龙岩市长汀县城水东街 204 号

瞿秋白烈士纪念碑

瞿秋白烈士纪念碑位于福建省龙岩市长汀县西门罗汉岭。

瞿秋白烈士纪念碑

瞿秋白烈士纪念馆

红军长征出发地（中复村）旧址——观寿公祠

瞿秋白，1899年生于江苏省常州市，1922年加入中国共产党。中共第四届、五届、六届中央委员，第五届中央政治局常委。1934年初到中央革命根据地，当选为中华苏维埃共和国中央执委会委员、中央执委会人民委员会教育人民委员。红军主力长征时，瞿秋白留在中央苏区坚持游击斗争。1935年2月转移途中不幸被捕，5月9日被押解至长汀。敌人采取各种手段利诱劝降，都被他严词拒绝。6月18日，瞿秋白在罗汉岭英勇就义。

1952年，在瞿秋白烈士就义处修建了瞿秋白烈士纪念碑，以后多次重修。2006年建成瞿秋白烈士纪念馆，对瞿秋白的一生及其对革命的贡献做了详尽的介绍。

瞿秋白烈士纪念碑为全国重点烈士纪念建筑物保护单位、全国爱国主义教育示范基地、国家4A级旅游景区。

瞿秋白烈士纪念碑

地址：福建省龙岩市长汀县西外街46号

电话：0597-6836441

红军长征出发地（中复村）旧址

红军长征出发地（中复村）旧址观寿公祠位于福建省龙岩市长汀县南山镇中复村。

1934年8月底至9月初，红一军团司令部设于观寿公祠内。9月，红一军团回师江西后，红九军团司令部仍设于此祠内，司令员罗炳辉、政委蔡树藩指挥红九军团、红二十四师与国民党3个师展开空前激烈的松毛岭保卫战，激战7天7夜。9月30日，红九军团奉命撤退转移，在中复村的观寿公祠门前召开告别群众大会，赤卫模范连、少先队、邻近群众、红九军团一部分指战员参加了大会。当天下午，红九军团开始了举世瞩目的长征。

红军长征出发地（中复村）旧址观寿公祠建于清初，是钟姓村民纪念先祖的老祠堂。

红军长征出发地（中复村）旧址为全国重点文物保护单位。

红军长征出发地（中复村）旧址

地址：福建省龙岩市长汀县南山镇中复村

电话：0597-6564073

连城县

红四军前敌委员会机关旧址

红四军前敌委员会机关旧址望云草室位于福建省龙岩市连城县新泉镇新泉村温泉路。

1929年6月和12月，毛泽东、朱德、陈毅率领红四军两次进驻新泉，都在望云草室居住和办公。6月10日，为进一步迷惑敌人，造成红军向江西退走的假象，毛泽东、朱德、陈毅率领红四军由上杭旧县进抵新泉休整一星期，红四军前敌委员会机关就设于此。在此期间，红四军领导着重研究了红军向何方发展等重大问题，策划“三打龙岩城”的计划；指导建立连南区革命委员会；毛泽东给第一纵队司令员林彪写复信，从历史和环境两方面考察了红四军党内存在的问题和争论的原因。12月3日，根据长汀前委会议精神，毛泽东、朱德、陈毅率领红四军到新泉开展为期10天的政治军事整训——史称“新泉整训”。这期间，召开由支队、大队的干部和士兵代表参加的各种调查会，对红四军存在的各种错误思想及其表现进行调查，为中共红四军九大的召开作了初步的准备。

红四军前敌委员会机关旧址望云草室是建于清代咸丰年间的书院，为一厅四室砖木结构的小平房，正厅横匾刻唐代诗人韩愈行草字体“鸢飞鱼跃”4字，墙壁上还保留着当年红军的宣传标语“打到潮州广州去——铁的红军”。室内有前后厅和天井，当年毛泽东、朱德、陈毅居住卧室保存完好。

红四军前敌委员会机关旧址为全国重点文物保护单位。

红四军前敌委员会机关旧址

地址： 福建省龙岩市连城县新泉镇新泉村温泉路

红四军司令部旧址

红四军司令部旧址于溪公祠位于福建省龙岩市连城县新泉镇新泉村新中路74号。

1929年6月和12月，红四军在新泉休整和进行军事政治整训期间，司令部均设于此。毛泽东和朱德曾在这里指挥军事行动，并分派军事干部深入农村，领导人民开展打土豪、分田地的斗争。

红四军司令部旧址于溪公祠建于清同治年间，分上厅、天井、中厅、后厅、左右各一厢房及雨坪，墙上保存有古代壁画、红军标语和革命漫画。

红四军前敌委员会机关旧址——望云草室

红四军司令部旧址——于溪公祠

红四军司令部旧址为全国重点文物保护单位。

红四军司令部旧址

地址： 福建省龙岩市连城县新泉镇新泉村新中路 74 号

武平县红四军前敌委员会旧址

红四军前敌委员会旧址梁山书院位于福建省龙岩市武平县平川镇政协港。

1930 年 6 月，毛泽东、朱德、陈毅等率红四军由江西寻乌进驻武平县城，前敌委员会就设在梁山书院。毛泽东等指导中共武平县委、县苏维埃开展工作，在书院后厅主持召开地方干部和各阶层代表座谈会，进行社会调查，为南阳会议做准备。

红四军前敌委员会在武平期间，发布文告，广泛宣传，唤起工农革命。如发布《回闽敬告闽西工农贫苦群众书》、《告武平劳苦群众》、《红军第四军各级政治工作纲领》等，还发布了《中国共产党红军第四军党部宣言》，宣传共产党的“十大政纲”。同时，红四军发动群众，没收土豪财产，收缴反动武装；按照“抽肥补瘦”的土地分配方案调整土地；组建县城“五业工会”，保护工商合法权益。

红四军前敌委员会旧址梁山书院建于清代，砖木结构，分前后厅和侧屋，共 16 间。

武平县红四军前敌委员会旧址为福建省级文物保护单位。

武平县红四军前敌委员会旧址

地址： 福建省龙岩市武平县平川镇政协港

电话： 0597-3230660

武平县红四军前敌委员会旧址——梁山书院

景点链接

龙岩连城冠豸山景区

国家级风景名胜区、国家4A级旅游景区——冠豸山（“豸”读“寨”zhai），以其主峰酷似古代御史（法官）头戴的獬豸冠而得名。冠豸山由獬豸冠、石门湖、天寨、九龙湖、云霄岩等五大景区组成，总面积123平方公里，属壮年期典型丹霞地貌。

连城冠豸山景区风光

龙岩连城冠豸山景区
地址：福建省龙岩市连城县莲峰镇冠豸山景区
电话：0597-8912888
8917037

龙岩梅花山风景区

梅花山地处上杭、连城、龙岩三县（市）边界，为玳瑁山的主体部位，森林覆盖率达89%，有40多种属于稀有与濒临灭绝的树种，还有各种兽类62种，鸟类166种，爬行动物69种，两栖动物29种。梅花山风景旅游区原始森林郁郁葱葱，是“森林浴”的理想处所，为国家4A级旅游景区。

龙岩梅花山风景区
地址：福建省龙岩市上杭县

龙岩市龙硿洞风景名胜区

龙硿洞风景区地处武夷山脉南段，有着丰富的山林景观和复杂独特的喀斯特地貌。景区面积10平方公里，已探明洞内总面积为5.4万平方米，分上、中、下三层，洞中有山，山中有洞，洞洞相通，别有洞天。洞内已命名景观达63个，有仙人床、三仙论道、神龟探海、龙王诵经、石船运煤、飞天龙等，为国家4A级旅游景区。

龙岩市龙硿洞风景名胜区
地址：福建省龙岩市新罗区雁石镇龙康村
电话：0597-2665608

福建土楼（永定）景区

福建永定土楼以历史悠久、风格独特、规模宏大、结构精巧、功能齐全、内涵丰富而闻名于世，在中国传统民居建筑中独树一帜。该景区位于永定县湖坑镇洪坑村，是世界文化遗产福建土楼的主要组成部分，振成楼、福裕楼、奎聚楼、如升楼等经典土楼被列为福建土楼的本体楼。福建土楼（永定）景区为国家5A级旅游景区。

永定振成楼

福建土楼（永定）景区
地址：福建省龙岩市永定县湖坑镇洪坑村
电话：400-6615222

三明市红色旅游系列景区

宁化县

红军医院旧址

红军医院旧址位于福建省三明市宁化县境内。

中央根据地第三次反“围剿”斗争胜利后，宁化成为中央根据地的重要组成部分和战略后方。1932年春至1934年冬，中央及地方红军驻宁部队，在宁化境内设立了中央红色医院第四医院及其分院、野战（临时）医院、诊疗所等20多所医疗机构。各医院（所）克服缺医少药、医疗条件差等困难，救治了大量红军、游击队伤病员，有力地支援了革命战争。

红军医院旧址主要包括陈塘红军医院旧址、城关红军医院旧址、沙罗坝红军医院旧址、石下红军医院旧址、巫坊红军医院旧址、红军独立第七师救护所旧址、宁化红军医院纪念园等。

城关红军医院旧址

红军医院旧址

地址：福建省三明市宁化县境内

电话：0598-6823575

陈塘红军医院旧址

中央红军长征凤凰山出发地旧址

中央红军长征凤凰山出发地旧址

中央红军长征凤凰山出发地旧址位于福建省三明市宁化县淮土乡凤山村。

长征出发前夕，驻守宁化的中央主力红军约 1.4 万人，其中红三军团第四师及军团医院驻守宁化淮土凤凰山（今淮土乡凤山村），红四师司令部设在凤山松竹居门楼，少共国际师一个团驻守宁化淮阳隘门，中革军委直属炮兵营驻守宁化淮阳，红九军团后方机关驻守宁化曹坊上下曹及滑石一带。

1934 年 10 月 6 日，根据中革军委命令，驻守宁化的中央主力红军部队将防务移交地方红军和游击队。6 日至 8 日，驻宁化淮阳、隘门的中央主力红军奉命在淮土凤凰山集中，从凤凰山经江西石城、瑞金向于都方向集结（驻宁化曹坊上下曹及滑石一带的红九军团后方机关经长汀、瑞金向于都方向集结），开始长征。

宁化红军长征出发地纪念广场

为缅怀革命先烈，弘扬长征精神，2005年在宁化建成红军长征出发地纪念广场。纪念广场由露天广场及纪念碑两部分组成，占地面积约8000平方米。纪念碑为四柱大理石通体结构，高20米。纪念广场现已成为宁化举行革命纪念活动、开展爱国主义教育的重要场所。

中央红军长征凤凰山出发地旧址

地址：福建省三明市宁化县淮土乡凤山村
电话：0598-6823575

宁化北山革命纪念园

宁化北山革命纪念园位于福建省三明市宁化县翠江镇城西路71号。

土地革命战争时期，宁化是中央革命根据地的组成部分，中央红军长征出发地之一，毛泽东、朱德、彭德怀等曾经在这里进行伟大的革命实践活动。宁化北山革命纪念园包括革命纪念馆、革命烈士纪念碑、毛泽东创作《如梦令·元旦》词章铜雕、北山公园景区等。

宁化革命纪念馆馆藏革命文物1600余件，其中《中国工农红军军号谱》为国家一级珍贵文物。纪念馆现有“宁化革命斗争史”展览，分为革命星火燎原、红色执政预演、中央苏区乌克兰、红军长征出发地、走向伟大胜利、铸就不朽丰碑、革命薪火相传7个板块，陈列展出照片200余张、革命文物230多件。

革命烈士纪念碑为花岗岩通体结构，高18米，碑体底部刻有碑文，讲述了当年宁化11万人口中有1.3万优秀儿女参加革命，留下姓名的烈士就有3300多人。宁化为中国革命作出了重要贡献。

园内还有一座毛泽东创作《如梦令·元旦》词章的青铜塑像。

1930年1月，毛泽东与朱德一起指挥红四军打破闽、粤、赣三省敌军对闽西

宁化革命纪念馆

宁化北山革命纪念园革命烈士纪念碑

革命根据地的第二次"会剿"，并连克江西的宁都、乐安、永丰等县。30日，毛泽东将由闽西进入赣南的一路情景吟成一首《如梦令 · 元旦》："宁化、清流、归化，路隘林深苔滑。今日向何方，直指武夷山下。山下山下，风展红旗如画。"

毛泽东创作《如梦令 · 元旦》词章青铜塑像高约5米，基座为花岗岩石雕，正面中部镌刻毛泽东创作的《如梦令 · 元旦》，上立毛泽东、战马青铜塑像。

毛泽东创作《如梦令 · 元旦》词章青铜塑像

宁化北山革命纪念园

地址： 福建省三明市宁化县翠江镇城西路71号

电话： 0598-6832999

泰宁县红军街

泰宁县红军街

泰宁县红军街位于福建省三明市泰宁县城岭上街。

1933 年 8 月中旬，彭德怀、滕代远领导的红军东方军由连城北上，到达泰宁，准备实行第二阶段作战计划。与此同时，由朱德总司令和周恩来总政委率领的红一方面军指挥部（总部）也从江西抵达泰宁，在此指挥东方军和红一方面军在江西抚河以东地域的战斗。总部机关设在岭上街的陈家大院里。

红军总部设在泰宁期间，除了指挥红军作战外，还积极开展宣传，巩固红色政权，领导当地群众恢复和发展生产，开办一批军需民用工厂，创办中央苏区银行、红色饭店、红色消费合作社、红军医院、业余学校等，农业粮食生产获得大丰收，使泰宁苏区的经济和社会事业迅速发

红一方面军司令部、红军总部旧址暨朱德、周恩来旧居——陈家大院

展起来，成为闽赣省及建宁警备区的物资供应中心和经济建设重点地区。这期间，朱德、周恩来每次来到泰宁都居住在陈家大院红军总部，周恩来住在前厅左侧前厅房，朱德住中厅左侧前厅房。

新中国成立后，当地政府把岭上街命名为“红军街”，并进行修缮维护，较好地保留了红军总部旧址、红军当年使用过的水井、红军标语墙等遗址遗迹。

红一方面军司令部、红军总部旧址暨朱德、周恩来旧居陈家大院位于泰宁县城岭上街12号，为清代宅第民居建筑，由门厅、前厅、中厅、后厅和厢房28间及后花园、花坛等组成。第一厅左侧是红军总部机要科，当年红军就靠这里的一部电台指挥战斗。第二厅左侧是红军总部的政治部，政治部主任杨尚昆曾在此工作；右侧是总政委周恩来旧居。第三厅左侧是总部参谋科，参谋长叶剑英在这此制定作战方案；右侧是总司令朱德旧居。

红军井

红军井位于泰宁县城岭上街东侧11号。当年，红军街两旁的民居曾驻扎着大批红军官兵，他们的生活用水都是从岭上街东侧11号这口“儒学井”里汲取。“儒学井”是明代古井，井台原用卵石铺砌。后人为了纪念那段历史将“儒学井”改名为“红军井”。

红军标语墙旧址位于泰宁县城岭上街两侧民居墙体。红一方面军司令部、红军

红军标语墙旧址

巨幅文告《告刘和鼎部下士兵及下级官长书》

总部移至岭上街陈家大院内期间，红军总政治部积极开展宣传活动，用墨汁在沿街墙壁上书写布告、标语。其中，巨幅文告《告刘和鼎部下士兵及下级官长书》，高 2.6 米，宽 4.2 米，计 665 个字，字体为楷书，揭露了国民党反动派的丑恶面目，号召蒋军官兵认清形势，共同抗日。

泰宁县红军街为福建省级文物保护单位。

泰宁县红军街

地址：福建省三明市泰宁县城岭上街

建宁县红一方面军总前委、总司令部、总政治部旧址

红一方面军总前委、总司令部旧址暨毛泽东、朱德旧居位于福建省三明市建宁县溪口镇溪口社区溪口街 49 号。

1931 年 5 月 31 日，毛泽东、朱德率领红一方面军击溃建宁守敌刘和鼎师 3 个团，解放了建宁城，这是红军第二次反"围剿"中的第 5 个胜仗。当晚，毛泽东总前委书记、朱德总司令率领红一方面军总前委、总司令部进驻溪口天主教堂。他们在这里从事了许多重要革命活动：开辟了建（宁）黎（川）泰（宁）革命根据地；毛泽东写下了《渔家傲 · 反第二次大"围剿"》，反映了工农红军"七百里驱十五日，赣水苍茫闽山碧，横扫千军如卷席"的辉煌胜利；毛泽东在此总结了前两次反"围剿"的胜利经验，制定了第三次反"围剿"的战略决策。7 月 10 日，毛泽东、朱德率红一方面军总前委、总司令部

红一方面军总前委、总司令部旧址暨毛泽东、朱德旧居

撤离建宁，回师赣南参加第三次反“围剿”。

红一方面军总前委、总司令部旧址暨毛泽东、朱德旧居原为天主教堂。20世纪20年代由德国传教士所建。旧址为砖木结构，前部为两层楼房，后部为礼堂，礼堂北侧有1个防空洞和1口水井，总占地面积1500平方米。

红一方面军总前委、总司令部会议室

红一方面军总前委、总司令部旧址暨毛泽东、朱德旧居为全国重点文物保护单位、全国爱国主义教育示范基地。

红一方面军总政治部旧址暨周恩来旧居

红一方面军总政治部旧址暨周恩来旧居位于福建省三明市建宁县濉溪镇新生社区民主街12号建宁县政府大院北侧与中山北路9号荷花大酒店南侧的结合部，原为旧县衙后院。

1932年10月，红一方面军在总司令朱德、总政委周恩来的指挥下，发起建黎泰战役。18日攻克建宁后，周恩来率红一方面军总政治部驻扎在旧县衙后院。楼上大厅为会议室，楼上东侧前部大间为周恩来办公室兼卧室。在1932年10月到1933年底的一年多时间里，周恩来虽不时到前方指挥红军作战，但红一方面军总政治部基本都设在这里。

周恩来在这里指挥红一方面军恢复巩固了以建宁为中心的建（宁）黎（川）泰（宁）苏区。建黎泰苏区作为中央苏区的东北门户和联结闽浙赣苏区的交通枢纽，作为中央红军向闽北、闽中方向发展的前进基地和战略补给后方，在第四次反“围剿”、东方军入闽作战、第五次反“围剿”斗争中发挥了重要作用。

总政治部旧址是一座带回廊的两层木构的白灰墙楼房，俗称“小白楼”，由长廊、前后庭院、后厅、前厅等组成，院落占地面积800多平方米。

红一方面军总政治部旧址暨周恩来旧居为全国重点文物保护单位、全国爱国主义教育示范基地。

建宁县红一方面军总前委、总司令部、总政治部旧址

地址：福建省三明市建宁县溪口镇、濉溪镇

清流县红军标语遗址

红军标语遗址分布于福建省三明市清流县境内。

1930年，清流苏区成立。同年1月，毛泽东、朱德率领红四军来到清流。3月，闽西第一次工农兵代表大会召开，推动了清流革命斗争的发展。5月，王仰颜率领汀东游击队首次解放清流县城，并在城关驻扎三日，宣传发动群众，进一步扩大了红军的影响。直到1934年底，清流先后进驻众多红军部队。为了宣传苏区政策及政治主张，唤醒民众，鼓舞红军战士斗志，红军各部在清流域内书写了大量宣传标语。这些标语真实地记录了清流县1930年至1934年间工农红军的革命活动，反映了特定历史时期的时代风貌，为清流人民更好地了解、支持共产党的纲领、政策，起到了重要的宣传作用。

清流县境内发现的红军标语遗址共13处，标语116条，漫画1幅，分布在清流城关（龙津）及嵩溪、林畲、里田、长校、田源、赖坊7个乡镇。

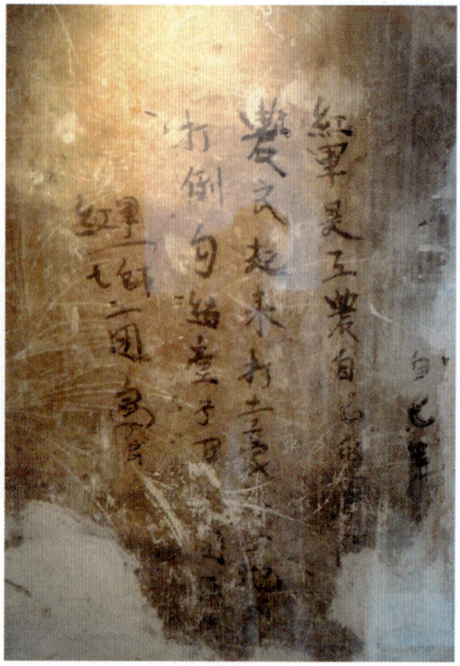

林畲乡红军标语

清流县红军标语遗址

地址： 福建省三明市清流县城关（龙津）及嵩溪、林畲、里田、长校、田源、赖坊7个乡镇

电话： 0598-59055116

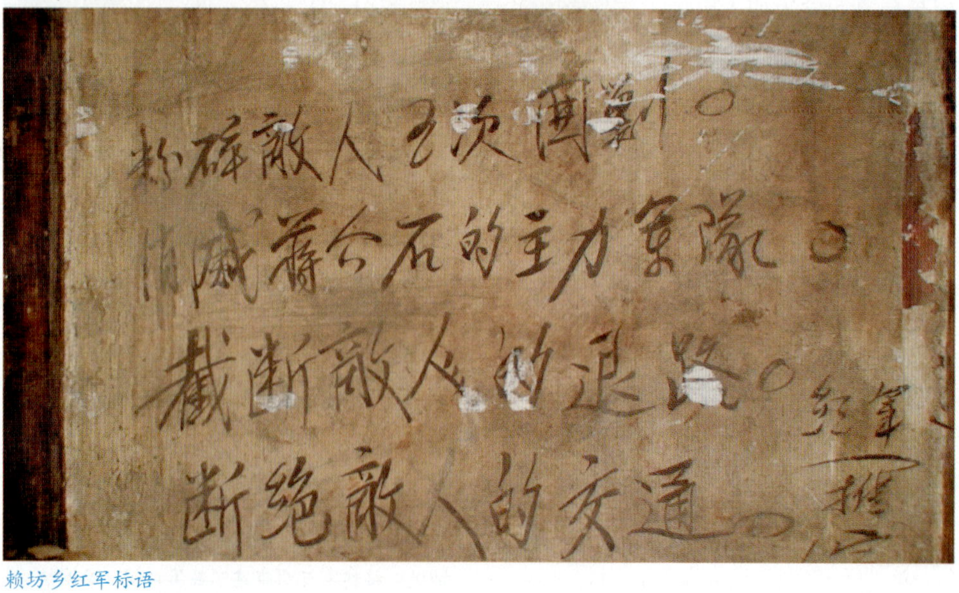

赖坊乡红军标语

红军战地医院纪念碑

红军战地医院遗址

明溪县红军战地医院遗址

1930年至1934年冬，红军在明溪县开展革命斗争，设立多处红军医院。1931年1月，红军新编第七师后勤部医院设在枫溪村杨公庙，备有简易的病床。7月，红四军和红三军团在雪峰谢厝湾祠堂设立红军临时医院，有伤病员100余人。1932年12月，红军在城西陈家大厝（今陈家巷内）设红军医院。1933年夏，红军在城西曾家（今县宾馆）设一所医院，有医务人员30多人，病床20余张，同年冬，医院随军撤离。1933年8月，红军东方军在儒学街李家大厝、东门城内杨家大厝、西门外蔡家大厝设红军临时医院，有伤病员300余人。1934年初，东方军经县城、夏阳到沙县攻打国民党军时，设立了滴水岩、城西李家大厝（今农业银行）、陈家大厝等临时医院，有伤病员250余人。之后，红军在沙县俘获敌军伤病员540人，送明溪治疗。同年10月，闽赣省机关和军区在枫溪乡杨公庙设红军临时医院，有伤病员约120人。主力红军转移后，红军医院随军撤离。

红军医院一面承担军队中救治伤病员的工作，一面做宣传工作，以“救死扶伤”为宗旨，免费为地方群众治病，开展卫生防疫运动，每周大扫除一次，要求厅堂睡觉的地方不要放灰粪，公共场地、水沟轮流扫除、疏通等。

明溪县城关乡坪埠村的红军战地医院遗址为坐北朝南的石灰岩溶洞。洞内外有石刻30余处，洞口峭壁顶端有明代名人的摩崖石刻。为了纪念红军战地医院的历史作用，当地政府在滴水岩竖立石碑，铭文“红军战地医院”。

明溪县红军战地医院遗址

地址：福建省三明市明溪县城关乡坪埠村西北处

电话：0598-2813097

景点链接

泰宁旅游景区
地址：福建省三明市泰宁县
电话：0598-7833822

泰宁旅游景区

泰宁旅游景区面积130平方公里，国家5A级旅游景区。泰宁同时还拥有世界自然遗产、世界地质公园两个世界级和16个国家级旅游品牌。景区森林覆盖率达95%以上，有岩寺文化、穴居文化、学子文化、岩葬文化、隐逸文化等丹霞岩穴文化景观，还有被列入全国非物质文化遗产名录的梅林戏、鼓乐铿锵的傩舞、上下腾挪的桥灯等。泰宁古城不仅有江南保存完好的明代建筑尚书第建筑群，还有从明早期到清晚期之间各时期建筑物，文物古迹众多。

泰宁古城

泰宁金湖大赤壁

永安桃源洞旅游景区
地址：福建省三明市永安城北9公里处205国道旁
电话：0598-3651530

三明市永安桃源洞旅游景区

桃源洞旅游景区面积28.78平方公里，由桃源洞、百丈岩、栟榈山、栟榈潭4个景区组成，共有300多个景点。其中著名景点“一线天”被世界吉尼斯纪录确认为是“最狭长的一线天”。景区内还有接待楼、桃源阁、民俗演艺馆、停车场、绿化广场、客运码头等，基础配套设施齐全。

桃源洞暮色

三明市梅列区瑞云山风景区

瑞云山风景区一隅

瑞云山风景区是国家4A级旅游景区，总面积10平方公里，是福建省最大的火山岩地貌风景区。景区年平均气温18℃至19℃，冬无严寒，夏无酷暑，森林覆盖率高达95%。景区的一大特色是藤缠绕于景区各处，将军藤、千米古藤是镇山之宝。景区还是植物活化石四川苏铁的原生地，为省级植物保护区。

瑞云山风景区
地址：福建省三明市梅列区陈大镇大源村
电话：0598-8252981

三明市将乐县玉华洞风景名胜区

玉华洞仙人田景观

景区内有14个各具特色的溶洞，为典型的喀斯特地貌，其中金华洞、银华洞、玉华洞最具特色，被称为“三华胜景”。玉华洞被誉为“闽山第一洞”，为“中国四大名洞”之一，全洞总长5公里，有6个支洞，3股流泉，169个景点。

玉华洞风景名胜区
地址：福建省三明市将乐县古墉镇梅花村
电话：0598-2323296

三明市沙县小吃文化城

为国家4A级旅游景区，着重展现沙县1600多年的悠久历史和“中国小吃之乡”、“中国小吃文化名城”的饮食文化古城风貌，是福建省内最大的集吃、住、行、游、购、娱为一体的综合型文化旅游休闲景区。

沙县小吃文化城

沙县小吃文化城
地址：福建省三明市沙县小吃文化城（福银高速沙县出口处）
电话：0598-5869577

毛主席率领红军攻克漳州纪念馆

毛主席率领红军攻克漳州纪念馆位于福建省漳州市芗城区胜利路 118 号市委大院内，有“芝山红楼”之称。

1932 年 4 月 20 日，中华苏维埃共和国临时中央政府主席毛泽东率领红军东路军攻克漳州。此役歼灭国民党军张贞部主力，缴获两架飞机和大批武器装备。红军驻漳期间，与地方党组织和游击队密切配合，发动组织群众，宣传抗日主张，积极筹款、扩军、建立革命政权，发展地方武装，开辟闽南苏区，完成了东征预定任务。5 月底 6 月初，红军东路军回师中央苏区。

芝山红楼原是美国教会学校寻源中学的校长楼。该楼为三层砖石结构楼房，底层为地下室，二、三层为砖木结构，红砖砌墙。1932 年红军东路军进驻漳州时，总部设在寻源中学教学楼内，毛主席则住在红楼里。红楼正面和东侧围墙上还留有红军攻克漳州时书写的宣传标语。

1957 年，芝山红楼改建为闽南革命纪念馆，1971 年改名为毛主席率领红军攻克漳州纪念馆。纪念馆共设 7 个展室，有闽南地区革命活动的资料、红军攻克漳州的图、表、文告以及人物肖像、遗址照片等。当年毛主席的卧室和工作室仍按原样陈列。1992 年，在纪念馆左前方竖立“中国工农红军东路军攻克漳州纪念碑”，高 19.32 米，寓意红军东路军 1932 年进漳。

毛主席率领红军攻克漳州纪念馆为全国重点文物保护单位。

毛主席率领红军攻克漳州纪念馆

地址： 福建省漳州市芗城区胜利路 118 号

电话： 0596－2022415

毛主席率领红军攻克漳州纪念馆

中共闽粤边特委（后称闽南地委）机关旧址

中共闽粤边特委（后称闽南地委）机关旧址位于福建省漳州市云霄县和诏安县交界处的乌山共头里。

1934年5月，中共闽粤边临委（后改特委）组成，开辟了乌山革命根据地，后党组织演变为中共闽南特委（后改地委）。1941年，卢叨任书记。1946年11月，撤销闽南特委，成立中共闽南地区委员会，隶属中共闽粤边工委，陈文平任书记。1947年5月，中共闽南地委隶属中共闽粤赣边区工作委员会，卢叨任中共闽南地委书记，陈文平任副书记。抗日战争和解放战争时期，闽南特（地）委在这里领导闽南人民开展了一系列革命斗争：举办干部培训，提高党员干部政治思想水平，充实和加强闽南基层党组织；建立闽南基干队、政保队、王涛支队四大队、钟骞支队等革命武装，开展游击斗争。闽南特（地）委先后组织了禾仓岽伏击战、公田攻坚战、乌山地雷战、坪坑伏击战等战斗，同时打退了国民党军福建省保安团对根据地的多次大规模进犯，巩固发展了乌山革命根据地，为解放全闽南打下坚实基础。

中共闽南地委机关旧址是天然石洞群，洞沿曾刻机关和部门名称，设有保卫班、财政处、军衣处、伤兵处、修械处、拘留所、无线电台、前哨报社。为便于地委同各方人员联系，还设立了交通站。

中共闽南地委机关旧址为福建省级文物保护单位、福建省国防教育基地。

中共闽粤边特委（后称闽南地委）机关旧址

地址： 福建省漳州市云霄县与诏安县交界处的乌山共头里

电话： 0596-8768338

中共闽南地委机关旧址

漳州滨海火山国家地质公园——火山岛旅游休闲度假区
地址：福建省漳州市漳浦县前亭镇
电话：400-8888779
0596-3649100

景点链接

漳州滨海火山国家地质公园——火山岛旅游休闲度假区

景区是滨海火山地质地貌风景旅游区，国家地质公园。火山岛自然生态风景区包括香山、林进屿、南碇岛三大景区和崎沙湾、江口湾、后蔡湾 3 个海水浴场，南碇岛上拥有 140 万根柱状节理玄武岩的火山奇观。

柱状节理玄武岩景观

东山风动石风景区
地址：福建省漳州市东山县铜陵镇公园街关帝庙
电话：0596-5660927
5658927

漳州市东山风动石风景区

这是一处融奇石、海礁、古城、庙宇、名木等为一体的旅游区，主要景点有风动石、东山关帝庙、宝智寺和黄道周纪念馆、铜山古城和东山博物馆等，为国家 4A 级旅游景区。

风动石景区

南靖土楼——云水谣景区

福建土楼（南靖）景区

福建土楼（南靖）景区是福建土楼的主要遗产地，是一个山、水、楼、桥、树、庙相依相融，自然人文景观交相辉映，集观光、休闲、度假、娱乐为一体的综合旅游区。其中田螺坑土楼群、河坑土楼群、怀远楼、和贵楼等二楼二群共 20 座土楼被列入世界文化遗产名录。福建土楼（南靖）旅游区已形成田螺坑旅游区、云水谣古镇旅游区和河坑民俗文化旅游区三大景区，为国家 5A 级旅游景区。

南靖土楼——田螺坑

福建土楼（南靖）景区

地址： 福建省漳州市南靖县书洋镇书山路 12 号

电话： 400-8885111

南平市红色旅游系列景区

武夷山市

赤石暴动旧址

赤石暴动旧址位于福建省武夷山市武夷街道。

1941 年 1 月皖南事变发生后，国民党顽固派将被俘的新四军排以上干部和其他被捕的爱国志士等 700 多人分 6 个中队囚禁在上饶集中营。1942 年，在上饶集中营向闽北崇安（今武夷山）转移途中，第 6 中队的 80 多名同志在秘密党支部的领导下，于崇安县的赤石镇成功举行了越狱暴动，这就是赤石暴动。

赤石暴动旧址由赤石暴动旧址纪念碑、虎山庙大屠杀遗址、赤石暴动烈士陵园等组成。

赤石暴动旧址纪念碑位于武夷山市武夷街道赤石村渡头。1942 年 5 月间，国民党第三战区决定将上饶集中营向闽北转

赤石暴动旧址纪念碑

移。6 月 5 日，上饶集中营撤离上饶，16 日抵达崇安大安村宿营，17 日下午 2 时左右到达赤石等待渡河，第 6 中队秘密党支部决定过河后就举行暴动。

黄昏时刻，每个分队各乘两张竹筏和一条渡船，当第 2 分队的同志上了岸，敌宪兵队还在河中央时，第 6 中队暴动政治指挥陈念棣、军事指挥王羲亭发出暴动讯号，第 6 中队 80 多名同志迅速冲上丘陵山顶密林深处。赤石暴动成功后，这批同志经中共福建省委接应，在武夷山战斗数月后重返江南抗日前线。1961 年，福建省人民政府在赤石暴动旧址设立纪念碑。

虎山庙大屠杀遗址纪念碑

赤石暴动烈士陵园中的烈士墓

虎山庙大屠杀遗址位于武夷山市武夷街道角亭村。1942 年 6 月 19 日，敌人将赤石暴动中突围未成的第 6 中队的王仁、王云燕、杨瑞年、邓复生等人和其他中队里所谓的“危险分子”、“顽固分子”共 59 人押到虎山庙，分 3 批枪杀于虎山庙左侧山地上。除一人幸存外，其余 58 人全部牺牲。1992 年，为了纪念在虎山庙大屠杀中牺牲的新四军指战员，当地政府在虎山庙大屠杀遗址建立纪念碑。

赤石暴动烈士陵园位于武夷山市武夷街道赤石村河对岸。

陵园占地约 8000 平方米，入口处立一座高 2 米、长 6 米的石屏风，屏风正面雕刻着“赤石暴动烈士陵园”8 个漆红大字，背面铭刻着在赤石暴动、虎山庙大屠杀以及在大安、兴田途中惨遭国民党顽固派杀害的 73 位新四军干部和爱国志士的名单。陵园主体广场占地面积 1000 多平方米，广场正前方有一座高约 1 米的圆柱体、半球形顶盖的墓冢，墓前立有赤石暴动纪念碑，碑上刻着赤石暴动经过。

赤石暴动旧址为福建省级文物保护单位。

赤石暴动旧址

地址：福建省南平市武夷山市武夷街道

电话：0599-5302313（武夷山市民政局办公室）

大安旧址群

闽北苏区红色首府大安旧址群位于福建省南平市武夷山市洋庄乡。

1931 年 9 月，闽北分区党政军机关从洋庄的坑口迁到大安，大安从此成为闽北苏区的政治、军事、经济、文化中心，被称为闽北苏区“红色首府”。鼎盛时期，闽北苏区一度管辖着福建的崇安、浦城、建阳、邵武、光泽、松溪、政和，江西的铅山、上饶、广丰、资溪、贵溪、金溪，浙江的江山、庆元、龙泉边缘地带，纵横 300 多里、有 50 万人口的广大地区。苏区的工农业生产、文化教育卫生事业得到迅速发展，建立了兵工厂、炸药厂、印刷厂等；创办了列宁学校、训练班、医院；建有对外贸易处、造币厂、银行、邮电、总工会等机构。1934 年 10 月，中央主力红军长征后，国民党调集重兵，围攻闽北根据地首府大安。1935 年 1 月，

闽北分区苏维埃政府旧址

根据地党政军机关撤离大安，转入游击战争。

闽北苏区红色首府大安旧址群由中共闽北分区委员会、闽北分区军事委员会旧址、中共闽北分区委组织部宣传部旧址、中共闽北分区委党校旧址、闽北军分区司令部旧址、闽北分区苏维埃政府旧址、闽北分区妇女解放委员会旧址、闽北苏区机关列宁俱乐部旧址、闽北分

中共闽北分区委员会、闽北分区军事委员会旧址

闽北红色首府陈列馆

区消费合作总社旧址、赣东北省苏维埃银行闽北分行旧址、闽北苏区纪念碑、闽北红色首府陈列馆等36处革命旧址和纪念设施组成。

大安旧址群

地址：福建省南平市武夷山市洋庄乡大安村

电话：0599–5256018　5256019
　　　5425239（大安村村部）
　　　5426183　5426198（洋庄乡政府）

闽北革命历史纪念馆

闽北革命历史纪念馆位于福建省南平市武夷山市中山路69号列宁公园内，与坐落在公园内的闽北革命烈士纪念碑、闽北六烈士纪念亭、粟裕大将骨灰安放处等相邻耸立。

闽北革命历史纪念馆占地面积3000多平方米，建筑面积1840平方米，是一座"回"字形仿古建筑，展馆分大厅、展厅、书法厅3个部分，陈列200多件珍贵的革命文物和260余幅图片，全面展示了中国共产党领导闽北人民革命斗争的光辉历程。

闽北革命历史纪念馆为福建省爱国主义教育基地、福建省国防教育基地。

闽北革命历史纪念馆

地址：福建省南平市武夷山市中山路69号列宁公园内

电话：0599–5132166

闽北革命历史纪念馆

中共闽赣省委旧址

坑口革命遗址

坑口革命遗址位于福建省南平市武夷山市洋庄乡坑口村头村。

1931 年 1 月和 7 月，中共闽北分区委员会、闽北分区苏维埃政府先后在这里成立。1931 年 4 月，方志敏率红十军首次入闽，在此与闽北红军会合。1935 年 2 月，闽北红军 1800 余人集中于此，整编为闽北独立师。1937 年底，闽北红军游击队在此集中，前往江西铅山石塘，整编为新四军第三支队第五团，奔赴抗日前线。1939 年 5 月，中共闽北分区委书记黄道在江西铅山被敌特毒害后安葬在坑口的长涧源。土地革命战争、抗日战争和解放战争时期，坑口是中共闽北分区委、闽北分区苏维埃政府机关、中共闽赣省委机关、中共闽浙赣特委机关、新四军第三支队崇安留守处机关、中共福建省委机关的所在地。1939 年 7 月，中共福建省代表大会在该村的绿村洋山上召开，选举中共福建省委领导成员、福建省出席中共七大的代表。中共福建省委还在绿村洋山上举办了 4 期“武夷干校”，为抗日战争、解放战争培养了许多军政骨干。为此，坑口成为全省抗日反顽斗争的中心，被誉为“红色都城”。

坑口革命遗址由中共闽赣省委旧址、新四军第三支队崇安留守处旧址、中共福建省委旧址纪念亭、“中国红军万岁”标语旧址、黄道烈士墓、坑口革命历史纪念馆等组成。坑口革命历史纪念馆原为村头小学教室，后改为纪念馆。展览内容主要为坑口人民的巨大贡献、中共闽北分区委在坑口的史迹、中共福建省委等省级机关在坑口的历史业绩、坑口老区的变化等几个部分。

坑口革命遗址

地址：福建省南平市武夷山市洋庄乡坑口村头村
电话：0599-5426183　5426198（洋庄乡政府）

坑口革命历史纪念馆

中共福建省委旧址纪念亭

中央苏区闽赣省委旧址

邵武市

中央苏区闽赣省委旧址

中央苏区闽赣省委旧址位于福建省南平市邵武市金坑乡金坑村关上组23号，为土木结构平房，占地面积260平方米。

中央革命根据地第四次反“围剿”的胜利，使建（宁）黎（川）泰（宁）与信抚、闽北3块革命根据地连成一片。为了争取这一区域成为巩固的革命根据地，中央决定成立闽赣省。1933年4月和5月，中央苏区闽赣省委、闽赣省革命委员成立，省委、省革命委员会机关设在与金坑仅一山之隔的江西省黎川县湖坊乡。闽赣省下辖建宁、黎川、泰宁、资溪、崇安、建阳、邵武等县。

1933年9月，中央苏区第五次反“围剿”战斗中，黎川失守。闽赣省委、省革委会机关由黎川迁到金坑黄土关，领导开展土地革命，巩固苏区政权。中央红军部分主力部队、医院、兵站撤至金坑——桂林——泰宁一线。10月取得“洵口大捷”后，为保存革命力量，红军撤到金坑一带，第五次反“围剿”期间，中央红军在邵武金坑、桂林一带建立4个兵站、3个医院。11月，为安全起见，中央苏区闽赣省委、省革委会机关撤离黄土关。12月20日，国民党军向金坑黄土关进攻，驻守在金坑的红九军团、红三军团，凭借黄土关险要地势与敌人激战数日，牵制了大量的敌军兵力，掩护了苏维埃政府转移，而后向南面金坑下黄街——桂林——泰宁之间的防御阵地渐次撤退，与红军主力会合后开始长征。

中央苏区闽赣省委旧址

地址： 福建省南平市邵武市金坑乡金坑村关上组23号

电话： 0599-6609094（金坑乡政府）

中共东方县委旧址

中共东方县委旧址位于福建省南平市邵武市金坑乡金坑村上坊街57号。

1933年，中央苏区闽赣省委、省革命委员会不断向邵武、光泽、黎川三县交界地区发展革命力量，扩大苏区区域。7月，在光泽县上观村成立中共东方县委、县苏维埃政府，县委书记周长庭，县苏维埃政府主席徐大伢，下辖5个区苏维埃政府。8月，徐大伢汇同红军、游击队200余人夜袭金坑，恢复成立了金坑区苏维埃政府和金坑、隘上、湖溪、山隔、重下5个乡苏维埃政府，并组织成立了贫农会、宣传队、少年先锋队、儿童先锋队、儿童赤卫团等组织。期间，鉴于金坑一带革命形势的发展，东方县委、县苏机关由光泽迁至金坑，并领导当地群众开展土地革命，进行土地改革试点。10月，由于国民党军的重点围攻和轰炸，东方县委、县苏维埃政府机关转移到邵武桂林乡上岚、下岚村活动，12月迁往建宁。

中共东方县委旧址

地址：福建省南平市邵武市金坑乡金坑村上坊街57号

电话：0599-6609094（金坑乡政府）

光泽县大洲国共谈判旧址

大洲国共谈判旧址位于福建省南平市光泽县寨里镇大洲村。

1937年10月，闽赣省委根据党的抗日民族统一战线的政治主张，派出闽赣省委宣传部副部长兼儿童局书记黄知真、闽赣省军区教导大队教导员邱子明（黄道、曾镜冰稍后到达）等与国民党江西省当局代表进行谈判。经过艰苦谈判后，最终达成“停止内战、一致抗日”协议。谈判结束后，闽赣省委机关驻进大洲村，并指示所属建松政、资光贵、邵光建等游击区与国民党福建地方当局举行谈判，促成了闽赣地区抗日民族统一战线的形成，从此结束了闽北艰苦卓绝的三年游击战争，为闽北红军改编为新四军北上抗日创造了条件。

大洲国共谈判旧址为一层土木结构建筑，建筑面积约160平方米。内设5个展室，介绍了当年国共代表谈判的经过，展示了谈判代表使用过的衣帽、桌椅、文具等文物。

大洲国共谈判旧址为福建省国防教育基地。

大洲国共谈判旧址

地址：福建省南平市光泽县寨里镇大洲村

电话：0599-7721066（寨里镇镇政府）

大洲国共谈判旧址

景点链接

武夷山景区

武夷山景区
地址：福建省南平市武夷山市
电话：0599-5112228

武夷山是国家级重点风景名胜区，1999年作为文化与自然双遗产被列入世界遗产名录，国家5A级旅游景区。武夷山风景区地质为红色沙砾岩构成的低山丘陵，山峰海拔一般在400米左右，最高峰三仰峰海拔729.2米。主要景点有九曲溪、三十六峰、九十九岩，还有武夷山“架壑船棺”、“虹桥板”及占地48万平方米的闽越王所居的汉城遗址。

武夷山玉女峰

武夷山市大安源生态旅游景区

大安源生态旅游景区
地址：福建省南平市武夷山市北部洋庄乡大安村
电话：0599-5256019

大安源生态旅游区是一个集游览、休闲、度假、娱乐、购物、食宿为一体的综合性生态旅游景区，由龙归源、黄岗山大峡谷、茶马古道、泰平洋水上广场、龙井区、峡谷漂流区6片景区构成，森林覆盖率高达98%以上，溪流、瀑布众多，有许多珍稀植物，还有种类繁多的禽鸟栖息于此。

大安源景色

华阳山风景区

地址：福建省南平市顺昌县下沙村黄坑自然村华阳山景区

电话：0599-7832555

南平市顺昌县华阳山风景区

国家4A级旅游景区，分为畲族山庄度假区、瀑布区、树藤区、怪石区。对该景区民间流传着一句顺口溜："湖桥木、石藤瀑，畲族村民画中住。"湖：九龙湖，面积99亩，是畲族村民的直接饮用水源；桥：九龙廊桥，长99米，仿清明上河图中的廊桥而建；木：景区森林覆盖率高达95%，林中最大树木有着近千年的树龄，一棵树上分出几十枝大树干，形成独木成林奇观；石：奇峰怪石；藤：有木质藤、带状藤、攀缘藤、缠绕藤等五大类100多种；瀑：瀑布区，从五步蛇景区至祖山亭，有总长约3公里的瀑布群。

华阳山九龙廊桥

南平市邵武天成奇峡景区

邵武天成奇峡景区

地址：福建省南平市邵武市肖家坊镇将上村

电话：0599-6338866

景区以原始的生态环境、清新空气和神奇的丹霞地貌为特色，是世界地质公园。天成奇峡由于剧烈的地壳运动造就了形状奇特的山峰、峡谷、一线天等地质景观，最奇特的是在相距不足百米处有两道一线天，狭窄之处侧身而过。景区动植物种类繁多，被称为"动物的乐园，植物的博物馆"。

邵武天成奇峡之鸡公山

福州市马尾船政旧址

马尾船政旧址位于福建省福州经济技术开发区南端，面积1平方公里，由中国船政文化博物馆、马江海战纪念馆、马限山公园、船政文化主题公园、船政天后宫组成。景区以船政建筑群为依托，充分展现清同治五年（公元1866年）以来马尾船政作为中国近代海军摇篮、中国近代航空事业发源地、近代中国新式教育发端的史实和中法马江海战的历史，是一处融自然山林、船政文化为一体的游览胜地。

中国船政文化博物馆船政衙门展厅

中国船政文化博物馆

中国船政文化博物馆（原中国近代海军博物馆）位于福州市马尾区昭忠路7号。

馆内分5个部分展示船政文化。一楼前言部分主要以一幅大型浮雕来体现船政的内涵；二楼为船政概览，通过船政奏折、海底电缆、船政成就等内容概括了船政的发展与成就；三楼为科教夙兴，主要介绍船政学堂教育在中国近代工业中的重要地位，体现“闽堂乃开山之祖”；四楼

中国船政文化博物馆

昭忠祠

为产业先驱，主要体现福建船政是中国产业工人的重要发源地；五楼为海军根基，说明马尾是中国近代海军的摇篮。

展馆通过多种展示手段向人们介绍了近代中国的船政、造船、育才、海军建设、御侮、科技文化等内容，展示了船政文化在中国近代史中的地位和作用。

马江海战纪念馆

马江海战纪念馆位于福州市马尾区昭忠路 1 号，又名昭忠祠，为全国重点文物保护单位。

为纪念在 1884 年 8 月 23 日（清光绪十年七月初三）中法马江海战中为国捐躯的福建水师英烈，1885 年船政大臣裴荫森奉清光绪皇帝御旨，在马限山南麓修建昭忠祠，1886 年竣工。昭忠祠为两进七柱三开间，五楹穿斗式硬山顶，大厅祀 736 位阵亡英烈灵位，展厅以大量珍贵的文物展示中法海战和中日甲午战争情况。1920 年民国海军及船政学堂校友募捐重修，并将中日甲午战争福建籍阵亡英烈合入置祀，祠西奠为烈士陵园。1984 年重建昭忠祠，与烈士陵园、马限山炮台等合辟为马江海战纪念馆。

昭忠祠内厅

马江海战牺牲将士纪念碑

马限山公园中坡炮台

马限山公园梅园监狱旧址

马限山公园

马限山公园位于福州市马尾区马限山东南麓。山上的中坡炮台和英国领事分馆、圣教医院、梅园监狱等遗址遗迹保存完好。其中式园林、西式建筑和曾经硝烟弥漫的炮台，是透视船政的一个缩影。

船政文化主题公园

船政文化主题公园又名罗星塔公园，位于福州市马尾区的罗星山。

园内主体建筑罗星塔，相传是宋代柳七娘所建，原为木塔，明朝重修，改石砌，七层八角，高31.5米，是世界航海图中著名的港航标志，明朝初期就被绘入了

船政文化主题公园罗星塔及雕塑群

郑和的航海图中，被誉为“中国塔”。公园前开阔的江面是当年中法马江海战的古战场，园内栩栩如生的雕塑展出百年船政的辉煌。另有罗零基准点、郑成功试剑、郑和弈棋等典故遗址。拾阶登塔，远观闽江两岸的风光，近看港区新貌，一幅幅色泽鲜明的图画尽收眼底。

船政天后宫外景

船政天后宫

船政天后宫位于福州市马尾区新民村，是福建船政文化的重要标志性建筑，始建于清同治七年（公元 1868 年）。2008 年重建的船政天后宫落成，总体布局为一轴二进二院的清代建筑风格，分为祭祀妈祖庙宇区、接待陈列与附属设施区、园林休闲区 3 个功能区。

马尾船政旧址

地址：福建省福州市马尾区

天后宫戏台

宁德市闽东红色旅游系列景区

蕉城区中国工农红军闽东独立师成立旧址

中国工农红军闽东独立师成立旧址霍童支提寺位于福建省宁德市蕉城区霍童镇支提山。

1934 年 9 月底，根据中共闽东临时特委的决定，闽东工农红军独立第二团和连江的闽东工农红军独立第十三团及寿宁的独立营等在宁德支提寺会师，正式合编为中国工农红军闽东独立师，师长冯品泰，政委叶飞，副师长赖金标，下辖 3 个团、2 个独立营、1 个特务连，共 1600 余人。

闽东红军独立师的成立揭开了闽东革命新的一页，从此，我党在闽东有了一支统一指挥的主力部队。这支革命队伍在中共闽东特委的领导下，在艰苦卓绝的三年游击战争中，与几十倍于我的敌军进行了上百次的英勇战斗，有力地打击了国民党的反动势力，牵制并消耗了敌人的有生力量，支援与配合了主力红军的北上抗日。闽东革命根据地也因此成为南方八省坚持艰苦卓绝的游击战争的 15 个区域之一。

1938 年春，根据党中央的部署，中国

中国工农红军闽东独立师成立旧址——霍童支提寺

工农红军闽东独立师改编为新四军第三支队，踏上了北上抗日的征途。

1984 年在支提寺寺门旁建立了“红军亭”，并在亭内立有“中国工农红军闽东独立师成立纪念碑”，碑名由叶飞题写。

中国工农红军闽东独立师成立旧址为福建省级文物保护单位。

中国工农红军闽东独立师成立旧址

地址： 福建省宁德市蕉城区霍童镇支提山西南，距市区 43 公里

电话： 0593-2701329

福安市中共闽东临时特委旧址

中共闽东临时特委旧址位于福建省宁德市福安市溪柄镇斗面村特委路 2 号。

1934 年 6 月底，中共福安中心县委、连江中心县委在福安溪柄柏柱洋召开联席会议，成立中共闽东临时特别委员会，书记苏达（后由詹如柏代理）、组织部长叶飞、宣传部长马立峰。特委下辖福霞、安德等县委和福安城区特支。特委办公地点设在斗面村。至此，地处闽东北的以福安为中心的红色区域与地处闽中的以连江为中心的红色区域连成一片，闽东苏区进一步扩大。中共闽东临时特委成立后，积极扩大工农武装，加强苏区各项建设，扩大苏区，在独立坚持闽东地区土地革命斗争中起到了坚强的领导核心作用。

中共闽东临时特委旧址为木质结构房屋，建筑占地面积 740 平方米，为福建省级文物保护单位、福建省爱国主义教育基地。

中共闽东临时特委旧址

地址： 福建省宁德市福安市溪柄镇斗面村特委路 2 号

中共闽东临时特委旧址

白水洋

景点链接

白水洋鸳鸯溪景区

白水洋鸳鸯溪景区是融珍贵野生动植物景观与奇特自然山水景观为一体的生态型国家级风景名胜区与国家地质公园，是目前世界上已发现最大的水上浅水广场。白水洋四面青山环抱，两条清澈见底的溪流——仙耙溪和九岭溪交汇其间，形成一处面积约 8 万平方米、以平底基岩为溪床的自然地貌，其中最大的一块岩石面积达到 4 万多平方米，最宽处 182 米，溪床流水均匀，人行其上，水仅没踝，阳光下波光潋艳，一片白炽，因而得名白水洋。白水洋所在的鸳鸯溪风景名胜区总面积 66 平方公里，森林覆盖率 86%以上，生长着众多的红豆杉、柳杉、银杏等古树名木和奇花异草，栖息着众多的珍稀动物，其中，宜洋（鸳鸯溪）景区是鸳鸯猕猴自然保护区，保持着原始的自然风貌。

白水洋鸳鸯溪景区
地址：福建省宁德市屏南县双溪镇
电话：0593-3332957

白水洋鸳鸯溪景区大门

宁德福鼎太姥山旅游景区

太姥山九鲤朝天

景区以花岗岩峰林岩洞为特色，观赏面积 92 平方公里，融山、海、川、岛和人文景观为一体，拥有太姥山岳、福瑶列岛、晴川海滨、九鲤溪瀑四大景区和瑞云畲寨、翠郊古民居两个独立景点。景区是宁德世界地质公园的重要组成部分，国家级风景名胜区，国家 4A 级旅游景区。

太姥山旅游景区
地址：福建省宁德市福鼎市太姥山镇
电话：0593-7878666

莆田市涵江区闽中支队司令部旧址

闽中支队司令部旧址

地址： 福建省莆田市涵江区大洋乡大洋村洋边自然村

闽中支队司令部旧址位于福建省莆田市涵江区大洋乡大洋村洋边自然村。

闽中支队是中国人民解放军闽浙赣人民游击纵队的一部分，由中共闽中地委直接领导。闽中支队司令部于1949年2月在莆田大洋渡口小学成立，司令员兼政委黄国璋，副司令员陈亨源，副政委林汝楠。闽中支队司令部成立后，对所属各县游击队进行集训、整编。至6月底，整编基本完成，各县区游击武装统一改编为游击大队，大队之下设中队，并任命了各县区武装领导人。至此，闽中支队司令部下辖的部队总兵力约6000人枪，编外武装力量约2万人，斗争区域北起闽清、福州，南至同安、厦门近20个市县。通过整编，完善了闽中人民游击武装的建制，提高了各游击队的战斗力。

在中共闽中地委和闽中支队司令部的统一领导下，各地党组织和游击队进一步深入发动群众，开展反抗“三征”和破仓分粮斗争。在此基础上，闽中地委和支队司令部又适时提出“挖蒋根基”的口号，使各地游击队从开展群众性斗争

闽中革命纪念园（闽中支队司令部旧址）

闽中支队司令部旧址陈列馆

逐步向武装斗争过渡，摧毁国民党基层政权。当解放军入闽后，又积极筹粮支前，开展策反工作，为闽中地区的解放做了大量工作。

1949 年 7 月，中国人民解放军第二十九军先遣队到达大洋闽中支队司令部，与闽中游击队胜利会合。8 月上旬，在闽中游击队的配合下，相继解放了永泰、闽清、福清、长乐等县，在南面完成了对福州的包围。17 日早晨，解放军向福州市区发起全面进攻，当天，福州宣告解放。福州战役的胜利，极大地促进了闽中地区的解放进程。21 日，莆田游击大队接管莆田县政府，莆田解放。之后，闽中各县继续组织支前运动，支援漳厦战役。至 11 月 24 日，闽中除个别岛屿外全境解放。闽中支队司令部及其领导的各地游击队为配合南下大军解放闽中作出了贡献。

闽中支队司令部旧址现称闽中革命纪念园，建有旧址陈列馆、纪念亭、革命史诗碑园、革命英雄群像石雕、纪念广场等。陈列馆系统介绍了闽中地下党从大革命时期到解放战争时期的革命历程，再现了闽中游击队在大洋革命活动的概况。同时，展出了相关革命文物 100 多件。

闽中支队司令部旧址为福建省青少年革命传统教育基地。

景点链接

湄洲岛国家级旅游度假区

湄洲岛国家级旅游度假区
地址：福建省湄洲岛
电话：0594-5094688

湄洲岛位于海峡西岸中部的湄洲湾口，与宝岛台湾一水相连，是"海上和平女神"——妈祖的故乡，也是妈祖祖庙和中华妈祖文化交流协会所在地，有1500多座妈祖宫庙。全岛分布有妈祖照镜、虎狮守印、日纹观涛、鹅尾神石、海上卧佛等景点，为国家4A级旅游景区。

海上"布达拉宫"

湄洲岛妈祖雕像

中国·莆田工艺美术城

中国·莆田工艺美术城
地址：福建省莆田工艺美术城（沈海高速公路莆田站出口处）
电话：0594-2126611

中国·莆田工艺美术城占地460亩，由展示中心、展销区、公共服务配套设施等组成。展销区分为木雕区、玉雕区、石雕区、金银珠宝中心等。工艺城内四周环绕着2000多平方米的立体浮雕，犹如一幅幅展开的历史画卷，娓娓道来莆田民俗民情以及中华传统文化吉祥美好的故事传说。国家4A级旅游景区。

莆田工艺美术城

全国红色旅游经典景区

江西省

P579-652

江西省红色旅游地图

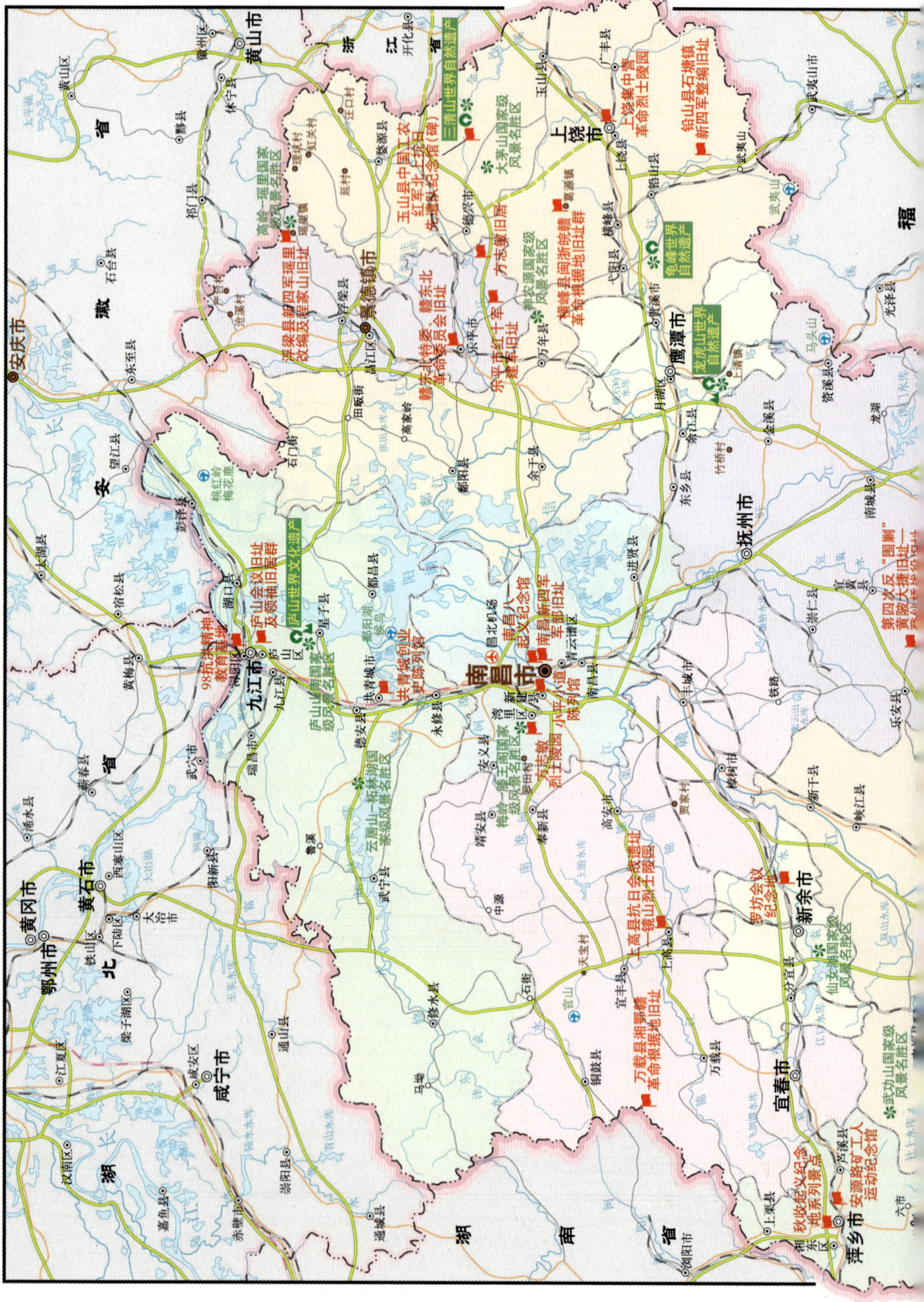
南昌市
九江市
景德镇市
上饶市
鹰潭市
抚州市
新余市
宜春市
萍乡市
上饶集中营革命烈士陵园
铅山县石塘镇新四军整编旧址
三清山世界自然遗产
大茅山国家级风景名胜区
玉山县中国工农红军北上抗日先遣队纪念馆(碑)
方志敏旧居
横峰县闽浙皖赣革命根据地旧址群
龟峰世界自然遗产
龙虎山世界自然遗产
神农源国家级风景名胜区
乐平市红十军建军旧址
赣东北特委赣东北革命委员会旧址
浮梁县新四军瑶里改编及唐家山旧址
高岭—瑶里国家级风景名胜区
庐山世界文化遗产
庐山会议旧址及领袖旧居群
98抗洪精神教育基地
庐山山南国家级风景名胜区
共青城创业史陈列馆
南昌八一起义纪念馆
南昌新四军军部旧址
小平小道陈列馆
方志敏烈士陵园
梅岭—滕王阁国家级风景名胜区
云居山—柘林湖国家级风景名胜区
上高县抗日会战遗址—镜山烈士陵园
万载县湘鄂赣革命根据地旧址
罗坊会议纪念馆
仙女湖国家级风景名胜区
武功山国家级风景名胜区
秋收起义纪念地系列景点
安源路矿工人运动纪念馆
第四次反“围剿”黄陂大捷旧址一

1 : 2 350 000

0 23.5 47.0 70.5 94.0 117.5km

南昌市红色旅游系列景区

南昌八一起义纪念馆

南昌八一起义纪念馆坐落在江西省南昌市中山路 380 号。

在大革命遭受失败的严峻关头，1927 年 8 月 1 日凌晨，在以周恩来为首的前委领导下，贺龙、叶挺、朱德、刘伯承等率领在党直接掌握和影响下的主要军事力量，包括叶挺指挥的国民革命军第二方面军所辖的第十一军第二十四师，第四军第二十五师第七十三团、第七十五团，第十师第三十团，贺龙指挥的第二十军，朱德指挥的受共产党影响的第五方面军第三军军官教育团和南昌市公安局保安队，共 2 万余人，举行南昌起义。经过 4 个多小时的激烈战斗，起义军全歼守敌 3000 余人，占领南昌城。聂荣臻等也率部参加起义，并于翌日赶到南昌。起义仍使用国民党左派的旗帜。起义胜利后，成立中国国民党革命委员会，推举宋庆龄、邓演达（以上二人未到南昌）、贺龙、周恩来等 25 人为委员，以宋庆龄、邓演达等 7 人组成主席团，同时以宋庆龄等人的名义发表《中央委员宣言》。起义部队沿用国民革命军第二方面军的番号，下辖第九、第十一、第二十军共 3 个军。革命委员会任命贺龙为国民革命军第二方面军代总指挥，叶挺为代前敌总指挥。

8 月 3 日，起义军按照中央在起义前的决定，开始撤离南昌，南下广东，以期恢复广东革命根据地，并占领出海口，取得国际援助，然后重新举行北伐。但因没有就近与农民运动相结合，劳师远征，天气炎热，受到优势国民党军队进攻，部队减员严重，遭受很大伤亡，在敌人优势兵力的围攻下遭到严重失败。第十一军

南昌八一起义纪念馆全景

第二十四师的一小部分部队，在董朗等率领下转入海丰、陆丰地区，与当地农军会合；驻三河坝的起义军近800人在朱德、陈毅等率领下，转入粤赣湘边界地区，开展游击战争，1928年4月下旬到达井冈山地区，与毛泽东率领的部队会师，合编为中国工农革命军第四军。起义失败后，周恩来等领导人到达香港。他们总结教训，决定起义军余部就地与农民结合，在农村开展武装斗争。南昌八一起义打响了武装反抗国民党反动派的第一枪，宣告了中国共产党人不畏强暴、坚持革命的坚强决心。它在全党和全国人民面前树立起一面革命武装斗争的旗帜，标志着中国共产党独立地领导革命战争、创建人民军队和武装夺取政权的开始，有重大的历史意义。8月1日后来被确定为中国人民解放军诞生纪念日。

为了纪念这一历史事件，1956年建立南昌八一起义纪念馆，纪念馆是在起义总指挥部旧址——江西大旅社基础上建立的。1957年定为“南昌八一起义纪念馆”，由陈毅题写馆名。1959年正式对外开放。

2007年7月，南昌八一起义纪念馆改扩建工程全面竣工。工程主要为两大项，一是新建陈列馆大楼，大楼于8月1日正式对外开放，全馆占地面积由原来的4207平方米扩展为10155平方米，陈列面积由原来的2250平方米增至5875平方米。新陈列馆大楼共4层，外立柱由8支“汉阳造”步枪造型组成，外墙采取镂空造型，所有玻璃窗方框都印有八一军徽图案。新馆陈列分三大部分：南昌起义的艰辛历程；人民解放军的光辉历程；党和国家领导人对南昌起义的高度评价和对纪念馆的深切关怀。二是对起义总指挥部旧址大楼进行了全面维修和复原陈列，重新恢复布展了礼堂、参谋团及部分起义领导人住过的房间等，再现了南昌起义时总指挥部的历史场景。

南昌八一起义总指挥部旧址（原江西大旅社）

南昌八一起义总指挥部旧址为全国重点文物保护单位，纪念馆为全国爱国主义教育示范基地、国家国防教育示范基地、国家4A级旅游景区。

南昌八一起义纪念馆

地址： 江西省南昌市中山路中段380号

电话： 0791–86613323

南昌八一起义纪念馆还下辖4处八一起义旧址：贺龙指挥部旧址、叶挺指挥部旧址、朱德军官教育团旧址、朱德旧居。

■ 贺龙指挥部旧址

位于江西省南昌市子固路165号。1927年7月下旬，贺龙率领国民革命军第二十军进驻南昌，参加南昌起义，军部设在宏道堂，部分起义领导人住在宏道堂后小楼寓所，并在此举行过多次策划起义行动的重要会议。1927年8月1日凌晨，贺龙、刘伯承、周逸群等在此指挥了武装起义。新中国成立后经多次修缮，基本上保持了原貌。现在复原陈列了贺龙的办公室兼卧室、军指挥部会议室、会客室、军部办公室、刘伯承办公室兼卧室等，陈列了许多珍贵的文物。贺龙指挥部旧址为全国重点文物保护单位。

贺龙指挥部旧址

朱德军官教育团旧址

■ 叶挺指挥部旧址

位于江西省南昌市东湖区苏圃路 1 号的南昌二中内，是一幢二层砖木结构的工字形楼房。1927 年 7 月 30 日，叶挺在二楼的会议室召开第二十四师营以上及师直机关的军官会议，传达了南昌起义决定，部署战斗任务。起义中，叶挺指挥第二十四师主攻驻守在天主教堂、贡院、新营房一带的 3 个团的敌军。起义胜利后部队改编，叶挺为代前敌总指挥和第十一军军长，这里成为第十一军指挥部。现在布置复原了当年指挥部的陈设，展示八一起义期间叶挺指挥部会议室、办公室等内部布置。另外，布置陈列有《南昌起义中的第十一军》和《叶挺生平展》两个基本展览。

叶挺指挥部旧址为全国重点文物保护单位。

■ 朱德军官教育团旧址

位于江西省南昌市八一大道 58 号。1927 年春朱德在这里创办国民革命军第三军军官教育团，名义上隶属第三军，实际上受中国共产党中央军委的领导，朱德任团长，聘请共产党员陈奇涵、曾天宇、邵式平等为教职员。新中国成立后恢复了旧址原貌。现在陈列有“团长室”（即朱德办公室）、会议室等。朱德军官教育团旧址为全国重点文物保护单位。

■ 朱德旧居

位于江西省南昌市东湖区民德路东段花园角 2 号，是一幢两层砖木结构的传统江南民居。1927 年朱德来南昌担任国民革命军第三军军官教育团团长时就住在这里。1927 年 7 月下旬，领导南昌起义的中共前敌委员会书记周恩来从九江来到南昌，首先到此与朱德商谈起义大计，第一天晚上就下榻在这里。当晚朱德向周恩来介绍了南昌的军事、政治局势，并提供了一张标有敌我驻军情况的南昌市地图。旧居几经

朱德旧居

方志敏烈士陵园大门

修缮，保持了原貌，主要复原有周恩来住过的厅堂和朱德的卧室，设有《红土地上的朱德》陈列展览，介绍朱德在江西的革命活动。朱德旧居为全国重点文物保护单位。

方志敏烈士陵园

1934年11月初，方志敏奉命率红军北上抗日先遣队北上。1935年1月29日在怀玉山区被俘。当时两个国民党士兵搜遍方志敏全身，除了一块怀表和一支钢笔，没有一文钱。诚如方志敏所说："清贫，洁白朴素的生活，正是我们革命者能够战胜许多困难的地方！"在狱中，面对敌人的严刑和诱降，他正气凛然，坚贞不屈。1935年8月6日，方志敏在南昌下沙窝英勇就义，时年36岁。

方志敏烈士陵园1965年建成，占地10余亩。其墓为汉白玉砌成，大理石碑下面刻有方志敏简历。墓碑正中镌刻着毛泽东题写的"方志敏烈士之墓"，墓前附设休息室，陈列方志敏烈士生平事迹和珍贵文物。1977年8月6日举行了烈士骨灰安葬仪式。1999年方志敏烈士诞辰100周年之际，对陵园进行了较大规模的改造，修建了纪念广场，树立了方志敏烈士半身铜像。2001年兴建了方志敏烈士事迹陈列馆，该馆建筑面积914.58平方米，布展面积

方志敏烈士墓

600 平方米，陈列展品 300 余件。展览内容包括六个部分：探求真理，投身革命；革命先锋，农民领袖；创建闽浙赣（皖）苏区，投身土地革命；北上抗日，血战东南；狱中斗争，坚贞不屈；英雄伟业，光照千秋。陈列馆于 2002 年对外开放。

方志敏烈士陵园为全国重点烈士纪念建筑物保护单位、全国爱国主义教育示范基地。

方志敏烈士陵园

地址：江西省南昌市西郊梅岭山麓

电话：0791-83814882

南昌新四军军部旧址

南昌新四军军部旧址

南昌新四军军部旧址原是北洋军阀张勋的公馆，内有两栋砖木结构楼房和一栋平房，属中西合璧的建筑。1938 年 1 月 6 日，新四军军部从汉口迁驻于此，开始正式办公，完成了组建新四军的艰巨任务。相继设在这里的还有中共中央东南分局和新四军驻赣办事处。新四军军长叶挺、副军长兼东南分局书记项英、东南分局副书记兼江西省委书记曾山、新四军驻赣办事处主任黄道等曾在此居住、办公。

新四军军部在南昌期间，除了组织改编南方八省红军游击队为新四军，指挥各部队开赴皖南集结外，还广泛开展抗日民族统一战线和抗日救亡活动，恢复和发展中共党的基层组织，输送大批青年奔赴抗日前线。1938 年 4 月 4 日，军部离开南昌开赴抗日前线。新四军驻赣办事处从东书院街移驻这里，与留在南昌的中共中央东南分局坚持工作，直到 1939 年 3 月 26 日南昌被日军占领前夕。

1987 年南昌新四军军部旧址恢复并对外开放。1988 年 1 月，南昌新四军军部旧址陈列馆由陈丕显题写馆名。2008 年至 2010 年进行了改扩建，改扩建后的陈列馆由旧址保护区、陈列展示区、纪念广场区三大部分组成。

南昌新四军军部旧址是全国重点文物保护单位。

南昌新四军军部旧址

地址：江西省南昌市西湖区友竹路 7 号（象山南路）

电话：0791-86214160

南昌新四军军部旧址广场领导人雕像

赣西红色旅游系列景区

萍乡市、铜鼓县、修水县秋收起义纪念地系列景点

秋收起义是 1927 年 9 月中国共产党在湘赣边界领导发动的农民武装起义。八七会议后，毛泽东受中共中央的委派，以中共中央特派员的身份前往长沙，领导湘赣边界的秋收起义。8 月 18 日，改组后的中共湖南省委在长沙市郊的沈家大屋召开会议，讨论制定秋收起义计划。毛泽东在会上着重阐述了枪杆子里面出政权的思想。会议成立了以毛泽东为书记的党的前敌委员会和易礼容为书记的党的行动委员会负责指挥秋收起义。9 月初，湖南省委决定 9 月 9 日开始破坏粤汉和株萍铁路，11 日各县起义，16 日长沙起义。这次起义将起义部队统一编为工农革命军第一军第一师，卢德铭任总指挥，下辖 3 个团。参加起义部队共约 5000 人。9 月 9 日，湘赣边界秋收起义按预定计划爆发。第一团从江西修水出发，向长寿街进攻。第二团在安源起义后，进攻萍乡未克，西进攻占了老关、醴陵，又北进占领浏阳。第三团于 9 月 11 日在铜鼓起义，胜利占领了白沙镇，9 月 12 日又占领东门市。9 月 14 日敌人兵分两路包围第三团，该团被迫向上坪撤退。鉴于三路起义部队均受挫，毛泽东当机立断改变了攻打长沙的计划，并以前委书记的名义通知起义各部队到浏阳县文家市集结。9 月 19 日，各路起义部队到达湖南省浏阳县文家市。前敌委员会根据敌强我弱的形势，改变了攻打长沙的计划，决定保存实力，到敌人统治力量薄弱的农村中去坚持武装斗争，发展革命力量。9 月 20 日上午，起义部队 1500 余人离开文家市向南进发。9 月 29 日，起义部队到达永新县三湾村，毛泽东召开了前敌委员会，决定对部队进行整编。10 月 3 日，起义部队离开三湾村，开始向井冈山进军。10 月 27 日，起义部队到达罗

萍乡市秋收起义纪念碑

霄山脉中段井冈山的茨坪，开创了中国共产党领导下的农村革命根据地——井冈山革命根据地。

■ 萍乡市秋收起义纪念地

秋收起义广场和纪念碑

秋收起义广场依萍水河而建，总面积为 23 万平方米，由中央广场、西北广场、东北广场、东南广场 4 块组成。秋收起义纪念碑矗立在秋收起义广场中央广场的主轴带上，纪念碑碑高 30.9 米，占地面积 900 平方米。秋收起义纪念碑为全国爱国主义教育示范基地。

秋收起义广场和纪念碑

地址：江西省萍乡市建设路与萍水河交界处

电话：0799-6210250

秋收起义烈士陵园

秋收起义烈士陵园是在原卢德铭烈士墓的基础上扩建而成，现更名为秋收起义烈士陵园。卢德铭（1905—1927），四川宜宾人。1924 年秋入黄埔军校第二期学习，同年底加入中国共产党。参加讨伐军阀陈炯明的东征战役，在国民革命军第四军叶挺独立团任第四连连长。参加北伐战争攻克武昌后，叶挺独立团改编为第七十三团后，卢德铭任参谋长。1927 年 6 月，担任国民革命军第二方面军总指挥部警卫团团长。9 月，率警卫团参加毛泽东领导的湘赣边界秋收起义，任工农革命军第一军第一师总指挥，中共湖南省委前敌委员会委员。在文家市前委会议上，坚决支持毛泽东的主张。会后沿罗霄山脉向南转移行进到芦溪山口岩时，不幸胸部中弹壮烈牺牲，年仅 22 岁。

秋收起义烈士陵园有陵园前门（含浮雕文化墙）、秋收起义烈士纪念碑、秋收起义名人雕塑园、秋收起义纪念馆、秋收起义影视播放厅、卢德铭烈士纪念碑等。

秋收起义烈士陵园

秋收起义烈士陵园为全国重点烈士纪念建筑物保护单位、江西省爱国主义教育基地。

秋收起义烈士陵园

地址： 江西省萍乡市芦溪县上埠镇山口岩村
电话： 0799-7679760　7560016

莲花一枝枪纪念馆

大革命失败后，莲花农民自卫军总共 60 支枪被敌人缴去 59 支，只剩下贺国庆保存的一支枪。为保住这支枪，贺国庆家破人亡。1927 年 9 月，毛泽东率领秋收起义部队攻克莲花县城，在此召开重要会议，鼓励大家恢复党的组织，发展地方武装，进行土地革命。其后莲花革命斗争迅速发展，毛泽东曾高度评价莲花一枝枪为莲花武装斗争发展壮大立下了汗马功劳。

该纪念馆位于莲花县城，系江南祠堂式建筑，雕梁画栋，气势雄伟。馆内珍藏许多具有革命历史价值的史料，反映了毛泽东在此决策引兵井冈山等史实。

莲花一枝枪纪念馆

地址： 江西省萍乡市莲花县解放街 148 号
电话： 0799-7226317

秋收起义安源军事会议旧址

位于萍乡市安源区安源镇张家湾，距

秋收起义安源军事会议旧址

莲花一枝枪纪念馆

萍乡市区约7公里。1927年9月初，毛泽东在此主持召开部署湘赣边界秋收起义的军事会议，成立了前敌委员会，确立了工农革命军第一军第一师的建制，宣布了起义的日期、进军路线和宣传口号。

秋收起义安源军事会议旧址为全国重点文物保护单位。

秋收起义安源军事会议旧址

地址：江西省萍乡市安源区安源镇张家湾

■ 秋收起义铜鼓纪念馆

秋收起义铜鼓纪念馆坐落在江西省宜春市铜鼓县城定江东路秋收起义旧址萧家祠之旁，1977年修建，占地面积5000余平方米，建筑面积3300多平方米。全馆陈列文物127件，照片114张，图表39张。展览分三部分：秋收起义的背景，重点反映大革命时期工农运动情况；秋收起义的经过，主要介绍毛泽东在铜鼓领导工农革命军第一师第三团起义的历程；秋收起义星火燎原，重点反映秋收起义后铜鼓人民开展革命斗争的情况。1980年，展览增加了彭德怀、滕代远等率领红五军多次到铜鼓开展革命活动的情况。

秋收起义铜鼓纪念馆为全国爱国主义教育示范基地。

秋收起义铜鼓纪念馆

地址：江西省宜春市铜鼓县城定江东路

电话：0795-8722055

■ 秋收起义修水纪念馆

秋收起义修水纪念馆占地面积10000余平方米，建于1977年，由何长工题写馆名。

1927年9月由毛泽东领导的秋收起义在湘赣边界爆发，修水是秋收起义的主要发生地之一。起义前夕，工农革命军的第一面旗帜在修水设计、制作并率先升起。9月9日清晨，驻守在修水的工农革命军第一军第一师师部及其所属第一、四团和师直特务连在县城紫花墩举行了誓师大会，打响了秋收起义的第一枪。土地革命战争时期，彭德怀、罗荣桓、何长工、滕代远、萧克、王首道等均在修水留下了战斗的足迹。

秋收起义修水纪念馆一楼序厅，有大理石基座组合雕塑。东西两墙分别树立两块毛泽东诗词墙，西墙为《菩萨蛮 · 黄鹤楼》，东墙为《西江月 · 秋收暴动》。二楼展览用8个部分展示了秋收起义全过程。纪念馆现有馆藏文物及文献资料近千件（份），其中国家一级文物7件，二级文物12件，三级文物58件；所辖全县革命旧址60余处，其中全国重点文物保护单位1处，省级文物保护单位2处。

秋收起义修水纪念馆为全国爱国主义教育示范基地。

秋收起义铜鼓纪念馆

秋收起义修水纪念馆

地址：江西省九江市修水县凤凰山路136号

电话：0792-7221414

秋收起义修水纪念馆

修水工农革命军第一军第一师师部旧址

景点链接

天柱峰国家森林公园

地址：江西省宜春市铜鼓县东北30公里处

电话：0795-8711888

天柱峰国家森林公园

天柱峰国家森林公园，因一山峰形同天柱而得名，总面积105.12平方公里，有天柱峰、铜鼓石、大沩山、龙门崖4个景区。最高峰为大沩山顶的七星岭，海拔1608米。园内有多种珍稀野生动物和植物，是国家2A级旅游景区。

天柱峰国家森林公园风光

黄庭坚纪念馆

地址：江西省九江市修水县宁红大道1号

电话：0792-7262958

黄庭坚纪念馆

黄庭坚纪念馆是为纪念北宋著名诗人、书法家、“江西诗派”始祖黄庭坚而建立的纪念馆，位于修水县城城南，赵朴初题写馆名。

黄庭坚纪念馆既是专题馆，又是修水县历史博物馆，馆藏丰富。有文物、标本3000余件，其中国家一级文物3件、二级文物12件、三级文物64件、一般文物500余件。馆内有门楼、溪山自在楼、山谷祠、九曲回廊、澄秋阁、顺济亭、冠云亭、一翠亭、濂山书院、观景亭、黄庭坚书法碑廊等多处仿古建筑，还有黄庭坚书法石刻碑刻、黄庭坚生平史迹展览、修水历史文物陈列、修水县历史文化名人展等陈列展览。

黄庭坚纪念馆庭院

安源路矿工人运动纪念馆

安源路矿工人运动纪念馆位于江西省萍乡市安源区安源镇。

安源路矿，是萍乡煤矿和株萍铁路的合称。株萍铁路是专为运输萍乡煤矿的煤炭而建的。路矿两局共有工人1.3万余人。萍乡煤矿是当时中国最大的工业企业——汉冶萍公司的主要厂矿之一。安源路矿工人在帝国主义、封建势力和官僚买办的压榨下，过着悲惨的生活。由于产业重要、工人众多而且富于反抗斗争传统，安源路矿成为中国共产党最初开展工人运动的重点区域。1921年秋，毛泽东亲自到安源路矿工人中开展工作。随后，我党又派李立三去安源常驻，先后在工人中建立起社会主义青年团组织和共产党支部，成立了工人俱乐部。1922年，资本家请萍乡县署正式布告查封俱乐部。路矿当局一连三个月拖欠工人工资，使工人生活陷入绝境。工人俱乐部提出的保护俱乐部和改善工人待遇等要求没有得到答复。9月14日凌晨，安源路矿工人大罢工爆发，李立三任罢工总指挥。工人们挫败路矿当局收买工贼复工、企图暗杀李立三等阴谋。我党又派出刘少奇为代表与路矿当局进行谈判，迫使他们答应了工人提出的13项条件。18日早晨，双方在罢工条件上签字，罢工取得了完全的胜利。罢工胜利后不久，工人俱乐部的成员就由罢工前的700多人猛增到1.2万多人。路矿全体工人团结起来，形成了以中共党组织为领导核心、以工人俱乐部为公开组织形式的工人阶级队伍。安源路矿工人大罢工影响深远，成为中国工运史上一次著名的罢工。

为了纪念安源路矿工人大罢工，1956年建立了安源路矿工人运动纪念馆，前身是安源路矿工人俱乐部遗址陈列室。1968年又在馆区内牛形山山腰建立陈列大楼，面积3200多平方米，陈列从1898年安源煤矿开办到1927年秋收起义近30年来安源路矿工人运动的历史，共8个陈列室，陈列珍贵文物970余件。同时开放了毛泽东、李立三、刘少奇等老一辈无产阶级革

安源路矿工人运动纪念馆

1 安源路矿工人俱乐部旧址 2 安源煤矿井口——总平巷 3 安源路矿大罢工谈判处旧址

命家在这里活动的旧址、旧居 14 处，以及萍乡革命烈士陵园和革命烈士纪念馆。1984 年邓小平为安源路矿工人运动纪念馆题写了馆名。

馆属主要旧址有：

■ **安源路矿工人俱乐部旧址。**坐北朝南，总面积 1266 平方米，分前后两栋。前栋是俱乐部办公室，砖木结构，两层楼房，内设主任团、纠察团、裁判委员会、会计股、庶务股等办公室和代表会议室、俱乐部职员卧室。后栋是工人讲演厅，为砖木结构轿顶式 4 层楼房。正面筑讲演台。俱乐部是 20 世纪 20 年代安源工人革命活动的中心，也是中国工人的第一所工会大厦，为全国重点文物保护单位。

■ **安源煤矿井口——总平巷。**总平巷是工人上下班以及煤炭输出的总巷道。1922 年 9 月 14 日，安源路矿工人大罢工就是从这里开始的。从 1921 年开始，毛泽东、刘少奇、李立三等多次到总平巷下矿井考察。总平巷井口为江西省级文物保护单位。

■ **安源工人补习学校旧址。**为两层砖木结构楼房，面积约 800 平方米。李立三于 1922 年 1 月创办了工人补习学校，附设于平民小学内，白天小学生上课，晚上工人上学，成为中国共产党在安源工人中进行思想教育和组织工作的基地。1922 年罢工胜利后，工人补习学校扩充为 7 所，分布于安源、紫家冲、湘东、醴陵、株洲各地。安源工人补习学校旧址是江西省级文物保护单位。

安源路矿工人运动纪念馆

地址：江西省萍乡市安源区安源镇

电话：0799-6351085　6353658

景点链接

萍乡市革命烈士陵园

萍乡市革命烈士陵园
地址：江西省萍乡市安源区安源镇

位于安源镇安源路矿工人运动纪念馆西侧山丘上，1985 年建成。陵园占地面积 20 余亩，大门为三孔门麻石牌坊，具有中国传统的坊式风格，内外 4 根柱上分别是毛泽东的手迹：“发扬革命传统，争取更大光荣”和“为有牺牲多壮志，敢教日月换新天”。内柱上端的横梁上刻有“烈士陵园”4 个大字，两端横梁上雕有安源路矿工人俱乐部部徽，大门两侧的围墙上各有 4 个漏孔花穗，刻有桃花、荷花、菊花、梅花，象征春、夏、秋、冬四季。烈士纪念碑高 13 米。碑身正面刻有刘少奇手迹——“萍乡革命烈士纪念碑”9 个大字。纪念碑后的台阶上是一个直径 10 米的半圆形墓室，安葬着部分烈士的遗骨。

萍乡市革命烈士陵园

武功山风景名胜区

武功山风景名胜区
地址：江西省萍乡市芦溪县新泉乡麻田月形街
电话：0799-7631158

武功山风景名胜区位于萍乡市芦溪县东南，属罗霄山脉北段，绵延 120 公里，总面积 385 余平方公里，在历史上曾与衡山、庐山齐名，并称江南三大名山，被冠以“衡首庐尾武功中”之说。主峰白鹤峰海拔 1918.3 米，为江西第一高峰。武功山是集人文景观和自然景观为一体的山岳型风景名胜区，分为金顶观光休闲区、羊狮幕观光游览区、九龙山宗教文化区、发云界游憩娱乐区 4 个核心景区，形成了“峰、洞、瀑、石、云、松、寺”齐备的山色风光。自唐宋以来，诸多仰慕其名而登山游赏吟诗作赋的名人学士络绎不绝，留下了无数珍贵墨迹。

武功金顶

杨岐山景区

杨岐山景区一角

位于萍乡市上栗县境内，距城区 25 公里。杨岐山景区集自然风光和宗教文化为一体。杨岐山普通寺是我国佛教禅宗五家七宗临济宗下一大支派——杨岐宗祖庭。

杨岐山景区为江西省级重点风景名胜区。

杨岐山景区
地址：江西省萍乡市上栗县清溪 319 国道旁
电话：0799-3681236

孽龙洞风景名胜区
地址：江西省萍乡市上栗县福田镇清溪村
电话：0799-3661231

孽龙洞风景名胜区

孽龙洞风景名胜区是以天然溶洞为主的自然景观，现有景点120余个，最为壮观的是洞内的洞天飞瀑，高9米，宽7米，被誉为天下奇观。孽龙洞全长4.2公里，最大的洞高达30米，可容纳千人。

孽龙洞景观

宜春市

万载县湘鄂赣革命根据地旧址

中华苏维埃共和国湘鄂赣省苏维埃政府旧址

1932年4月至1934年1月，中共湘鄂赣省委、湘鄂赣省苏维埃政府等省级机关从修水上杉迁驻万载县小源（今仙源乡），领导苏区30余县数百万民众开展轰轰烈烈的革命斗争，留下了许多的革命旧址和战场遗址。

现存的革命旧址有：中共湘鄂赣省委、中华苏维埃共和国湘鄂赣省苏维埃政府、中央军事政治学校第五分校、湘鄂赣省委《红旗》报社、湘鄂赣省军区旧址、株木大战遗址、仙源工农红军革命烈士纪念塔以及湘鄂赣革命纪念馆等20余处。

万载县湘鄂赣革命根据地旧址
地址：江西省宜春市万载县仙源乡
电话：0795-8482001

景点链接

竹山洞

位于宜春市万载县东南部，距县城10公里，距宜春市42公里。景区内有四大地质奇观：长达3985米的地下长河型溶洞、4000多亩的石林群、约4公里长的特大山体卧佛和温泉。洞奇、水秀、石怪、色艳，是竹山洞的主要特点。

万载竹山洞为国家2A级旅游景区。

竹山洞景观

竹山洞
地址：江西省宜春市万载县马步乡洞口村
电话：0795-8975481

上高县抗日会战遗址——镜山烈士陵园

上高会战是抗日战争时期正面战场上的一次大会战，在全国抗日战争史上占有重要的地位。1941 年 3 月，日军企图攻占中国军队第十九集团军总部所在地上高，经新余、清江，东渡赣江，骚扰樟树、丰城，掠夺物资财富，以巩固南昌外围和打通湘赣联系。日军参战部队为第三十四师团、三十三师团和二十混成旅团，计 4.2 万人。中国军队参战的有第十九集团军所属七十、四十九、七十四军及三十集团军所辖七十二军，共 9 个师，每师 8000 多人。3 月 15 日，敌人分 3 路会攻上高。中路敌三十四师团是主攻部队，计 2 万余人。16 日从西山出发，由师团长大贺率领冲向高安龙潭圩，向上高突进。22 日，敌二十旅团由锦江北岸渡河，向华阳突袭，妄图进至上高城南，切断中国军队后路，我七十四军五十一师某团不顾敌机轰炸，以每小时 7.5 公里速度跑步驰援，抢在敌人前头占领华阳，遏制了敌二十旅团西进，确保了上高城南的安全。23 日，敌三十四师团在 30 余架飞机配合下，向上高核心区下陂桥侵犯。我七十四军奋力拼杀，激烈争夺，与敌人打了两天一夜。24 日，七十二军参战，我方以 3 个精锐师将敌包围于南北 10 华里、东西 30 华里的包围圈中。25 日，敌军向南昌方向撤退。中国军队分两路乘胜追击，战至 4 月 2 日，右路克高安，收复西山万寿宫，左路收复奉新，敌人逃回安义、南昌。9 日，攻克安义外围之长埠、宋埠各要点，上高会战结束。在上高会战中，中共上高地下组织发动 3 万名群众，担负破坏交通、运输、救护、侦察、向导、搭桥、架线、慰问伤员等任务，保证了军粮副食品的供应，为上高会战的胜利作出了重要贡献。

镜山烈士陵园位于县城东郊的镜山旁，为纪念上高会战抗日阵亡将士而修建。陵园布局仿中山陵格局建造。陵园中部为会战亭，会战亭东侧立石碑数块，上刻有上高会战总指挥罗卓英的赣北大捷四首诗词，会战亭西侧立着一堵上高会战时留下的写有“军爱民，民拥军，军民合作打日本”的抗日标语墙，陵园最上面为上高会战阵亡将士墓。陵园为江西省级文物保护单位。

上高县抗日会战遗址——镜山烈士陵园

地址：江西省宜春市上高县城东郊的镜山旁

电话：0795-2514910

上高县抗日会战遗址——镜山烈士陵园

九峰山森林公园

地址：江西省宜春市上高县城西南29公里徐家渡镇境内

电话：0795-2570098

九峰山森林公园一角

景点链接

九峰山森林公园

九峰山因有香炉、天竺、芙蓉、云末、峨嵋、清流、翠霞、苍玉、飞云九座山峰而得名。1200多年前名僧普满禅师来此开山建寺。北宋诗人蒋之奇游览九峰时曾赋诗一首："沿涧反崖入翠霞，寺僧犹记旧钟家；芙蓉秀出天河外，我欲名为小九华。"九峰面积20平方公里，最高海拔801.9米。景区内有30多个石灰岩溶洞，主要景点有末山九峰禅寺、香炉峰、观音泉、灵芝石林、翠柏林、天潭、叶皮洞等。

新余市罗坊会议纪念地

1930年10月25日至30日，毛泽东在新余罗坊陈家闹主持召开了红一方面军总前委与江西省行委的联席会议，史称罗坊会议，参加会议的有毛泽东、朱德、彭德怀等10余人。会议集中讨论了红军的行动方向、红一方面军及江西党的任务问题、如何粉碎敌人进攻的战略方针问题。26日通过了《目前政治形势与一方面军及江西党的任务的决议》，30日确定了毛泽东提出的"诱敌深入"的作战方针。罗坊会议及时纠正了红军和江西党内的"左"倾错误，统一了红一方面军和江西党的思想，

罗坊会议纪念馆

停止了进攻南昌、九江等中心城市的军事冒险行动。会议期间，毛泽东找到从兴国赶来当红军的8位农民，召开了调查会，形成了《兴国调查》。

罗坊会议纪念馆建于1973年，占地面积1.2万平方米。馆内有罗坊会议、兴国调查、新余革命斗争史3个展室，通过许多珍贵的革命文物和历史照片，实物文献资料等，采取现代化展陈手段，展示了毛泽东、朱德、彭德怀等老一辈无产阶级革命家率领红军转战闽、赣、湘、鄂边境的艰苦卓绝的革命斗争，在新余罗坊的革命实践和罗坊会议的历史意义，以及毛泽东作兴国调查的实践活动。罗坊会议纪念馆也系统反映了1926年至1949年，新余人民在党的领导下，创建党的组织，开展武装斗争，进行政权、经济、文化建设的历史。

罗坊会议纪念地

地址：江西省新余市渝水区罗坊镇彭家洲村

电话：0790-6741019

景点链接

仙女湖风景名胜区

仙女湖被认为是古籍《搜神记》中记述的“仙女下凡”传说的发祥地，以情爱圣地、群岛峡谷曲水、千年水下古城等景点著称。这一地区也是唐代江西第一个状元卢肇、明代权相严嵩、现代著名国画大师傅抱石的故里。景区有湖泊、岛屿、原始森林，具有丰富的自然、人文景观资源。

仙女湖风景名胜区

地址：江西省新余市西南郊16公里处

电话：0790-6859023

仙女湖景色

井冈山红色旅游系列景区

1927年10月，毛泽东带领秋收起义部队上井冈山，开始创建井冈山革命根据地。1928年4月，朱德、陈毅率领的南昌起义和湘南起义的部队上了井冈山与毛泽东领导的秋收起义部队会师，成立红四军，井冈山根据地逐渐发展壮大。1928年7月，彭德怀、滕代远、黄公略等领导了湖南平江起义，成立红五军，12月也到井冈山与红四军会师。毛泽东等同志领导的井冈山革命根据地多次击退湘赣国民党军的“进剿”和“会剿”。1929年1月，毛泽东、朱德率领红四军主力向赣南、闽西进军，留下一部分红军坚持井冈山的斗争。

茨坪景区

茨坪是井冈山红色旅游系列景区和风景名胜区的中心，海拔826米，是一座美丽的山城。茨坪中心是挹翠湖公园，南端是南山公园，北端为雕塑园。井冈山革命博物馆耸立于挹翠湖旁，与茨坪革命旧址群隔湖相望。茨坪是井冈山革命遗址最为集中的地方，1927年10月下旬，毛泽东率领中国工农革命军到达茨坪，开始了创建井冈山革命根据地的艰苦斗争。目前这里的革命遗址大多被列为全国重点文物保护单位并对外开放。

井冈山革命博物馆

井冈山革命博物馆于1959年10月建成并对外开放，1962年朱德题写馆名。馆藏有文物、历史图片和文献资料约30000余件，珍藏党和国家领导人、著名书画家及社会各界知名人士的墨宝珍迹数百幅，保存毛泽东、朱德重上井冈山的电影资料和老红军的电视录像数十件。2005年，井冈山革命博物馆进行扩建，扩建后的新馆于2007年开馆。围绕井冈山斗争历史的丰富内容，新馆布置了多个专题陈列、旧居旧址的原状陈列、辅助陈列等。展厅面积8436平方米，基本陈列分5个展室。

井冈山革命博物馆老馆

井冈山革命博物馆新馆

新馆基本展厅共展出文物800余件，照片2000多张，艺术品30多件。与老馆相比，新增150多件文物，200多幅图片资料，60余条文献资料和20多件雕塑、油画及国画美术作品。除传统的陈展手段外，还增加了19处融展陈、造型艺术与声光电、多媒体艺术为一体的大型场景。此外，井冈山革命博物馆还负责管理毛泽东、朱德、陈毅、彭德怀、滕代远等老一辈无阶级革命家在井冈山的故居和黄洋界保卫战遗址等革命旧址。

井冈山革命博物馆为全国青少年爱国主义教育基地、全国爱国主义教育示范基地。

■ 井冈山革命烈士陵园

该陵园建于1985年，1987年10月在井冈山革命根据地创建60周年之际对外开放。烈士陵园由纪念堂、雕塑园、碑林和纪念碑四大部分组成，布局新颖，气势恢宏。纪念碑上“井冈山革命烈士纪念碑”10个大字为邓小平题写。

井冈山革命烈士纪念碑

■ 南山公园

位于茨坪南端，建于1970年。山顶建有五角形展厅，展厅顶部有五个景观亭，中央是工农兵群体雕像。登临山顶，可俯瞰茨坪全景，远眺五指峰和笔架山群峰。

■ 挹翠湖公园

位于茨坪中心，占地120余亩，园内有挹翠湖、茶亭、亭榭、九曲桥等景点。

■ 茨坪革命旧居旧址群

位于茨坪东山脚下，是一处青瓦黄墙的“干打垒”建筑群。陈列开放的革命旧址共有7处，包括毛泽东旧居、红四军军部旧址、湘赣边界防务委员会旧址、军官教导队旧址等。

■ 红军谷（五马朝天）

位于茨坪东南面4公里处井遂公路边，面积3平方公里。这里有山崖、次原始森林、瀑布，还有红军小道、老石桥、廊桥。

茨坪景区

地址：江西省井冈山市茨坪镇
电话：0796-6552293

龙潭景区

龙潭景区距茨坪中心景区7公里，是井冈山开发最早、人文景观与自然景观较为集中的一个著名景区，面积889公顷，包括小井、五龙潭和金狮面等景点。这里有峡谷、山峰、飞瀑，还有著名的革命人文景观——小井红军医院、红军烈士殉难处、烈士墓和红军住过的山洞。

小井红军医院

龙潭景区景观

■ 龙潭

龙潭又称五龙潭，在不到两公里的流程中，五神河经鹰嘴岩、揽云台、长寿泉、方壶泉，到碧玉潭（青龙瀑）顺山谷而下，依次有黄龙瀑——金锁潭、赤龙瀑——珍珠潭、黑龙瀑——飞凤潭、白龙瀑——仙女潭。这些瀑布成梯级分布，一瀑一潭，堪称一绝。

■ 小井

这里有中国工农红军第一所医院——小井红军医院旧址。1929 年 1 月，130 多名红军重伤病员来不及转移，被敌人全部杀害。在烈士殉难处建有红军烈士墓和纪念碑。

■ 红军洞

洞深 10 多米，可容纳百人。因红军将领张子清师长等曾在这里养伤而得名。

黄洋界景区

黄洋界景区距茨坪 17 公里，全景区面积 700 公顷，包括黄洋界、八面山、大井三大景点，有游览点 10 处。

■ 黄洋界

是井冈山斗争时期的五大哨口之一，海拔 1343 米。著名的黄洋界保卫战就发生在这里，因毛泽东“黄洋界上炮声隆，报道敌军宵遁”诗句而闻名。黄洋界居高临下，扼居山口，形势险要。该景区主要游览参观点有：**哨口工事**，有战壕、两处机枪掩体、炮阵地、擂木工事等。凭借这些工事，红军曾以不足一营的兵力，打退国民党军 4 个团的进攻，保卫了井冈山。**哨口营房**，这是一栋杉皮土木结构的民房，原是古商道上的一家客栈，1927 年红军上山以后，将其修为营房。**纪念碑**，黄洋界保卫战胜利纪念碑由一块竖碑和一块横碑组成。横碑正面镌刻着毛泽东著名诗篇《西江月 · 井冈山》的手迹，背面是朱德题写的“黄洋界”三个苍劲有力的大字。竖碑高 12 米，正面镌刻着朱德“黄洋界保卫战胜利纪念碑”的题字，背面是毛泽东的手迹“星星之火，可以燎原”。

■ 八面山

距茨坪 19 公里，海拔 1483 米，是井冈山革命斗争时期五大哨口之一。现有哨口遗址和纪念亭，也是观日出、赏云海的好地方。

■ 大井毛泽东旧居

距茨坪 7 公里。1927 年 10 月，毛泽东率领工农革命军上井冈山时就住在这里。这里流传着毛泽东访贫问苦、改造王佐部队、读书、练兵的许多故事。此外，还有朱德、陈毅、彭德怀旧居。

上井红军造币厂旧址

井冈山斗争时期，红军设立辎重队和留守处，负责给养、管理打土豪的银元。1928 年 5 月湘赣边界工农兵苏维埃政府成立后，需要大量资金，于是在上井村邹甲贵家中开设了“红军造币厂”。造币厂将打土豪缴来的杂银、银质首饰、银质器具，进行熔化加工，仿铸了银元。为使这种银元与国统区银元相区别，在银元上打了一个“工”，这就是革命根据地首次发行的“工”字银元。

双马石

距茨坪 13 公里，是毛泽东当年率领工农革命军进入大井的小路狭口，因两块天然的麻石重叠在一起，如两匹骏马，故

1、2 黄洋界景色
3 大井毛泽东旧居
4 上井红军造币厂旧址

称“双马石”。这里有保存完好的红军工事，毛泽东曾在此宣布了红军纪律。

■ 荷树

黄洋界五里排有一棵荷树，屹立于“五里横排”的峰峦间，这棵荷树就长在小路边，朱德等红军指战员当年挑粮上山常在此休息。

茅坪景区

茅坪位于黄洋界北麓，距茨坪 36 公里。井冈山斗争初期，曾是湘赣边界党、政、军最高领导机关所在地，有毛泽东、朱德、陈毅等领导人的旧居和众多的旧址。

■ 八角楼

距茨坪 35 公里，因房顶上有一个八角形的天窗，当地群众习惯称它“八角楼”。原是老中医谢池香的住宅，毛泽东曾在此居住和办公。由于国民党的经济封锁与军事“会剿”，红军的军需给养非常困难，寒冬腊月，毛泽东的床上垫的是稻草，盖的是一床薄薄的线毯，吃的是红米饭、南瓜汤，穿的是两件单衣，但他仍夜以继日地工作着。当时，红军对晚上点灯作出了节约用油的明确规定，按规定他晚上办公时一盏油灯可以点三根灯芯，但他为了节省油，每天晚上办公都坚持点一根灯芯。就是在这根灯芯的灯光下，毛泽东写下了《中国的红色政权为什么能够存在？》和《井冈山的斗争》两篇光辉著作。当年流传着这样一首红色歌谣：“天上的北斗亮晶晶，八角楼的灯光通通明；毛委员就是那掌灯人，照亮中国革命万里程。”这就是有名的被传颂的“八角楼灯光”。在这里，贺子珍经常帮助毛泽东誊写文稿。现室内陈列的床架子、砚台、茶几、靠背椅等都是毛泽东和贺子珍当年在这里居住时用过的原物。

■ 象山庵

始建于 1713 年，因庵后的山形如象而得名。初建时内设大佛殿、达摩祖师殿、千斋殿三个大殿，是湘赣边界的名庵。这里曾是红军的重要活动场所，毛泽东和贺子珍的婚礼曾在此庵内举办。

八角楼

象山庵

龙江书院

攀龙书院

中共湘赣边界前敌委员会、特别委员会旧址。曾在此建立根据地第一所医院，设立医疗室和药房。1928 年 10 月后，这所医院搬迁至小井村。

洋桥湖

有毛泽东旧居和朱德旧居、洋桥湖红四军军部旧址。毛泽东在这里写下了《宁冈调查》，这一带广泛流传着毛泽东送棉衣的故事和朱德关心群众模范遵守纪律等故事。

桃寮红军被服厂旧址

1927 年冬，在桃寮村张氏宗祠开办了红军的第一所被服厂。主要生产军衣、帽子、盛米袋、绑腿、子弹袋等，后来被服厂迁往茨坪李家祠。

谢氏慎公祠

中共湘赣边界第一次代表大会在这里召开，选举产生了湘赣边界第一届特委会。

砻市景区

砻市是原宁冈县城所在地，距茨坪 50 公里。

龙江书院

始建于 1840 年，原是当地客家人的最高学府。红军到达后是红军重要活动场所，也是毛泽东和朱德第一次会见旧址、工农革命军军官教导队旧址、红四军党的第一次代表大会会址。

井冈山朱毛会师广场

会师广场又称红四军建军广场，位于井冈山砻市龙江河畔。会师桥头建有井冈山会师纪念碑，1980 年 5 月落成。碑高 19.28 米，碑身宽 3 米，四周用大理石镶成，碑的正面是“井冈山会师纪念碑”8 个贴金大字，两边是毛泽东、朱德的诗词。井冈山新会师广场铸有大型朱毛会师铜像。

井冈山会师纪念碑

井冈山会师纪念馆

■ 井冈山会师纪念馆

位于井冈山市砻市镇龙江路北段，1980年建成并对外开放，占地面积4800平方米，谭震林题写馆名。该馆系统地介绍了毛泽东率秋收起义部队建立井冈山根据地、朱毛红军会师、红四军与红五军会师等史实，还陈列了当年红军进行的新城战斗、七溪岭战斗、黄洋界保卫战时的大量历史文物和图片资料。

■ 砻市红四军军部旧址

原为“刘德盛药店”，毛泽东、朱德曾在此居住和办公。

■ 红四军建军广场旧址

1928年5月4日，在此宣布成立工农革命军第四军（后改称红军第四军）。当年这里曾是一块沙洲，开会的会台用禾桶、木头、门板搭成，后修复了会台。

■ 古城会议会址

又名联奎书院。1927年10月3日，在此召开了前委扩大会议，着重讨论确定建立井冈山革命根据地的问题。1929年5月，湘赣边界特委第二届第四次执委会在这里召开，提出根据地中心由宁冈转到永新，这次会议为湘赣革命根据地的建立打下了坚实基础。

古城会议旧址

笔架山景色

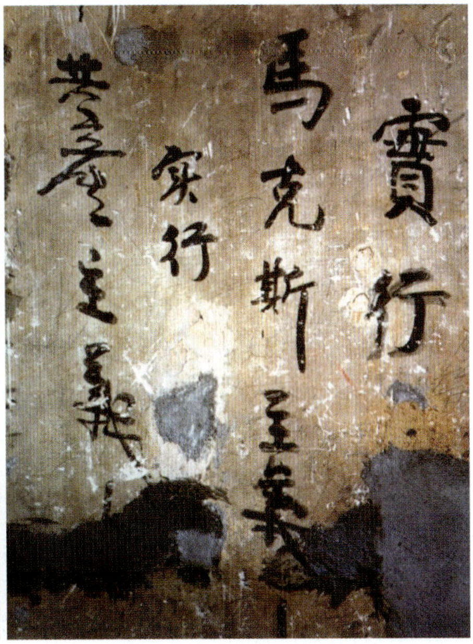

行洲保留的红军标语

笔架山景区

笔架山距茨坪 35 公里，海拔 1357 米，景区面积 2200 公顷，包括笔架山、朱砂冲、黄坳 3 个组成部分。

笔架山主要由中峰（扬眉峰）、西峰（望指峰）、东峰（观岛峰）三大峰组成，像一个“山”字形，远望犹如古代的笔架，故名笔架山。笔架山风光秀丽，著名的景点景观有七大山峰、五大奇观，还有大小松岛等 10 余处景点。笔架山上有许多数百年乃至上千年的古松，还有鹅掌楸、香果树、黄杉、深山含笑等珍贵树种，树林里生活着短尾猴、黄腹角雉等珍贵动物。山顶还有长达 10 里的天然杜鹃林。站在笔架山上可以俯瞰大半个井冈山，清晨可观天边万道霞光，阴天可观云雾缭绕，变幻莫测。

■ 朱砂冲

距茨坪 17 公里，海拔 635 米，是井冈山斗争时期的五大哨口之一。哨口旁有一洞穴，常有朱砂水溢出，朱砂冲由此得名。该哨口地势险要，有“一夫当关，万夫莫开”之势。当年有一首民谣：“悬崖绝壁挂高山，朱砂冲来形势险，远看好似老虎口，近看又似狼牙关。”井冈山斗争时期，敌人多次从此进犯，均被击退。

■ 黄坳

1928 年 2 月，成立了黄坳区工农兵政府。这里有一座地母宫，曾是毛泽东的旧居，坐东朝西，毛泽东在这里多次主持召开重要会议。

■ 行洲标语群

古时称其行洲府，在这里的许多民房墙壁上，集中保留了 50 多条红军标语。

桐木岭景区

桐木岭位于茨坪东北面 9 公里，海拔 866 米，面积 4500 公顷，是人文与自然景观相结合的景区，包括桐木岭、石燕洞、罗浮、拿山4个组成部分。桐木岭，遍山桐树，春夏桐花盛开，煞是好看。桐木岭沟壑纵横，地势险峻，古时修建的石级小道和五里亭点缀其间。东侧深谷中还有一石槽瀑布，长约200米，沿盘山公路还有簇簇鹿角杜鹃。当年这里设有一个总哨口和三个哨口，属著名的五大哨口之一。曾有一首歌谣形容这个哨口："高山峻岭紧相连，桐木岭头尖又尖，红军哨口守山顶，好比铁寨牢又坚。"

石燕洞

距茨坪12公里，因常年栖息石燕而得名。有一个大型溶岩石洞，洞内钟乳石形象逼真，各种石林、石柱、石笋、石乳、石花千姿百态，尤以双坐莲下、三娘教子、幼鹿吮乳、天鹅曲颈、擎天立柱等景观令人叫绝。

罗浮

位于茨坪东北面20公里，是桐木岭脚下一块约4平方公里的山中盆地，人称"小茨坪"。主要景观有水库、峰峦、五股泉、旗罗坳战斗遗址等。

鹅岭景区

鹅岭位于桐木岭北面，距茨坪30公里，海拔1408米。鹅岭因山形似鹅，秀润如玉，故又称玉鹅岭，终年云雾缭绕，峰峦娟美，名胜古迹遍布山峰，景色迷人。山上有土地庵、娘娘仙、刘兴祚三殿，还有三生石、聪明巅、甘露泉、炼丹灶、仙人撑伞等景点。在井冈山斗争时期，留守在井冈山坚持斗争的红军也曾在鹅岭上宿过营。红军三十二团王佐及其部属常在此与敌军周旋。

新城大捷遗址

新城距茨坪44公里。1928年2月，赣敌朱培德部向革命根据地进犯，占据新城。毛泽东得知敌情后，在茅坪攀龙书院主持召开了军事会议，部署攻打新城战斗。新城战斗的胜利，是毛泽东开创井冈山革命根据地后亲自部署和指挥的首次大捷。后在当年毛泽东亲临指挥战斗的棋山修建了纪念亭。

柏露会议旧址

1928年12月，红五军主力在井冈山

石燕洞景区风光

和红四军会师。红军汇合后，江西和湖南的敌军遂集中重兵，在井冈山四周修筑了许多据点，进行封锁，然后逐步向根据地中心进攻。随着敌人封锁的加强，红军供给愈来愈困难。1929年1月4日至6日，毛泽东在宁冈的柏露村，召开了前委、特委、军委及地方党组织负责人的联席会议，讨论如何粉碎敌人的围攻。会上，毛泽东分析了当时的形势，提出一部分红军守山，红军主力打到敌人的后方去牵制敌人兵力，使敌人穷于应付、顾此失彼，从而既粉碎敌人的围攻，又趁势发展新的革命根据地。会议决定：红四军主力向赣南进军，红五军和红四军三十二团留守井冈山。

1 鹅岭风光
2 新城大捷旧址
3 柏露会议旧址

景点链接

井冈山主峰景区

五指峰

主峰景区是井冈山风景名胜区中最大的一个景区，面积5050公顷，包括五指峰、水口、双马石、坪水山等地方，有游览景点十多处。主峰，又名五指峰，距茨坪6公里，海拔1438米，因五座山峰并列，酷似五指而得名。第四套人民币100元背面的图案就是五指峰，它已成为井冈山的象征。这里还是自然保护区的核心地带。

水口

水口风景

与五指峰相距5公里。这里风光秀美，尤以曲溪幽谷、碧潭奇峰和杜鹃林闻名，有“奇虹峡”、“琼琳仙境”之称。主要有锦秀谷、彩虹瀑、鹃岛、龙门、天剑峰、太守峰、石门奇观等景观。

坪水山

距茨坪20公里，有百亩成片的云锦杜鹃，与笔架山的十里杜鹃林遥相辉映。每年四五月，这里花团锦簇，艳丽多姿，蔚为壮观。

井冈山特色美食

井冈山菜系属庐陵菜系，原料大都选用当地土特产，因而地方特色十分浓厚。得益于井冈山独特的地势和自然条件使其野生天然食品丰富多彩，如石耳、笋尖、竹荪、茶树菇、红军菜、红米等，较出名的菜肴有井冈烟笋、井冈竹鼠、井冈山豆皮、干煸橘皮丝、井冈酥肉、荷包玻璃鱼、莲花血鸭、竹荪、鱼茸等。

在井冈山参观游览还可以尝尝地道的红米饭、南瓜汤等红色菜肴。

井冈山特产

井冈山盛产毛竹，各种竹制纪念品工艺精湛，竹雕、根雕艺术发达，尤以楠竹竹雕、黄杨木雕、根雕、盆景、壁扇、竹席竹编、梳篦、竹纤维系列产品较为著名。

井冈山根雕多选用优质黄杨木、红豆杉等树材。

赣州市、吉安市、抚州市中央苏区红色旅游系列景区

中央苏区亦称中央革命根据地，由赣西南、闽西两块根据地合并而成，是毛泽东、朱德直接领导开辟的、土地革命战争时期全国最大的根据地，是中华苏维埃共和国临时中央政府所在地，是全国苏维埃运动的中心区域。

1930 年底至 1931 年 9 月，红一方面军连续粉碎了国民党军队的三次“围剿”，使赣西南和闽西革命根据地连成一片，形成范围广阔、以瑞金为中心的中央革命根据地。

1931 年 11 月，中华苏维埃第一次全国代表大会在瑞金召开，成立了中华苏维埃共和国临时中央政府，毛泽东任主席，项英、张国焘任副主席，同时组成中华苏维埃共和国中央革命军事委员会，朱德任主席。11 月 27 日，中央执行委员会举行第一次会议，确定了中华苏维埃临时中央政府的组织机构和负责人员。中华苏维埃共和国临时中央政府设立外交、军事、劳动、土地、财政、国民经济、粮食、司法、内务、教育、工农检察、中央审计、国家政治保卫局、临时最高法院等 14 个工作部门，建立了各种制度，制定和颁布了中华苏维埃共和国《土地法》、《劳动法》、《婚姻法》、《教育法规》、《经济政策决议案》、《少数民族问题决议案》等一系列法律法规。

1933 年 3 月，中央苏区取得第四次反“围剿”战争的胜利，根据地的发展进入鼎盛时期，拥有一、三、五、七、八、九共 6 个军团 10 余万兵力，以及江西、福建、闽赣、粤赣、赣南 5 个省级苏维埃政权。全盛时期人口 453 万，面积 8.4 万平方公里。

中华苏维埃共和国临时中央政府统辖的省级苏维埃政权，先后主要有中央苏区的江西、福建、闽赣、粤赣、赣南以及湘赣、湘鄂赣、赣东北（闽浙皖赣）、鄂豫皖、湘鄂西、川陕、湘鄂川黔（省革命委员会）、陕甘、陕北等，全盛时期面积约 40 万平方公里，人口约 3000 万，红军 28 万多人。

在中央苏区建立的中华苏维埃共和国临时中央政府，是中国共产党领导人民创建工农民主国家政权的初步尝试，在政治上产生了很大的影响。瑞金因此被誉为全国苏维埃运动的心脏和人民共和国的摇篮。

赣州、吉安、抚州三市均属中央苏区基本区域，境内有大量旧址旧居等红色旅游景区。

沙洲坝革命旧址群

位于赣州市瑞金市沙洲坝镇境内。1933年1月，原在上海的中共临时中央政治局、少共中央局、中华全国总工会中央执行局等领导机关，千里迢迢迁来瑞金，驻扎在沙洲坝。同年4月，为避免国民党军飞机的袭扰破坏，中华苏维埃共和国临时中央政府等领导机关，也从叶坪迁驻沙洲坝，从而形成沙洲坝革命旧址群。

■ 中华苏维埃共和国中央执行委员会旧址

位于沙洲坝村元太屋（又称花厅下）原杨衍兰私祠。该祠系晚清建筑，土木结构，二进五间两层楼，门口有小院，院墙外有池塘，池塘边上长着一株百年香樟，是典型的客家民居。毛泽东、何叔衡、梁柏台、徐特立等都曾在此工作与居住过。当年，毛泽东在香樟树下看书阅报，与群众谈心，还深入田间地头，边帮群众劳作，边调查研究。在沙洲坝生活期间，毛泽东写下了《必须注意经济工作》、《怎样分析农村阶级》、《我们的经济政策》、《关心群众生活，注意工作方法》、《查田运动的群众工作》等著作。

■ 中华苏维埃共和国人民委员会旧址

位于沙洲坝村元太屋原杨家财私祠，在中央执行委员会旧址右侧2米处。人民委员会主席张闻天、临时中央政府秘书长谢觉哉以及贺子珍和机要工作人员等，曾在此工作和居住。

■ 红井

位于沙洲坝村元太屋东约百米处，井口直径1.70米，井深5.15米，井壁以卵石砌成。1933年9月，毛泽东带领临时中央政府工作人员和当地群众开挖此井，解决了群众饮水的困难。红军长征后，国民党反动派曾多次企图填掉它。沙洲坝人民经过不屈斗争，终于把它完好地保存下来。新中国成立后，对此井作了修缮，加砌了井栏，并取名“红井”。又在井旁立下纪念碑，上书“吃水不忘挖井人，时刻想念毛主席”。

沙洲坝革命旧址群

中华苏维埃共和国人民委员会旧址

红井

中国共产党中央局旧址

位于瑞金城西6公里之沙洲坝下肖村下屋场。原系晚清举人杨会蓬私宅，主体为二进五间两层穿斗式楼房，砖木结构，加上两侧横屋，共有5个天井、18个房间。门首彩绘数十幅山水、花鸟、人物画，堂柱、隔扇等以红漆粉刷，青砖铺地。门前有庭院，两侧设花圃，并以院墙围住。整幢房子占地1100余平方米。1933年1月，中共临时中央政治局由上海迁来瑞金后，即驻扎此地。同年4月，中共苏区中央局也从叶坪迁驻此地，并与前者合并称中共中央局。博古（秦邦宪）、张闻天、陈云、李维汉、邓颖超、王首道、毛泽覃等，都在这里工作、居住过。

中国共产主义青年团（少共）中央局旧址

位于瑞金城西6公里之沙洲坝下肖村上屋场，距中共中央局旧址约半里路。原系杨氏宗祠，主体二进五间两层，左侧另建横屋两栋，总占地面积600余平方米。1933年1月，少共中央局从上海迁来瑞金，驻扎此地。同年4月，少共苏区中央局也从叶坪迁驻此地。在这里工作和居住过的有何克全（凯丰）、陆定一、刘英、张爱萍、胡耀邦、陈丕显等。

中华苏维埃共和国中央革命军事委员会旧址

位于瑞金城西南4公里之沙洲坝乌石垅村，原系杨会萱私祠。土木结构，二进三间两层楼，房子占地300余平方米，四周广植松树，门前有古樟一株、池塘一口。1933年5月，中革军委迁驻此地，内设总参谋部、总动员武装部、总供给部、总兵站部、总卫生部、政治保卫局等机构。其中总参谋部及该部一局、机要室等单位在此地办公。在这里工作、居住过的有：中革军委主席、红军总司令朱德，中革军委副主席、代主席项英，中革军委副主席、红军总政委周恩来，红军总参谋长刘伯承、叶剑英，总参一局局长张云逸等。房子东侧山坡上，还挖了一座可容纳数十人的防空洞。

中华苏维埃第二次全国代表大会会址（临时中央政府大礼堂）

位于瑞金城西6公里之沙洲坝老茶亭村。为迎接中华苏维埃第二次全国代表大会召开，临时中央政府决定兴建这座大礼堂，1933年底竣工。建设期间，江西、福建两省苏区的工程技术人员和工人齐心协力，互相竞赛，留下许多佳话。大礼堂占地面积1500平方米，从空中俯瞰，它犹如一顶平放的红军八角帽。其主体为高大

中华苏维埃第二次全国代表大会会址（临时中央政府大礼堂）

宽敞的八角楼，楼内大礼堂可容2000余人开会。礼堂底层四周辟有14道门，每道门旁都设置百叶窗，楼上也有17个百叶窗。礼堂东南面正门门首有“中华苏维埃共和国临时中央政府”题额及中国共产党领导下的全国工农民主政权图案浮雕。整个楼层及屋顶，由18根圆柱支撑，如此设计与工艺，使大礼堂具有良好的通风透光与传声效果。为安全起见，还在大礼堂北面约10米的山坡上挖了一个可容纳上千人的防空洞。

中国工农红军总政治部旧址

位于瑞金沙洲坝白屋子。在这里工作、居住过的有：总政治部主任王稼祥，代主任顾作霖，副主任贺昌、杨尚昆、袁国平，秘书长萧向荣、邓小平，组织部长李庭弼，宣传部长张如心，动员部长罗荣桓，以及红军学校政治部主任刘伯坚等。

沙洲坝重点文物保护区内，还有近年来重修、新修的临时中央政府中央审计委员会、最高法院、粮食人民委员部、土地人民委员部、财政人民委员部、内务人民委员部、工农检察委员会、教育人民委员部、劳动人民委员部、国民经济人民委员部、中央消费合作总社旧址，以及内务部交通管理局、土地部山林水利局旧址等建筑及相应的辅助陈列。

沙洲坝革命旧址群

地址： 江西省赣州市瑞金市沙洲坝镇

电话： 0797-2527197

叶坪革命旧址群

位于赣州市瑞金市叶坪乡叶坪村，距瑞金市中心区6公里，是全国保存最为完好的革命旧址群景区之一。这里是中国第一个全国性的红色政权——中华苏维埃共和国临时中央政府的诞生地，也是中华苏维埃共和国临时中央政府机关和党在中央苏区的最高领导机关——中共苏区中央局的驻地，在中国革命史上占有重要的历史

1 叶坪革命旧址　2 中华苏维埃共和国临时中央政府旧址　3 红军烈士纪念塔

地位。1931 年 11 月 7 日，在叶坪谢氏宗祠召开了中华苏维埃第一次全国代表大会，宣告成立了中华苏维埃共和国临时中央政府，并定都瑞金，毛泽东当选为临时中央政府主席，包括毛泽东、周恩来、朱德、任弼时等一大批老一辈无产阶级革命家都在叶坪生活和工作过。景区内现保存着革命旧址和纪念建筑 22 处，其中 16 处是全国重点文物保护单位。

■ 中华苏维埃共和国临时中央政府旧址

原系谢氏宗祠，占地 500 余平方米。1931 年 11 月 1 日至 5 日，中央苏区党的第一次代表大会在这里隆重举行。7 日至 20 日，中华苏维埃第一次全国代表大会在这里召开，宣告成立了中华苏维埃共和国临时中央政府。

■ 中共苏区中央局旧址

1931 年 9 月 28 日，中共苏区中央局从兴国迁驻此地。中共苏区中央局在这里创办了机关刊物《实话》。

■ 红军烈士纪念塔

塔高约 13 米，砖石结构，形似炮弹，塔身嵌满小石块，正面用 7 块青石板刻着“红军烈士纪念塔”隶书铭文。塔的基座呈五角（星）形，周边有题词碑刻以及建塔标志碑。塔前草坪上用煤渣铺着“踏着先烈血迹前进”八个大字。

■ 公略亭

为纪念在第三次反“围剿”战争中牺牲的红三军军长黄公略而建。黄公略（1898—1931），湖南湘乡县人。1926 年参加北伐战争，同年底入黄埔军校高级班学习。1927 年参加广州起义，同年加入中国共产党。1928 年 7 月同彭德怀等领导平江起义，任中国工农红军第五军十三师四团党代表，后任红五军第二纵队纵队长。同年 11 月红五军主力开赴井冈山后，他率部留在平江、浏阳一带创建湘鄂赣苏区。1929 年 9 月任红五军副军长。1930 年 1 月起先后红六军军长、红一军团第三军军长。在中央苏区第一至第三次反

公略亭

“围剿”中屡建战功。1931年9月15日，率部参加方石岭追击战，在指挥部队转移途中，于吉安东固六渡坳牺牲，时年33岁。中华苏维埃共和国临时中央政府决定，在中央苏区设置公略县，将中国工农红军第二步兵学校命名为公略步兵学校，在叶坪广场建“公略亭”，以为纪念亭子呈等边三角形、三脊攒尖顶，亭中石碑也是三棱锥状，碑上“公略亭”三字系彭德怀所书，另两面镌刻《黄公略同志传略》。

红军检阅台

建于中华苏维埃第一次全国代表大会召开前夕，竹木结构。一苏大开幕时，毛泽东、朱德等党政军领导人在这里检阅红军，授旗授勋。此后常作阅兵台。1933年8月，检阅台改为砖木结构。

叶坪革命旧址群

地址：江西省赣州市瑞金市叶坪乡

电话：0797-2303440

中央革命根据地历史博物馆

中央革命根据地历史博物馆位于瑞金市城西龙珠路1号，原为瑞金中央革命根据地纪念馆，2004年进行改扩建。现该馆占地面积68亩。基本陈列“人民共和国从这里走来”，主要内容分六大部分：中华苏维埃共和国诞生的前夜、中华苏维埃共和国定都瑞金、中华苏维埃共和国的巩固与发展、中华苏维埃共和国治国安邦的伟大实践、中华苏维埃共和国大迁徙、中华苏维埃共和国辉煌

红军检阅台

永铸。陈列展示了大量珍贵文物照片，并采用多种先进的展陈手段，再现了中国共产党领导苏区军民开展武装斗争，粉碎国民党军队的“围剿”，创建巩固革命根据地，建立中华苏维埃共和国临时中央政府的辉煌历史。中央革命根据地历史博物馆是全国爱国主义教育示范基地。

中央革命根据地历史博物馆

中央革命根据地历史博物馆

地址： 江西省赣州市瑞金市城西龙珠路1号
电话： 0797-2508558

瑞金革命烈士纪念馆

土地革命战争时期，瑞金人民在中国共产党的领导下同敌人进行了艰苦卓绝的斗争，付出了巨大的牺牲，5万多人为革命献出了宝贵的生命。瑞金革命烈士纪念馆建筑面积3320平方米，设有序厅、纪念大厅、1至5号展（陈列）室和休息室，馆内珍藏有17394位烈士英名录，陈列了100多位著名英烈和将军的画像、遗物和生平事迹。纪念馆庭院分前、中、后、沿河四区，前区广场安放了“送郎当红军”的石刻群雕；中区坐落有邓小平亲笔题词的毛泽覃纪念碑，八角英烈亭与其遥相呼应；后区广场最高处为展（陈列）馆，沿河景区保存有明朝万历年间建造的龙珠古塔和自然生态的山水园。

瑞金革命烈士纪念馆

地址： 江西省赣州市瑞金市红都大道
电话： 0797-2506811

瑞金革命烈士纪念馆

云石山革命旧址

云石山革命旧址

地址： 江西省赣州市瑞金市云石山乡

电话： 0797-2522063

云石山被称为“长征第一山”，是著名的长征出发地之一，位于瑞金城西 19 公里之云石山乡境内。1934 年 7 月，因沙洲坝已成敌机重点轰炸的目标，临时中央政府和中共中央局、中革军委等中央领导机关，从沙洲坝迁至云石山（原称高围垴）地区。同年 10 月 10 日，中央机关从这里开始实行战略大转移即长征。红军长征后组建的游击点指挥机关最早也设在这里。云石山革命旧址群为全国重点文物保护单位。

云石山景色

景点链接

罗汉岩风景名胜区

位于瑞金市壬田镇境内，地处赣闽交界，武夷山脉西麓，距瑞金市区 20 公里。罗汉岩景区规划面积 22 平方公里，海拔 500 多米，属典型的丹霞地貌。它融湖、潭、谷、岩、峰为一体，以其“峰险、岩奇、洞幽、泉清、水秀”著称。主要有蜡烛峰、试剑石、玉带平湖、罗汉岩、千丈崖、一线天、狮子峰等。

罗汉岩风景名胜区为省级风景名胜区、省级森林公园。

罗汉岩风景名胜区景致

参观线路建议

中央革命根据地历史博物馆——瑞金革命烈士纪念馆——叶坪红色旅游区（中华苏维埃第一次全国代表大会旧址、红军广场、烈士纪念塔）——沙洲坝红色旅游区（红井、大礼堂、中革军委旧址等）——云石山

于都革命烈士纪念馆及长征出发纪念地

于都革命烈士纪念馆

位于赣州市于都县城长征大道中路，1987 年兴建，宋任穷题写馆名。该馆陈列面积 434 平方米，分为一个序厅、一个悼念厅、六个陈列室。陈列了红二十军军长萧鹏、红军第十五纵队参谋长朱学玖等 147 名于都籍烈士的事迹及部分遗物。土地革命战争时期，于都县是中央革命根据地的重要组成部分，全县为革命捐躯的烈士达 16336 名。为褒扬革命先烈的丰功伟绩，1955 年于都县人民政府即建有烈士纪念塔、纪念亭各一座。于都革命烈士纪念馆为全国爱国主义教育示范基地。

于都革命烈士纪念馆

地址：江西省赣州市于都县城长征大道中路

于都革命烈士纪念馆

中央红军长征第一渡

位于赣州市于都县城东门外东门渡口。中央苏区第五次反“围剿”失败后，红军被迫转移。根据中革军委的命令，1934 年 10 月 16 日至 19 日傍晚，中革军委、红军总司令部和临时中央政府所属机关和红一、三、五、八、九军团 8.6 万人分别从于都梓山的山峰坝、花桥、县城的东门、南门、西门、罗坳孟口、鲤鱼、中埠和靖石渔翁埠等渡口渡过于都河，开始战略转移。中革军委、红军总部、中央直属机关和毛泽东、朱德、周恩来、张闻天、博古等，从县城东门渡口渡过于都河开始长征。

中央红军长征出发地纪念园

1996 年在中央红军长征第一渡兴建了纪念碑园。2009 年，进行改扩建，兴建了中央红军长征出发地纪念园。纪念园占地面积 60 亩，由入口小广场、主题雕塑、集结广场、纪念广场、中央红军长征出发地纪念馆等组成，是一处集爱国主义教育、观光、休闲为一体的综合性纪念园。

中央红军长征出发纪念馆

中央红军长征出发纪念馆始建于 1986 年 10 月，馆址原设在于都县城谢家祠，馆名为中央红军长征出发地纪念馆。2005 年在中央红军长征第一渡东侧建设新馆，更名为中央红军长征出发纪念馆，建筑面积 1100 平方米。新馆分上下两层，展览以中央红军集结于都及中央红军长征历程为主线，以长征前夕毛泽东、朱德、周恩来等老一辈革命家在于都开展的系列革命活动为载体，采用多种现代化展示手段，反映了中央红军长征出发的历史，包括苏区人民支援红军的历史场景，再现了中央红军被迫实行战略转移的史实。

中央红军长征出发纪念地

地址：江西省赣州市于都县城东门外

于都长征渡口

中央红军长征出发地纪念园

中央红军长征出发纪念馆

景点链接

于都屏山风景区

屏山，坐落于于都县南部的靖石乡境内，距县城约60公里，旧名龙山，海拔1312米，为县内最高峰，属典型的喀斯特地貌结构，海拔900米以下与国家地质公园张家界风光相似，悬崖壁立，奇石众多，森林茂密。900米以上与北国草原风光相似，山顶5万亩碧绿的高山草原连绵起伏。屏山似乎把南方的高山雄姿与北国的草原风光融为了一体。

于都屏山风景区一隅

于都罗田岩风景区

位于于都县城贡水南岸，丹崖绝壁，属丹霞地貌，开发于南北朝，北宋时享有盛名，其文化底蕴十分深厚。在方园2.5公里的悬崖峭壁上，镌有自唐宋以来历代名人题刻100余品、为罗田岩而作的诗文80余件，其中包括北宋周敦颐、南宋岳飞、文天祥、朱熹，元代王懋德，明代王阳明，清初八大山人等名人题刻。罗田岩还是名篇《爱莲说》之碑刻发表地，周边还有官才寨和通心岩。

于都罗田岩风景区为省级森林公园。

于都罗田岩风景区牌楼

兴国革命历史纪念地

兴国将军园

位于赣州市兴国县将军大道南端，是兴国红色旅游文化的标志性建筑，由将军广场、将军馆、苏区干部好作风陈列馆、大型群雕和休闲广场等组成。

将军广场：正中安放着6米高的毛泽东巨型汉白玉石雕像，园内按长征路线规划，安放了朱德、陈毅和兴国籍56位共和国开国将军雕像。每座雕像造型特点各异。园内还立有12块奇石，分别雕刻肖华所作的12首长征组歌。

将军馆：建筑面积500平方米，屋顶是红军八角帽造型，展厅和大门由镰刀斧头形状构成，突出兴国红军县的特色。馆内展览有开国将军们的生平事迹。

苏区干部好作风陈列馆：分6个展厅，是全国唯一以苏区干部好作风为主题的陈列馆。

大型群雕：设在公园东侧，由“中国工农红军兴国模范师”、“中国工农红军少共国际师”、“中国工农红军警卫师”三面军旗及79位栩栩如生的人物故事环绕组成，三面军旗象征着兴国在土地革命战争中建立了三个师参加工农红军。23万人口的兴国就有8.5万人参军参战。群雕正面是兴国人民与红军一道反“围剿”的战斗场面，背面是兴国人民当时母送子、妻送郎、兄弟相争上战场的动人场面。

兴国将军园

地址：江西省赣州市兴国县将军大道南端
电话：0797-5318997

兴国县革命干部训练班旧址（潋江书院）

位于赣州市兴国县城小井头潋江书院内。书院建于清乾隆三年（公元1738年），1978年修复，占地4900多平方米，由门厅、讲堂、拜厅、学舍、魁星阁、文昌宫和崇圣祠组成。1929年1月，红四军党代表毛泽东、军长朱德率领红四军主力向赣南闽西进军，开辟新的革命根据地。4月中旬，毛泽东来到县城，住潋江书院文昌宫。文昌宫东侧是崇圣祠，是毛泽东举办“土地革命干部训练班”的教室，毛泽东在此传达了中国共产党第六次全国代表大会精神；制定了《兴国土地法》和《兴国县革命委员会政纲》，成立了兴国县革命委员会；举办了土地革命干部训练班。1933年3月至1934年10月，兴国县苏维埃政府驻此。

兴国县革命干部训练班旧址为全国重点文物保护单位。

兴国烈士陵园

位于赣州市兴国县县城中心五福广场

兴国将军园

兴国革命烈士纪念馆

旁。烈士陵园内建有纪念馆、英名碑、悼念广场、纪念亭、喷水莲池等建筑。兴国不仅是全国著名的“将军县”，又是全国著名的“烈士县”，仅有姓名可考的烈士就有23179名，为全国之首。在红军长征途中，几乎每一公里就有一位兴国籍烈士倒下。为纪念这些革命先烈，兴国1950年就在县城最高处建立了占地20867平方米的烈士陵园。今天的烈士陵园是在当年烈士陵园的基础上扩建而成的。

兴国烈士陵园是全国爱国主义教育示范基地、全国重点烈士纪念建筑物保护单位。

吉安市赣西南苏维埃政府和江西省苏维埃政府旧址

位于江西省吉安市青原区文陂乡陂头万寿宫。在1930年3月22日召开的中共赣西南特委第一次党代会上决定成立的赣西南苏维埃政府，从吉安迁驻此地。

吉安市赣西南苏维埃政府旧址

抚州市革命遗址

在土地革命战争时期，江西省抚州市南丰、宜黄、广昌、乐安、资溪、黎川、金溪、崇仁、南城等县是中央苏区的重要组成部分。毛泽东、周恩来、朱德、陈毅等红军领导人都曾多次在这里领导和指挥武装革命斗争，建立苏维埃政权。抚州是中央苏区第四次、第五次反“围剿”战争的主战场，著名的东陂战役、黄陂战役、洵口战役、团村战役、金溪战役和大寨脑、高虎脑、万年亭战斗等都发生在这里。全区保留了一批像黎川湖坊的闽赣苏维埃政府革命旧址、红军第一号布告和大量红军标语等珍贵的革命遗址遗迹。脍炙人口的“漫天皆白，雪里行军情更迫”是毛泽东在广昌行军路上的佳作；“工农儿子惯征战，四破铁围奇中奇”的律诗，是陈毅“闻黄陂大捷，敌人第四次‘围剿’被粉碎”的喜赋。在革命斗争中，涌现了赵醒侬、傅烈、周建屏等众多革命先烈。抚州市革命遗址包括红一方面军作战总指挥部旧址、广昌革命烈士纪念馆、高虎脑战役红军指挥部旧址、南村邓小平旧居、第四次反“围剿”黄陂大捷旧址——登仙桥战役旧址、鳌溪镇和沙子岭毛泽东旧居、周恩来旧居、红一方面军太湖坪整编旧址等。

抚州反“围剿”纪念馆

上饶集中营革命烈士陵园

上饶集中营是国民党1941年3月在上饶茅家岭、周田、李村、七峰岩、石底等地设立的一座法西斯式的集中营，主要囚禁抗战时期皖南事变中谈判被扣的新四军军长叶挺和弹尽粮绝被俘的新四军排以上干部，还有部分从东南各省搜捕来的共产党员和其他爱国进步人士共760余人。

上饶集中营主要组成部分全称为“第三战区司令长官部训练总队军官大队”和“第三战区司令长官部特别训练班”，均由国民党军统特务管理。在上饶集中营被囚的共产党人、革命志士同国民党特务展开了不屈不挠的抗争，并举行了两次越狱暴动。第一次发生在1942年5月2日，囚禁于茅家岭监狱的革命志士举行了越狱暴动，24位同志胜利冲出了牢笼。第二次暴动发生在20天后，集中营移迁闽东赤石时，在秘密党支部的组织下，近百名同志冲出虎口。上饶集中营迁赤石后未再回迁。上饶集中营的革命斗争，表现了革命志士坚定不移的信念，顽强不屈的意志，英勇无畏的斗争精神和敢于胜利的气魄。他们在极其艰难的困境面前，在惨无人道的酷刑面前，在血雨腥风的杀戮面前，视富贵如云，视生死如归，威武挺拔不动摇，其精神感天动地，其事迹感人肺腑。

上饶集中营革命烈士纪念馆

新中国成立后，为缅怀先烈革命精神，先后在茅家岭建立了上饶集中营革命烈士陵园，兴建和重建上饶集中营革命烈士纪念碑、革命烈士纪念馆、纪念亭等建筑物。

上饶集中营革命烈士陵园为全国重点烈士纪念建筑物保护单位、全国爱国主义教育示范基地，上饶集中营监狱旧址为全国重点文物保护单位。

上饶集中营革命烈士陵园

地址：江西省上饶市信州区陵园路 66 号
电话：0793−8153595

■ 革命烈士陵园区

由纪念碑、纪念亭、纪念馆和英雄主义文化园、新四军文化园、爱国主义文化园构成，与茅家岭监狱旧址区合成为核心景区，是参观瞻仰的主景区。

■ 茅家岭监狱旧址区

茅家岭监狱旧址位于信州区茅家岭村境内，是上饶集中营 5 处监狱中最黑暗、最残酷的“狱中之狱”。监狱设有 4 个禁闭室：重禁闭室、轻禁闭室、女禁闭室、优待室，内设 10 种酷刑、4 种特刑的老虎凳、铁丝笼等刑罚刑具。著名的茅家岭暴动就发生在这里。

■ 周田监狱旧址区

周田监狱旧址位于信州区茅家岭乡上下周田村，当时主要是一至六中队和女生队的监房，驻有一个国民党宪兵加强连看守。这里是上饶集中营大本营，“军官大队”本部、“特训班”本部、“东南分团”团部都设在这里。

1 上饶集中营革命烈士纪念碑
2 茅家岭监狱旧址
3 周田监狱旧址

李村监狱旧址

李村监狱旧址区

李村监狱旧址位于上饶县皂头镇李村，主要囚禁过新四军军长叶挺、新四军政治部组织部长李子芳、秘书长黄诚和敌工部长林植夫等。叶挺被囚禁在这里长达 7 个多月，与敌特们进行了针锋相对的斗争。他在囚室的墙壁上泼墨明志，挥毫写下了光耀千古的诗句："富贵不能淫，威武不能屈。正气压邪气，不变应万变。坐牢三个月，胜读十年书。三军可夺帅，匹夫不可夺志！"保持了一位抗日将领的民族气节。

七峰岩监狱旧址区

七峰岩监狱旧址位于上饶县黄市乡七峰村境内，主要囚禁过新四军第三纵队司令员张正坤、教育总队副队长冯达飞等新四军高级将领。这里属丹霞地貌，最高海拔 300 米，因岩洞周围有 7 座山峰围绕而得名，是上饶集中营景区集瞻仰、休闲为一体的综合型游览景点。

参观线路建议

上饶集中营革命烈士陵园——茅家岭监狱旧址——周田监狱旧址——李村叶挺囚室旧址——七峰岩——云碧峰国家森林公园

景点链接

云碧峰国家森林公园

云碧峰国家森林公园融山、林、江为一体。园内林木以亚热带天然次生林和人工林为主，森林覆盖率 65%，植被种类丰富，有乔木、灌木、藤本及草本植物 307 种，其中国家一、二级保护植物有 15 种，还有银环蛇、眼镜蛇、猫头鹰等国家保护动物，是上饶市区最大的一块森林绿地，具有城市公园和森林公园双重功能。

云碧峰国家森林公园

地址： 江西省上饶市信州区东南部

电话： 0793-8291211

云碧峰国家森林公园牌楼

赣东北红色旅游系列景区

上饶市

横峰县闽浙皖赣革命根据地旧址群

闽浙赣（又称赣东北、闽浙皖赣）革命根据地，是土地革命战争时期由方志敏、邵式平、黄道等领导创建的。它地处赣、闽、皖、浙四省边界，涉及52个县的部分地区，人口100余万，游击区人口近千万。

1928年1月，方志敏、邵式平、黄道等领导赣东北弋阳、横峰地区的农民举行起义。起义后，建立了工农革命军第二军第二师第十四团第一营第一连，并先后成立了中共弋阳县委和横峰县委。1928年5月，在弋阳县召开第一次工农兵代表大会，建立了弋阳苏维埃政府。接着，又成立横峰苏维埃政府。由于遭到国民党军队的进攻，起义武装后来转移到弋阳、横峰北部的丁山（即磨盘山）地区坚持斗争。1930年7月红十军成立赣东北根据地的红军，在方志敏等领导下，粉碎国民党军队于1930年11月和1931年3月发动的两次“围剿”，使红十军发展到5000人。1931年4月，红十军挺进闽北，支援中央根据地的反“围剿”斗争，恢复并扩大了闽北根据地。同年1月，成立由方志敏任主席的赣东北省苏维埃政府。1932年11月，将赣东北省改为闽浙赣省。1933年3月18日至23日，闽浙赣省第二次工农兵代表大会在葛源召开，选举产生了以方志敏为主席的省苏维埃执行委员会。1933年10月至1934年底，军民投入保卫基本苏区，开辟新区的斗争，第五次反“围剿”失败后苏区丢失。1935年初至1938年初，形成皖浙赣、闽北（闽赣边）、闽浙边三块游击根据地，国共第二次合作，各地红军游击队编入新四军，奔赴抗日战场。闽浙皖赣革命根据地创造出了许多有特色的军事斗争和政权建设方面的成功经验，曾荣获中华苏维埃共和国临时中央政府授予的“苏维埃模范省”的光荣称号，毛泽东曾誉之为“方志敏式”、“有很好的创造”、“是坚强的苏维埃阵地”。

闽浙皖赣革命根据地旧址群，以方志敏革命生涯为主线，由方志敏故居、方志敏纪念馆、中共闽浙赣省委机关旧址、闽浙赣省苏维埃政府旧址、闽浙赣省军区司令部旧址等组成。

■ 方志敏故居

1899年8月21日，方志敏出生在江西省上饶市弋阳县漆工镇湖塘村的一个农民家庭。方志敏故居是方志敏少年生活的地方，他的卧室内有一副自己撰写的对联：“心有三爱奇书骏马佳山水，园栽四物青松翠竹洁梅兰”。如今故居园内的松竹梅兰，挺拔翠滴，飘香四溢。

■ 方志敏纪念馆

位于弋阳县城北面峨眉嘴山顶，又

方志敏故居

称“弋阳革命烈士纪念馆”，1978 年落成，2004 年改扩建后重新开放。前广场上，大理石雕刻的方志敏塑像肃穆庄严，基座刻有毛泽东亲笔题写的“方志敏烈士”五个大字。底座上刻有叶剑英挽方志敏的一首诗：“血战东南半壁红，忍将奇罪作奇功。文山去后南朝月，又照秦淮一叶枫”。纪念馆后为烈士陵园。方志敏纪念馆内设有 4 室 1 厅，正厅设有灵堂，灵堂正中为纪念碑，上面镌刻着毛泽东书写的“人民英雄永垂不朽”的字样，灵堂还存放着弋阳 9288 名有名有姓的烈士英名录。第一陈列室介绍方志敏作为江西农民运动的卓越领导人和两条半枪闹革命的感人事迹；第二陈列室介绍方志敏创建根据地和红十军团的经历；第三陈列室正中有一座高 3 米的“方志敏挥毫”石膏塑像，主要陈列介绍方志敏在狱中的斗争和以顽强的毅力写下的《可爱的中国》、《清贫》等千古名篇，以及他的战友黄道、唐在刚、余汉朝、邹琦等著名英烈的生平事迹；第四陈列室介绍新中国成立后病故的红军老干部邵式平、汪金祥、吴克华、谢锐等同志的生平事迹。方志敏所创立的根据地被毛泽东称为“方志敏式”根据地。他在狱中以顽强毅力写下的《清贫》、《可爱的中国》、《狱中纪实》等光辉著作，已成为中国人民宝贵的精神财富。

方志敏纪念馆为全国爱国主义教育示范基地。

方志敏纪念馆

地址：江西省上饶市弋阳县城北

电话：0793−5883171

方志敏纪念馆

人物介绍

方志敏

方志敏（1899—1935），江西弋阳人。1922年7月加入中国社会主义青年团，1924年春转为中国共产党党员。1925年7月起任国民党江西省党部执行委员兼农民部部长。大革命失败后，任中共弋阳、横峰等五县工作委员会书记兼武装起义总指挥，领导弋、横暴动。1929年10月起任信江苏维埃政府主席。1930年2月起任信江革命军事委员会主席，赣东北特区革命委员会主席。1931年起任赣东北特区苏维埃政府主席，赣东北省苏维埃政府主席兼红十军代政治委员。1931年11月当选为中华苏维埃共和国第一届中央执委会委员。1932年冬起任闽浙赣省苏维埃政府主席。1933年12月至1935年2月任中共闽浙赣省委书记。在中共六届五中全会上增选为中央委员。1934年2月当选为中华苏维埃共和国第二届中央执委会委员、中央执委会主席团成员。1934年11月任红十军团军政委员会主席，率红军北上抗日先遣队离开根据地。1935年1月所部于皖南地区遭国民党军重兵围攻，1月29日在怀玉山区因叛徒出卖被俘。1935年8月6日在南昌下沙窝就义。

中共闽浙赣省委机关旧址

位于江西省上饶市横峰县葛源镇枫林村中心，是一幢一字形民房，大门两边写有黑色隶书标语“坚决执行党的进攻路线、彻底粉碎敌人五次围攻”的标语，室内有宣传部、组织部、妇女部、秘书处、事务科、收发室等。方志敏卧室兼办公室内，保存有他当年用过的办公桌椅和木板床，当年贴的苏区报纸还留在墙壁上。

闽浙赣省苏维埃政府旧址

位于江西省上饶市横峰县葛源镇枫林村村北，占地664平方米，有正房一幢，偏房2幢，室内设办公室、财政部银库等。闽浙（皖）赣苏区在政治、经济、军事、文化、法制建设等方面取得了辉煌业绩，1934年1月被中华苏维埃临时中央政府授予“苏维埃模范省”。

旧址为全国重点文物保护单位。

闽浙赣省苏维埃政府旧址

闽浙赣省军区司令部旧址

位于江西省上饶市横峰县葛源镇枫林村，占地500平方米，共有12间房屋，设有司令员室、政委室、军长室、参谋长室。

红五分校旧址

位于江西省上饶市横峰县葛源镇杨氏宗祠，占地1200平方米。院墙两边还保留有“造成红军铁骨干，争取革命战争胜利”的标语。红五分校旧址的前身是创建于1929年10月的“信江军事政治学校”。

红五分校旧址

■ 红军操场司令台旧址

位于江西省上饶市横峰县葛源镇枫林村，占地10500平方米，建于1933年，北端有一座司令台，是军民群众集会的地方，苏区的纪念会、祝捷会、体育运动会、文艺演出都在这里举行。1934年11月，方志敏就是在这里召开誓师大会，最后一次与乡亲们告别，挥师北上抗日。

■ 列宁公园旧址

坐落在江西省上饶市横峰县葛源镇，建于1931年，占地6600平方米，是中国共产党建造的第一个公园。

> **活动建议**
> 第一天　参观上饶集中营、方志敏纪念馆、闽浙皖赣革命根据地旧址。
> 第二天　游览龟峰景区。

景点链接

弋阳龟峰景区

位于江西省上饶市弋阳县境内，景区总面积39.3平方公里。龟峰属丹霞地貌，风景优美，有“三十六峰七十二景”之说。景区内有商周文化遗址、太平天国城堡遗址、瑞相寺遗址，这里也是明代戏曲“四大声腔”之一的弋阳腔的发源地。

龟峰景区为国家级风景名胜区、国家4A级旅游景区。

龟峰景区风光

弋阳龟峰景区
地址： 江西省上饶市弋阳县信江南岸
电话： 0793-5824729

中国工农红军北上抗日先遣队纪念馆（碑）

地址： 江西省上饶市玉山县怀玉山乡

玉山县中国工农红军北上抗日先遣队纪念馆（碑）

2007 年在怀玉山爱国主义教育基地兴建中国工农红军北上抗日先遣队纪念馆（碑）。纪念馆（碑）主要陈列展示中国工农红军北上抗日先遣队 1934 年 7 月从瑞金出发后，6 个多月时间在福州、罗源、竹口、分水关、谭家桥、怀玉山等地的战斗场景；先遣队将士使用过的土枪、望远镜、铜茶壶、衣物等作战生活用品；方志敏、寻淮洲、粟裕、乐少华、刘英、刘畴西、王如痴等率部队同国民党军进行殊死战斗的事迹及行军路线图等。

中国工农红军北上抗日先遣队纪念馆（碑）

中国工农红军北上抗日先遣队纪念碑位于怀玉山玉峰盆地，占地面积 20.5 亩。碑体为花岗岩结构，高 12.75 米，长 68 米，宽 39.8 米。纪念碑主体结构是根据当年红十军团在怀玉山战斗过的线路而设计的，构成红军“八角帽”造型，展示红十军团的 800 余名英雄烈士像一个巨人长眠在巍峨的怀玉山上。

景点链接

怀玉山爱国主义教育基地——清贫园

清贫碑

清贫园以清贫碑为中心，通往碑体有 36 级台阶，寓意方志敏 36 岁的短暂一生。清贫碑建在方志敏浴血奋战过的玉山县怀玉山玉峰盆地的一座小山上，背景为怀玉山主峰云盖峰。碑体以天然的花岗岩构筑而成，由字碑、方志敏头像雕塑两部分组成，字碑正面全文镌刻方志敏《清贫》手迹，背面镌雕方志敏生平和在怀玉山浴血奋战 20 天的历程。

方志敏清贫事迹陈列馆

方志敏清贫事迹陈列馆共分 3 层，设 1 个序厅和 6 个图文展厅，总面积近 300 平方米。陈列馆运用雕塑、实物、图片等展示手段，展示了方志敏勤俭朴素、秉德无私、赤胆忠心、舍生取义的伟大精神。

方志敏清贫事迹陈列馆

方志敏清贫事迹陈列馆

地址： 江西省上饶市玉山县怀玉山乡

电话： 0793-2493108

三清山风景名胜区

位于上饶市东北部，因玉京、玉虚、玉华三峰峻拔，缘于道教玉清、上清、太清三位最高尊神列坐山巅而得名。景区总面积756.6平方公里，主峰玉京峰海拔1819.9米。这里花岗岩微地貌密集分布，峰林形态多样；2373种高等植物、1728种野生动物，构成了东亚最具生物多样性的环境；道教历史文化已有1600余年历史。三清山风景名胜区为世界自然遗产、国家重点风景名胜区、国家5A级旅游景区。

三清山风光

铅山县石塘镇新四军整编旧址

土地革命战争时期，石塘是赣东北革命根据地的重要组成部分。1931年4月，方志敏率红军进攻闽北时，攻占了石塘，建立了石塘港背乡苏政权。同年冬又在港背建立了县第九区苏维埃政府。1938年2月，闽北红军游击队奉令下山在石塘集中（今石塘中心小学内），成立了新四军第三支队第五团，在石塘通过宣传动员，部队由900余人扩编到1500余人，并在饶州会馆内设立通讯处（对内是县委机关），还在此成立了闽北特委（后迁崇安坑口），下辖铅山、崇安、上饶、浦城、建阳、邵武、光泽、顺昌等县委。在整编过程中，赖家纸行和罗盛春纸号的老板腾出多处房间，作为整编部队的各单位和领导的住所。当时，黄道、邵式平、张云逸、粟裕、饶守坤、刘文学、曾镜冰等革命先辈们都在这里居住过。如今，在罗盛春纸号大院内和港背有的民宅朝门石条上还留有当年红军的标语。

三清山风景名胜区

地址： 江西省上饶市三清山风景区

电话： 0793-8225817

活动建议

第一天　参观清贫园、中国工农红军北上抗日先遣队纪念馆（碑）、方志敏清贫事迹陈列馆、高竹山方志敏蒙难纪念亭。

第二天　游览三清山。

石塘镇新四军整编旧址

地址： 江西省上饶市铅山县石塘镇内

电话： 0793-5130189

铅山县石塘镇新四军整编旧址

景点链接

鹅湖书院

鹅湖书院
地址：江西省上饶市铅山县鹅湖山麓
电话：0793-5353802

鹅湖书院

位于上饶市铅山县鹅湖山北麓，原鹅湖寺西侧。南宋淳熙二年（公元1175年），朱熹、吕祖谦、陆九龄、陆九渊在此聚会讲学。书院建筑背山面畈，占地约5400平方米，现为全国重点文物保护单位。

葛仙山景区

葛仙山景区
地址：江西省上饶市铅山县葛仙山乡
电话：0793-5392296

葛仙山是著名的道教名山，位于上饶市铅山县中部，系武夷山的支脉，主峰海拔1096.3米，相传这里是东汉名道葛玄道成升天之处。葛仙山是道教和佛教和睦共处之地。佛教寺院的“慈济寺”匾额为赵朴初题写。山上的石刻碑林是按道教太极衍生图和《洛书》布列，深含易理，堪称江南一绝。景点有洗脚坑、上马石、下马石、炼丹台、息心岩、仙人足印、飞升台、香炉峰、七星井、道人石、普同塔、试剑石、龙眼井、百步岭、千年古松等。

葛仙山景致

浮梁县新四军瑶里改编及程家山旧址

新四军瑶里改编旧址

瑶里是著名的皖赣边区三年游击战争的根据地之一。全国抗战初期，为了胜利完成红军游击队改编为新四军的工作，陈毅于1937年底至1938年初亲临瑶里指导。整编工作分四步进行，统一番号，思想整顿，军事训练，扩编。1938年1月，新四军在瑶里敬义堂设立了招兵处，并分别到祁门、休宁、至德和浮梁、景德镇的广大农村城镇宣传，10多天扩军200多人。部队在整编期间，召开了边区游击队和地方党组织干部会，传达了中共中央关于改编的决定和南方游击队改编为新四军的具体指示，同时宣布成立中共皖赣浙省委，以李步新为书记。陈毅在瑶里程氏宗祠召开的抗日动员大会上讲了话，宣传中共的抗日民族统一战线的主张。经过整训改编的江西抗日义勇军第一支队于1938年2月底开赴安徽省岩寺。3月中旬，根据新四军军长叶挺命令，正式编入新四军第一支队第二团第三营，陈毅为第一支队司令员。

部队奔赴抗日前线后，留下的部分人员设立了新四军驻瑶里留守处，处理善后事宜。

1988年在瑶里兴建了新四军瑶里改编纪念碑。

瑶里程氏宗祠

瑶里程氏宗祠是整个村庄里最引人注目的建筑，现在依然保持着过去的风貌。这里是1938年由陈毅主持的新四军抗日动员大会的会址，现祠堂内仍按当年的布置，100平方米左右的大厅内只有几条长凳。当年还在国民党封山“围剿”的时候，陈毅就说，一旦抗战爆发，国民党会用军乐队来欢迎我们下山的，这曾被游击队员们视为笑谈。但他的预言很快实现了。蒋介石在大势所趋下，接受了中共将南方红军游击队改编为新四军的建议。

新四军瑶里改编旧址

地址：江西省景德镇市浮梁县瑶里镇

电话：0798-2601909

新四军瑶里改编纪念碑

瑶里程氏宗祠

皖赣分区苏维埃政府（程家山）旧址

位于江西省景德镇市浮梁县兴田乡。1934 年 3 月，中共闽浙赣省委决定组建中共赣北特委，以实现方志敏提出的“保卫基本苏区，创造新的苏区”的战略方针。4 月，特委书记柳真吾率 100 余人的赣北红军游击大队开赴浮梁农村，特委机关初设浮梁小源石村里，5 月迁程家山。到 6 月中旬，赣北特委在皖赣边区共辖有 2 个中心县和 13 个县（区）委。同时，以浮梁为中心的皖赣边大部分县（区）先后建立了苏维埃政权组织。7 月中旬，特委在浮梁召开了皖赣边 8 县工农兵代表大会。会间，赣北特委改称皖赣分区委（亦称特委），柳真吾继任书记，还成立了皖赣分区苏维埃政府和军分区。会后，各地党组织进一步发展，苏区的分田运动蓬勃开展。经过扩红运动，革命武装由一支 100 余人的游击大队发展成一个正规红军独立师和 18 支地方游击中队，共数千人。整个苏区以浮梁程家山为中心，面积扩大到长 500 余里、宽约三四十里至八九十里不等的区域，与闽浙赣中心区连成一片。10 月，寻淮洲、乐少华、粟裕等率领的红军北上抗日先遣队（即红七军团）进抵皖赣边苏区中心浮梁程家山，与红军独立师会师，并在当地群众的配合下给国民党军队以沉重地打击。1934 年冬，国民党调集兵力分 5 路围攻苏区中心程家山。由于敌强我弱，皖赣分区党政机关被迫迁往秋浦大板，浮梁境内的各级党政组织相继遭受破坏。从 1935 年春开始，边区军民转入了艰苦卓绝的游击战争。

皖赣分区苏维埃政府（程家山）旧址

地址：江西省景德镇市浮梁县兴田乡

乐平市红十军建军旧址

位于江西省景德镇市乐平市众埠镇界首村，全村共有近 500 户、2000 人口，因其位于乐平与弋阳两县交界处而定村名。

中国工农红军第十军（简称红十军），是由方志敏、邵式平、周建屏等创建的赣东北革命根据地的主力红军，1930 年 7 月 22 日在界首村举行建军典礼而建成，军部设在界首祠堂，主席台设在祠堂外右侧的古戏台上。全军指战员共有 1700 余人、枪 1000 余支，军长为周建屏，政委先后

程家山烈士陵园

红十军建军旧址

赣东北特委、赣东北革命委员会旧址

为吴先民、胡庭铨、邵式平。

众埠镇界首村红十军建军旧址建筑面积近 300 平方米，建筑为清代民居风格。旧址内陈列了有关红十军建军的照片、图表等，反映了红十军为创建、巩固和发展革命根据地，保卫中央苏区和掩护中央红军主力战略大转移作出的卓越贡献。

乐平市红十军建军旧址

地址：江西省景德镇市乐平市众埠镇界首村
电话：0798-6828501

赣东北特委、赣东北革命委员会旧址

赣东北特委、赣东北革命委员会旧址位于现乐平市政协所在地。乐平是赣东北苏区的门户。1930 年 8 月 20 日，方志敏率领红军一举解放了乐平城，并在 1 个月内，相继建立县、区、乡、村苏维埃政府。1930 年 9 月 10 日，赣东北特委赣东北革命委员会，为更好开辟景德镇、鄱阳等地革命根据地，由弋阳经众埠街迁至乐平县城，驻扎在乐平镇东大街周家巷口左侧大豪绅汪老伍家，当时门口挂“赣东北革命委员会”的牌子。该屋 19 世纪 20 年代初期建成的，为木石结构，1930 年 8 月至 11 月方志敏与爱人缪敏住楼上，并与邵式平、周建屏等经常在此研究工作。

赣东北特委、赣东北革命委员会旧址

地址：江西省景德镇市乐平市政协
电话：0798-6828501

方志敏旧居

旧居属于 20 世纪乐平东南乡典型落檐山墙式民居建筑，依山傍水，总面积约 140 平方米，建筑面积约 70 平方米。1927 年，方志敏在弋阳漆工镇领导暴动后遭追捕，同年 9 月 27 日夜，由其姐夫护送，秘密来到乐平篁坞村汪岐芬家。方志敏在

方志敏旧居

地址：江西省景德镇市乐平市十里岗乡篁坞村

方志敏旧居

该村居住了 40 余天，并进行了一系列革命活动。1958 年方志敏爱人缪敏为此写下《方志敏同志在篁坞》。

景点链接

瑶里风景区

瑶里风景区

地址：江西省景德镇市浮梁县瑶里镇

电话：0798-2601909

瑶里，地处黄山余脉，这里大山横亘，且多奇峰峻岭，境内五股尖海拔 1618 米，为赣东北地区最高峰。瑶里，古名“窑里”，远在唐代中叶，瑶里就有生产陶瓷的手工业作坊，因瓷窑出名而得名。20 世纪初瓷窑外迁，演变成“瑶里”，喻义神奇、美丽的地方，素有“瓷之源、茶之乡、林之海”的美称。瑶里风景区大致分为汪湖生态旅游区、瓷茶古镇游览区、绕南陶瓷主题园区、梅岭悠闲度假区、高岭土矿遗址园区、五华山游览区 6 个景区。

瑶里风景区

吉安市红色旅游系列景区

东固革命根据地旧址

东固原为庐陵县（吉安县），今属江西省吉安市青原区管辖。东固革命根据地是土地革命战争时期中国共产党创建的最早的农村革命根据地之一。从 1927 年 9 月到 1935 年 3 月，东固革命根据地前后历时 7 年多，是存在时间较长、经济社会形态相对完整、斗争形式非常鲜明的革命根据地之一。毛泽东曾称其为与“朱德毛泽东式”、“贺龙式”、“方志敏式”并列的“李文林式”的革命根据地。东固山被毛泽东称赞为“第二个井冈山”，陈毅誉之为“东井冈”。当年的东固区还曾被评为中央苏区“第一模范区”，仅 1933 年至 1934 年间，这里就有 2400 多名青壮年参加红军，占当时青壮年 2800 人的 85.7%，有名有姓的烈士达 1400 多人。

该根据地自 1927 年 9 月开创，至 1929 年 12 月成立赣西临时苏维埃政府止，为期 2 年零 3 个月，全盛时期人口 15 万，面积达 2200 平方公里。1930 年后，并入赣西南苏区和中央苏区。在这块浸透先烈鲜血的红土地，曾是第一、二、三次反“围剿”的主战场，毛泽东、朱德、陈毅、曾山等老一辈无产阶级革命家在此浴血奋战，举行过著名的“东固会师”，并先后诞生了第七、九纵队，红二、四团，红六军、红二十军等革命武装和正规红军。

东固平民银行旧址

位于江西省吉安市青原区东固镇老

东固平民银行旧址

街街道中心南侧，二层楼房，坐东南朝西北，砖木结构，占地面积169.51平方米。1928年，为了打破敌人的经济封锁，活跃根据地的经济，中共东固区委决定沟通与白区的贸易，成立东固平民银行。当年10月，东固党组织筹集基金3000银元，开办“东固平民银行”，到1929年又扩大基金8000千元，发行纸币20000元，对粉粹国民党反动派的经济封锁起了主要作用。当时，苏区群众非常支持平民银行的开办，纷纷筹集资金，有的妇女还把结婚时用来陪嫁的银手镯、银项链、银耳环、银戒指等往平民银行送。东固平民银行还印制了中国工农政权的第一张纸币，纸币分一元、五角、一百文、二百文四种，流通于东固根据地以及邻县地区。1929年2月，毛泽东、朱德、陈毅亲临视察。1931年东固平民银行发展为“江西工农银行”，后又与闽西银行合并为“中华苏维埃共和国国家银行”。

东固平民银行旧址为江西省级文物保护单位。

敖上村

东固镇敖上村是东固革命根据地创建的起源地之一，是赖经邦领导的江西工农革命军第三师第七纵队率先创建的根据地，并由此逐步形成整个东固革命根据地。这里也是毛泽东领导工农红军进行第二、三次反“围剿”战争的指挥部所在地。

毛泽东旧居

位于江西省吉安市青原区东固镇敖上村中心，坐西朝东，为3间土木结构瓦房，约110平方米。房屋具有20世纪二三十年代客家的建筑风格，周围有数十户民房，旧居进门的右侧是毛泽东卧室兼办公室，1931年4月毛泽东居住在这里，达25天之久。毛泽东和朱德、黄公略、叶剑英等在这里亲自制定和部署了第二次反“围剿”的战略方案，采取了诱敌深入、集中优势兵力，击其虚弱，歼敌于根据地之内的战略方针。

东固敖上村毛泽东旧居

军民誓师大会会场旧址

位于江西省吉安市青原区东固镇敖上村。1931 年 5 月中旬，万名红军站在这棵有几百年树龄的大樟树下的晒坪上，召开了第二次反“围剿”军民歼敌誓师大会，毛泽东在大会上讲话。

红一方面军无线电培训班旧址

位于江西省吉安市青原区东固镇敖上村。这是一幢土木结构的瓦房，红军无线电培训班的学员就住在这里，负责无线电训练的是王诤。1931 年 4 月至 5 月，红一方面军利用缴获敌人的无线电设备在这里开办无线电培训班，造就了中国工农红军第一批无线电通讯员。毛泽东等领导人常常亲临培训班视察学员的学习情况，他还和朱德总司令在紧张备战的百忙之中，给培训班的学员们上政治课。

红一方面军无线电培训班旧址

红四军与红二、四团会师旧址

位于江西省吉安市青原区东固镇螺坑村。1929 年 2 月 17 日，毛泽东、朱德、陈毅率领红四军来到东固，22 日红四军与李文林等领导的红二、四团在螺坑石古丘坝上召开了胜利会师大会。会后，红二、四团和东固群众送了 4000 元大洋和大量的子弹给红四军，红四军回赠了 4 挺机枪和 1 门迫击炮给红二、四团。毛泽东在大会上赞扬红二、四团及根据地人民革命斗争的伟大成就，并鼓励说：目前军阀混战将起，是我们发展的大好时机，胜利一定属于我们。朱德讲话说：国民党反动派天天叫打倒朱毛，朱毛打倒了没有呢？现在不仅没有打倒，而且越来越多，今天你们又变成朱毛了。陈毅则即兴赋诗一首：“东固山势高，峰峦如屏障。此是东井冈，会师天下壮。”这次会师总结并交流了根据地建设的经验，推动了东固革命根据地的进一步发展。

公略亭

位于江西省吉安市青原区东固镇六渡村南侧，距东固镇 4.5 公里。1931 年 9 月 15 日，红三军军长黄公略率领红军部队挥师瑞金、广昌等地时，路经东固六渡坳遭敌机扫射，壮烈牺牲。为纪念黄公略，1978 年在黄公略遇难的地方修建了公略亭。1982 年重修。

东固革命根据地旧址

地址： 江西省吉安市青原区东固镇

电话： 0796-7020796

永新三湾改编旧址

三湾是江西省吉安市永新县的一个小山村。湘赣边界秋收起义后，毛泽东率部向罗霄山脉中段转移，1927 年 9 月 29 日到达这里。在进村的当晚，毛泽东在“泰和祥”杂货铺召开中共前敌委员会扩大会议，讨论部队现状及其解决的措施。在向井冈山进军途中，由于敌军前堵后追，指挥员牺牲，伤员增加，有些人因为怕艰苦不辞而别，一些指挥员还存在打骂士兵的旧军队习气，党组织不健全。原本 5000 多人的队伍，这时只剩下不足千人。怎样把这支以农民为主体的革命武装，建设成为党所领导下的完全新型的人民军队？毛

三湾枫树坪

泽东看出了问题的症结所在，决定对部队实行整顿和改编，加强军队中党组织的建设，这就是著名的三湾改编。

三湾改编的主要内容是，一是把部队由一个师缩编为一个团，称工农革命军第一军第一师第一团，下辖两个营，共有700多支枪。改编时，毛泽东宣布愿留则留，愿走的发给路费，将来愿意回来还欢迎。二是在部队内部实行民主制度，官兵平等，待遇一样，规定不准打骂士兵，士兵有开会说话自由，连以上建立士兵委员会。士兵委员会有很大的权力，参加对部队的行政管理和经济管理，官长要受它的监督。三是把党的支部建在连上。毛泽东决定，在各级部队分别建立党的组织：班、排建立党小组，连队建立党支部，营、团建立党的委员会；连以上各级设党代表，由同级党组织的书记担任；全军由党的前敌委员会统一领导。部队的一切重大问题，都必须经党组织集体讨论决定。

通过三湾改编，党的组织在部队形成了系统，党支部掌握了基层，党对军队领导的制度得以确立。由于加强了党的领导，部队面貌焕然一新，凝聚力、战斗力空前提高。三湾改编是建设新型人民军队的重要开端，在人民军队建设史上具有里程碑的意义。

三湾现有毛泽东旧居、工农革命军第一军第一师第一团团部旧址、士兵委员会旧址、枫树坪遗址、军民大会场遗址、红军路、练兵场遗址、红双井、三湾改编纪念馆、三湾改编说明牌、三湾乡革命烈士陵园、三湾村古街、林溪沟、红枫湖等景点。

三湾改编旧址为全国重点文物保护单位。

永新三湾改编旧址

地址：江西省吉安市永新县三湾村

三湾改编纪念馆

景点链接

龙源口战斗遗址

龙源口大捷纪念碑

位于吉安市永新县龙源口镇龙源口村西南。该处有座独孔拱桥，名叫“久大桥”，用青砖砌成，建于清道光十七年（公元1837年）。全桥长33米，高9.2米，宽2.5米，横跨龙源口江。桥头两侧岸边各立有两根高1米直径0.2米的铁柱。1928年6月23日，红四军在毛泽东、朱德的指挥下，将进攻井冈山根据地的江西国民党军杨池生、杨如轩部的3个团击退到龙源口桥附近，在地方武装和人民群众的支援下，歼敌1个团，缴枪千余支，史称“龙源口大捷”。这是井冈山会师后，红四军打的第一个大胜仗。群众编了一首歌谣赞道：“朱毛领兵在井冈，红军力量坚又强，不费红军三分力，打败江西两只羊（杨）。真好，真好！快畅，快畅！”

龙源口独孔拱桥为江西省级文物保护单位。

龙源口战斗遗址
地址： 江西省吉安市永新县龙源口镇
电话： 0796-7818001

泰和县马家洲集中营旧址

马家洲集中营旧址位于江西省吉安市泰和县马市镇仙桥村松山自然村。

抗日战争时期，国民党江西省当局坚持执行反共政策，1939年3月南昌失陷后，国民党江西省党部、省政府迁到吉安，随即移驻泰和县，并成立了党政军三位一体的反共特务机构“江西省特种工作委员会”，下设“江西省特种工作办事处”（简称特办处），专门从事秘密而猖狂的反共活动。1940年5月，江西国民党当局在赣县、泰和、吉安秘密逮捕了从事抗日宣传的共产党员和进步青年70多人。江西省特种工作办事处主任冯琦以特办处名义，在泰和县西南13公里处的马家洲松山村修建了一所秘密监狱，对这批人进行所谓的“感化自首”活动。为了掩人耳目，对外称“江西省青年留训所”。

马家洲集中营旧址
地址： 江西省吉安市泰和县马市镇仙桥村松山自然村
电话： 0796-5412853

被关押在马家洲集中营的共产党员和革命志士，以坚定的信念和英勇不屈的精神坚持斗争，他们的感人事迹可歌可泣。廖承志曾被关押在此，最终由党营救出狱；张文彬、吴大可等被敌特杀害；谭汤池、谢育才等英勇越狱，继续从事革命活动。

马家洲集中营在马家洲共4年零8个月，前后囚禁400多人（1941年关押人数最多，将近200人）。1945年1月，因日军进逼泰和，集中营迁到吉安县富田山区，同年6月又迁往永丰县潭头。1946年初迁至南昌潮王洲，同年5月结束其集中营职能，作为普通监所则保留到南昌解放时。

马家洲集中营旧址

九江市红色旅游系列景区

共青城创业史陈列馆

共青城属九江市的县级市。1955 年，98 位上海青年响应党中央号召来到这里垦荒创业，经过几代人的努力，将其建设成为一座新城。作为全国唯一以“共青城”命名的地方，共青城先后有 90 多位党和国家领导人亲临视察。胡耀邦两次亲临共青城，三次为共青城题词。在各级领导的关心支持下，共青城风雨兼程半个多世纪，实现了从共青社到共青垦殖场，到共青开发区，再到共青城的历时演变，也因此成为青年创业的一面旗帜。2010 年 9 月，经国务院批准同意，国家民政部批复江西省设立共青城市。11 月，江西省政府正式下发关于设立共青城市的通知，设立县级共青城市，使之成为当时中国最年轻的城市。

共青城创业史陈列馆位于共青城市富华山景区，2005 年落成并对外开放。展馆占地 2000 平方米，建筑呈半圆形结构，内部设有 3 个展厅和回廊。陈列馆展示的 260 件珍贵史料和照片充分反映了共青城 50 余年艰苦创业的历史，展示了从共青社到共青垦殖场再到共青城市的历史演变。

共青城创业史陈列馆

地址： 江西省九江市共青城富华山景区

电话： 0792-3226507

共青城一角

共青城创业史陈列馆展览

庐山会议旧址及领袖旧居群

庐山位于江西省九江市，北濒长江，东临鄱阳湖。长久以来，人们在这里创造了内涵丰富、影响深远的庐山文化。公元前126年，司马迁“南登庐山”，并将“庐山”载入《史记》。19世纪末20世纪初，庐山出现了美、英、俄、法、日等20多个国家不同风格的别墅近800多幢。20世纪30年代，庐山成为国民党政府的“夏都”。中华人民共和国成立后，毛泽东三次登上庐山，主持召开了世人瞩目的三次重要会议。庐山现有庐山会议旧址和毛泽东、周恩来、刘少奇、朱德等多位中国共产党领袖人物旧居。

庐山会议旧址

庐山会议旧址在新中国成立前曾作为庐山的三大建筑之一，是庐山传习学舍的大礼堂，人称庐山大礼堂。它建于1935年，于1937年竣工，是一幢石木结构的建筑物，上下两层，总建筑面积约2500平方米。屋顶四周筑有女儿墙，墙上覆蓝色琉璃瓦，房屋四周墙上装有高大钢窗，是结合了中西方建筑风格的建筑。

新中国成立后，这幢建筑改名为庐山人民剧院。中共中央曾在这里召开过三次重要会议：1959年的中共八届八中全会，1961年的中央工作会议和1970年的中共九届二中全会。

庐山会议旧址为全国重点文物保护单位。

领袖旧居群

毛泽东旧居（美庐）位于庐山牯岭东谷的长冲河畔，距正街大约1公里。这幢别墅始建于1903年，由英国的西伊勋爵

庐山会议旧址

建造，1922 年转让给赫莉太太，因为她和宋美龄私交颇深，所以在 1933 年转让给宋美龄。宋美龄和蒋介石于 1934 年搬进这幢别墅，1948 年离开。这幢别墅是一幢中西合璧长廊式建筑，石木结构，总面积为 960 平方米。从外观上看，整栋别墅为绿色，外墙上有宋美龄亲手种植的美国凌霄花。新中国成立后，在庐山召开中央会议期间，毛泽东曾多次住过这里。这幢别墅是我国唯一一幢国共两党主要领导人都住过的别墅，为全国重点文物保护单位。

周恩来在庐山居住在河西路 442 号别墅，这栋别墅 1990 年被列为"周恩来在庐山活动纪念室"。别墅为石木结构单层房屋，美式建筑风格，面积为 434 平方米。它建于 1919 年，最早的主人是美国传教士歇尔曼，美国总统特使马歇尔 1946 年曾在此住过。

朱德 1959 年和 1961 年两次在庐山开会时均下榻于庐山中八路 359 号别墅。这栋别墅面积 856 平方米，建于 1902 年。它最早的主人是美国传教士威廉 · 约翰 · 伊莱亚斯，中国名字为文怀恩。

邓小平下榻的别墅在中四路 286 号，原为国民政府教育部驻庐山办事处，建于 1903 年，最早的主人为美国传教士奇南。

其他领导人居住过的别墅还有：刘少奇住过 124 号、175 号别墅，彭德怀住过 176 号别墅，陈云住过 291 号别墅，等等。

毛泽东旧居（美庐）

庐山毛泽东诗碑园

位于庐山博物馆右侧，兴建于 1993 年毛泽东诞辰 100 周年之际，1994 年落成，占地面积 4400 平方米。诗碑园由南、北两个主碑亭和东、西两个副碑亭及东西两廊组成，形似一个"大四合院"，有 83 级台阶，标志着毛泽东享年 83 岁。南主碑亭由 4 根大圆石柱支撑三重檐顶，正面镌刻毛泽东 1961 年 9 月 9 日手书《题仙人洞照》，背面镌刻"万松图"。北主碑亭与南主碑亭对称，镌刻着毛泽东 1959 年《七律 · 登庐山》诗篇手迹。东碑刻着毛泽东 1961 年 9 月 16 日书写的李白《庐山谣寄卢侍御虚舟》中的四句："登高壮观天地间，大江茫茫去不还。黄云万里动风色，白波九道流雪山。"西碑刻着毛泽东手书苏轼《题西林壁》。

庐山毛泽东诗碑园

庐山博物馆

在芦林湖畔有一栋中西合璧的别墅式建筑，也是毛泽东在庐山期间曾住过的地方，人称芦林别墅。因门牌号是 1 号，故亦称"芦林一号"。别墅系 1961 年兴建，单层平顶，中有内院，总面积 2700 平方米，1984 年改成博物馆。新中国成立前庐山各栋中外别墅中的精品、陈列品和历史文物是馆藏中的主要组成部分。博物馆的展品中，特别引人注目的是清代画家许从龙历时 6 年所绘制的《五百罗汉图》。博

庐山博物馆大门

物馆内展出历代名瓷中的精品，有汉代的青瓷、唐三彩、宋影青瓷、明青花瓷、清逗彩瓷等。博物馆内还收藏了蒋介石用过的带有“蒋”字的瓷盘，宋美龄的象牙柄扇，以及蒋介石50寿辰时别人赠送的佩剑和铜砚。此外，馆中还藏有青铜器、陶器、工艺品、金石篆刻、历代钱币等藏品，许多藏品都是难得的珍品。

庐山别墅建筑群

自1895年起，英国牧师李德立租借牯岭长冲为避暑胜地，为期999年。之后设立“市政议会”，大兴土木，建造别墅，至1905年，兴建各类风格别墅147栋，到1917年已有560余栋。时过15年之后，分别有英、美、法、德、俄、瑞典、挪威、意大利、奥地利、瑞士、丹麦、日本、葡萄牙、比利时、捷克、芬兰等国家和地区，在牯岭兴建别墅达848栋，总面积10多万平方米。这使庐山具有建造别致、风格各异的欧美和亚洲等地多种建筑风格的别墅群，成为著名的万国别墅博物馆。

庐山会议旧址及领袖旧居群

地址： 江西省九江市庐山风景区
电话： 0792-8282998

98 抗洪精神教育基地

1998年，江西省遭受了历史上严重的洪水灾害。7月26日，江西宣布进入紧急防汛期。洪水灾害波及全省80%的县（市）和超过一半的人口，全省因灾造成的直接损失高达317.67亿元。8月7日13时许，长江发生了百年未遇的特大洪水。九江长江大堤4至5闸口之间决口，经过3万多军民连续6天5夜的顽强拼搏，

庐山别墅建筑群

98抗洪纪念广场

于8月12日18时30分胜利完成堵口工程。长江堵口的胜利，源于党中央、国务院和中央军委的坚强领导，全国人民的大力帮助和人民解放军的奋力拼搏，仅南京、北京军区和武警就投入4万官兵，显示了社会主义制度的优势，抗洪战斗中也培育了伟大的抗洪精神。

98抗洪精神教育基地

地址： 江西省九江市区

电话： 0792-8982268

为纪念98抗洪的胜利，传承伟大的抗洪精神，在九江市区内建立了98抗洪精神教育基地，占地面积4.6万平方米，建筑面积6000平方米，是目前全国最大的以纪念抗洪精神为主题的爱国主义教育基地。九江98抗洪精神教育基地于2005年竣工，包括98抗洪纪念广场、抗洪纪念碑和船型纪念馆。98抗洪纪念广场占地面积4.6万平方米，抗洪纪念碑高19.98米，矗立在广场中央，碑身四面由呈现着“1998”字样的花岗岩石组合而成。位于当年堵口处的98抗洪纪念馆为船形建筑物，是按照1:1的比例仿照当年的堵口沉船设计建造的，再现出那条全长75米、装载1600吨煤炭的“甲21025号”铁壳煤驳缓缓下沉、横堵决口时的悲壮情景；馆内陈列有98抗洪文物图片展，再现了当年军民携手斗洪魔的感人场面。

景点链接

庐山风景名胜区

庐山风景名胜区

地址： 江西省九江市庐山风景区

电话： 0792-8282998

庐山风景

庐山位于江西省北部京九线和长江交汇点，北临长江，东傍鄱阳湖，自古以“雄、奇、险、秀”闻名于世，是我国一座千古文化名山。庐山旅游资源极其丰富，素以风景名山、文化名山、教育名山、宗教名山、政治名山、科技名山著称于世。风景区内有16大自然奇观，景点474处，形成了名山、大江、大湖交汇和“春山如梦、夏山如滴、秋山如醉、冬山如玉”之美景。庐山风景名胜区面积302平方公里，主峰为大汉阳峰，海拔1474米，景区内有河流、湖泊、坡地、山峰等多种地貌类型。

庐山为国家重点风景名胜区、世界地质公园、国家5A级旅游景区，被列入世界文化遗产名录。

赣州市红色旅游系列景区

宁都县中央苏区反“围剿”战争旧址及纪念馆

宁都起义总指挥部旧址

1931 年 12 月 14 日，被调入江西“围剿”红军的原国民党第二十六路军 17000 余人，在赵博生、董振堂、季振同、黄中岳等人以及中共秘密特别支部的领导下，在江西宁都举行起义，宣布加入红军。起义部队改编为中国工农红军第五军团。宁都起义总指挥部旧址，又名“耶稣堂”，原是牧师住宅，位于宁都县城东梅江镇沿江路，始建于 1916 年，是一栋欧式建筑，占地面积 280 平方米。

宁都起义总指挥部旧址为全国重点文物保护单位。

中央苏区反“围剿”战争纪念馆

中央苏区反“围剿”战争纪念馆位于宁都县梅江镇迳口村迳口小区。宁都是中央苏区前期的政治军事重地，也是历次反“围剿”战争中红军集结地、指挥部和主战场之一。中央苏区反“围剿”战争纪念馆规划用地 7 万多平方米，总建筑面积 5484 平方米，广场面积 14932 平方米，建成后将成为一个集纪念性、博览性和景观

宁都起义总指挥部旧址

性于一体的标志性建筑，是全面反映和展示中央苏区反“围剿”斗争史的综合性纪念馆。

■ 宁都会议旧址

宁都会议旧址位于宁都县东山坝镇小源村，座西向东，名为“榜山翁祠”，建于清康熙年间，系小源村曾氏一宗祠。

1932 年 10 月上旬，为了解决红军行动方针的分歧，中共苏区中央局在江西宁都召开全体会议。会议主要对毛泽东和他在红军中实行的战略战术进行了错误的批评指责。会议在毛泽东是否继续留在前方指挥作战问题上发生尖锐的意见分歧。最后会议通过周恩来的提议，毛泽东“仍留前方助理”，同时批准毛泽东“暂时请病假，必要时到前方”。会后不久临时中央撤销了毛泽东所担任的红一方面军总政治委员的职务，决定由周恩来兼任这一职务。

宁都会议旧址为江西省级文物保护单位。

宁都会议旧址

地址：江西省赣州市宁都县东山坝镇小源村

电话：0797-6834350

景点链接

翠微峰

翠微峰，古称金精山，是江西名山之一，位于宁都县城西郊 3 公里处，总面积 78 平方公里。景区属典型的丹霞地貌，是国家 4A 级旅游景区、国家森林公园。

翠微峰风景

翠微峰

地址：江西省赣州市宁都县城西北

电话：0797-6834350

大余县南方红军三年游击战争旧址及纪念馆

1934 年 10 月，中央红军主力开始长征时，中共中央决定留下红军第二十四师独立团及地方游击队约 1.6 万余人和部分党政工作人员和红军伤病员，共 3 万余人。在中央苏区及其邻近地区坚持斗争。成立苏区中央分局、中华苏维埃共和国中央政府办事处、中央军区，项英任分局书记、军区司令员兼政治委员，陈毅任中央政府办事处主任，领导中央苏区和闽浙赣苏区的斗争。

中央红军主力长征后，国民党军继续向中央苏区腹地进攻，苏区的全部县城和广大乡村被敌占领。1935 年 2 月，中共苏区中央分局根据中共中央指示，决定改变斗争方式，将红二十四师及地方武装分散到中央苏区及其邻近地区转入游击战争。部队在分散突围过程中，大部损失，何叔衡、贺昌、阮啸仙、毛泽覃等在突围中牺牲，瞿秋白、刘伯坚被捕后英勇就义。中央苏区及其他苏区的红军和游击队就地开展斗争，在国民党军绝对优势兵力的“围剿”、“清剿”下，处于被包围被分割的状态，与中共中央、中央分局失去了联系，后来即分别活动在江西、福建、浙江、安徽、河南、湖北、湖南和广东八省范围内，逐步形成 15 支独立作战的红军和游击队。南方八省 15 个地区的红军和游击队，在极端困难的条件下，坚持了长达三年的游击战争，牵制了大量国民党军，在战略上配合了主力红军的行动，一直坚持到改编为新四军开赴抗日前线。三年游击战争造就了一批英勇善战的干部，保存了一支经过严峻考验的骨干队伍，为中国人民革命战争作出了重大贡献。毛泽东高度评价说：这是我们和国民党十年血战的结果的一部分，是抗日民族革命战争在南方各省的战略支点。

长岭会议旧址

长岭会议旧址

长岭会议旧址位于江西省赣州市大余县河洞乡长岭村。

1935 年 4 月上旬，项英、陈毅和赣粤边特委在大余县河洞乡长岭村召开了全体党政军干部会议，即长岭会议。蔡会文、李乐天、杨尚奎、陈丕显、王龙光、刘新潮、李国兴、张日清等近 70 名党军政干部出席了会议。会议学习了中央关于开展游击战争的电报指示，分析了形势，研究和部署了在赣粤边坚持和发展游击战争的方针和策略。长岭会议是苏区中央分局认真贯彻中央二月指示的一次重要会议。这次会议在革命遭受严重挫折的情况下，正确地执行了中央制定的方针和策略，实行了由正规战转入游击战的战略转变，从思想上、政治上、组织上、军事上为坚持赣粤边游击战争奠定了坚实的基础，成为赣粤边游击战争的新起点。

梅关旧址

大余县是南方红军赣粤边三年游击战争的中心地区，南方游击战争的主要领导人项英、陈毅曾长期生活、战斗在大余。梅关位于驰名中外的梅岭，是古代中原通往岭南的一座重要的关隘，有“岭南第一关”之称，历来是兵家必争之地。梅岭是赣南三年游击战争的主要根据地。1935 年至 1937 年，项英、陈毅等老一辈无产阶级革命家在梅岭一带坚持了艰苦卓绝的游击战争，开辟了赣粤边根据地。陈毅气贯长虹

陈毅梅岭隐蔽处

梅岭梅关

的《登大庾岭》、《偷渡梅关》、《梅岭三章》等革命诗篇，更使梅关和梅岭名扬天下。

南方红军三年游击战争纪念馆

地址：江西省赣州市大余县南安镇

电话：0797-8722063

大余县南方红军三年游击战争纪念馆

大余县南方红军三年游击战争纪念馆位于江西省赣州市大余县南安镇梅山村梅岭脚下，占地面积1364.56平方米，总建筑面积2110.04平方米。

1934年秋冬，中国工农红军主力进行长征后，留在江西、福建、浙江、安徽、河南、湖北、湖南和广东等省范围内的红军和地方部队，在国民党军的连续进攻下，多数遭受损失，余部分散在赣粤边、闽赣边、闽西、闽粤边、皖浙赣边、浙南、闽中、闽北、闽东、湘鄂赣边、湘赣边、湘南、鄂豫皖边、鄂豫边和琼崖等15个地区，继续坚持斗争。蒋介石为消灭红军和游击队，以大量的正规军和保安队，采取碉堡围困、经济封锁、移民并村、保甲连坐等手段，向各游击区进行了长期、反复的“围剿”和“清剿”。至1937年7月，各游击区的红军和游击队，在中国共产党的领导下，依靠人民群众，利用复杂的地形，运用游击战术，坚持了极其艰难困苦的三年游击战争。南方三年游击战争，牵制了大量的国民党军，在战略上配合了主力红军的行动，并为华中、华南地区人民进行抗日战争保存了骨干力量。

景点链接

丫山风景区

丫山风景区

地址：江西省赣州市大余县

电话：0797-8731668

位于大余县城东10公里处，323国道从丫山山脚穿过，是一处由山、林、泉、湖、瀑、洞等自然景观和寺庙等人文景观组成的综合性景区。因最高峰双秀峰呈“丫”字形而得名。丫山历史悠久，古时即以佛教活动和游览胜地闻名遐迩。景区属中原热带常绿阔叶林带，最高峰丫山（又名双秀峰）海拔906.2米，植物、动物种类繁多，四季景色各异。主景点灵岩寺与广东南华寺一脉相承，始建于南唐，清乾隆年间加以扩建。现景区主要有龙山瀑布群、百亩高山茶园、客家村寨、石门湖水上乐园、原始次森林等。

丫山风景

丫山风景区为国家森林公园、省级风景名胜区。

南昌市新建县小平小道陈列馆

小平小道陈列馆

地址：江西省南昌市新建县望城镇

电话：0791-83680668

小平小道陈列馆位于江西省南昌市新建县望城镇，原为江西省新建县拖拉机修配厂，是邓小平于 1969 年 10 月至 1973 年 2 月劳动和生活的地方。

“文化大革命”开始不久，邓小平被作为“党内第二号走资本主义道路的当权派”受到错误的批判和斗争，并被剥夺一切职务。1969 年 10 月，邓小平夫妇从北京乘飞机到达南昌，被安排在新建县拖拉机修配厂劳动，从此邓小平在江西新建县开始了长达 3 年零 5 个月的劳动。他住在解放军南昌步校校长住宅（将军楼）。开始的时候，小平夫妇每天上班从将军楼出来，走出步校大门，经过 320 国道，要步行 3 公里，需要 40 多分钟才能走到工厂，中间还有一个长途汽车站，很不安全。工厂考虑到小平同志的安全，在工厂的后墙开了一个小门，花了 3 天 3 夜，沿着田埂抢修出一条通向他宿舍的小路。这条小道全长 1.5 公里，从这条小道走到工厂，只需要 20 多分钟，时间减半，也比较安全。这就是人们所说的“小平小道”。

“小平小道”的总体建设面积为 97.1 亩。2004 年修复原拖拉机修配厂 7 栋厂房为展馆，还建成了小平广场、停车场、开放性公园等。2008 年新建了小平小道陈列馆。展馆陈列分为“文化大革命”初期、“疏散”到江西、工厂劳动、小平小道、情系

小平小道陈列馆

小平小道

新建、永远的怀念6个部分。小平劳动车间展馆、金工车间展馆、钣锻车间展馆、翻砂车间展馆、小平休息室展馆5个展馆均是利用原工厂厂房，按修旧如旧原则恢复原貌陈列的。

“小平小道”为江西省爱国主义教育基地。

景点链接

滕王阁
地址：江西省南昌市榕门路仿古街58号
电话：0791-86702036

滕王阁

滕王阁

滕王阁，江南三大名楼之首，位于南昌市西北部沿江路赣江东岸，始建于唐朝永徽四年，它与湖北黄鹤楼、湖南岳阳楼并称为江南三大名楼，因初唐才子王勃作《滕王阁序》使其在三楼中最早扬名天下，故又被誉为江南三大名楼之首。历史上的滕王阁先后重建达29次之多，屡毁屡建。今日之所见滕王阁为1989年重建。滕王阁主体建筑净高57.5米，建筑面积13000平方米。

八大山人梅湖景区
地址：江西省南昌市青云谱区青云路269号
电话：0791-85292203

八大山人梅湖景区

八大山人梅湖景区一角

八大山人梅湖景区位于南昌市青云谱区境内，是以被郑板桥誉为“名满天下”的一代画圣——八大山人为核心，以传统文化为主轴，以梅湖生态美景为纽带的江南都市历史文化生态景区。景区由水墨丹青区、文化博览区、水乡风情区、岁寒三友区、农耕休闲区、梅村思贤区和综合娱苑区七大功能区组成，内有景点70余处。

参观线路建议

线路1　南昌八一起义旧址群——小平小道——革命烈士纪念堂——方志敏广场

线路2　滕王阁——南昌八一起义纪念馆——绳金塔——八大山人梅湖景区

绳金塔
地址：江西省南昌市西湖区绳金塔街1号
电话：0791-86418135

绳金塔

绳金塔

绳金塔坐落在南昌市西湖区绳金塔街东侧，原古城进贤门外，始建于唐天佑年间（公元904—907年）。相传建塔前有僧人掘地得铁函一只，内有金绳四匝及分别刻有“驱风”、“镇火”、“降蛟”字样的三把古剑，还有一个金瓶，装有300粒舍利子，绳金塔因此而得名。绳金塔为江南典型的楼阁式塔，层层飞檐翘角，铜铃高挂。七层七音，微风吹过，悦耳动听。

全国红色旅游经典景区

山东省

山东省红色旅游地图

渤海湾
沧州市
黄骅市
河间市
新乐市
安国市
博野县
肃宁县
无极县
深泽县
安平县
饶阳县
献县
藁城市
晋州市
武强县
泊头市
南皮县
孟村回族自治县
盐山县
海兴县
贝壳堤岛与湿地
栾城县
辛集市
深州市
东光县
阜城县
武邑县
赵县
衡水市
景县
庆云县
乐陵市
无棣县
宁晋县
吴桥县
宁津县
沾化县
河口区
冀州市
新河县
枣强县
北
阳信县
利津县
垦利县
隆尧县
南宫市
故城县
德州市
德州革命烈士陵园
惠民县
东营区
渤海革命老区纪念园
滨州市
陵县
商河县
牛庄烈士
巨鹿县
武城县
临邑县
高青县
东营市历史博物馆
任县
平乡县
广宗县
清河县
平原县
博兴县
省
威县
夏津县
济阳县
新城镇
广饶县
中共刘集支部旧址
鸡泽县
临西县
禹城市
遥墙机场
邹平县
桓台县
曲周县
邱县
临清市
高唐县
齐河县
章丘市
周村区
淄博市
临淄区
中共山东省党史陈列馆
济南市
黑铁山抗日武装起义旧址
中共山东省领导机关旧址
济南解放阁
淄博市革命烈士陵园
青州市
肥乡县
馆陶县
聊城市
茌平县
朱家峪村
淄川区
青州国家级风景名胜区
广平县
冠县
孔繁森同志纪念馆
济南革命烈士陵园
济南战役纪念馆
长清区
汪洋台
博山区
马鞍山抗日保卫战旧址
临朐县
魏县
聊城革命烈士陵园
东阿县
平阴县
泰山世界文化与自然遗产
泰山国家级风景名胜区
莱东抗日战争纪念馆
博山国家级风景名胜区
大名县
莘县
莱芜市
泰安市
莱芜战役指挥所旧址
沂源县
阳谷县
肥城市
泰安革命烈士陵园
莱芜战役纪念馆
刘邓大军渡河指挥部旧址
南乐县
岱岳区
陆房战斗烈士陵园
钢城区
台前县
内黄县
徂徕山抗日武装起义遗址
新泰市革命烈士陵园
大众日报社旧址
《大众日报》创刊纪念
清丰县
东平县
新泰市
河
范县
中共中央山东分局、八路军山东纵队指挥部旧址
沂水县
濮阳市
梁山县
汶上县
宁阳县
南
濮阳县
泗水县
蒙阴县
沂蒙母亲王换于纪念馆
曲阜孔庙、孔林、孔府世界文化遗产
曲阜市
鄄城县
郓城县
孟良崮战役遗址
鲁西南战役指挥部旧址
兖州市
抗大一分校旧址
沂南县
省
巨野县
嘉祥县
济宁市
平邑县
山东省战工会纪念馆
东明县
菏泽市
邹城市
大青山胜利突围纪念地
大青山战斗遗址
冀鲁豫边区革命纪念馆
鲁西南战役纪念馆
费县
临沂市河东区新四军军部旧址
定陶县
滕州市
八路军抱犊崮抗日根据地遗址
河东区
鲁西南烈士陵园
金乡县
山亭区
华东革命烈士陵园
临沂市
成武县
鱼台县
枣庄市革命烈士陵园
枣庄市
鲁南革命烈士陵园
兰考县
曹县
微山湖英烈纪念园
薛城区
市中区
罗庄区
苍山县
临沭
民权县
单县
湖西革命烈士陵园
沛县
微山县
枣庄铁道游击队纪念园
丰县
微山湖铁道游击队纪念园
峄城区
台儿庄大战遗址
台儿庄战史陈列馆
郯城县
宁陵县
商丘市
台儿庄区
睢县
砀山县
安
贾汪区
虞城县
河
南
省
徽
邳州市
新沂市
夏邑县
鼓楼区
省
泉山区
江

1 : 2 400 000

0 24.0 48.0 72.0 96.0 120.0km

济南市红色旅游系列景区

济南革命烈士陵园

济南革命烈士陵园位于山东省济南市区南部英雄山（原名四里山）风景区。整个陵园依山而建，占地面积 32 万平方米。

从 1948 年 9 月开始，人民解放军先后在东北、华东、中原、华北和西北战场上，发起规模空前的秋季攻势。秋季攻势的一个重要战役是夺取济南。根据中央军委的作战方略，华东野战军以 14 万人组成攻城集团，以 18 万人组成阻援、打援集团，于 9 月 16 日对济南发起全线攻击。经过八昼夜激烈的攻坚作战，于 9 月 24 日攻克济南，争取国民党第九十六军军长吴化文率部 2 万余人战场起义，共计歼敌 10.4 万人，生俘国民党第二绥靖区司令官兼山东省政府主席王耀武。攻克济南后，菏泽、临沂、烟台等地的国民党军队纷纷弃城逃窜。至此，山东除青岛及少数据点外，全获解放，从而使华北、华东

济南革命烈士陵园北门

两大解放区完全连成一片，并为解放军南下歼灭徐州地区的国民党军队创造了有利条件。济南战役是人民解放军攻克敌人重点设防的大城市的开始，也是蒋介石以大城市为主的“重点防御体系”总崩溃的开始，揭开了战略决战的序幕。

济南革命烈士陵园革命烈士纪念塔

1948 年 10 月 15 日，济南各界为纪念解放济南牺牲的烈士，决定在四里山修建解放济南烈士纪念塔、纪念堂、烈士公墓及烈士遗物陈列室。12 月 24 日，中共中央华东局作出关于纪念革命烈士的决定。1949 年 4 月 12 日，以张云逸、郭子化、许世友等 21 人组成山东省纪念革命烈士建筑委员会，领导筹建革命烈士陵园。6 月，获毛泽东“革命烈士纪念塔”的亲笔题词。11 月，济南革命烈士陵园革命烈士纪念塔奠基。

1950 年 2 月，开始修建烈士公墓。1952 年 10 月 27 日，毛泽东在山东省军区司令员许世友的陪同下，来到四里山，悼念为中国革命英勇献身的革命烈士。毛泽东看到众多烈士安葬于此，感慨地说，真是青山处处埋忠骨啊，有这么多的英烈长眠在这里，四里山就成英雄山了。

济南革命烈士陵园分为 3 部分。北部为革命烈士纪念塔，塔高 34.64 米，耸立在海拔 106 米的英雄山巅。塔顶嵌硕大的红五星，由红色花岗石凿就，直径达 2 米，分外醒目。山北广场上建有“胜利”雕塑。中部建有烈士纪念堂和革命烈士事迹陈列室（济南战役纪念馆），纪念堂内安放着新中国成立以来牺牲的 372 名革命烈士的骨灰。南部为烈士墓区，在济南战役中牺牲的以及中共一大代表王尽美、邓恩铭等 1568 名革命烈士相继安葬于此。在烈士墓区旁的革命烈士悼念广场上，建有开国元勋题词纪念碑和济南革命烈士纪念群雕。

济南革命烈士陵园为全国爱国主义教育示范基地、全国重点烈士纪念建筑物保护单位、山东省级文物保护单位。

济南革命烈士陵园

地址：山东省济南市英雄山路 18 号

电话：0531-82030600

济南战役纪念馆

济南战役纪念馆

济南战役纪念馆位于济南革命烈士陵园内，建筑面积7000平方米。该馆建在济南革命烈士陵园纪念建筑群规划轴线的中心，以青山为依托，革命烈士纪念塔和烈士公墓分处南北，设计造型庄严雄伟。

1948年9月16日至24日，中国人民解放军华东野战军遵照中央军委和毛泽东主席的命令，经过八昼夜激战，一举解放了济南。为纪念这一伟大胜利，1998年，在纪念济南解放50周年之际，中共济南市委、济南市政府决定将济南革命烈士陵园烈士事迹陈列室扩建成济南战役纪念馆。2003年扩建工程完工，9月24日，举行了开馆仪式。

济南战役纪念馆以文献展示的方法介绍了人民解放战争的发展形势和中央军委对济南战役的决策过程，阐明了“攻济打援”的战役模式、战役部署和济南战役的战斗经过；以多件图表和300余幅珍贵的照片，再现了各主力部队的作战路线和各战斗阶段的主要战斗情景，并展示了阻援打援部队的部署和战果、山东解放区50万名民工支援济南战役的史实、济南地下党组织为解放济南在敌情侦察及瓦解敌军工作中的重大贡献。陈列厅还展示了一批战斗集体和战斗英雄的事迹，展示了各战斗部队当年记录的牺牲烈士登记名册，牺牲烈士留下来的立功奖状、功劳证、军功章、染有血迹的党费、决心书、战地日记、家书信件，以及指战员使用过的地图包、军号、望远镜、武器等300余件珍贵文物。

全景画馆是一座圆形穹顶建筑物，内径42米，有面积为1260平方米的战地实景复原造型区。全景画以高度写实的手法，以强攻济南内城的激烈战斗为主要视点，在环绕济南老城的壮美自然景观和城区原有建筑群的典型环境中，勾画出一幅

济南战役纪念馆陈列厅

炮火连天、群英会战、气势磅礴的大规模攻坚战和歼灭战的战场实景。

济南战役纪念馆

地址： 山东省济南市英雄山路 18 号
电话： 0531-82030618

济南解放阁

济南解放阁位于山东省济南市历下区黑虎泉北路与黑虎泉西路交会处，南邻黑虎泉，北临青龙桥。阁址为当年济南战役中人民解放军攻城突破处。

1948 年 9 月 16 日至 24 日，中国人民解放军华东野战军，经过八昼夜激战，一举解放济南。为纪念这一伟大胜利，济南人民在旧城址上建起了巍峨壮观的解放阁。解放阁采用中国古典建筑形式，金黄琉璃瓦，外用花岗石贴面。阁分两层，四面方形。下层四周环廊，廊与阁由抱厦连接。阁内设有济南战役图片文物展。由陈毅题写的“解放阁”三字石刻和牌匾，分别镶嵌在台基西、南两侧和高悬阁之二层门额。台基东侧贴壁立解放济南战役革命烈士纪念碑，镌刻着在济南战役中壮烈牺牲的 3764 位烈士的英名。

济南解放阁是济南标志性建筑之一，为山东省级文物保护单位，山东省爱国主义教育基地。

济南解放阁

地址： 山东省济南市黑虎泉北路与黑虎泉西路交会处

解放阁

中共山东省领导机关旧址
地址：山东省济南市五龙潭公园内东南侧
电话：0531-86927169

景点链接

中共山东省领导机关旧址

中共山东省领导机关旧址位于济南市五龙潭公园东南侧。中共济南地方组织创建后，即选择这座小楼作为党的秘密机关所在地，王尽美、邓恩铭等人都曾在此工作过。1925 年至 1927 年初，中共山东省领导机关在这里办公。1927 年 5 月，山东省领导机关遭破坏后，办公地点迁往别处。旧址内现设有党史宣传栏，突出介绍了王尽美、邓恩铭两位革命先辈的事迹，详细展示了中共济南及山东早期党组织的光荣历史。旧址为山东省级文物保护单位。

中共山东省领导机关旧址

中共山东省党史陈列馆

中共山东省党史陈列馆位于济南市共青团路 3 号，北侧紧邻中共山东省领导机关旧址。

中共山东省党史陈列馆于 1991 年正式开馆，现有馆藏文物 500 余件，展示照片 1500 余幅。馆内设 3 个展厅，通过照片及实物，生动再现中国共产党山东地方组织的发展、壮大及中共山东地方组织率领人民群众进行革命、建设和改革开放的历程。该馆为山东省爱国主义教育基地、山东省党员教育基地。

中共山东省党史陈列馆

中共山东省党史陈列馆
地址：山东省济南市共青团路 3 号
电话：0531-86927169

趵突泉公园

趵突泉公园南倚千佛山，北临大明湖，是一座以泉水、人文景观为主的文化名园，为泉城济南的标志，是泉城三大名胜（趵突泉、大明湖、千佛山）之首。1956 年正式建园，历经几次

趵突泉景致

扩建，如今面积已达 10.5 公顷。

趵突泉是济南七十二名泉之冠，趵突泉群是四大泉群之首。趵突泉公园内泉水众多，有金线泉、漱玉泉、马跑泉等 27 处名泉。全园 18 个景区，有泺源堂、娥英祠、望鹤亭、观澜亭、尚志堂、李清照纪念堂与易安旧居、沧园、白雪楼、万竹园、李苦禅纪念馆、王雪涛纪念馆等。众多名泉、碑文石刻承载了千百年来济南的历史文化和名泉文化。具有传统特色的元宵节灯会、曲山艺海、望鹤品茗、四海灯谜等活动源远流长。公园以趵突泉为中心，以观泉、赏戏、品茗为特色，为国家 4A 级旅游景区。

趵突泉公园
地址：山东省济南市历下区趵突泉南路 1 号
电话：0531-86920439

大明湖景区

大明湖是济南市区中的一处天然湖泊，被誉为“泉城明珠”，同趵突泉、千佛山并称济南三大名胜。大明湖水源充足，湖水来源于珍珠泉、趵突泉、五龙潭等诸泉，有“众泉汇流，平吞济泺”之说。因湖底为不透水火成岩，且排水便利，故有“霪雨不涨，久旱不涸”之特点。“四面荷花三面柳，一城山色半城湖”是其风景的最好写照。古时济南八景中的鹊华烟雨、汇波晚照、明湖秋月、历下秋风以及著名的佛山倒影景观都能在景区内观赏到。大明湖名胜古迹众多，历下亭、北极阁、汇波楼、南丰祠、辛稼轩纪念祠、遐园、铁公祠、明湖居等 30 多处名胜景点掩映绿荫之间，为国家 4A 级旅游景区。

大明湖景区
地址：山东省济南市历下区明湖路 271 号
电话：0531-86088910

大明湖牌楼

千佛山风景名胜区
地址：山东省济南市历下区经十一路18号
电话：0531-82662292

千佛山风景名胜区

千佛山海拔285米，面积166公顷。周朝以前称历山，相传古代大舜曾于山下耕作，留下了许多广为流传的故事，亦名舜耕山。隋开皇年间，依山势镌刻佛像多尊，并建千佛寺，故又称千佛山。唐代时千佛寺改名兴国禅寺。自元代始，“三月三”、“九月九”均举办庙会。明代时寺院扩建，遂成香火圣地。

景区内主要景点有兴国禅寺、历山院、唐槐亭、齐烟九点坊、弥勒胜苑、文昌阁、瀛芳园等，为国家4A级旅游景区。

千佛山兴国禅寺

济南市机场火车站资讯

● 机　场

济南遥墙国际机场：位于山东省济南市历城区遥墙镇，有机场大巴通往市区。

电话：0531-82086666

● 火车站

济南站：位于山东省济南市天桥区车站街19号。

济南西客站：位于山东省济南市槐荫区京台高速公路东侧（高铁动车站）。

济南市美食特产

美食有菊花火锅、九转大肠、油爆双脆、盘丝饼、坛子肉、荷花粥、炸荷花、油炸螺丝糕、大舜宴、北菇扣鹅掌、商河马蹄烧饼等；特产有济南根雕、木鱼石茶具、羽毛画、济南黑陶、长清核桃、平阴阿胶、平阴玫瑰、明湖莲藕、章丘大葱等。

济南市旅游景点推荐

历下区五龙潭公园、泉城公园，历城区四门塔、红叶谷、九如山，长清区五峰山、灵岩寺，章丘市百脉泉等。

枣庄市、济宁市铁道游击队红色旅游系列景区

枣庄铁道游击队纪念园

枣庄铁道游击队纪念园位于山东省枣庄市薛城区，总面积约 9 公顷。薛城区地处苏鲁豫皖交界，素有鲁南门户之称。

铁道游击队的真实名称叫做鲁南铁道大队，是在中国共产党领导下，于 1940 年在枣庄、临城两个抗日情报站的基础上建立起来的一支人民抗日武装。首任大队长洪振海，政委杜季伟，隶属于八路军第一一五师苏鲁支队。他们活动在津浦铁路鲁南段和临枣支线上。这支武装在薛城这块古老的热土上，演绎出了中国抗日战争史上独特而壮丽的一幕。他们在党的领导下，依靠群众，协同主力部队，采取声东击西、闪转无定的游击战术，与日本侵略者展开浴血奋战。他们截军列、打洋行、扒铁路、炸桥梁，打得日、伪军魂飞胆丧，极大地振奋了鲁南军民的抗战士气。他们开辟保卫了华东、山东赴延安的秘密交通线，先后安全护送刘少奇、陈毅、罗荣桓、萧华、陈光、朱瑞等党的领导同志和千余名指战员，秘密安全地跨越敌人重点封锁的津浦铁路线去延安。铁道游击队自成立直至日军投降，坚持战斗在敌人的心脏地带，浴血奋战了 5 年多的时间。1945 年 11 月，在薛城沙沟火车站附近接受日军 1000 余人的投降。全国抗日战争中，铁道大队对日作战 300 余次，消灭日、伪军 5000 余人，缴获轻重武器 3500 多件，缴获各种物资 2000 余吨。铁道游击队也付出了巨大的牺牲，大

枣庄铁道游击队纪念碑

铁道游击队影视城雪景

队政委文立正、张鸿仪，大队长洪振海，副队长赵连友，副大队长赵永泉等150人先后献出了宝贵的生命。

铁道游击队纪念园主要包括纪念广场、纪念碑、双雄墓、铁道游击队影视城、铁道游击队纪念阁等景点。铁道游击队影视城占地50余亩，建筑面积11800平方米，是一座具有民国时期建筑风格的城池。影视城内“枣庄老洋街”贯穿东西，街巷两侧店铺林立，块石路面自然有序。现依山建有南圩子、大兵营、园中园、中陈郝古瓷窑展览馆、大茶房、合盛号当铺、鸽子楼、德顺兴药店、西城门、三星楼、正泰国际洋行、万福楼、鲁南奇石馆、高家大院、太史第、大东旅社、张府、义和炭厂、同乐戏院、沙沟炮楼、方炮楼、鲁南民俗博物馆、石牌坊等建筑物，再现了当年枣庄的人文历史风貌。2009年又依托铁道游击队纪念园规划建设了一个以民国文化为中心、以文化体验为主导、以观光旅游为基础的民国影视文化城。该文化城规划占地面积410亩，建筑面积10万平方米，以没落帝国、戊戌变法、辛亥革命、流动民国、走向共和的历史轨迹为线索，以民国重大历史场景和特色历史街区为单元，共有9大功能区、62个项目单元、202个建筑单体。整体工程建成后，影视城将成为民国影视文化拍摄基地。

枣庄铁道游击队纪念园为全国爱国主义教育示范基地。

枣庄铁道游击队纪念园

地址：山东省枣庄市薛城区泰山中路
电话：0632-4485386

景点链接

冠世榴园旅游景区

冠世榴园种植石榴面积近 15 万亩，有石榴树 530 余万株，48 个品种，为目前我国最大的石榴园林。景区融合自然风景、生态园林、人文历史、民俗宗教于一体，是一处集农业观光、生态旅游、休闲度假、修学拓展、文化体验、养生保健为一体的中国首家石榴文化主题景区，包括青檀寺、一望亭、万福园、仙人洞、三近书院、权妃墓、中韩文化园、石榴盆景园等八大景区。

冠世榴园旅游景区是全国农业旅游示范点、国家 4A 级旅游景区。

冠世榴园旅游景区
地址： 山东省枣庄市峄城区西部冠世榴园
电话： 0632-7718258

微山湖铁道游击队纪念园

微山湖铁道游击队纪念园位于山东省济宁市微山县微山岛乡姚村与谢楼村交界处。

铁道游击队纪念园是为了缅怀在抗日战争时期由中国共产党所领导的铁道游击队、微山湖游击大队、运河支队、黄河支队等抗日武装的英雄业绩而兴建的。

微山湖畔的铁道游击队隶属八路军一一五师苏鲁支队，编入鲁南军区独立支队。铁道游击队以微山湖为依托，战斗在津浦、临枣百里的铁道线上，截火车、炸桥梁，多次切断日军交通运输线。同微湖大队、运河支队等抗日武装，配合八路军主

微山湖铁道游击队纪念园正门

力与日军战斗数百次，威震敌胆，屡建奇功，开辟保卫了微山湖区抗日根据地和华中、山东通往延安的湖上交通线。曾护送刘少奇、陈毅、罗荣桓等领导同志安全过往湖区，谱写出可歌可泣的壮丽篇章。

铁道游击队纪念园主要由英雄纪念碑，东、西纪念馆和纪念雕塑组成，总占地面积36000平方米，1995年建成。

铁道游击队纪念碑碑体由帆船、人物雕像组成。帆高30米，船长20米，红白花岗石贴面。三尊铜铸铁道游击队队员塑像，高3米。

铁道游击队纪念馆分东、西两馆，建筑面积1200平方米。该馆根据微山湖区的革命斗争史实，运用生动朴实的语言，采取全景式壁画、雕塑、革命文物、图片资料和声、光、电造型艺术相结合的表现手法，再现了当年的战斗场景。

铁道游击队群雕分为两组，各长20米，立于铁道游击队纪念馆前广场两边。东边背景展现了铁道线上英雄们的战斗场面，西边突出了军民同心，胜利归来，微山湖上静悄悄的欢乐祥和气氛。

微山湖铁道游击队纪念园

地址：山东省济宁市微山县微山岛乡姚村与谢楼村交界处

电话：0537-8438777

景点链接

微山湖英烈纪念园

微山湖英烈纪念园位于山东省济宁市微山县东风路西段。原名为微山县烈士陵园，始建于1982年，2002年、2005年先后两次改扩建后更名为微山湖英烈纪念园。

微山湖抗日游击大队纪念碑

纪念园内建有微山湖抗日游击大队纪念碑，成为园内的标志性建筑。微山湖区抗日纪念馆，将全国抗日战争时期在微山湖区发生的著名战斗及游击队护送中央首长过往微山湖等事件，直观形象地展示给观众。微山县烈士英名碑镌刻有全县在土地革命时期、全国抗日战争时期、全国解放战争时期和新中国成立后牺牲的1100名烈士的名字。著名烈士墓区坐落在园区西北方最高处。微山湖区革命历史纪念馆分上下两层展区，主要展示了从1928年微山湖区有党的活动至1949年新中国成立党领导微山人民所走过的光辉历程。

微山湖英烈纪念园为山东省爱国主义教育基地、省国防教育基地。

微山湖国家湿地公园

微山湖国家湿地公园

微山湖国家湿地公园距山东省济宁市微山县城中心3公里，景区以新薛河为轴线，主要包含旺湖景区、新薛河景区、爱湖三角景区，具体又分为亲水绿岛、新薛河自然湿地、观鸟绿洲、高楼湿地、小泥河水上乐园、淡水渔业博览园、天然芦苇荡、红荷景区、渔业体验区9个景区。

济宁市美食特产

美食有微山湖荷花宴、微山湖麻鸭宴、微山湖全鱼宴、微山湖乌鳢宴、济宁糁汤、济宁糊粥、运河大酥鱼、鲫鱼抹锅饼、鲁西鱼羊鲜、龙门山烤全羊、御膳香蛋、宋家羊头、虹鳟鱼生鱼片、星村豆腐皮、柘沟大烧饼、羊汤丸子、孟姑集狗肉、马集烧鸡、马村煎包等；特产有鲁西黄牛、长沟葡萄、微山湖大闸蟹、微山湖麻鸭蛋、金乡大蒜等。

济宁市旅游景点推荐

济宁市中区东大寺、太白楼，曲阜市孔庙、孔林、孔府、孟府、颜庙、尼山，邹城市孟庙、孟林、孟母林、峄山，嘉祥县曾子庙、武氏祠汉画像石，汶上县宝相寺、太子灵踪塔，梁山县水泊梁山、泗水县泉林等。

枣庄市八路军抱犊崮抗日根据地遗址

八路军抱犊崮抗日根据地遗址

地址： 山东省枣庄市山亭区北庄镇抱犊崮景区

电话： 0632-8915199

八路军抱犊崮抗日根据地遗址的中心区位于山东省枣庄市山亭区北庄镇、徐庄镇。以抱犊崮为中心，西濒微山湖，南连大运河，东靠滨海地区，北至曲（阜）泗（水），面积达 1.1 万平方公里。

以抱犊崮为中心的鲁南抗日根据地，是在党中央的关怀下，在中共山东党组织的领导和八路军一一五师的帮助下，逐步建立起来的一个重要的敌后抗日战略基地。它是联结华北与华中两大抗日根据地的纽带，是华中抗日根据地同太行山八路军总部以至中共中央所在地陕北的联系通道，被誉为“山东小延安”。

抱犊崮景色

八路军一一五师司令部机关驻地——抱犊崮山区葫芦套村

早在 1935 年，中国共产党就在抱犊崮山脚下成立了鲁南山区第一个农村党支部——大北庄党支部，开辟了鲁南山区党的工作，为以后抗日根据地的建立打下了群众基础。1938 年 3 月，日军占领枣庄，中共苏鲁豫皖边区特委根据中央指示，立即发动抗日武装起义，成立抗日武装，奋力开辟抱犊崮山区抗日根据地和开展敌占区的工作。郭致远、丛衍瑞等建立起大北庄抗日义勇队，共 60 多人，分 2 个排 7 个班。5 月，与邹坞武装、同乡会服务团合编成立了鲁南山区第一支抗日武装“鲁南人民抗日义勇大队”，以抱犊崮山地为依托，神出鬼没打击敌人。其中威震敌胆的铁道游击队第一任队长洪振海（《铁道游击队》小说中刘洪的原型之一）任三中队三连一排排长、王志胜（《铁道游击队》小说中王强的原型）任三排排长，铁道游击队的第二任队长刘金山（《铁道游击队》小说中刘洪的原型之一）任三中队司务长。5 月下旬编入苏鲁人民抗日义勇总队，后编入八路军第一一五师苏鲁支队。1938 年冬，洪振海、王志胜根据指示出山到敌占区枣庄建立抗日武装，开展抗日斗争，于 1940 年正式组建了铁道游击队。铁道游击队打洋行、劫火车、抢军火等许多带有传奇色彩的战斗故事的指令都是从抱犊崮山区发出的。

1939 年 9 月，罗荣桓、陈光率八路军一一五师师部、六八六团到达抱犊崮，并把师部设在此地。同年 11 月 20 日成立了鲁南第一个县级红色政权——峄县抗日民主政府，县政府机关就驻在抱犊崮西侧的北庄镇南泉村。在罗荣桓指挥下，八路军主力部队和地方武装密切配合，多次粉碎日、伪军的“清剿”和“扫荡”，打垮了国民党顽固派军队的侵扰和破坏。在此基础上，罗荣桓从部队抽调大批干部，帮助地方党政开展抗日工作，很快使抱犊崮抗日根据地扩大到南至郯（城）马（头）、东至苍山、西至邹滕边、北至梁邱一带的广大区域，先后建立了 11 个县级抗日民主政权。1940 年鲁南山区根据地基本连成一片，鲁南人民代表大会在抱犊崮附近的九子峪村开幕，诞生了红色革命政权——鲁南专员公署。在抗日民主政府的领导下，根据地军民掀起了锄奸反霸、减租减息、大生产、大练兵的热潮。罗荣桓在大炉师部召开了鲁南地方干部和部队干部 40 多人参加的联席会议，作了《关于建设抱犊崮山区根据地》的动员报告。经过几个月的奋战，抱犊崮山区成为鲁南抗日根据地中心，罗荣桓分别驻过抱犊崮山下的大炉、西七里河、葫芦套等地。

抗战期间在鲁南山区还诞生了济南军区前卫文工团和新疆军区文工团的前身——抱犊崮剧社。1941 年鲁南军区首长指示王庆祥等在抱犊崮山脚下的大炉村成立了抱犊崮剧社，1942 年把黎明剧社、沂河剧社等鲁南所有文艺团体编入抱犊崮剧社，并改名为鲁南军区文工团，后抽出大批骨干重新组建山东军区文工团即现在的济南军区前卫文工团。在 20 世纪 50 年代初，全团集体调往新疆，成为新疆军区文工团。

景点链接

熊耳山国家地质公园

熊耳山国家地质公园
地址：山东省枣庄市山亭区北庄镇熊耳山西麓
电话：0632-8912939

熊耳山属于沂蒙山脉，海拔 483 米，东西绵延 6 公里，南北宽 2 公里，呈东西走向，是中国罕见的崮形山体岩溶地质地貌。因远看整座山体像一只黑熊的耳朵，故得名——熊耳山景区。

景区以岩溶地质地貌和崮形地貌为特色，以熊耳山和抱犊崮为依托，集大裂谷、溶洞群、龙抓崖岩崩地质灾害遗址、山泉和最典型的崮形地貌为一体，是一处罕见的岩溶地质地貌自然奇观。该景区是国家 4A 级旅游景区、国家地质公园。

熊耳山风光

台儿庄大战遗址

台儿庄大战纪念馆

台儿庄大战纪念馆坐落在山东省枣庄市台儿庄城区南部，南依繁荣兴旺的运河十里港湾，北傍风景秀丽的运河故道，西与台儿庄火车站旧址隔河相望。

1938年3月下旬至4月上旬，中国军队运用阵地战同运动战相结合的战法，在台儿庄地区对孤军深入的日军第十师团濑谷支队和前来增援的第五师团坂本支队，进行英勇顽强的阻击和外线迂回包围。经过数日激战，最终打败进攻之敌，歼灭日军1万余人。指挥台儿庄大捷的是国民党第五战区司令长官李宗仁。台儿庄大捷，是抗战以来国民党正面战场取得的最重大的胜利。中国共产党领导的八路军以及山东、河北人民抗日游击队和工人武装，对津浦路北段、胶济路西段和泰安南北的铁路、公路进行破袭战，炸毁桥梁，拆除路轨，阻滞日军的运输，有力地支援了台儿庄作战。

1992年，台儿庄大战纪念馆奠基兴建。纪念馆融展览馆、书画馆、影视馆、全景画馆为一体，庄严肃穆。

展览馆共有三个展室，陈列着台儿庄大战时中日双方资料、文物千余件，书画馆珍藏着参战将士和亲属以及著名书画家、政界人士的书画作品近千件。影视馆主要播放当年外国战地记者拍摄的珍贵纪录片和参战将士访谈录及《血战台儿庄》影片。全景画馆通过绘画、地面塑型、灯光、音响和解说，将历史真实与艺术真

台儿庄大战纪念馆

实融为一体，生动地再现了中国军队在台儿庄以阵地战迎击日军，浴血奋战，直到取得胜利的历史过程，并选择北大门激战、清真寺争夺战、西北门争夺战等典型战斗场景为表现重点，画面首尾相连成全周形，巨幅画面与逼真的地面塑型有机结合，配以特殊的灯光、立体音响，使战斗气息极为浓烈，给人以身临其境之感。

台儿庄大战纪念馆为全国爱国主义教育示范基地。

台儿庄大战纪念馆

地址：山东省枣庄市台儿庄区沿河南路6号
电话：0632-6612711

台儿庄火车站旧址

台儿庄火车站是清光绪二十五年（公元1899年）中兴煤炭公司负责人张连芬为运煤而设计、由清政府批准修筑的台枣专用铁路的车站，为造型独特的哥特式建筑。当时建有南、北两站，台儿庄大战时，火车北站为中国军队运输后勤物资的主要装卸站。

1938年台儿庄大战时，日军对火车站争夺异常凶猛，中国守军坚守不退，英勇抗击，多次打退进犯之敌。在李宗仁指挥下，中国军队在台儿庄重创日本侵略军，取得了震惊中外的台儿庄大捷。胜利后的4月8日，李宗仁在台儿庄火车站站牌下留影，成为台儿庄大捷的永恒纪念。台儿庄大战时，台儿庄火车站遭到严重破坏，于1945年拆除。1995年，按照当年的哥特式建筑风格，在原址上修复了此站，并于1999年改建为李宗仁史料馆。

台儿庄火车站旧址

地址：山东省枣庄市台儿庄区台儿庄老火车站
电话：0632-6612089

台儿庄战史陈列馆

台儿庄战史陈列馆由英雄广场、战史陈列厅、国防教育园、壮国园和影视厅组成。

英雄广场中央耸立着高31.8米的纪念碑，正面采用毛泽东手书体“革命烈士永

台儿庄火车站旧址

垂不朽”8个大字，背面刻有中央军委原副主席张震撰写的碑文。战史陈列厅分古、近代战史，抗日战争、解放战争史和英雄人物3个展厅，用珍贵的史料和雕塑，通过现代艺术手段把战争场面展现得活灵活现。

台儿庄战史陈列馆

地址： 山东省枣庄市台儿庄区文化路196号

电话： 0632-6612711

台儿庄战史陈列馆

景点链接

台儿庄古城

台儿庄古城坐落于枣庄市台儿庄区，具有千年运河上最完整的运河文化遗产体系，拥有京杭运河上明清风貌保存完好的古河道、古码头，拥有最能体现明清运河沿岸居民生活特点的古村庄——纤夫村，城内至今仍完好地保存有古街巷、古民居、古商铺等建筑群，号称“天下第一庄”，为国家5A级旅游景区。

台儿庄古城

地址： 山东省枣庄市台儿庄区金光路

电话： 0632-6679218

台儿庄古城一角

枣庄市美食特产

美食有枣庄菜煎饼、辣子鸡、羊肉汤、驴肉加火烧、煎饼、峄县扣肉、台儿庄张家狗肉、滕州辣汤等；特产有枣庄绿壳鸡蛋、湿地咸鸭蛋、山亭核桃、花椒、滕州老粗布等。

枣庄市旅游景点推荐

枣庄甘泉寺，滕州龙泉寺塔，山亭区抱犊崮国家森林公园，峄城区青檀寺景区等。

临沂市红色旅游系列景区

蒙阴县、沂南县沂蒙山孟良崮战役遗址

■ 蒙阴县孟良崮战役遗址

蒙阴县孟良崮战役遗址位于山东省蒙阴县垛庄镇全桥村，距临沂城区 50 公里，距京沪高速公路孟良崮出口仅 2 公里，205 国道在此经过。

相传宋朝杨家将领孟良曾屯兵于此，因此后人把此山叫做孟良崮。现在山上还存有旗杆窝、跑马梁、饮马泉、拴马棚、试刀石、演兵场等遗迹。山下有一片废墟，传说是孟良的把兄弟焦赞的营盘。1947 年 5 月 13 日至 16 日，中国人民解放军华东野战军在陈毅、粟裕、谭震林指挥下，浴血奋战，在临沂以北的山区孟良崮地区，一举围歼被称为国民党军队“五大主力”之一的整编第七十四师等部 3 万余人，击毙中将师长张灵甫，给国民党军队以沉重打击。孟良崮战役胜利的意义，正如当时新华社所评述的，是在蒋介石最强大的进攻方向，打击了蒋介石最精锐的部

孟良崮战役纪念碑

队。这一打击出现于解放区举行全面反攻的前夕，因而具有特别重大的影响。

为纪念孟良崮战役和战役中英勇献身的革命烈士，1954年建设了孟良崮战役烈士陵园。该陵园为全国重点烈士纪念建筑物保护单位、山东省级文物保护单位、全国爱国主义教育示范基地。

2002年，孟良崮景区进行了全面提升和改扩建，形成了以孟良崮战役纪念馆为主题的山下纪念园区及以孟良崮战役纪念碑为主题的山上战役遗址观光区。山下纪念馆园区主要有：陈毅、粟裕大型花岗岩雕像和孟良崮战役纪念馆。纪念馆共分为4个展厅：第一展厅为战役史料记载及作战沙盘；第二展厅为沂蒙人民支前厅；第三展厅为声、光、电情景模拟厅；第四展厅为多媒体展厅，内设有3D立体环幕影院放映战斗场面。纪念馆后面是松柏和鲜花环绕的烈士墓区，孟良崮烈士陵园里安葬了2865位烈士的遗骨，大部分都是无名烈士。墓地中心位置为粟裕将军部分骨灰撒放处。纪念园区的最后边是瞭望塔，塔高47米，在塔顶可看到山上孟良崮战役纪念碑。山上战役遗址区主要有：孟良崮战役纪念碑。该碑建于1984年，建在孟良崮的大崮顶上，碑高30米，由三块状如刺刀的灰色花岗岩铸成，分别象征着华东野战军、地方军和民兵三支武装力量。另外还有武器观展区（主要有飞机、大炮、坦克等重武器）、战役遗址、战场残骸、华野指挥所、华野炮阵地、战地救护所、红嫂洞、张灵甫指挥所、敌军阵地、张灵甫击毙处，以及游客参与性娱乐项目马术俱乐部、射箭馆、高空滑索、滑道、民俗园等。

孟良崮景区集革命传统教育、观光游览、休闲娱乐为一体，是国家4A级旅游景区、全国青少年爱国主义教育基地、山东省国防教育基地等。

蒙阴县孟良崮战役遗址

地址：山东省蒙阴县垛庄镇全桥村

电话：0539-4582188

沂南县孟良崮战役遗址

沂南县孟良崮战役遗址位于“诸葛故里、红嫂家乡”——山东省沂南县孙祖镇岱庄孟良崮国家森林公园内，南距临沂市60公里，北距济南市220公里，总面积658.8公顷，占整个沂蒙山孟良崮战役遗址旅游区的87%，是孟良崮战役主战场。

景区内山体连绵起伏，沟壑遍布。最高峰大庵顶，海拔575.2米。孟良崮国家森林公园主要有入口引导区、生态体验区、历史缅怀区、历史文化区等4个主景区、12个功能区、128处景点。景区山险、石奇、洞涵、林翠、自然风光秀美、生态环境宜人。公园内山石特色尤其明显。一是巨石成山。园内疙瘩山东侧高达30米

沂南孟良崮战役遗址

华东革命烈士陵园大门

的山包仅仅是用两三块巨石搭接而成。二是磊石成景。公园内象形石尤其多，似船状、似鼠状、似兔状、似穿山甲状、似恐龙状……有的两面象形，西面像群蛙嬉闹，东面则像浮在云头的乌龟；有的像是天然石碑，有碑身，有基座；有些巨石搭接成洞、成独石桥等等。雕窝山顶山石，从远处看竟似一座城堡样。孟良崮国家森林公园小溪水流颇多，山随水转的景致随处可见。

公园内人文资源丰富。有国民党军整编第七十四师指挥部遗址、孟良崮战役旧址、和平广场、红色军号台、孟良营寨、古城墙遗址等多个景点。

孟良崮战役遗址是集红色历史、绿色生态、地质科普、民俗风情、自然风景区、绿色休闲为一体的旅游度假地，为国家级森林公园、国家级地质公园、国家3A级旅游景区。

沂南县孟良崮战役遗址

地址： 山东省临沂市沂南县孙祖镇

电话： 0539-7900058

临沂市华东革命烈士陵园

1949年2月，由中共中央华东局提议，山东省人民政府决定在临沂建立大型革命烈士陵园。1950年，规模宏大的主体工程——革命烈士纪念塔和革命烈士纪念堂相继落成，此后，又陆续进行增建。目前，这个纪念建筑群共包括塔、堂、亭、馆、廊、墓等18处大型纪念建筑物，占地面积21万平方米。毛泽东、刘少奇、周恩来、朱德、任弼时、邓小平、江泽民等30多位党和国家领导人为陵园题词。

华东革命烈士陵园主体建筑革命烈士纪念塔、革命烈士纪念堂和南北大门在中轴线上，其他建筑对称地布列两侧。纪念塔位于陵园中央，高45米，为五角亭柱式建筑，塔身正面“革命烈士纪念塔”7个贴金大字为毛泽东手书，四周石壁上刻有浮雕和领导人题词。革命烈士纪念堂为双层古宫殿式建筑，堂内巨大石质联碑上镌刻着62576位烈士英名。据统计，其中抗日战争时期牺牲的烈士25000余名，解放战争时期牺牲的烈士35000余名。在6

万余名烈士中有 3 万余名为沂蒙山区籍烈士，其他烈士来自全国 16 个省、区、市，有的是来自外国的国际主义战士。

纪念堂前东西两翼是民族建筑形式的沂蒙精神纪念馆和解放战争纪念馆，与纪念堂成品字形布列，其间两排高大的塔柏，宝塔似地矗立着，犹如两列威武哨兵，庄严威武。沂蒙精神纪念馆主要展出了红色热土、爱党爱军；血火丰碑、无私奉献；愚公移山、艰苦创业；科学发展、开拓奋进这 4 部分内容，展现了沂蒙人民在战争年代和社会主义建设时期爱党爱军、开拓奋进、艰苦创业、无私奉献的沂蒙精神。解放战争纪念馆主要展出了华东军民在陈毅、粟裕、谭震林等同志领导下同国民党军队进行的鲁南、莱芜、孟良崮、济南、淮海等重大战役。两馆展出革命文物 300 余件。

纪念塔和纪念堂之间有一五角形水池，塔、堂倒影其中。池东为抗日浮雕长廊，廊亭相拥，陈展着 9 组 33 幅反映抗日战争时期英雄事迹的石质浮雕。

纪念塔前广场两侧对称建有新四军副军长兼山东军区副司令员罗炳辉，德国共产党员、太平洋学会记者汉斯 · 希伯等 8 座造型各异的烈士陵墓。东、西墓区两端分别为罗炳辉烈士戎装石像亭和华东野战军副参谋长张元寿等 4 位著名烈士半身石质像。

华东革命烈士陵园为全国爱国主义教育示范基地、全国重点烈士纪念建筑物保护单位。

华东革命烈士陵园

地址：山东省临沂市兰山区陵园前街 4 号

电话：0539-8137180

莒南县八路军一一五师司令部和山东省政府旧址

八路军一一五师司令部和山东省政府旧址位于山东省临沂市莒南县大店镇，占地面积 5 万平方米，建筑面积 1.5 万平方米，主要有八路军一一五师司令部旧址、山东省政府旧址、沂蒙红嫂事迹陈列室、山东抗日根据地纪念馆以及由省发改委、民政厅等 20 多个单位布展的历史景观。

全国抗日战争时期，中国共产党领导创建了 19 块敌后抗日根据地，其中，山东抗日根据地是全国著名的根据地之一。1941 年，山东抗日根据地进入最困难的时期。中共中央山东分局、山东省临参会、山东省战工会、八路军第一一五师司令部、八路军山东纵队司令部等党政军领导机关，省工、农、青、妇、文群团机关，后勤机关，经济，文化等部门由鲁中转移到莒南，直至

八路军一一五师司令部和山东省政府旧址

河东区新四军军部旧址正门

抗战胜利。刘少奇、罗荣桓、朱瑞等老一辈革命家都曾在莒南战斗、工作过。在长达4年半的时间里，莒南一度是山东抗日根据地的指挥中心和文化中心。1945年8月13日，中国共产党领导下的第一个省级政权——山东省政府在大店成立。景区现有馆藏文物1000余件，展示珍贵图片10000余张，以丰富、翔实、生动、系统的史料、实物和场景，以现代化的展示手段全面反映了八路军一一五师及山东抗日根据地革命历史文化。

八路军一一五师司令部和山东省政府旧址是全国重点文物保护单位、全国爱国主义教育示范基地、国家4A级旅游景区。

八路军一一五师司令部和山东省政府旧址

地址：山东省临沂市莒南县大店镇中心街128号

电话：0539-7813115

河东区新四军军部旧址

河东区新四军军部旧址位于山东省临沂市河东区九曲街道前河湾村，是新四军历史上最后一个军部驻地，同时也是华东军区、华东野战军诞生地。

1945年9月，中共中央发出了关于目前任务和向南防御和向北发展的部署，要求山东主力及大部分干部迅速向冀东及东北出动。根据中央的战略部署，山东主力部队挺进东北。与此同时，中央要求新四军军部及大部分主力北移山东。根据中央部署，新四军各部队从10月初开始北移。10月4日，新四军军长陈毅抵达临沂山东分局驻地。1946年6月至1947年2月，陈毅、粟裕、张云逸等曾住在该村，在此指挥了著名的宿北战役、鲁南战役、临沂南线阻击战，镇压了叛匪郝鹏举，同时制定了莱芜战役的作战计划。

自2005年9月起，按照“修旧如旧”的修复原则，对新四军军部旧址实施修

新四军军部旧址纪念馆展厅一角

复，同时征集革命文物，进行布展陈列。2007 年 9 月，新四军军部旧址纪念馆正式开馆，迟浩田题写馆名。馆内设有史料展览室和陈毅办公室、军部办公室等。展览共展出历史图片 130 余幅，重要革命文物 80 余件，运用声、光、电、工艺油画、循环灯箱等现代手段突出重点亮点，再现了军民浴血奋战的艰苦斗争历程，生动展现了陈毅、粟裕、张云逸等老一辈无产阶级革命家在此运筹帷幄、决胜千里的风采和为中国革命事业所建立的丰功伟绩。

2009 年，新四军军部旧址修复建设了将帅林暨陈毅旧居，同时修复复原了新四军接待处、参谋处和民运处等革命旧址，真实再现了当年新四军军部驻扎于此，军民一心、同仇敌忾、全力以赴保家园的历史场景。

临沂市河东区新四军军部旧址为全国爱国主义教育示范基地、山东省级文物保护单位。

河东区新四军军部旧址

地址： 山东省临沂市河东区九曲街道前河湾村

电话： 0539-8391586

景点链接

中国红嫂革命纪念馆

中国红嫂革命纪念馆位于原沂蒙革命根据地中心，山东沂南县城西北 23 公里处的马牧池乡常山庄村，是沂蒙红色影视基地的重要组成部分。

中国红嫂革命纪念馆

中国红嫂革命纪念馆占地20余亩，由跟着共产党走纪念馆、人民子弟兵将帅纪念馆、中国红嫂革命纪念馆等11个部分组成，用12处古朴的农家院实景和30余组群雕、塑像以及30余组石刻、1000余幅照片，再现当年红嫂乳汁救伤员、沂蒙母亲抚养革命后代、沂蒙红嫂拥军优属的真情实景。

蒙山国家森林公园

地址：山东省临沂市蒙阴县城南部

电话：0539-4546777

蒙山国家森林公园

蒙山国家森林公园位于山东省蒙阴县南部，东西雄列，绵延百余里，主峰海拔1156米，为山东省第二高峰，素称“亚岱”。公园内奇峰耸立，层峦叠嶂，深涧遍布，古称有“七十二峰”、“九十九峪”、“三十六洞”。现风景名胜区包括水帘洞、雨王庙、云蒙峰、百花峪、老龙潭、望海楼六大景区，拥有蒙山叠翠、蒙山花潮、蒙山飞瀑、蒙山云海、蒙山日出、蒙山听涛、蒙山秋色、雪峰玉谷八大自然景观。现已开发水帘洞、雨王庙、大小云蒙峰、天壶峰、栖凤山、蒙山卧佛、蒙山猿人、邵家寨、蒙山巨龙、百丈崖、浴人、仙池等180余个景点。其中水帘洞瀑布为三叠式瀑布，上下落差高达60米，飞泻时如银河倒挂，气势磅礴，蔚为壮观。公园还配套了森林浴场、游泳场、森林漂流、采摘园、森林冲锋车、民俗风情等娱乐项目，为山东省风景名胜区。

天马岛旅游区

地址：山东省临沂市莒南县城北16公里处

电话：0539-7839666

天马岛旅游区

山东天马岛旅游区位于临沂市莒南县城北16公里处，旅游区方圆46平方公里。其中天湖面积20平方公里，天马岛面积26平方公里。主要景点有岛上圣水码头，南岸的天湖岸上游乐园、水上乐园、生存挑战区等。景区湖水清澈，山水相映，气候宜人。

临沂市机场火车站资讯

●机　场

临沂机场：位于山东省临沂市河东区。

电话：0539-9600777

●火车站

临沂站：位于山东省临沂市沂蒙路与海关路交会处南。

电话：0539-2962762

临沂市美食特产

美食有临沂八宝豆豉、糁，莒南驴肉，蒙阴光棍鸡等；特产有平邑金银花，郯城银杏，沂蒙煎饼、沂蒙全蝎，沂南苗蛋、燕子石，郯城银杏，苍山大蒜，临沂板栗，兰陵美酒郁金香等。

临沂市旅游景点推荐

兰山区银雀山汉墓竹简博物馆，蒙阴县蒙山景区，平邑县蒙山龟蒙景区，沂南县诸葛亮文化旅游区，竹泉村旅游度假区，沂水县地下大峡谷、天然地下画廊等。

莱芜战役纪念馆

莱芜战役纪念馆

地址：山东省莱芜市莱城区英雄路北首汶阳大街43号

电话：0634-8805690

莱芜战役纪念馆位于山东省莱芜市英雄路北首汶阳大街43号，总占地面积1.4万平方米，展陈面积6600平方米。

1947年1月，国民党制订了“鲁南会战”计划，集中30万重兵，采取南北对进夹击的战术，企图与华东野战军决战临沂，消灭我野战军主力，进而占领整个华东解放区。我华东野战军在陈毅、粟裕和谭震林等同志指挥下，创造性地执行毛泽东“诱敌深入”、“打运动战”的方针，避开南线国民党军主力，主动放弃临沂，调遣7个纵队挺进莱芜，对北线之国民党军完成战役合围。参战部队在解放区人民的全力支援下，于2月20日至23日，奋战3个昼夜，一举歼灭国民党第二绥靖区所属7个师（旅），俘国民党第二绥靖区副司令长官李先洲等高级将领，乘胜解放了新泰、章丘、临淄、益都等13座县城，将渤海、鲁中、胶东解放区连成一片。连同其他方向的协同作战，莱芜战役合计歼灭国民党军队7万余人，并开创了歼灭敌集团军的先例，为扭转华东和全国战局作出了贡献。

莱芜战役被誉为运动战的光辉范例，电影《南征北战》就是以莱芜战役为原型拍摄的。

莱芜战役纪念馆是1996年在原烈士陵园旧址上建立的，1997年正式对外开放，2007年进行了全面升级改造。现纪念馆

莱芜战役纪念馆

莱芜战役纪念馆序厅

占地面积73亩，建筑面积14000平方米，陈展面积6600平方米。

莱芜战役纪念馆由展览园区和纪念园区两部分组成。展览园区包括战役展览馆、全景画馆、纪念广场、陈毅铜像、国防园。纪念园区有革命烈士纪念塔、抗日烈士纪念碑、四座著名烈士墓、一座烈士骨灰堂。

莱芜战役纪念馆为全国爱国主义教育示范基地、国家国防教育示范基地、全国重点烈士纪念建筑物保护单位、国家 4A 级旅游景区。

景点链接

莱芜战役指挥所旧址

莱芜战役指挥所旧址

莱芜战役指挥所旧址位于山东省莱芜市钢城区辛庄镇石湾子村。旧址为 1917 年修建的四合院建筑，占地面积 450 平方米。现布置有莱芜战役参战将领简介和介绍莱芜战役经过的展板，南大门内的影壁墙上，镶嵌着瓷壁诗，为陈毅所写的《莱芜大捷》。该旧址为山东省级文物保护单位、山东省爱国主义教育基地。

房干生态旅游景区

房干生态旅游景区是国家4A级旅游景区，全国农业旅游示范点。景区以生态环保为特色，以绿色为主题，汇山、水、林、泉、潭、瀑、峡、洞、石等自然景观于一处，构成了生态环保、自然景观、民俗风情三大板块的旅游内容。

房干生态旅游景区入口

房干生态旅游景区

地址： 山东省莱芜市雪野镇房干村

电话： 0634-6386366
6386068

华山国家森林公园

华山国家森林公园位于山东省莱芜市西北部山区，属于泰山支脉，距市区30多公里。公园总面积46平方公里，境内山峦起伏，沟壑纵横，有大小山头96座，其中海拔700米以上的25座。公园内有大舟院、志公殿、白龙庙、黑龙庙、永宁崮等古迹遗址。

华山国家森林公园景色

华山国家森林公园

地址： 山东省莱芜市莱城区大王庄镇

电话： 0634-6547206

莱芜市美食特产

美食有莱芜雪野鱼头、棋山炒鸡、羊汤、莱芜香肠、火烧等；特产有齐鲁干烘茶、姜、“鲁王工坊”锡雕、燕子石工艺品、益锦黄金酥等。

莱芜市旅游景点推荐

雪野旅游度假区、莲花山景区、香山景区、齐长城、吕祖泉景区、棋山省级森林公园等。

中国人民解放军海军博物馆

中国人民解放军海军博物馆

地址： 山东省青岛市莱阳路 8 号

电话： 0532-82876888 51873496

中国人民解放军海军博物馆位于山东省青岛市莱阳路 8 号，是一座海军军事主题博物馆。博物馆陆地面积 141 亩，海域面积 223 亩，地处“帆船之都”青岛市的黄金海岸线上。东临鲁迅公园和海产博物馆，西接小青岛，北眺栈桥，南濒一望无际的大海，像一颗璀璨的明珠镶嵌在青岛湾畔。

中国人民解放军海军博物馆 1988 年筹建，1989 年正式向社会开放。其建馆宗旨是弘扬中华民族悠久的历史文化，展示我国海军的发展历史，宣传人民海军的战斗历程和建设成就，增强全民族的爱国意识和海洋国土观念。具体职能是收集、收藏海军各历史时期的重要文物史料和各类装备，研究、陈列海军

中国人民解放军海军博物馆大门

中国人民解放军海军博物馆海上展区

文物，对部队和广大人民群众及青少年进行爱国主义教育。

海军博物馆馆藏文物近 4000 件，其中国家一级文物 17 件，二级文物 3 件，三级文物 2 件，拥有国内最大的海上舰艇展览群，从不同侧面反映了人民海军从无到有、从小到大、从弱到强不断壮大的光辉历程。博物馆有室内展厅、武器装备展区、海上展舰区三大部分。室内展厅分海军史展室、海军服装展室、礼品展室，总面积 1100 余平方米。海军史展室展出了古代海军史、近代海军史和人民海军史。通过大量史料，详细介绍了中国海军的起源、发展及其维护国家主权和领土完整的重要作用。海军服装展室，主要展出人民海军自 1949 年诞生以来各个时期装备的制式服装、军衔肩章、勤务符号、进行特种作业的装具等，从一个侧面反映了人民海军革命化、现代化、正规化建设的进程。礼品展室，展出了 60 多个国家的军队赠送海军博物馆和人民海军的各种珍贵礼品 300 余件。武器装备展区有小型舰艇、飞机、导弹、火炮、水中兵器、观通设备、水中坦克等 7 个陈列群，陈列各种装备 150 余件。海上展舰区展有退役的中型作战舰艇，其中有为保卫祖国海疆作出重要贡献的中国第一艘驱逐舰“鞍山”号，在捍卫祖国海疆战斗中荣立战功的火炮型护卫舰“南充”号，防空导弹护卫舰“鹰潭”号，以及 33 型常规潜艇“长城”号、21 型导弹快艇等。馆内还设立了富有科学性、知识性、趣味性的 12.7 毫米机枪、54 式手枪光电射击靶场，可供实际操作的各种岸炮、舰炮、坦克等，还设有舰艇模型室、潜望镜室。

中国人民解放军海军博物馆为全国爱国主义教育示范基地、国家国防教育示范基地、国家 3A 级旅游景区。

景点链接

青岛革命烈士纪念馆
地址： 山东省青岛市市南区太平山南麓
电话： 0532–83861236

青岛革命烈士纪念馆

青岛革命烈士纪念馆正门

青岛革命烈士纪念馆始建于 1977 年，迄今先后进行了 4 次修葺和完善。主要建筑有烈士事迹陈列厅、革命烈士群雕、烈士英名碑等。现烈士事迹陈列厅为正、西、东 3 个展厅，陈列展出 140 位革命烈士的事迹及 35 位著名烈士的 113 件珍贵遗物等。该馆为全国重点烈士纪念建筑物保护单位、山东省爱国主义教育基地。

中共青岛地方支部旧址
地址： 山东省青岛市四方区海岸路 18 号
电话： 0532–83773698

中共青岛地方支部旧址

1923 年 8 月，中共青岛党组织成立。1925 年 2 月，青岛党组织改称中共青岛支部。其后，中国共产党人在此领导了四方机厂、日商纱厂工人大罢工，并推动形成了青岛历史上反帝爱国运动的第一次高潮。

2001 年，修复了中共青岛地方支部旧址，建立中共青岛地方支部旧址纪念馆。纪念馆陈列内容由原状陈列和中共青岛历史展两部分组成。中共青岛历史展分为 9 个部分，展出历史文献、实物和照片 370 余件。旧址房屋结构及内部布置基本按照当年原状恢复。该旧址为山东省爱国主义教育基地。

中共青岛地方支部旧址

崂山旅游景区

青岛崂山旅游景区有绕山海岸线87.3公里，其最高峰海拔1132.7米，素以“海上名山第一”和“道教全真天下第二丛林”而著称。崂山现有历史人文景点47处，自然景点174处，景区内的汉柏、唐榆、宋朝银杏、明代山茶等古树闻名遐迩。崂山历史悠久，为道教文化名山，国家5A级旅游景区，国家重点风景名胜区。

崂山雪景

琅琊台旅游景区

琅琊台旅游景区位于山东省青岛海西岸的黄岛区琅琊镇，为国家重点风景名胜区、国家4A级旅游景区。琅琊台是两千多年前古人依托琅琊山夯土筑就的，海拔183.4米。周代初期，姜太公封齐时作八神，其中四时主祠就立在琅琊山上。越王勾践在琅琊山起观台会盟诸侯。秦始皇统一天下后三次登琅琊，亲自督工修筑起琅琊台，立刻石歌颂始皇帝的伟业盛德。琅琊刻石现存86字，为秦篆极品，藏于北京中国历史博物馆。

琅琊台自古就是军事要地，琅琊台下的琅琊港是我国五大古港之一。

崂山旅游景区

地址：山东省青岛市崂山区海尔路178号

电话：0532-8898866 8899000

青岛市机场火车站资讯

●机　场

青岛流亭国际机场：位于山东省青岛市城阳区。

电话：0532-84715777

●火车站

青岛火车站：位于山东省青岛市市南区普集路。

电话：0532-82975022　86011111

青岛市美食特产

美食有肉末海参、鲅鱼水饺、黄鱼炖豆腐、辣炒蛤蜊、三鲜锅贴、崂山菇炖鸡、排骨砂锅米饭、海鲜卤面、海菜凉粉、酸辣鱼丸、炸蛎黄、烧鱿鱼、油爆海螺、鸡汤馄饨、原壳鲍鱼、家常牙鱼块等；特产有崂山绿石、草编工艺品、贝雕、莱西山楂、崂山云峰茶、即墨老酒、青岛啤酒、海产品等。

青岛市旅游景点推荐

海底世界、栈桥、石老人海水浴场、第一海水浴场、极地海洋世界、雨林谷、崂山北九水风景区，即墨市田横岛等。

威海市刘公岛甲午海战纪念地

刘公岛甲午海战纪念地

地址： 山东省威海市刘公岛

电话： 0631-5167896

刘公岛甲午海战纪念地位于山东省威海市刘公岛风景区内，融爱国主义教育基地和海岛风光历史文化遗迹于一体。刘公岛东西长 4.08 公里，南北最宽处 1.5 公里，面积 3.15 平方公里，最高处旗顶山海拔 153.5 米。刘公岛距威海市区 2.1 海里，约合 3.9 公里，乘游船 15 分钟即可到达。

刘公岛自然风光优美，素有“海上仙山”和“世外桃源”的美誉。刘公岛人文景观丰富，既有上溯千年的战国遗址，又有著名的清朝北洋海军提督署、水师学堂、古炮台、海龙王庙、丁汝昌寓所、铁码头等文物古迹，还有英国殖民统治时期遗留下来的大量欧式建筑以及近年建起的刘公岛博览园、水师广场、文化广场等多处景观。

1888 年 12 月，清政府北洋舰队驻泊威海卫。1894 年中日甲午战争爆发后，刘公岛成为北洋海军提督署。洋务派苦心经营的中国新式海军完全溃败，丁汝昌等爱国将领在此殉难。甲午战争

刘公岛全景

进一步暴露了清政府的腐败无能和中国的积贫积弱，加剧了帝国主义对中国的争夺，迅速把中国推向濒于瓜分的境地。

中国甲午战争博物馆

中国甲午战争博物馆是一处遗址类博物馆，以北洋海军提督署、水师学堂等清代建筑为主体，1985 年 3 月 21 日开馆。该馆以北洋海军和甲午战争为主题，其辖属保护管理的刘公岛甲午海战纪念地，包括北洋海军提督署、龙王庙、丁汝昌寓所、水师学堂、铁码头、黄岛炮台、旗顶山炮台、东泓炮台、日岛炮台等共 28 处纪念遗址。现开放参观的有北洋海军提督署、龙王庙、丁汝昌纪念馆、黄岛炮台与兵器馆、旗顶山炮台、东泓炮台等。馆内藏有历史照片 1000 多幅，北洋海军与甲午战争文物资料 200 多件，打捞舰船文物标本 300 多件。其中济远舰双主炮，堪称“镇馆之宝”。

该馆利用原北洋海军提督署等清代建筑为陈列展示场所，将传统陈列形式与现代科技手段结合在一起，通过文物、图片、蜡像、沙盘、模型、影视等形式，生动再现了当年北洋水师及甲午战争的历史原貌。陈列展示主要包括北洋海军陈列、礼仪厅复原陈列、威海卫之战陈列、北洋海军将领会议蜡像厅、丁汝昌殉难处、济远舰打捞文物展、复制克虏伯大炮、丁汝昌生平事迹展、北洋海军将士事迹展、北洋海军将士名录墙、甲午战争史研究成果展等等。

中国甲午战争博物馆

中国甲午战争博物馆陈列馆

中国甲午战争博物馆陈列馆

中国甲午战争博物馆陈列馆是一座全面展示中日甲午战争历史的综合性展馆，2008 年对外开放，占地面积 10000 多平方米，建筑面积 8800 平方米。

该馆以《甲午战争：1894—1895》为基本陈列，共展出甲午战争历史图片 650 多幅，复制了大量甲午战争时期的武器装备，还原再现了多个人物塑像场景，开辟了“黄海海战”3D 影视厅，还有大量反映甲午战争的巨幅油画和巨型雕塑。整个展馆分为序厅、甲午战前的中国和日本、甲午战争、深渊与抗争、尾厅 5 个部分。

刘公岛是国家重点风景名胜区、全国爱国主义教育示范基地、国家 5A 级旅游区，刘公岛甲午海战纪念地为全国重点文物保护单位。

景点链接

刘公岛博览园
地址：山东省威海市刘公岛

刘公岛博览园

刘公岛博览园是一处融历史文化与影视科技于一体，集古典建筑与园林艺术于一身，汇甲午风云、英租历史、刘公文化、海权文化、海洋文化于一园的综合性景观。博览园全方位地再现了刘公美德、甲午风云、英租历史三大主题，包括刘公岛文化区、民俗文化区、甲午文化区、海权文化区、英租文化区、刘公岛鲸馆六大展区。

刘公岛博览园一隅

刘公岛国家森林公园
地址：山东省威海市刘公岛

刘公岛国家森林公园

刘公岛国家森林公园占地面积4000多亩，主要景观有动物园、北洋海军忠魂碑、五花石、板礓石、听涛崖、贝草嘴等。

威海市机场火车站资讯

●机　场

威海国际机场：位于山东省威海市文登市大水泊镇。

电话：0631-8641172

●火车站

威海火车站：位于山东省威海市经济技术开发区内深圳路西首。

电话：0631-5967172

威海市美食特产

美食有干炸小黄鱼、炸海蟹、猪脚姜、起糕、锅煽海蛎子、红烧对虾、威海清汤等；特产有威海海参、威海对虾、荣成黄桃、扇贝、威海苹果、小黄鱼、花生、乳山阳梨、锡镶茶具等。

威海市旅游景点推荐

威海市华夏城，荣成市成山头风景区、石岛赤山风景区、西霞口风景区，乳山市银滩、大乳山旅游区等。

鲁西南战役纪念系列景区

菏泽市

鲁西南战役指挥部旧址

鲁西南战役指挥部旧址位于山东省菏泽市郓城县县城正东方向2公里处。

在刘伯承、邓小平的指挥下，鲁西南战役于1947年6月30日至7月28日历时28天，共歼国民党军4个整编师师部、9个半旅计6万余人，缴获大批军用物资。此次战役迫使敌人从西北、山东和中原地区抽调17个旅支援鲁西南，打乱了蒋介石的战略部署。不仅为刘邓大军千里跃进大别山开辟了道路，而且还有力地配合了西北和山东战场粉碎敌人重点进攻的作战计划。鲁西南战役揭开了人民解放军战略进攻的序幕。

鲁西南战役胜利后，刘邓大军不经休整，便迅速甩开将要向它合围的几路国民党军队，在进入鲁西南的华东野战军5个纵队及新成立的晋冀鲁豫野战军第十一纵队的掩护下，从8月7日起分三路向南疾进，提前开始了千里跃进大别山的壮举。

鲁西南战役指挥部旧址纪念馆于2007年开工建设，总建筑面积6927平方米。该建筑为两层框架结构，分为前大厅、8个分展厅及面积为2500平方米的中央展厅。展览以解放战争中著名的鲁西南战役

鲁西南战役指挥部旧址纪念馆

鲁西南战役指挥部旧址

地址：山东省菏泽市郓城县临城路东段

电话：0530-6380865

为历史背景，采用声、光、电现代展示手段，以全景沙盘、群雕、立体电影、战场图片、人物照片、战争遗物等多种形式，再现了炮火连天的战斗场景，展示了刘邓大军不畏艰险、不怕牺牲、奋勇作战的英雄气概和壮丽画卷。

鲁西南战役指挥部旧址为全国爱国主义教育示范基地。

景点链接

湖西公园

地址：山东省菏泽市单县城东南

湖西公园

湖西公园门口

湖西公园原名湖西区抗日烈士陵园，又名湖西革命烈士陵园。

该陵园是为安葬和纪念在抗日战争中牺牲在湖西大地上的革命烈士于1945年修建的。1946年，国民党军队进犯单县，陵园遭受严重破坏。1952年重修，更名为湖西革命烈士陵园。1992年对陵园进行了改扩建。陵园主要有湖西革命烈士纪念塔、烈士纪念堂、烈士纪念亭、烈士英名碑和2座烈士单墓、4座烈士公墓等烈士纪念建筑物，安葬着2641名革命烈士。

湖西革命烈士陵园为全国重点烈士纪念建筑物保护单位。

水浒好汉城

地址：山东菏泽市郓城西门街南段

电话：0530-6896888

水浒好汉城

水浒好汉城位于菏泽市郓城县西门街，是集宋江武校的武术修学旅游、传统武术绝技表演、水浒文化风情展示于一体的综合性人文景观，具有多种建筑风格的古代建筑群。主要景点有：水浒文化博物馆、北宋时期郓城最大的茶楼——及时雨茶楼、乌龙院、青面兽镖局、孙二娘客栈、县衙、忠义庙等，为国家3A级旅游景区。

水浒好汉城

冀鲁豫边区革命纪念馆

冀鲁豫边区革命纪念馆

全国抗日战争时期，八路军第一一五师、第一二九师广大指战员深入敌后，党政军民团结一心，浴血抗日，创建了冀鲁豫边区。边区东缘津浦，西临平汉，南跨陇海，北接德石，辖河北、山东、河南 3 省 67 个县，为全国最大的平原抗日根据地。解放战争时期，边区系全国重要战场，刘邓大军、陈粟兵团在此十战十捷，战功卓著。1947 年夏，刘邓大军强渡黄河，发起鲁西南战役，乘胜南下，势如破竹，千里跃进大别山区，揭开了中国人民解放军由战略防御转入战略进攻的序幕。1997 年 7 月，河北、山东、河南三省省委、省政府联署报经中共中央和国务院批准，在山东菏泽市中心赵王河畔建立冀鲁豫边区革命纪念馆。

纪念馆 1998 年 4 月奠基，2000 年 5 月建成开馆。馆区占地面积 198 亩，主体建筑面积 11700 余平方米。江泽民为纪念馆题写馆名。纪念馆坐北朝南，从丹阳路向北形成景区中轴线，环岛花坛、双曲拱桥、旗杆花圃、巨型卧碑、青石广场、主体建筑、下沉广场贯通相连。纪念馆主体建筑外观为战船形，象征当年冀鲁豫边区人民在党的领导下，乘风破浪，驶上新的征程；俯视则呈牡丹花状，三叶九瓣，三叶象征冀鲁豫三省，九瓣象征边区革命政权九年光辉历史。纪念馆大门东西侧墙壁上设有两块汉白玉巨型石雕。东侧雕塑的是在战火纷飞的年代，八路军、人民解放军英勇杀敌，前仆后继，激烈战斗的场面和光辉英雄形象；西侧是人民群众、支前民工勇往直前的场面和一系列支前模范的英雄形象。

纪念馆馆藏革命历史文物 800 余件、图片 1400 余幅，展览依据革命历史脉络分为序厅、星星之火、浴血抗战、平原逐鹿、革命儿女 5 个展厅，设有郓城攻坚战全景画馆。

冀鲁豫边区革命纪念馆为全国爱国主义教育示范基地。

冀鲁豫边区革命纪念馆

地址： 山东省菏泽市丹阳路 1111 号

电话： 0530-5167905　5970955

菏泽牡丹园

地址：曹州牡丹园：山东省菏泽市人民路1000号

电话：0530-5640188

景点链接

菏泽牡丹园

菏泽市有多个牡丹园。曹州牡丹园位于菏泽市人民路北段，是国家3A级旅游景区、国家级农业旅游示范点和省级农业旅游示范点，拥有牡丹九大色系，十大花型，1000余个品种，芍药品种近千种，面积1600亩。景区内建有国花馆、花海群芳、文化柱石、九色春晖、菏山流霞、花神庙等40个牡丹特色突出、文化内涵丰富、极具观赏品位的景点，每逢谷雨前后，花海人潮，蔚为壮观。

百花园位于菏泽牡丹区洪庙村。花园面积100亩，植牡丹12万多株，560个品种，芍药6万余株，270多个品种，以传统稀有珍贵品种多，花色齐全，分布合理，便于观赏而驰名。

古今园位于菏泽市牡丹办事处王梨庄，是在明代万花村花园的基础上发展起来的。该园面积50余亩。牡丹300多个品种，有奇花异卉如芍药、腊梅、黄刺梅等百种花灌木。

曹州牡丹园大门

菏泽市美食特产

美食有菏泽板面、单县羊肉汤、曹县烧牛肉、成武白酥鸡等；特产有鲁西黄牛、青山羊等。

菏泽市旅游景点推荐

菏泽曹州武术馆，单县百寿坊，巨野永丰塔，郓城县孙膑旅游城等。

济宁市金乡县鲁西南战役纪念馆

鲁西南战役纪念馆位于山东省济宁市金乡县羊山镇。

1947年6月30日夜，刘伯承、政委邓小平率领晋冀鲁豫野战军第一、第二、第三、第六4个纵队共13个旅12万人，于濮县临濮集至东阿位山150公里的地段上，一举突破黄河天险，进入了鲁西南，发起鲁西南战役。在解放军渡过黄河之后，国民党军抽调大批兵力围堵。蒋介石试图以第五十五师坚守郓城，吸引

鲁西南战役纪念馆

刘邓大军屯兵城下，以东路军结成重点攻势，从巨野向西袭击刘邓大军侧背，和西路军形成钳击之势，迫使刘邓大军背水作战，企图将刘邓大军消灭于黄河和运河交叉之三角地带，或将刘邓大军重新逼回黄河以北。针对此情况，刘邓大军采取“攻其一点，诱敌来援，啃其一边，各个击破”的战术。首先歼灭了郓城和西路弱敌，开辟战场，攻取了定陶、曹县等地，接着分割包围东路敌军，取得了六营集大捷。至此，在鲁西南地区的国民党军，只剩下了龟缩于羊山集的第六十六师一个半旅。这个师装备精良，战斗力较强，又依托山地，企图凭险死守待援。7 月 15 日，敌军第二、第三纵队发起对羊山集的进攻。但因该处守军以羊山作依托，南侧地形低洼、积水较多，虽经两天激战，进展不大。此时，蒋介石得知整编第三十二师等部连续被歼和羊山集整编第六十六师告急等情况，于 19 日飞抵开封坐镇指挥，从西安、洛阳、豫北、山东、汉口等地抽调 7 个整编师又 2 个旅向鲁西南驰援。20 日又令王敬久率整编第五十八师和第一九九旅，在飞机、坦克掩护下由金乡北上，以解羊山集之围。刘伯承、邓小平为争取先机，以独立第一、第二旅进至万福河阻援，将敌第一九九旅和由羊山集出来接应的一个团全歼。接着，集中第二、第三、第六纵队于 27 日对羊山集发起总攻，战至 28 日晚，全歼国民党军整编第六十六师师部及两个旅，俘虏敌中将师长宋瑞珂及少将参谋长郭雨林。

为纪念在鲁西南战役中牺牲的革命先烈，1952 年修建了革命烈士陵园，1997 年正式更名为鲁西南战役纪念馆。2009 年该馆进行了全面提升，新建成的鲁西南战役纪念馆分为鲁西南战役全景画馆和鲁西南战役陈列馆两部分。

全景画馆用现代技术展现从刘邓大军渡黄河到以羊山战役胜利结束为标志的鲁西南战役的全过程。陈列馆的布展陈列分为战略大转移、强渡黄河滩、鏖战鲁西南、挺进大别山四大部分，陈列着 2000 余件珍贵历史照片、电文、书信等革命文物。其中有毛泽东给刘伯承、邓小平的亲笔信，刘伯承、邓小平首长过黄河时的合影和挺进大别山途中的照片，参加过鲁西南战役的陈锡联、李德生等 10 余位老将军、老领导的亲笔题词以及有关鲁西南战役的书籍、影集、录像、录音、照片等历史资料。

鲁西南战役纪念馆为全国爱国主义教育示范基地、全国重点烈士纪念建筑物保护单位和国家国防教育示范基地。

鲁西南战役纪念馆

地址： 山东省济宁市金乡县羊山镇

电话： 0537-8917000

聊城市孔繁森同志纪念馆

孔繁森同志纪念馆

地址：山东省聊城市繁森路 1 号

电话：0635−8421662

孔繁森同志纪念馆坐落于国家 4A 级旅游景区——山东省聊城市东昌湖风景区内，1995 年 9 月 10 日开馆，江泽民题写馆名。

孔繁森，1944 年 7 月生于聊城市堂邑镇五里墩村，1961 年 8 月参加工作，1966 年 9 月加入中国共产党。历任共青团聊城地委常委、中共聊城地委宣传部副部长，中共西藏自治区岗巴县县委副书记、岗巴县检察院检察长，中共莘县县委副书记，聊城地区行署办公室副主任，聊城地区林业局局长、党组书记，聊城地区行署副专员，西藏自治区拉萨市人民政府副市长，中共阿里地委书记、阿里军分区党委第一书记、政协阿里地区委员会主席等职。1994 年 11 月 29 日，在考察工作途中因车祸不幸殉职。孔繁森以党和人民的利益为重，恪尽职守，一心为民，政绩卓著，深受西藏人民群众的拥护和爱戴，是广大党员干部学习的楷模。

孔繁森同志纪念馆正门

孔繁森同志纪念馆

纪念馆占地面积 22400 平方米。陈列包括国家一级文物在内的实物千余件。展览集中展示了孔繁森立党为公、执政为民、廉洁勤政、献身高原的先进事迹，颂扬了他作为感动中国人物、新中国成立以来最具影响的劳动模范、山东省为新中国成立和建设作出突出贡献的英雄模范人物的壮丽人生。

孔繁森同志纪念馆为全国爱国主义教育示范基地、全国廉政教育基地、全国党员干部教育基地、全国民族团结进步教育基地。

人物介绍

孔繁森

孔繁森（1944—1994），山东聊城人，中共党员。生前系西藏阿里地区地委书记。他以党和人民的需要为己任，两次进藏工作，在雪域高原奋斗 10 个春秋。1979 年，他告别年逾古稀的老母、体弱多病的妻子和尚处幼年的孩子，在海拔 4700 多米的西藏自治区岗巴县一干就是 3 年。1988 年，他克服困难再次带队进藏任拉萨市副市长，分管文教、卫生和民政工作。他跑遍全市绝大部分中小学校、敬老院和养老院，为教育事业奔波操劳，给孤寡老人送去温暖。他领养了地震灾区的 3 个藏族孤儿，并隐姓埋名先后 3 次为他们献血。1992 年，他又到被称为“世界屋脊的屋脊”的阿里地区任地委书记。1994 年，阿里高原发生罕见暴风雪灾，他带领工作组第一时间赶到受灾地区，把救济粮和救济款送到受灾群众手中，经常工作到深夜才休息。在他带领下，经过广大干部群众的努力，阿里经济有了较快发展。他被誉为“新时期领导干部的楷模”。1994 年 11 月，他在考察工作途中因车祸殉职。

景点链接

刘邓大军渡河指挥部旧址

刘邓大军渡河指挥部旧址

刘邓大军渡河指挥部旧址位于山东省聊城市阳谷县寿张镇沙河崖村中心，北距阳谷 7.5 公里，南距黄河约 10 公里。

旧址是一座坐西朝东两进两出的四合院，颇具鲁西民间建筑风貌。前院南厢房是刘邓首长就餐和参谋住室，西厢房是警卫人员住室。后院内东厢房是刘伯承的居室，西厢房是邓小平的居室，现陈列着他们当年曾用过的家具及临走时送给房东的一些物品。正房是当年房东孔月仙及家人的住室，现为展室。展览内容为战略态势、渡河准备、强渡黄河、鲁西南战役、人民支前、英雄儿女、老区新貌、治黄成就等。

刘邓大军渡河指挥部旧址为山东省爱国主义教育基地。

东昌湖旅游区

地址：山东省聊城市东昌西路湖滨路 2 号

电话：0635-8411900

东昌湖旅游区

东昌湖是在原护城河的基础上经历代开挖而成，现有水域面积 4.2 平方公里，为中国江北地区罕见的大型城内

东昌湖景色

湖泊，国家4A级旅游景区。驰名中外的京杭大运河穿景区而过。整个景区集中体现了聊城“水、古、文”的特色，营造出聊城“水在城中，城在水中，水城一体，交相辉映”的独特风貌。

中国运河文化博物馆总建筑面积1万平方米，分为陈列区、收藏区和研究及学术交流区3个功能区域。展览面积近6000平方米，展品600余件，陈列以“运河推动历史，运河改变生活”为主题，除了展出一些重要文物和图片外，还通过多媒体、人体感应、三维动画等多种高科技手段，融合运河文化和历史，将聊城历史和运河文化生动地展现在世人面前。

山陕会馆

山陕会馆位于山东省聊城市东昌府区东关古运河西岸，是山西、陕西客商于清代集资合建的一处神庙与会馆相结合的古建筑群，系全国重点文物保护单位。山陕会馆始建于清乾隆八年（公元1743年），历经四年，山门、正殿等主体工程竣工，其后逐年扩建，至嘉庆十四年（公元1809年）方具有现在之规模。会馆保留至今的有山门、戏楼、夹楼、钟楼、鼓楼、南北看楼、南北碑亭、关帝殿、财神殿、火神殿等建筑。

山陕会馆
地址： 山东省聊城市大码头街南端
电话： 0635-8246101

山陕会馆

聊城市美食特产

美食有聊城呱嗒、济美酱菜、阳谷武大郎烧饼、高唐老豆腐、高唐驴肉、冠县鸭梨等；特产有临清丁马甲鱼、茌平黑陶等。

聊城市旅游景点推荐

聊城张自忠将军纪念馆、范筑先纪念馆、中国运河文化博物馆、海源阁、古运河风景区、光岳楼、临清鳌头矶、季羡林先生资料馆、阳谷景阳冈等。

烟台市海阳地雷战遗址

海阳地雷战遗址

遗址地址：山东省烟台市海阳行村镇赵疃村

纪念馆地址：山东省烟台市海阳文山街11号

电话：0535-3263287

海阳地雷战遗址位于山东省烟台市海阳行村镇赵疃村。

抗日战争时期，海阳民兵在各村建立地雷加工厂，自己碾炸药制造石雷，创造了夹子雷、连环雷等10多种地雷和子母雷、头发雷等30多种埋雷方法。并将之用于实战中，创造了赵疃摆雷阵、水雷炸敌、送瓜上门、包打盆子山、垛山雷声等战例。战役中击毙日、伪军5000余名，涌现出县以上民兵英雄500多人，山东省民兵英雄、民兵模范、爆炸大王158人。赵守福、于化虎、孙玉敏被评为“全国民兵英雄”，并多次受到毛泽东等中央领导同志的接见。

1945年10月，许世友为赞扬海阳地雷战曾挥毫写下“英雄造地雷、雷乡出英雄”10个大字；1989年8月，迟浩田题写了“地雷战倭寇丧胆、卫海防壮我国威”的题词；1991年7月，

地雷战纪念馆

杨得志题写了“地雷战”三个大字；1995年8月，山东省委、省政府在海阳召开纪念抗战胜利50周年大会，并在海阳赵疃村立碑以示纪念，迟浩田题写了“地雷战精神永存”的碑文。1962年八一电影制片厂以海阳地雷战为原型成功拍摄了电影《地雷战》，成为脍炙人口的爱国主义教育影片。

地雷战遗址纪念碑

2008年，修建了海阳市地雷战纪念馆。展览内容共分6个部分，分别为民族危急，共赴国难；地雷战日寇丧胆，卫海防壮我国威；反“扫荡”105天动魂魄，盆子山60余村响雷声；英雄造雷乡，雷乡出英雄；光辉事迹垂青史，革命精神照后人；实现新跨越，建设新海阳。馆舍面积2700平方米，展陈面积2200平方米，共展出文物500余件，图片300多幅，展示了当年进行地雷战的史实。

地雷战纪念馆为全国爱国主义教育示范基地。

景点链接

地雷战景区

地雷战景区是海阳地雷战遗址之一，也是当年经典影片《地雷战》的主要拍摄地。为配合当年电影拍摄而专门刻制的“镇妖石”还屹立在景区内。景区内《地雷战》等大型实景演出，生动再现了当年海阳人民运用地雷打击日军的作战故事。主要景点有镇妖石、瞭望石、拉弦石、地雷战展览馆、二曼瀑布、招虎瀑布、招福瀑布等。

1962年为拍摄电影《地雷战》专门刻制的“镇妖石”

地雷战景区
地址： 山东省烟台市海阳山中涧村

招虎山国家森林公园

招虎山国家森林公园

招虎山国家森林公园位于山东省烟台市海阳市城区东北方向 8 公里处，是典型的山岳型自然风景区。

招虎山属崂山山系，总面积 1762.7 公顷，主峰海拔 549.7 米。园区东路崖壁如削，怪石嶙峋；西路水秀石美，幽谷瀑潭；南路山光云影，微波荡漾；北路翠绿竹海，阴郁蔽日，形成“群山共一脉，两水绕主峰，山水相环绕，游路贯其中”的空间布局。景区每年举行独具胶东特色的旅游节庆活动：5 月举办招虎山樱桃节和踏青节；7 月举办“相约招虎山、关爱大自然”夏令营活动；9 月举办招虎山胶东民俗旅游活动；10 月举办招虎山相约金秋旅游活动；12 月举办“海阳大秧歌”民俗旅游活动。

天籁谷旅游景区

天籁谷旅游景区

天籁谷旅游景区位于山东省烟台市海阳市东北方向 7 公里处楼庵村，占地面积 4.5 平方公里。景区三面环山，整个山势呈葫芦状，入口狭窄稍行几步便豁然开朗，仿佛亲临陶渊明笔下的世外桃源，故又称“桃源谷”。景区内山奇水秀，松林茂密。主要由旅游接待区、休闲运动区、佛教文化区、山地观光区、度假生态区组成，拥有 30 多处人文景观。

烟台市机场火车站资讯

● 机　场

烟台莱山国际机场： 位于山东省烟台市莱山区莱山镇两甲埠村。

电话：0535-6299777　6299666　6299999

● 火车站

烟台火车站： 位于山东省烟台市芝罘区北马路 135 号。

电话：0535-2965432

海阳火车站： 位于山东省海阳市徐家店镇徐家店村火车站路 1 号。

电话：0535-2969794

烟台市美食特产

美食有韭菜海肠、糖酥杠子头火食、福山大面、红烧藕丸、鲜鱼水饺、碧绿羊排等；特产有烟台苹果、莱阳梨、刺参、烟台玉雕、烟台绒绣等。

烟台市旅游景点推荐

蓬莱阁、长岛、牟氏庄园、养马岛、昆嵛山、龙口南山、地雷战传奇影视城等。